Europarechtliche Freiräume der Arbeitszeitgestaltung

Schriften zum deutschen und europäischen Recht der Arbeit und der Sozialen Sicherheit

Herausgegeben von
Stefan Greiner, Gregor Thüsing und Raimund Waltermann

Band 28

Charlotte Schippers

Europarechtliche Freiräume der Arbeitszeitgestaltung

Vergleichender Blick auf die Umsetzung der Richtlinie 2003/88/EG

PETER LANG

Bibliografische Information der Deutschen Nationalbibliothek
Die Deutsche Nationalbibliothek verzeichnet diese Publikation in der Deutschen Nationalbibliografie; detaillierte bibliografische Daten sind im Internet über http://dnb.d-nb.de abrufbar.

Zugl.: Bonn, Univ., Diss., 2022:

D 5
ISSN 1861-678X
ISBN 978-3-631-89834-5 (Print)
E-ISBN 978-3-631-89895-6 (E-PDF)
E-ISBN 978-3-631-89896-3 (EPUB)
DOI 10.3726/b20673

Peter Lang – Berlin · Bern · Bruxelles · New York · Oxford · Warszawa · Wien

Diese Publikation wurde begutachtet.

www.peterlang.com

Meiner Familie

Vorwort

Die vorliegende Arbeit wurde im Wintersemester 2022/2023 durch den Fachbereich Rechtswissenschaft der Rheinischen Friedrich-Wilhelms-Universität Bonn als Dissertation angenommen. Literatur und Rechtsprechung wurden bis Anfang September 2022 berücksichtigt.

Die Anfertigung der Dissertationsschrift war für mich eine persönliche und fachliche Herausforderung, der ich mich gerne und mit großem Interesse gestellt habe und die mich in vielerlei Hinsicht bereichert hat. Ohne die Unterstützung einer Vielzahl von Personen hätte ich diese jedoch nicht in gleicher Weise bewältigen können.

Ganz besonderer Dank ist somit zunächst meinem Doktorvater *Prof. Dr. Gregor Thüsing LL.M. (Harvard)* geschuldet, der mich während meiner Promotionszeit und meiner Tätigkeit an seinem Lehrstuhl mit wichtigen Hinweisen und konstruktiven Anmerkungen, Diskussionsbereitschaft und guten Ratschlägen jederzeit unterstützt und bestärkt hat. Herzlich bedanken möchte ich mich außerdem bei *Prof. Dr. Gerrit Forst LL.M.* für die zügige Erstellung des Zweitgutachtens.

Des Weiteren bin ich allen meinen ehemaligen Kolleginnen und Kollegen am Lehrstuhl für die freundschaftliche Zusammenarbeit und die große Hilfe dankbar, die sie mir während der Promotionszeit waren. Auf offene Ohren für Probleme sowie die ständige Bereitschaft, Ideen zu diskutieren und Lösungen zu suchen, bin ich dabei insbesondere bei *Dr. Lena Bleckmann*, *Dr. Sebastian Rombey* und *Yannick Peisker* gestoßen.

Für das gründliche und schnelle Korrekturlesen der Arbeit, das mir gerade in den letzten Zügen der Bearbeitung eine beträchtliche Erleichterung war, gebühren *Heide Bürger-Schippers*, *Philippe Keller* und *Alexandra Ritter* großer Dank.

Eine fortwährende und wichtige Stütze während der Promotionszeit waren außerdem meine Freundinnen und Freunden aus Aachen und Bonn, denn sie standen mir nicht nur mit fachlichem Rat zur Seite, vor allem haben sie immer an mich geglaubt. Ganz besonderen Beistand hat mir *Philippe Keller* geleistet. Dafür bin ich ihnen allen unendlich dankbar.

Schließlich bedanke ich mich bei meiner Familie, der diese Arbeit gewidmet ist. Ohne meine Eltern *Heide Bürger-Schippers* und *Joe Schippers* wäre die Anfertigung der Dissertationsschrift nicht denkbar gewesen – sie haben meine Ausbildung ermöglicht und mich bei allen meinen Vorhaben unterstützt und gefördert. Sie und meine Geschwister *Moritz*, *Regine* und *Robert Schippers* haben durch ihren ständigen Rückhalt und Zuspruch im Wesentlichen dazu beigetragen, dass die Arbeit gelungen ist.

Bonn, im Dezember 2022

Inhaltsverzeichnis

§ 1 Worum es geht: Problemstellung, Ziel und Gang der Untersuchung

Wir steigen niemals zweimal in denselben Fluss. Arbeiten und Arbeitszeit haben sich immer gewandelt, nicht zuletzt durch technische und gesellschaftliche Entwicklung. Auch in jüngeren Jahren treten insbesondere aufgrund der Digitalisierung gravierende Änderungen in der Arbeitswelt auf. Daneben sind auch im gesellschaftlichen Denken und hinsichtlich der individuellen Bedürfnisse der Arbeitnehmer[1] Änderungen wahrzunehmen – vornehmlich ein Streben nach größerer Flexibilität, um Beruf, Familie und Freizeit nach ihren Bedürfnissen miteinander vereinbaren zu können; der traditionelle „Nine to five job" an einem festen Arbeitsplatz ist somit immer seltener die Regel.[2] Viele sprechen in diesem Kontext auch von einer „Entgrenzung" der Arbeit, gekennzeichnet durch orts- und arbeitsorganisationsunabhängiges Arbeiten, das auch von festen Arbeitszeiten gelöst ist.[3]

Der Anpassungsbedarf des deutschen Arbeitszeitgesetzes von 1994, das in Ansehung ganz anderer tatsächlicher Grundvoraussetzungen geschaffen wurde, ist aus diesen Gründen weitestgehend unbestritten.[4] Ein unflexibles Arbeitszeitrecht, das mit neuen Gegebenheiten nicht umgehen kann, mag letztlich nicht nur die Bedürfnisse und Wünsche der von ihm erfassten Personen vernachlässigen, sondern auch einen Wettbewerbsnachteil im internationalen Vergleich

---

1 Um die bessere Lesbarkeit des Textes zu gewährleisten, wird das generische Maskulinum verwendet. Gemeint sind jedoch immer alle Geschlechter.

2 S. nur *Henssler*, FS Moll, 233 (235); *Raif/Nann*, GWR 2016, 221.

3 *Bissels/Meyer-Michaelis*, DB 2015, 2331 ff.; *Günther/Böglmüller*, NZA 2015, 1025 (1029); *Jacobs*, NZA 2016, 733; *Kohte*, NZA 2015, 1417, 1422; *Link/Kern*, Arbeitswelt 4.0, S. 81 (82).

4 S. dazu nur *Baeck/Winzer*, NZA 2020, 96 (98); *Bissels/Krings*, NJW 2016, 3418 (insb. 3420); *Bissels/Meyer-Michaelis*, DB 2015, 2331 (2334); *Günther/Böglmüller*, NZA 2015, 1025 (1031); *Henssler*, FS Moll, S. 233 (240): das ArbZG sei schon kurz nach seiner Verabschiedung veraltet gewesen; *Jacobs*, ZfA 2019, 265; *ders.*, NZA 2016, 733 (734); *Kolbe*, ZfA 2021, 216 ff.; *Link/Kern*, Arbeitswelt 4.0, S. 81 (91 ff.); *Oberthür*, MDR 2019, 1029, die das Urteil des EuGH zur Arbeitszeiterfassung zum Anlass nimmt, auch über weitergehende Änderungen des ArbZG nachzudenken; *Raif/Nann*, GWR 2016, 221 (223 f.); *Thüsing*, SZ, 27.10.2019, Im Job flexibel bleiben; a.A. *Falder*, NZA 2010, 1150 (1157); HK-ArbZR/*Schubert*, 2. Aufl. 2018, Einl. Rn. 25; s. auch *Schirmer/Isenmann*, NZA-Beil. 2019, 69 (71 f.) zum „Innovationstarifvertrag".

bedeuten.[5] Und: Dass Reformbedarf besteht, ist auch in der Politik angekommen, die in den letzten Jahren – so auch jüngst im Koalitionsvertrag[6] – Änderungsvorschläge zum Arbeitszeitrecht ins Spiel bringt.[7]

Zu berücksichtigen ist bei allen Änderungsbestrebungen aber, dass die Frage, ob dem Gesetzgeber Gesetzesänderungen möglich sind, mögen sie noch so sinnvoll und zweckmäßig erscheinen, sich oftmals als erstes im Europarecht entscheidet. Die Arbeitszeitrichtlinie, die Richtlinie 2003/88/EG des Europäischen Parlaments und des Rates vom 4. November 2003 über bestimmte Aspekte der Arbeitszeitgestaltung (ArbZRL) enthält die europarechtlichen Vorgaben für die Arbeitszeit. Dazu ist allgemein anerkannt, dass die Freiräume, die die ArbZRL den Mitgliedstaaten lässt, durch den deutschen Gesetzgeber bislang eben nicht vollumfänglich ausgeschöpft worden sind.[8] Aufgabe ist es nun, herauszuarbeiten, wo diese Freiräume tatsächlich bestehen und wo der deutsche Gesetzgeber sie ggfs. nutzen kann, um das ArbZG zu aktualisieren.

Bei Bewältigung dieser Aufgabe liefert insbesondere der Vergleich mit der Umsetzung der Richtlinie durch andere europäische Mitgliedstaaten wichtige Anhaltspunkte. Ein vergleichender Pendelblick kann bestehende Spielräume verdeutlichen, die der deutsche Gesetzgeber nicht ausgenutzt hat, die aber durch andere nationale Gesetzgeber ausgefüllt wurden – ohne Beanstandung bspw. durch die Europäische Kommission.

Kurz gesagt: Ein an neue Begebenheiten und gewandelte Verhältnisse angepasstes flexibles Arbeitszeitrecht ist auf nationaler Ebene erforderlich – Raum dafür lässt die europäische ArbZRL. Ziel der Arbeit ist es daher, anhand von Auslegung der ArbZRL, Auswertung entsprechender EuGH-Rechtsprechung und Literatur sowie der Umsetzung der Richtlinie sowohl in Deutschland selbst als auch in anderen Mitgliedstaaten die Freiräume aufzuzeigen, die das Europarecht

---

5 *Grau/Kruppa*, RdA 2022, 73 (75); *Thüsing/Rombey/Schippers*, NZA 2020, 480 (481).

6 Hier ist hinsichtlich der Arbeitszeit die Rede von flexiblen Arbeitszeitmodellen und Abweichungen hinsichtlich der täglichen Höchstarbeitszeit: *SPD, Bündnis 90/Die Grünen und FDP*, Koalitionsvertrag 20. Legislaturperiode, Mehr Fortschritt wagen, S. 54.

7 S. z.B. den Antrag des Freistaates Bayern an den Bundesrat, BR-Drs. 444/19, in dem der Reformbedarf betont und eine Änderung der Ruhezeitregelungen angedacht wird. Und auch im Koalitionsvertrag der vergangenen Legislaturperiode wurden Vorschläge unterbreitet, s. *CDU, CSU und SPD*, Koalitionsvertrag 19. Legislaturperiode, Ein neuer Aufbruch für Europa, Z. 2361–2366.

8 S. nur *Hanau, H.*, EuZA 2019, 423; *Henssler*, FS Moll, 233 (241); *ders./Lunk*, NZA 2016, 1425 ff.; *Jacobs*, ZfA 2019, 265 (267); *Krause*, NJW-Beil. 2016, 33 (34); *Thüsing/Rombey/Schippers*, NZA 2020, 480.

dem nationalen Gesetzgeber bei der Regelung der Arbeitszeit lässt. Es geht dabei auch um einen sachgerechten Interessenausgleich. Arbeitnehmerschutz ist wichtig und Hauptzweck des Arbeitszeitrechts. Es fungiert u.a. als Abwehr von Gesundheitsgefahren infolge langer Arbeits- und kurzer Ruhezeiten aufgrund häufigen Abrufs der Arbeitsleistung durch den Arbeitgeber und nicht zuletzt als Schutz des Arbeitnehmers vor sich selbst. Aber: Flexibilisierung steht zum Gesundheitsschutz nicht grundsätzlich im Widerspruch, denn auch Arbeitnehmer bedürfen flexibler Gestaltungsoptionen hinsichtlich ihrer Arbeitszeit.

Um diese Ziele zu erreichen, wurde folgender Gang der Untersuchung gewählt:

Zunächst bedarf es, um die Grundsteine für die weitergehenden Betrachtungen zu legen, einer Herausarbeitung der relevanten Grundlagen (§ 2). Dazu gehören Erläuterungen zu den Ursprüngen und Zwecken des Arbeitszeitrechts, respektive des ArbZG und der ArbZRL (§ 2 A)). Die Ziele sowohl des deutschen als auch europäischen Arbeitszeitrechts, die sich mithilfe der historischen Auslegung begründen lassen, sind für die Arbeit mit den Regelungen und ihre Auslegung maßgebend. Im Weiteren wird es um die Grundlagen der ArbZRL gehen, die ebenfalls für ihr Verständnis und vor allem ihre Auslegung notwendig sind (§ 2 B)). Dazu gehören nicht nur ihre Verankerungen im europäischen Primärrecht, so z.B. in Art. 31 Abs. 2 GRC, sondern bspw. auch ihr Anwendungsbereich, unter besonderem Augenmerk auf den unionsrechtlichen Arbeitnehmerbegriff. Hier ergeben sich auch erste Anknüpfungspunkte für einen Vergleich mit mitgliedstaatlichen Regelungen. Um die Notwendigkeit der Reform zu verdeutlichen, folgt im nächsten Abschnitt (§ 2 C)) eine Darstellung der rechtstatsächlichen Entwicklungen seit Erlass der Richtlinie. Die bereits angedeuteten Änderungen der Rahmenbedingungen führen zu Reaktionen der Praxis, die symptomatisch für die Arbeitswelt 4.0 sind und den Anpassungsbedarf des ArbZG belegen. Hierzu gehören z.B. verschiedene Modelle flexibler Arbeitszeiten wie Vertrauensarbeitszeit.

Schwerpunkt der Arbeit sind die Vorgaben und Möglichkeiten der ArbZRL und ihre nationale Umsetzung (§ 3). Dabei wird es zunächst um den Grundbegriff der Arbeitszeit gehen (§ 3 A)), der europarechtlich autonom auszulegen ist, aber damit auch Unklarheiten lässt, die sich im mitgliedstaatlichen Vergleich und mit der Betrachtung verschiedener spezieller Fallgruppen nicht gänzlich ausräumen lassen. Das Gegenstück zur Arbeitszeit ist die Ruhezeit, welche die Konzeption der ArbZRL beherrscht. Wenig flexibel sind dabei die in der Grundvorgabe strengen Regelungen zur täglichen Ruhezeit (§ 3 B)). Doch die ArbZRL sieht auch umfassende Abweichungs- und Ausnahmemöglichkeiten vor, die erstes Flexibilisierungspotential versprechen. Der Blick auf die deutschen

Regelungen soll die dortigen Umsetzungsdefizite zutage fördern. Aber auch in anderen Mitgliedstaaten, so mag ein kurzer Vergleich verdeutlichen, bestehen nicht nur unproblematische Regelungen. Selten geht es in der aktuellen Diskussion um die Vorgaben zur Ruhepause (§ 3 C)), die hier aber ebenfalls zu berücksichtigen sind. Ob tatsächlich Änderungsbedarf besteht, darf jedoch aufgrund des kurzen zeitlichen Umfangs einer Ruhepause bereits bezweifelt werden. Um die Ruhezeittrias zu komplettieren, knüpft die Betrachtung der wöchentlichen Ruhezeit an (§ 3 D)). Dass hier erhebliches Potential zur Flexibilisierung besteht, liegt auf der Hand, denn das europäische Recht schreibt die Sonntagsruhe nicht vor. Das haben sich auch andere Mitgliedstaaten zunutze gemacht, doch in Deutschland bestehen gegen eine Abschaffung oder erhebliche Aufweichung der Sonntagsruhe verfassungsrechtliche Bedenken. Für den deutschen Gesetzgeber fruchtbares Potential besteht hinsichtlich der Höchstarbeitszeit (§ 3 E)), die europarechtlich wöchentlich vorgegeben ist, während das deutsche Recht die tägliche Höchstarbeitszeit kennt. Durch die Möglichkeit, Bezugszeiträume festzulegen und das sog. Opt-out in das mitgliedstaatliche Recht zu implementieren, schafft die ArbZRL auch hier Freiräume. Aufgrund ihrer Konzeption ausgelagert wird es im Hauptkapitel als letztes vor der Zusammenfassung (§ 3 G)) um die Abweichungsmöglichkeiten des Art. 17 Abs. 1 ArbZRL gehen, die Ausnahmen für autonome Arbeitnehmer vorsehen (§ 3 F)). Auch hier mag sich erhebliches Flexibilisierungspotential verstecken.

Zuletzt folgt eine Gesamtsumma mit Thesen (§ 4).

Non multa, sed multum. Um den Rahmen der Arbeit nicht zu sprengen, werden folgende Aspekte ausgeklammert: Mangels Relevanz in der aktuellen Diskussion soll es nicht um die Regelungen zur Nacht- und Schichtarbeit, Artt. 8–13 ArbZRL, gehen. Bestimmt wird der rechtswissenschaftliche Diskurs dieser Tage hingegen durch das Urteil des EuGH in der Rechtssache *CCOO*,[9] mit dem er den Mitgliedstaaten vorschreibt, Arbeitgebern die Pflicht zur Einrichtung eines objektiven, verlässlichen und zugänglichen Systems der Arbeitszeiterfassung aufzuerlegen. Zu dem Urteil und seinen Auswirkungen kann man jedoch eigene Dissertationen schreiben – und das ist auch schon geschehen –[10], sodass Fragen

---

9 EuGH, Urt. v. 14.5.2019 – C-55/18 – *CCOO*, NZA 2019, 683; ausf. dazu *Thüsing/Flink/Jänsch*, ZfA 2019, 456; s. i.Ü. nur *Brors*, NZA 2020, 1685; *Höpfner/Daum*, RdA 2019, 270; *Latzel*, EuZA 2019, 469; *Oberthür*, MDR 2019, 1029; *Reinhard*, NZA 2019, 1313; *Schrader*, NZA 2019, 1035. S. außerdem die jüngst ergangene Entscheidung des BAG zur Arbeitszeiterfassung: BAG, Beschl. v. 13.9.2022 – 1 ABR 22/21.

10 *Pingen*, Arbeitszeit und Arbeitszeiterfassung.

der Arbeitszeiterfassung hier nicht behandelt werden. Und auch das Urlaubsrecht findet seine europarechtliche Verankerung in der ArbZRL. Nach deutschem Rechtsverständnis handelt es sich hierbei jedoch nicht wie beim übrigen Arbeitszeitrecht um öffentlich-rechtliches Arbeitsschutzrecht, sondern zwingendes Privatrecht,[11] das auch nicht im ArbZG geregelt ist, sondern in das BUrlG „ausgelagert“ wurde. Damit ist es nicht Teil dieser Arbeit.

11 BeckOK ArbR/*Lampe*, 64. Ed. 2022, § 1 BUrlG Rn. 3; ErfK/*Gallner*, 22. Aufl. 2022, § 1 BUrlG Rn. 12; Franzen/Gallner/Oetker/*Gallner*, EuArbR, 4. Aufl. 2022, Art. 1 RL 2003/88/EG Rn. 4.

§ 2 Grundlagen der Arbeit

Um die Arbeit mit ArbZRL und ArbZG zu ermöglichen, ist es erforderlich, wesentliche Grundlagen zu kennen, über die im folgenden Kapitel ein Überblick gereicht wird. Dazu gehören zunächst die historischen Ursprünge des deutschen und europäischen Arbeitszeitrechts (A)). Darüber hinaus sind im Kontext der ArbZRL auf europäischer Ebene relevantes Primärrecht zu begutachten sowie ihr Gegenstand und Anwendungsbereich aufzuzeigen (B)). Schließlich wird der Reformbedarf im Arbeitszeitrecht anhand der aktuellen Entwicklungen in rechtstatsächlicher Hinsicht aufgezeigt (C)).

A) Wo kommen wir her? Die Ursprünge und Zwecke des deutschen und europäischen Arbeitszeitrechts

Um tatsächlich in Gänze nachvollziehen zu können, warum das Arbeitszeitrecht auf deutscher und auf europäischer Ebene an seinem heutigen Punkt steht und um eine historische Auslegung zu ermöglichen, soll der erste Blick auf seine historische Entwicklung fallen. Die historische Gesetzesauslegung ermöglicht grundsätzlich, sowohl im nationalen als auch im europäischen Recht, den Schluss auf den maßgeblichen Sinn und Zweck eines Gesetzes bzw. einer Regelung oder eines Regelungswerks, denn aus der historischen Sichtweise lässt sich auf die Regelungsabsicht des Regelungsgebers und auf seine Wertentscheidungen schließen.[12] Die hierzu erforderliche Darstellung der historischen Entwicklung und die damit ermöglichte historische Auslegung verdeutlichen Motive und Anreize zum Erlass der jeweiligen Regelungswerke und erlauben die Deutung des Gesetzeszweckes vor dem gesamten historischen Hintergrund. Der hierdurch zu ermittelnde gesetzgeberische Wille umfasst die Grundabsicht und die verschiedenen Vorstellungen, die (teilweise widerspruchslos) in Ausschüssen etc. ausgedrückt wurden,[13] wofür insbesondere auch die Auswertung der Gesetzesmaterialien, inklusive verworfener Vorschläge und Entwürfe etc., erforderlich ist. Die Zwecke sowohl des deutschen ArbZG als auch der europäischen

---

12 *Larenz*, Methodenlehre, 6. Aufl. 1991, S. 328 ff.; zum Europarecht: Calliess/Ruffert/*Wegener*, EUV/AEUV, 6. Aufl. 2022, Art. 19 EUV Rn. 29; Riesenhuber/*Riesenhuber*, Methodenlehre, 4. Aufl. 2021, § 10 Rn. 33; von der Groeben/Schwarze/Hatje/*Gaitanides*, Europ. UnionsR, 7. Aufl. 2015, Art. 19 EUV Rn. 47.

13 *Larenz*, Methodenlehre, 6. Aufl. 1991, S. 329.

ArbZRL, die sich auf Grundlage der historischen Erwägungen und mithilfe der historischen Auslegung begründen lassen, sind für die Auslegung des nationalen Rechts, auch und gerade bei der richtlinienkonformen Auslegung, maßgeblich. Zunächst soll es also um die – vor der Geschichte der Europäischen Union ansetzende – Entwicklung des deutschen Arbeitszeitrechts gehen (I.), bevor die Historie der Richtlinie nachgezeichnet wird (II.). Schließlich werden auf dieser Grundlage die Zwecke von ArbZG und ArbZRL (III.) untersucht.

I. Der Weg zum deutschen ArbZG

Das deutsche Arbeitszeitrecht ist seit Einführung der RL 93/104/EG u.a. abhängig vom Europarecht. Aber auch die vorangegangenen Schritte in der deutschen Geschichte der Arbeitszeit – beginnend vor der Weimarer Zeit bis zur Nachkriegszeit – sollen hier nachgezeichnet werden. Zielführend ist es hier, um mit der historischen Auslegung den Willen des Gesetzgebers zu ergründen, die Entwicklung des Arbeitszeitrechts in Deutschland nachzuerzählen, indem der Blick zunächst auf die Zeit vor der Weimarer Republik, also vor 1918, fällt, um insbesondere die mit der Industrialisierung auftretenden, ersten arbeitszeitrechtlichen Reglungen von 1839 aufzugreifen (1.) – diese verdeutlichen die ersten Anreize und Motive zur Einführung von Regelungen zum Arbeitsschutz. Zur Zeit der Weimarer Republik folgten hierauf erhebliche Änderungen des Arbeitszeitrechts (2.). Vor der Darstellung der für heute besonders maßgeblichen, europarechtlichen Einflüsse gilt es, die arbeitszeitrechtlichen Regelungen der Zeit des Nationalsozialismus (3.) und der Nachkriegszeit (4.) in den Blick zu nehmen, da arbeitszeitrechtliche Regelungswerke aus dieser Zeit noch bis 1994 Bestand hatten.

1. *Das deutsche Arbeitszeitrecht vor der Weimarer Republik*

Ihre Anfänge findet die Geschichte des deutschen, kodifizierten Arbeitszeitrechts mit der ersten erkennbaren arbeitszeitrechtlichen Regelung in dem „preußischen Regulativ über die Beschäftigung jugendlicher Arbeiter in Fabriken" von 1839 (im Weiteren: Regulativ).[14] Im Zuge der Industrialisierung nahm auch Kinderarbeit zu – neben der Geeignetheit von Kindern für bestimmte Tätigkeiten,

---

14 *Düwell*, AuR 1989, 233; *Kaufhold*, AuR 1989, 225; *Tietje*, Grundfragen des Arbeitszeitrechts, S. 27; Buschmann/Ulber/*Buschmann*, ArbZR, 1. Aufl. 2019, Einl. Rn. 7; HK-ArbZR/*Schubert*, 2. Aufl. 2018, Einl. Rn. 10; *Neumann/Biebl*, ArbZG, 16. Aufl. 2013, Einl. Rn. 2.

die sich auf die geringe Körpergröße und Zierlichkeit der Glieder zurückführen lässt, wurden pädagogische Argumente geführt, vor allem aber brachte die Kinderarbeit den häufig verarmten Familien zusätzliches Einkommen.[15] Motiv und Zweck des Regulativs war aber nicht nur, durch die Beschränkung der Kinderarbeit den Jugendschutz sicherzustellen; vielmehr standen auch militärische Überlegungen dahinter, denn man befürchtete, die Fabrikarbeit könne die Tauglichkeit zum späteren Wehrdienst einschränken.[16] Durch verschiedene Stimmen und Anträge[17] schließlich überzeugt, verabschiedete das preußische Staatsministerium das Regulativ am 9. März 1839. Hierin fanden sich insbesondere ein Verbot der regelmäßigen Kinderarbeit für Kinder unter neun Jahren in Fabriken oder Bergwerken etc., Regelungen zur Nacht-, Sonn- und Feiertagsarbeit sowie eine Höchstarbeitszeit von zehn Stunden und Ruhezeiten.[18]

Andere Länder folgten dem preußischen Beispiel – so Bayern und Baden im Jahre 1840 und Sachsen 1861 –, tatsächliche Wirksamkeit hinsichtlich der Einschränkung von Kinderarbeit hatten die Regelungen aber nicht.[19] 1853 wurde das preußische Regulativ daher angepasst: Es wurden verschiedene Verbesserungen der Schutzbestimmungen eingeführt, insbesondere wurde eine Aufsichtsbehörde eingerichtet.[20] Aber auch nach diesen Änderungen und der Anstellung von Fabrikinspektoren (in gerade einmal drei Bezirken) blieb die Wirkung des Gesetzes gering.[21]

Die Regelungen Preußens wurden 1869 in die Gewerbeordnung des Norddeutschen Bundes übernommen, die schließlich 1871 zur Reichsgewerbeordnung

---

15 *Düwell*, AuR 1989, 233; ausf. zu den Gründen und Einzelheiten: *Kaufhold*, AuR 1989, 225 (226 f.); s. auch *Preis*, RdA 2019, 75 (76 f.) zu den Umständen der Zeit.

16 *Anzinger/Koberski*, ArbZG, 5. Aufl. 2020, Einl. Rn. 9; HK-ArbZR/*Schubert*, 2. Aufl. 2018, Einl. Rn. 10; *Neumann/Biebl*, ArbZG, 16. Aufl. 2013, Einl. Rn. 2; krit. zu diesem Ansatz aber: *Kaufhold*, AuR 1989, 225 (227).

17 Vgl. die ausf. Darstellung bei *Anton*, Preußische Fabrikgesetzgebung, insb. S. 57–66.

18 *Düwell*, AuR 1989, 233; *Kaufhold*, AuR 1989, 225 (228 f.). S. zu den Unzulänglichkeiten des Regulativs und seiner Durchführung ausf. *Anton*, Preußische Fabrikgesetzgebung, S. 94 ff.; und *Düwell*, AuR 1989, 233 (234 f.); *Kaufhold*, AuR 1989, 225 (229); als „bescheiden“ bezeichnet es daher auch *Preis*, RdA 2019, 75 (78).

19 *Kaufhold*, AuR 1989, 225 (229 f.).

20 *Kaufhold*, AuR 1989, 225 (230), *Tietje*, Grundfragen des Arbeitszeitrechts, S. 28; Buschmann/Ulber/*Buschmann*, ArbZR, 1. Aufl. 2019, Einl. Rn. 7.

21 *Düwell*, AuR 1989, 233 (235); *Kaufhold*, AuR 1989, 225 (230); vgl. ausf. zur Durchführung des Gesetzes: *Anton*, Preußische Fabrikgesetzgebung, S. 119–139.

wurde.[22] Weitere relevante Änderungen gab es 1878, z.B. mit der Einführung der zwingenden Gewerbeaufsicht und Schutz für Arbeiterinnen,[23] und insbesondere 1891 mit dem Arbeiterschutzgesetz, das die Schutzbestimmungen ausweitete.[24] Während männliche Arbeiter keinen besonderen Schutz erhielten – für sie griff nun lediglich das generelle Verbot der Sonntagsarbeit in der GewO –, galt für Fabrikarbeiterinnen eine Höchstarbeitszeit von zehn Stunden täglich.[25] Im Übrigen erfolgten bis zum Ausbruch des Ersten Weltkriegs wenige schwerwiegende neue Regelungen. Zu nennen ist an dieser Stelle lediglich das den Jugendschutz stärkende Kinderschutzgesetz von 1903 (mit nachfolgenden Änderungen in den Jahren 1908 und 1911, durch die es im Anwendungsbereich erweitert wurde), das u.a. die Beschäftigung fremder Kinder unter 12 Jahren in gewerblichen Betrieben untersagte.[26]

Während des Ersten Weltkrieges waren durch ihn bedingte Rückschritte im Arbeitsschutz zu verzeichnen. So wurde 1914 bspw. dem Reichskanzler die Möglichkeit eingeräumt, von verschiedenen Arbeitsschutzbestimmungen Ausnahmen zu gewähren, und die durchschnittliche tägliche Arbeitszeit stieg auf 12 bis 16 Stunden an.[27]

2. Grundlegende Änderungen in der Weimarer Zeit

Im November 1918 endete der Erste Weltkrieg und die Weimarer Republik wurde ausgerufen. Das Arbeitszeitrecht erfuhr in der Weimarer Zeit bedeutende Änderungen, für die die Heimkehr der Soldaten aus dem Krieg den ersten Anreiz setzte. Aber auch und vor allen Dingen politische Gründe spielten bei Erlass arbeitszeitrechtlicher Regelungen immer wieder eine Rolle. So ist auch der Arbeitstag mit acht Stunden keine Entwicklung des jüngeren Arbeits(zeit)rechts, denn bereits mit den Demobilmachungsverordnungen von 1918 und

---

22 *Kaufhold*, AuR 1989, 225 (230); *Tietje*, Grundfragen des Arbeitszeitrechts, S. 28; *Anzinger/Koberski*, ArbZG, 5. Aufl. 2020, Einl. Rn. 10.

23 HK-ArbZR/*Schubert*, 2. Aufl. 2018, Einl. Rn. 10; *Neumann/Biebl*, ArbZG, 16. Aufl. 2013, Einl. Rn. 2.

24 *Düwell*, AuR 1989, 233 (236); *Kaufhold*, AuR 1989, 225 (231 f.); Buschmann/Ulber/*Buschmann*, ArbZR, 1. Aufl. 2019, Einl. Rn. 10; HK-ArbZR/*Schubert*, 2. Aufl. 2018, Einl. Rn. 10 f.; *Neumann/Biebl*, ArbZG, 16. Aufl. 2013, Einl. Rn. 2.

25 S. nur *Tietje*, Grundfragen des Arbeitszeitrechts, S. 28.

26 *Düwell*, AuR 1989, 233 (236); *Tietje*, Grundfragen des Arbeitszeitrechts, S. 28.

27 *Düwell*, AuR 1989, 233 (236); *Tietje*, Grundfragen des Arbeitszeitrechts, S. 28; Buschmann/Ulber/*Buschmann*, ArbZR, 1. Aufl. 2019, Einl. Rn. 11.

1919 wurde der verbindliche Achtstundentag bei einer Sechstagewoche (die Weimarer Reichsverfassung (WRV) schützte mit Art. 139 die Sonn- und Feiertage) für alle gewerblichen Arbeiter und für Angestellte eingeführt.[28] Zweck dieser Verordnungen war die Unterbringung der heimkehrenden Soldaten.[29] Es sollten Arbeitsplätze geschaffen und gesichert werden und durch die gesenkte Höchstarbeitszeit wurde auch der gesundheitlichen Lage der Bevölkerung nach den Kriegsjahren Rechnung getragen – vordergründig waren die Verordnungen und damit auch die Einführung des Achtstundentages aber wohl politisch motiviert, gerichtet auf die Durchsetzung des Achtstundentages als „alte" politische Forderung.[30]

Es dauert bis 1923 und bedurfte einiger Streits über den Achtstundentag, bevor weitere Regelungen zur Arbeitszeit eingeführt werden konnten.[31] Auf Grundlage des Ermächtigungsgesetzes vom 8. Dezember 1923, das es der Reichsregierung erlaubte, ohne den Reichstag bis zum 15. Februar 1924 „Maßnahmen zu treffen, die sie im Hinblick auf die Not von Volk und Reich für erforderlich und dringend erachtet" (§ 1 Abs. 1),[32] wurde am 21. Dezember 1923 die Arbeitszeitverordnung (AZVO) erlassen.[33] Diese bedeutete allerdings eine Verschlechterung des Arbeitnehmerschutzes:[34] Der Achtstundentag bestand hiermit zwar im Grundsatz weiterhin, s. § 1 Abs. 1 S. 2 AZVO, nun waren allerdings viele Ausnahmen hiervon möglich sowie auch Abweichungen durch Tarifverträge, vgl. z.B. §§ 4, 5 AZVO. Darüber hinaus ergingen von 1924 bis 1927 immer wieder Verordnungen, die für verschiedene Bereiche wie Krankenpflegeanstalten statt des Achtstundentages einen Zehnstundentag erlaubten und die noch bis zur Einführung des heutigen Arbeitszeitgesetztes im Jahre 1994 Geltung behielten.[35]

Gegen die steigende Arbeitslosigkeit wurde 1927 das Arbeitszeitnotgesetz (AZNG) erlassen.[36] Wesentlich an den Neuregelungen war, dass freiwillige

---

28 *Düwell*, AuR 1989, 233 (237); *Anzinger/Koberski*, ArbZG, 5. Aufl. 2020, Einl. Rn. 13 f.; Buschmann/Ulber/*Buschmann*, ArbZR, 1. Aufl. 2019, Einl. Rn. 12; HK-ArbZR/*Schubert*, 2. Aufl. 2018, Einl. Rn. 13; *Neumann/Biebl*, ArbZG, 16. Aufl. 2013, Einl. Rn. 4.

29 *Neumann/Biebl*, ArbZG, 16. Aufl. 2013, Einl. Rn. 4.

30 Ausf. zu den Motiven: *Tietje*, Grundfragen des Arbeitszeitrechts, S. 30 ff.

31 S. zur Vorgeschichte *Tietje*, Grundfragen des Arbeitszeitrechts, S. 32 ff.

32 RGBl. 1923 I, S. 1179.

33 RGBl. 1923 I, S. 1249.

34 HK-ArbZR/*Schubert*, 2. Aufl. 2018, Einl. Rn. 14.

35 HK-ArbZR/*Schubert*, 2. Aufl. 2018, Einl. Rn. 14; *Neumann/Biebl*, ArbZG, 16. Aufl. 2013, Einl. Rn. 4.

36 S. RGBl 1927 I, S. 109; *Neumann/Biebl*, ArbZG, 16. Aufl. 2013, Einl. Rn. 5.

Mehrarbeit nicht mehr geduldet und jede Mehrarbeitsstunde mit einem Zuschlag von 25 % verteuert wurde, um Mehrarbeit unattraktiv zu machen und so eine Verteilung der anstehenden Arbeit auf mehr Personen zu erreichen.[37] Gleichzeitig wurden aber weitere Ausnahmen vom Achtstundentag vorgesehen, vgl. §§ 9, 10 AZNG. Sein Ziel erreichte das AZNG letztlich nicht, was auch in der Weltwirtschaftskrise ab 1929 begründet war.[38] Ursprünglich war das Gesetz lediglich als Übergangsreglement geplant, doch der nachfolgende Entwurf eines Arbeitsschutzgesetzes, das auch Regelungen zur täglichen und wöchentlichen Höchstarbeitszeit enthalten sollte, wurde nicht mehr verabschiedet.[39]

3. *Die Zeit des Nationalsozialismus*

Während der NS-Zeit erging u.a. 1934 eine Neufassung der AZVO, die verschiedene bestehende Arbeitszeitvorschriften zusammenfasste.[40] Kennzeichnend war allerdings das Entfallen der demokratischen Elemente des Arbeitsrechts.[41] Darüber hinaus ergingen weitere Gesetze zur Regelung von Arbeitszeit für verschiedene Tätigkeitsbereiche (z.B. zum Nachtback- oder zum Beschäftigungsverbot für Sonn- und Feiertage) und 1938 Regelungen zum Jugendschutz.[42]

Es folgte im selben Jahr die Arbeitszeitordnung (AZO),[43] die wie das Jugendschutzgesetz bis 1994 galt.[44] Die AZO enthielt Regelungen zur Arbeitszeit im Allgemeinen (§§ 1–15 AZO), wobei in § 4 AZO insbesondere der Achtstundentag nochmal festgeschrieben wurde. Sie ordnete darüber hinaus einen erhöhten Schutz für Frauen an (§§ 16–21 AZO) und legte den werktäglichen Ladenschluss

---

37 Buschmann/Ulber/*Buschmann*, ArbZR, 1. Aufl. 2019, Einl. Rn. 16; HK-ArbZR/*Schubert*, 2. Aufl. 2018, Einl. Rn. 14.

38 S. hierzu ausf. *Tietje*, Grundfragen des Arbeitszeitrechts, S. 38 ff.

39 *Neumann/Biebl*, ArbZG, 16. Aufl. 2013, Einl. Rn. 5; zu den weiteren Entwicklungen bis 1933: *Tietje*, Grundfragen des Arbeitszeitrechts, S. 38 ff.

40 RGBl. 1934 I, 803; HK-ArbZR/*Schubert*, 2. Aufl. 2018, Einl. Rn. 15; *Neumann/Biebl*, ArbZG, 16. Aufl. 2013, Einl. Rn. 6.

41 Ganz nach dem Prinzip des „Betriebsführers": HK-ArbZR/*Schubert*, 2. Aufl. 2018, Einl. Rn. 15, vgl. auch *Preis*, RdA 2019, 75 (81 f.); zu dem Inhalt: Buschmann/Ulber/*Buschmann*, ArbZR, 1. Aufl. 2019, Einl. Rn. 18; ausf. *Tietje*, Grundfragen des Arbeitszeitrechts, S. 41 ff.

42 HK-ArbZR/*Schubert*, 2. Aufl. 2018, Einl. Rn. 15; *Neumann/Biebl*, ArbZG, 16. Aufl. 2013, Einl. Rn. 6; zum Jugendschutzgesetz von 1938 s. RGBl. 1938 I, S. 437.

43 RGBl. 1938 I, S. 447.

44 HK-ArbZR/*Schubert*, 2. Aufl. 2018, Einl. Rn. 15.

fest (§§ 22 f. AZO). Wesentliche Neuerungen des Arbeitszeitrechts brachte sie damit allerdings nicht.[45]

Während des Zweiten Weltkriegs wurden diese Schutzvorschriften kriegsbedingt in weiten Teilen wieder außer Kraft gesetzt.[46] So wurde die AZO am 1. September 1939, soweit sie für Männer galt, aufgehoben, für Frauen und Jugendliche wurde aufgrund einer Ermächtigung des Reichsarbeitsministers einige Tage später, am 11. September 1939, die 56-Stunden-Woche eingeführt.[47] Trotz kurzzeitiger Zurücknahme dieser Maßnahmen wurde der Arbeitsschutz im Großen und Ganzen während der Kriegszeit weiter ausgehöhlt.[48]

4. *Nachkriegszeit*

Die Entwicklung des Arbeitszeitrechts spaltete sich mit Deutschland in der Nachkriegszeit. Maßgeblich für das heutige Arbeitszeitrechts sind, abgesehen von den europarechtlichen Vorgaben, vornehmlich die Entwicklungen in der Bundesrepublik; aber auch ein Nachzeichnen des Arbeitszeitrechts der DDR soll der Vollständigkeit halber nicht ausbleiben.

a) Das Arbeitszeitrecht der Bundesrepublik Deutschland

Nach dem Zweiten Weltkrieg galt aufgrund der Außerkraftsetzung der kriegsbedingten Sonderregelungen durch die Besatzungsmächte die AZO wieder in ihrer ursprünglichen Fassung.[49] Als weitere Regelwerke im Arbeitszeitrecht traten auch die Landesverfassungen der Bundesländer auf, die größtenteils die Sonntagsruhe (z.B. Art. 3 LVerf BaWü, Art. 147 LVerf Bayern und Art. 25 LVerf NRW) und teilweise auch den Achtstundentag (z.B. Art. 55 Abs. 2 LVerf Bremen, Art. 31 S. 1 LVerf Hessen und Art. 57 Abs. 1 LVerf RhPf) ausdrücklich vorschrieben bzw. immer noch vorschreiben.[50]

---

45 Zu den „kleineren Änderungen" s. *Tietje*, Grundfragen des Arbeitszeitrechts, S. 45 f.

46 HK-ArbZR/*Schubert*, 2. Aufl. 2018, Einl. Rn. 15; *Neumann/Biebl*, ArbZG, 16. Aufl. 2013, Einl. Rn. 7.

47 S. hierzu und zu weiteren Änderungen: *Tietje*, Grundfragen des Arbeitszeitrechts, S. 46.

48 *Tietje*, Grundfragen des Arbeitszeitrechts, S. 46 f.

49 HK-ArbZR/*Schubert*, 2. Aufl. 2018, Einl. Rn. 16; dies bestätigte auch später noch der Bundesgesetzgeber ausdr. durch Gesetz: BGBl. 1952 I, S. 146.

50 Buschmann/Ulber/*Buschmann*, ArbZR, 1. Aufl. 2019, Einl. Rn. 21; HK-ArbZR/*Schubert*, 2. Aufl. 2018, Einl. Rn. 16.

Mit Inkrafttreten des Grundgesetzes am 23. Mai 1949 wurde die AZO zunächst über Art. 125 GG zum Bundesgesetz,[51] der Bundesgesetzgeber selbst erließ 1974 hierzugehörige Strafvorschriften neu.[52] Auch die Sonn- und Feiertagsruhe gem. Art. 139 WRV wurde über Art. 140 GG Teil des deutschen Grundgesetzes.

Die AZO selbst jedenfalls unterlag zunächst nur geringen Änderungen.[53] In den weiteren Jahren wurden verschiedene Anläufe und Entwürfe zu ihrer Ablösung vorgenommen, zunächst jedoch ohne Erfolg.[54] So wurde gerade von den Gewerkschaften eine generelle Kürzung der Arbeitszeit verlangt, wobei schon 1956 die Vereinbarkeit von Familie und Beruf im Fokus der Forderungen stand[55] – dies stellt auch heute, über 60 Jahre später, immer wieder einen zentralen Punkt arbeitszeitrechtlicher Reformerwägungen dar.[56] Im Ergebnis dauerte es schließlich noch bis 1994, bevor es zu einer Neuregelung des Arbeitszeitrechts kam.

b) Das Arbeitszeitrecht der DDR

Zunächst galt in der DDR ab 1945 ebenfalls der Achtstundentag.[57] 1950 wurde das Gesetzbuch der Arbeit u.a. auch mit Regelungen über die Arbeitszeit, die aber lediglich allgemeiner Natur waren,[58] erlassen. So gab es eine generelle Festlegung der Arbeitszeit selbst noch nicht; diese folgte erst 1965 mittels Ausdehnung der seit 1957 für bestimmte Teile der Industrie geltenden 45-Stunden-Woche auf alle Arbeitnehmer.[59]

Mit dem Arbeitsgesetzbuch (ArbGB) wurden 1978 dann umfassende Regelungen der Arbeitszeit eingeführt.[60] Vorgesehen war vorerst ein schrittweiser

---

51 HK-ArbZR/*Schubert*, 2. Aufl. 2018, Einl. Rn. 17; *Neumann/Biebl*, ArbZG, 16. Aufl. 2013, Einl. Rn. 8.

52 Mit dem EGStGB vom 2. März 1974, BGBl. 1974 I, S. 469 (s. insb. S. 608 f., Art. 240).

53 Vgl. *Neumann/Biebl*, ArbZG, 16. Aufl. 2013, Einl. Rn. 8.

54 *Tietje*, Grundfragen des Arbeitszeitrechts, S. 47 ff; *Baeck/Deutsch/Winzer*, ArbZG, 4. Aufl. 2020, Einl. Rn. 1 ff.

55 S. den bekannten Aufruf des DGB: „Samstags gehört Vati mir", Buschmann/Ulber/*Buschmann*, ArbZR, 1. Aufl. 2019, Einl. Rn. 25.

56 So z.B. auch im Antrag des Freistaates Bayern an den Bundesrat, BR-Drs. 444/19.

57 *Neumann/Biebl*, ArbZG, 16. Aufl. 2013, Einl. Rn. 10.

58 S. auch: HK-ArbZR/*Schubert*, 2. Aufl. 2018, Einl. Rn. 18; *Neumann/Biebl*, ArbZG, 16. Aufl. 2013, Einl. Rn. 10.

59 *Neumann/Biebl*, ArbZG, 16. Aufl. 2013, Einl. Rn. 10, auch zu weiteren Einzelheiten.

60 GBl. 1977 I, S. 85.

Übergang zur 40-Stunden-Arbeitswoche bei einer 5-Tage-Woche, § 160 Abs. 1 ArbGB. Für die Dauer der wöchentlichen Arbeitszeit galt § 160 Abs. 2 ArbGB:

> „Die Dauer der wöchentlichen Arbeitszeit wird entsprechend dem Entwicklungstempo der sozialistischen Produktion, der Erhöhung der Effektivität, des wissenschaftlichtechnischen Fortschritts und des Wachstums der Arbeitsproduktivität durch den Ministerrat in Übereinstimmung mit dem Bundesvorstand des Freien Deutschen Gewerkschaftsbundes in Rechtsvorschriften festgelegt."

Im Übrigen wurden die Verteilung der Arbeitszeit (§§ 163–167 ArbGB), z.B. Pausen, die Sonn- und Feiertagsarbeit (§§ 168–171 ArbGB), Überstunden (§§ 172–180 ArbGB) sowie die Freistellung von der Arbeit (§§ 181–188 ArbGB) geregelt.

Nach dem Mauerfall war von Juni bis zum 3. Oktober 1990 vorwiegend aufgrund von Tarifverträgen die 40-Stunden-Woche die Regel, bis das in der Bundesrepublik Deutschland geltende Recht übernommen wurde, sodass auch im Gebiet der früheren DDR die AZO bis 1994 Geltung erlangte.[61]

5. *Das deutsche ArbZG*

Schließlich kam es im Jahr 1994 zu Entwürfen der SPD-Fraktion sowie der Bundesregierung zum ArbZG bzw. Arbeitszeitrechtsgesetz (ArbZRG).[62] Unter Annahme der Änderungsempfehlungen des Ausschusses für Arbeit und Sozialordnung wurde der Entwurf der Bundesregierung umgesetzt und am 6. Juni 1994 das ArbZRG erlassen, das in seinem Art. 1 das ArbZG enthielt.[63] Es ist gem. Art. 21 ArbZRG am 1. Juli 1994 in Kraft getreten.

a) *Gründe für die Neuregelung*

Die Gründe, warum es zu der Neuregelung des Arbeitszeitrechts kam, sind vielfältig:[64] Zunächst war mit der Wende eine Vereinheitlichung des Rechts erforderlich geworden, was sich auch in Art. 30 Abs. 1 Nr. 1 des Einigungsvertrags vom 31. August 1990, der dem gesamtdeutschen Gesetzgeber u.a. die

---

61 *Neumann/Biebl*, ArbZG, 16. Aufl. 2013, Einl. Rn. 12 m.w.N.

62 BT-Drs. 12/5282 sowie BT-Drs. 12/5888.

63 BGBl. 1994 I, S. 1170; *Tietje*, Grundfragen des Arbeitszeitrechts, S. 50; *Baeck/Deutsch/Winzer*, ArbZG, 4. Aufl. 2020, Einl. Rn. 4 f.

64 S. hierzu auch ausf. *Baeck/Deutsch/Winzer*, ArbZG, 4. Aufl. 2020, Einl. Rn. 11 ff.; HK-ArbZR/*Schubert*, 2. Aufl. 2018, Einl. Rn. 19.

Aufgabe zuschrieb, das öffentlich-rechtliche Arbeitszeitrecht neu zu kodifizieren, widerspiegelt.[65]

Darüber hinaus wies die bis dato geltende AZO Mängel auf. Neben der verwendeten NS-Terminologie sowie bürokratischen Aushangs-, Aufzeichnungs- und Antragspflichten[66] bedurfte insbesondere das in § 19 AZO vorgeschriebene Nachtarbeitsverbot, das nur für Frauen galt, einer Änderung.[67] Denn dieses wurde durch den EuGH mangels eines entsprechenden Verbots für Männer als unvereinbar mit Art. 5 der Richtlinie 76/207/EWG vom 9. Februar 1976 zur Verwirklichung des Grundsatzes der Gleichbehandlung von Männern und Frauen hinsichtlich des Zugangs zur Beschäftigung zur Berufsausbildung und zum beruflichen Aufstieg sowie in Bezug auf die Arbeitsbedingungen bewertet.[68] Das BVerfG, das zuvor noch von der Verfassungsmäßigkeit der Regelung ausgegangen war,[69] entschied danach unter Aufgabe seiner vorangegangenen Rechtsprechung, dass mit dem selektiven Verbot ein Verstoß gegen Art. 3 Abs. 1, 3 GG gegeben sei.[70] Es konstatierte demnach eine Pflicht des Gesetzgebers zur Neuregelung des Schutzes der Arbeitnehmer vor den schädlichen Folgen der Nachtarbeit.[71]

Zusätzlich wuchs mit der stärker werdenden Europäischen Union auch ihr Einfluss auf die Verbesserung des Arbeitnehmerschutzes, vgl. z.B. Art. 153 AEUV (ex-Art. 137 EGV). So wurde auf sekundärrechtlicher Ebene am 23. November 1993 die RL 93/104/EG des Rates über bestimmte Aspekte der Arbeitszeitgestaltung erlassen, die das deutsche Arbeitszeitrecht – neben anderen Richtlinien zur Arbeitszeitgestaltung für bestimmte Berufsgruppen[72] – beeinflusste.[73]

---

65 BT-Drs. 12/5888, S. 19.

66 Vgl. BT-Drs. 12/5888, S. 20.

67 S. zu den Einzelheiten *Tietje*, Grundfragen des Arbeitszeitrechts, S. 47 ff.; *Baeck/Deutsch/Winzer*, ArbZG, 4. Aufl. 2020, Einl. Rn. 13–19.

68 EuGH, Urt. v. 25.7.1991 – C-345/89 – *Stoeckel*, AP EWG-Vertrag Art. 119 Nr. 28 und später auch zum entspr. franz. Verbot: Urt. v. 13.3.1997 – C-197/96 – *Kommission/Frankreich*, NZA 1997, 481.

69 BVerfG, Beschl. v. 25.5.1956 – 1 BvR 53/54, NJW 1956, 985; v. 13.11.1979 – 1 BvL 24/77, 19/78, 38/79, NJW 1980, 824.

70 BVerfG, Urt. v. 28.1.1992 – 1 BvR 1025/82, 1 BvL 16/83, 1 BvL 10/91, NZA 1992, 270.

71 BVerfG, Urt. v. 28.1.1992 – 1 BvR 1025/82, 1 BvL 16/83, 1 BvL 10/91, NZA 1992, 270 (273); s. dazu auch BT-Drs. 12/5888, S. 19, hier wird der Gesetzgebungsauftrag des BVerfG aufgegriffen.

72 S. die Aufzählung bei *Buschmann*, FS Düwell, S. 34 (44).

73 Der Gesetzentwurf nimmt auch hierauf ausdr. Bezug, BT-Drs. 12/5888, S. 19 f.; dazu Gliederungspunkt § 2 A) III.

b) Änderungen des ArbZG in der Folgezeit

In der folgenden Legislaturperiode von 1994 bis 1998 wurden im Arbeitszeitrecht insbesondere Änderungen hinsichtlich der Arbeit in Bäckereien und Konditoreien vorgenommen (die betroffenen Arbeitnehmer fallen nun nach Aufhebung des § 18 Abs. 4 ArbZG a.F. unter das ArbZG); eine weitere Anpassung erfuhr das Gesetz dann 2000 noch aufgrund der Einführung des Euro.[74]

Für gravierendere Veränderungen im Jahr 2004 ist vor allem das Europarecht respektive die Rechtsprechung des EuGH verantwortlich.[75] So fielen in den Jahren 2000, 2003 und 2004 (und schließlich noch 2005) Entscheidungen des EuGH hinsichtlich der Einordnung von Bereitschaftsdienst als Arbeitszeit, zunächst in Bezug auf das spanische, schließlich aber auch zum deutschen Arbeitszeitrecht.[76] In Deutschland wurde zu diesem Zeitpunkt nur Arbeitsbereitschaft als Arbeitszeit eingeordnet, nicht aber Bereitschaftsdienst und Rufbereitschaft (bis auf die tatsächlich gearbeiteten Stunden); der bis dahin nur diskutierte Richtlinienverstoß hinsichtlich dieser Einordnung des Bereitschaftsdienstes wurde durch den EuGH festgestellt und bemängelt.[77] In der Folge wurde das ArbZG mit Wirkung zum 1. Januar 2004 mit Art. 4b des Gesetzes zu Reformen am Arbeitsmarkt[78] geändert, sodass – neben weiteren geringfügigeren Änderungen – der Bereitschaftsdienst nun auch nach nationalem Recht als Arbeitszeit gilt.[79]

Weitere Änderungen in den Folgejahren sind eher unwesentlich und wiederum bezogen auf bestimmte Berufsgruppen, vgl. z.B. § 21a ArbZG, der für die Beschäftigung im Straßentransport gilt.[80] Sie sind daher für den vorliegenden Kontext nicht entscheidend.

---

74 Ausf. *Baeck/Deutsch/Winzer*, ArbZG, 4. Aufl. 2020, Einl. Rn. 6–9.

75 HK-ArbZR/*Schubert*, 2. Aufl. 2018, Einl. Rn. 22, der von dem EuGH als „Motor des Arbeitszeitrechts" spricht.

76 EuGH, Urt. v. 3.10.2000 – C-303/98 – *SIMAP*, NZA 2000, 1227; v. 9.9.2003 – C-151/02 – *Jaeger*, NZA 2003, 1019; v. 5.10.2004 – C-397/01 bis C-403/01 – *Pfeiffer u.a.*, NZA 2004, 1145; v. 1.12.2005 – C-14/04 – *Dellas*, NZA 2006, 89.

77 S dazu *Baeck/Deutsch/Winzer*, ArbZG, 4. Aufl. 2020, Einl. Rn. 10; so noch ErfK/*Wank*, 20. Aufl. 2020, § 1 ArbZG Rn. 2; *Schliemann*, ArbZG, 4. Aufl. 2020, Einl. Rn. 49; jeweils m.w.N.

78 BGBl. 2003 I, S. 3002.

79 Hierzu und zu den entspr. Publikationen: *Neumann/Biebl*, ArbZG, 16. Aufl. 2013, Einl. Rn. 30 ff.; *Schliemann*, ArbZG, 4. Aufl. 2020, Vorbem. Rn. 49 f.

80 S. im Einzelnen: *Anzinger/Koberski*, ArbZG, 5. Aufl. 2020, Einl. Rn. 50 ff.; *Baeck/Deutsch/Winzer*, ArbZG, 4. Aufl. 2020, § 1 Rn. 10a f.; *Neumann/Biebl*, ArbZG, 16. Aufl. 2013, Einl. Rn. 37 f.

II. Das Arbeitszeitrecht im europäischen Zugriff

Mit dem historischen Blick auf das Europarecht sollen der Weg zu der heute geltenden ArbZRL – RL 2003/88/EG – dargestellt und die auf europäischer Ebene bestehenden Motive hierfür verdeutlicht werden. Denn das deutsche Arbeitszeitrecht wird maßgeblich durch die Vorgaben der Richtlinien der Europäischen Union beeinflusst. Die Entwicklung dieser Richtlinien von der RL 93/104/EG des Rates vom 23. November 1993 über bestimmte Aspekte der Arbeitszeitgestaltung bis zu ihrer Nachfolgerichtlinie, der derzeit geltenden RL 2003/88/EG des Europäischen Parlaments und des Rates vom 4. November 2003 über bestimmte Aspekte der Arbeitszeitgestaltung, wird im Folgenden dargestellt.

1. Die Richtlinie 93/104/EG

Mit der RL 93/104/EG kamen die ersten verbindlichen, allgemeinen, arbeitszeitrechtlichen Regelungen auf europäischer Ebene. Die Entstehungsgeschichte dieser Richtlinie zeigt einen Motivwechsel auf Seiten des europäischen Gesetzgebers von Arbeitsmarkt- bzw. Beschäftigungspolitik hin zu Arbeitnehmerschutz.

a) Vor der Richtlinie 93/104/EG: Arbeitsmarkt- bzw. Beschäftigungspolitik

Erste arbeitszeitrechtliche Regelungen auf Sekundärebene enthielt die VO (EWG) Nr. 543/69 über die Harmonisierung bestimmter Sozialvorschriften im Straßenverkehr von 1969, die Lenkzeiten und Pausenregelungen im Güter- und Personentransport vorschrieb.[81] Die ihr nachfolgenden Erwägungen zur Regelung der Arbeitszeit waren vornehmlich beschäftigungs- bzw. arbeitsmarktpolitisch motiviert:[82] Mit der Empfehlung des Rates 75/457/EWG vom 22. Juli 1975 über den Grundsatz der 40-Stunden-Woche und den Grundsatz des vierwöchigen bezahlten Jahresurlaubs[83] sollten eine Beschränkung der wöchentlichen Arbeitszeit bei vollem Entgeltausgleich und eine Verlängerung des Jahresurlaubs erreicht werden.[84] Neben der folgenden Entschließung des Rates vom 18. Dezember 1979 über die Anpassung der Arbeitszeit,[85] die z.B. Überstunden

---

81 S. Preis/Sagan/*Ulber, D.*, EuArbR, 2. Aufl. 2019, § 7 Rn. 7.6.

82 Franzen/Gallner/Oetker/*Gallner*, EuArbR, 4. Aufl. 2022, Art. 1 RL 2003/88/EG Rn. 16; Preis/Sagan/*Ulber, D.*, EuArbR, 2. Aufl. 2019, § 7 Rn. 7.7.

83 ABl. EG 1975 L 199, S. 32.

84 Franzen/Gallner/Oetker/*Gallner*, EuArbR, 4. Aufl. 2022, Art. 1 RL 2003/88/EG Rn. 16.

85 ABl. EG 1980 C 2, S. 1.

geringer halten sollte, um Entlassungen zu vermeiden und zu mehr Neueinstellungen zu führen (ein Motiv, das auch aus der deutschen Geschichte des Arbeitszeitrechts bekannt ist, s.o.),[86] aber auch bspw. Regelungen zu Teilzeit traf, gab es dann 1983 einen Entwurf der Europäischen Kommission über eine Empfehlung zur Verkürzung und Neugestaltung der Arbeitszeit.[87] Auch hierbei ging es, wie aus den Erwägungsgründen ersichtlich, maßgeblich um Beschäftigungspolitik; so belegt es z.B. Erwägungsgrund 5:

> „Politische Maßnahmen zur Förderung des Wirtschaftswachstums müssen mit positiven Beschäftigungsmaßnahmen einhergehen, einschließlich der Verkürzung und Neugestaltung der Arbeitszeit als wesentlicher Teil einer Gesamtstrategie zur kurz- und mittelfristigen Verbesserung der Beschäftigungslage."

Diese Empfehlung scheiterte jedoch am Veto des Vereinigten Königreichs, das die dort traditionell übliche, tarifvertragliche Festlegung der Arbeitszeiten beibehalten wollte.[88]

b) Der Motivwechsel zum Arbeitnehmerschutz

Der erste Vorschlag zum Erlass einer Arbeitszeitrichtlinie kam dann 1990 von der Europäischen Kommission.[89] Er war auf wesentliche bzw. besonders wichtige Aspekte der Arbeitszeit beschränkt und nannte bereits Sicherheit und Gesundheit der Arbeitnehmer als Schutzgüter.[90] Die Zielrichtung der europäischen Arbeitszeitregelungen hatte sich damit von beschäftigungspolitischen Zwecken hin zum Arbeitsschutz entwickelt. Der Wirtschafts- und Sozialausschuss wollte noch Änderungen des Entwurfs, wobei er insbesondere das aus seiner Sicht erforderliche „Gleichgewicht zwischen den Interessen und Bedürfnissen des Betriebes und denjenigen der Beschäftigten" betonte;[91] weitere Forderungen wurden außerdem in der Anhörung des Europäischen Parlaments laut.[92] Es ging hierbei vor allem um Verbesserungen im Gesundheitsschutz, so z.B. die Aufnahme einer Wochenarbeitszeit und einer wöchentlichen Mindestruhezeit, was

---

86 Preis/Sagan/*Ulber, D.*, EuArbR, 2. Aufl. 2019, § 7 Rn. 7.8.

87 ABl. EG 1983 C 290, S. 4.

88 S. *Junker*, Arbeitszeitmodelle der Zukunft, S. 99 (100 f.); s. noch Franzen/Gallner/Oetker/*Gallner*, EuArbR, 3. Aufl. 2020, Art. 1 RL 2003/88/EG Rn. 6; Preis/Sagan/*Ulber, D.*, EuArbR, 2. Aufl. 2019, § 7 Rn. 7.10.

89 ABl. EG 1990 C 254, S. 4.

90 ABl. EG 1990 C 254, S. 4 (5): s. insb. Erwägungsgründe 1, 17.

91 ABl. EG 1991 C 60, S. 26.

92 ABl. EG 1991 C 72, S. 86.

schließlich in einem angepassten Richtlinienentwurf der Europäischen Kommission zusammenlief.[93]

Möglich war der Erlass der RL 93/104/EG letztlich gerade aufgrund der geänderten Zielsetzung des Richtlinienvorhabens.[94] Denn der neu eingeführte Art. 118a EWGV (später Art. 137 Abs. 2 EGV, jetzt Art. 153 Abs. 2 AEUV) war Grundlage für das Europäische Parlament und den Rat, Richtlinien zum Schutz der Sicherheit und Gesundheit der Arbeitnehmer zu beschließen, und erlaubte dies auch durch eine qualifizierte Mehrheitsentscheidung.[95] Das Vereinigte Königreich versperrte sich nämlich einer Neuregelung und enthielt sich, sodass die von den Mitgliedstaaten vorerst angestrebte einvernehmliche Lösung nicht erzielt werden konnte.[96] Schlussendlich wurde daher auf Grundlage des Art. 118a EWGV mit der nun ausreichenden, qualifizierten Mehrheitsentscheidung die fehlende Zustimmung des Vereinigten Königsreichs überwunden,[97] sodass die RL 93/104/EG am 23. November 1993 erlassen werden konnte.

Das Vereinigte Königreich strengte zwar in der Folge eine Nichtigkeitsklage vor dem EuGH gegen die RL 93/104/EG an, da u.a. die Rechtsgrundlage nicht die richtige sei,[98] womit es jedoch scheiterte: Der Gerichtshof legte eine weite Auslegung des Art. 118a EWGV zugrunde und verneinte mithin die Nichtigkeit der Richtlinie.[99] Anders entschied er nur hinsichtlich des Art. 5 Abs. 2 RL 93/104/EG, der die Sonntagsruhe anordnete, da nicht einleuchtend sei, warum der Sonntag in einem engeren Zusammenhang mit Gesundheit und Sicherheit der Arbeitnehmer stehe als jeder andere Wochentag.[100]

---

93 ABl. EG 1991 C 124, S. 8.

94 *Junker*, Arbeitszeitmodelle der Zukunft, S. 99 (100 f.); s. auch die Erwägungsgründe der RL 93/104/EG sowie ihren Art. 1 Abs. 1.

95 *Junker*, Arbeitszeitmodelle der Zukunft, S. 99 (101); Franzen/Gallner/Oetker/*Gallner*, EuArbR, 4. Aufl. 2022, Art. 1 RL 2003/88/EG Rn. 17; Preis/Sagan/*Ulber, D.*, EuArbR, 2. Aufl. 2019, § 7 Rn. 7.12.

96 Preis/Sagan/*Ulber, D.*, EuArbR, 2. Aufl. 2019, § 7 Rn. 7.18.

97 *Buschmann*, FS Düwell, S. 34 (44); *Junker*, Arbeitszeitmodelle der Zukunft, S. 99 (101); Franzen/Gallner/Oetker/*Gallner*, EuArbR, 4. Aufl. 2022, Art. 1 RL 2003/88/EG Rn. 17; Preis/Sagan/*Ulber, D.*, EuArbR, 2. Aufl. 2019, § 7 Rn. 7.12.

98 EuGH, Urt. v. 12.11.1996 – C-84/94 – *Vereinigtes Königreich/Rat*, NZA 1997, 23 (24): „die Rechtsgrundlage der Richtlinie sei unzutreffend, der Grundsatz der Verhältnismäßigkeit sei verletzt, eine Befugnis sei mißbraucht und wesentliche Formvorschriften seien verletzt worden".

99 EuGH, Urt. v. 12.11.1996 – C-84/94 – *Vereinigtes Königreich/Rat*, NZA 1997, 23.

100 EuGH, Urt. v. 12.11.1996 – C-84/94 – *Vereinigtes Königreich/Rat*, NZA 1997, 23 Rn. 37, 84. S. zum Ganzen: *Thüsing*, EuArbR, 3. Aufl. 2017, § 7 Rn. 1 f.

Die RL 93/104/EG gab also bestimmte Mindestvorschriften zur Arbeitszeitgestaltung vor, um Sicherheit und Gesundheit der Arbeitnehmer zu schützen. Hierzu legte sie neben Begriffsbestimmungen (Art. 2) u.a. Ruhezeiten und Ruhepausen (Artt. 3–5) sowie eine wöchentliche Höchstarbeitszeit (Art. 6) fest. Weitere Regelungen umfassten die Nachtarbeit (Artt. 7–13) und ermöglichten in gewissem Rahmen Abweichungen von bestimmten Vorgaben (Art. 17).

2. *Die Richtlinie 2000/34/EG*

Am 22. Juni 2000 wurde die RL 2000/34/EG des Europäischen Parlaments und des Rates zur Änderung der RL 93/104/EG des Rates über bestimmte Aspekte der Arbeitszeitgestaltung hinsichtlich der Sektoren und Tätigkeitsbereiche, die von jener Richtlinie ausgeschlossen sind, erlassen. Hierdurch wurden die in Art. 1 Abs. 3 RL 93/104/EG enthaltenen Ausnahmen für bestimmte Tätigkeitsbereiche gestrichen, sodass nur noch Seeleute aus ihrem Anwendungsbereich herausgenommen waren. Ursprünglich waren diese Ausnahmen aufgenommen worden, weil für diese Bereiche eigene, spezifischere Richtlinien zur Arbeitszeit erlassen werden sollten – dieses Vorhaben gelang aber bis dahin nicht, weshalb die Europäische Kommission schließlich die Änderung der Richtlinie vorschlug.[101] Darüber hinaus wurden durch die Änderungsrichtlinie die Begriffsbestimmungen des Art. 2 RL 93/104/EG um weitere Definitionen ergänzt.

3. *Die Richtlinie 2003/88/EG*

Schließlich kam dann am 4. November 2003 die RL 2003/88/EG des Europäischen Parlaments und des Rates über bestimmte Aspekte der Arbeitszeitgestaltung. Ausweislich ihres ersten Erwägungsgrundes wurde sie aus Gründen der Übersichtlichkeit und Klarheit erlassen, um die RL 93/104/EG und die RL 2000/34/EG zusammenzufassen. Das wurde deshalb als notwendig erachtet, weil die Änderungsrichtlinie RL 2000/34/EG immer neben der „eigentlichen" Arbeitszeitrichtlinie RL 93/104/EG gelesen werden musste.[102]

Die RL 2003/88/EG enthält im Kern Begriffsbestimmungen (Art. 2), Vorgaben zu Ruhepausen und Ruhezeiten (Artt. 3–5), eine wöchentliche Höchstarbeitszeit (Art. 6), die Vorgabe eines Jahresurlaubs (Art. 7), Regelungen zu Nacht- und Schichtarbeit (Artt. 8–13) sowie diverse Abweichungsmöglichkeiten

---

101 Vgl. ABl. EG 1999 C 43, S. 1; Preis/Sagan/*Ulber, D.*, EuArbR, 2. Aufl. 2019, § 7 Rn. 7.21.

102 Franzen/Gallner/Oetker/*Gallner*, EuArbR, 4. Aufl. 2022, Art. 1 RL 2003/88/EG Rn. 19; Preis/Sagan/*Ulber, D.*, EuArbR, 2. Aufl. 2019, § 7 Rn. 7.25.

(Artt. 17–22). Hinsichtlich der Rechtsprechung des EuGH, die zu der ersten Arbeitszeitrichtlinie ergangen ist, ergeben sich auch wegen der neuen Richtlinie keine Abweichungen und die alten Entscheidungen bleiben gültig.[103]

III. Zwecke des Arbeitszeitrechts

Maßgeblich auch aus den vorangegangenen historischen Darstellungen zu europäischem und nationalem Arbeitszeitrecht lassen sich nun also, wie angedeutet, Erkenntnisse hinsichtlich der Zwecke von ArbZRL und ArbZG, die für ihre Auslegung maßgeblich sind, ziehen.

1. Zwecke der ArbZRL

Der Hauptzweck der ArbZRL liegt darin, Sicherheit und Gesundheitsschutz der Arbeitnehmer zu gewährleisten. Hierzu soll eine Harmonisierung des Arbeitszeitrechts innerhalb der Europäischen Union erreicht werden, um zu einer Verbesserung der Lebens- und Arbeitsbedingungen der Arbeitnehmer zu führen. Zum Erreichen dieser Zwecke dient die Festlegung von Mindestbestimmungen zu Höchstarbeitszeit, Ruhezeiten und Ruhepausen, vgl. auch Art. 1 Abs. 1 ArbZRL. Dazu führt auch der EuGH aus:

> „Weiter ist zunächst festzustellen, dass durch die RL 2003/88 Mindestvorschriften festgelegt werden sollen, die dazu bestimmt sind, die Lebens- und Arbeitsbedingungen der Arbeitnehmer durch eine Angleichung namentlich der innerstaatlichen Arbeitszeitvorschriften zu verbessern. Diese Harmonisierung der Arbeitszeitgestaltung auf der Ebene der Europäischen Union soll einen besseren Schutz der Sicherheit und der Gesundheit der Arbeitnehmer durch Gewährung von – u.a. täglichen und wöchentlichen – Mindestruhezeiten und angemessenen Ruhepausen sowie die Festlegung einer durchschnittlichen wöchentlichen Höchstarbeitszeit von 48 Stunden, bezüglich deren ausdrücklich klargestellt ist, dass sie auch die Überstunden einschließt, gewährleisten."[104] (Nachweise ausgelassen)

Unterstützt wird dies auch durch die Erwägungsgründe der Richtlinie. Erwägungsgrund 4 stellt heraus, dass der Arbeitnehmerschutz keinen rein wirtschaftlichen Überlegungen untergeordnet werden dürfe. Hinsichtlich Nacht- und

---

103 Preis/Sagan/*Ulber, D.*, EuArbR, 2. Aufl. 2019, § 7 Rn. 7.26 m.w.N.

104 EuGH, Urt. v. 10.9.2015 – C-266/14 – *Tyco*, NZA 2015, 1177 Rn. 23; vgl. auch Beschl. v. 4.3.2011 – C-258/10 – *Grigore*, BeckRS 2011, 80562, Rn. 40 (frz.); Urt. v. 9.9.2003 – C-151/02 – *Jaeger*, NZA 2003, 1019 Rn. 46.

Schichtarbeitern wird das Schutzbedürfnis in den folgenden Erwägungsgründen (6–10) noch einmal deutlich betont.

Nicht zu vernachlässigen ist aber der Blick auf Erwägungsgrund 15 der Richtlinie:

> „In Anbetracht der Fragen, die sich aufgrund der Arbeitszeitgestaltung im Unternehmen stellen können, ist eine gewisse Flexibilität bei der Anwendung einzelner Bestimmungen dieser Richtlinie vorzusehen, wobei jedoch die Grundsätze des Schutzes der Sicherheit und der Gesundheit der Arbeitnehmer zu beachten sind."

Hieraus wird deutlich, dass der bezweckte Schutz nicht absolut ist bzw. nicht absolut sein kann:[105] Eine gewisse Flexibilität ist bei der Arbeitszeitgestaltung, wie es auch der Richtliniengeber erkannt hat, erforderlich. Die Grenze etwaiger Flexibilisierung bilden wiederum die Grundsätze des Schutzes der Sicherheit und der Gesundheit der Arbeitnehmer, was auch im Normtext der Richtlinie, gerade hinsichtlich der durch sie ermöglichten Ausnahmen in Artt. 17 ff. ArbZRL, immer wieder deutlich wird. Dennoch wird der hohe Stellenwert, der dem Schutzzweck der ArbZRL gegenüber anderen Überlegungen beigemessen wird, durch Erwägungsgrund 15 unterstrichen. Gleichzeitig macht dies aber auch deutlich, dass sich die Vorschriften der Richtlinie einer gewissen Flexibilisierung nicht verschließen, sie teilweise sogar – wenn auch unter strengeren Voraussetzungen – ermöglichen wollen. Dies ist bei der Suche nach Freiräumen der arbeitszeitrechtlichen Gestaltung nicht zu verkennen.

2. Zwecke des deutschen ArbZG

Auch Ziele des deutschen ArbZG sind teilweise ausdrücklich festgeschrieben. Zur Feststellung der Zwecke des Gesetzes sind folglich zunächst die in § 1 ArbZG ausdrücklich genannten zu betrachten (a)), aber auch der Blick auf etwaige ungeschriebene Ziele (b)) darf nicht ausbleiben.

a) Die Zielbestimmungen des § 1 ArbZG

Teilweise wurden die Zwecksetzungen des ArbZG – anders noch als in der vorangegangenen AZO – ausdrücklich im Normtext niedergelegt. Diese Vorgehensweise ist inzwischen insbesondere für Umwelt, Gesundheits- und Arbeitsschutzgesetze typisch,[106] vgl. z.B. § 1 BImSchG, § 1 AMG und § 1

---

105 Vgl. auch *Henssler/Lunk*, NZA 2016, 1425 (1428).

106 *Anzinger/Koberski*, ArbZG, 5. Aufl. 2020, § 1 Rn. 1; *Baeck/Deutsch/Winzer*, ArbZG, 4. Aufl. 2020, § 1 Rn. 2.

ArbSchG. Die Voranstellung der Zwecke in § 1 ArbZG hat weder Wirkung hinsichtlich der Begründung von Rechten oder Pflichten auf Arbeitnehmer- und Arbeitgeberseite, noch stellt sie eine Rechtsgrundlage für behördliches Handeln dar – Sinn der Norm ist vielmehr, als Auslegungshilfe herangezogen zu werden, um die Berücksichtigung der Werteentscheidungen des Gesetzgebers bei Anwendung des Gesetzes, insbesondere auch bei richterlichen Entscheidungen, sicherzustellen.[107]

aa) Genannte Zwecke

Die in der Norm genannten Zwecke sind schnell erläutert. § 1 Nr. 1 ArbZG legt fest, dass Sicherheit und Gesundheitsschutz der Arbeitnehmer bei der Arbeitszeitgestaltung gewährleistet werden sollen. Dies beinhaltet vor allem den Schutz vor Überbeanspruchung und folglich eine Vermeidung von Schäden des Arbeitnehmers wegen zu langer Arbeitszeiten ohne angemessene Pausen und Ruhezeiten. Hierbei handelt es sich somit sowohl um einen Sicherheitsbelang, da Unfälle verhindert werden (sollen), als auch ein Anliegen im gesundheitlichen Bereich, weil zu lange Arbeitszeiten zu Gesundheitsschäden führen können.[108] Um dies zu erreichen, stellt das ArbZG Höchstgrenzen der Arbeitszeit auf und ordnete Pausen und Ruhezeiten an, vgl. §§ 3–6 ArbZG. Geschützt wird der Arbeitnehmer somit vor übermäßiger Inanspruchnahme durch den Arbeitgeber; das Gesetz dient aber auch als Schutz als auch vor sich selbst – seine Regelungen sind unabdingbar, der Arbeitnehmer kann auf sie nicht verzichten.[109]

Abgezielt wird in § 1 Nr. 1 ArbZG überdies auf die Verbesserung der Rahmenbedingungen für flexible Arbeitszeiten. Das wird als Belang angesehen, der sowohl in Arbeitgeber- als auch in Arbeitnehmerinteressen steht: Es wird einerseits eine Erhöhung der Betriebslaufzeiten unabhängig von den individuellen Arbeitszeiten der Arbeitnehmer ermöglicht, was dem Arbeitgeber zugutekommt, andererseits hat der Arbeitnehmer durch Flexibilisierung mehr Freiheit

---

107 *Anzinger/Koberski*, ArbZG, 5. Aufl. 2020, § 1 Rn. 3, 17 ff.; *Baeck/Deutsch/Winzer*, ArbZG, 4. Aufl. 2020, § 1 Rn. 6 f.; HK-ArbZR/*Spengler*, 2. Aufl. 2018, § 1 ArbZG Rn. 1; *Neumann/Biebl*, ArbZG, 16. Aufl. 2013, § 1 Rn. 3, 9; *Schliemann*, ArbZG, 4. Aufl. 2020, § 1 Rn. 4; vgl. auch BAG, Urt. v. 24.2.2005 – 2 AZR 211/04, NZA 2005, 759.

108 Ausf. BeckOK ArbR/*Kock*, 64. Ed. 2022, § 1 ArbZG Rn. 1 ff.; s. auch *Neumann/Biebl*, ArbZG, 16. Aufl. 2013, § 1 Rn. 3; *Schliemann*, ArbZG, 4. Aufl. 2020, § 1 Rn. 9.

109 *Anzinger/Koberski*, ArbZG, 5. Aufl. 2020, § 1 Rn. 24; *Baeck/Deutsch/Winzer*, ArbZG, 4. Aufl. 2020, Einf. Rn. 52; vgl. auch BAG, Urt. v. 28.10.1971 – 2 AZR 15/71, BeckRS 2015, 66130. Zum Schutz vor Selbstausbeutung: *Kolbe*, ZfA 2021, 216 (217 f.); *Krause*, Gutachten 71. DJT, S. B 51 f.

zur eigenen Gestaltung seiner Arbeitszeit.[110] Die Flexibilisierung schlägt sich insbesondere in §§ 7, 12 ArbZG nieder, die abweichende Regelungen durch Tarifvertragsparteien und aufgrund von Tarifverträgen durch Betriebsparteien zulassen.[111]

Weiterhin bezweckt das Gesetz es gem. § 1 Nr. 2 ArbZG, den Sonntag und die staatlich anerkannten Feiertage als Tage der Arbeitsruhe und der seelischen Erhebung der Arbeitnehmer zu schützen. Darin liegt insbesondere die Umsetzung des verfassungsrechtlichen Gebots aus Art. 139 WRV, Art. 140 GG.[112] Diese Zweckbestimmung wird durch § 9 ArbZG ausgestaltet und betont.

bb) Rangfolge der genannten Zwecke

Die Rangfolge dieser ausdrücklich genannten Zielbestimmungen wird in der Literatur unterschiedlich eingeschätzt. So wird einerseits vertreten, für den Fall, dass die Zwecke kollidieren, die Rangfolge vom Einzelfall unter Beachtung der jeweiligen Umstände und der Schwere der Eingriffe abhängig zu machen.[113] Begründet wird dies zunächst vor allem mit der Tatsache, dass sie vom Gesetzgeber nur nebeneinander gestellt worden seien und sich somit aus dem Gesetz selbst keine Rangfolge ergebe.[114]

Für den stetigen Vorrang von Sicherheit und Gesundheitsschutz, hinter dem Sonn- und Feiertagsschutz und insbesondere das Flexibilisierungsziel zurückstehen müssen, werden auf der anderen Seite einige Argumente angeführt.[115] Zunächst gereichen als Begründung dafür, dass das Flexibilisierungsziel nachrangig ist, die verfassungsrechtliche Verankerung des Gesundheitsschutzes, Art. 2 Abs. 2 S. 1 GG, sowie die institutionelle Garantie von Sonn- und Feiertagsschutz.[116] Weiterer Anknüpfungspunkt kann die Einordnung des ArbZG als

---

110 Ausf. *Neumann/Biebl*, ArbZG, 16. Aufl. 2013, § 1 Rn. 4 ff. unter Verweis auf u.a. BT-Drs. 12/5888, S. 37 mit abgelehnten Stellungnahmen; s. auch ErfK/*Roloff*, 22. Aufl. 2022, § 1 ArbZG Rn. 7; HWK/*Gäntgen*, 10. Aufl. 2022, § 1 ArbZG Rn. 3.

111 *Baeck/Deutsch/Winzer*, ArbZG, 4. Aufl. 2020, § 1 Rn. 12.

112 BeckOK ArbR/*Kock*, 64. Ed. 2022, § 1 ArbZG Rn. 6; ErfK/*Roloff*, 22. Aufl. 2022, § 1 ArbZG Rn. 8; HWK/*Gäntgen*, 10. Aufl. 2022, § 1 ArbZG Rn. 4.

113 So *Baeck/Deutsch/Winzer*, ArbZG, 4. Aufl. 2020, § 1 Rn. 10; noch ErfK/*Wank*, 20. Aufl. 2020, § 1 ArbZG Rn. 9; *Neumann/Biebl*, ArbZG, 16. Aufl. 2013, § 1 Rn. 8.

114 S. nur *Neumann/Biebl*, ArbZG, 16. Aufl. 2013, § 1 Rn. 8.

115 *Anzinger/Koberski*, ArbZG, 5. Aufl. 2020, § 1 Rn. 9; Buschmann/Ulber/*Buschmann*, ArbZR, 1. Aufl. 2019, § 1 ArbZG Rn. 15; HK-ArbZR/*Spengler*, 2. Aufl. 2018, § 1 ArbZG Rn. 5; *Schliemann*, ArbZG, 4. Aufl. 2020, § 1 Rn. 16.

116 *Schliemann*, ArbZG, 4. Aufl. 2020, § 1 Rn. 16; vgl. dazu auch BVerwG, Beschl. v. 4.12.2014 – 8 B 66/14, NVwZ-RR 2015, 256.

lex specialis zum ArbSchG sein, welches ausweislich seines § 1 Sicherheit und Gesundheitsschutz sichern und verbessern soll, sowie als Auslegungsmaßstab im Arbeitszeitrecht dient.[117] Angeführt wird darüber hinaus die Gesetzessystematik des ArbZG, das mit §§ 3–6 ArbZG den Gesundheitsschutz vorrangig stellt und die Flexibilisierung in §§ 7, 12 ArbZG nur unter Tarifvorbehalt zulässt.[118] Noch gewichtiger ist in diesem Zusammenhang das erste Ergebnis einer Auslegung vor dem europarechtlichen Hintergrund.[119] Die das ArbZG determinierende RL 2003/88/EG und im historischen Kontext die vorhergehende RL 93/104/EG lösen sich nicht vollständig von dem Zweck der Flexibilisierung des Arbeitszeitrechts. Vielmehr erkennen sie ausweislich ihrer Erwägungsgründe das Erfordernis „gewisse[r] Flexibilität“ an.[120] Die Grenze dieser Flexibilisierung bilden wiederum die Grundsätze des Schutzes der Sicherheit und der Gesundheit der Arbeitnehmer, die darüber hinaus sowohl im Text beider Arbeitszeitrichtlinien als auch in den Erwägungsgründen herausgestellt werden. Das betont, wie bereits dargelegt, den hohen Stellenwert, der dem Schutzzweck im Rahmen beider Richtlinien grundsätzlich beigemessen wird. Dasselbe muss daher auch, so kann man argumentieren, für das nationale Recht gelten, das der Umsetzung ebendieser Richtlinien dient.[121]

Die Auslegung anhand der europarechtlichen Vorgabe widerspricht aber einer – im Ergebnis wohl sachgerechteren – Bestimmung des vorrangigen Gesetzeszweckes im Einzelfall nicht zwingend, solange diese an dem dargelegten Maßstab ausgerichtet wird. Dabei bleibt u.a. zu berücksichtigen, dass mit Flexibilität unter Umständen unvermeidbare Schutzeinbußen auf Arbeitnehmerseite einhergehen.[122] Sachgerechter ist die Einzelfallbestimmung der Rangfolge dennoch, weil nicht ignoriert werden kann, dass Flexibilitätsinteressen, wie bereits erwähnt, nicht nur auf Arbeitgeber-, sondern auch auf Arbeitnehmerseite bestehen, um Freizeit, Familie und Beruf nach individuellen Bedürfnissen

---

117 Ausf. Buschmann/Ulber/*Buschmann*, ArbZR, 1. Aufl. 2019, § 1 ArbZG Rn 16 f.

118 HK-ArbZR/*Spengler*, 2. Aufl. 2018, § 1 ArbZG Rn. 5.

119 Denn die Zwecke der ArbZRL sind auch bei Auslegung des ArbZG zu berücksichtigen, *Baeck/Deutsch/Winzer*, ArbZG, 4. Aufl. 2020, § 1 Rn. 9; *Schliemann*, ArbZG, 4. Aufl. 2020, § 1 Rn. 7.

120 Sowohl in ErwGrd. 17 der RL 93/104/EG als auch wortlautgleich in ErwGrd. 15 der RL 2003/88/EG.

121 Ähnl., aber ohne auf Flexibilisierung im Kontext der Richtlinie(n) einzugehen, HK-ArbZR/*Spengler*, 2. Aufl. 2018, § 1 ArbZG Rn. 5; s. auch Buschmann/Ulber/*Buschmann*, ArbZR, 1. Aufl. 2019, § 1 ArbZG Rn. 15 ff.

122 *Witschen*, Rahmenvorgaben und Flexibilisierungsspielräume im Arbeitszeitrecht, S. 45.

miteinander vereinbaren zu können – das setzt flexible Gestaltungsmöglichkeiten im Rahmen des Arbeitszeitrechts voraus. Daher ist nicht in jedem Fall die grundsätzliche Nachrangigkeit der Flexibilisierung gerechtfertigt, vielmehr kommt es auf ausgeglichene Einzelfalllösungen an.[123] Hierbei ist vor allem die Schwere der jeweiligen Eingriffe im Einzelfall maßgeblich – wie intensiv sind die Beeinträchtigungen?[124] Verdeutlicht man sich hierzu jedenfalls, dass die Arbeitszeitrichtlinien sowie als Folge auch das ArbZG einen Mindeststandard für den Arbeitnehmerschutz vorgeben, der die Grenze jeder Flexibilisierung bildet und daher nicht unterschritten werden kann,[125] bewegt man sich somit auch mit der Zweckbestimmung im Einzelfall im Rahmen des europarechtlich Zulässigen. Wichtig ist dabei: In Zweifelsfällen muss dennoch sowohl aufgrund europarechtlicher als auch nationaler Wertungen der Vorrang von Sicherheit und Gesundheitsschutz gelten. Diese Erkenntnisse gilt es im Weiteren zu berücksichtigen.

b) Im Gesetz nicht genannte Zwecke

Fraglich ist, ob neben die im ArbZG ausdrücklich aufgezählten Zweckbestimmungen weitere Zwecke treten können und ob diese bei der Auslegung des Gesetzes berücksichtigt werden dürfen. Anknüpfungspunkte hierfür finden sich in den Gesetzgebungsmaterialien. So gab es bei der Diskussion um das ArbZG von Seiten der SPD-Fraktion sowie in der Stellungnahme des Bundesrates Vorschläge, die Zielsetzung in § 1 ArbZG zu ergänzen, um den Schutzumfang des Gesetzes zu verdeutlichen sowie die Vereinbarkeit von Beruf und Familie aufzunehmen. So lautete der Vorschlag der SPD-Fraktion zu § 1 ArbZG:[126]

> „Ziel dieses Gesetzes ist es,
> – die Gesundheit der Arbeitnehmerinnen und Arbeitnehmer vor Überforderung und Überbeanspruchung durch Lage und Dauer der Arbeits- und Schichtzeiten oder zu kurze Ruhepausen und Ruhezeiten zu schützen,
> – die Vereinbarkeit von Beruf und Familie für Frauen und Männer zu erleichtern sowie,
> – ausreichende arbeitsfreie Zeiten für Erholung, Freizeitgestaltung und Teilnahme der Beschäftigten am gesellschaftlichen Leben zu gewährleisten."

---

123 *Witschen*, Rahmenvorgaben und Flexibilisierungsspielräume im Arbeitszeitrecht, S. 45.

124 S. *Baeck/Deutsch/Winzer*, ArbZG, 4. Aufl. 2020, § 1 Rn. 10.

125 *Witschen*, Rahmenvorgaben und Flexibilisierungsspielräume im Arbeitszeitrecht, S. 45; zum ArbZG s. nur BeckOK ArbR/*Kock*, 64. Ed. 2022, § 1 ArbZG Rn. 2; hinsl. der ArbZRL vgl. insb. ihre ErwGrd. 1, 4, 15 und Preis/Sagan/*Ulber, D.*, EuArbR, 2. Aufl. 2019, § 7 Rn. 7.1.

126 BT-Drs. 12/5282, S. 3.

Ähnlich klingt der Vorschlag des Bundesrates zu Art. 1 § 1 Nr. 3 ArbZRG:[127]

> „3. die Vereinbarkeit von Erwerbstätigkeit und tatsächlicher Verantwortung für Haushalt, Kindererziehung und Betreuung Pflegebedürftiger zu erleichtern sowie ausreichende arbeitsfreie Zeit für Erholung und Teilnahme der Beschäftigten am gesellschaftlichen Leben zu gewährleisten."

Die Bundesregierung lehnte die Aufnahme dieser Zielsetzungen allerdings unter Hinweis darauf ab, dass „die Aufgabe, soziale und kulturelle Belange der Arbeitnehmer bei der Arbeitszeitgestaltung zu berücksichtigen, [...] den Tarifvertragsparteien und Betriebspartnern überlassen" werde.[128] So wurde es schließlich im Bundestagsausschuss für Arbeit und Sozialordnung – unter Anpassung des Wortlauts an Art. 139 WRV – akzeptiert.[129]

Streitig ist in diesem Zusammenhang in der Literatur, ob diese Ziele dennoch bei der Auslegung berücksichtigt werden dürfen.[130] So ergibt sich zwar aus den Gesetzesmaterialen, dass insbesondere die Vereinbarkeit der Arbeit mit Freizeitbelangen der Arbeitnehmer schlussendlich gerade nicht in das Gesetz mit aufgenommen werden sollte.[131] Das steht aber der gerechtfertigten Annahme nicht entgegen, der festgeschriebene Gesetzeszweck des Gesundheitsschutzes erfordere es ohnehin, dass den Arbeitnehmer hinreichend Freizeit zugebilligt wird, um ihre privaten Belange zu verfolgen, damit vor allem ihre Erholung sichergestellt sei.[132] Genauso lässt sich aber auch argumentieren, dass die Vereinbarkeit der Arbeitszeit mit der individuellen Freizeit sich nicht von dem Zweck der Flexibilisierung der Arbeitszeit trennen lässt. Denn: Eine flexible Gestaltung der Arbeitszeit ermöglicht es Arbeitnehmern eben auch, die freie Zeit ihren eigenen Wünschen und Bedürfnissen entsprechend zu verteilen und zu gestalten. Das klingt auch in der Begründung zu dem oben genannten Änderungsvorschlag des Bundesrates an:[133]

> „Flexibilisierung der Arbeitszeit ist nicht allein im Interesse der betrieblichen Produktion erstrebenswert, sondern auch, um den Belangen der Personen, die tatsächliche

---

127 BT-Drs. 12/5888, S. 37.

128 BT-Drs. 12/5888, S. 50; ausf. *Baeck/Deutsch/Winzer*, ArbZG, 4. Aufl. 2020, § 1 Rn. 4; *Neumann/Biebl*, ArbZG, 16. Aufl. 2013, § 1 Rn. 2.

129 BT-Drs. 12/6990, 8, S. 42.

130 Dagegen *Baeck/Deutsch/Winzer*, ArbZG, 4. Aufl. 2020, § 1 Rn. 9; dafür aber *Neumann/Biebl*, ArbZG, 16. Aufl. 2013, § 1 Rn. 8.

131 BT-Drs. 12/5888, S. 50.

132 *Witschen*, Rahmenvorgaben und Flexibilisierungsspielräume im Arbeitszeitrecht, S. 42.

133 BT-Drs. 12/5888, S. 37.

Verantwortung –d.h. durch Erledigung der anfallenden Tätigkeiten – für Haushalt, Kindererziehung und die Betreuung Pflegebedürftiger übernehmen[,] […] gerecht zu werden sowie im Interesse der Beteiligung von Arbeitnehmerinnen und Arbeitnehmern am gesellschaftlichen Leben."

Demnach können die Zwecke des § 1 ArbZG auch nur unter Einbeziehung dieser Erwägungen verstanden werden; diese sind auch bei der Auslegung des Gesetzes untrennbar hiermit verbunden. Das wird nicht zuletzt durch die (wohl herrschende) Annahme, die Festlegungen des § 1 ArbZG seien nicht abschließend,[134] gestützt.[135]

Darüber hinaus war zumindest Motiv des Gesetzgebers auch die Umsetzung der europäischen RL 93/104/EG bzw. jetzt RL 2003/88/EG im Hinblick auf eine Harmonisierung des Rechts in der Europäischen Union sowie die Vereinheitlichung des Rechts.[136]

3. *Der Fokus liegt auf dem Arbeitnehmerschutz*

Aus den vorgenommenen Überlegungen zum Zweck lassen sich erste Schlüsse für die in den Blick genommene Suche nach europarechtlichen Freiräumen ziehen: Arbeitnehmerschutz im Hinblick auf Sicherheit und Gesundheit der Arbeitnehmer ist das Hauptziel der ArbZRL. Hierzu schreibt sie Mindestgrenzen vor, die nicht unterschritten werden dürfen – das ist für die Frage nach etwaigen Freiräumen wesentlich. Dennoch bleibt festzuhalten, dass auch vom europäischen Richtliniengeber etwaige Flexibilisierungs- und Anpassungserfordernisse berücksichtigt wurden. Das deutsche ArbZG, das der Umsetzung der Richtlinie dient, orientiert sich hieran. Will man auch die Rangfolge seiner genannten Zwecke – wie hier befürwortet – vom Einzelfall abhängig machen, um beiderseitigen Flexibilisierungswünschen gerecht werden zu können, muss dennoch im Zweifelsfall der Arbeitnehmerschutz Vorrang genießen.

---

134 *Anzinger/Koberski*, ArbZG, 5. Aufl. 2020, § 1 Rn. 17; Buschmann/Ulber/*Buschmann*, ArbZR, 1. Aufl. 2019, § 1 ArbZG Rn. 3; *Neumann/Biebl*, ArbZG, 16. Aufl. 2013, § 1 Rn. 8; *Schliemann*, ArbZG, 4. Aufl. 2020, § 1 Rn. 17.

135 Ausf. *Witschen*, Rahmenvorgaben und Flexibilisierungsspielräume im Arbeitszeitrecht, S. 42 f.

136 Oder auch Zweck des Gesetzes: Buschmann/Ulber/*Buschmann*, ArbZR, 1. Aufl. 2019, § 1 ArbZG Rn. 3; *Schliemann*, ArbZG, 4. Aufl. 2020, § 1 Rn. 18; ausdr. aufgegriffen im Gesetzentwurf der Bundesregierung: BT-Drs. 12/5888, S. 19 f.

IV. Antworten, die der Blick in die Historie gibt

Insgesamt zeigt sich durch die rechtshistorische Betrachtung eine Entwicklung des Arbeitszeitrechts, die naturgemäß stark von den Umständen der Zeit geprägt ist, diese aber selbst wiederum beeinflusst. Auf europäischer Ebene liegt ein Motivwechsel vor: Arbeitnehmerschutz ist seit der ersten allgemeinen Arbeitszeitrichtlinie (RL 93/104/EG) anstelle von Beschäftigungspolitik vordergründiges Motiv. Deutlicher zeigt sich der Wandel allerdings noch im nationalen Arbeitszeitrecht. Er zeichnet sich ebenfalls, aber noch stärker, an den geänderten Motiven zum Erlass der Regelungen ab – ging es bei den ersten arbeitszeit- bzw. arbeitsschutzrechtlichen Vorschriften noch um das Verbot von Kinderarbeit oder ergaben sie sich aus der Notwendigkeit der Unterbringung heimkehrender Soldaten, so orientierten sie sich später mehr am generellen Arbeitnehmerschutz sowie an gewissen Flexibilisierungsbestrebungen. Im Hinblick auf das ArbZG ist darüber hinaus in seinem historischen Kontext zu beachten, dass es – anders als die meisten seiner vorhergegangenen Regelungen – nicht als Verordnung oder wie die AZO unter der Diktatur in der NS-Zeit entstanden ist. Auch diese Tatsache hat Bedeutung bei der teleologischen Auslegung. Das Gesetz hat hierdurch eine höhere demokratische Legitimation erfahren als die vorherigen Rechtsquellen des Arbeitszeitrechts.[137] Im Ergebnis liegt der Zweck des Arbeitszeitrechts maßgeblich im Schutz der Arbeitnehmer – das verdeutlicht auch seine historische Entwicklung.

B) Die Grundlagen der ArbZRL

Um die Arbeit mit der ArbZRL zu ermöglichen, ist es erforderlich, sich einen kurzen Überblick über ihre Grundlagen zu verschaffen. Aufgrund der gebotenen primärrechtskonformen Auslegung sowie dem Erfordernis, die durch die Richtlinie geregelten Bereiche abzustecken, damit für die weitere Arbeit Grundsteine gelegt sind und der Spielraum um die Richtlinie herum deutlich wird, sollen hier zunächst das entscheidende europäische Primärrecht (I.) und in der Folge Gegenstand (II.) und im ersten Zugriff der Anwendungsbereich (III.) der Richtlinie beleuchtet werden. Danach soll es noch kurz um das Regressionsverbot (IV.) gehen. Des Weiteren gibt es auch völkerrechtliche Vorgaben zur Arbeitszeit (V.).

---

137 S. ausf. *Tietje*, Grundfragen des Arbeitszeitrechts, S. 57.

I. Europäisches Primärrecht

Zunächst gilt es, das maßgebliche Primärrecht aus dem AEUV zu betrachten, denn die Auslegung des europäischen Sekundärrechts, also auch der Richtlinien, vgl. Art. 288 Abs. 3 AEUV, und damit auch die Suche nach etwaigen Freiräumen bedürfen der Heranziehung europäischen Primärrechts.[138] Das ist vor allem unter dem Gesichtspunkt der primärrechtskonformen Auslegung erforderlich,[139] denn europäisches Primärrecht, das die Grundlagen der Europäischen Union bildet, s. Art. 1 Abs. 3 EUV und Art. 1 Abs. 2 AEUV, hat Vorrang vor dem Sekundärrecht, das lediglich hiervon abgeleitetes Recht ist.[140] Hier soll demnach ein kurzer Blick auf das folgen, was an Primärrecht für die Richtlinie maßgeblich ist, um darauf zurückgreifen zu können, wo es erforderlich ist.

1. Rechtsgrundlage der ArbZRL: Art. 153 AEUV

Wie bereits dargestellt, fand die RL 93/104/EG als Vorgängerrichtlinie der aktuell geltenden ArbZRL ihre Grundlage mit Art. 118a EWGV. Bei dem Erlass der heute geltenden ArbZRL war die Kompetenzgrundlage Art. 137 EGV und ist inzwischen in Art. 153 Abs. 2 lit. b) i.V.m. Abs. 1 lit. a), b) AEUV zu finden. Die Norm ermächtigt das Europäische Parlament und den Rat u.a., allgemeine, also für alle Arbeitnehmer und nicht nur bestimmte Gruppen geltende,[141] Richtlinien zu erlassen. Dies soll „zur Verbesserung insbesondere der Arbeitsumwelt zum Schutz der Gesundheit und der Sicherheit der Arbeitnehmer" (Abs. 1 lit. a)) sowie zur Regelung der Arbeitsbedingungen (Abs. 1 lit. b)) dienen. Der

---

138 Vgl. Franzen/Gallner/Oetker/*Gallner*, EuArbR, 4. Aufl. 2022, Art. 1 RL 2003/88/EG Rn. 31 m.w.N.

139 Das Gebot der primärrechtskonformen Auslegung hat der EuGH in ständiger Rechtsprechung geprägt, s. nur EuGH, Urt. v. 27.1.1994 – C-98/91 – *Herbrink*, BeckRS 2004, 77945 Rn. 9; v. 21.3.1991 – C-314/89 – *Rauh*, BeckRS 2004, 76276 Rn. 17; v. 13.12.1983 – 218/82 – *Kommission/Rat*, BeckRS 2004, 72356 Rn. 15. Die primärrechtskonforme Auslegung kann auch als (europa-)verfassungskonforme Auslegung bezeichnet werden, ähnelt sie doch der verfassungskonformen Auslegung im nationalen Recht, und qualifiziert der EuGH die hierbei insbesondere relevanten Verträge als Verfassungsrecht der EU; Riesenhuber/*Leible/Domröse*, Methodenlehre, 4. Aufl. 2021, § 8 Rn. 1 m.w.N.

140 Calliess/Ruffert/*Ruffert*, EUV/AEUV, 6. Aufl. 2022, Art. 288 AEUV Rn. 8; Franzen/Gallner/Oetker/*Höpfner*, EuArbR, 4. Aufl. 2022, Art. 288 AEUV Rn. 3 f.; Riesenhuber/*Leible/Domröse*, Methodenlehre, 4. Aufl. 2021 § 8 Rn. 1.

141 EuGH, Urt. v. 12.11.1996 – C-84/94 – *Vereinigtes Königreich/Rat*, NZA 1997, 23 Rn. 20.

Begriff der „Arbeitsbedingungen“ ist hierbei pauschal formuliert und daher weit gefasst.[142]

Wurde zunächst noch bestritten, so zumindest durch das Vereinigte Königreich, dass die RL 93/04/EG von Art. 118a EWGV als Kompetenzgrundlage erfasst wurde, was auch mit dessen enger Auslegung begründet wurde,[143] bejahte dies hingegen der EuGH – im Unterschied zum Vereinigten Königreich – unter weiter Auslegung der Begriffe „Sicherheit“ und „Gesundheit“.[144] So zieht er zur Begriffsbestimmung die Präambel der Satzung der Weltgesundheitsorganisation[145] heran und führt hierzu aus:

> „Im Wortlaut des Art. 118a [EWGV] finden sich keine Anhaltspunkte für die Auffassung, die Begriffe ‚Arbeitsumwelt‘, ‚Sicherheit‘ und ‚Gesundheit‘ i.S. dieser Bestimmung müßten in Ermangelung anderer Anhaltspunkte eng und nicht dahin ausgelegt werden, daß sie sämtliche körperlichen und sonstigen Faktoren, die die Gesundheit und die Sicherheit der Arbeitnehmer in ihrem Arbeitsumfeld unmittelbar oder mittelbar berührten, insbesondere bestimmte Aspekte der Arbeitszeitgestaltung erfaßten. Im Gegenteil spricht der Satzteil ‚insbesondere der Arbeitsumwelt‘ für eine weite Auslegung der dem Rat in Art. 118a zum Schutz der Sicherheit und der Gesundheit der Arbeitnehmer übertragenen Zuständigkeit. Eine solche Auslegung der Begriffe Sicherheit und Gesundheit kann sich zudem insbesondere auf die Präambel der Satzung der Weltgesundheitsorganisation stützen, der sämtliche Mitgliedstaaten angehören; diese definiert die Gesundheit als den Zustand des vollständigen körperlichen, geistigen und sozialen Wohlbefindens und nicht nur als das Freisein von Krankheiten und Gebrechen.“[146]

Diese Vorgehensweise des EuGH wird, durch methodische Gesichtspunkte gerechtfertigt, kritisiert:

---

142 S. zur Begriffsbestimmung Calliess/Ruffert/*Krebber*, EUV/AEUV, 6. Aufl. 2022, Art. 153 AEUV Rn. 25; Streinz/*Eichenhofer*, EUV/AEUV, 3. Aufl. 2018, Art. 153 AEUV Rn. 17; ausf. von der Groeben/Schwarze/Hatje/*Langer*, Europ. UnionsR, 7. Aufl. 2015, Art. 153 AEUV Rn. 19 f.

143 Vgl. die Begründung des Vereinigten Königreichs in EuGH, Urt. v. 12.11.1996 – C-84/94 – *Vereinigtes Königreich/Rat*, NZA 1997, 23 Rn. 11 ff.: Es ginge nur um körperliche Umstände und Gefahren am Arbeitsplatz.

144 S. EuGH, Urt. v. 12.11.1996 – C-84/94 – *Vereinigtes Königreich/Rat*, NZA 1997, 23 Rn. 15 ff.

145 Originalwortlaut dieses Teils der Präambel in englischer Sprache: „Health is a state of complete physical, mental and social well-being and not merely the absence of disease or infirmity“, *WHO*, Constitution, abrufbar unter: https://apps.who.int/gb/bd/PDF/bd47/EN/constitution-en.pdf, letzter Abruf: 17.9.2022.

146 EuGH, Urt. v. 12.11.1996 – C-84/94 – *Vereinigtes Königreich/Rat*, NZA 1997, 23 Rn. 15.

> „Es ist methodisch in mehrfacher Hinsicht zweifelhaft, eine programmatische und naturgemäß sehr weite Formulierung aus einer Präambel der Satzung einer internationalen Organisation, der die Mitgliedstaaten angehören, der Auslegung einer Ermächtigungsgrundlage des AEUV zu Grunde zu legen.“[147]

Dennoch bleibt, unabhängig von methodischen Fragwürdigkeiten, aufgrund des weit gefassten Wortlauts, am Ende richtig und nach inzwischen allgemeiner Auffassung stehen, dass die Norm nicht nur auf den Schutz der Arbeitnehmer vor körperlichen Gefahren beschränkt sein kann.[148] Die Einschätzung, ob eine bestimmte Maßnahme nun diesem Gesundheitsschutz dient, obliegt dem Richtliniengeber; es kommt aufgrund seines weiten Entscheidungsspielraums auch nicht darauf an, dass die Maßnahmen wegen wissenschaftlich basierter Erkenntnisse beschlossen werden, sie müssen also nicht erwiesenermaßen den Gesundheitsschutz bewirken.[149] Für den EuGH bedeutet das, dass die richterliche Kontrolle der Maßnahmen an den Maßstäben von Geeignetheit und Erforderlichkeit dahingehend eingeschränkt ist, ob der Richtliniengeber bei Ausübung seiner entsprechenden Befugnis einem offensichtlichen Irrtum unterlag, ob er seine Befugnis missbraucht hat oder die Grenzen der Befugnis offenkundig überschritten wurden.[150]

Das Vereinigte Königreich argumentierte noch im Rahmen seiner Nichtigkeitsklage gegen die RL 93/104/EG, es handle sich hierbei tatsächlich aber um eine Maßnahme zur Verbesserung der allgemeinen Lebens- und Arbeitsbedingungen der Arbeitnehmer und zu ihrem allgemeinen Schutz, die letztlich so weit ginge, dass sie vielmehr eine sozialpolitische Maßnahme darstelle, für die das Heranziehen einer anderen Kompetenzgrundlage erforderlich sei.[151] Dem hat der EuGH jedoch eine Absage erteilt: Etwaige beschäftigungspolitische

---

147 Calliess/Ruffert/*Krebber*, EU/AEUV, 6. Aufl. 2022, Art. 153 AEUV Rn. 24.

148 So daher trotz der Kritik: Calliess/Ruffert/*Krebber*, EU/AEUV, 6. Aufl. 2022, Art. 153 AEUV Rn. 24; s. auch: Franzen/Gallner/Oetker/*Franzen*, EuArbR, 4. Aufl. 2022, Art. 153 AEUV Rn. 18; ausf.: von der Groeben/Schwarze/Hatje/*Langer*, Europ. UnionsR, 7. Aufl. 2015, Art. 153 AEUV Rn. 11.

149 EuGH, Urt. v. 12.11.1996 – C-84/94 – *Vereinigtes Königreich/Rat*, NZA 1997, 23 Rn. 39; Frankfurter Kommentar/*Kocher*, 1. Aufl. 2017, Art. 153 AEUV Rn. 15; Franzen/Gallner/Oetker/*Gallner*, EuArbR, 4. Aufl. 2022, Art. 1 RL 2003/88/EG Rn. 34; Preis/Sagan/*Ulber, D.*, EuArbR, 2. Aufl. 2019, § 7 Rn. 7.47.

150 EuGH, Urt. v. 12.11.1996 – C-84/94 – *Vereinigtes Königreich/Rat*, NZA 1997, 23 Rn. 58.

151 S. EuGH, Urt. v. 12.11.1996 – C-84/94 – *Vereinigtes Königreich/Rat*, NZA 1997, 23 Rn. 26.

Auswirkungen der ArbZRL widersprechen nicht ihrer – offensichtlichen – Hauptzielbestimmung im Hinblick auf den Gesundheitsschutz.[152]

Festzuhalten bleibt: Die Kompetenzgrundlage der ArbZRL ist hinsichtlich des Gesundheitsschutzes der Arbeitnehmer weit auszulegen. Das muss daher auch für die ArbZRL gelten und unterstreicht wiederum den hohen Stellenwert, den der Schutz der Arbeitnehmer im Arbeitszeitrecht einnimmt.

2. *Auslegungshilfe: Art. 151 AEUV*

Bei der Auslegung der ArbZRL ist außerdem Art. 151 Abs. 1 AEUV zu berücksichtigen,[153] der wohl lediglich programmatischer Natur ist.[154] Die Norm zählt u.a. die Verbesserung der Lebens- und Arbeitsbedingungen zu den Zielen der Union und ihrer Mitgliedstaaten. Hierzu wird der Bezug zu den sozialen Grundrechten aus der Europäischen Sozialcharta vom 18. Oktober 1961 sowie der Gemeinschaftscharta der sozialen Grundrechte der Arbeitnehmer vom 9. Dezember 1989 hergestellt. Die Europäische Sozialcharta ergänzt den Grundrechtskatalog der Europäischen Menschenrechtskonvention (EMRK) von 1950 um soziale Grundrechte,[155] ist allerdings darauf ausgerichtet, dass die unterschreibenden Staaten sie freiwillig befolgen.[156] Ebenfalls rechtlich unverbindlich und daher lediglich als politische Verpflichtung zu verstehen ist die Gemeinschaftscharta der sozialen Grundrechte der Arbeitnehmer.[157] Sie beinhaltet Grundrechte im Rahmen verschiedener Themenfelder wie die Verbesserung der Lebens- und Arbeitsbedingungen oder sozialen Schutz.[158]

---

152 EuGH, Urt. v. 12.11.1996 – C-84/94 – *Vereinigtes Königreich/Rat*, NZA 1997, 23 Rn. 30.

153 Franzen/Gallner/Oetker/*Gallner*, EuArbR, 4. Aufl. 2022, Art. 1 RL 2003/88/EG Rn. 35 und *Franzen* zu Art. 151 AEUV Rn. 11, jeweils m.w.N.; Preis/Sagan/*Ulber, D.*, EuArbR, 2. Aufl. 2019, § 7 Rn. 7.42.

154 Calliess/Ruffert/*Krebber*, EUV/AEUV, 6. Aufl. 2022, Art. 151 AEUV Rn. 30; Franzen/Gallner/Oetker/*Franzen*, EuArbR, 4. Aufl. 2022, Art. 151 AEUV Rn. 11.

155 Franzen/Gallner/Oetker/*Franzen*, EuArbR, 4. Aufl. 2022, Art. 151 AEUV Rn. 15; Streinz/*Eichenhofer*, EUV/AEUV, 3. Aufl. 2018, Art. 151 AEUV Rn. 22; von der Groeben/Schwarze/Hatje/*Langer*, Europ. UnionsR, 7. Aufl. 2015, Art. 151 AEUV Rn. 55.

156 Ausf. Franzen/Gallner/Oetker/*Franzen*, EuArbR, 4. Aufl. 2022, Art. 151 AEUV Rn. 15.

157 Franzen/Gallner/Oetker/*Franzen*, EuArbR, 4. Aufl. 2022, Art. 151 AEUV Rn. 18 f.; Streinz/*Eichenhofer*, EUV/AEUV, 3. Aufl. 2018, Art. 151 AEUV Rn. 23; von der Groeben/Schwarze/Hatje/*Langer*, Europ. UnionsR, 7. Aufl. 2015, Art. 151 AEUV Rn. 56 f.

158 S. die Aufzählung bei Franzen/Gallner/Oetker/*Franzen*, EuArbR, 4. Aufl. 2022, Art. 151 AEUV Rn. 17.

Der EuGH zieht bspw. die Gemeinschaftscharta der sozialen Grundrechte – die auch in den Erwägungsgründen zu der RL 93/104/EG teilweise aufgenommen wurde –[159] heran, um zu begründen,

> „dass jeder Arbeitnehmer der Europäischen Gemeinschaft in seiner Arbeitsumwelt zufrieden stellende Bedingungen für Gesundheitsschutz und Sicherheit vorfinden muss und dass er u.a. Anspruch auf die wöchentliche Ruhezeit hat, deren Dauer gemäß den einzelstaatlichen Gepflogenheiten auf dem Wege des Fortschritts in den einzelnen Staaten einander anzunähern ist."[160]

Art. 151 Abs. 1 AEUV sollte also mit den dort genannten Regelwerken als Auslegungshilfe betrachtet werden.

3. *Die Europäische Grundrechtecharta*

Maßgeblich für die Untersuchung der Richtlinie sind außerdem die Vorgaben der Grundrechtecharta (GRC). Art. 31 Abs. 2 GRC, der jedem Arbeitnehmer das Recht auf eine Begrenzung der Höchstarbeitszeit, auf tägliche und wöchentliche Ruhezeiten sowie auf bezahlten Jahresurlaub einräumt, ist – unabhängig davon, dass er nach EuGH-Rechtsprechung selbst erst auf der Richtlinie basiert[161] – bei der Anwendung und Auslegung der arbeitszeitrechtlichen europäischen Vorschriften zu beachten.[162] Die GRC ist hierbei allerdings kein Wirksamkeitsmaßstab für arbeitsrechtliche Richtlinien; ihre sozialen Grundrechte sind jedoch im Rahmen der primärrechtskonformen Auslegung heranzuziehen,[163] vgl. auch Art. 6 Abs. 1 UAbs. 1 EUV. Hierdurch sollen Verletzungen der Grundrechte vermieden werden.[164] Wirkung auf das nationale Recht hat die GRC so auch im Wege der richtlinienkonformen Auslegung:[165] Nationales Recht, durch das

---

159 So in ErwGrd. 4 der RL 93/104/EG.

160 EuGH, Urt. v. 9.9.2003 – C-151/02 – *Jaeger*, NZA 2003, 1019 Rn. 47.

161 EuGH, Urt. v. 9.11.2017 – C-306/16 – *Maio Marques da Rosa*, NZA 2017, 1521 Rn. 50; Franzen/Gallner/Oetker/*Gallner*, EuArbR, 4. Aufl. 2022, Art. 1 RL 2003/88/EG Rn. 37; Preis/Sagan/*Ulber, D.*, EuArbR, 2. Aufl. 2019, § 7 Rn. 7.39; s. auch HK-ArbZR/*Schubert*, 2. Aufl. 2018, Einl. Rn. 33.

162 EuGH, Urt. v. 15.9.2011 – C-155/10 – *William*, NZA 2011, 1167 Rn. 18; Preis/Sagan/*Ulber, D.*, EuArbR, 2. Aufl. 2019, § 7 Rn. 7.40.

163 *Willemsen/Sagan*, NZA 2011, 258 (260); Preis/Sagan/*Sagan*, EuArbR, 2. Aufl. 2019, § 1 Rn. 1.91; Riesenhuber/*Leible/Domröse*, Methodenlehre, 4. Aufl. 2021, § 8 Rn. 8.

164 S. nur EuGH, Urt. v. 14.5.2019 – C-55/18– *CCOO*, NZA 2019, 683 Rn. 43, 50; Franzen/Gallner/Oetker/*Schubert*, EuArbR, 4. Aufl. 2022, Art. 31 GRC Rn. 26 m.w.N.

165 S. nur *Willemsen/Sagan*, NZA 2011, 258 (260).

gegen die Grundrechtecharta verstoßendes Richtlinienrecht umgesetzt wird, kann eine Grundrechtsverletzung darstellen und in der Folge unanwendbar sein.[166] Die Mitgliedstaaten sind aber auch gem. Art. 51 Abs. 1 GRC bei der Durchführung des Unionsrechts an die GRC gebunden. Relevant wird Art. 31 GRC außerdem dann, wenn andere Rechte entgegenstehen bzw. betroffen sein können. Das gilt insbesondere für Art. 16 GRC, der die unternehmerische Freiheit anerkennt, und unter Umständen durch Schutzmaßnahmen für Arbeitnehmer Einschränkungen erfährt.[167]

Es stellt sich außerdem die Frage der unmittelbaren Wirkung der europäischen Grundrechte unter Privaten. Eine solche unmittelbare Drittwirkung ist allgemein und bzgl. Art. 31 Abs. 2 GRC im Besonderen abzulehnen.[168] Der EuGH indes spricht bestimmten Grundrechten der GRC unmittelbare Wirkung zu, was zur Folge haben kann, dass das mitgliedstaatliche Recht, das hiermit nicht im Einklang steht, unangewendet bleiben muss.[169] Hinsichtlich Art. 31 Abs. 2 GRC hat er die unmittelbare Wirkung zwischen Privatpersonen in Bezug auf das Recht auf bezahlten Jahresurlaub anerkannt.[170] Treffend ist insoweit jedoch die jüngst geäußerte Kritik von *Wank*, der sich der unmittelbaren Wirkung der Grundrechte nach der Rechtsprechung des EuGH aus methodischen Gesichtspunkten nähert und sich letztlich dagegen ausspricht.[171] Insbesondere ist anzuführen, dass auch eine Richtlinie nur dann unmittelbar angewendet werden kann – und dies auch nur gegenüber dem Staat –, wenn sie inhaltlich unbedingt und hinreichend genau ist.[172] Hinter diesem Maßstab für eine unmittelbare Anwendbarkeit jedoch bleiben die sozialen Grundrechte, insbesondere Art. 31 Abs. 2 GRC, der nur ganz abstrakte Vorgaben macht, weit zurück.[173] Darüber hinaus wäre bei direkter Anwendung der Grundrechte, denkt man dies konsequent zu Ende, ihre Umsetzung durch Richtlinien überflüssig.[174] Und, eine Entscheidung des EuGH, mit der er die Grundrechte im Privatverhältnis anwendet und ausformt,

---

166 S. nur Franzen/Gallner/Oetker/*Schubert*, EuArbR, 4. Aufl. 2022, Art. 31 GRC Rn. 27.

167 Dazu Franzen/Gallner/Oetker/*Schubert*, EuArbR, 4. Aufl. 2022, Art. 31 GRC Rn. 26.

168 S. nur *Bayreuther*, RdA 2022, 290 (301 f.); *Thüsing*, DB 2020, 1343 (1345); ausf. *Wank*, RdA 2020, 1 (12); Frankfurter Kommentar/*Kocher*, 1. Aufl. 2017, Art. 31 GRC Rn. 11.

169 Vgl. grundlegend EuGH, Urt. v. 19.1.2010 – C-555/07 – *Kücükdeveci*, NZA 2010, 85; v. 22.11.2005 – C-144/04 – *Mangold*, NZA 2005, 1345.

170 EuGH, Urt. v. 6.11.2018 – C-684/16 – *Max-Planck*, NZA 2018, 1474 Rn. 49 ff.

171 *Wank*, RdA 2020, 1 ff.

172 *Wank*, RdA 2020, 1 (2) m.w.N.

173 *Wank*, RdA 2020, 1 (5); vgl. auch *Bayreuther*, NZA 2019, 945 (950).

174 *Thüsing*, DB 2020, 1343 (1344); zust. *Bayreuther*, RdA 2022, 290 (291).

bedeutet schließlich einen Verstoß gegen das Prinzip der Gewaltenteilung, da der EUGH das Ermessen und die Abwägungen des Richtliniengebers aushebelt und durch eigene Überlegungen ersetzt.[175] Schließlich würde bei einem angenommenen Gleichlauf von Grundrecht und Richtlinie eine unmittelbare Wirkung des Grundrechts faktisch auch zu einer gegen Art. 288 Abs. 3 AEUV verstoßenden unmittelbaren Anwendung der betreffenden Richtlinie führen.[176]

Festzuhalten sei zu Art. 31 GRC schließlich noch, dass es sich nach wohl herrschender Auffassung nicht um einen bloßen Grundsatz[177] handelt, sondern der Norm Grundrechtsqualität zukommt.[178] Angeführt wird dafür u.a., dass die Norm zwar durchaus weit gefasst, aber bewusst so formuliert worden sei, damit die ihr innewohnenden Rechte ohne Einschränkung wirkten.[179] Für die Erforderlichkeit, Art. 31 GRC bei der Auslegung des europäischen Sekundärrechts zu berücksichtigen, spielt die Einordnung letztlich aber keine Rolle. Zwar sollen Grundsätze nach Art. 52 Abs. 5 GRC weniger intensive Wirkung auf nationales Recht haben – wenn auch dies in seinen Details umstritten ist –, eine genaue Differenzierung zu Grundrechten fällt jedoch schwer.[180] Darüber hinaus hat Art. 31 GRC, so man ihn lediglich als Grundsatz einordnen möchte, aber besondere Bedeutung.[181]

---

175 *Wank*, RdA 2020, 1 (4 f.).

176 *Wank*, RdA 2020, 1 (11) m.w.N.

177 Grundsätze enthalten zwar verbindliches Recht, bedürfen aber der Umsetzung; ausf. Calliess/Ruffert/*Kingreen*, EUV/AEUV, 6. Aufl. 2022, Art. 52 GRC Rn. 14.

178 Franzen/Gallner/Oetker/*Schubert*, EuArbR, 4. Aufl. 2022, Art. 31 GRC Rn. 1 ff. und *Gallner* zu Art. 1 RL 2003/88/EG Rn. 27 f.; Streinz/*Streinz*, EUV/AEUV, 3. Aufl. 2018, Art. 31 GRC Rn. 4; *Thüsing*, EuArbR, 3. Aufl. 2017, § 7 Rn. 7; von der Groeben/Schwarze/Hatje/*Lembke*, Europ. UnionsR, 7. Aufl. 2015, Art. 31 GRC Rn. 8; Preis/Sagan/*Ulber, D., EuArbR, 2. Aufl. 2019,* § 7 Rn. 7.38; i.E. auch: *Buschmann*, FS Düwell, S. 34 (38); a.A.: Calliess/Ruffert/*Krebber*, EUV/AEUV, 6. Aufl. 2022, Art. 31 GRC Rn. 2: Art. 31 GRC sei lediglich Grundsatz.

179 Von der Groeben/Schwarze/Hatje/*Lembke*, Europ. UnionsR, 7. Aufl. 2015, Art. 31 GRC Rn. 8; auch das Wortlautargument anführend: HK-ArbZR/*Schubert*, 2. Aufl. 2018, Einl. Rn. 33, der aber auch die Rspr. des EuGH zum Urlaubsanspruch aus Art. 7 ArbZRL als Gegenargument heranzieht m.w.N.

180 HK-ArbZR/*Schubert*, 2. Aufl. 2018, Einl. Rn. 33.

181 HK-ArbZR/*Schubert*, 2. Aufl. 2018, Einl. Rn. 33.

II. Gegenstand der ArbZRL

Schließlich ist der Gegenstand der ArbZRL zu bestimmen. Sie regelt, das liegt auf der Hand, das Arbeitszeitrecht im engeren Sinne,[182] wobei vergütungsrechtliche Fragen nicht geregelt werden.[183] Das heißt, sie enthält ausweislich Art. 1 Abs. 2 lit. a) ArbZRL Regelungen über die täglichen und wöchentlichen Mindestruhezeiten (Artt. 3, 5), die Ruhepausen (Art. 4), und die wöchentliche Höchstarbeitszeit (Art. 6), sowie, genannt in Art. 1 Abs. 2 lit. b) ArbZRL, bestimmte Aspekte der Nacht- und der Schichtarbeit sowie des Arbeitsrhythmus (Artt. 8–13).

Fraglich ist aber, wie das in Art. 7 ArbZRL geregelte Urlaubsrecht einzuordnen ist und ob es einen eigenen Regelungsgegenstand der Richtlinie darstellt. Nach dem europäischen Verständnis und der Konzeption der Richtlinie ist das Urlaubsrecht, wie sich auch aus dem Standort der Regelung schließen lässt, Arbeitszeitrecht im weiteren Sinne, sodass es öffentlich-rechtliches (Arbeitsschutz-)Recht und der Urlaub als „jährliche Mindestruhezeit"[184] zu verstehen ist.[185] Somit ist hiernach von nur einem Regelungsgegenstand – (weit verstandenem) Arbeitszeitrecht – auszugehen. Diese Frage stellt sich für den deutschen Rechtsanwender insbesondere deshalb, weil im Unterschied dazu das deutsche Recht Urlaubsrecht nicht dem Arbeitsschutz- und Arbeitszeitrecht zuordnet und damit auch nicht dem öffentlichen Recht; es handelt sich hierbei vielmehr um (zwingendes) Privatrecht.[186] Nach deutschem Verständnis enthält die ArbZRL daher zwei verschiedene Regelungsgegenstände. Für die Betrachtung der europarechtlichen Spielräume der Arbeitszeitgestaltung soll lediglich das Arbeitszeitrecht im engeren Sinne, also exklusive des Urlaubsrechts, zugrunde gelegt werden.

---

182 Vgl. Franzen/Gallner/Oetker/*Gallner*, EuArbR, 4. Aufl. 2022, Art. 1 RL 2003/88/EG Rn. 4.

183 St. Rspr., s. nur EuGH, Urt. v. 21.2.2018 – C-518/15 – *Matzak*, NZA 2018, 293; v. 26.7.2017 – C-175/16 – *Hälvä u.a.*, NZA 2017, 1113 Rn. 25; v. 1.12.2005 – C-14/04 – *Dellas*, NZA 2006, 89 Rn. 40.

184 *Junker*, Arbeitszeitmodelle der Zukunft, S. 99 (100); Franzen/Gallner/Oetker/*Gallner*, EuArbR, 4. Aufl. 2022, Art. 1 RL 2003/88/EG Rn. 1.

185 *Junker*, Arbeitszeitmodelle der Zukunft, S. 99 (100); ErfK/*Gallner*, 22. Aufl. 2022, § 1 BUrlG Rn. 12; Franzen/Gallner/Oetker/*Gallner*, EuArbR, 4. Aufl. 2022, Art. 1 RL 2003/88/EG Rn. 4; s. auch *Thüsing*, EuArbR, 3. Aufl. 2017, § 7 Rn. 5.

186 BeckOK ArbR/*Lampe*, 64. Ed. 2022, § 1 BUrlG Rn. 3; ErfK/*Gallner*, 22. Aufl. 2022, § 1 BUrlG Rn. 12; Franzen/Gallner/Oetker/*Gallner*, EuArbR, 4. Aufl. 2022, Art. 1 RL 2003/88/EG Rn. 4.

III. Anwendungsbereich der ArbZRL

Des Weiteren ist auszuarbeiten, in welchen Bereichen und für welche Arbeitnehmer die ArbZRL Geltung entfaltet. Während die Bestimmung des sachlichen Anwendungsbereichs der Heranziehung der Richtlinie 89/391/EWG (Arbeitsschutzrahmenrichtlinie) bedarf (1.), ergibt sich der persönliche Anwendungsbereich aus Art. 1 Abs. 3 S. 2 ArbZRL (2.).

1. Der sachliche Anwendungsbereich der ArbZRL

Um den sachlichen Anwendungsbereich der ArbZRL zu bestimmen, ist unter Beachtung der diesbezüglichen EuGH-Rechtsprechung die Arbeitsschutzrahmenrichtlinie, also die Richtlinie 89/391/EWG des Rates vom 12. Juni 1989 über die Durchführung von Maßnahmen zur Verbesserung der Sicherheit und des Gesundheitsschutzes der Arbeitnehmer bei der Arbeit zu berücksichtigen; auf sie verweist Art. 1 Abs. 3 ArbZRL. Darüber hinaus stellen Art. 1 Abs. 4 ArbZRL und Erwägungsgrund 3 klar, dass, soweit die ArbZRL strengere und/oder spezifischere Vorschriften enthält, diese maßgebend sind. Es können auch in anderen Gemeinschaftsinstrumenten spezifischere Vorschriften enthalten sein, s. Art. 14 ArbZRL. Die Arbeitsschutzrahmenrichtlinie selbst enthält allgemeine Grundsätze, um ihr Ziel – die Durchführung von Maßnahmen zur Verbesserung der Sicherheit und des Gesundheitsschutzes der Arbeitnehmer am Arbeitsplatz – zu erreichen, s. Art. 1 Abs. 1, 2 RL 89/391/EWG. Diese allgemeinen Grundsätze werden durch Einzelrichtlinien ausgestaltet.[187] Auch wenn die ArbZRL gerade nicht zu diesen Einzelrichtlinien zählt, läuft sie mit der Arbeitsschutzrahmenrichtlinie im Schutzzweck gleich bzw. die beiden Richtlinien ergänzen sich insoweit.[188] Verdeutlicht wird dies nicht zuletzt dadurch, dass die Arbeitsschutzrahmenrichtlinie zur Bestimmung des Anwendungsbereichs der ArbZRL herangezogen wird.[189]

---

187 *Baeck/Deutsch/Winzer*, ArbZG, 4. Aufl. 2020, Einl. Rn. 21; für eine Aufzählung dieser Richtlinien s. Franzen/Gallner/Oetker/*Klindt/Schucht*, EuArbR, 4. Aufl. 2022, Art. 16 RL 89/391/EWG Rn. 2.

188 *Baeck/Deutsch/Winzer*, ArbZG, 4. Aufl. 2020, Einl. Rn. 21; Franzen/Gallner/Oetker/*Gallner*, EuArbR, 4. Aufl. 2022, Art. 1 RL 2003/88/EG Rn. 30; *Schliemann*, ArbZG, 4. Aufl. 2020, Einl. Rn. 7.

189 EuGH, Urt. v. 14.7.2005 – C-52/04 – *Personalrat der Feuerwehr Hamburg*, NZA 2005, 921 Rn. 38; v. 5.10.2004 – C-397/01 bis C-403/01 – *Pfeiffer u.a.*, NZA 2004, 1145 Rn. 48; v. 3.10.2000 – C-303/98 – *SIMAP*, NZA 2000, 1227 Rn. 30 f.

Für den sachlichen Anwendungsbereich ist also zunächst zu betrachten, welche Bereiche und Tätigkeiten grundsätzlich unter die Arbeitsschutzrahmenrichtlinie und die ArbZRL fallen (a)). Es sind auch die hierbei relevanten Ausnahmen zu beachten (b)).

a) Grundsatz: Alle privaten und öffentlichen Tätigkeitsbereiche

Grundsätzlich gilt die ArbZRL für alle privaten oder öffentlichen Tätigkeitsbereiche, Art. 1 Abs. 3 UAbs. 1 ArbZRL. Die Bestimmung, welche hierzu zählen, richtet sich aufgrund des Verweises in Art. 1 ArbZRL nach Art. 2 Abs. 1 RL 89/391/EWG, der eine (nicht abschließende: „usw.“) Aufzählung der erfassten Bereiche enthält. Hierunter fallen „gewerbliche, landwirtschaftliche, kaufmännische, verwaltungsmäßige sowie dienstleistungs- oder ausbildungsbezogene, kulturelle und Freizeittätigkeiten“. Der Anwendungsbereich ist dementsprechend sehr weit zu verstehen, dafür sprechen Wortlaut, Systematik sowie Sinn und Zweck der Richtlinie.[190] Jedenfalls kommt es hiermit dafür, ob eine Tätigkeit der ArbZRL unterfällt, zunächst also darauf an, ob sie von der Arbeitsschutzrahmenrichtlinie erfasst ist.[191]

b) Ausnahmen

Ausnahmen vom Anwendungsbereich folgen aus den Richtlinien selbst. Die Arbeitsschutzrahmenrichtlinie statuiert Ausnahmen von ihrem Anwendungsbereich und damit dem der ArbZRL. Art. 2 Abs. 2 UAbs. 1 erklärt sie dann für unanwendbar,

> „soweit dem Besonderheiten bestimmter spezifischer Tätigkeiten im öffentlichen Dienst, z.B. bei den Streitkräften oder der Polizei, oder bestimmter spezifischer Tätigkeiten bei den Katastrophenschutzdiensten zwingend entgegenstehen.“

---

190 St. Rspr. s. nur EuGH, Beschl. v. 7.4.2011 – C-519/09 – *May*, BeckRS 2013, 87054 Rn. 19; Urt. v. 5.10.2004 – C-397/01 bis C-403/01 – *Pfeiffer u.a.*, NZA 2004, 1145 Rn. 52; v. 3.10.2000 – C-303/98 – *SIMAP*, NZA 2000, 1227 Rn. 34 f.; Buschmann/Ulber/*Buschmann/Ulber, J.*, ArbZR, 1. Aufl. 2019, Anh. – EU RL 2003/88/EG Fn. 86 Ziff. 1); Franzen/Gallner/Oetker/*Klindt/Schucht*, EuArbR, 4. Aufl. 2022, Art. 2 RL 89/391/EWG Rn. 3 f. und *Gallner* zu Art. 1 RL 2003/88/EG Rn. 44; Preis/Sagan/*Ulber, D.*, EuArbR, 2. Aufl. 2019, § 7 Rn. 7.52, jeweils m.w.N.

191 S. nur EuGH, Urt. v. 20.11.2018 – C-147/17– *Sindicatul Familia Constanța u.a.*, BeckRS 2018, 29010 Rn. 50 ff.; v. 14.7.2005 – C-52/04 – *Personalrat Feuerwehr Hamburg*, NZA 2005, 921 Rn. 38; v. 5.10.2004 – C-397/01 bis C-403/01 – *Pfeiffer u.a.*, NZA 2004, 1145 Rn. 48.

Der Begriff „öffentlicher Dienst" ist dabei funktional zu verstehen, sodass es darauf ankommt, dass eine Tätigkeit im Dienst des Gemeinwesens ausgeübt wird.[192]

Generell ist diese Ausnahmeregelung nach der ständigen Rechtsprechung des EuGH eng auszulegen, was er mit ihrem Zweck begründet:[193]

> „Diese Ausnahmen sind nämlich allein zu dem Zweck erlassen worden, das ordnungsgemäße Funktionieren dieser Dienste zu gewährleisten, die in Situationen von besonderer Schwere und besonderem Ausmaß für den Schutz der öffentlichen Sicherheit, Gesundheit und Ordnung unerlässlich sind."[194] (Nachweise ausgelassen)

Aus der engen Auslegung folgt, dass nicht die dort genannten Dienste an sich ausgenommen werden; vielmehr gilt die Ausnahme nur für spezifische Tätigkeiten, deren Besonderheiten eine Anwendung der Richtlinie nicht ermöglichen.[195] Das heißt: Unter normalen Umständen fallen die Tätigkeiten bei den Sicherheits- und Rettungsdiensten in den Anwendungsbereich der Arbeitsschutzrahmenrichtlinie und damit der ArbZRL; die Ausnahmen gelten nur für tatsächliche, aktuelle Katastrophenfälle, denn nur dann ist die Situation so schwer und ihr Ausmaß so besonders, dass eine Arbeitszeitplanung nicht möglich ist.[196] Präzisierend stellte der EuGH allerdings in der Rechtssache *Sindicatul Familia Constanța u.a.*[197] heraus, dass es nicht gänzlich ausgeschlossen ist,

---

192 EuGH, Urt. v. 20.11.2018 – C-147/17 – *Sindicatul Familia Constanța u.a.*, BeckRS 2018, 29010 Rn. 59, 61; *Franzen/Roth*, EuZA 2019, 143 (174); *Hlava/Höller*, NZA 2019, 368 (370 f.).

193 EuGH, Beschl. v. 7.4.2011 – C-519/09 – *May*, BeckRS 2013, 87054 Rn. 19; Urt. v. 14.10.2010 – C-428/09 – *Union syndicale Solidaires Isère*, BeckRS 2010, 91197 Rn. 24; v. 14.7.2005 – C-52/04 – *Personalrat Feuerwehr Hamburg*, NZA 2005, 921 Rn. 42; v. 5.10.2004 – C-397/01 bis C-403/01 – *Pfeiffer u.a.*, NZA 2004, 1145 Rn. 52; v. 3.10.2000 – C-303/98 – *SIMAP*, NZA 2000, 1227 Rn. 34 f.

194 S. nur EuGH, Beschl. v. 7.4.2011 – C-519/09 – *May*, BeckRS 2013, 87054 Rn. 19.

195 Buschmann/Ulber/*Buschmann/Ulber, J.*, ArbZR, 1. Aufl. 2019, Anh. – EU RL 2003/88/EG Fn. 86 Ziff. 1); Franzen/Gallner/Oetker/*Kindt/Schucht*, EuArbR, 4. Aufl. 2022, Art. 2 RL 89/391/EWG Rn. 5; Preis/Sagan/*Ulber, D.*, EuArbR, 2. Aufl. 2019, § 7 Rn. 7.54, jeweils m.w.N.

196 EuGH, Urt. v. 14.7.2005 – C-52/04 – *Personalrat Feuerwehr Hamburg*, NZA 2005, 921 Rn. 52 ff.; v. 5.10.2004 – C-397/01 bis C-403/01 – *Pfeiffer u.a.*, NZA 2004, 1145 Rn. 56 f.; Buschmann/Ulber/*Buschmann/Ulber, J.*, ArbZR, 1. Aufl. 2019, Anh. – EU RL 2003/88/EG Fn. 86 Ziff. 2); Franzen/Gallner/Oetker/*Gallner*, EuArbR, 4. Aufl. 2022, Art. 1 RL 2003/88/EG Rn. 47 und ausf. *Klindt/Schlucht* zu Art. 2 RL 89/391/EWG Rn. 5 ff.; Preis/Sagan/*Ulber, D.*, EuArbR, 2. Aufl. 2019, § 7 Rn. 7.55.

197 EuGH, Urt. v. 20.11.2018 – C-147/17 – *Sindicatul Familia Constanța u.a.* – BeckRS 2018, 29010 Rn. 20 ff.: Es ging um rumänische Pflegeeltern, die u.a. eine Entschädigung

bestimmte Tätigkeiten des öffentlichen Dienstes wegen ihrer spezifischen Merkmale aus dem Anwendungsbereich der Richtlinien herauszunehmen, selbst wenn sie unter normalen Bedingungen ausgeübt werden, wobei die Tätigkeit daraufhin untersucht werden muss, ob sie entsprechende Besonderheiten aufweist.[198] Dann kann eine solche Tätigkeit der Anwendbarkeit der Richtlinien sogar zwingend entgegenstehen.[199] Für betreffende Arbeitnehmer gelten dennoch weiterhin die Rechte aus Art. 31 Abs. 2 GRC, der für jeden Arbeitnehmer Höchstarbeitszeiten, Ruhezeiten und Jahresurlaub festschreibt.[200] Ein Eingriff in diese Rechte kann aber gerechtfertigt sein.[201]

Schließlich ist in Bezug auf die enge Auslegung der Ausnahmevorschrift zu berücksichtigen, dass die Mitgliedstaaten die Ausnahme von der Richtlinie auf das beschränken müssen, was zur Wahrung der Interessen, die sie den Mitgliedstaaten zu schützen erlaubt, unbedingt erforderlich ist.[202] In diesen Fällen müssen darüber hinaus, so Art. 2 Abs. 2 UAbs. 2 RL 89/391/EWG, die größtmögliche Sicherheit und der größtmögliche Gesundheitsschutz der Arbeitnehmer sichergestellt werden. Damit wird deutlich, dass mit der Herausnahme aus

---

für Jahresurlaub geltend machten. In Rumänien sind Pflegeeltern mit einem Arbeitsvertrag angestellt und schließen eine Unterbringungsvereinbarung mit der zuständigen Behörde, wonach sie dazu verpflichtet sind, die Kinder in ihrem Haushalt aufzunehmen und sich durchgängig um sie zu kümmern; dazu *Franzen/Roth*, EuZA 2019, 143 (173); *Schmitz*, NZA-RR 2019, 233 (237).

198 EuGH, Urt. v. 20.11.2018 – C-147/17 – *Sindicatul Familia Constanța u.a.*, BeckRS 2018, 29010 Rn. 68 f.

199 EuGH, Urt. v. 20.11.2018 – C-147/17 – *Sindicatul Familia Constanța u.a.*, BeckRS 2018, Rn. 76; Franzen/Gallner/Oetker/*Gallner*, EuArbR, 4. Aufl. 2022, Art. 1 RL 2003/88/EG Rn. 54.

200 EuGH, Urt. v. 20.11.2018 – C-147/17 – *Sindicatul Familia Constanța u.a.*, BeckRS 2018, Rn. 83 ff.; Franzen/Gallner/Oetker/*Gallner*, EuArbR, 4. Aufl. 2022, Art. 1 RL 2003/88/EG Rn. 54.

201 EuGH, Urt. v. 20.11.2018 – C-147/17 – *Sindicatul Familia Constanța u.a.*, BeckRS 2018, Rn. 83 ff.: der Eingriff war wegen des bezweckten Kindeswohls verhältnismäßig und zulässig; s. auch *Schmitz*, NZA-RR 2019, 233 (237).

202 St. Rspr, s. nur EuGH, Urt. v. 20.11.2018 – C-147/17 – *Sindicatul Familia Constanța u.a.*, BeckRS 2018, 29010 Rn. 53; v. 14.7.2005 – C-52/04 – *Personalrat Feuerwehr Hamburg*, NZA 2005, 921 Rn. 45; v. 5.10.2004 – C-397/01 bis C-403/01 – *Pfeiffer u.a.*, NZA 2004, 1145 Rn. 52; Franzen/Gallner/Oetker/*Gallner*, EuArbR, 4. Aufl. 2022, Art. 1 RL 2003/88/EG Rn. 45; Preis/Sagan/*Ulber, D.*, EuArbR, 2. Aufl. 2019, § 7 Rn. 7.54; zu diesem Merkmal, das der EuGH in st. Rspr. in die Ausnahmen und Abweichungen der ArbZRL hineinliest, Gliederungspunkt § 3 B) I. 3. c) cc).

dem Anwendungsbereich der Richtlinie nicht auch ein Loslösen von ihren Zwecken einhergehen soll.[203]

2. *Der persönliche Anwendungsbereich der ArbZRL und seine Umsetzung*

Durch die Herausnahme der Seeleute, Art. 1 Abs. 3 S. 2 ArbZRL, wird der Anwendungsbereich der Richtlinie negativ definiert.[204] Das heißt, ihr unterfallen außer diesen Seeleuten im Grunde alle Arbeitnehmer. Mangels weitergehender Definition in der ArbZRL selbst, bestimmt sich, wer Arbeitnehmer ist, nach dem Arbeitnehmerbegriff, der in ständiger Rechtsprechung des EuGH zu Art. 45 AEUV entwickelt wurde.[205] Nationale Begriffsbestimmungen können, um den Anwendungsbereich abzustecken, hingegen nicht herangezogen werden, denn dafür fehlt es an einem entsprechenden Verweis in der ArbZRL; aus demselben Grund gilt auch nicht der Begriff aus Art. 3 lit. a) RL 89/391/EWG.[206]

Auch zum persönlichen Anwendungsbereich, der, wie dargestellt, im Grundsatz weit zu verstehen ist, ergibt sich aus Art. 1 Abs. 3 UAbs. 2 ArbZRL eine Ausnahme. Die Norm legt insoweit ausdrücklich fest, dass die ArbZRL nicht für Seeleute im Sinne der RL 1999/63/EG[207] gilt,[208] also für solche, die auf Seeschiffen sind, die gewöhnlich in der gewerblichen Seeschifffahrt verwendet werden, vgl. § 1 Nr. 1 S. 1 Anh. RL 1999/63/EG. Der Begriff an sich ist weit zu verstehen, sodass es um alle Personen geht, die in irgendeiner Eigenschaft an Bord eines Schiffes, für das diese Vereinbarung gilt, beschäftigt oder angeheuert sind oder arbeiten, § 2 lit. c) Anh. RL 1999/63/EG.

---

203 Franzen/Gallner/Oetker/*Klindt/Schucht*, EuArbR, 4. Aufl. 2022, Art. 2 RL 89/391/EWG Rn. 9.

204 Vgl. Preis/Sagan/*Ulber, D.*, EuArbR, 2. Aufl. 2019, § 7 Rn. 7.58.

205 St. Rspr., s. nur EuGH, Urt. v. 1.10.2015 – C-432/14 – *Bio Philippe*, EuZW 2015, 877 Rn. 22; v. 10.9.2014 – C-270/13 – *Haralambidis*, NVwZ 2014, 1508 Rn. 28; v. 23.3.1982 – 53/81 – *Levin*, NJW 1983, 1249.

206 EuGH, Urt. v. 26.3.2015 – C-316/13 – *Fenoll*, NZA 2015, 1444 Rn. 24; v. 14.10.2010 – C-428/09 – *Union syndicale Solidaires Isère*, BeckRS 2010, 91197 Rn. 27.

207 Richtlinie 1999/63/EG v. 21.6.1999 zu der vom Verband der Reeder in der Europäischen Gemeinschaft (European Community Shipowners' Association ECSA) und dem Verband der Verkehrsgewerkschaften in der Europäischen Union (Federation of Transport Workers' Unions in the European Union FST) getroffenen Vereinbarung über die Regelung der Arbeitszeit von Seeleuten.

208 Umkehrschluss: Die ArbZRL erfasst Seeleute, die nicht unter die RL 1999/63/EG fallen, *Europäische Kommission*, Mitteilung 2017/C 165, S. 12.

Am Anfang steht der europäische Begriff des Arbeitnehmers (a)): Für diesen soll die ArbZRL schließlich grundsätzlich gelten. Die ArbZRL bezweckt die Harmonisierung des mitgliedstaatlichen Rechts, weshalb es im Ergebnis maßgeblich und vornehmlich auf den europäischen Begriff ankommen wird. Dennoch kann durch die Darstellung der unterschiedlichen nationalen Begriffsverständnisse (b), c)) eine erste Grundlage für die vergleichende Betrachtung geschaffen werden. Überdies wird der besagte Vergleich zumindest das Erfordernis der Harmonisierung unterstreichen, um im Vergleich der Länder unter Umständen signifikante Unterschiede im Schutzniveau zu verhindern.

a) Der europäische Arbeitnehmerbegriff

Die ArbZRL selbst enthält weder einen Verweis auf nationale Regelungen noch eine eigene Definition des Arbeitnehmerbegriffs.[209] Stattdessen ist daher auf den unionsrechtlichen Begriff zurückzugreifen, der ursprünglich im Rahmen von Art. 45 AEUV gebildet wurde.[210] Der europäische Arbeitnehmerbegriff (auch im Rahmen der ArbZRL) wird wegen seiner eigenständigen unionsrechtlichen Bedeutung auch nicht der Maßgabe nationaler Rechtsordnungen überlassen,[211] ansonsten könnten die Mitgliedstaaten darüber entscheiden, wer den Schutz der Arbeitnehmerfreizügigkeit oder der die Arbeitnehmer betreffenden Richtlinien genießt.[212] Als Arbeitnehmer ist somit

> „jeder anzusehen, der eine tatsächliche und echte Tätigkeit ausübt, wobei Tätigkeiten außer Betracht bleiben, die einen so geringen Umfang haben, dass sie sich als völlig untergeordnet und unwesentlich darstellen. Das wesentliche Merkmal, das ein Arbeitsverhältnis definiert, bleibt, dass jemand während einer bestimmten Zeit für einen

---

209 Anders als bspw. die RL 89/391/EWG, die den Begriff in Art. 3 lit. a) definiert, oder die RL 2008/104/EG des Europäischen Parlaments und des Rates vom 19. November 2008 über Leiharbeit (Leiharbeitsrichtlinie), die in Art. 3 Abs. 1 lit. a) auf die Regelung des jeweiligen Mitgliedstaates verweist. S. dazu ausf. *Henssler/Pant*, RdA 2019, 321 (325 ff.).

210 In st. Rspr., s. nur EuGH, Urt. v. 1.10.2015 – C-432/14 – *Bio Philippe*, EuZW 2015, 877 Rn. 22; v. 10.9.2014 – C-270/13 – *Haralambidis*, NVwZ 2014, 1508 Rn. 28; v. 23.3.1982 – 53/81 – *Levin*, NJW 1983, 1249.

211 EuGH, Urt. v. 26.3.2015 – C-316/13 – *Fenoll*, NZA 2015, 1444 Rn. 26; *Europäische Kommission*, Mitteilung 2017/C 165, S. 9; *Baeck/Deutsch/Winzer*, 4. Aufl. 2020, § 2 Rn. 86; Franzen/Gallner/Oetker/*Gallner*, 4. Aufl. 2022, Art. 1 RL 2003/88/EG Rn. 50.

212 Zu Art. 45 AEUV: *Thüsing*, EuArbR, 3. Aufl. 2017, § 2 Rn. 12.

anderen nach dessen Weisung Leistungen erbringt, für die er als Gegenleistung eine Vergütung erhält."[213] (Nachweise ausgelassen)

Ob jemand Arbeitnehmer nach diesem Verständnis ist, bestimmt sich nach objektiven Kriterien und ist unter Gesamtwürdigung aller Umstände festzustellen.[214] Konkret sind nach der Rechtsprechung des EuGH als Indizien heranzuziehen: das Handeln nach Weisungen des Arbeitgebers in Bezug auf Zeit, Ort und Inhalt der Arbeit,[215] die fehlende Beteiligung an den geschäftlichen Risiken[216] sowie die Eingliederung in das Unternehmen für die Dauer des Arbeitsverhältnisses.[217] Ebenso ist die Vergütung als Gegenleistung mit maßgeblich.[218] Dabei stehen ein großer Ermessensspielraum des fraglichen Arbeitnehmers und eine „Vertrauensstellung" oder eine Stellung im allgemeinen Interesse der Eigenschaft als Arbeitnehmer nicht entgegen.[219] Nicht entscheidend ist überdies die Bezeichnung, die die Parteien ihrem Verhältnis gegeben haben.[220] Schließlich darf der Arbeitnehmerbegriff nicht eng ausgelegt werden.[221] Wegen des Schutzzwecks der ArbZRL gelten diese Grundsätze auch für ihren Anwendungsbereich.[222] Insgesamt ist hierbei mithin ein weites Verständnis zugrunde zu legen,

---

213 EuGH, Urt. v. 21.2.2018 – C-518/15 – *Matzak*, NZA 2018, 293 Rn. 28; s. auch: EuGH, Urt. v. 26.3.2015 – C-316/13 – *Fenoll*, NZA 2015, 1444 Rn. 27; v. 14.10.2010 – C-428/09 – *Union syndicale Solidaires Isère*, BeckRS 2010, 91197 Rn. 28.

214 S. nur EuGH, Urt. v. 14.10.2010 – C-428/09 – *Union syndicale Solidaires Isère*, BeckRS 2010, 91197 Rn. 29; auch Frankfurter Kommentar/*Kocher*, 1. Aufl. 2017, Art. 45 AEUV Rn. 24 m.w.N.

215 EuGH, Urt. v. 13.1.2004 – C-256/01 – *Allonby*, NZA 2004, 201 Rn. 72.

216 EuGH, Urt. v. 14.12.1989 – C-3/87 – *The Queen/Ministry of Agriculture*, BeckRS 2004, 73048 Rn. 36.

217 EuGH, Urt. v. 6.9.1999 – C-22/98 – *Becu u.a.*, BeckRS 2004, 75186 Rn. 26.

218 Ausf. dazu Calliess/Ruffert/*Brechmann*, EUV/AEUV, 6. Aufl. 2022, Art. 45 AEUV Rn. 18; Frankfurter Kommentar/*Kocher*, 1. Aufl. 2017, Art. 45 AEUV Rn. 36; Streinz/*Franzen*, EUV/AEUV, 3. Aufl. 2018, Art. 45 AEUV Rn. 25; jeweils m.w.N.

219 EuGH, Urt. v. 20.11.2018 – C-147/17 – *Sindicatul Familia Constanţa u.a.*, BeckRS 2018, 29010 Rn. 46; vgl. auch *Europäische Kommission*, Mitteilung 2017/C 165, S. 9 f.

220 St. Rspr., s. nur EuGH, Urt. v. 26.3.2015 – C-316/13 – *Fenoll*, NZA 2015, 1444 Rn. 31; v. 20.9.2007 – C-116/06 – *Kiiski*, NZA 2007, 1274 Rn. 26; v. 7.9.2004 – C-456/02 – *Trojani*, NZA 2005, 757 Rn. 16; vgl. auch Frankfurter Kommentar/*Kocher*, 1. Aufl. 2017, Art. 45 AEUV Rn. 23 m.w.N.

221 St. Rspr., s. nur EuGH, Urt. v. 6.11.2003 – C-413/01 – *Ninni-Orasche*, NZA 2004, 87 Rn. 23; v. 26.2.1992 – C-3/90 – *Bernini*, NZA 1992, 736 Rn. 14; v. 3.7.1986 – C-66/85 – *Lawrie-Blum*, BeckRS 2004, 73510 Rn. 16.

222 Franzen/Gallner/Oetker/*Gallner*, EuArbR, 4. Aufl. 2022, Art. 1 RL 2003/88/EG Rn. 50.

was sich auch mit dem Schutz- und dem Harmonisierungszweck der Richtlinie begründen lässt.[223]

Die Weite des europäischen Arbeitnehmerbegriffs führt z.B. auch dazu, dass bei öffentlich-rechtlichen Einrichtungen Tätige als Arbeitnehmer einzuordnen sein können, woran ein Beamtenstatus nichts ändert.[224] Dass Beamte, Richter und Soldaten nach europäischem Recht Arbeitnehmer sind, ist auch als gravierendster Unterschied zum deutschen Arbeitnehmerbegriff bereits festzuhalten.[225] Darüber hinaus können außerdem nach nationalem Recht als „selbstständig tätig" einzuordnende Personen dennoch unionsrechtlich Arbeitnehmer sein.[226] Anders als Pflegeeltern in Rumänien[227], sind Vertreter von Kinderdorfeltern Arbeitnehmer und daher von der ArbZRL erfasst.[228] Irrelevant ist im Übrigen, ob eine Beschäftigung in Voll- oder Teilzeit[229] gegeben und ob sie befristet oder unbefristet[230] ist.[231]

Die Europäische Kommission stellt in ihren Auslegungshinweisen weiterhin heraus, dass trotz fehlender EuGH-Rechtsprechung „zur Situation von

---

223 Franzen/Gallner/Oetker/*Gallner*, EuArbR, 4. Aufl. 2022, Art. 1 RL/2003/88 Rn. 49.

224 S. nur EuGH, Beschl. v. 7.4.2011 – C-519/09 – *May*, BeckRS 2013, 87054 Rn. 25 f.; zur ArbZRL hat der EuGH so in Bezug auf verbeamtete Feuerwehrleute entschieden, EuGH, Urt. v. 3.5.2012 – C-337/10 – *Neidel*, BeckRS 2012, 80798 Rn. 22, 26. Außerdem können auch ehrenamtlich Tätige der freiwilligen Feuerwehr Arbeitnehmer i.d.S. sein, EuGH, Urt. v. 21.2.2018 – C-518/15 – *Matzak*, NZA 2018, 293, Rn. 29.

225 St. Rspr., vgl. nur EuGH, Beschl. v. 7.4.2011 – C-519/09 – *May*, BeckRS 2013, 87054 Rn. 24; Urt. v. 17.7.2008 – C-94/07 – *Ranccanelli*, NZA 2008, 995 Rn. 33; v. 12.2.1974 – C-152/73 – *Sotgiu*, AP EWG-Vertrag Art. 177 Nr. 6 Rn. 5 f.; s. auch Frankfurter Kommentar/*Kocher*, 1. Aufl. 2017, Art. 45 AEUV Rn. 30; *Thüsing*, EuArbR, 3. Aufl. 2017, § 2 Rn. 15, nach deutschem Recht sind diese Personen i.R. spezieller öffentlich-rechtlicher Verhältnisse beschäftigt.

226 EuGH, Urt. v. 4.12.2014 – C-413/13 – *FNV Kunsten Informatie en Media*, GRUR Int. 2015, 384 Rn. 35–37; vgl. auch Urt. v. 13.1.2004 – C-256/01 – *Allonby*, NZA 2004, 201 Rn. 71; s. dazu *Europäische Kommission*, Mitteilung 2017/C 165, S. 10.

227 EuGH, Urt. v. 20.11.2018 – C-147/17 – *Sindicatul Familia Constanţa u.a.*, BeckRS 2018, 29010.

228 EuGH, Urt. v. 26.7.2017 – C-175/16 – *Hälvä u.a.*, NZA 2017, 1113 Rn. 28 ff.

229 EuGH, Urt. v. 12.10.2004 – C-313/02 – *Wippel*, NZA 2004, 1325 Rn. 48.

230 EuGH, Urt. v. 14.10.2010 – C-428/09 – *Union syndicale Solidaires Isère*, BeckRS 2010, 91197 Rn. 31; v. 26.1.2001 – C-173/99 – *BECTU*, NZA 2001, 827 Rn. 46.

231 Für weitere Bsp.: Franzen/Gallner/Oetker/*Gallner*, EuArbR, 4. Aufl. 2022, Art. 1 RL 2003/88/EG Rn. 53 ff.; Preis/Sagan/*Ulber, D.*, EuArbR, 2. Aufl. 2019, § 7 Rn. 7.58, jeweils m.w.N.

Freiwilligen, Praktikanten, Personen mit Null-Stunden-Verträgen oder Personen mit zivilrechtlichen Verträgen" eine Einordnung als Arbeitnehmer mittels der genannten Aspekte und damit eine Erfassung durch die ArbZRL möglich sei.[232] Das ist nicht falsch, bedarf aber sicherlich einer etwas differenzierteren Klarstellung: Da es eben auch auf die Vergütung als Gegenleistung für die Tätigkeit ankommt, wird zu Praktikanten als für die Annahme der Arbeitnehmereigenschaft entscheidend festgehalten, dass eine – wenn auch geringe oder symbolische – Vergütung gezahlt wird.[233] Vergleichbares muss wohl auch für die anderen von der Europäischen Kommission genannten Beschäftigtengruppen gelten.

Festzuhalten sei daher die wohl offensichtliche Schlussfolgerung an dieser Stelle: Der europäische Arbeitnehmerbegriff, der für die ArbZRL gilt, ist weit, was zur Erreichung der Arbeitnehmerschutzzwecke sinnvoll ist, und, wie sich im Folgenden zeigen wird, auch weiter als der deutsche Arbeitnehmerbegriff.

b) Der deutsche Arbeitnehmerbegriff

Das ArbZG enthält eine eigene Bestimmung dessen, welche Gruppen Arbeitnehmer im Sinne des Gesetzes sein sollen, vgl. § 2 Abs. 2 ArbZG (aa)). Ob der Begriff so aufgrund der gebotenen richtlinienkonformen Auslegung stehen bleiben kann, ist fraglich (bb)). Schließlich kommt es hierfür auch darauf an, wer nach europäischem, aber nicht nach deutschem Verständnis als Arbeitnehmer einzuordnen ist (cc)).

aa) Der Arbeitnehmerbegriff des ArbZG

Das ArbZG definiert den Begriff des Arbeitnehmers selbst in § 2 Abs. 2, wonach Arbeitnehmer im Sinne des Gesetzes „Arbeiter und Angestellte sowie die zu ihrer Berufsbildung Beschäftigten" sind. Das Gesetz übernimmt hiermit die Formulierung des § 5 Abs. 1 S. 1 BetrVG,[234] ohne die in § 5 Abs. 2 BetrVG folgende Einschränkung ebenfalls mit aufzugreifen. Demnach ist erfolgt die Orientierung hier zunächst maßgebend an dem allgemeinen Arbeitnehmerbegriff, der

---

232 *Europäische Kommission*, Mitteilung 2017/C 165, S. 10.

233 Vgl. EuGH, Urt. v. 30.3.2006 – C-10/05 – *Mattern*, NZA 2006, 649 Rn. 21; v. 26.02.1992 – *Bernini*, NZA 1992, 736 Rn. 15 f.; Franzen/Gallner/Oetker/*Steinmeyer*, EuArbR, 4. Aufl. 2022, Art. 45 AEUV Rn. 22; Streinz/*Franzen*, EUV/AEUV, 3. Aufl. 2018, Art. 45 AEUV Rn. 27.

234 S. BT-Drs. 12/5888, S. 23.

sich anhand von § 611a BGB bestimmen lässt.[235] Arbeitnehmer ist also, wer auf Grund eines privatrechtlichen Vertrages im Dienste eines anderen zur Leistung weisungsgebundener, fremdbestimmter Arbeit in persönlicher Abhängigkeit verpflichtet ist.[236] Entscheidend ist die persönliche Abhängigkeit.[237] Ob jemand Arbeitnehmer ist, ist hierfür mittels einer typologischen Betrachtung anhand von Indizien und unter Berücksichtigung aller Umstände des Einzelfalls, wie auch der Eigenart der jeweiligen Tätigkeit, vgl. § 611a Abs. 1 S. 4, 5 BGB, zu ergründen.[238] Dabei kommt es insbesondere auf die Weisungsgebundenheit des Arbeitnehmers bezüglich Zeit, Ort und in fachlicher Hinsicht[239] sowie auf die Eingliederung in den Betrieb des Arbeitgebers und die Fremdbestimmung an.[240] Anzumerken ist, dass es nach § 611a Abs. 1 S. 6 BGB, wie auch beim europäischen Arbeitnehmerbegriff, nicht auf die Vertragsbezeichnung ankommt,[241] sodass die Vertragsparteien sich der arbeits- und sozialrechtlich relevanten Einordnung ihrer Vereinbarung als Arbeitsvertrag nicht einfach entziehen können. Das heißt, dass z.B. auch Scheinselbstständige, die tatsächlich aus arbeitsrechtlicher Sicht Arbeitnehmer sind, anders als bspw. Arbeitnehmerähnliche unter den Begriff des Arbeitnehmers zu subsumieren sind.[242] Dazu, wer im Einzelnen Arbeitnehmer ist und in welchen Fällen die Eigenschaft als solcher problematisch

---

235 *Baeck/Deutsch/Winzer*, ArbZG, 4. Aufl. 2020, § 2 Rn. 86; ErfK/*Roloff*, 22. Aufl. 2022, § 2 ArbZG Rn. 23; s. auch *Anzinger/Koberski*, ArbZG, 5. Aufl. 2020, § 2 Rn. 61 f.; *Neumann/Biebl*, ArbZG, 16. Aufl. 2013, § 2 Rn. 21.

236 S. nur *Anzinger/Koberski*, ArbZG, 5. Aufl. 2020, § 2 Rn. 64; *Baeck/Deutsch/Winzer*, ArbZG 4. Aufl. 2020, § 2 Rn. 87; *Neumann/Biebl*, ArbZG, 16. Aufl. 2013, § 2 Rn. 21 f., jeweils m.w.N.

237 S. nur BAG, Urt. v. 28.2.1962 – 4 AZR 141/61, BeckRS 9998, 150497 (Ls.); HWK/*Thüsing*, 10. Aufl. 2022, § 611a BGB Rn. 26; MHdB ArbR/*Temming*, 5. Aufl. 2021, § 18 Rn. 16.

238 HWK/*Thüsing*, 10. Aufl. 2022, § 611a BGB Rn. 26.

239 St. Rspr., vgl. nur BAG, Urt. v. 17.1.2017 – 9 AZR 76/16, NZA 2017, 572 Rn. 14; v. 9.4.2014 – 10 AZR 590/13, NZA-RR 2014, 522 Rn. 16; v. 15.2.2012 – 10 AZR 111/11, NZA 2012, 733 Rn. 14; vgl. auch HWK/*Thüsing*, 10. Aufl. 2022, § 611a BGB Rn. 27.

240 Ausf. ErfK/*Preis*, 22. Aufl. 2022, § 611a BGB Rn. 8 ff.; MHdB ArbR/*Temming*, 5. Aufl. 2021, § 18 Rn. 17, jeweils m.w.N.

241 Das war ebenfalls bereits st. Rspr., s. nur BAG, Urt. v. 11.8.2015 – 9 AZR 98/14, NZA-RR 2016, 288 Rn. 16; v. 20.1.2010 – 5 AZR 99/09, BeckRS 2010, 67136 Rn. 13; v. 3.4.1990 – 3 AZR 258/88, NZA 1991, 267.

242 HK-ArbZR/*Spengler*, 2. Aufl. 2018, § 2 ArbZG Rn. 30; vgl. zu Scheinselbstständigen Küttner/*Röller*, Personalbuch, 29. Aufl. 2022, Scheinselbstständigkeit Rn. 1 f; zu Arbeitnehmerähnlichen HWK/*Thüsing*, 10. Aufl. 2022, § 611a BGB Rn. 125 ff.

ist/sein kann, gibt es umfangreiche Rechtsprechung und Kommentarliteratur, sodass hier nähergehende Ausführungen nicht nötig sind.[243] Ausdrücklich im ArbZG benannt sind schließlich noch die zu ihrer Berufsbildungen Beschäftigten als Arbeitnehmer im Sinne des Gesetzes, vgl. dazu die Reglungen des Berufsbildungsgesetzes, BBiG.[244]

bb) Problem des engen Arbeitnehmerbegriffs im ArbZG

Zu berücksichtigen ist aber, dass der europäische Arbeitnehmerbegriff weiter ist als der deutsche – dieser muss folglich über den deutschen Begriff hinaus gelten,[245] denn: Das deutsche ArbZG dient der Umsetzung der europäischen ArbZRL. Der Arbeitnehmerbegriff, der für die Anwendung der Richtlinie herangezogen wird, soll aber nicht der jeweiligen nationalen Rechtsordnung überlassen werden, sodass es jedem Mitgliedstaat freistünde, den Schutzbereich selbst zu definieren, sondern im Sinne der Harmonisierung der oben dargestellte, eigenständige, europäische Begriff sein.[246] In den Fällen zumindest, in denen der deutsche Arbeitnehmerbegriff zur Einbeziehung in das ArbZG nicht greift, dafür aber der europäische, kann somit eine richtlinienkonforme Auslegung der Norm notwendig sein – sofern keine andere gleichwertige Regelung eingreift –, damit auch betreffende Personen bzw. Beschäftigte den Schutz, den die ArbZRL vorschreibt, erhalten.

(1) Auffangen mittels arbeitgeberseitiger Schutzpflichten?

Eine mögliche alternative Überlegung, könnte es sein, auf die allgemeinen Schutz- und Fürsorgepflichten aus § 611a i.V.m. § 241 Abs. 2 BGB, § 618 BGB, die den Arbeitgeber gegenüber seinen Arbeitnehmern treffen, mittels ihrer richtlinienkonformen Auslegung mit Blick auf die ArbZRL zurückzugreifen.[247]

---

243 Vgl. hierzu nur ErfK/*Preis*, 22. Aufl. 2022, § 611a BGB Rn. 55 ff.; HWK/*Thüsing*, 10. Aufl. 2022, § 611a BGB Rn. 66 ff., insb. 117 f.; MHdB ArbR/*Temming*, 5. Aufl. 2021, § 19 jeweils m.w.N.

244 *Anzinger/Koberski*, ArbZG, 5. Aufl. 2020, § 2 Rn. 68 ff.; *Baeck/Deutsch/Winzer*, ArbZG, 4. Aufl. 2020, § 2 Rn. 99; ErfK/*Roloff*, 22. Aufl. 2022 § 2 ArbZG Rn. 23.

245 Buschmann/Ulber/*Buschmann*, ArbZR, 1. Aufl. 2019, § 2 ArbZG Rn. 68; ErfK/*Roloff*, 22. Aufl. 2022, § 2 ArbZG Rn. 23; HK-ArbZR/*Spengler*, 2. Aufl. 2018, § 2 ArbZG Rn. 30.

246 BeckOK ArbR/*Kock*, 64. . 2022, § 2 ArbZG Rn. 31; so wohl auch Buschmann/Ulber/*Buschmann*, ArbZR, 1. Aufl. 2019, § 2 ArbZG Rn. 68.

247 Für den Fall der Herausnahme aus dem ArbZG nach § 18 ArbZG greifen auch verschiedene Grundsätze und Vorschriften ein, die den Arbeitnehmer schützen, bspw. die Fürsorgepflicht des Arbeitgebers, s. dazu Gliederungspunkt § 3 F) II. 3.

Denn zu den Nebenpflichten des Arbeitgebers gehört es auch, Gesundheitsschäden der Arbeitnehmer abzuwenden.[248] Er müsste Arbeitszeiten folglich so gestalten, dass die Gesundheit der Arbeitnehmer hinreichend beachtet wird.[249] Möglich wäre insofern die Argumentation, dass es damit ebenfalls dazu gehört, mit der ArbZRL in Einklang stehende, angemessene Höchstarbeits- und Ruhezeiten sowie entsprechende Pausen einzuhalten, um so den Schutz betroffener Beschäftigter sicherzustellen. Ob die Lösung hierüber tatsächlich eine gangbare Alternative ist, mag aufgrund der im Hinblick auf das Arbeitszeitrecht erforderlichen inhaltlichen Ausfüllung der Nebenpflichten dennoch bezweifelt werden.

Dies zunächst aus Gründen der Rechtssicherheit, denn Beschäftigter und Arbeitgeber sollen und müssen schließlich wissen und nachvollziehen können, was ihre Rechte und Pflichten sind. Die ArbZRL legt es in Erwägungsgrund 1 demgemäß auch nahe, aus Gründen der Übersichtlichkeit und Klarheit, ihre Bestimmungen zu kodifizieren – und die Vorschriften des ArbZG machen in dieser Hinsicht inhaltlich bereits konkrete Vorgaben, stellen also ein Regelwerk zur Verfügung, das Rechte und Pflichten auf- und darstellt.[250; 251] Zweifelhaft ist somit auch die Erforderlichkeit und Praktikabilität der Heranziehung der Nebenpflichten, kann durch richtlinienkonforme Auslegung doch der Anwendungsbereich des ArbZG „einfach" auf die entsprechenden Personen erstreckt werden.

Fraglich ist die Überlegung darüber hinaus auch aus Gleichheitsgesichtspunkten: Verwehrte man lediglich europarechtlich als Arbeitnehmer einzuordnenden Personen den Schutz des strenger als die ArbZRL gefassten ArbZG, müsste das insoweit (wenn auch im europarechtlich möglichen Rahmen) divergierende Schutzniveau zu „deutschen" Arbeitnehmern eine nachvollziehbare Rechtfertigung erhalten. Diese könnte aber darin zu sehen sein, dass es sich

---

248 Ausf. HWK/*Thüsing*, 10. Aufl. 2022, § 611a BGB Rn. 408 ff.; s. auch ErfK/*Preis*, 22. Aufl. 2022, § 611a BGB Rn. 618; MüKoBGB/*Spinner*, 8. Aufl. 2020, § 611a BGB Rn. 917.

249 Vgl. dazu i.R.v. § 18 ArbZG: Buschmann/Ulber/*Ulber, J.*, ArbZR, 1. Aufl. 2019, § 18 ArbZG Rn. 1; HK-ArbZR/Käckenmeister, 2. Aufl. 2018, § 18 ArbZG Rn. 2; a.A. *Baeck/Deutsch/Winzer*, ArbZG, 4. Aufl. 2020, § 18 Rn. 27 ff.

250 Vgl. *Thüsing/Rombey/Schippers*, NZA 2020, 480 (486 f.).

251 Das widerspricht auch nicht seiner Eigenschaft als öffentlich-rechtliches Schutzgesetz und daneben wird auch das öffentlich-rechtliche ArbSchG als Konkretisierung der Fürsorgepflicht des Arbeitgebers verstanden; s. nur HWK/*Thüsing*, 10. Aufl. 2022, § 611a BGB Rn. 408; allg. zum öffentlich-rechtlichen Charakter des ArbZG *Baeck/Deutsch/Winzer*, ArbZG, 4. Aufl. 2020, Einf. Rn. 48 ff.

hierbei nach Wertung des deutschen Gesetzgebers nicht um Arbeitnehmer handelt und die richtlinienkonforme Auslegung hinreichenden Schutz sicherstellen könnte, sodass auch den europarechtlichen Anforderungen genügt werde. Die ArbZRL hat jedoch selbst bestimmte Arbeitnehmergruppen genannt, bei denen sie ein geringeres Schutzniveau als gegeben ansieht; deren Kreis ist eng umrissen, vgl. vor allem Art. 17 Abs. 1 ArbZRL (s. Gliederungspunkt § 3 F) I. 1. b)). Diese Erwägungen mögen daher nur dann dienlich sein, wenn über eine Herausnahme bestimmter Arbeitnehmergruppen aus dem Anwendungsbereich des ArbZG nach Art. 17 ArbZRL nachgedacht wird, denn dann können und sollen die Nebenpflichten dazu dienen, etwaige Schutzlücken zu schließen.[252] Der Unterschied zu diesen Fällen ist aber, dass für die durch die ArbZRL erlaubten Ausnahmen mit der Voraussetzung, dass die Arbeitszeit wegen der besonderen Merkmale der ausgeübten Tätigkeit nicht gemessen und/oder nicht im Voraus festgelegt wird oder von den Arbeitnehmern selbst festgelegt werden kann, auch die Vermutung eines niedrigeren Schutzbedürfnisses, zumindest bedingt, in sich trägt. Das ist so nicht deckungsgleich mit den Fällen, in denen die betreffende Person dem europäischen aber nicht dem deutschen Arbeitnehmerbegriff (oder dem eines anderen Mitgliedstaates) unterfallen mag, und würde unter Umständen auch einen Verstoß gegen entsprechende Vorgaben bedeuten.

Wenn auch die Alternative trotz allem in Maßen vorstellbar, da nicht offensichtlich europarechtswidrig, scheint: Die richtlinienkonforme Auslegung von § 2 Abs. 2 ArbZG, den Arbeitnehmer im Sinne des Gesetzes betreffend, ist konkreter, praktikabler, stellt den Schutz der betreffenden Arbeitnehmer sicher und genügt insoweit den europarechtlichen Vorgaben.

(2) „Europäische" aber nicht „deutsche" Arbeitnehmer

Fraglich ist letztlich auch, welche Personen diese Überlegungen überhaupt betreffen würden – wer fällt unter europäischen, aber nicht den deutschen Arbeitnehmerbegriff, und wo ergibt sich in der Folge ein mögliches Schutzdefizit, das durch richtlinienkonforme Auslegung zu beseitigen ist?

Wie bereits erwähnt, fallen Beamte zwar unter den europäischen Arbeitnehmerbegriff, nicht aber den deutschen. Für diese ist eine Erstreckung des ArbZG

---

252 *Thüsing/Rombey/Schippers*, NZA 2020, 480 (486 f.); Buschmann/Ulber/*Ulber, J.*, ArbZR, 1. Aufl. 2019, § 18 ArbZG Rn. 1; HK-ArbZR/*Käckenmeister*, 2. Aufl. 2018, § 18 ArbZG Rn. 2; dazu Gliederungspunkt § 3 F) II. 3.

aber nicht erforderlich, denn für sie greifen spezifische bundes-[253] und landesrechtliche[254] Vorgaben.[255] Auch Richter sind Arbeitnehmer nach europäischem Recht. Im deutschen Recht hingegen besteht wegen der richterlichen Unabhängigkeit nach Art. 97 GG nur die Pflicht, einen Arbeitserfolg zu leisten, den ein vergleichbarer Richter bei einer Arbeitszeit von 40 Stunden pro Woche leisten kann.[256] Das Soldatengesetz (SG) und die Verordnung über die Arbeitszeit der Soldatinnen und Soldaten vom 15. November 2015 (Soldatenarbeitszeitverordnung, SAZV) regelt die Arbeitszeit der Bundeswehrsoldaten, sodass auch hier allein aus diesem Grund die Notwendigkeit der Erstreckung des ArbZG entfällt.[257]

Nicht dem deutschen Arbeitnehmerbegriff unterfallen in der Regel Organmitglieder juristischer Personen, also z.B. der Geschäftsführer einer GmbH.[258] Das BAG geht jedoch davon aus, dass im Einzel- bzw. Ausnahmefall[259] ein Fremdgeschäftsführer dann Arbeitnehmer sein kann, wenn sich nach den allgemeinen Kriterien zur Abgrenzung vom freien Dienstverhältnis herausstellt, dass ein Arbeitsverhältnis vorliegt,[260] sodass dann konsequenterweise auch das

---

253 §§ 87, 88 BBG, und die darauf basierende Verordnung über die Arbeitszeit der Beamtinnen und Beamten des Bunde vom 23. Februar 2006; s. dazu *Bundestag*, WD 6 – 3000 – 074/189, 6.

254 Z.B. die Verordnung über die Arbeitszeit der Beamtinnen und Beamten im Lande Nordrhein-Westfalen vom 4. Juli 2006.

255 *Anzinger/Koberski*, ArbZG, 5. Aufl. 2020, § 2 Rn. 74; *Baeck/Deutsch/Winzer*, ArbZG, 4. Aufl. 2020, § 19 ArbZG; Buschmann/Ulber/*Ulber, J.*, ArbZR, 1. Aufl. 2019, § 18 ArbZG Rn. 3. Abgesehen davon gibt es für die Beschäftigung im öffentlichen Dienst § 19 ArbZG, wonach für den Fall, dass keine tarifliche Arbeitszeitregelung vorliegt, die für Beamte geltenden Bestimmungen auf Arbeitnehmer übertragen werden können. Damit soll dem wegen der Zusammenarbeit von Beamten und Arbeitnehmern im öffentlichen Dienst u.U. bestehenden Interesse an einer einheitlichen Arbeitszeit Rechnung getragen werden, BT-Drs. 12/5888, S. 33.

256 BVerwG, Beschl. v. 21.9.1982 – 2 B 12/82, NJW 1983, 62; vgl. auch BVerfG, Beschl. v. 23.5.2012 – 2 BvR 610/12, 2 BvR 625/12, NJW 2012, 2334 Rn. 17.

257 Vgl. *Bundestag*, WD 6 – 3000 – 074/189, 6. S. noch zu Soldaten *Anzinger/Koberski*, ArbZG, 5. Aufl. 2020, § 2 Rn. 75; Buschmann/Ulber/*Ulber, J.*, ArbZR, 1. Aufl. 2019, § 18 ArbZG Rn. 3 und § 19 ArbZG Rn. 4.

258 St. Rspr., s. nur BGH, Urt. v. 10.9.2001 – II ZR 14/00, NJW-RR 2002, 172; v. 29.1.1981 – II ZR 92/80, NJW 1981, 1270; v. 11.7.1953 – II ZR 126/52, NJW 1953, 1465; ausf. HWK/*Thüsing*, 10. Aufl. 2022, § 611a BGB Rn. 105 f.

259 BAG, Urt. v. 24.11.2005 – 2 AZR 614/04, NZA 2006, 366.

260 BAG, Urt. v. 26.5.1999 – 5 AZR 664/98, NZA 1999, 987; vgl. auch HWK/*Thüsing*, 9. Aufl. 2020, § 611a BGB Rn. 105.

ArbZG gelten müsste. Werden diese Voraussetzungen nicht erfüllt, wird also die Arbeitnehmereigenschaft nach dem deutschen Recht verneint, ist aber dennoch eine richtlinienkonforme Auslegung von § 2 Abs. 2 ArbZG, wie oben dargelegt, erforderlich. Der EuGH hat Fremdgeschäftsführer als Arbeitnehmer eingeordnet, sodass die ArbZRL diese erfasst.[261; 262]

Fraglich und hinsichtlich der Einordnung im europäischen Recht ungeklärt ist die Situation von Arbeitnehmerähnlichen (dazu gehören z.B. auch Heimarbeiter).[263] Sie sind Selbstständige und unterscheiden sich von „deutschen" Arbeitnehmern insofern, als dass sie lediglich wirtschaftlich, also nicht persönlich, abhängig, aber vergleichbar schutzbedürftig sind,[264] vgl. auch § 12a Abs. 1 TVG. Wie diese Frage zu lösen ist, würde hier zu weit führen.[265] Ordnete man sie jedenfalls als Arbeitnehmer nach dem europäischen Verständnis ein, wäre nach den dargestellten Grundsätzen eine Erstreckung des ArbZG erforderlich.

c) *Arbeitnehmerbegriffe anderer Mitgliedstaaten*

Bei dem folgenden vergleichenden Blick auf die Arbeitnehmerbegriffe anderer Mitgliedstaaten, kommt es natürlich vornehmlich auf die im Rahmen des

---

261 EuGH, Urt. v. 9.7.2015 – C-229/14 – *Balkaya*, NZA 2015, 861; v. 11.11.2010 – C-232/09 – *Danosa*, NZA 2011, 143; *Henssler/Lunk*, NZA 2016, 1425 (1428 f.); ErfK/*Roloff*, 22. Aufl. 2022, § 2 ArbZG Rn. 23; Franzen/Gallner/Oetker/*Gallner*, EuArbR, 4. Aufl 2022, Art. 1 RL 2003/88/EG Rn. 56.

262 I.R.d. Arbeitszeitrechts wäre als Konsequenz der Einordnung als Arbeitnehmer wohl darüber nachzudenken, ob es möglich, sinnvoll und politisch gewollt ist, für Fremdgeschäftsführer über Art. 17 Abs. 1 ArbZRL und in dessen deutscher Umsetzung über § 18 ArbZG die hierdurch ermöglichten weitgehenden Ausnahmen vom Arbeitszeitrecht vorzusehen; vgl. *Forst*, EuZW 2015, 664 (667); zu der Ausnahmemöglichkeit des Art. 17 Abs. 1 ArbZRL generell s. Gliederungspunkt § 3 F).

263 *Däubler*, ZIAS 2000, 326 (335); *Wank*, EuzA 2008, 172 (177); Calliess/Ruffert/*Krebber*, EUV/AEUV, 6. Aufl. 2022, Art. 153 AEUV Rn. 2.

264 ErfK/*Preis*, 22. Aufl. 2022, § 611a BGB Rn. 80 ff.; MHdB ArbR/*Temming*, 5. Aufl. 2021, § 21 Rn. 1 ff.; MüKo BGB/*Spinner*, 8. Aufl. 2020, § 611a BGB Rn. 130 ff.

265 Dafür, Arbeitnehmerähnliche als Arbeitnehmer i.S.d. Europarechts zu begreifen: Frankfurter Kommentar/*Kocher*, 1. Aufl. 2017, Art. 45 AEUV Rn. 43; Franzen/Gallner/Oetker/*Gallner*, EuArbR, 4. Aufl 2022, Art. 1 RL 2003/88/EG Rn. 53 und *Franzen* zu Art. 153 AEUV Rn. 10. Dagegen: *Thüsing*, EuArbR, 3. Aufl. 2017, § 1 Rn. 17. Für einen Mittelweg: Calliess/Ruffert/*Krebber*, EUV/AEUV, 6. Aufl. 2022, Art. 153 AEUV Rn. 2. Ablehnend bzgl. der Anwendung des ArbZG auf Heimarbeiter, ohne freilich auf europarechtliche Fragestellungen einzugehen: *Anzinger/Koberski*, ArbZG, 5. Aufl. 2020, § 2 Rn. 73.

jeweiligen Arbeitszeitrechts getroffenen Begriffsbestimmungen an, sollte es solche spezielleren geben. Ansonsten sind die allgemeinen Begriffe der jeweiligen Mitgliedstaaten zu betrachten. Der Vergleich soll, wie bereits angedeutet, hervorheben, wie sich die Regelungsbereiche der Mitgliedstaaten unterscheiden oder doch auch ähnlich sein können. Trotz der im Rahmen der Harmonisierung erforderlichen richtlinienkonformen Auslegung, die im Ergebnis dafür sorgt, dass die Arbeitszeitregelungen grundsätzlich für Arbeitnehmer im europäischen Sinne gelten müssen, ist die nachfolgende Betrachtung keineswegs obsolet, sondern notwendige Grundlage, um die Regelungen und Regelungsmechanismen der mitgliedstaatlichen Arbeitszeitregelungen zu verstehen. Zunächst soll es um den britischen Arbeitnehmerbegriff gehen, der gesetzlich definiert ist (aa)). In Frankreich fehlt eine weitergehende Definition des Begriffs, der somit durch die Rechtsprechung ausgestaltet wurde (bb)). Der österreichische Arbeitnehmerbegriff ähnelt dem im deutschen Recht (cc)).

*aa) Der britische Arbeitnehmerbegriff (*worker *und* employee*)*

Es mag verwundern, dass der erste Blick auf den britischen Arbeitnehmerbegriff erfolgt, ist das Vereinigte Königreich doch aufgrund des inzwischen vollzogenen Brexits[266] kein Mitgliedstaat der Europäischen Union mehr und damit auch nicht mehr zur Umsetzung europarechtlicher Richtlinien verpflichtet. Dennoch ist zu beachten, dass die arbeitszeitrechtlichen Regelungen des Vereinigten Königreichs auch in Umsetzung der ArbZRL geschaffen wurden, sodass ihre Betrachtung im vorliegenden Kontext durchaus Sinn ergibt. Denn sie zeigen, wo sie seit dem Brexit keine Änderung erfahren haben, weiterhin auf, wie sich die Regelungen der ArbZRL in das mitgliedstaatliche Recht übertragen und umsetzen lassen.

The Working Time Regulations 1998 (WTR 1998)[267], die das arbeitszeitrechtliche Reglement darstellen, haben insgesamt bereits einen weiten Schutzbereich.

---

266 Zum Brexit: *BMWi*, Brexit: Wichtige Informationen im Überblick, 2020, abrufbar unter: https://www.bmwi.de/Redaktion/DE/Artikel/Europa/brexit.html, letzter Abruf: 17.9.2022.

267 Die WTR 1998 gelten dabei nach Sec. 1 (2) nur für Großbritannien, umfassen also nur England, Wales und Schottland, nicht aber Nordirland, welches Teil des Vereinigten Königreichs ist. Demnach soll es hier auch, sofern nicht gesondert Nordirland genannt wird, nur um Großbritannien gehen. Die Kommission differenziert insoweit nicht, sondern spricht vom Vereinigten Königreich bzw. *United Kingdom*, sodass auch hier der Einfachheit halber auf die Differenzierung verzichtet wird.

Während eine allgemeine Begriffsbestimmung im britischen Recht fehlt,[268] enthält das Arbeitsrechtsgesetz, *The Employment Rights Act 1996* (ERA 1996), das die wesentlichen gesetzlichen Ansprüche der Arbeitnehmer festlegt,[269] in Sec. 230 eine – zumindest im Rahmen dieses Rechtsakts geltende – Definition der Begriffe *employee* und *worker*. Für *employee* legt der ERA 1996 in Sec. 230 (1) fest:

> „In this Act 'employee' means an individual who has entered into or works under (or, where the employment has ceased, worked under) a contract of employment." (Erläuterung sogleich)

Die Definition des Begriffs *worker* aus ERA 1996 Sec. 230 (3) wird durch die WTR 1998 weitestgehend in Reg. 2 (1) aufgegriffen:

> „'worker' means an individual who has entered into or works under (or, where the employment has ceased, worked under) – (a) a contract of employment, or (b) any other contract, whether express or implied and (if it is express) whether oral or in writing, whereby the individual undertakes to do or perform personally any work or services for another party to the contract whose status is not by virtue of the contract that of a client or customer of any profession or business undertaking carried on by the individual; [...]".

Für das Vorliegen eines *employees* wird im Gesetz entsprechend der obigen Definition lediglich auf das Bestehen eines Arbeitsvertrags (*contract of employment*) abgestellt. Diese Begriffsbestimmung greift auch die Definition des *workers* zunächst wörtlich auf. Daneben gibt es aber noch eine weitere Alternative: *Worker* ist außerdem jeder, der mit einem Vertrag beschäftigt ist, der ihn verpflichtet, für die andere Vertragspartei, welche nicht Kunde oder Auftraggeber im Rahmen des ausgeübten Berufs oder Unternehmens der betreffenden Person ist, Arbeiten oder Dienstleistungen persönlich auszuführen oder zu erbringen. Der Begriff *worker* stellt folglich den Oberbegriff dar: *Employees* sind zwar auch *worker*, es zählen aber nach dem Wortlaut alle Arbeitenden als *worker*, die keine eigene Unternehmensorganisation besitzen.[270] Der Anwendungsbereich der WTR 1998 umfasst nach Reg. 37–41 aber auch Angestellte der

268 So *Rebhahn*, RdA 2009, 154 (159 f.), wobei „überhaupt keine Definition" sicherlich zu weit gegriffen ist.

269 Henssler/Braun/*Harth/Taggart*, ArbR in Europa, 3. Aufl. 2011, Großbritannien Rn. 4.

270 *Rebhahn*, RdA 2009, 236 (238): Das gehe sogar über den Begriff der Arbeitnehmerähnlichen im deutschen Recht hinaus.

Krone, Streitkräfte und Polizeibeamte,[271] also solche, für die in z.B. Deutschland Sonderregelungen gelten.

Zur Abgrenzung gibt es von der Rechtsprechung ausgeformte, bestimmte Kriterien, die erfüllt sein müssen, damit jemand als *employee* einzuordnen ist. Es gehört zunächst dazu, dass die Dienste persönlich erbracht werden, ein *employee* darf also nicht das Recht haben, jemanden anderen als Ersatz zur Erbringung seiner Arbeitsleistung einzusetzen.[272] Festgelegt wurde außerdem das Erfordernis gegenseitiger Verpflichtung: Der Arbeitgeber muss verpflichtet sein, den *employee* unter von ihm festgelegten Bedingungen zu beschäftigen und dafür zu vergüten, während der *employee* diese Arbeit entsprechend der Vorgaben erbringen muss.[273] Erforderlich ist natürlich auch ein Weisungsrecht des Arbeitgebers.[274] Liegen nicht alle der genannten Voraussetzungen vor, handelt es sich bei der betreffenden Person wohl um einen *worker*, ist keine erfüllt, ist davon auszugehen, dass er Selbstständiger ist.[275]

Daraus folgt jedenfalls, dass der *employee* des britischen Rechts dem Arbeitnehmer im Sinne des deutschen Rechts näher steht als der Begriff des *workers*, der wohl auch Personen umfasst, die nach deutschem Recht Arbeitnehmerähnliche wären.[276] Überdies gehören z.B. auch Geschäftsführer und Vorstandsmitglieder zu den Arbeitnehmern des britischen Rechts.[277] Verglichen mit dem deutschen Recht ist der Begriff, der im Rahmen des britischen arbeitszeitrechtlichen Regimes gilt, demnach signifikant weiter. Im Unterschied zum europäischen

---

271 S. dazu Tolley's Empl. HdB/*Wallington*, 28. Aufl. 2014, Chap. 56.3.

272 *Express & Echo Publications Ltd v Tanton* [1999] I.C.R. 693: „[…] it is necessary for a contract of employment to contain an obligation on the part of the employee to provide his services personally". Die Entscheidung *MacFarlane & Skivington v Glasgow City Council* [2000] EAT/1277/99 schränkt dies aber ein, sodass die begrenzte Befugnis, Aufgaben weiterzugeben, einer Arbeitnehmereigenschaft nicht zwingend entgegensteht, vgl. auch Henssler/Braun/*Harth/Taggart*, ArbR in Europa, 3. Aufl. 2011, Großbritannien Rn. 7.

273 *Clark v Oxfordshire Health Authority* [1998] IRLR 125: „[…] no 'contract of employment' […] can exist in the absence of mutual obligations subsisting over the entire duration of the relevant period".

274 *Ready Mixed Concrete Ltd v Minister of Pensions* [1968] 2 QB 497: „An obligation to do work subject to the other party's control is a necessary, though not always a sufficient, condition of a contract of service".

275 S. dazu ausf. Tolley's Empl. HdB/*Barrett*, 28. Aufl. 2014, Chap. 15.

276 *Rebhahn*, RdA 2009, 236 (238): Wer alles als *worker* einzuordnen ist, gehe sogar über den Begriff der Arbeitnehmerähnlichen im deutschen Recht hinaus.

277 Henssler/Braun/*Harth/Taggart*, ArbR in Europa, 3. Aufl. 2011, Großbritannien Rn. 8.

Recht liegt der Schwerpunkt des britischen Begriffs mehr auf dem Vorliegen eines (Arbeits-)Vertrags als auf der Tätigkeit.[278] Es kommt zur Einordnung mithin primär auf den Vertrag an, also auf das, was die Parteien vereinbart haben.[279]

Kritisch sieht es die Europäische Kommission, dass nach WTR 1998 Reg. 19 Hausangestellte aus dem Anwendungsbereich der Arbeitszeitregelungen herausgenommen werden.[280] Sie geht deshalb davon aus, dass die Anforderungen der ArbZRL nur dann erfüllt seien, wenn ihre Umsetzung für betreffende Arbeitnehmer durch Tarifverträge sichergestellt wird.[281]

bb) Der französische Arbeitnehmerbegriff (salarié)

Die französischen Arbeitszeitregelungen sind gem. Art. L 3111-1 Code du travail (CdT) anwendbar auf Arbeitgeber, *employeurs*, und ihre Arbeitnehmer, *salariés* – eine nähere Bestimmung des Arbeitnehmerbegriffs fehlt an dieser Stelle. Auch im Übrigen gibt es keine gesetzliche Definition, es sei denn, man will zumindest Art. L 8221-6 II. CdT heranziehen, der die Feststellung des Vorliegens eines Arbeitsvertrags daran anknüpft, ob sich die betreffende Person in einem dauerhaften, rechtlichen Unterordnungsverhältnis (*un lien de subordination juridique permanente*) gegenüber ihrem Auftraggeber befindet, damit aber keine allgemeingültige Umschreibung vorgibt.[282] Für die Anwendbarkeit der Regelungen kommt es jedenfalls entscheidend auf das Vorliegen eines Arbeitsvertrags an.[283] Die drei wesentlichen Voraussetzungen eines *contrat de travail* sind die Arbeitsleistung (*un travail)*, ein Gehalt bzw. eine Vergütung (*un salaire*) und, am wichtigsten, die Unterordnung (*une subordination*).[284] Hierbei kommt es maßgeblich auf die Durchführung der Arbeit an.[285]

---

278 *Thüsing*, European Labour Law, 1. Aufl. 2013, § 2 Rn. 17.

279 *Rebhahn*, RdA 2009, 154 (162).

280 *Europäische Kommission*, SWD(2017) 204 final, S. 4, wo auch weitere Beispiele mit den entspr. mitgliedstaatlichen Regelungen aufgezählt werden.

281 *Europäische Kommission*, SWD(2017) 204 final, S. 4, und COM(2017) 254 final, S. 4.

282 *Rebhahn*, RdA 2009, 154 (159) und Fn. 53: Entscheidend sei hier der Verweis auf „*un lien de subordination juridique*“, also die rechtliche Unterordnung.

283 Allg. *Auzero/Baugard/Dockès*, Droit du travail, 35. Aufl. 2022, Rn. 195.

284 *Auzero/Baugard/Dockès*, Droit du travail, 35. Aufl. 2022, Rn. 197; *Peskine/Wolmark*, Droit du travail, 15. Aufl. 2022, Rn. 36.

285 *Rebhahn*, RdA 2009, 154 (162): Es stehe einem Arbeitsvertrag auch nicht entgegen, wenn einzelne Klauseln des Vertrages nicht dem zulässigen Inhalt entsprächen.

Gegenstand der Arbeitsleistung können alle menschlichen Tätigkeiten sein.[286] Generell hat dieses Merkmal aber keine entscheidende Rolle bei der Frage, ob Arbeitsrecht anwendbar ist oder nicht, kann jedoch der Einordnung als Arbeitsvertrag entgegenstehen.[287] Weil der Arbeitsvertrag ein entgeltlicher Vertrag ist, ist es notwendig, dass eine Vergütung bezahlt oder ausdrücklich oder stillschweigend versprochen wird.[288] Dieses Merkmal ist aber ebenfalls nicht wesentlich für das Vorliegen eines Arbeitsvertrags, da auch andere, hiervon abzugrenzende, Verträge ein Entgelt für erbrachte Dienstleistungen vorsehen (können).[289] Entscheidende Eigenschaft ist vielmehr die Unterordnung des Arbeitnehmers, man spricht auch von rechtlicher Abhängigkeit.[290] Das Hauptaugenmerk liegt hierbei auf der Durchführung der Arbeit unter der Aufsicht eines Arbeitgebers, der Weisungsbefugnis hat und Befehle erteilen kann sowie die Ausführung der Arbeit kontrollieren und ggfs. Verfehlungen seines Untergeordneten sanktionieren darf, wie das Kassationsgericht es festlegt:

> „[…] le lien de subordination est caractérisé par l'exécution d'un travail sous l'autorité d'un employeur qui a le pouvoir de donner des ordres et des directives, d'en contrôler l'exécution et de sanctionner les manquements de son subordonné".[291]

Neben diesen drei Hauptaspekten (Weisungen, Kontrolle und Sanktionen) dienen die Einordnung bzw. Eingliederung in die Organisation des Arbeitgebers, die fehlende Beteiligung an Geschäftsrisiken sowie die wirtschaftliche Abhängigkeit als Indizien für eine rechtliche Unterordnung.[292] Ob sie sich aus den genannten Aspekten ableiten lässt, ist mittels der Methode des *faisceau d'indices* festzustellen, was sich mit „Indizienbündel" übersetzen lässt und wohl mit der

---

286 *Auzero/Baugard/Dockès*, Droit du travail, 35. Aufl. 2022, Rn. 198; vgl. auch Cass. Soc. 3.6.2009, n° 1159, 08-40.981 à 08-40.983/08-41.712 à 08-41.714.

287 *Auzero/Baugard/Dockès*, Droit du travail, 35. Aufl. 2022, Rn. 198; s. ausf. *Peskine/Wolmark*, Droit du travail, 15. Aufl. 2022, Rn. 39 f., jeweils mit Fallgruppen, in denen keine Arbeit vorliegt

288 *Auzero/Baugard/Dockès*, Droit du travail, 35. Aufl. 2022, Rn. 199 m.w.N.; *Peskine/Wolmark*, Droit du travail, 15. Aufl. 2022, Rn. 41.

289 *Auzero/Baugard/Dockès*, Droit du travail, 35. Aufl. 2022, Rn. 199.

290 *Rebhahn*, RdA 2009, 154 (164); *Auzero/Baugard/Dockès*, Droit du travail, 35. Aufl. 2022, Rn. 201; *Peskine/Wolmark*, Droit du travail, 15. Aufl. 2022, Rn. 42.

291 Cass. Soc. 13.11.1996, n° 94-13.187; vgl. auch *Peskine/Wolmark*, Droit du travail, 15. Aufl. 2022, Rn. 46.

292 *Peskine/Wolmark*, Droit du travail, 15. Aufl. 2022, Rn. 47 ff.

typologischen Methode zur Feststellung der Arbeitnehmereigenschaft im deutschen Recht vergleichbar ist.[293]

Insgesamt ist der Arbeitnehmerbegriff des französischen Rechts dem deutschen vergleichbar, das Merkmal der Unterordnung, das als eines der Hauptaspekte das Weisungsrecht des Arbeitgebers beinhaltet, ähnelt der gleichartig ausgestalteten persönlichen Abhängigkeit des Arbeitnehmers nach § 611a Abs. 1 BGB.[294] Ob die Einordnung im Einzelfall im französischen Recht gleich dem deutschen Recht stattfinden würde, bleibt hiermit offen. Der französische Arbeitnehmerbegriff ist jedenfalls weder wesentlich weiter noch enger als der deutsche.

cc) Der österreichische Arbeitnehmerbegriff

Kurz dargestellt sei noch, wie der österreichische Arbeitnehmerbegriff für das Arbeitszeitrecht bestimmt wird. In § 1 Abs. 1 Arbeitszeitgesetz (AZG) ist festgelegt, dass die Bestimmungen dieses Gesetzes für die Beschäftigung von Arbeitnehmern gelten, dazu gehören auch Lehrlinge, die älter als 18 Jahre sind. Hier fehlt also eine spezielle Definition des Arbeitnehmers, sodass es auf den allgemeinen Begriff des Arbeitsvertragsrechts ankommt.[295] In Österreich gibt es im Allgemeinen Bürgerlichen Gesetzbuch (ABGB) eine gesetzliche Definition des Arbeitnehmerbegriffs, die für das Entstehen eines Dienstvertrags[296] darauf abstellt, ob „jemand sich auf eine gewisse Zeit zur Dienstleistung für einen anderen verpflichtet", § 1151 Abs. 1 ABGB, und damit nur wenig aussagt.[297] Es steht hiermit zunächst nur eine Verpflichtung des Arbeitnehmers zur persönlichen Arbeitsleistung nach Weisungen des Arbeitgebers fest.[298]

Da es zur Abgrenzung von freien Dienstnehmern maßgeblich auf die persönliche Abhängigkeit und die Eingliederung in den Betrieb eines anderen ankommt,[299] lässt sich schon bei flüchtigem Blick eine Ähnlichkeit zum deutschen

---

293 *Peskine/Wolmark*, Droit du travail, 15. Aufl. 2022, Rn. 50; vgl. HWK/*Thüsing*, 10. Aufl. 2022, § 611a BGB Rn. 26.

294 Dazu BeckOK ArbR/*Joussen*, 64. Ed. 2022, § 611a BGB Rn. 14 ff.; ErfK/*Preis*, 22. Aufl. 2022, § 611a BGB Rn. 32 ff.; HWK/*Thüsing*, 10. Aufl. 2022, § 611a BGB Rn. 47 ff.

295 Auer-Mayer/Felten/Pfeil/*Auer-Mayer*, AZG ÖR, 4. Aufl. 2019, § 2 Rn. 2.

296 Ein Arbeitsverhältnis ist im österreichischen Recht ein „echtes Dienstverhältnis", Henssler/Braun/*Pelzmann*, ArbR in Europa, 3. Aufl. 2011, Österreich Rn. 19.

297 *Rebhahn*, RdA 2009, 154 (160).

298 Henssler/Braun/*Pelzmann*, ArbR in Europa, 3. Aufl. 2011, Österreich Rn. 18. Entscheidend sind aber wohl persönliche, nicht fachliche Weisungen, *Rebhahn*, RdA 2009, 154 (166) m.w.N.

299 Vgl. Henssler/Braun/*Pelzmann*, ArbR in Europa, 3. Aufl. 2011, Österreich Rn. 20 ff.

Begriff erkennen.[300] Auch hier ist nicht die Bezeichnung relevant, die die Parteien ihrem Vertrag gegeben haben, sondern zunächst sein Inhalt, bei Widersprüchen ist aber vor allem die Durchführung des Vertrags entscheidend.[301]

d) Notwendigkeit der richtlinienkonformen Auslegung

Die Arbeitnehmerbegriffe der Mitgliedstaaten differieren, wie dargestellt, in manchen Punkten. Der des Vereinigten Königreichs ist weiter als der deutsche und legt den Schwerpunkt mehr auf den Arbeitsvertrag und damit den (unterstellten) Parteiwillen als die tatsächliche Durchführung des (Arbeits-)Verhältnisses. Der österreichische Arbeitnehmerbegriff ist dem deutschen hingegen sehr ähnlich, während der französische zwar im Grunde ebenfalls so scheint und die Durchführung des Vertrags für die Einordnung maßgeblich, hier aber die rechtliche statt der persönlichen Abhängigkeit entscheidendes Merkmal ist. Die einzelnen Kennzeichen der Arbeitnehmereigenschaft entsprechen sich grundsätzlich in vielen Teilen, insbesondere bei ihrer Gewichtung treten aber in der Handhabe der Mitgliedstaaten Unterschiede auf.[302]

Das Ergebnis der Notwendigkeit einer richtlinienkonformen Auslegung, wie oben dargestellt, gilt in der Konsequenz mithin natürlich nicht für das deutsche Recht, sondern für alle Mitgliedstaaten, wenn und soweit der Arbeitnehmerbegriff, der im Rahmen arbeitszeitrechtlicher Reglements anzuwenden ist, enger als der europäische ist. Denn die auf der Richtlinie beruhenden Arbeitszeitregelungen müssen richtlinienkonform sein sowie richtlinienkonform angewendet werden. Zum Zweck der ArbZRL gehört die Harmonisierung, sodass es im Ergebnis maßgeblich und vornehmlich auf den europäischen Begriff ankommt, um ein gleichwertiges Schutzniveau in allen Mitgliedstaaten zu gewährleisten.

3. Arbeitnehmer, für die spezifischere Vorschriften gelten

Eine Subsidiarität der ArbZRL ergibt sich hinsichtlich bestimmter Beschäftigungen und beruflicher Tätigkeiten, für die andere Gemeinschaftsinstrumente spezifischere Vorschriften über die Arbeitszeitgestaltung enthalten, vgl. Art. 14 ArbZRL. Das heißt nicht, dass die ArbZRL für die betreffenden Arbeitnehmer

300 *Rebhahn*, RdA 2009, 154 (162) stellt aber heraus, dass es in Deutschland wohl bzgl. der Einordnung als Arbeitnehmer mehr auf die Durchführung der Arbeitsbeziehung als den Vertragsinhalt ankomme.

301 Auer-Mayer/Felten/Pfeil/*Auer-Mayer*, AZG ÖR, 4. Aufl. 2019, § 2 Rn. 2.

302 *Rebhahn*, RdA 2009, 154 (173), der sich im Weiteren mit Ursachen und Schwierigkeiten auseinandersetzt.

generell nicht anwendbar ist, sondern sie wird nur soweit verdrängt, wie es besondere Regelungen gibt.[303]

Erste Einschränkungen ergeben sich insoweit direkt aus der ArbZRL selbst. So ist sie zwar auf mobile Arbeitnehmer anwendbar, hiervon nimmt Art. 20 Abs. 1 ArbZRL aber ihre Artt. 3, 4, 5 und 8 aus. Wer mobiler Arbeitnehmer ist, legt die ArbZRL bei den Begriffsbestimmungen in Art. 2 Nr. 7 fest. Es kommt darauf an, dass der Hauptzweck der Tätigkeit im Transportsektor liegt.[304] Im Bereich des Straßenverkehrs, beim grenzüberschreitenden Eisenbahnverkehr und für das fliegende Personal gibt es spezielle Verordnungen und Richtlinien.[305] Für Arbeitnehmer, die auf Offshore-Anlagen tätig sind, vgl. Art. 2 Nr. 8 ArbZRL, sind bestimmte Sonderregelungen vorgesehen, Art. 20 Abs. 2, 3 ArbZRL. Art. 21 ArbZRL enthält außerdem verschiedene Vorschriften bezüglich Arbeitnehmern an Bord von seegehenden Fischereifahrzeugen, für die hiernach zwar die Regelungen der Artt. 3–6, 8 ArbZRL nicht gelten, für die aber ein eigenes System vorgegeben ist.[306]

Spezielle Richtlinienbestimmungen, die Regelungen zur Arbeitszeit enthalten, finden sich zunächst in der Jugendarbeitsschutzrichtlinie[307], deren Artt. 8–13 Vorschriften über Höchstarbeitszeiten, Nachtarbeitsverbote, Ruhezeiten und Pausen sowie Jugendarbeit für Fälle höherer Gewalt enthält. Aus der Mutterschutzrichtlinie[308] ergeben sich vorrangige Vorschriften zur Nachtarbeit, u.a. in ihrem Art. 7 Abs. 1, der festlegt, dass Arbeitnehmerinnen während der

303 Franzen/Gallner/Oetker/*Gallner*, EuArbR, 4. Aufl. 2022, Art. 14 RL 2003/88/EG Rn. 1; Preis/Sagan/*Ulber, D.*, EuArbR, 2. Aufl. 2019, § 7 Rn. 7.70.

304 Preis/Sagan/*Ulber, D.*, EuArbR, 2. Aufl. 2019, § 7 Rn. 7.71; vgl. auch EuGH, Urt. v. 5.10.2004 - C-397/01 bis C-403/01 - *Pfeiffer u.a.*, NZA 2004, 1145 Rn. 67 ff.

305 S. dazu im Detail Franzen/Gallner/Oetker/*Gallner*, EuArbR, 4. Aufl. 2022, Art. 20 RL 2003/88/EG Rn. 1 ff.; Preis/Sagan/*Ulber, D.*, EuArbR, 2. Aufl. 2019, § 7 Rn. 7.74 ff. Eine Aufzählung findet sich auch in der Mitteilung zu Auslegungsfragen der *Europäischen Kommission*, 2017/C 165, 13.

306 Franzen/Gallner/Oetker/*Gallner*, EuArbR, 4. Aufl. 2022, Art. 21 RL 2003/88/EG Rn. 1 m.w.N.

307 Richtlinie 94/33/EG des Rates v. 22.6.1994 über den Jugendarbeitsschutz.

308 Richtlinie 92/85/EWG des Rates v. 19.10.1992 über die Durchführung von Maßnahmen zur Verbesserung der Sicherheit und des Gesundheitsschutzes von schwangeren Arbeitnehmerinnen, Wöchnerinnen und stillenden Arbeitnehmerinnen am Arbeitsplatz.

Schwangerschaft und während eines Zeitraums nach der Entbindung nicht zur Nachtarbeit verpflichtet werden dürfen.[309]

4. Problem: Anwendung der ArbZRL je Arbeitnehmer oder je Arbeitsvertrag?

Ungeklärt war bis vor kurzem auf europäischer Ebene, was in Bezug auf die Mindestvorgaben der Richtlinie dann gilt, wenn der Arbeitnehmer mehrere Arbeitsverträge mit einem Arbeitgeber oder mit verschiedenen Arbeitgebern abgeschlossen hat: Kann jeder Arbeitgeber dann von dem Arbeitnehmer verlangen, die wöchentliche Höchstarbeitszeit zu erbringen? Und kann dies auch der einzelne Arbeitgeber mehrfach verlangen, wenn er mehrere Arbeitsverträge mit einem Arbeitnehmer abgeschlossen hat? Die Frage ist also, ob die Vorgaben der ArbZRL an den Arbeitnehmer oder an den Arbeitsvertrag anknüpfen. Jedoch bereits rein denklogisch ist die Anknüpfung an den Arbeitsvertrag fernliegend, da die Einhaltung der Mindestruhezeiten rechnerisch im Extremfall – zweimal schuldet der Arbeitnehmer 48 Stunden wöchentliche Höchstarbeitszeit – unmöglich wäre.[310] Es würde außerdem den Vorgaben und dem Schutzzweck der Richtlinie diametral entgegenstehen. Das Ausnutzungspotential solcher Schutzlücken wäre enorm.

a) Die Rechtsprechung des EuGH

Die Frage stellt sich dennoch und zwar, weil die ArbZRL selbst nicht festlegt, ob ihre Grenzen absolut, also für jeden Arbeitnehmer einzuhalten sind, oder ob sie für jedes einzelne Arbeitsverhältnis gelten.[311] In Ermangelung entsprechender Konkretisierungen durch Rechtsprechung des EuGH argumentierte die Europäische Kommission mit den Schutzzwecken der Richtlinie richtigerweise dafür, sie je Arbeitnehmer anzuwenden.[312] Viele Mitgliedstaaten, wie auch Deutschland, haben dementsprechend festgelegt, dass die Arbeitszeitregelungen

---

309 S. zu beiden Richtlinien ausf. Franzen/Gallner/Oetker/*Gallner*, EuArbR, 4. Aufl. 2022, Art. 14 RL 2003/88/EG Rn. 1 ff.; Preis/Sagan/*Ulber, D.*, EuArbR, 2. Aufl. 2019, § 7 Rn. 7.84 ff.

310 Eine Woche hat 168 Stunden, von denen 90 Stunden als Ruhezeit (sechsmal die tägliche von elf Stunden und einmal die wöchentliche von 24 Stunden) vorgeschrieben sind, sodass 78 Stunden für die Erbringung der Arbeit verbleiben. Die doppelte wöchentliche Höchstarbeitszeit beträgt jedoch 96 Stunden.

311 *Europäische Kommission*, COM(2017) 254 final, S. 4 f.

312 *Europäische Kommission*, COM(2017) 254 final, S. 5.

pro Arbeitnehmer gelten, und zur Überwachung und Durchsetzung passende Regelungen getroffen.[313] Diese Auslegung der ArbZRL hat der EuGH zwischenzeitlich in der Rechtssache *Academia de Studii Economice din București* – wie zu erwarten war –[314] bestätigt.[315] Zumindest für den Fall, dass ein Arbeitnehmer mehrere Arbeitsverträge mit demselben Arbeitgeber abgeschlossen hat, hat der EuGH entschieden, dass die Regelungen für die Verträge zusammengenommen und nicht für jeden dieser Verträge einzeln gelten.[316] Anderenfalls würde der Arbeitnehmerschutz, den die ArbZRL garantieren will, unterlaufen, da die Einhaltung der elfstündigen, täglichen Ruhezeit unmöglich werde.[317] Dafür sprechen auch der Wortlaut der Vorgaben, die an den Arbeitnehmer anknüpfen, sowie die schwächere Position des Arbeitnehmers im Verhältnis zu seinem Arbeitgeber.[318] Auch wenn der EuGH sich auf den Fall mehrerer Arbeitsverträge mit demselben Arbeitgeber beschränkt hat,[319] ist aufgrund der gleichgelagerten Interessen und weil dieselben Argumente auch hier zutreffen, die Richtlinie auch für den Fall, dass ein Arbeitnehmer mit mehreren Arbeitgebern Arbeitsverträge abgeschlossen hat, so auszulegen, dass ihre Vorschriften je Arbeitnehmer anwendbar sind.[320]

---

313 Eine Aufzählung bietet die *Europäische Kommission*, SWD(2017) 204 final, S. 5 f.

314 *Franzen*, EuZA 2022, 186 (203 f.); *Fuhlrott*, ArbRAktuell 2021, 173 (176); *Hlava/Höller/Klengel*, NZA 2021, 1385 (1388).

315 EuGH, Urt. v. 17.3.2021 – C-585/19 – *Academia de Studii Economice din București*, NZA 2021, 549.

316 EuGH, Urt. v. 17.3.2021 – C-585/19 – *Academia de Studii Economice din București*, NZA 2021, 549 Rn. 41 ff. in Bezug auf die tägliche Mindestruhezeit nach Art. 3 ArbZRL.

317 EuGH, Urt. v. 17.3.2021 – C-585/19 – *Academia de Studii Economice din București*, NZA 2021, 549 Rn. 50.

318 EuGH, Urt. v. 17.3.2021 – C-585/19 – *Academia de Studii Economice din București*, NZA 2021, 549 Rn. 51 ff.; vgl. auch Franzen/Gallner/Oetker/*Gallner*, EuArbR, 4. Aufl. 2022, Art. 3 RL 2003/88/EG Rn. 3, die anders als der EuGH, der sich auf Art. 3 ArbZRL beschränkt hat, auch Artt. 3, 5 und 6 ArbZRL zur (Wortlaut-)Auslegung heranzieht.

319 EuGH, Urt. v. 17.3.2021 – C-585/19 – *Academia de Studii Economice din București*, NZA 2021, 549 Rn. 76, der weitergehende Antrag sei unzulässig.

320 Dies ist in der deutschen Literatur sowieso Konsens: ErfK/*Roloff*, 22. Aufl. 2022, § 2 ArbZG Rn. 25; Franzen/Gallner/Oetker/*Gallner*, EuArbR, 4. Aufl. 2022, Art. 3 RL 2003/88/EG Rn. 3.

b) Handhabung der Mitgliedstaaten

In den meisten Mitgliedstaaten hat man sich, wie bereits erwähnt, schon vor der Entscheidung des EuGH zu diesem Verständnis der Richtlinie bekannt. Nach deutschem Recht bspw. werden bei mehreren Arbeitsverhältnissen die Arbeitszeiten nach § 2 Abs. 1 HS. 2 ArbZG zusammengerechnet und bei Überschreitung der gesetzlichen Höchstarbeitszeit kann das zweite Beschäftigungsverhältnis nach § 139 BGB nichtig sein.[321] Die Verantwortlichkeit nach §§ 22, 23 ArbZG trifft alle Arbeitgeber.[322] Nach französischem Recht gilt auch für den Fall, dass mehrere Arbeitsverträge vorliegen, immer noch die vorgeschriebene wöchentliche Höchstarbeitszeit und Arbeitnehmer können bestraft werden, wenn sie ohne Ausnahmegenehmigung länger arbeiten.[323]

Im Vereinigten Königreich schreibt WTR 1998 Reg. 4 (2) zwar vor, dass der Arbeitgeber alle zumutbaren Maßnahmen ergreifen muss, um sicherzustellen, dass der Arbeitnehmer nicht über die vorgeschriebene Höchstarbeitszeit hinaus arbeitet. Teilweise wird jedoch davon ausgegangen, die WTR 1998 würden in Bezug auf den einzelnen Arbeitgeber angewendet, nicht auf den einzelnen Arbeitnehmer, und die ArbZRL schreibe auch nichts anderes vor, sodass keine Beschränkung vorgesehen sei, falls ein Arbeitnehmer für mehr als einen Arbeitgeber tätig werde.[324] Auf die WTR 1998 mag dies zwar zutreffen, in Bezug auf die ArbZRL zumindest ist dies auch ohne Berücksichtigung der EuGH-Rechtsprechung eine schwerlich vertretbare Auffassung.

Eine Anwendung je Arbeitsvertrag gilt bspw. in Spanien und Dänemark.[325] Und auch in Rumänien kommt es üblicherweise vor, dass Arbeitnehmer Verträge mit verschiedenen Arbeitgebern abschließen.[326] Schließlich gibt es auch Länder mit differenzierteren Regelungen, so Belgien, Finnland und Schweden, wo die Richtlinie je Arbeitnehmer gilt, solange auch mehrere Arbeitsverhältnisse

---

321 S. nur BAG, Urt. v. 19.6.1959 – 1 AZR 565/57, NJW 1959, 2036 (2037); HK-ArbZR/*Jerchel*, 2. Aufl. 2018, § 2 ArbZG Rn. 22; vgl. *Anzinger/Koberski*, ArbZG, 5. Aufl. 2020, § 2 Rn. 12 ff.

322 *Baeck/Deutsch/Winzer*, ArbZG, 4. Aufl. 2020, § 2 Rn. 25; HK-ArbZR/*Jerchel*, 2. Aufl. 2018, § 2 ArbZG Rn. 22; s. auch BAG, Urt. v. 11.12.2001 – 9 AZR 464/00, NZA 2002, 965 (967).

323 *Europäische Kommission*, SWD(2017) 204 final, S. 5.

324 Tolley's Empl. HdB/*Wallington*, 28. Aufl. 2014, Chap. 56.6.

325 Aufzählung der Staaten mit entspr. Regelung: *Europäische Kommission*, COM(2017) 254 final, S. 5.

326 Vgl. EuGH, Urt. v. 17.3.2021 – C-585/19 – *Academia de Studii Economice din București*, NZA 2021, 549 Rn. 76; *Franzen*, EuZA 2022, 186 (204).

mit nur einem Arbeitgeber vorliegen – gibt es aber mehr als einen Arbeitsvertrag mit verschiedenen Arbeitgebern, gilt die Anwendung je Arbeitsvertrag.[327] Das bedeutet immerhin, dass ein einzelner Arbeitgeber nicht die Möglichkeit hat, durch den Abschluss mehrerer Arbeitsverträge mit demselben Arbeitnehmer entstehende Schutzlücken auszunutzen, schützt Arbeitnehmer aber nicht, wenn sie bei mehreren Arbeitgebern beschäftigt sind.

c) Konsequenzen

Soweit manche Mitgliedstaaten die Anwendung der ArbZRL je Arbeitsverhältnis anordnen, bestehen vor dem Hintergrund ihres wesentlichen Schutzzwecks erhebliche, europarechtliche Bedenken, weshalb auch die Europäische Kommission solche Regelungen zwar bisher nicht angreift, aber die Anknüpfung je Arbeitnehmer ausdrücklich bevorzugt. Sofern für die betreffenden Arbeitnehmer keine Schutzmechanismen im Arbeitszeitrecht vorgesehen sind, die die Einhaltung der Mindestvorgaben der Richtlinie garantieren, müssen solche Regelungen als europarechtswidrig bewertet werden. Das Urteil des EuGH in der Rechtssache *Academia de Studii Economice din Bucureşti* bestätigt die Auslegung der Richtlinie hinsichtlich der Anknüpfung an den Arbeitnehmer zumindest für solche Arbeitnehmer, die mehrere Arbeitsverträge mit demselben Arbeitgeber abgeschlossen haben. Dass der EuGH für mehrere Verträge mit verschiedenen Arbeitgebern auf Grundlage dieser Argumentation und mit Blick auf die Schutzzwecke der ArbZRL ebenso entscheiden würde, scheint sicher.

IV. Regressionsverbot, Art. 23 ArbZRL

Zwar gibt die ArbZRL den Mitgliedstaaten grundsätzlich nur Mindestvorschriften vor, die mit einem gewissen Maß an Freiheit umzusetzen und durchzuführen sind – in ihrem Art. 23 enthält sie aber auch ein Regressionsverbot. Dies besagt, dass zwar das Recht der Mitgliedstaaten, „je nach Entwicklung der Lage im Bereich der Arbeitszeit“ Vorschriften zu entwickeln, unbeschadet sei, die Durchführung der ArbZRL dabei aber „keine wirksame Rechtfertigung für eine Zurücknahme des allgemeinen Arbeitnehmerschutzes“ darstelle.

Eine Ausformung der Anforderungen, die dieses Verbot stellt, hat der EuGH bislang lediglich zu der vergleichbaren Regelung des § 8 Abs. 3 RL 1999/70 EG[328] vorgenommen, worauf die Europäische Kommission zur Auslegung im

---

327 *Europäische Kommission*, COM(2017) 254 final, S. 5.

328 Richtlinie 1999/70/EG des Rates vom 28.6.1999 zu der EGB-UNICE-CEEP-Rahmenvereinbarung über befristete Arbeitsverträge. § 8 Abs. 3 RL 1999/70/EG

Rahmen der ArbZRL Bezug nimmt: Eine nur enge Auslegung der Vorschrift ist wegen des Schutzzwecks der Richtlinie nicht möglich.[329] Zu prüfen ist außerdem bei Betrachtung des Regressionsverbots zunächst, ob eine Senkung des allgemeinen Schutzniveaus gegeben ist,[330] wobei es darauf ankommt, dass die Herabsetzung wegen ihres Umfangs die nationale Regelung zur Arbeitszeit insgesamt berührt.[331] Zweiter Prüfungspunkt ist die Frage, ob diese Senkung mit der Umsetzung der Richtlinie im Zusammenhang steht.[332] Anderenfalls sind betreffende Regelungen nicht von dem Verbot umfasst, es sind also solche ausgeschlossen, die dadurch gerechtfertigt sind, dass sie notwendigerweise auf ein anderes Ziel als die Umsetzung der Richtlinie hinwirken.[333] Daher können dem Verbot nach der Rechtsprechung des EuGH

> „alle nationalen Maßnahmen […], die die Erreichung des mit der Richtlinie verfolgten Zieles gewährleisten sollen, einschließlich derjenigen, mit denen nach der eigentlichen Umsetzung die bereits erlassenen nationalen Rechtsvorschriften ergänzt oder geändert werden“[334] (Nachweise ausgelassen)

unterfallen.

Das bedeutet schließlich aber nicht, dass Änderungen des nationalen Rechts, die sich durch die ArbZRL vorgegebenen Rahmen bewegen, nicht oder nur kaum möglich sind, und zwar aus zwei Gründen: Zunächst geht es nur um eine „Nachjustierung im Detail“[335], sodass die Arbeitszeitregelungen des deutschen

---

lautet: „Die Umsetzung dieser Vereinbarung darf nicht als Rechtfertigung für die Senkung des allgemeinen Niveaus des Arbeitnehmerschutzes in dem von dieser Vereinbarung erfaßten Bereichs dienen.“

329 *Europäische Kommission*, Mitteilung 2017/C 165, S. 15; vgl. EuGH, Urt. v. 23.4.2009 – C-378/07 bis C-380/07 – *Angelidaki u.a.*, BeckRS 2009, 70428 Rn. 112 f; s. auch Franzen/Gallner/Oetker/*Gallner*, EuArbR, 4. Aufl. 2022, Art. 23 RL 2003/88/EG Rn. 1.

330 *Europäische Kommission*, Mitteilung 2017/C 165, S. 15; vgl. EuGH, Urt. v. 23.4.2009 – C-378/07 bis C-380/07 – *Angelidaki u.a.*, BeckRS 2009, 70428 Rn. 126.

331 EuGH, Urt. v. 23.4.2009 – C-378/07 bis C-380/07 – *Angelidaki u.a.*, BeckRS 2009, 70428 Rn. 140 zu nationalen Regelungen über befristete Arbeitsverträge.

332 *Europäische Kommission*, Mitteilung 2017/C 165, S. 15; vgl. EuGH, Urt. v. 23.4.2009 – C-378/07 bis C-380/07 – *Angelidaki u.a.*, BeckRS 2009, 70428 Rn. 126.

333 EuGH, Urt. v. 23.4.2009 – C-378/07 bis C-380/07 – *Angelidaki u.a.*, BeckRS 2009, 70428 Rn. 133, vgl. EuGH, Urt. v. 22.11.2005 – C-144/04 – *Mangold*, NZA 2005, 1345 Rn. 52 f.

334 EuGH, Urt. v. 23.4.2009 – C-378/07 bis C-380/07 – *Angelidaki u.a.*, BeckRS 2009, 70428 Rn. 131; vgl. EuGH, Urt. v. 22.11.2005 – C-144/04 – *Mangold*, NZA 2005, 1345 Rn. 51.

335 *Hanau, H.*, EuZA 2019, 423 (424).

Rechts durch mögliche Änderungen gar nicht als Ganze betroffen/berührt wären. Daher würde es schon an der ersten Voraussetzung des Regressionsverbots scheitern. Zusätzlich muss die Ausnutzung des in der vorliegenden Arbeit zu erarbeitenden Spielraums, den die ArbZRL noch lässt, immer unter Berücksichtigung des Arbeitnehmerschutzes stattfinden. Flexibilisierung, die oft als Widerspruch oder Gegenbegriff zu Arbeitnehmerschutz gesehen wurde,[336] steht im Zuge der Arbeitswelt 4.0 viel mehr noch im Arbeitnehmerinteresse als in vergangen Jahrzehnten, und stellt eben nicht zwingend ein gegenlaufendes Phänomen dar[337] – sie kann zwar Schutzeinbußen bedeuten, die aber (einzelfallabhängig) von entsprechenden Interessen auf Arbeitnehmerseite gedeckt sein können. Von einer Herabsenkung des allgemeinen Schutzniveaus im Sinne des Regressionsverbots kann daher auch aus diesem Blickwinkel wohl keine Rede sein. Schutzbelange und beiderseitige Interessen sollen grundsätzlich jedenfalls gleichermaßen berücksichtigt und in einen angemessenen Ausgleich gebracht werden, auch um eine Herabsenkung des Schutzniveaus zu vermeiden und damit dem Regressionsverbot zu genügen.

Im Zusammenhang mit dem Regressionsverbot zu sehen ist noch Art. 15 ArbZRL,[338] der festlegt, dass es möglich ist, für die Sicherheit und den Gesundheitsschutz der Arbeitnehmer günstigere Vorschriften anzuwenden oder zu erlassen.[339] Hierdurch wird verdeutlicht, dass es sich bei den Vorschriften der Richtlinie weitestgehend um Mindestvorgaben handelt.[340] Diese Öffnungsklausel

---

336 Das zeigt auch der Begriff der „Flexicurity", der einen Ausgleich der arbeitgeberseitigen Freiheitsrechte und der Schutzpflichten zugunsten des Arbeitnehmers bedeutet, s. nur *Preis*, RdA 2015, 244, der auch davon spricht, Arbeitnehmer hätten ein größeres Interesse an festen Arbeitszeiten. Genauer wäre es (inzwischen) allerdings, davon zu sprechen, Arbeitnehmer wollten Arbeitszeitsouveränität, dazu Gliederungspunkt § 2 C) I. 4.

337 Vgl. hier nur *Henssler*, FS Moll, S. 233 (236); s. dazu auch Gliederungspunkt § 2 C) I. 4.

338 Franzen/Gallner/Oetker/*Gallner*, EuArbR, 4. Aufl. 2022, Art. 15 RL 2003/88/EG Rn. 1 a.E.

339 Die Norm legt außerdem fest, dass die Mitgliedstaaten weiterhin das Recht behalten, die Anwendung von für die Sicherheit und den Gesundheitsschutz der Arbeitnehmer günstigeren Tarifverträgen oder Vereinbarungen zwischen den Sozialpartnern zu fördern oder zu gestatten.

340 EuGH, Urt. v. 9.11.2017 – C-306/16 – *Maio Marques da Rosa*, NZA 2017, 1521 Rn. 49; BVerwG, Urt. v. 9.5.2018 – 8 C 13/17, NZA-RR 2018, 608 Rn. 24 ff.; Franzen/Gallner/Oetker/*Gallner*, EuArbR, 4. Aufl. 2022, Art. 15 RL 2003/88/EG Rn. 1.

bezieht sich aber nicht auf die Artt. 1, 2 ArbZRL, durch die Gegenstand und Geltungsbereich der Richtlinie bestimmt werden.[341]

V. Im Übrigen: Völkerrecht

Die ArbZRL selbst schreibt weiterhin in ihrem Erwägungsgrund 6 vor, den Grundsätzen der Internationalen Arbeitsorganisation (IAO) Rechnung zu tragen. Diese sind somit, so interpretiert es der EuGH, bei der Auslegung und Anwendung der Richtlinie zu berücksichtigen.[342] Allerdings hält die ArbZRL nicht alle Vorgaben der zahlreichen Übereinkommen[343] ein, die teilweise ein höheres Schutzniveau vorgeben.[344] Darüber hinaus ist die Berücksichtigung der IAO-Übereinkommen problematisch, da nicht alle Mitgliedstaaten alle dieser Übereinkommen ratifiziert haben, diese aber über die ArbZRL dort trotzdem indirekt zur Anwendung gelangen.[345]

Daneben finden sich arbeitszeitrechtliche Vorgaben in Art. 24 der Allgemeinen Erklärung der Menschenrechte, wonach jeder Mensch das Recht auf Erholung, Freizeit und eine vernünftige Begrenzung der Arbeitszeit sowie regelmäßigen bezahlten Urlaub hat. Die Erklärung ist allerdings nicht, zumindest nicht auf direktem Wege, verbindlich.[346] Wie bereits dargestellt, gilt außerdem zur Bestimmung des Gesundheitsbegriffs die Präambel der Satzung der Weltgesundheitsorganisation.

---

341 EuGH, Urt. v. 21.2.2018 – C-518/15 – *Matzak*, NZA 2018, 293 Rn. 43 ff.; krit. *Krimphove*, ArbRAktuell 2018, 137 (138 f.); *s.* dazu Gliederungspunkt § 3 A) I. 1.

342 EuGH, Urt. v. 22.11.2011 – C-214/10 – *KHS AG*, NZA 2011, 1333 Rn. 41 f.; v. 20.1.2009 – C-350/06 und C-520/06 – *Schultz-Hoff*, NZA 2009, 135 Rn. 37 f.

343 Vgl. die Übersichten bei HK-ArbZR/*Schubert*, 2. Aufl. 2018, Einl. Rn. 42; Preis/Sagan/*Ulber, D.*, EuArbR, 2. Aufl. 2019, § 7 Rn. 7.34.

344 *Buschmann*, FS Düwell, S. 24 (40); Franzen/Gallner/Oetker/*Gallner*, EuArbR, 4. Aufl. 2022, Art. 1 RL 2003/88/EG Rn. 41; Preis/Sagan/*Ulber, D.*, EuArbR, 2. Aufl. 2019, § 7 Rn. 7.35.

345 Preis/Sagan/*Ulber, D.*, EuArbR, 2. Aufl. 2019, § 7 Rn. 7.33; s. bei HK-ArbZR/*Schubert*, 2. Aufl. 2018, Einl. Rn. 42, aus den Fn. geht hervor, welche der Übereinkommen von Deutschland nicht ratifiziert wurden.

346 S. hierzu ausf. Franzen/Gallner/Oetker/*Gallner*, EuArbR, 4. Aufl. 2022, Art. 1 RL 2003/88/EG Rn. 31.

VI. Erste Schlussfolgerungen zum Flexibilisierungspotential der ArbZRL

Erste Schlussfolgerung bleibt: Der Schutz der Gesundheit und Sicherheit der Arbeitnehmer steht für das Arbeitszeitrecht im Zentrum; das verdeutlichen sowohl Art. 153 AEUV als diesbezüglich weit gefasste Rechtsgrundlage der ArbZRL als auch die weiteren für die Auslegung der Richtlinie heranzuziehenden Regelungen. Somit gilt es, insbesondere beim Aufeinandertreffen verschiedentlich gelagerter Interessen, ihre Gewichtung und Abwägung in diesem Sinne vorzunehmen. Der Anwendungsbereich der ArbZRL und damit auch ihr Schutzumfang sind weit, aber es sind auch bestimmte Tätigkeiten und Arbeitnehmergruppen herausgenommen, teilweise gänzlich, teilweise nur in Bezug auf bestimmte Regelungen. Diese Ausnahmen sind ihrem Telos nach zwar eng zu verstehen, erkennen aber gleichzeitig an, dass es in gewissen Fällen notwendig sein kann, das strenge Reglement, das die ArbZRL vorgibt, soweit nötig und möglich zu verlassen. Das Regressionsverbot des Art. 23 ArbZRL steht möglichen Anpassungen der deutschen Arbeitszeitregelungen als Reaktion auf geänderte Rahmenbedingungen jedenfalls nicht entgegen.

C) Rechtstatsächliche Entwicklung seit Erlass der Richtlinie – veränderte Rahmenbedingungen und die Reaktion der Praxis

Wie bereits mit der vorhergehenden, historischen Betrachtung dargestellt, ist die derzeit geltende ArbZRL nicht die erste europäische Richtlinie, die mit allgemeinen Regelungen zur Gestaltung der Arbeitszeit ergangen ist. Dennoch gilt auch sie schon seit dem 4. November 2003 – seitdem sind bald 20 Jahre vergangen. *Das deutsche ArbZG ist noch älter, denn es beruht u.a. auf der Vorgängerrichtlinie und ist seit dem 1. Juli 1994 in Kraft. In dieser Zeit gab es in der Arbeitswelt erhebliche, tatsächliche Änderungen und Entwicklungen, die das Arbeiten maßgeblich verändert haben und wohl auch weiterhin verändern werden. Man spricht in diesem Zusammenhang von der Arbeitswelt 4.0, die u.a. in technischem und digitalem Fortschritt wurzelt, und sich bspw. durch eine Entgrenzung der Arbeit auszeichnet.*[347]

347 Zu den Änderungen der Rahmenbedingungen ausf. *Witschen*, Rahmenvorgaben und Flexibilisierungsspielräume im Arbeitszeitrecht, S. 5–36.

Lediglich kurz erwähnt sei in diesem Zusammenhang zunächst die seit Frühjahr 2020 die (Arbeits-)Welt einschneidend beeinflussende Corona-Pandemie, die nicht nur, aber auch das Arbeitsrecht vor neue Herausforderungen stellt – vorgenommen wurde bspw. eine (befristete) Anpassung des ArbZG mit einem neuen § 14 Abs. 4 ArbZG als Ermächtigungsgrundlage zum Erlass von Rechtsverordnung insbesondere für epidemische Lagen von nationaler Tragweite nach § 5 Abs. 1 IfSG –,[348] *und auch der Digitalisierung in vielen Bereichen Vorschub leistet, nicht nur, was das Arbeiten an sich angeht.*[349] *Die Frage, ob die im Zuge dessen eingetretenen Entwicklungen nur temporär sind oder in Zukunft zumindest teilweise beibehalten werden, wie man es sich bei der weitgehenden Ermöglichung von Homeoffice z.B. gut vorstellen könnte,*[350] *bleibt derzeit allerdings noch offen und wird sich erst im Laufe der nächsten Jahre beantworten lassen.*

Dargestellt werden soll jedenfalls nach einer Bestandsaufnahme über die Arbeitswelt 4.0 (I.) als Kennzeichen oder Symptom der neuen geänderten Bedingungen, wie in der Praxis auf die Änderungen der Arbeitswelt 4.0 reagiert wurde (II.). Fraglich ist außerdem, welche Änderungen noch bevorstehen könnten (III.), hier soll ein kurzer Ausblick erfolgen. Aus alldem lassen sich Anpassungserfordernisse schlussfolgern (IV.).

---

348 S. allg. zum Arbeitsrecht: *Fuhlrott/Fischer*, NZA 2020, 345; *Fuhlrott/Fischer*, NZA 2020, 409; *Sagan/Brockfeld*, NJW 2020, 1112; ausf. zur coronabedingten Änderung i.R.d. Arbeitszeitrechts: *Greiner*, NZS 2020, 338; *Schliemann*, NZA 2020, 565; zum Homeoffice während der Pandemie: *Krieger/Rudnik/Povedano Peramato*, NZA 2020, 473; zu der Frage, ob Regelungen aus der Zeit als Vorbild angesehen werden können: kurz *Kolbe*, ZfA 2021, 216 (218 f.).

349 Exemplarisch hierfür ist die Lehre an Universitäten, die in Deutschland mindestens im Sommersemester 2020 online abgehalten wurde; s. dazu zu der US-Universität Stanford *Daub*, ZEIT ONLINE, 10.3.2020, Der verlassene Campus. Auch viele Unternehmen wie Fitnessstudios oder Tanzschulen sind vorübergehend darauf umgestiegen, ihre Kurse im Internet anzubieten, um existenziellen Nöten aufgrund erforderlicher Schließungen zu entgegenzuwirken.

350 S. z.B. den Entwurf eines Gesetzes zur mobilen Arbeit (Mobile Arbeit-Gesetz – MAG) des Bundesministeriums für Arbeit und Soziales, wo § 111 die Möglichkeit der Vereinbarung über mobile Arbeit vorgesehen wird, S. 4; zu Homeoffice auch SPD, Bündnis 90/Die Grünen und FDP, Koalitionsvertrag 20. Legislaturperiode, Mehr Fortschritt wagen, S. 54.

I. Bedeutung der Arbeitswelt 4.0

Die allerersten Fragen in diesem Kontext zielen auf die Bedeutung der Arbeitswelt 4.0 generell ab, also: Was umfasst der Begriff überhaupt, wie lässt er sich greifbar machen, und wie gravierend sind die allgemeinen Neuerungen der Arbeitswelt 4.0?

1. Der Begriff der Arbeitswelt 4.0

Zunächst besteht die Frage, warum ausgerechnet „Arbeitswelt 4.0" die gebräuchliche Begrifflichkeit ist. Dieser Umstand gründet in der Aufteilung der Arbeitsgeschichte, die anhand von vier Phasen aufgebaut ist, welche wiederum an die Stufen der industriellen Revolution angelehnt sind.[351] Um darzustellen, was die einzelnen Phasen beinhalten, ist auf die Beschreibungen des BMAS im Grünbuch Arbeiten 4.0 von April 2015 zurückgreifen:[352] Arbeiten 1.0 zeichnet sich durch den Beginn der Industriegesellschaft und die ersten Arbeiterorganisationen sowie die Einführung der Dampfmaschine und mechanischer Produktionsanlagen zum Ende des 18 Jahrhunderts hin aus. Die Anfänge der Massenproduktion und des Wohlfahrtsstaats Ende des 19. Jahrhunderts mit den auf die Industrialisierung folgenden sozialen Problemen und Fragen sowie die Einführung der ersten Sozialversicherungen gehören zum Arbeiten 2.0. Das Arbeiten 3.0 steht für eine Konsolidierung von Sozialstaat und Arbeitnehmerrechten auf Grundlage der sozialen Marktwirtschaft; Ende des 20. Jahrhunderts treten außerdem vermehrt Automatisierungen in der Produktion auf. Es zeigen sich also tatsächliche Entwicklungen, getrieben vor allem durch technischen Fortschritt, die zu nicht unwesentlichen Änderungen der Arbeitswelt führten mit daran knüpfenden rechtlichen und sozialen Fragen. Darauf folgt schließlich Arbeiten 4.0. Dieser Begriff steht nicht für eine einzige Entwicklung alleine, sondern dient dazu, verschiedene Gesichtspunkte und Herausforderungen zu sammeln, die sich der Arbeitswelt durch die sie aktuell bestimmenden und verändernden Faktoren stellen. Wegen der daraus resultierenden Vielgliedrigkeit und Weite des Begriffs an sich und aller zugehöriger Aspekte ist somit eine genaue, überall passende Definition nicht möglich. Zur besseren Umschreibung ist daher zunächst eine

351 *BMAS*, Grünbuch Arbeiten 4.0, S. 32; *Bissels/Meyer-Michaelis*, DB 2015, 2331.

352 *BMAS*, Grünbuch Arbeiten 4.0, S. 34 ff. S. dazu auch *Bissels/Meyer-Michaelis*, DB 2015, 2331 f.

Anknüpfung an die verschiedenen Aspekte, die zu den maßgeblichen Veränderungen führen, sinnvoll.[353]

2. *Wie Arbeiten 4.0 bedingt wird*

Als relevante „Treiber und Trends", die Einfluss auf die Fortentwicklung der Arbeitswelt haben, nennt das Bundesministerium für Arbeit und Soziales in seinem Weißbuch Arbeit 4.0 von März 2017 die Digitalisierung, die Globalisierung, den demografischen sowie den kulturellen und gesellschaftlichen Wandel.[354] Dabei ist aber selbstverständlich, dass die einzelnen Aspekte nicht getrennt voneinander stehen, sondern sich gegenseitig bedingen und voneinander abhängen.

Der Einfluss der Digitalisierung ist auch für den Laien unverkennbar, indem sie

> „neue technologische Grundlagen und Möglichkeiten für die Zusammenarbeit, die Produktion, die Organisation von Unternehmen und den Vertrieb von Waren und Dienstleistungen schafft".[355]

So macht allein schon das Internet ganz neue Arten des Arbeitens möglich. Die Effekte der Globalisierung, die sich durch einen weltweiten Waren-, Dienstleistungs-, Kapital- und Personenverkehr auszeichnet, zeigt sich in einem verstärkten globalen Handel und über Grenzen hinausgehende Kommunikation; Auswirkungen auf die Arbeitswelt sind u.a. aufgrund der hierdurch vergrößerten Reichweite von Unternehmen und Beschäftigten gegeben.[356] Der demografische Wandel, der sich derzeit weiterhin vollzieht,[357] hat auch Folgen für den Arbeitsmarkt, denn die Arbeitskräfte werden hierdurch ebenfalls immer älter.[358]

---

353 S. auch *Witschen*, Rahmenvorgaben und Flexibilisierungsspielräume im Arbeitszeitrecht, S. 7.

354 *BMAS*, Weißbuch Arbeiten 4.0, S. 18 ff.. S. auch *Krause*, NZA 2016, 1004; ausf. *ders.*, Gutachten 71. DJT, S. B 11 ff.

355 *BMAS*, Weißbuch Arbeiten 4.0, S. 18.

356 *BMAS*, Weißbuch Arbeiten 4.0, S. 18, 25 ff.

357 Mehr ältere und weniger junge Menschen in Deutschland, *StBA*, Zahl der älteren Menschen wird zunehmen, 28.4.2020 abrufbar unter: https://www.destatis.de/DE/Themen/Querschnitt/Demografischer-Wandel/Aeltere-Menschen/anstieg-aeltere.html, letzter Abruf: 17.9.2022. Nur noch 10 % der deutschen Bevölkerung sind, so der Trend, zwischen 15 und 24 Jahre alt, *StBA*, Zahl und Anteil junger Menschen zwischen 15 und 24 Jahren auf neuem Tiefststand, Pressemitteilung Nr. N 046, 25.7.2022, abrufbar unter: https://www.destatis.de/DE/Presse/Pressemitteilungen/2022/07/PD22_N046_122.html, letzter Abruf: 17.9.2022.

358 S. ausf. *BMAS*, Weißbuch Arbeiten 4.0, S. 29 ff.

Und durch kulturellen und gesellschaftlichen Wandel wird z.B. das Konsumverhalten verändert, er wirkt sich aber auch insofern aus, dass Anderthalb- bis Zweiverdiener-Haushalte häufiger die Regel werden.[359] Hierzu gehört darüber hinaus das bereits genannte häufige Streben nach Flexibilität in der Arbeit, die Beziehung zur Arbeit ist in dieser Hinsicht eine andere als früher.

Zu alldem kann man sicherlich noch viel mehr schreiben,[360] aber allein diese kurze Darstellung mag hier genügen, um die Vielschichtigkeit der aktuellen Entwicklungen aufzuzeigen.

3. Änderungen der Arbeit

All diese großen und kleinen Veränderungen bedingen bzw. sind also die Arbeitswelt 4.0 und auch, in Anknüpfung an die oben genannten Phasen, die Industrie 4.0, die vierte industrielle Revolution. Sie wirken sich aus auf industrielle Produktion, Dienstleistungen etc. und führen zu einer Entgrenzung der Arbeit. Die Industrie 4.0 bedeutet damit auch eine Veränderung der Rolle des Menschen: Er bekommt bspw. eine neue Funktion im Betriebsablauf, denn einfachere Arbeiten obliegen jetzt vielfach Maschinen und der Mensch wird somit der Überwacher technischer, automatischer Abläufe und Vorgänge; bzw. dort, wo noch Menschen diese Arbeiten durchführen, so z.B. in Niedriglohnländern, ist eine Überwachung der Tätigkeit aus Deutschland nun (viel einfacher) möglich.[361] Es ändert sich also vornehmlich der Tätigkeitsbereich des Menschen; die Sorge, die menschliche Arbeitskraft werde überflüssig, wird daher als unbegründet abgetan:

> „Dass automatisierte Arbeitsabläufe durch intelligente Maschinen und Roboter die menschliche Arbeitskraft in weiten Bereichen überflüssig machen und menschenleere Fabriken unsere Industrielandschaft prägen werden, ist nicht zu erwarten. Das Anforderungs- und Aufgabenprofil vieler Beschäftigter wird sich jedoch nachhaltig verändern. Die Arbeit verlagert sich zunehmend von ausführenden Tätigkeiten in den Bereich der Planung und Organisation. Die digitale Kompetenz wird zur Schlüsselqualifikation."[362]

---

359 *BMAS*, Weißbuch Arbeiten 4.0, 32 f; *Günther/Böglmüller*, NZA 2015, 1025 (1026).

360 S. daher ausf.: *BMAS*, Weißbuch Arbeiten 4.0, S. 18 ff.; oder das Werk von *Giesen/Kersten*, Arbeit 4.0; detailliert auch *Witschen*, Rahmenvorgaben und Flexibilisierungsspielräume im Arbeitszeitrecht, S. 11 ff. m.w.N.; vgl. auch noch *Haußmann*, RdA 2019, 131.

361 *Henssler*, FS Moll, S. 233 (235) m.w.N.; s. auch *Schirmer/Isenmann*, NZA-Beil. 2019, 69 (70).

362 *Günther/Böglmüller*, NZA 2015, 1025 (1026).

Fest steht jedenfalls, auch wenn natürlich nicht alle künftigen Änderungen und Entwicklungen absehbar sind, dass eine erneuerte, vernetzte Art der Steuerung und Durchführung von Produktionen möglich geworden ist; in diesem Kontext fallen auch der Begriff der „Smart Factory“[363], der die Vernetzung und Kommunikation in der Industrie umschreibt, sowie Stichworte wie „Smart Services“ und „Internet der Dinge“.[364]

Aber nicht nur die Industrie an sich unterliegt den genannten Prozessen – Änderungen gibt es auch im Dienstleistungssektor. Die Auswirkungen, die die Digitalisierung auf das „Bestellen“ einer Dienstleistung etc. haben kann, was schließlich auch zu einer neuen und anderen Erreichbarkeit der Arbeitenden führt, sind weitestgehend bekannt oder zumindest gut vorstellbar. Man denke an den Onlineanbieter „Lieferando“, über den Bestellungen von Essen zur Lieferung oder Abholung an Restaurants weitergegeben werden und der auch eigene Lieferanten beschäftigt.[365] Darüber hinaus gibt es Plattformen wie „TaskRabbit“, welche die Möglichkeit bietet, verschiedene Alltagsaufgaben gegen Entgelt an „Tasker“ zu vergeben, die als Selbstständige fungieren.[366] Hierbei handelt es sich um „Dienstleistungen on demande“, also solche Formen, in denen Dienstleistungen über Onlineplattformen angeboten und vermittelt werden und eine Vermittlungsgebühr hierfür erhoben wird.[367] Es treten auch weitere Arten der Dienstleistungen an sich auf, die in ihrer Form erst mit der Digitalisierung möglich werden, so vor allem der Sektor des Crowdworkings oder auch Crowdsourcings: Es handelt sich um digitales Outsourcing. Unternehmen bieten hierbei online einzelne Projekte oder Aufgaben von verschiedener Komplexität auf bestimmten Plattformen (z.B. „clickworker.de“) einer unbestimmten Anzahl

---

363 *Günther/Böglmüller*, NZA 2015, 1025; *Henssler*, FS Moll, S. 233 (235); *Witschen*, Rahmenvorgaben und Flexibilisierungsspielräume im Arbeitszeitrecht, S. 12 ff m.w.N.

364 S. z.B. bei *Henssler*, FS Moll, S. 233 (235).

365 Es geht aus dem Bewerbungsportal von *Lieferando* hervor, dass die Auslieferungsfahrer in Arbeitsverhältnissen beschäftigt werden, abrufbar unter: https://www.takeaway.com/drivers/de/?_ga=2.138540275.1975476421.1597065851-1034332247.1597065851#become-a-driver, letzter Abruf: 17.9.2022.

366 „TASKER SIND SELBSTSTÄNDIGE AUFTRAGNEHMER VON KUNDEN UND NICHT ARBEITNEHMER […]“, *TaskRabbit*, Globale Allgemeine Geschäftsbedingungen, Oktober 2019, abrufbar unter: https://www.taskrabbit.de/geschaeftsbedingungen, letzter Abruf: 17.9.2022.

367 *BMAS*, Grünbuch Arbeiten 4.0, S. 66.

von Menschen an.[368] Es sind die sog. Crowdworker, also bei den Plattformen registrierte Nutzer, die diese Arbeiten erledigen und zumeist Selbstständige zu sein scheinen – die rechtliche Einordnung wird aber u.a. aufgrund der teilweise auch prekären Verhältnisse und den mit der (Schein-)Selbstständigkeit verknüpften sozialrechtlichen Aspekte viel diskutiert.[369] Das BAG jedenfalls hat inzwischen entschieden, dass Crowdworker auch als Arbeitnehmer eingestuft werden können.[370] Diese Entwicklungen lassen sich ungeachtet der rechtlichen Fragestellungen und Schwierigkeiten unter dem Begriff der Plattformökonomie zusammenfassen.[371]

Dieser kurze Überblick, der Anknüpfungspunkte für tiefergehende Ausführungen und Betrachtungen bietet, wie die Fülle an hierzu ergangener Literatur belegt, zeigt bereits ein erstes Ausmaß der Änderungen, die die Arbeitswelt 4.0 ausmachen. Im Kontext der vorliegenden Arbeit interessieren allerdings insbesondere die folgenden, zu arbeitszeitrechtlichen Fragen und Problemen führenden Auswirkungen.

4. *Konkreter: Entwicklungen, die zu arbeitszeitrechtlichen Fragen führen*

Wie bereits angedeutet und aus den genannten Entwicklungen erkennbar, bedeutet die Arbeitswelt 4.0 auch eine Entgrenzung der Arbeit, die starke Auswirkungen auf die Arbeitszeit hat. Das Phänomen der Entgrenzung findet zunächst auf räumlicher Ebene statt, denn vor allem durch die digitalen Entwicklungen und Möglichkeiten ist es nun möglich und selbstverständlich, von zu Hause aus (Homeoffice), im Café oder im Park und sogar unterwegs zu arbeiten (Mobile

368 *Benkert*, NJW-Spezial 2020, 178; *BMAS*, Grünbuch Arbeiten 4.0, S. 86; *Däubler/Klebe*, NZA 2015, 1032 (1033); *Günther/Böglmüller*, NZA 2015, 1025 (1029 f.); *Raif/Nann*, GWR 2016, 221 (223); *Thüsing*, SR 2016, 87 (89 f.); *Wank*, EuZA 2016, 143 (168).

369 Detailliert: *Däubler/Klebe*, NZA 2015, 1032 (1034 ff.); *Günther/Böglmüller*, NZA 2015, 1025 (1029 f.): Die maßgeblichen Merkmale eines Arbeitsverhältnisses träfen, wie die Autoren herausarbeiten, auf *Crowdworker* i.d.R. nicht zu; gleicher Ansicht *Giesen/Kersten*, Arbeit 4.0, S. 109 f.; ebenso mit ausf. weitergehenden Erwägungen *Hanau, H.*, NJW 2016, 2613 (2615 ff.). Das BAG hat sich inzwischen für die Möglichkeit, dass Crowdworker unter gewissen Umständen Arbeitnehmer sein können, ausgesprochen, BAG, Urt. v. 1.12.2020 – 9 AZR 102/20, NZA 2021, 552.

370 BAG, Urt. v. 1.12.2020 – 9 AZR 102/20, NZA 2021, 522; s. dazu nur *Thüsing/Hütter-Brungs*, NZA-RR 2021, 231.

371 Dazu an sich ausf. *Krause*, NZA-Beil. 2017, 53 (58 f.) m.w.N.

Office).[372] All das war früher wohl nur in seltenen Fällen vorstellbar. Darüber hinaus und damit einhergehend kommt es durch eben diese (technischen) Möglichkeiten auch in zeitlicher Hinsicht zu einer Entgrenzung der Arbeit.[373] Dazu gehört insbesondere die ständige Erreichbarkeit der Arbeitnehmer.[374] So können sie während der Freizeit oftmals noch für berufliche Belange kontaktiert werden – die Arbeit endet eben nicht nach Feierabend hinter der Bürotür. Andersherum beschäftigen sie sich mittels ihrer Smartphones inzwischen auch häufiger während der Arbeitszeit mit Privatem, wenn bspw. das Kind anruft. Arbeitnehmer werden außerdem immer häufiger mit mobilen Endgeräten (also Laptops, Smartphones, Tablets etc.) des Arbeitgebers ausgestattet.[375] Einen traditionellen „nine to five"-Job an einem festen Platz im Büro o.ä. gibt es daher immer seltener.[376] Zur Entgrenzung gehört folglich – mehr oder weniger unweigerlich – eine Vermischung von Privatem und Arbeit.[377] So wird im Homeoffice in der privaten Wohnung gearbeitet und man ist auch nach Feierabend oder am Wochenende jederzeit für berufliche Belange erreichbar. Darüber hinaus werden als weiteres Element der Entgrenzung die „vergessenen Pausen"[378] genannt. Das gründet in der nun weitergehenden „Mitbestimmung" der Maschinen und

---

372 *Bissels/Meyer-Michaelis*, DB 2015, 2331 (2335); *Schirmer/Isenmann*, NZA-Beil. 2019, 69 (70); *Raif/Nann*, GWR 2016, 221 f., die außerdem noch verschiedene Möglichkeiten wie „Desk-Sharing" und „Bring your own device" (BYOD) erläutern.

373 *Jacobs*, NZA 2016, 733; *Krause*, NZA-Beil. 2019, 86 (87); *ders.*, NZA-Beil. 2017, 53 (54).

374 *Henssler*, FS Moll, S. 233 (235 f.); *Jacobs*, NZA 2016, 733; *Kohte*, NZA 2015, 1417 (1422 f.); *Krause*, NZA 2016, 1004 f. *Thüsing*, SR 2016, 87 f. Hinsichtlich der dauernden Erreichbarkeit des Arbeitnehmers für den Arbeitgeber fällt auch der Begriff „always on", s. nur *Krause*, Gutachten 71. DJT, S. B 28 ff. mitzugehörigen Zahlen und Umfrageergebnissen; *Steffan*, NZA 2015, 1409 (1412).; dazu noch Gliederungspunkt § 3 A) IV. 2.

375 *Bissels/Meyer-Michaelis*, DB 2015, 2331 (2332).

376 *Henssler*, FS Moll, S. 233 (235).

377 *Bissels/Meyer-Michaelis*, DB 2015, 2331 (2332); *Henssler*, FS Moll, S. 233 (235); *Steffan*, NZA 2015, 1409 (1412); *Witschen*, Rahmenvorgaben und Flexibilisierungsspielräume im Arbeitszeitrecht, S. 31.

378 *Kohte*, NZA 2015, 1417 (1422), der zwischen der „inneren Entgrenzung", also eben jenen vergessenen Pausen, die entgegen der inneren Begrenzung der Arbeitszeit nach § 4 ArbZG laufen, und der „äußeren Entgrenzung", also der ständigen Erreichbarkeit, differenziert.

Roboter beim Arbeitstakt sowie in erforderlichen Bildschirmpausen[379], die weitestgehend nicht genommen werden (können).[380]

Ein weiterer Faktor sind die sich wandelnden Ansprüche der Arbeitnehmer im Hinblick auf ihre Arbeitszeit und damit auch Flexibilität und Arbeitszeitsouveränität. Wie bereits angedeutet, entwickelt sich eine neue Einstellung zur Arbeit; Flexibilitätsinteressen sind vermehrt auch auf Arbeitnehmerseite vertreten. Die Arbeit soll an Familie, Freizeitbelange und sonstige individuelle Bedürfnisse angepasst werden, nicht umgekehrt.[381] Das wird durch die digitalisierungsbedingten Optionen, also durch verschiedene Modelle des flexiblen Arbeitens oder bspw. durch Homeoffice, ebenfalls maßgeblich erleichtert bzw. erst ermöglicht: Jeder kann und könnte, soweit die Eigenarten des Berufs dies zulassen, seine ideale Work-Life-Balance selbst bestimmen und gestalten.[382] Möglich ist es dank technischer Möglichkeiten und flexibler Arbeitszeiten auch, durch eine Mischung von Homeoffice und Präsenzarbeit, das Büro am Nachmittag zu verlassen, den Haushalt und die Kinder zu versorgen, um dann abends zu Hause noch weiter zu arbeiten.[383] Die arbeitszeitrechtlichen Schwierigkeiten, die dies mit sich bringt, seien zunächst beiseite gestellt.

Neben den genannten Vorteilen für Arbeitnehmer sind aber auch solche für Arbeitgeber nicht von der Hand zu weisen. Flexibilität in Arbeitszeit und -ort erlaubt es, besser und kurzfristiger auf Kundenwünsche zu reagieren sowie anfallende Arbeiten zügig zu erledigen.[384] Zusätzlich machen flexible Arbeitszeitmodelle sowie ein Recht auf Homeoffice o.ä. Arbeitgeber, die dies anbieten, attraktiver für (qualifizierte) Arbeitnehmer.[385] Sicherlich kann und muss man

---

379 Vgl. 6.1 Abs. 2 Anhang Arbeitsstättenverordnung (ArbStättV), ehemals § 5 Bildschirmarbeitsverordnung (BildscharbV).

380 *Kohte*, NZA 2015, 1417 (1422) m.w.N.

381 *Bissels/Meyer-Michaelis*, DB 2015, 2331 (2332); *Henssler*, FS Moll, S. 233 (236) zum „Arbeitnehmer 4.0"; *Krause*, NZA-Beil. 2019, 86 (87); *ders.*, NZA 2016, 1004.

382 *Bissels/Meyer-Michaelis*, DB 2015, 2331 (2332), weisen u.a. auch auf die Möglichkeit hin, Berufsverkehr durch flexible Arbeitszeiten oder eine Kombination aus Homeoffice und Präsenzarbeit zu umgehen; *Henssler*, FS Moll, S. 233 (236), spricht schon weitergehend von einem „work-life-blending"; *Krause*, NZA-Beil. 2017, 53 (54), betont die erhöhte Arbeitszufriedenheit, die hierdurch entsteht/entstehen könnte.

383 *Jacobs*, NZA 2016, 733 f. Das verdeutlicht jedenfalls ein Beispiel, wie räumliche und zeitliche Entgrenzung zusammengehören.

384 S. nur *Jacobs*, NZA 2016, 733 f.

385 *Bissels/Meyer-Michaelis*, DB 2015, 2331 (2332); *Raif/Nann*, GWR 2016, 221; dazu auch *BMAS*, Weißbuch Arbeiten 4.0, 78 f. Zudem erwartet wohl ein Teil der Beschäftigten vom Arbeitgeber Möglichkeiten, flexibel zu arbeiten, *Henssler*, FS Moll, S. 233 (236).

diese Entwicklung in mancher Hinsicht, z.B. weil die Vermischung des Privaten mit der Arbeit als Belastung empfunden werden kann, als bedenklich einordnen und darf insofern Arbeitnehmerschutzinteressen keinesfalls aus den Augen verlieren.[386] So sprechen *Bissels* und *Meyer-Michaelis* bei Betrachtung der Vor- und Nachteile auf beiden Seiten mit Recht von dem entgrenzten Arbeiten als „Fluch und Segen zugleich“[387].

Für das Arbeitszeitrecht bzw. das Arbeitsschutzrecht im Gesamten[388], das die Arbeitnehmer vor möglichen Gesundheitsgefahren durch fehlende Pausen und nicht hinreichende Ruhezeiten schützen will, stellen sich damit neue Herausforderungen. Es muss mit der Vermischung von Arbeit und Privatem umgehen und es außerdem erlauben, größtmögliche Flexibilität und Arbeitszeitsouveränität, die im Interesse von Beschäftigten und Arbeitgebern liegen, unter Beachtung des notwendigen Arbeitnehmerschutzes zu verwirklichen.

II. Gestaltungen der Praxis als Symptom der Arbeitswelt 4.0

Die Praxis hat auf die neuen Entwicklungen und den Wunsch nach individueller Arbeitszeitgestaltung durch verschiedene Instrumente zur Flexibilisierung reagiert. So soll es hier nun also um arbeitszeitrechtlich relevante Änderungen bzw. Gestaltungen gehen, die vor allem mit der Arbeitswelt 4.0 gekommen oder vermehrt aufgetreten sind. Damit soll ein Überblick darüber gegeben werden, wie die Praxis versucht, im Einklang mit dem geltenden Recht, den Herausforderungen Herr zu werden, und wo sich eventuell Probleme offenbaren.

1. Flexible Arbeitszeiten

Vornehmlich Modelle flexibler Arbeitszeiten zeichnen die genannten Entwicklungen ab. Viele dieser Modelle hat es aber auch schon vor der Arbeitswelt 4.0 gegeben – sie verdeutlichen aber dennoch, dass die Praxis sich neuen Gegebenheiten in jedem Abschnitt der Arbeitswelt schnell zunutze machen kann und macht. Die Digitalisierung bietet daher auch hier verschiedene und neue Möglichkeiten, die Modelle umzusetzen und auszugestalten. Hier soll eine Auswahl, insbesondere mit Blick auf arbeitszeitrechtliche Fragen, betrachtet werden.

---

386 *Bissels/Meyer-Michaelis*, DB 2015, 2331 (2332); *BMAS*, Weißbuch Arbeiten 4.0, 78; *Kohte*, NZA 2015, 1417 (1423); *Krause*, NZA-Beil. 2017, 53 (54).

387 *Bissels/Meyer-Michaelis*, DB 2015, 2331 (2332, 2336).

388 S. zum Arbeitsschutz in der Arbeitswelt 4.0 allg. auch *Kohte*, NZA 2015, 1417.

a) Vertrauensarbeitszeit

Zunächst ist das Modell der Vertrauensarbeitszeit zu nennen, bei dem die Arbeitszeit durch den Arbeitgeber, wie die Bezeichnung verrät, nicht kontrolliert wird, sondern er darauf „vertraut", dass der Arbeitnehmer die geschuldete Arbeit erbringt.[389] Er legt also weder Beginn noch Ende der Arbeitszeit fest.[390] Auf die tatsächliche Arbeitszeit kommt es bei diesem Modell aber auch nicht an, denn den Schwerpunkt bildet das Arbeitsergebnis, was für den Arbeitgeber, der sich dieses Models bedient, ausreichend interessengerecht ist.[391] Die Arbeitnehmer können daher im Rahmen der Vertrauensarbeitszeit ihre Arbeitszeit selbstständig organisieren,[392] was allerdings auch bedeutet, dass ein solches System nur dann sinnvoll ist, wenn die Arbeitsleistung nicht an konkrete Zeiten gebunden ist, wie es manche Berufe erfordern.[393] Nicht ganz einheitlich beurteilt wird, ob die Arbeitnehmer bei der Vertrauensarbeitszeit verpflichtet sind, Arbeitsleistung in einem gewissen Stundenumfang zu leisten, oder ob es nur um das Arbeitsergebnis an einem bestimmten Termin geht.[394] Letztlich wird dies wohl eine Frage der jeweiligen Vereinbarung mit dem Arbeitgeber sein.

Fest steht jedenfalls, dass – damit das Modell zulässig ist und bleibt –[395] der Arbeitgeber so oder so nicht von seiner Pflicht aus § 16 Abs. 2 ArbZG, die Arbeitszeit aufzuzeichnen, befreit ist.[396] Die Aufzeichnungspflicht aus § 16

---

389 *Günther/Böglmüller*, NZA 2015, 1025 (1029); *Henssler*, FS Moll, S. 233 (237); *Lausberg*, Arbeitswelt 4.0, S. 43 (44); *Steffan*, NZA 2015, 1409 (1410); MHdB ArbR/*Schüren*, 5. Aufl. 2021, § 47 Rn. 23; ausf. zur „klassischen" Vertrauensarbeitszeit *Compensis*, NJW 2007, 3089.

390 S. nur BAG, Urt. v. 23.9.2015 – 5 AZR 767/13, NZA 2016, 295 Rn. 31.

391 Küttner/*Poeche*, Personalbuch, 29. Aufl. 2022, Arbeitszeitmodelle Rn. 16.

392 *Compensis*, NJW 2007, 3089; *Günther/Böglmüller*, NZA 2015, 1025 (1029); *Steffan*, NZA 2015, 1409 (1413 f.).

393 *Lausberg*, Arbeitswelt 4.0, S. 43 (45); *Raif/Nann*, GWR 221 (223), die als Beispiele Ladenöffnungszeiten oder Dienste im Krankenhaus nennen.

394 Arbeitszeit: Buschmann/Ulber/*Buschmann*, ArbZR, 1. Aufl. 2019, § 3 ArbZG Rn. 49; MHdB ArbR/*Schüren*, 5. Aufl. 2021, § 47 Rn. 23; Küttner/*Poeche*, Personalbuch, 29. Aufl. 2022, Arbeitszeitmodelle Rn. 16; Schaub/*Vogelsang*, ArbR-HdB, 19. Aufl. 2021, § 160 Rn. 34. Arbeitsergebnis: *Steffan*, NZA 2015, 1409 (1410 f.); so anscheinend auch *Günther/Böglmüller*, NZA 2015, 1025 (1029). Beide Modelle nennt *Compensis*, NJW 2007, 3089 f.

395 S. nur *Schrader*, NZA 2019, 1039; *Ulber, D.*, NZA 2019, 677 (679 f.).

396 *Ulber, D.*, NZA 2019, 677 (679 f.), in Bezug auf EuGH, Urt. v. 14.5.2019 – C-55/18 – *CCOO*, NZA 2019, 683; *Baeck/Deutsch/Winzer*, ArbZG, 4. Aufl. 2020, § 16 Rn. 25; Buschmann/Ulber/*Ulber, J.*, ArbZR, 1. Aufl. 2019, § 16 ArbZG Rn. 21.

Abs. 2 ArbZG bezieht sich entsprechend dem Wortlaut der Norm auf die Zeit, die über 8 Stunden am Arbeitstag, also die grundsätzlich nach § 3 S. 1 ArbZG zulässige Höchstarbeitszeit, hinausgeht. Der EuGH indes hat die ArbZRL hinsichtlich der Arbeitszeiterfassung in der Rechtssache *CCOO* strenger ausgelegt und die Mitgliedstaaten dazu angehalten,

> „die Arbeitgeber daher [zu] verpflichten, ein objektives, verlässliches und zugängliches System einzuführen, mit dem die von einem jeden Arbeitnehmer geleistete tägliche Arbeitszeit gemessen werden kann."[397]

Mag man beim ersten Lesen vermuten, Vertrauensarbeitszeit sei nun nicht mehr möglich, geht dies fehl. Für die Vertrauensarbeitszeit bedeutet die Entscheidung des EuGH keine Unzulässigkeit, vielmehr ist jetzt klargestellt: Erforderlich ist, dass der Arbeitgeber ein entsprechendes System zur Verfügung stellt, in dem die Arbeitnehmer die Arbeitszeit erfassen; er kann diese Pflicht also nach überzeugender Auffassung an die Beschäftigten delegieren.[398] Vertrauensarbeitszeit kann somit durchaus zulässig sein, sofern sie mit einer entsprechenden Pflicht der Arbeitnehmer verbunden ist, die eigene Arbeitszeit festzuhalten. Ob das nach der jüngst ergangenen Entscheidung des BAG[399] noch der Fall ist, ist noch offen.[400]

Für Arbeitnehmer bietet das Modell der Vertrauensarbeitszeit Flexibilität und ein gewisses Maß an Arbeitszeitsouveränität. Dennoch müssen auch hier die Nachteile berücksichtigt werden. Insbesondere die Gefahr einer Ausweitung der Arbeitszeit ohne entsprechende Mehrvergütung wird ins Spiel

---

397 EuGH, Urt. v. 14.5.2019 – C-55/18 – *CCOO*, NZA 2019, 683 Rn. 60.

398 Dafür mit umfassender Begründung: *Thüsing/Flink/Jänsch*, ZfA 2019, 456 (471 f.); ebenso *Oberthür*, MDR 2019, 1029 (1030); *Timon/Kruppa*, RdA 2022, 73 (75); *Baeck/Deutsch/Winzer*, ArbZG, 4. Aufl. 2020, § 16 Rn. 28; ErfK/*Roloff*, 22. Aufl. 2022, § 16 ArbZG, Rn. 7; vorsichtiger: *Schrader*, NZA 2019, 1035 (1039); a.A. z.B.: *Brors*, NZA 2020, 1685 (1686); *Ulber, D.*, NZA 2019, 677 (680); Buschmann/Ulber/*Ulber, J.*, ArbZR, 1. Aufl. 2019, § 16 ArbZG Rn. 22 f. Die Bundesregierung will zumindest, dass Vertrauensarbeitszeit weiterhin ermöglicht bleibt, s. *SPD, Bündnis 90/Die Grünen und FDP*, Koalitionsvertrag 20. Legislaturperiode, Mehr Fortschritt wagen, S. 54; dies gutheißend z.B. *Uffmann*, DB 2022, M4.

399 BAG, Beschl. v. 13.9.2022 – 1 ABR 22/21.

400 Dazu *Deutschlandfunk*, 13.9.2022, Stechuhr-Urteil: Arbeitszeiterfassung ist Pflicht – Int. Prof. Gregor Thüsing, abrufbar unter: https://www.deutschlandfunk.de/stechuhr-urteil-arbeitszeiterfassung-ist-pflicht-int-prof-gregor-thuesing-dlf-b79507b2-100.html, letzter Abruf: 17.9.2022

gebracht.[401] Das Erfordernis der Vergütung von Überstunden und die Abgeltung von Mehrarbeit sind auch bei Vereinbarung von Vertrauensarbeitszeit rechtlich unverändert,[402] denn nach Rechtsprechung des BAG bedeutet Vertrauensarbeitszeit im Grunde nur,

> „dass der Arbeitgeber auf die Festlegung von Beginn und Ende der täglichen Arbeitszeit verzichtet und darauf vertraut, der betreffende Arbeitnehmer werde seine Arbeitspflicht in zeitlicher Hinsicht auch ohne Kontrolle erfüllen."[403] (Nachweise ausgelassen)

Daher betont das Gericht auch die Pflicht des Arbeitgebers, im Rahmen seiner Organisations- und Leitungsmacht die Einhaltung der Höchstarbeitszeiten nach § 3 ArbZG (bzw. nach Tarifvertrag oder Betriebsvereinbarung) zu garantieren.[404] Von seinen Pflichten, die sich aus dem ArbZG ergeben, ist der Arbeitgeber somit selbstredend nicht freigesprochen. Ob diese in der Praxis tatsächlich immer erfüllt werden, steht allerdings auf einem anderen Blatt.

Es zeigt sich ein Arbeitszeitmodell, das durch vertrauensbasierte Arbeitszeit Flexibilität ermöglicht[405] und z.B. gerade auch in Verbindung mit dem Arbeiten aus dem Homeoffice oder Mobile Office umsetzbar scheint sowie als Grundmodell der Gleitzeitsysteme betrachtet werden kann.[406] Hürden stellen aber vor allem die Anforderungen (des EuGH und jüngst des BAG) an die Arbeitszeiterfassung, um Arbeitnehmerschutz weiterhin gewährleisten zu können.

b) Gleitzeit

Wohl allgemein bekannt und weniger ein Symptom neuester Entwicklungen sind Gleitzeitsysteme.[407] Bei der einfachen Gleitzeit kann der Arbeitnehmer in einem durch den Arbeitgeber festgelegten Rahmen mit der Arbeit selbstgewählt

---

401 Buschmann/Ulber/*Buschmann*, ArbZR, 1. Aufl. 2019, § 3 ArbZG Rn. 39; HK-ArbZR/*Jerchel*, 2. Aufl. 2018, § 3 ArbZG Rn. 72; vgl. BAG, Urt. v. 17.4.2002 – 5 AZR 644/00, NZA 2002, 1340.

402 BAG, Urt. v. 26.6.19 – 5 AZR 452/18, NZA 2019, 1361 Rn. 31.

403 BAG, Urt. v. 23.9.2015 – 5 AZR 767/13, NZA 2016, 295 Rn. 31; s. auch Urt. v. 29.3.2013 – 2 AZR 273/12, NZA 2014, 533 Rn. 35. S. auch schon BAG, Beschl. v. 6.5.2003 – 1 ABR 13/02, NZA 2003, 1348 (1352).

404 BAG, Beschl. v. 6.5.2003 – 1 ABR 13/02, NZA 2003, 1348 (1352).

405 Ausf. zur Vertrauensarbeitszeit im Kontext der Arbeitszeitgestaltung wissenschaftlich Beschäftigter, *Ritschel/Weber*, FS Kohte, S. 163.

406 *Henssler*, FS Moll, S. 233 (237).

407 So werden sie seit etwa 1970 verwendet, s. Schaub/*Vogelsang*, ArbR-HdB, 19. Aufl. 2021, § 160 Rn. 4.

anfangen und aufhören, also die Lage der Arbeitszeit in gewissem Maße selbst bestimmen.[408] Dabei werden regelmäßig neben der Festlegung des zu leistenden Arbeitsvolumens auch eine sog. Kernarbeitszeit, innerhalb welcher der Arbeitnehmer seine Arbeitsleistung erbringen muss, und Gleitspannen, also Zeiten, in denen sich die Gleitzeit darüber hinaus bewegen darf, vorgeschrieben.[409] Bei der qualifizierten Gleitzeit (auch Gleitzeit mit Zeitausgleich) kann der Arbeitnehmer im Unterschied dazu auch die tägliche Dauer seiner Arbeitszeit beeinflussen.[410] Es besteht dann in der Regel die Möglichkeit, Arbeitszeit anzusparen, wenn über das geschuldete Volumen hinaus gearbeitet wird, oder im umgekehrten Fall, negative Salden aufzubauen, die später auszugleichen sind.[411] Festgehalten wird die tatsächlich geleistete Arbeitszeit auf Gleitzeitkonten.[412] Dies entbindet selbstverständlich nicht von der Einhaltung der Höchstarbeitszeit und der Ruhezeiten des ArbZG, sodass, wenn dabei der Ausgleich nach § 3 S. 2 ArbZG eingehalten wird, 10 Stunden tägliche Arbeit möglich sind.[413]

Die Flexibilität, die diese Modelle ermöglichen, ist offenkundig. Insbesondere bei der qualifizierten, aber auch bei der einfachen Gleitzeit, hat der Arbeitnehmer die Möglichkeit, die Arbeitszeit an seine Bedürfnisse – Arztbesuche, Einkäufe, Termine der Kinder, den eigenen Schlafrhythmus etc. – anzupassen, entweder durch die Modifizierung der Lage seiner Arbeitszeit oder durch Ansparen von Arbeitszeit, die als Ausgleich eingesetzt werden kann. Bei der einfachen Gleitzeit ist das Flexibilisierungspotential erkennbar geringer als bei der qualifizierten.

---

408 Buschmann/Ulber/*Buschmann*, ArbZR, 1. Aufl. 2019, § 3 ArbZG Rn. 32; ErfK/*Roloff*, 22. Aufl. 2022, § 3 ArbZG Rn. 14; Küttner/*Poeche*, Personalbuch, 29. Aufl. 2022, Arbeitszeitmodelle Rn. 5; MHdB ArbR/*Schüren*, 5. Aufl. 2021, § 44 Rn. 31 f.: diese Modelle würden seltener; Schaub/*Vogelsang*, ArbR-HdB, 19. Aufl. 2021, § 160 Rn. 2 f.

409 Buschmann/Ulber/*Buschmann*, ArbZR, 1. Aufl. 2019, § 3 ArbZG Rn. 32; ErfK/*Roloff*, 22. Aufl. 2022, § 3 ArbZG Rn. 14; HK-ArbZR/*Jerchel*, 2. Aufl. 2018, § 3 ArbZG Rn. 65; Schaub/*Vogelsang*, ArbR-HdB, 19. Aufl. 2021, § 160 Rn. 2 f.

410 *Baeck/Deutsch/Winzer*, ArbZG, 4. Aufl. 2020, § 3 Rn. 47; ErfK/*Roloff*, 22. Aufl. 2022, § 3 ArbZG Rn. 14; HK-ArbZR/*Jerchel*, 2. Aufl. 2018, § 3 ArbZG Rn. 63; Schaub/*Vogelsang*, ArbR-HdB, 19. Aufl. 2021, § 160 Rn. 2 f.

411 Buschmann/Ulber/*Buschmann*, ArbZR, 1. Aufl. 2019, § 3 ArbZG Rn. 32; Küttner/*Poeche*, Personalbuch, 29. Aufl. 2022, Arbeitszeitmodelle Rn. 5; MHdB ArbR/*Schüren*, 5. Aufl. 2021, § 47 Rn. 6. S. zum Inhalt von Gleitzeitregelungen Schaub/*Vogelsang*, ArbR-HdB, 19. Aufl. 2021, § 160 Rn. 9.

412 Küttner/*Poeche*, Personalbuch, 29. Aufl. 2022, Arbeitszeitmodelle Rn. 5.

413 *Baeck/Deutsch/Winzer*, ArbZG, 4. Aufl. 2020, § 3 Rn. 47; Buschmann/Ulber/*Buschmann*, ArbZR, 1. Aufl. 2019, § 3 ArbZG Rn. 33; Schaub/*Vogelsang*, ArbR-HdB, 19. Aufl. 2021, § 160 Rn. 12 f.

Einschränkend treten außerdem betriebliche Angelegenheiten und Notwendigkeiten hinzu.[414]

Auch für den Arbeitgeber bietet das Modell Vorteile, da (kurze) Befreiungen vom Dienst wie für Arztbesuche o.ä. nicht erforderlich sind[415] und sich das Pünktlichkeitsrisiko verlagert.[416] Darüber hinaus wird erwähnt, die Gleitzeit verhindere Überlastungen des Verkehrs zu Stoßzeiten und liege damit außerdem im *öffentlichen Interesse.*[417]

c) Arbeitszeitkonten

Der Begriff des Arbeitszeitkontos wird für verschiedene Modelle der flexiblen Arbeitszeitgestaltung verwendet.[418] So gibt es unterschiedliche Arten der Arbeitszeitkonten, die man je nach ihrer Länge in kurz- und langfristige Konten und Lebensarbeitszeitkonten unterscheiden kann.[419] Sie zeichnen sich dadurch aus, dass der Arbeitnehmer, wenn er über die festgelegte Arbeitszeit hinaus arbeitet, ein Zeitguthaben auf seinem Arbeitszeitkonto erlangt, und im umgekehrten Fall Zeitverluste auf dem Konto zustande kommt.[420] Möglich ist auch ein Geldkonto, bei dem Zeitguthaben und -verluste in Geldbeträgen ausgewiesen werden.[421; 422]

---

414 *Hahn*, Flexible Arbeitszeit, S. 280.

415 Denn bei persönlichen Verhinderungen hat der Arbeitnehmer i.d.R. keinen Anspruch auf Arbeitsbefreiung bzw. Gutschrift von Stunden, s. BAG, Urt. v. 22.1.2009 – 6 AZR/78/08, NZA 2009, 735; LAG Köln, Urt. v. 10.2.1993 – 8 Sa 894/92, BeckRS 2009, 66030; Küttner/*Poeche*, Personalbuch, 29. Aufl. 2022, Arbeitszeitmodelle Rn. 6.

416 Schaub/*Vogelsang*, ArbR-HdB, 19. Aufl. 2021, § 160 Rn. 5.

417 Schaub/*Vogelsang*, ArbR-HdB, 19. Aufl. 2021, § 160 Rn. 5.

418 Buschmann/Ulber/*Buschmann*, ArbZR, 1. Aufl. 2019, § 3 ArbZG Rn. 35; ErfK/*Roloff*, 22. Aufl. 2022, § 3 ArbZG Rn. 15 ff.

419 *Hahn*, Flexible Arbeitszeit, S. 77; *Richter*, ArbRAktuell 2018, 241 (242); Schaub/*Vogelsang*, ArbR-HdB, 19. Aufl. 2021, § 160 Rn. 40; im Grunde auch: Buschmann/Ulber/*Buschmann*, ArbZR, 1. Aufl. 2019, § 3 ArbZG Rn. 35; HK-ArbZR/*Jerchel*, 2. Aufl. 2018, § 3 ArbZG Rn. 68; ErfK/*Roloff*, 22. Aufl. 2022, § 3 ArbZG Rn. 15 ff. unterscheidet zwischen Jahresarbeitszeitmodellen und Ansparkonten. Zu Jahresarbeitszeitmodellen auch *Lausberg*, Arbeitswelt 4.0, S. 43 (45 f.).

420 *Bayreuther*, NZA-Beil. 2018, 103; *Richter*, ArbRAktuell 2018, 241 (242); Schaub/*Vogelsang*, ArbR-HdB, 19. Aufl. 2021, § 160 Rn. 37.

421 *Richter*, ArbRAktuell 2018, 241 (242); MüKo BGB/*Spinner*, 8. Aufl. 2020, § 611a BGB Rn. 972; Schaub/*Vogelsang*, ArbR-HdB, 19. Aufl. 2021, § 160 Rn. 37.

422 Zu Problemen, die sich bei der Insolvenz des Arbeitgebers ergeben können: Buschmann/Ulber/*Buschmann*, ArbZR, 1. Aufl. 2019, § 3 ArbZG Rn. 38; HK-ArbZR/*Jerchel*, 2. Aufl. 2018, § 3 ArbZG Rn. 70; MüKo BGB/*Spinner*, 8. Aufl. 2020, § 611a BGB Rn. 979.

Das monatliche Entgelt wird in der Regel verstetigt,[423] das ist jedenfalls auch die Voraussetzung dafür, dass das Konto mit Minusstunden belastet werden darf.[424]

Das BAG hat Arbeitszeitkonten als Ausdruck des Vergütungsanspruchs des Arbeitnehmers in anderer Form umschrieben:[425]

> „Ein Arbeitszeitkonto hält fest, in welchem zeitlichen Umfang der Arbeitnehmer seine Hauptleistungspflicht nach § 611 Abs. 1 BGB erbracht hat oder aufgrund eines Entgeltfortzahlungstatbestands [...] nicht erbringen musste und deshalb Vergütung beanspruchen kann bzw. in welchem Umfang er noch Arbeitsleistung für die vereinbarte und gezahlte Vergütung erbringen muss."[426] (Nachweise ausgelassen)

Zu den Kurzzeitkonten, bei denen ein monatlicher oder jährlicher Ausgleich stattfindet, zählen vornehmlich die Gleitzeitkonten.[427] Bei einem Langzeitkonto hingegen geht es darum, Zeitguthaben langfristig anzusparen, um spätere längere Freistellungen zu ermöglichen.[428] Darüber hinaus gibt es auch solche Arbeitszeitmodelle, in denen Arbeitszeitvolumina auf eine längere Planperiode verteilt werden, um die Arbeitsleistung an einen vorhersehbaren, aber ungleichmäßigen Arbeitsbedarf anzupassen.[429] Solche Arbeitszeitkonten treten bspw. auch in Verbindung mit Vereinbarungen zu Arbeit auf Abruf, vgl. § 12 TzBfG, auf.[430] Ein signifikanter Unterschied zur Gleitzeit liegt dann jedenfalls darin,

---

423 Schaub/*Vogelsang*, ArbR-HdB, 19. Aufl. 2021, § 160 Rn. 38.

424 BAG, Urt. v. 26.1.2011 – 5 AZR 819/09, NZA 2011, 640; ErfK/*Roloff*, 22. Aufl. 2022, § 3 ArbZG Rn. 16; HK-ArbZR/*Jerchel*, 2. Aufl. 2018, § 3 ArbZG Rn. 68; MüKo BGB/*Spinner*, 8. Aufl. 2020, § 611a BGB Rn. 976.

425 BAG, Urt. v. 31.7.2014 – 6 AZR 759/12, NZA-RR 2015, 18 Rn. 20; Beschl. v. 18.3.2014 – 1 ABR 75/12, NZA 2014, 984 Rn. 20; Urt. v. 21.3.2012 – 6 AZR 560/10, BeckRS 2012, 69639 Rn. 21.

426 BAG, Urt. v. 29.6.2016 – 5 AZR 617/15, NZA 2016, 1152 Rn. 17; s. auch Urt. v. 23.9.2015 – 5 AZR 767/13, NZA 2016, 295 Rn. 20; Urt. v. 21.3.2012 – 5 AZR 676/11, NZA 2012, 870 Rn. 20.

427 *Klemm*, NZA 2006, 946 (947); *Hahn*, Flexible Arbeitszeit, S. 83.

428 *Klemm*, NZA 2006, 946 (947), der als Beispiele Sabbaticals, längeren Urlaub oder eine zusätzliche Ausbildung nennt; *Hahn*, Flexible Arbeitszeit, S. 83; ErfK/*Roloff*, 22. Aufl. 2022, § 3 ArbZG Rn. 18 nennt unter der Bezeichnung als „Ansparkonto" auch die Möglichkeit, mit der angesparten Arbeitszeit frühzeitig unter gleichbleibendem Einkommen in den (Teil-)Ruhestand zu gehen.

429 ErfK/*Roloff*, 22. Aufl. 2022, § 3 ArbZG, Rn. 17; ausf. MHdB ArbR/*Schüren*, 5. Aufl. 2021, § 46 Rn. 10 ff.

430 Buschmann/Ulber/*Buschmann*, ArbZR, 1. Aufl. 2019, § 3 ArbZG Rn. 36. Denn der Unterschied einer solchen Regelung zur Abrufarbeit liegt darin, dass ein unvorhersehbarer kurzfristiger Einsatz grdsl. das Einvernehmen beider Seiten erfordert, ErfK/

dass die Arbeitszeitkonten nicht von den Beschäftigten gesteuert, sondern durch betrieblichen Arbeitsanfall determiniert werden.[431]

Arbeitszeitkonten ermöglichen folglich verschiedene Modelle der Arbeitszeitgestaltung und treten in Zusammenhang mit solchen auf. Die Flexibilisierung ist dann, abhängig von den jeweiligen tarifvertraglichen, betrieblichen und einzelvertraglichen Vereinbarungen und Ausgestaltungen, in kurz- oder langfristiger Hinsicht möglich.

d) Jobsharing

Eine weitere Möglichkeit zur Arbeitszeitflexibilisierung sind Jobsharing-Modelle, § 13 Abs. 1 TzBfG. Hierbei wird vereinbart, dass zwei oder mehr Arbeitnehmer sich die Arbeitszeit an einem (Voll- oder Teilzeit-)Arbeitsplatz teilen.[432] Maßgeblich für dieses Modell ist, dass die sog. Jobsharer (begrenzte) Arbeitszeitsouveränität haben.[433] Sie einigen sich über den Arbeitszeitanteil sowie die Festlegung der Lage der Arbeitszeit,[434] was je nach Abrede hinsichtlich täglicher,

---

Roloff, 22. Aufl. 2022, § 3 ArbZG Rn. 17; MHdB ArbR/*Schüren*, 5. Aufl. 2021, § 46 Rn. 19 f. Bei der Abrufarbeit ist das hingegen nicht erforderlich: Der Arbeitnehmer, der mit dem Arbeitgeber eine Vereinbarung über Abrufarbeit getroffen hat, ist bei Ankündigung der Lage der Arbeitszeit vier Tagen im Voraus zur Arbeitsleistung verpflichtet, § 12 Abs. 3 TzBfG.

431 Buschmann/Ulber/*Buschmann*, ArbZR, 1. Aufl. 2019, § 3 ArbZG Rn. 35. Eine gesetzliche Regelung zu Arbeitszeitkonten findet sich in § 2 Abs. 2 MiLoG, der einen Ausgleich der Arbeitsstunden spätestens innerhalb von 12 Monaten nach monatlicher Erfassung gestattet, § 2 Abs. 2 S. 1 MiLoG. Die Arbeitsstunden im Arbeitszeitkonto dürfen pro Monat nicht mehr als die Hälfte der vertraglich vereinbarten Arbeitszeit übersteigen, § 2 Abs. 2 S. 3 MiLoG. S. dazu auch *Richter*, ArbRAktuell 2018, 241 (242); Buschmann/Ulber/*Buschmann*, ArbZR, 1. Aufl. 2019, § 3 ArbZG Rn. 36; ErfK/*Franzen*, 22. Aufl. 2022, § 2 MiLoG Rn. 4 f.; MHdB ArbR/*Schüren*, 5. Aufl. 2021, § 46 Rn. 17; MüKo BGB/*Müller-Glöge*, 8. Aufl. 2020, § 2 MiLoG Rn. 2 ff.

432 *Günther/Böglmüller*, NZA 2015, 1025 (1029); *Steffan*, NZA 2015, 1409 (1413); Annuß/Thüsing/*Jacobs*, TzBfG, 3. Aufl. 2012, § 13 Rn. 2; ErfK/*Preis*, 22. Aufl. 2022, § 13 TzBfG Rn. 3; HK-ArbZR/*Tischer*, 2. Aufl. 2018, § 13 TzBfG Rn. 1; MüKo BGB/*Müller-Glöge*, 8. Aufl. 2020, § 13 TzBfG Rn. 3. Zum Begriff des „Jobsharing" und seiner Herkunft: Annuß/Thüsing/*Jacobs*, TzBfG, 3. Aufl. 2012, § 13 Rn. 3.

433 *Günther/Böglmüller*, NZA 2015, 1025 (1029); Annuß/Thüsing/*Jacobs*, TzBfG, 3. Aufl. 2012, § 13 Rn. 2; ErfK/*Preis*, 22. Aufl. 2022, § 13 TzBfG Rn. 3; HWK/*Rennpferdt*, 10. Aufl. 2022, § 13 TzBfG Rn. 5; MHdB ArbR/*Schüren*, 5. Aufl. 2021, § 45 Rn. 69.

434 ErfK/*Preis*, 22. Aufl. 2022, § 13 TzBfG Rn. 3; MüKo BGB/*Müller-Glöge*, 8. Aufl. 2020, § 13 TzBfG Rn. 2; Schaub/*Linck*, ArbR-HdB, 19. Aufl. 2021, § 43 Rn. 17; s. aber Annuß/Thüsing/*Jacobs*, TzBfG, 3. Aufl. 2012, § 13 Rn. 11: Es müsse zumindest der Umfang

wöchentlicher, monatlicher oder jährlicher Zeiträume möglich ist.[435] Erforderlich für erfolgreiches Jobsharing ist jedenfalls viel Eigenmanagement und Abstimmung unter den Arbeitnehmern, die sich den Arbeitsplatz teilen.[436; 437]

Das Potential zur Flexibilisierung durch den Arbeitnehmer hinsichtlich Lage und Dauer der Arbeitszeit ist offensichtlich. Auf Seiten des Arbeitgebers ergibt sich aufgrund der eigenen Aufteilung durch die Arbeitnehmer zusätzlich ein geringerer Organisationsaufwand.[438] Jobsharing-Modelle bringen auch insoweit Vorteile, als sie es den beteiligten Beschäftigten ermöglichen, anspruchsvolle Aufgaben anteilig aufzunehmen oder als Team zu bearbeiten und zu leiten.[439] Darüber hinaus erleichtert das Jobsharing dem Arbeitgeber – wie im Grunde alle flexiblen Arbeitszeitmodelle – die Bindung qualifizierter Mitarbeiter an das Unternehmen durch attraktive Gestaltungsmöglichkeiten. Möglich wird daneben die kurzfristige Übernahme von Aufgaben durch einen am Jobsharing beteiligten und mithin ebenso eingearbeiteten Mitarbeiter, wenn ein Jobsharer verhindert ist, vgl. auch die in § 13 Abs. 1 S. 2, 3 TzBfG normierte Vertretungspflicht.[440] Dieser Aspekt birgt allerdings auch Gefahren: Das Einspringen für den Kollegen kann dazu führen, dass das Risiko der Arbeitsverhinderung vom

---

der vom jeweiligen Arbeitnehmer innerhalb eines bestimmten Bezugszeitraums zu erbringenden Arbeitszeit festgelegt werden.

435 Annuß/Thüsing/*Jacobs*, TzBfG, 3. Aufl. 2012, § 13 Rn. 11; ErfK/*Preis*, 22. Aufl. 2022, § 13 TzBfG Rn. 3; MüKo BGB/*Müller-Glöge*, 8. Aufl. 2020, § 13 TzBfG Rn. 2.

436 *Steffan*, NZA 2015, 1409 (1413).

437 Abzugrenzen ist Jobsharing von Jobsplitting: Das liegt dann vor, wenn eine Vollzeitstelle in zwei oder mehr Teilzeitstellen aufgeteilt wird, vgl. *Hahn*, Flexible Arbeitszeit, S. 308; Annuß/Thüsing/*Jacobs*, TzBfG, 3. Aufl. 2012, § 13 Rn. 4. Relevant ist außerdem die Eigen- bzw. Betriebsgruppe (auch Jobpairing), die dann gegeben ist, wenn sich die Arbeitnehmer zur Erledigung der Arbeit zusammenschließen (hier besteht dann eine vertragliche Beziehung/Gesellschaft bürgerlichen Rechts unter ihnen), Informationen austauschen und alle wichtigen Entscheidungen gemeinsam treffen, *Hahn*, Flexible Arbeitszeit, 307 f.; Annuß/Thüsing/*Jacobs*, TzBfG, 3. Aufl. 2012, § 13 Rn. 4; ErfK/*Preis*, 22. Aufl. 2022, § 13 TzBfG Rn. 2; ausf. MHdB ArbR/*Schüren*, 5. Aufl. 2021, § 144 Rn. 1 ff. Zu weiteren abzugrenzenden Gestaltungen s. *Hahn*, Flexible Arbeitszeit, S. 308 f.; Annuß/Thüsing/*Jacobs*, TzBfG, 3. Aufl. 2012, § 13 Rn. 4.

438 *Hahn*, Flexible Arbeitszeit, S. 313.

439 *Steffan*, NZA 2015, 1409 (1413).

440 *Steffan*, NZA 2015, 1409 (1414). Zur Vertretungspflicht der Jobsharer s. Annuß/Thüsing/*Jacobs*, TzBfG, 3. Aufl. 2012, § 13 TzBfG Rn. 14 ff.; ErfK/*Preis*, 22. Aufl. 2022, § 13 TzBfG Rn. 9 f.; HK-ArbZR/*Tischer*, 2. Aufl. 2018, § 13 TzBfG Rn. 6 ff; HWK/*Rennpferdt*, 10. Aufl. 2022, § 13 TzBfG Rn. 7 ff.

Arbeitgeber auf die Arbeitnehmer übertragen wird und es zu der eigentlich gerade nicht gewollten Arbeitssituation kommt.[441] Auf Arbeitgeberseite sprechen gegen das Jobsharing außerdem die strengen Regelungen des Vertretungs- und Kündigungsrechts.[442] Solche Modelle haben sich daher in der Praxis bisher nicht durchsetzen können,[443] bergen aber aufgrund technischer Entwicklungen neues Potential.[444]

e) *Arbeit auf Abruf*

Als eine weitere Möglichkeit zur Flexibilisierung wird Arbeit auf Abruf, § 12 TzBfG, ins Spiel gebracht.[445] Dabei wird der Arbeitnehmer nur dann tätig, wenn der Arbeitseinsatz notwendig wird; es handelt sich also um ein bedarfsgesteuertes Modell, denn Lage und Dauer der Arbeitszeit werden einseitig durch den Arbeitgeber bestimmt.[446] Problematisch für den Arbeitnehmer ist hierbei die eingeschränkte Entgelt- und Planungssicherheit, der mittels der Novelle des § 12 TzBfG vom 1. Januar 2019 allerdings entgegengewirkt werden soll.[447] Die Norm zieht der Abrufarbeit aus Arbeitnehmerschutzgründen[448] Grenzen: Zunächst ist der Arbeitnehmer nur dann verpflichtet, Arbeit zu leisten, wenn der Arbeitgeber ihn vier Tage im Voraus über die Lage der Arbeitszeit informiert.[449] Ferner

---

441 Annuß/Thüsing/*Jacobs*, TzBfG, 3. Aufl. 2012, § 13 Rn. 6.

442 Annuß/Thüsing/*Jacobs*, TzBfG, 3. Aufl. 2012, § 13 Rn. 6. S. zur Kündigung: Rn. 21 ff.; ErfK/*Preis*, 22. Aufl. 2022, § 13 TzBfG Rn. 11 f.; HK-ArbZR/*Tischer*, 2. Aufl. 2018, § 13 TzBfG Rn. 12; HWK/*Rennpferdt*, 10. Aufl. 2022, § 13 TzBfG Rn. 11 f.

443 HK-ArbZR/*Tischer*, 2. Aufl. 2018, § 13 TzBfG Rn. 2; Schaub/*Linck*, ArbR-HdB, 18. Aufl. 2019, § 43 Rn. 17; ausf.: Annuß/Thüsing/*Jacobs*, TzBfG, 3. Aufl. 2012, § 13 Rn. 5 f.

444 *Günther/Böglmüller*, NZA 2015, 1025 (1029).

445 *Günther/Böglmüller*, NZA 2015, 1025 (1028 f.); *Lausberg*, Arbeitswelt 4.0, S. 43 (46 f.); *Raif/Nann*, GWR 2016 221 (223).

446 Annuß/Thüsing/*Jacobs*, TzBfG, 3. Aufl. 2012, § 12 Rn. 1; HWK/*Rennpferdt*, 10. Aufl. 2022, § 12 TzBfG Rn. 1; MHdB ArbR/*Schüren*, 5. Aufl. 2021, § 45 Rn. 1; MüKo BGB/*Müller-Glöge*, 8. Aufl. 2020, § 12 TzBfG Rn. 3; Schaub/*Linck*, ArbR-HdB, 19. Aufl. 2021, § 43 Rn. 6. Der Arbeitnehmer enthält auch nur bei Abruf eine Vergütung, *Bayreuther*, NZA-Beil. 2018, 103 (104).

447 BT-Drs. 19/3452, S. 20.

448 Annuß/Thüsing/*Jacobs*, TzBfG, 3. Aufl. 2012, § 12 Rn. 1; MüKo BGB/*Müller-Glöge*, 8. Aufl. 2020, § 12 TzBfG Rn. 1.

449 Das war auch schon vor der jüngsten Gesetzesänderung so vorgeschrieben. Krit. dazu: *Günther/Böglmüller*, NZA 2015, 1025 (1028 f.): I.R.d. Industrie 4.0 seien kurzfristige Einsätze notwendig, sodass die lange Frist zur Ankündigung die erforderliche

wurde die „25 %-Entscheidung“[450] des BAG vom 7. Dezember 2005 kodifiziert, in welcher das Gericht Abrufgrenzen festlegt, sodass der mögliche zusätzliche Abruf eine prozentuale Begrenzung erfährt:[451] Nach § 12 Abs. 2 S. 1 TzBfG dürfen bei Vereinbarung einer Mindestarbeitszeit bis zu 25 % mehr und gem. § 12 Abs. 2 S. 2 TzBfG bei Festlegung einer Höchstarbeitszeit nur bis zu 20 % weniger pro Woche abgerufen werden. Wird gar keine wöchentliche Arbeitszeit festgelegt, gelten 20 Stunden als vereinbart, § 12 Abs. 1 S. 3 TzBfG.[452] Hinsichtlich der täglichen Arbeitszeit gilt die Einschränkung, dass der Arbeitnehmer, sofern nichts festgelegt ist, mindestens drei aufeinanderfolgende Stunden zu beschäftigen ist, § 12 Abs. 1 S. 4 TzBfG.

Abrufarbeit ermöglicht daher Flexibilität, vornehmlich jedoch auf Arbeitgeberseite, weil eine Anpassung der Arbeitsleistung an den jeweils bestehenden tatsächlichen Bedarf bspw. Personalkosten spart.[453] Den Arbeitnehmer treffen jedoch, durch die gesetzlichen Neuregelungen immerhin begrenzt, Planungsunsicherheiten. Kombinationsmodelle sind möglich.

Flexibilisierung verhindere – durch technische Möglichkeiten stehe der Arbeitnehmerschutz einer kürzeren Frist jedenfalls nicht entgegen.

450 *Stoffels/Hultzsch*, NZA 2020, 977, gemeint ist BAG, Urt. v. 7.12.2005 – 5 AZR 535/04, NZA 2006, 423. Die Entscheidung sorgte neben der prozentualen Begrenzung des Abrufs durch Abwendung von der bis dahin vertretenen Ansicht, s. BAG, Urt. v. 12.12.1984 – 7 AZR 509/83, NZA 1985, 312, dafür, dass nicht mehr nur die Lage der Arbeitszeit durch Abruf bestimmt werden konnte, sondern auch ihre Dauer, s. Annuß/Thüsing/*Jacobs*, TzBfG, 3. Aufl. 2012, § 12 Rn. 24; MHdB ArbR/*Schüren*, 5. Aufl. 2021, § 45 Rn. 2.

451 BT-Drs. 19/3452, S. 20; ausf. *Bayreuther*, NZA-Beil. 2018, 103 (104 f.); *Stoffels/Hultzsch*, NZA 2020, 977 (978 f.).

452 Früher waren es 10 Stunden. Diese Gesetzesänderung wird als überflüssig kritisiert, denn der Zweck, einen Anreiz dafür zu geben, „tatsächlich eine bestimmte Dauer der wöchentlichen Arbeitszeit festzulegen“, BT-Drs. 19/3452, S. 20, werde bereits durch die prozentuale Berechnung des zusätzlichen Abrufanteils erreicht, *Thüsing*, BB 2018, 1076 (1079): „Je weniger der Arbeitgeber an Stunden vorgibt, desto weniger flexibel ist er. Je mehr Stunden er vereinbart, desto mehr Stunden kann er einseitig abrufen.“

453 *Hahn*, Flexible Arbeitszeit, S. 237 f.; s. auch ErfK/*Preis*, 22. Aufl. 2022, § 12 TzBfG Rn. 3.

f) Nullstundenverträge

Auf die Spitze treiben die Arbeit auf Abruf sog. Nullstundenverträge (vornehmlich im Vereinigten Königreich als „*zero hour contracts*" verbreitet)[454], denen, wie sich im Folgenden zeigen wird, große Bedenken hinsichtlich Planungs- und Entgeltsicherheit auf Arbeitnehmerseite begegnen. Auf den ersten Blick versprechen sie für den Arbeitgeber wohl die größtmögliche Flexibilität und werden daher auch als „arbeitsrechtliche[r] Himmel auf Erden für den Arbeitgeber"[455] bezeichnet. Denn: Die Vertragsparteien einigen sich auf die Leistung von Diensten gegen Entgelt, allerdings insoweit anders als in regulären Dienst- oder Arbeitsverhältnissen, als dass kein zeitlicher Mindestumfang festgelegt wird und zu vergütende Dienste nur auf Abruf bzw. nach Absprache erbracht werden.[456]

Die Frage, ob Nullstundenverträge überhaupt Arbeitsverträge sind, ist für das deutsche Recht umstritten.[457] Ebenso ist nicht geklärt, ob die oben beschriebenen Grenzen des § 12 TzBfG, die Nullstundenverträge „in Reinform" aufgrund der 20-Stunden-Fiktion im Grunde unmöglich machen würden, überhaupt anwendbar sind.[458] Fraglich ist darüber hinaus die Anwendbarkeit der §§ 305 ff. BGB für eine AGB-Kontrolle, da es sich um eine Festlegung der Hauptleistungspflicht, die in der Regel kontrollfrei bleibt, § 307 Abs. 3 BGB, handeln könnte.[459]

---

454 *Bepler*, FA 2016, 362 (363); *Forst*, NZA 2014, 998; ausf. *Böttcher*, Der Null-Stunden-Vertrag, 5 ff.

455 *Preis*, RdA 2015, 244.

456 *Bepler*, FA 2016, 362; *Bieder*, RdA 2015, 388; *Böttcher*, Der Null-Stunden-Vertrag, 54; *Forst*, NZA 2014, 998 (999); *Henssler*, FS Moll, S. 233 (238); *Lausberg*, Arbeitswelt 4.0, S. 43 (47); *Wank*, EuZA 2016, 143 (165); Küttner/*Röller*, Personalbuch, 29. Aufl. 2022, Null-Stunden-Verträge, Rn. 1; MHdB ArbR/*Reichold*, 4. Aufl. 2018, § 40 Rn. 83.

457 Den maßgeblichen Unterschied macht es, ob ein Ablehnungsrecht des Beschäftigten besteht: Nur wenn das zu verneinen sei, liege ein Arbeitsvertrag vor, ansonsten eine Nullstundenrahmenvereinbarung, auf Grundlage derer dann für jeden Arbeitseinsatz ein eigener (befristeter) Vertrag geschlossen werde, so *Forst* NZA 2014, 998 (999 ff.); *Henssler*, FS Moll, S. 233 (238); MHdB ArbR/*Reichold*, 5. Aufl. 2021, § 40 Rn. 83; mit dem BAG, Urt. v. 15.2.2012 – 10 AZR 111/11, NZA 2012, 733; a.A. mit überzeugender Argumentation *Bieder*, RdA 2015, 388 (389 f.) und so auch LAG Rheinland-Pfalz, Urt. v. 7.4.2011 – 5 Sa 637/10, BeckRS 2011, 74684.

458 Für eine (zumindest subsidiäre) Anwendbarkeit: *Bieder*, RdA 2015, 388 (392); *Böttcher*, Der Null-Stunden-Vertrag, 95 ff.; *Forst*, NZA 2014, 988 (1002); dagegen: MHdB ArbR/*Reichold*, 5. Aufl. 2021, § 40 Rn. 83.

459 Dann käme aber immer noch eine Transparenzkontrolle infrage. Gegen die Anwendbarkeit von AGB-Recht: ohne Erläuterung BAG, Urt. v. 24.9.2014 – 5 AZR 1024/12, NZA 2014, 1328; ausf.: *Bieder*, RdA 2015, 388 (394 ff.); wohl auch *Forst*, NZA 2014,

Problematisch ist außerdem das Verhältnis zum Kündigungsrecht, da ein unliebsamer Arbeitnehmer statt gekündigt einfach nicht mehr abgerufen werden könnte.[460]

Neben all diesen Rechtsfragen bleibt nicht zu vergessen, dass ein „richtiger" Nullstundenvertrag für den Arbeitgeber zwar größtmögliche Flexibilität bedeuten würde, als Kehrseite jedoch für den Arbeitnehmer erhebliche Nachteile damit einhergingen, insbesondere dann, wenn man ihm den Schutz des § 12 TzBfG sowie der AGB-Kontrolle verwehrte. Er müsste sich jederzeit für einen Abruf bereithalten, sodass eine Organisation und Planung in jeglicher Hinsicht unmöglich würde, sein Verdienst wäre nicht vorhersehbar sowie möglicherweise zur Bestreitung eines angemessenen Lebensunterhalts zu gering und Arbeitseinsätze wären unter Umständen unverhältnismäßig kurz im Vergleich zu den Wegen zu und von der Arbeit.[461] Der Nullstundenvertrag scheint daher aufgrund der genannten rechtlichen Unwägbarkeiten und der erheblichen Nachteile, wegen derer es sich um eine prekäre Art der Beschäftigung handelt, jedenfalls in Deutschland derzeit nicht praxistauglich zu sein.[462] Für eine arbeitszeitrechtliche Bewertung jedenfalls käme es auf den konkreten Abruf an, von welcher Dauer er wäre und ob dem Arbeitnehmer jeweils die vorgeschriebenen Ruhepausen und Ruhezeiten eingeräumt würden.

2. *Homeoffice*

Mit der in den letzten Jahren die (Arbeits-)Welt im Griff haltenden Corona-Pandemie sind Fragen rund um das Homeoffice aktueller denn je.[463] Die Fragen,

---

998 (1001); dafür noch BAG, Urt. v. 7.12.2005 – 5 AZR 535/04, NZA 2006, 423 (427), denn es liege eine Verlagerung des Wirtschaftsrisikos abweichend von § 615 BGB auf den Arbeitnehmer vor; wohl auch dafür wohl auch dafür Küttner/*Röller*, Personalbuch, 29. Aufl. 2022, Null-Stunden-Verträge Rn. 5; mit ausf. Begründung *Böttcher*, Der Null-Stunden-Vertrag, S. 119 ff.

460 Dazu: *Bieder*, RdA 2015, 388 (397); *Forst*, NZA 2014, 998 (1002); *Henssler*, FS Moll, S. 233 (239); *Raif/Nann*, GWR 2016, 221 (223).

461 *Wank*, EuZA 2016, 143 (166), nennt diese Nachteile zwar in Bezug auf die von ihm ins Spiel gebrachten „Ein-Stunden-Verträge", sie ließen sich aber so auch für den Nullstundenvertrag nennen.

462 So auch: *Lausberg*, Arbeitswelt 4.0, S. 43 (51).

463 Einerseits in der (Tages-)Presse, s. z.B. zu den Auswirkungen auf den Immobilienmarkt *Groll*, ZEIT ONLINE, 20.7.2020, Viele Unternehmen wollen Büroflächen reduzieren; zu Stress und Produktivität im Homeoffice *ZEIT ONLINE*, 22.7.2020, Homeoffice wirkt sich positiv auf Produktivität aus; und zum durch die Gewerkschaften aufgezeigten Regelungsbedarf *SZ*, 7.9.2020, IG Metall will klare Regeln fürs

die sich im Grundsatz zum Thema Homeoffice (oder auch zum Mobile Office[464]) ergeben, sind auf den ersten Blick weniger solche der Arbeitszeit als solche des Haftungsrechts, des Arbeitsorts, Datenschutz oder auch der weiteren Arbeitsbedingungen.[465] So ist bspw. relevant, ob und insbesondere wieweit der Arbeitgeber dafür Sorge tragen muss, dass der Arbeitnehmer zu Hause vernünftige Büroausrüstung hat. Das ArbSchG jedenfalls gilt auch im Homeoffice,[466] sodass gem. § 3 Abs. 1 S. 1 ArbSchG vom Arbeitgeber die erforderlichen Maßnahmen des Arbeitsschutzes unter Berücksichtigung der Umstände zu treffen sind, die Sicherheit und Gesundheit der Beschäftigten bei der Arbeit beeinflussen. Vom Arbeitgeber müsste daher auch eine Gefährdungsbeurteilung nach § 5 ArbSchG durchgeführt werden.[467] Arbeitszeitrechtlich problematisch im Sinne der Entgrenzung ist neben der bereits dargelegten Vermischung von Arbeit mit Privatem auch die mit der Arbeit im Homeoffice möglicherweise einhergehende „Zerstückelung" des (Arbeits-)Tages, wenn, durchaus auch längere, Arbeitspausen nach den Bedürfnissen der Familie (Abholen der Kinder von der Schule o.ä.) oder anfallenden Haushaltsarbeiten eingelegt werden.

Schließlich hat die Thematik – über auf der Hand liegende Fragen der Arbeitszeiterfassung bzw. vor allem der Kontrolle der tatsächlichen Arbeitszeit durch den Arbeitgeber[468] hinaus – auch faktisch arbeitszeitrechtliche Relevanz.

Homeoffice. Betrachtet wird das Thema nun vermehrt in den Fachmedien, s. insb. *Krieger/Rudnik/Povedano Peramato*, NZA 2020, 473.

464 Mobile Office ist ortsungebundenes Arbeiten, wobei der Arbeitnehmer also arbeiten kann, wo er will: bspw. unterwegs in der Bahn oder im Flugzeug, im Hotel, im Restaurant oder im Café etc., *Günther/Böglmüller*, NZA 2015, 1025 (1029); *Krieger/Rudnik/Povedano Peramato*, NZA 2020, 473 (474); *Raif/Nann*, GWR 2016, 221.

465 S. zu all diesen Belangen: *Bissels/Meyer-Michaelis*, DB 2015, 2331 (2335); *Krieger/Rudnik/Povedano Peramato*, NZA 2020, 473; *Raif/Nann*, GWR 2016, 221 f.; Küttner/*Röller*, Personalbuch, 29. Aufl. 2022, Homeoffice; jeweils m.w.N.

466 *Bissels/Meyer-Michaelis*, DB 2015, 2331 (2335); *Günther/Böglmüller*, NZA 2015, 1025 (1029), die davon ausgehen, dass die Schutzpflichten des Arbeitgebers nur so weit gehen, wie er auf das Arbeitsumfeld der Beschäftigten Einfluss hat; ausf.: *Krieger/Rudnik/Povedano Peramato*, NZA 2020, 473 (479 f.); *Oberthür*, NZA 2013, 246; Küttner/*Röller*, Personalbuch, 29. Aufl. 2022, Homeoffice Rn. 14 f.

467 S. zu der Frage, ob dafür eine Begehung der Wohnung des Arbeitnehmers durch den Arbeitgeber erforderlich ist *Krieger/Rudnik/Povedano Peramato*, NZA 2020, 473 (479): Ausreichend sei die Beurteilung aufgrund erfragter Informationen zu den örtlichen Gegebenheiten.

468 So *Steffan*, NZA 2015, 1409 (1410): „Insbesondere dort, wo Mitarbeiter im informellen oder formalen Home-Office arbeiten, besteht ohnehin eine faktische Vertrauensarbeit. In welchem Zeitraum der Arbeitnehmer anwesend ist und arbeitet, lässt sich

Zu Hause neigen die Arbeitnehmer weiterhin dazu, Überstunden zu machen und nehmen außerdem weniger Pausen,[469] sodass an dieser Stelle auch Verstöße gegen die zwingende Pausenregelung des ArbZG drohen, für deren Einhaltung der Arbeitgeber aber gem. § 21 Abs. 1 Nr. 2 ArbZG unter Bußgeldandrohung verantwortlich ist.[470] Nach dem natürlichen Sprachgebrauch[471] kann sicherlich der Charakter der Ruhepause gem. § 4 ArbZG als solche infrage gestellt werden, wenn in der Pause außerdem Hausarbeiten o.ä. erledigt werden. Entscheidend im arbeitszeitrechtlichen Sinne ist aber, dass es sich um „im Voraus feststehende Unterbrechungen der Arbeit, in denen der Arbeitnehmer weder Arbeit zu leisten noch sich dafür bereitzuhalten hat und frei über die Nutzung des Zeitraums bestimmen kann“[472], handelt, sodass es dem Arbeitnehmer freisteht, in der Pause auch nicht erholsame Tätigkeiten durchzuführen, solange er nicht zur Arbeit verpflichtet ist.

Durchaus positiv aus Flexibilitätsgesichtspunkten klingt zunächst außerdem die Möglichkeit, wegen Unterbrechungen oder mit der genannten Zerstückelung des Tages in Verbindung stehend liegen gebliebene Arbeit abends (wenn die Kinder im Bett sind) nachzuholen. Hierbei besteht aber die Gefahr, dass die vorgeschriebene Ruhezeit von elf Stunden, § 5 Abs. 1 ArbZG, bis zum nächsten Morgen nicht eingehalten werden kann. Die bereits angedeuteten

---

selbst dann nicht überprüfen, wenn er sich vom Home-Office aus über den PC in ein Arbeitszeitkonto einloggt. Vielmehr muss der Arbeitgeber darauf vertrauen, dass der Arbeitnehmer seine Arbeitsverpflichtung auch ohne Kontrolle erfüllt.“

469 *BMAS*, Monitor Mobiles und entgrenztes Arbeiten, 13, S. 22: „Und die untersuchten Gruppen arbeiten mehr und machen mehr Überstunden als Angestellte, die nie von zu Hause arbeiten.“; *Franzke*, ZEIT ONLINE, 20.7.2020, Ein paar Quadratmeter Wertschätzung.

470 Der Arbeitgeber ist „Hüter der Ruhepause“, HK-ArbZR/*Jerchel*, 2. Aufl. 2018, § 4 ArbZG Rn. 45 ff.; s. auch Buschmann/Ulber/*Buschmann*, ArbZR, 1. Aufl. 2019, § 4 ArbZG Rn. 22.

471 Als Pause gilt laut *Duden* die „kürzere Unterbrechung einer Tätigkeit, die der Erholung, Regenerierung o. Ä. dienen soll“, und zu dem Wort „ruhen“ findet sich im *Duden*, 28. Aufl., die Wortbedeutung: „irgendwo ruhig sitzen, liegen [und sich entspannen]; sich durch Nichtstun erholen“. S. auch *Baeck/Deutsch/Winzer*, ArbZG, 4. Aufl. 2020, § 4 Rn. 8.

472 BAG, Urt. v. 25.2.2015 – 5 AZR 886/12, NZA 2015, 494 Rn. 21; s. auch Urt. v. 16.12.2009 – 5 AZR 157/09, NZA 2010, 505 Rn. 10; Urt. v. 23.9.1992 – 4 AZR 562/91, NZA 1993, 752 (753); *Baeck/Deutsch/Winzer*, ArbZG, 4. Aufl. 2020, § 4 Rn. 9; ErfK/*Roloff*, 22. Aufl. 2022, § 4 ArbZG Rn. 2; HWK/*Gäntgen*, 10. Aufl. 2022, § 4 ArbZG Rn. 2.

Probleme der ständigen Erreichbarkeit für Belange des Arbeitgebers bestehen im Homeoffice natürlich ebenfalls und eventuell sogar noch intensiver, weil der Arbeitgeber nicht zwingend weiß, wann genau der Arbeitnehmer Pause oder Feierabend macht.

III. Ausblick

Welche Änderungen noch bevorstehen, bleibt nicht gänzlich wägbar, denn das ist abhängig von verschiedenen Faktoren, insbesondere der oben genannten Treiber und Trends der Arbeitswelt 4.0,[473] deren konkrete Entwicklung und Ausprägung für die nächsten Jahre und Jahrzehnte ebenfalls nur bedingt absehbar ist; das gilt insbesondere mit Blick auf technische Entwicklungen. Und auch signifikante, unvorhersehbare oder nur bedingt vorhersehbare Ereignisse können maßgeblich Einfluss auf die entscheidenden Aspekte und damit unmittelbar und mittelbar auf das Voranschreiten der Arbeitswelt nehmen. So hatte bspw. der Brexit im Februar 2020 u.a. Auswirkungen auf die Globalisierung.[474] Die Corona-Pandemie seit 2020 sowie der Angriffskrieg Russlands gegen die Ukraine im Jahr 2022 beeinflussen maßgeblich und heftig die (Welt-)Wirtschaft.[475] Diese und vergleichbare Ereignisse müssen nicht ausschließlich mit Rückschlägen für die Arbeitswelt 4.0 verbunden sein, sondern können sie auch beflügeln, wird doch bspw. mobiles Arbeiten bzw. Arbeiten im Homeoffice durch die Pandemie nun viel mehr als realistische und praktikable Alternative zum Büro wahrgenommen. Das zeigt aber jedenfalls auf, welche – kaum wägbaren – Eventualitäten bestehen, die eine genaue Einschätzung erschweren, die über Prognosen anhand der bereits vollzogenen Änderungen hinausgeht.

Insgesamt ist jedoch davon auszugehen, dass sich die Trends in bisheriger Form fortsetzen und die Praxis mitzieht und sich anpasst.[476] Weiterhin

---

473 Digitalisierung, Globalisierung, demografischer sowie kultureller und gesellschaftlicher Wandel, s. dazu Gliederungspunkt § 2 C) I. 2.

474 Z.B. *El-Erian*, Handelsblatt, 27.11.2018, Der Brexit zeigt die Krise der Globalisierung auf; *Ladurner*, ZEIT ONLINE, 31.1.2020, Sie brauchen einander.

475 Einen Überblick über Statistiken mit Bezug zu COVID 19 über die wirtschaftlichen Auswirkungen gibt es auf der Seite des Statistischen Bundeamts, abrufbar unter: https://www.destatis.de/DE/Themen/Querschnitt/Corona/Wirtschaft/kontextinformationen-wirtschaft.html, letzter Abruf: 17.9.2022; s. auch *Dany-Knedlik*, bpb, 18.5.2020, Corona-Krise: Welche Folgen hat die Pandemie für die Wirtschaft?; zum Ukrainekrieg: *Pfister*, DLF, 3.2.2022, Wirtschaftliche Auswirkungen in der ganzen Welt spürbar.

476 *Witschen*, Rahmenvorgaben und Flexibilisierungsspielräume im Arbeitszeitrecht, S. 26.

vorherrschen werden daher, mit und vorangetrieben bzw. ermöglicht durch die Digitalisierung, die Trends zur Flexibilisierung der Arbeitszeit sowie zu dezentralem Arbeiten.[477] Individuelle Bedürfnisse der Arbeitnehmer erhalten einen höheren Stellenwert, dem sich Arbeitgeber anpassen müssen, um den Bedarf an qualifizierten Mitarbeitern zu decken.[478] Ihre Arbeit wird sich weiter ändern; in der Industrie übernehmen Maschinen mehr Aufgaben, Arbeitsplätze entfallen oder werden umgelagert und einfache Arbeiten ins Ausland abgegeben. Somit werden alle dargestellten und weitere Entwicklungen, denkt man bspw. nur an das Potential von Künstlicher Intelligenz in den verschiedensten (Arbeits-) Bereichen,[479] in den nächsten Jahren und Jahrzehnten durch ihren Fortschritt die Arbeitswelt prägen.

IV. Reformbedarf

Es hat sich in rechtstatsächlicher Hinsicht viel getan in den letzten Jahren. Die Praxis ist mit ihrer Reaktion auf die Entwicklungen der Arbeitswelt 4.0 weiter als das Gesetz und vermag es, die neuen Gegebenheiten für effiziente Arbeit, neue Arbeitsformen und Optimierung von Abläufen etc. zu nutzen. Die herausgearbeiteten Probleme, die sich neben den unbestreitbaren Vorteilen aufgrund neuerer Entwicklungen stellen, zeigen, dass Anpassungserfordernisse im Arbeitszeitrecht bestehen, was weitestgehend unbestritten ist.[480] Die unterschiedlichen

---

477 Vgl. *BMAS*, Weißbuch Arbeiten 4.0, 74.

478 Ausf. *BMAS*, Weißbuch Arbeiten 4.0, 32 ff.; s. auch nochmal: *Henssler*, FS Moll, S. 233 (236 f.); *Steffan*, NZA 2015, 1409 (1411).

479 S. dazu *BMAS*, Künstliche Intelligenz soll Arbeit besser machen, Pressemitteilung, 3.3.2020, abrufbar unter: https://www.bmas.de/DE/Service/Presse/Pressemitteilungen/2020/eroeffnung-ki-observatorium.html, letzter Abruf: 17.9.2022; Hinweis auf das KI-Observatorium, das unter https://www.denkfabrik-bmas.de/projekte/ki-observatorium, letzter Abruf: 17.9.2022, zu finden ist; *ZEIT ONLINE*, 28.9.2020, Weniger Vorbehalte gegen Künstliche Intelligenz.

480 S. dazu z.B.: *Baeck/Winzer*, NZA 2020, 96 (98); *Bissels/Krings*, NJW 2016, 3418 (insb. 3420); *Bissels/Meyer-Michaelis*, DB 2015, 2331 (2334); *Günther/Böglmüller*, NZA 2015, 1025 (1031); *Henssler*, FS Moll, S. 233 (240): das ArbZG sei schon kurz nach seiner Verabschiedung veraltet gewesen; *Jacobs*, ZfA 2019, 265; *ders.*, NZA 2016, 733 (734); *Kolbe*, ZfA 2021, 216 ff.; *Link/Kern*, Arbeitswelt 4.0, S. 81 (91 ff.); *Oberthür*, MDR 2019, 1029, die das Urteil des EuGH zur Arbeitszeiterfassung zum Anlass nimmt, auch über weitergehende Änderungen des ArbZG nachzudenken; *Raif/Nann*, GWR 2016, 221 (223 f.); *Thüsing*, SZ, 27.10.2019, Im Job flexibel bleiben; a.A. *Falder*, NZA 2010, 1150 (1157); HK-ArbZR/*Schubert*, 2. Aufl. 2018, Einl. Rn. 25; s. auch *Schirmer/Isenmann*, NZA-Beil. 2019, 69 (71 f.) zum „Innovationstarifvertrag".

flexiblen Arbeitszeitmodelle bieten auch unterschiedliche Maße an Flexibilität und werfen unterschiedliche arbeitszeitrechtliche Fragen auf; welche genau, wird im Einzelfall zu erkennen sein. Entscheidend ist nämlich auch immer die jeweilige (arbeits-)vertragliche Ausgestaltung und tatsächliche Handhabe.

Das größte „Problem", wenn man so will, ist aber das ArbZG selbst. Der Gesetzgeber hatte vor nunmehr fast 30 Jahren eine andere Arbeit im Blick, als wir sie heutzutage in vielen Bereichen kennen: die begrenzte Arbeit, nicht die entgrenzte.[481] Um Sicherheit und Gesundheitsschutz der Arbeitnehmer bei der Arbeitszeitgestaltung zu gewährleisten und die Rahmenbedingungen für flexible Arbeitszeiten zu verbessern (§ 1 ArbZG), legt das ArbZG zunächst in § 3 fest, dass die werktägliche Arbeitszeit von acht Stunden nicht überschritten werden darf, außer wenn innerhalb von sechs Monaten im Durchschnitt acht Stunden werktäglich nicht überschritten werden, dann sind zehn Stunden erlaubt.[482] Neben den Ruhepausenregelungen (§ 4 ArbZG) schreibt das ArbZG eine lange Ruhezeit zwischen zwei Arbeitseinsätzen von mindestens elf Stunden vor, die nur in bestimmten Bereichen und durch Ausgleich innerhalb eines bestimmten Zeitraums um eine Stunde verkürzt werden darf, § 5 ArbZG. Die Probleme, die sich mit der ständigen Erreichbarkeit oder flexiblen Arbeitszeiten hierbei ergeben können, liegen auf der Hand und wurden genannt; wenn bspw. der Arbeitnehmer nachts noch von seinem Arbeitgeber kontaktiert wird und so die Ruhezeit neu beginnen muss. Abweichungen von den Vorschriften sind zunächst nach § 7 ArbZG möglich, wobei die Richtlinienkonformität dieser Regelung in verschiedener Hinsicht infrage steht.[483] Dass ein Verbot von Arbeit an Sonn- und Feiertagen, § 9 Abs. 1 ArbZG, Flexibilität eher unterbindet,

---

481 *Baeck/Winzer*, NZA 2020, 96 (98); *Henssler*, FS Moll, S. 233 (240); *Steffan*, NZA 2015, 1409 (1415); *Raif/Nann*, GWR 2016, 221 (223).

482 Die Europarechtskonformität dieser Regelung ist wegen ihres langen Ausgleichszeitraums allerdings fraglich: für eine Europarechtswidrigkeit: Buschmann/Ulber/*Buschmann*, ArbZR, 1. Aufl. 2019, § 3 ArbZG Rn. 22 ff.; HK-ArbZR/*Schubert*, 2. Aufl. 2018, Einl. Rn. 35, 40 und *Jerchel* § 3 ArbZG Rn. 30; Preis/Sagan/*Ulber, D.*, EuArbR, 2. Aufl. 2019, § 7 Rn. 7.173, 7.345; dagegen: *Baeck/Deutsch/Winzer*, ArbZG, 4. Aufl. 2020, § 3 Rn. 8; s. dazu Gliederungspunkt § 3 E) II. 2. a) bb).

483 Buschmann/Ulber/*Buschmann*, ArbZR, 1. Aufl. 2019, § 7 ArbZG Rn. 1 ff.; s. auch HK-ArbZR/*Schubert*, 2. Aufl. 2018, Einl. Rn. 35; Preis/Sagan/*Ulber, D.*, EuArbR, 2. Aufl. 2019, § 7 Rn. 7.291 ff., 7.345; „weitgehend" europarechtskonform: *Baeck/Deutsch/Winzer*, ArbZG, 4. Aufl. 2020, § 7 Rn. 16.; s. dazu zusammenfassend Gliederungspunkt § 3 B) II. 4.

ist ebenfalls offenkundig – daran ändert auch die Ausnahmereglung des § 10 ArbZG nichts.[484] Weitgehende Abweichungen erlaubt das ArbZG nach § 14 nur in Notfällen und außergewöhnlichen Fällen wie höherer Gewalt.[485] Mehr Flexibilisierungspotential, wenn auch möglicherweise in europarechtlicher Hinsicht (noch) problematisch, weil die ArbZRL nur bestimmte Vorgaben für ausnahmefähig hält,[486] hätte außerdem § 18 ArbZG, der für bestimmte Arbeitnehmergruppen das Gesetz für unanwendbar erklärt.

Kurz gesagt: Das ArbZG wollte die zu seiner Zeit „so gerade noch" typische, begrenzte Arbeit regeln. Es geht von der Erbringung der Arbeitsleistung in einem zusammenhängenden Zeitblock an einem bestimmten Ort (in der Regel das Büro/die Arbeitsstätte) aus. Für manche Berufsgruppen birgt es neben den oben genannten Grenzen sogar Widersprüche zum Berufsrecht und damit auch die Gefahr, bei der gewissenhaften Ausübung des Berufes gegen geltendes Recht (teilweise bußgeldbewährt) zu verstoßen.[487] Es besteht dringender Handlungsbedarf, denn dass das nicht zu aktuellen Entwicklungen und Flexibilitätsbestrebungen arbeitgeber- und arbeitnehmerseitig passt, liegt auf der Hand. Der Praxis sollte Raum zur Nutzung der „neuen" Möglichkeiten geboten und eine nicht gewünschte Fremdbestimmung des Arbeitnehmers durch das eher strenge Reglement beseitigt werden – andernfalls kann und wird das ArbZG dem eigentlichen Schutzzweck durchaus auch zuwiderlaufen.[488]

Dem Gesetzgeber steht damit die Herausforderung bevor, die Waage zwischen Flexibilität und Arbeitnehmerschutz zu halten. Die Spielräume, die er zur Reformierung hat, sollen daher in der Folge herausgearbeitet werden.

---

484 Dahinter steht aber auch eine verfassungsrechtliche Garantie, Art. 139 WRV i.V.m. Art. 140 GG, Baeck/Deutsch/Winzer, ArbZG, 4. Aufl. 2020, § 9 Rn. 3; Buschmann/Ulber/*Ulber, J.*, ArbZR, 1. Aufl. 2019, § 9 ArbZG Rn. 1 ff.; HK-ArbZR/*Herbert*, 2. Aufl. 2018, § 9 ArbZG Rn. 1; s. noch Gliederungspunkt § 3 D) II. 1. a).

485 *Baeck/Deutsch/Winzer*, ArbZG, 4. Aufl. 2020, § 14 Rn. 7 ff.; ErfK/*Roloff*, 22. Aufl. 2022, § 14 ArbZG Rn. 1 ff.; HK-ArbZR/*Hahn/Käckenmeister*, 2. Aufl. 2018, § 14 ArbZG Rn. 4 f., jeweils mit Bsp. und m.w.N.

486 HK-ArbZR/*Schubert*, 2. Aufl. 2018, Einl. Rn. 35; Preis/Sagan/*Ulber, D.*, EuArbR, 2. Aufl. 2019, § 7 Rn. 7.230.

487 *Thüsing/Rombey/Schippers*, NZA 2020, 480 (481 f.); *Willemsen/Oberthür*, NJW 2020, 1761 ff.; vgl. auch *Henssler/Lunk*, NZA 2016, 1425.

488 Vgl. *Thüsing*, SZ, 27.10.2019, Im Job flexibel bleiben.

D) Summa: Die Grundsteine sind gelegt

Die Grundsteine der Arbeit sind hiermit gelegt. Die historische Entwicklung des Arbeitszeitrechts auf nationaler und europäischer Ebene verdeutlicht seinen Schwerpunkt im Arbeitnehmerschutz, der eine gewisse Flexibilisierung nicht ausschließt, sondern, wo notwendig, ermöglicht. Das ist auch vor dem Hintergrund der geänderten Arbeitsbedingungen in der Arbeitswelt 4.0 belegt. Zur Auslegung der ArbZRL sind ihre Grundlagen nun bekannt. Dazu gehören sowohl ihre Verankerung im Primärrecht und den europäischen Grundrechten als auch ihr Anwendungsbereich. Letztlich verdeutlichen die dargestellten Entwicklungen im Rahmen der Arbeitswelt 4.0 den Reformbedarf im Arbeitszeitrecht.

§ 3 Die Vorgaben und Möglichkeiten der ArbZRL und ihre nationale Umsetzung

Um die Freiräume der Richtlinie herauszuarbeiten und Problemlösungen näher zu kommen, soll es nun um die Kernelemente des Arbeitszeitrechts gehen. Hierbei ist es geboten, diese aus verschiedenen Perspektiven zu beleuchten, indem neben der europäischen Vorgabe der ArbZRL und der deutschen Umsetzung im ArbZG auch die Regelungen anderer europäischer Mitgliedstaaten herangezogen und verglichen werden, um etwaige Freiräume im Vergleich herauszuarbeiten. Denn die in den Mitgliedstaaten bestehenden Regelungen, die teilweise bereits seit vielen Jahren gelten und die Arbeitszeit in den Mitgliedstaaten bestimmen, verdeutlichen, welche Möglichkeiten zur Umsetzung der Richtlinie bestehen, also welche alternativen Gestaltungsoptionen es auf ihrer Grundlage gibt.

Zentraler Anknüpfungspunkt für die Richtlinie ist der Begriff der Arbeitszeit (A)), der europarechtlich autonom auszulegen ist und durch die Rechtsprechung des EuGH ausgeformt wurde. Wie auch bei den folgenden Punkten wird nach Darstellung der europäischen Vorgaben zunächst ein Blick auf die deutsche Umsetzung geworfen, bevor die der anderen Mitgliedstaaten betrachtet wird. Anschließend werden der Struktur der Richtlinie entsprechend die Regelungen zur täglichen Ruhezeit (B)) und danach zur Ruhepause (C)) fokussiert. Folgend geht es außerdem um die wöchentliche Ruhezeit (D)). Relevant mit Blick auf mögliche Änderungen sind außerdem die Vorgaben zur Höchstarbeitszeit (E)), hinsichtlich derer sich Gestaltungsspielraum in verschiedener Hinsicht ergeben kann. Inhaltlich soll es zuletzt um die Abweichungsmöglichkeiten für autonome Arbeitnehmer nach Art. 17 Abs. 1 ArbZRL gehen (F)). Abschließend folgt ein kurzes Fazit (G)), die Ergebnissicherung sei dem Abschlusskapitel § 4 vorbehalten.

A) Der Arbeitszeitbegriff

Einer der wichtigsten und zentralen Begriffe in der vorliegenden Arbeit ist der Arbeitszeitbegriff. Um die relevanten Fragen und Schwerpunkte zu erarbeiten, bedarf es deshalb der Darstellung und Kenntnis dieses Begriffs. Diesbezüglich macht die ArbZRL Vorgaben, die durch den EuGH weiter ausgestaltet wurden. Daher soll es auch zur Begriffsbestimmung hier nun zunächst um die europäische Grundlage (I.) gehen, um den Grundstein für folgende Betrachtungen zu legen. Die deutsche Umsetzung (II.) und die verschiedenen Regelungstypen, wenn man so will, in den Umsetzungen einiger Mitgliedstaaten (III.) werden mit vergleichendem Blick hierauf begutachtet. Denn – auch wenn der Begriff europarechtlich fest vorgegeben ist – die Betrachtung im deutschen Recht ist als Basis für weitere Überlegungen erforderlich und der Vergleich mit anderen Mitgliedstaaten dient ebenso dem Verständnis der mitgliedstaatlichen Regelungen. Zur Erläuterung des Arbeitszeitbegriffs gehört auch ein Überblick über verschiedene Fallgruppen, die weder in der ArbZRL noch im nationalen deutschen Recht eine Einordnung erfahren haben (IV.) Vielfach angestoßen werden Notwendigkeit und Möglichkeit einer Reformierung des Arbeitszeitbegriffs, die hier auch betrachtet werden sollen (V.).

I. Der Arbeitszeitbegriff der Richtlinie

Die ArbZRL enthält nur einen arbeitsschutzrechtlichen Begriff der Arbeitszeit, während das deutsche Recht daneben insbesondere noch den vergütungsrechtlichen und nach Auffassung des BAG auch den betriebsverfassungsrechtlichen Arbeitszeitbegriff kennt.[489] Somit ist vorliegend die Definition des europäischen Arbeitszeitbegriffs nach der ArbZRL, ein autonomer Begriff des Unionsrechts (1.), zu betrachten (2.). Vielfach werden die Begriffsbestimmung der ArbZRL und ihre Ausformung durch den EuGH aber auch kritisch gesehen (3.).

1. Arbeitszeit als autonomer Begriff des Unionsrechts

Der EuGH hat herausgestellt, dass es sich bei den Begriffen der Arbeits- und Ruhezeit, die der ArbZRL zugrunde liegen, um autonome Begriffe des Unionsrechts handelt.[490] Ein für die Regelungen der ArbZRL so wesentlicher Begriff wie der Arbeitszeitbegriff wird nicht der Bestimmung durch das nationale Recht überlassen, denn so läge es in der Hand der Mitgliedstaaten, festzulegen, auf welche Fälle die Schutzmechanismen des arbeitszeitrechtlicher Reglements Anwendung finden und auf welche nicht, was Zweck und Wirksamkeit der Richtlinie entgegenlaufen würde.[491] Hier gilt also das Gleiche wie beim Arbeitnehmerbegriff, der für die

489 *Greif*, EuZA 2016, 337 (346 f.) zur entspr. BAG-Rspr.; *Wank*, RdA 2014, 285 (286) m.w.N.; ErfK/*Roloff*, 22. Aufl. 2022, § 2 ArbZG Rn. 8 ff.

490 S. nur EuGH, Urt. v. 21.2.2018, C-518/15 – *Matzak*, NZA 2018, 293 Rn. 34; v. 10.9.2015 – C-266/14 – *Tyco*, NZA 2015, 1177 Rn. 27 f.; Beschl. v. 4.3.2011 – C-258/10 – *Grigore*, BeckRS 2011, 80562 Rn. 45 (frz.). S. auch *Europäische Kommission*, Mitteilung 2017/C 165, S. 16 m.w.N.; s. auch *Krimphove*, ArbRAktuell 2019, 27 (30).

491 EuGH, Urt. v. 21.2.2018 – C-518/15 – *Matzak*, NZA 2018, 293 Rn. 45; v. 1.12.2005 – C-14/04 – *Dellas*, NZA 2006, 89 Rn. 44 f.; v. 9.9.2003 – C-151/02 – *Jaeger*, NZA 2003,

Anwendbarkeit der Richtlinienbestimmungen maßgeblich ist.[492] Der Verweis auf die nationalen Gepflogenheiten in Art. 2 Nr. 1 ArbZRL hat insofern keine Bedeutung hinsichtlich einer Regelungskompetenz auf nationaler Ebene.[493]

Weiter weist der EuGH zur Begründung seiner Auffassung darauf hin, dass Art. 17 Abs. 1, 3 ArbZRL, der unter bestimmten Voraussetzungen Abweichungen von einigen Regeln der ArbZRL ermöglicht, gerade nicht Art. 2 ArbZRL umfasse.[494] Auch sei eine extensive Auslegung dieser Ausnahmevorschrift dahingehend abzulehnen, Ausnahmen von Art. 2 ArbZRL zu erlauben.[495] Ob man dies wie Generalanwältin *Sharpston* damit begründen mag, dass Ausnahmevorschriften immer eng auszulegen seien, sei zunächst dahingestellt (vgl. Gliederungspunkt § 3 B) I. 3. c) cc) (1)); jedenfalls würde eine solche Auslegung dem ausdrücklichen Wortlaut der Norm und dem damit geäußerten Willen des Richtliniengebers, der sich bewusst auf dort genannte Vorgaben beschränkt hat, zuwiderlaufen.

Bezeichnend ist in diesem Zusammenhang aber auch, dass der EuGH eine Anwendbarkeit der Öffnungsklausel des Art. 15 ArbZRL, welche den Mitgliedstaaten grundsätzlich zur Sicherheit und zum Gesundheitsschutz der Arbeitnehmer die Festlegung günstigerer Vorschriften gestattet, auf Artt. 1, 2 ArbZRL aufgrund seines Wortlauts ablehnt.[496] Denn danach sei es notwendig, dass die Vorschriften, von denen mittels Art. 15 ArbZRL abgewichen werden soll, dazu dienten, Mindestvorgaben für den Arbeitnehmerschutz festzulegen, was mit den Begriffsbestimmungen der Richtlinie aber gerade nicht erfüllt sei.[497]

1019 Rn. 58 (zu RL 93/104/EG); Preis/Sagan/*Ulber, D.*, EuArbR, 2. Aufl. 2019, § 7 Rn. 7.99.

492 Vgl. *Krimphove*, ArbRAktuell 2018, 137 (138); s. dazu Gliederungspunkt § 2 B) III. 2. a).

493 *Thüsing/Flink/Jänsch*, SR 2021, 45 (48) unter Verweis auf eine Entscheidung des EuGH im Kontext der Leiharbeit, s. EuGH, Urt. v. 17.11.2016 – C-216/15 – *Ruhrlandklink*, NZA 2017, 41 Rn. 30 ff.; Buschmann/Ulber/*Buschmann/Ulber, J.*, ArbZR, 1. Aufl. 2019, Anh. – EU RL 2003/887EG Fn. 90 Ziff. 4); Preis/Sagan/*Ulber, D.*, EuArbR, 2. Aufl. 2019, § 7 Rn. 7.99.

494 EuGH, Urt. v. 21.2.2018 – C-518/15 – *Matzak*, NZA 2018, 293 Rn. 35 f.; vgl. auch Urt. v. 9.9.2003 – CC-151/02 – *Jaeger*, NZA 2003, 1019 Rn. 81.

495 EuGH, Urt. v. 21.2.2018 – C-518/15 – *Matzak*, NZA 2018, 293 Rn. 37, unter Verweis auf GA *Sharpston*, SchlAnt. v. 26.7.2017 – C-518/15 – *Matzak*, BeckRS 2017, 118649 Rn. 27.

496 EuGH, Urt. v. 21.2.2018 – C-518/15 – *Matzak*, NZA 2018, 293 Rn. 42 ff.; s. auch Preis/Sagan/*Ulber, D.*, EuArbR, 2. Aufl. 2019, § 7 Rn. 7.99.

497 EuGH, Urt. v. 21.2.2018 – C-518/15 – *Matzak*, NZA 2018, 293 Rn. 43. Diese Überlegung und die Trennung der Begriffsbestimmung von den Standards der

Diese Erwägungen gelten für alle in Art. 2 ArbZRL definierten Begriffe,[498] entsprechende Umsetzungsvorschriften sind also im Zweifel europarechtskonform auszulegen.

2. *Definition der Arbeitszeit in der ArbZRL*

Die ArbZRL bestimmt in ihrem Art. 2 Nr. 1, dass Arbeitszeit

> „jede Zeitspanne [ist], während der ein Arbeitnehmer gemäß den einzelstaatlichen Rechtsvorschriften und/oder Gepflogenheiten arbeitet, dem Arbeitgeber zur Verfügung steht und seine Tätigkeit ausübt oder Aufgaben wahrnimmt".

a) Die einzelnen Merkmale der Definition

Die Definition der Arbeitszeit besteht, so ihr Wortlaut, aus drei Merkmalen: erstens der Arbeitnehmer arbeitet, zweitens er steht dem Arbeitgeber zur Verfügung und drittens er übt seine Tätigkeit aus oder nimmt Aufgaben wahr. Die Ergänzung „gemäß den einzelstaatlichen Rechtsvorschriften und/oder Gepflogenheiten" hat, wie oben bereits dargelegt, wegen der Eigenständigkeit des Arbeitszeitbegriffs nicht die Bedeutung eines dynamischen Verweises in das nationale Recht und auf dortige arbeitszeitrechtliche Bestimmungen.[499]

Das erste Kriterium, dass der Arbeitnehmer arbeitet, wirkt redundant, sagt es doch beim bloßen Lesen nicht viel aus. Zum Verständnis lohnt sich mithin ein Blick in weitere Sprachfassungen der ArbZRL. Denn entsprechend der verschiedenen Amtssprachen in der Europäischen Union gibt es auch unterschiedliche Sprachfassungen (vgl. auch Art. 55 Abs. 1 EUV) der Richtlinien, die allerdings alle gleichermaßen verbindlich sind.[500] Das führt einerseits dazu, dass ein Vergleich zwischen den verschiedenen Fassungen erforderlich sein kann,[501]

Arbeitszeitgestaltung wird aber als zu förmlich und nicht zweckmäßig kritisiert, *Krimphove*, ArbRAktuell 2018, 137 (138 f.).

498 Vgl. EuGH, Urt. v. 1.12.2005 – C-14/04 – *Dellas*, NZA 2006, 89 Rn. 45; s. auch *Baeck/Deutsch/Winzer*, ArbZG, 4. Aufl. 2020, § 2 Rn. 3.

499 *Hanau, H.*, EuZA 2019, 423 (426); Preis/Sagan/*Ulber, D.*, EuArbR, 2. Aufl. 2019, § 7 Rn. 7.99. Vgl. auch *Franzen*, ZESAR 2015, 407 (410).

500 S. dazu: Calliess/Ruffert/*Wegener*, EU/AEUV, 6. Aufl. 2022, Art. 28 EUV Rn. 13; Franzen/Gallner/Oetker/*Höpfner*, EuArbR, 4. Aufl. 2022, Art. 288 AEUV Rn. 6; Preis/Sagan/*Sagan*, EuArbR, 2. Aufl. 2019, § 1 Rn. 1.86 f.; Riesenhuber/*Riesenhuber*, Methodenlehre, 4. Aufl. 2021, § 10 Rn. 14; *Thüsing*, EuArbR, 3. Aufl. 2017, § 1 Rn. 55.

501 St. Rspr., s. nur EuGH, Urt. v. 10.9.2009 – C-199/08 – *Eschig*, EuZW 2009, 732 Rn. 54; v. 17.6.1998 – C-321/96 – *Mecklenburg*, NVwZ 1998, 945 Rn. 29; v. 2.4.1998 – C-296/95 – *EMU Tabac u.a.*, BeckRS 2004, 76104 Rn. 36.

andererseits aber auch, dass dem Wortlautargument bzw. der Wortlautauslegung im Gesamten weniger Gewicht zukommt.[502] Die Sprachfassungen können auch voneinander abweichen, in welchem Fall nicht die am weitesten verbreitete Version maßgeblich ist, sondern nach Rechtsprechung des EuGH eine Auslegung nach der allgemeinen Systematik sowie Zweck der Regelung erforderlich ist, also die anderen Auslegungsmethoden auf jeden Fall mit herangezogen werden müssen.[503]

Während nun also die englische Variante ähnlich geringe Aussagekraft hat wie die deutsche, „the worker is working",[504] lautet in der französischen Sprachfassung der entsprechende Teil des Art. 2 Nr. 1 ArbZRL: „le travailleur est au travail", was die Anwesenheit des Arbeitnehmers an einem Arbeitsort, „bei der Arbeit", in den Vordergrund rückt.[505] Dieses Verständnis des Merkmals unterstützen auch die spanische, „el trabajador permanezca en el trabajo", sowie die italienische Version, „il lavoratore sia al lavoro". Dies lässt den Schluss zu, dass das erste Kriterium des europäischen Arbeitszeitbegriffs räumliche Aspekte betrifft.[506] Der Arbeitnehmer muss sich also an einem vom Arbeitgeber bestimmten Ort aufhalten, der jedoch nicht der Arbeitsplatz sein muss.[507] Jede andere Auslegung wäre spätestens in Zeiten zeitlicher und räumlicher Entgrenzung der Arbeit auch nicht nachvollziehbar.[508] So sind wohl alle Orte umfasst, an denen der Arbeitnehmer seine arbeitsvertraglich geschuldete Tätigkeit ausübt.[509]

Die zweite Voraussetzung umfasst, dass der Arbeitnehmer dem Arbeitgeber zur Verfügung stehen muss. Hierfür ist maßgebend, dass er bereit ist, umgehend

---

502 Calliess/Ruffert/*Wegener*, EU/AEUV, 6. Aufl. 2022, Art. 23 EUV Rn. 13; Preis/Sagan/*Sagan*, EuArbR, 2. Aufl. 2019, § 1 Rn. 1.87; *Thüsing*, EuArbR, 3. Aufl. 2017, § 1 Rn. 55.

503 S. nur EuGH, Urt. v. 15.4.2010 – C-511/08 – *Heinrich Heine*, NJW 2010, 1941 Rn. 51; v. 9.10.2008 – C-239/07 – *Sabatauskas u.a.* EuZW 2009 Rn. 39; v. 4.10.2007 – C-457/05 – *Schutzverband der Spirituosen-Industrie e.V.*, EuZW 2007, 730 Rn. 18. Vgl. auch: Calliess/Ruffert/*Wegener*, EUV/AEUV, 6. Aufl. 2022, Art. 19 EUV Rn. 28; Preis/Sagan/*Sagan*, EuArbR, 2. Aufl. 2019, § 1 Rn. 1.85; Riesenhuber/*Riesenhuber*, Methodenlehre, 4. Aufl. 2021, § 10 Rn. 15.

504 S. auch *Franzen*, ZESAR 2015, 407 (410).

505 Vgl. Buschmann/Ulber/*Buschmann/Ulber, J.*, ArbZR, 1. Aufl. 2019, Anh. – EU RL 2003/88/EG Fn. 90 Ziff. 2).

506 GA *Bot*, SchlAnt. v. 11.6.2015 – C-266/14 – *Tyco*, BeckRS 2015, 81133 Rn. 31, 48; *Europäische Kommission*, Mitteilung 2017/C 165, S. 16; *Hanau, H.*, EuZA 2019, 423 (427).

507 *Europäische Kommission*, Mitteilung 2017/C 165, S. 17.

508 Vgl. auch *Hanau, H.*, EuZA 2019, 423 (427), der deutlich macht, dass die Definition zu Entgrenzung und Entbetrieblichung nicht passt.

509 S. *Greif*, EuZA 2016, 337 (342).

seine Leistung für den Arbeitgeber zu erbringen.[510] Der Arbeitnehmer ist demnach während der betreffenden Zeitspanne rechtlich verpflichtet, Anweisungen des Arbeitgebers zu befolgen, kann seine Zeit nicht selbst einteilen oder seinen eigenen Interessen nachgehen.[511] Das Kriterium ist somit scheinbar auf die Weisungsbefugnis des Arbeitgebers ausgerichtet. Es gehört aber daneben auch hier eine räumliche Komponente dazu, denn laut EuGH ist es dafür, dass der Arbeitnehmer dem Arbeitgeber zur Verfügung steht, mit entscheidend, „dass der Arbeitnehmer verpflichtet ist, sich an einem vom Arbeitgeber bestimmten Ort aufzuhalten".[512]

Schließlich beinhaltet die Definition noch das Merkmal, der Arbeitnehmer habe seine Tätigkeit auszuüben oder Aufgaben wahrzunehmen. Auf die Intensität einer ausgeübten Tätigkeit oder Unterbrechungen derselben kommt es wegen des Arbeitnehmerschutzziels der ArbZRL hierbei nicht an.[513]

b) Kumulatives Vorliegen erforderlich?

Unterschiedlich beurteilt wird die Frage, ob die drei Kriterien des europäischen Arbeitszeitbegriffs kumulativ vorliegen müssen. Die Europäische Kommission bejaht dies in ihrer Mitteilung zu Auslegungsfragen, bezugnehmend auf die Rechtsprechung des EuGH.[514] Eine weitergehende Begründung dieser Annahme fehlt und erschließt sich im Grunde allein daraus, dass der EuGH

---

510 S. nur EuGH, Urt. v. 21.2.2018 – C-518/15 – *Matzak*, NZA 2018, 293 Rn. 59; v. 10.9.2015 – C-266/14 – *Tyco*, NZA 2015, 1177 Rn. 35; v. 1.12.2005 – C-14/04 – *Dellas*, NZA 2006, 89 Rn. 48.

511 Sähe es anders aus, könne das zumindest als Anhaltspunkt gegen die Annahme von Arbeitszeit gelten, vgl. EuGH, Urt. v. 10.9.2015 – C-266/14 – *Tyco*, NZA 2015, 1177 Rn. 36 f.; v. 3.10.2000 – C-303/98 – *SIMAP*, NZA 2000, 1227 Rn. 50; *Europäische Kommission*, Mitteilung 2017/C 165, S. 17; Franzen/Gallner/Oetker/*Gallner*, EuArbR, 4. Aufl. 2022, Art. 2 RL 2003/88/EG Rn. 4.

512 S. nur EuGH, Urt. v. 10.9.2015 – C-266/14 – *Tyco*, NZA 2015, 1177 Rn. 35; Beschl. v. 11.1.2007 – C-437/05 – *Vorel*, BeckRS 2007, 146402 Rn. 28; Urt. v. 1.12.2005 – C-14/04 – *Dellas*, NZA 2006, 89 Rn. 48; *Hanau, H.*, EuZA 2019, 423 (427); Franzen/Gallner/Oetker/*Gallner*, EuArbR, 4. Aufl. 2022, Art. 2 RL 2003/88/EG Rn. 4.

513 EuGH, Urt. v. 21.2.2018 – C.518/15 – *Matzak*, NZA 2018, 293 Rn. 57; v. 1.12.2005 – C-14/04 – *Dellas*, NZA 2006, 89 Rn. 58; v. 3.10.2000 – C-303/98 – *SIMAP*, NZA 2000, 1227 Rn. 48.

514 *Europäische Kommission*, Mitteilung 2017/C 165, S. 16; s. EuGH, Urt. v. 10.9.2015 – C-266/14 – *Tyco*, NZA 2015, 1177 Rn. 30 ff. So sieht es wohl auch GA *Sharpston*, SchlAnt. v. 26.7.2017 – C-518/15 – *Matzak*, BeckRS 2017, 118649 Rn. 51.

die Kriterien in seiner Rechtsprechung alle drei einzeln untersucht.[515] Mit der Frage des kumulativen Vorliegens der Kriterien beschäftigt sich der EuGH dabei allerdings nicht.[516] Gestützt wird die Auffassung der Europäischen Kommission durch den Wortlaut des Art. 2 Nr. 1 ArbZRL. In der deutschen Sprachfassung liegt ein kumulatives Verständnis aufgrund der Verknüpfung der drei Merkmale durch ein „und" und wegen fehlender trennender Konjunktionen nahe.[517] Vergleichbares kann man aus der französischen („le travailleur est au travail, à la disposition de l'employeur et dans l'exercice de son activité ou de ses fonctions") sowie der englischen („the worker is working, at the employer's disposal and carrying out his activity or duties") Variante schlussfolgern. Allerdings enthalten andere Sprachfassungen wiederum teilweise weniger Kriterien, so die dänische, und/oder deuten wie die portugiesische Variante Alternativität an.[518] Der Wortlaut der Richtlinie ist somit auch beim Vergleich mit den Versionen in anderen Sprachen in Bezug auf die gegebene Problematik nicht sonderlich ergiebig.[519]

Generalanwalt *Saggio* argumentierte in seinen Schlussanträgen zu der Rechtssache *SIMAP* gegen das Erfordernis des kumulativen Vorliegens der Merkmale zunächst damit, dass die Begriffe „zur Verfügung stehen" sowie „Tätigkeit ausüben und Aufgaben wahrnehmen" entgegengesetzt seien, da sie gleichzeitig nicht erfüllt sein könnten;[520] entweder der Arbeitnehmer stehe zur Verfügung oder er übe Tätigkeiten aus bzw. nehme Aufgaben wahr. Weil schon bei Fehlen nur eines der Kriterien nach einem Verständnis, das ein kumulatives Vorliegen der Kriterien voraussetzt, keine Arbeitszeit mehr vorliegen könne, laufe die Notwendigkeit, dass alle drei Kriterien erfüllt sein müssen, nach Auffassung des Generalanwalts außerdem den Zielen der Richtlinie entgegen – der Gesundheitsschutz könne dann bei einer Einordnung einer Zeitspanne, in der bspw. nur zwei der drei Kriterien genügt wird, als Ruhezeit nicht mehr gewährleistet

515 Vgl. zur Entwicklung in der Rspr. des EuGH *Witschen*, Rahmenvorgaben und Flexibilisierungsspielräume im Arbeitszeitrecht, S. 52 ff.

516 Preis/Sagan/*Ulber, D.*, EuArbR, 2. Aufl. 2019, § 7 Rn. 7.106.

517 GA *Saggio*, SchlAnt. v. 16.12.1999 – C-303/98 – SIMAP, Rspr.-Sammlung 2000 I-07963, Rn. 34; s. auch *Witschen*, Rahmenvorgaben und Flexibilisierungsspielräume im Arbeitszeitrecht, S. 52.

518 *Franzen*, ZESAR 2015, 407 (410).

519 So auch *Witschen*, Rahmenvorgaben und Flexibilisierungsspielräume im Arbeitszeitrecht, S. 52.

520 GA *Saggio*, SchlAnt. v. 16.12.1999 – C-303/98 – *SIMAP*, Rspr.-Sammlung 2000 I-07963, Rn. 34.

werden.[521] Eine andere Bewertung könne, so ergänzt *Buschmann*, dazu führen, dass der zweite Halbsatz keine eigenständige Bedeutung mehr habe.[522]

Die Sorgen des Generalanwalts, die bei einer klaren inhaltlichen Unterscheidung der drei Merkmale sicherlich begründet wären, können letztlich ausgeräumt werden, weil der EuGH in seiner Rechtsprechungspraxis die Begriffe weit versteht, großzügig auslegt und ineinander übergehen lässt.[523] Eine trennscharfe Abgrenzung fehlt, die Ausführungen des EuGH sind entsprechend tautologisch.[524] Da sich das erste und das dritte Merkmal nicht gänzlich voneinander trennen lassen, liegt der Schwerpunkt der Feststellung, ob Arbeitszeit gegeben ist, sowieso auf dem weisungsbezogenen zweiten Kriterium.[525]

Im Ergebnis kann man folglich aufgrund dieser Tatsachen annehmen, dass es auf die Frage des kumulativen Vorliegens nicht entscheidend ankommt, wenn auch die Argumentation des Generalanwalts an sich zu überzeugen mag. Liegt jedenfalls das zweite Kriterium des Arbeitszeitbegriffs vor, sind die anderen in der Regel auch erfüllt.[526]

3. *Kritik am europäischen Arbeitszeitbegriff*

Wie bereits aus den vorgehenden Erläuterungen erkennbar, ist der Arbeitszeitbegriff der Richtlinie kritisch zu sehen, wirkt er doch „selbstreferenziell und redundant“[527] und sagt insgesamt wenig aus. Denn die einzelnen Merkmale sind nicht trennscharf abgrenzbar und die Erforderlichkeit ihres kumulativen Vorliegens, die die Europäische Kommission auf Grundlage der EuGH-Rechtsprechung annimmt, nicht unbedingt nachzuvollziehen. Auch wegen der Unterschiede der verschiedenen Sprachfassungen, die das Verständnis und die Anwendung

---

521 GA *Saggio*, SchlAnt. v. 16.12.1999 – C-303/98 – *SIMAP*, Rspr.-Sammlung 2000 I-07963, Rn. 34. Der Ansicht des GAs folgen Buschmann/Ulber/*Buschmann/Ulber, J.*, ArbZR, 1. Aufl. 2019, Anh. – EU RL 2003/88/EG Fn. 90 Ziff. 2).

522 *Buschmann*, FS Düwell, S. 34 (46); Buschmann/Ulber/*Buschmann*, ArbZR, 1. Aufl. 2019, § 2 ArbZG Rn. 12; so auch HK-ArbZR/*Spengler*, 2. Aufl. 2018, § 2 ArbZG Rn. 2.

523 *Greif*, EuZA 2016, 337 (340); *Krause*, NZA-Beil. 2019, 86 (88 f.); Preis/Sagan/*Ulber, D.*, EuArbR, 2. Aufl. 2019, § 7 Rn. 7.106.

524 *Greif*, EuZA 2016, 337 (342 f.); *Franzen*, ZESAR 2015, 407 (410); *Witschen*, Rahmenvorgaben und Flexibilisierungsspielräume im Arbeitszeitrecht, S. 53 f.

525 *Witschen*, Rahmenvorgaben und Flexibilisierungsspielräume im Arbeitszeitrecht, S. 51 f.; Preis/Sagan/*Ulber, D.*, EuArbR, 2. Aufl. 2019, § 7 Rn. 7.106; vgl. auch *Greif*, EuZA 2016, 337 (342 f.).

526 *Witschen*, Rahmenvorgaben und Flexibilisierungsspielräume im Arbeitszeitrecht, S. 54.

527 *Hanau, H.*, EuZA 2019, 423 (426).

des Begriffs erschweren, wird er als misslungen bezeichnet.[528] Problematisch ist außerdem, dass es nach der ArbZRL entweder Arbeits- oder Ruhezeit gibt[529] und Zwischenformen, die aber üblicherweise in allen Mitgliedstaaten vorkommen, keine gesonderten Kategorien erhalten.[530] Diese Kritik wird teilweise auch durch eine andere Auslegung des Arbeitszeitbegriffs gestützt. So wird angeführt, dass es zwar durchaus richtig sei, dass Arbeits- und Ruhezeit nicht gleichzeitig vorliegen könnten, allerdings würden weder der Wortlaut noch die Systematik der Richtlinie die Vorgabe machen, dass immer eine der beiden Optionen gegeben sein müsse.[531]

Trotz seiner Unförmigkeit und der berechtigten Kritik an dem Arbeitszeitbegriff der Richtlinie bleibt aber stehen, dass er den Umsetzungsakten der Mitgliedstaaten zugrunde liegen muss. Das gilt insbesondere dann, wenn man nach europarechtlichen Freiräumen der Arbeitszeitgestaltung für das nationale Recht sucht. Eine differenziertere Ausarbeitung oder Auslegung des Begriffs können die Mitgliedstaaten mithin nicht vornehmen, denn eine solche obliegt den Organen der EU.

II. Deutsche Begriffsbestimmung, § 2 Abs. 1 ArbZG

Im deutschen Recht gibt es mehr als eine Bedeutung des Begriffs der Arbeitszeit, er ist nicht nur arbeitsschutzrechtlich zu verstehen, sondern insbesondere auch vergütungsrechtlich.[532] Diese beiden Arbeitszeitbegriffe sind jedoch strikt zu trennen und nicht notwendigerweise deckungsgleich, was durch ihre verschiedenen Schutzzwecke belegt wird. Der arbeitsschutzrechtliche Arbeitszeitbegriff

---

528 *Franzen*, ZESAR 2015, 407 (410).

529 St. Rspr., s. nur EuGH, Urt. v. 21.2.2018 – C-518/15 – *Matzak*, NZA 2018, 293 Rn. 55; v. 23.12.2015, C-180/14 – *Kommission/Griechenland*, BeckRS 2016, 80037 Rn. 35 (frz.); v. 3.10.2000 – C-303/98 – *SIMAP*, NZA 2000, 1227 Rn. 47; *Hanau, H.*, EuZA 2019, 423 (426); *Krause*, NZA-Beil. 2019, 86 (88); *Baeck/Deutsch/Winzer*, ArbZG, 4. Aufl. 2020, § 2 Rn. 3; BeckOK ArbR/*Kock*, 64. Ed. 2022, § 2 ArbZG Rn. 1; Preis/Sagan/*Ulber, D.*, EuArbR, 2. Aufl. 2019, § 7 Rn. 7.97.

530 *Franzen*, ZESAR 2015, 407 (410 f.): z.B. Bereitschaftsdienst und Rufbereitschaft; *Kolbe*, ZfA 2021, 216 (220 f.); *Sagan*, NJW 2018, 1073 (1076); *Wank*, RdA 2014, 285 bezeichnet dies als „grobschlächtig"; s. auch GA *Sharpston*, SchlAnt. v. 26.7.2017 – C-518/15 – *Matzak*, BeckRS 2017, 118649 Rn. 49.

531 *Rebhahn*, EuZA 2013, 297; auch klarstellend, dass Freizeit nicht gleich Ruhezeit sei, allerdings zum deutschen Recht: *Wank*, RdA 2014, 285 (286 f.).

532 *Wank*, RdA 2014, 285 (286); BeckOK ArbR/*Kock*, 64. Ed. 2022, § 2 ArbZG Rn. 2; Erbs/Kohlhaas/*Häberle*, StrafR NebenG, 240. EL 2022, § 2 ArbZG Rn. 2.

dient dem Gesundheitsschutz der Arbeitnehmer und zwar unabhängig von dem dafür gezahlten Entgelt; bei dem vergütungsrechtlichen Begriff geht es letztlich nur darum, ob und wie viel Entgelt der Arbeitnehmer für welche Tätigkeit erhält.[533] Daraus folgt, dass bei einer Zeitspanne, die arbeitsschutzrechtlich als Arbeitszeit qualifiziert wird, nicht zwingend eine Vergütungspflicht besteht, und umgekehrt, wenn die Zeitspanne keine Arbeitszeit ist, trotzdem eine Vergütungspflicht gegeben sein kann.[534] Europäisch durch die Richtlinie determiniert ist aber nur Arbeitszeit in arbeitsschutzrechtlicher Hinsicht,[535] die das ArbZG bestimmt. Das ArbZG ist zwingendes Recht.[536] Nur um Arbeitszeit in diesem arbeitsschutzrechtlichen Sinne soll es daher folgend gehen.

1. Arbeitszeitbegriff

Niedergelegt ist der deutsche Arbeitszeitbegriff in § 2 Abs. 1 S. 1 HS. 1 ArbZG, der besagt, dass Arbeitszeit „die Zeit vom Beginn bis zum Ende der Arbeit ohne die Ruhepausen" ist, und entspricht damit im Wortlaut der Definition des § 2 Abs. 1 AZO.[537] Eine Begriffsbestimmung der „Arbeit" hingegen gibt es im Gesetz nicht, hierunter ist jedoch nach Rechtsprechung des BAG jede Tätigkeit zu verstehen, die der Befriedigung eines fremden Bedürfnisses dient.[538] Dazu gehören insbesondere auch Zeiten, in denen der Arbeitnehmer dem Arbeitgeber (nur) zur Verfügung steht, etwa betriebsbedingte Wartezeiten o.ä., was jedoch auch bedeutet, dass er die Arbeitsleistung in diesen Zeiten vertragsgemäß anzubieten

---

533 Vgl. nur *Wank*, RdA 2014, 285 (286).

534 BAG, Urt. v. 19.9.2012 – 5 AZR 678/11, NZA-RR 2013, 63 Rn. 15; v. 16.5.2012 – 5 AZR 347/11, NZA 2012, 939 Rn. 9; v. 20.4.2011 – 5 AZR 200/10, NZA 2011, 917 Rn. 20; BeckOK ArbR/*Kock*, 64. Ed. 2022, § 2 ArbZG Rn. 2; Erbs/Kohlhaas/*Häberle*, StrafR NebenG, 240. EL 2022, § 2 ArbZG Rn. 2.

535 St. Rspr., s. nur EuGH, Urt. v. 21.2.2018 – C-518/15 – *Matzak*, NZA 2018, 293; v. 26.7.2017 – C-175/16 – *Hälvä u.a.*, NZA 2017, 1113 Rn. 25; v. 1.12.2005 – C-14/04 – *Dellas*, NZA 2006, 89 Rn. 40; *Greif*, EuZA 2016, 337 (346); *Wank*, RdA 2014, 285; vgl. auch Franzen/Gallner/Oetker/*Gallner*, EuArbR, 4. Aufl. 2022, Art. 2 RL 2003/88/EG Rn. 12.

536 BT-Drs. 12/5888, S. 19.

537 Die AZO galt bis 1994 und wurde durch das ArbZG abgelöst; s. zur Historie Gliederungspunkt § 2 A) I.

538 St. Rspr., s. nur BAG, Urt. v. 25.4.2018 – 5 AZR 424/17, NZA 2018, 1211 Rn. 17; v. 6.9.2017 – 5 AZR 382/16, NZA 2018, 180 Rn. 12; v. 11.10.2000 – 5 AZR 122/99, NZA 2001, 458 (460); *Anzinger/Koberski*, ArbZG, 5. Aufl. 2020, § 2 Rn. 9.

hat.[539] Seine arbeitsrechtliche Pflicht beschränkt sich insoweit auch darauf, die Arbeitskraft anzubieten und zur Verfügung zu stehen, das Ausnutzen seiner Arbeitskraft durch entsprechende Direktionen obliegt dem Arbeitgeber.[540]

Dieses Verständnis des knappen deutschen Texts dürfte wohl im Einklang mit der ArbZRL stehen. Zwar ist die Definition an sich allgemeiner als die europäische, wohl zu allgemein, erfüllt aber durch die dargestellte Auslegung ihre Anforderungen.[541] Dort, wo dies nicht reicht, muss der Begriff der ArbZRL mittels richtlinienkonformer Auslegung gelten.

2. Sonderproblem: Unterbrechungen der Arbeitszeit durch Privates

Nicht einheitlich betrachtet wird die Frage, ob der Begriff und das Vorliegen der Arbeit an sich entscheidend sein soll oder ob ein formaler Arbeitszeitbegriff dem Arbeitszeitrecht immanent ist. Der Unterschied der beiden Ansätze zeigt sich bei der Problematik privater Unterbrechungen der Arbeitszeit, wenn also der Arbeitnehmer z.B. im Büro zum Smartphone greift, um eine Nachricht zu schreiben oder einen Anruf entgegenzunehmen, oder mit seinen Kollegen Kaffee trinkt. Ob dies als Arbeitszeit zu verstehen ist oder nicht, ist davon abhängig, ob einem formalen Arbeitszeitbegriff gefolgt wird.

a) Formaler oder nicht-formaler Arbeitszeitbegriff?

Versteht man den Arbeitszeitbegriff rein formal, ist bei der Beurteilung, ob etwas als Arbeitszeit zu verstehen ist oder nicht, einzig maßgeblich, dass es sich um eine Zeitspanne zwischen Beginn und Ende der Arbeit handelt. Innerhalb dieser Zeitspanne liegt demnach immer Arbeitszeit vor, ganz egal, ob der Arbeitnehmer tatsächlich Arbeit leistet, dem Arbeitgeber zur Verfügung steht, wartet, sich bereithält oder seine Arbeit unterbricht.[542] Diese Auffassung wird mit dem

---

539 *Anzinger/Koberski*, ArbZG, 5. Aufl. 2020, § 2 Rn. 9 f.; *Baeck/Deutsch/Winzer*, ArbZG, 4. Aufl. 2020, § 2 Rn. 4; ausf. HK-ArbZR/*Spengler*, 2. Aufl. 2018, § 2 ArbZG Rn. 3.

540 Buschmann/Ulber/*Buschmann*, ArbZR, 1. Aufl. 2019, § 2 ArbZG Rn. 7; HK-ArbZR/*Spengler*, 2. Aufl. 2018, § 2 ArbZG Rn. 3

541 HK-ArbZR/*Spengler*, 2. Aufl. 2018, § 2 ArbZG Rn. 3. S. auch *Europäische Kommission*, SWD(2017) 204 final, S. 6 f.: Die Kommission hat den deutschen Begriff nicht ausdrücklich beanstandet, sondern stellt lediglich heraus, dass er nicht die spezifischeren Elemente der ArbZRL wiedergebe. Dass der nachfolgende Absatz, in dem angemahnt wird, manche Formulierungen trotz richtlinienkonformer Anwendung für mehr Rechtsklarheit anzupassen, sich auch auf die deutsche Bestimmung bezieht, ist zu vermuten.

542 *Anzinger/Koberski*, ArbZG, 5. Aufl. 2020, § 2 Rn. 11.

Wortlaut des § 2 Abs. 1 ArbZG begründet, der lediglich die Ruhepausen nach § 4 ArbZG (s.o.) von der Arbeitszeit in Abzug stelle.[543] Folgte man diesen Überlegungen, würde das dazu führen, dass private Tätigkeiten wie Telefonieren oder Surfen im Internet, die als Unterbrechungen der eigentlichen Arbeit unter Umständen auch nicht den Voraussetzungen der Ruhepausen nach § 4 ArbZG entsprechen und in denen der Arbeitnehmer weder arbeitet noch seine Arbeitsleistung ordnungsgemäß anbietet, als Arbeitszeit gewertet werden müssten – das widerspricht aber gerade dem Wortlaut der Norm, denn hier wird ja maßgeblich an das Merkmal „Arbeit“ angeknüpft.[544] Den Ausschluss der Ruhepausen bei der Definition wird man daher eher so verstehen müssen, dass etwa betriebsbedingte Wartezeiten nicht in Abzug zu bringen, sondern als Arbeitszeit zu werten sind.[545]

Es kann jedoch auch nicht jeder Zeitraum, der die Anforderungen an eine Ruhepause nicht erfüllt, als Arbeitszeit verstanden werden. Dem steht auch nicht der durch das ArbZG bezweckte Gesundheitsschutz der Arbeitnehmer, vgl. § 1 Nr. 1 ArbZG, entgegen, denn eine Gesundheitsgefährdung durch zu lange Arbeitszeit o.ä. ist bei Unterbrechungen durch (länger andauernde) private Tätigkeiten nicht gegeben.[546] So kann und muss natürlich gerade auch in Zeiten von Homeoffice, flexiblen Arbeitszeiten und erhöhter Nutzung von Smartphones – alles Faktoren, die häufigere Unterbrechungen durch Privates mit sich bringen – die Definition des § 2 Abs. 1 ArbZG insofern weiter verstanden werden. Rein private Tätigkeiten „während der Arbeit“ sind grundsätzlich keine Arbeitszeit.

b) *Überlegung: Sozialadäquanz als Maßstab*

Es sind aber Ausnahmen von diesem – rechtlich sicherlich korrekten, aber auch strengen – Grundsatz angebracht, vor allem mit Blick auf den Schutzzweck des Gesetzes. So ist es zunächst vor seinem teleologischen Hintergrund

---

543 *Anzinger/Koberski*, ArbZG, 5. Aufl. 2020, § 2 Rn. 11.

544 *Baeck/Deutsch/Winzer*, ArbZG, 4. Aufl. 2020, § 2 Rn. 7.

545 Vgl. *Baeck/Deutsch/Winzer*, ArbZG, 4. Aufl. 2020, § 2 Rn. 4; HK-ArbZR/*Spengler*, 2. Aufl. 2018, § 2 ArbZG Rn. 3 a.E.; HWK/*Gäntgen*, 10. Aufl. 2022, § 2 ArbZG Rn. 6. Vorstellbar ist, dass solche bspw. dann entstehen können, wenn auf Lieferungen bestimmter Materialien gewartet wird, die zur Weiterarbeit erforderlich sind.

546 *Baeck/Deutsch/Winzer*, ArbZG, 4. Aufl. 2020, § 2 Rn. 7 stellen als Beispiel heraus, dass der Arbeitnehmer zwei Stunden private Telefongespräche führe; s. auch *Witschen*, Rahmenvorgaben und Flexibilisierungsspielräume im Arbeitszeitrecht, S. 95 f., die ebenfalls gegen einen formalen Arbeitszeitbegriff argumentiert.

selbstverständlich, dass das Nachgehen körperlicher Bedürfnisse, mag man sie auch als „privat“ verstehen, keine Unterbrechung der Arbeitszeit im oben dargestellten Sinne ist.[547]

Fraglich ist, ob man darüber hinausgehend einen Maßstab oder zumindest Richtlinien dafür aufstellen kann und sollte, ab wann eine private Tätigkeit die Grenze dessen überschreitet, was keine Arbeitszeit mehr ist. So wäre es sicherlich unbillig, einem gesunden Betriebsklima gegenläufig und auch lebensfern, von Arbeitnehmern zu verlangen, jeglichen Kontakt, der nicht berufsbezogen ist, mit ihren Kollegen während der Arbeitszeit zu unterlassen.[548] Genauso liegt es im Rahmen des sozial Akzeptierten, für dringende Anrufe oder Nachrichten von zu Hause erreichbar zu sein.[549] Als mit entscheidend für die Frage, ob etwas als Arbeitszeit aufzufassen ist, könnte man insofern die Sozialadäquanz des Verhaltens berücksichtigen. Was private Tätigkeiten angeht, die möglicherweise die Arbeitszeit unterbrechen, sollten zur Überlegung, was sozialadäquat und/oder angemessen ist, zunächst ihre Intensität, Dauer und Häufigkeit maßgeblich sein. Ähnliches gilt auch auf privatrechtlicher Ebene für die (außerordentliche) Kündigung bzw. die Verletzung der (Haupt-)Leistungspflicht des Arbeitnehmers.[550; 551] Hinzu kommen sollte als entscheidendes Kriterium die tatsächliche Arbeitsbelastung im Zeitpunkt der Unterbrechung.[552] So ist klar, dass Zeiten häufigen Spielens am Handy oder Schreiben von privaten Chatnachrichten etc., anstatt Aufgaben des Arbeitgebers nachzugehen, nach den oben dargestellten Regeln nicht als Arbeitszeit gewertet werden können, weil der Arbeitnehmer weder arbeitet noch sich hierzu bereithält. Andererseits kann demgegenüber eine Zeitspanne, in welcher der Arbeitnehmer keine konkrete Aufgabe des Arbeitgebers

---

547 Buschmann/Ulber/*Buschmann*, ArbZR, 1. Aufl. 2019, § 2 ArbZG Rn. 9; s. dazu auch LAG Köln, Urt. v. 17.1.2013 – 7 Sa 644/12, BeckRS 2013, 73882.

548 Buschmann/Ulber/*Buschmann*, ArbZR, 1. Aufl. 2019, § 2 ArbZG Rn. 9.

549 *Giesen/Kersten*, DB 2017, 2865 (2867), auch unter Bezugnahme auf die zivilrechtlichen Aspekte.

550 Vgl. hierzu *Giesen/Kersten*, DB 2017, 2865 (2867); BeckOK ArbR/*Rolfs*, 64. Ed. 2022, § 1 KSchG Rn. 285 ff.; ErfK/*Niemann*, 22. Aufl. 2022, § 626 BGB Rn. 70b; MHdB ArbR/*Rachor*, 5. Aufl. 2021, § 124 Rn. 36 f.

551 Natürlich wird man die Grundätze, die hierbei gelten, nicht als entscheidenden Maßstab im Arbeitsschutzrecht heranziehen können, da es sich schließlich um verschiedene Rechtsmaterien mit anderer Schutzrichtung handelt; als Stütze können diese aber sicherlich dienen.

552 Diese Überlegung zieht auch das BAG bei Prüfung der Kündigung heran, s. BAG, Urt. v. 7.7.2005 – 2 AZR 581/04, NZA 2006, 98 Rn. 32.

mehr zu erledigen hat, sich aber durchaus für weitere Anweisungen im Büro zur Verfügung hält, während er ein privates Telefonat führt, Arbeitszeit sein.[553] Hier liegt dann eben auch keine reine Privattätigkeit vor. Schließlich ist hierzu noch festzuhalten, dass es auch auf den ausgeübten Beruf und die damit verknüpfte Auswirkung einer Unterbrechung auf die Arbeitsleistung ankommen wird, denn erfordert die Arbeit ununterbrochene andauernde Aufmerksamkeit, gehört diese mit zur – für das Vorliegen von Arbeitszeit vorausgesetzten – „Arbeit“:[554] So liegt es bspw. nahe, dass für jemanden, der im Akkord drei Stunden am Stück am Fließband arbeiten muss und bei dem es schon durch kurze Unterbrechungen seiner Tätigkeit zu einem Rückstau in der Fertigung o.ä. kommt, eine Ausnahme nicht oder nur kaum möglich ist. Das Gleiche gilt auch für Berufe, in denen notfallbedingtes, sehr kurzfristiges Eingreifen notwendig sein kann. Arbeitet jemand hingegen im Büro, hat eine kurze Unterbrechung zum Schreiben einer Textnachricht in der Regel keine bemerkenswerten Folgen für die Arbeitsleistung.

Dafür, in diesen Fällen eine Ausnahme von dem Grundsatz zu machen, dass private Tätigkeiten keine Arbeitszeit sind, sprechen außerdem Rechtssicherheit und Praktikabilität, scheint es doch eher umständlich, wenn der Arbeitnehmer (bzw. der Arbeitgeber, den die Pflicht zur Arbeitszeiterfassung nach § 16 ArbZG trifft und der gem. §§ 22 f. ArbZG für die Einhaltung der Grenzen des ArbZG verantwortlich ist) nach jedem Blick auf das Smartphone die Dauer notieren und von der Arbeitszeit in Abzug bringen müsste. Kontrollieren kann der Arbeitgeber etwaige Verstöße – sei es bloß zum Nachhalten der tatsächlichen Arbeitszeit oder, um ggfs. eine Abmahnung oder Kündigung auszusprechen – auch kaum.[555]

---

553 Teilweise wird angenommen, bei privaten Tätigkeiten, stehe der Arbeitnehmer dem Arbeitgeber mangels Bereitschaft, potentielle Anweisungen aufzunehmen, nicht zur Verfügung, so *Witschen*, Rahmenvorgaben und Flexibilisierungsspielräume im Arbeitszeitrecht, S. 96. Das ist aber sicherlich etwas undifferenziert.

554 Ein Extrembeispiel, in dem die private Tätigkeit erhebliche Auswirkungen auf die Arbeit hatte und das auch *Giesen/Kersten*, DB 2017, 2865 (2867) anführen, ist das Zugunglück in Bad Aibling, das u.a. deshalb passierte, weil der Fahrdienstleiter durch ein Handyspiel abgelenkt war und deshalb mehrere Fehler machte, die zu dem Unglück führten: *Köpf*, SZ, 9.2.2017, Zugunglück von Bad Aibling: Die Wut der Hinterbliebenen wächst.

555 Dem stehen offensichtliche, tatsächliche – wenn sich der Arbeitnehmer bspw. im Homeoffice befindet, auch kann der Arbeitgeber nicht unbedingt alle Büros ständig selbst kontrollieren etc. – sowie (datenschutz-)rechtliche Hindernisse entgegen, s. hierzu nur ErfK/*Franzen*, 22. Aufl. 2022, § 26 BDSG Rn. 27 ff.

Das Recht darf sich insofern der Praxis nicht verschließen. Es ist vielmehr zu berücksichtigen, dass es üblich und sicherlich inzwischen auch oftmals geduldet ist, dass Arbeitnehmer für private Belange kurz die Arbeit unterbrechen, wenn dies nicht einen angemessenen Rahmen sprengt und sich vor allem nicht auf ihre Leistung auswirkt.

Kurzum: Zur Antwort auf die Frage, ob man eine private Tätigkeit während der „Arbeit", die keine Ruhepause ist, als Arbeitszeit einordnet oder nicht, sind Sozialadäquanz und Angemessenheit, gerade auch in Bezug auf den Beruf und auf die im entscheidenden Zeitpunkt ausgeübte Beschäftigung, durch Intensität, Häufigkeit und Dauer der Unterbrechungen für den Einzelfall zu konkretisieren und heranzuziehen.

c) Richtlinienkonformität dieses Ansatzes

Dieses Ergebnis ist auch richtlinienkonform. Dem Arbeitszeitbegriff der ArbZRL ist die Tätigkeit des Arbeitnehmers für den Arbeitgeber zentral, was bereits den nicht-formalen Arbeitszeitbegriff stützt.[556] Wie bereits dargestellt, ist der europäische Begriff weiter als der deutsche – aber auch das widerspricht nicht dem Ergebnis, rein private Tätigkeiten hiervon auszunehmen.[557] So weit geht auch nicht der Schutzzweck der Richtlinie, denn es ist nicht klar, warum der Arbeitnehmer, wenn er auch im Büro sitzen mag, aber keines der Merkmale der Arbeitszeit tatsächlich erfüllt ist, des (Gesundheits-)Schutzes, den die Richtlinie vorschreibt, bedürfen sollte: Er strengt sich weder geistig noch körperlich im Sinne von Arbeit für einen anderen an und braucht somit auch keine Erholung durch Ruhepausen oder eine lange Ruhezeit. Macht man von dem strengen Grundsatz, reine Privattätigkeiten gänzlich aus dem arbeitszeitrechtlichen Schutz auszuklammern, dann die oben beschriebenen sozialadäquaten Ausnahmen, kommt man dem Arbeitnehmer im Sinne einer Entlastung und weniger Anstrengung nur entgegen, sodass dies vor dem Schutzzweck der Richtlinie erst recht als richtlinienkonform zu werten ist.

d) Summa: Sozialadäquanz entscheidend

Der deutsche Arbeitszeitbegriff, der im Einklang mit dem Arbeitszeitbegriff der Richtlinie auszulegen ist, ist – was auch das Europarecht vorschreibt – nicht formal zu verstehen. Das bedeutet, dass reine Privattätigkeiten in der Regel nicht unter den Arbeitszeitbegriff fallen, auch wenn sie zwischen Anfang und Ende der

---

556 *Baeck/Deutsch/Winzer*, ArbZG, 4. Aufl. 2020, § 2 Rn. 7.

557 *Baeck/Deutsch/Winzer*, ArbZG, 4. Aufl. 2020, § 2 Rn. 7.

Arbeitszeit, vgl. § 2 Abs. 1 HS. 1 ArbZG, stattfinden. Von diesem Grundsatz sind im Sinne der Lebenswirklichkeit aber auch rechtlich Ausnahmen zu machen, wenn es sich um sozialadäquate Unterbrechungen der Arbeitszeit handelt, was nach dem ausgeübten Beruf und der konkreten Beschäftigung, der Intensität, Häufigkeit und Dauer der Unterbrechungen im Einzelfall zu konkretisieren ist.

III. Der Arbeitszeitbegriff in der Umsetzung anderer Mitgliedstaaten

Auch wenn, wie dargestellt, die Arbeitszeitbegriffe der Mitgliedstaaten bei Abweichungen vom europäischen Arbeitszeitbegriff einer richtlinienkonformen Auslegung unterliegen, soll hier ein kurzer Blick auf den für arbeitszeitrechtliche Reglements so zentralen Begriff nicht fehlen. Auch ist zu beachten, dass dies für das Verständnis manch mitgliedstaatlicher Regelung erforderlich sein kann; nicht zuletzt verdeutlicht es aber auch die Erforderlichkeit der Harmonisierung. Man kann sich hierbei an den „Gruppierungen", die die Europäische Kommission vornimmt, orientieren, um die verschiedenen in den Mitgliedstaaten vorkommenden Regelungen zu vergleichen. Es soll hier also gewissermaßen um verschiedene „Prototypen" von Arbeitszeitbegriffen gehen.

1. *Staaten mit Arbeitszeitbegriffen eng an der Richtlinie – insbesondere Italien (*orario di lavoro*), Irland und das Vereinigte Königreich (*working time*)*

Die Europäische Kommission nennt Staaten, deren gesetzliche Vorgaben bezüglich der Arbeitszeitdefinition sich eng an den Kriterien der Richtlinie orientieren. Hierzu zählen ausweislich des Umsetzungsberichts neben Italien, Irland und dem Vereinigten Königreich noch Dänemark, Griechenland, Slowenien sowie mit vergleichbaren Regelungen Kroatien und Rumänien.[558]

Der italienische Arbeitszeitbegriff entspricht im Wortlaut dem der ArbZRL (abgesehen von dem Verweis auf die nationalen Gepflogenheiten). Die italienische Arbeitszeitverordnung – *Decreto Legislativo 8 Aprile 2003 N. 66* – bestimmt also, dass Arbeitszeit jeder Zeitraum ist, in dem der Arbeitnehmer bei der Arbeit ist, zur Verfügung des Arbeitgebers steht und seine Tätigkeit ausübt oder Pflichten erfüllt.

558 *Europäische Kommission*, SWD(2017) 204 final, S. 6.

Der Arbeitszeitbegriff, der im Vereinigten Königreich gilt (freilich nicht im Umsetzungsbericht der Europäischen Kommission erwähnt), s. WTR 1998 Reg. 2 (1), ist in drei Kategorien aufgeteilt, in denen Arbeitszeit vorliegen soll:

„[...] 'working time', in relation to a worker, means –
(a) any period during which he is working, at his employer's disposal and carrying out his activity or duties,
(b) any period during which he is receiving relevant training, and
(c) any additional period which is to be treated as working time for the purpose of these Regulations under a relevant agreement [...]".

Die erste Kategorie greift den Wortlaut des Art. 2 Nr. 1 ArbZRL auf, während die beiden folgenden die Definition auf bestimmte Ausbildungszeiten und weitere Zeiten, die aufgrund entsprechender Vereinbarungen als Arbeitszeit zu behandeln sind, ausdehnen. Während übrigens Reisezeiten als Arbeitszeit aufgefasst werden, sind die Wegezeiten von zu Hause zum Arbeitsort auch hier davon ausgenommen.[559]

Ein wenig anders verhält es sich mit dem irischen Begriff der Arbeitszeit aus dem *Organisation of Working Time Act, 1997* (WTA 1997), der bis auf kleine Änderungen der Formulierung der ArbZRL entspricht. So besagt WTA 1997 Sec. 2 (1):

„[...] 'working time' means any time that the employee is –
(a) at his or her place of work or at his or her employer's disposal, and
(b) carrying on or performing the activities or duties of his or her work [...]".

Auffällig ist hier aber vor allem der Unterschied, dass das erste Kriterium des europäischen Begriffs („the worker is working") nicht wörtlich übernommen, sondern die dort beschriebene örtliche Komponente spezifischer aufgegriffen wurde. Es kommt gem. WTA 1997 Sec. 2 (1) darauf an, dass der Arbeitnehmer sich „at his [...] place of work", also ausdrücklich an seinem Arbeitsplatz befindet. Diese Abweichung vom Wortlaut ist ergänzend bis klarstellend hinsichtlich des örtlichen Elements zu verstehen. Anders als der Begriff der ArbZRL steht die Anwesenheit am Arbeitsplatz mit der Verfügbarkeit des Arbeitnehmers für den Arbeitgeber nach dem Wortlaut jedenfalls auch nicht in einem kumulativen Verhältnis, weil die beiden Merkmale durch „oder" („or") getrennt werden. Dies bleibt im Ergebnis wohl ohne tatsächliche Auswirkungen auf die Einordnung einer Zeitspanne als Arbeitszeit, erleichtert es aber möglicherweise, mobiles Arbeiten und Homeoffice unter den Begriff zu subsumieren. Hierdurch bedarf

559 Tolley's Empl. HdB/*Wallington*, 28. Aufl. 2014, Chap. 56.5.

es jedenfalls nicht des „Umwegs", die genutzten Arbeitsorte erst als Arbeitsplatz einzuordnen.

*2. Staaten mit Arbeitszeitbegriffen, die teilweise von der Richtlinie abweichen – insbesondere Frankreich (*temps de travail*)*

Weiter greift die Europäische Kommission die Staaten auf, die nur eins oder zwei der Kriterien der Begriffsbestimmung der ArbZRL in ihre Definitionen übernommen haben. Das sind neben dem nachstehend betrachteten, in Frankreich geltenden Begriff die des belgischen, luxemburgischen und polnischen Rechts, die sich vornehmlich auf das Merkmal konzentrieren, dass der Arbeitnehmer dem Arbeitgeber zur Verfügung steht.[560] Da vor allem die belgische, Art. 19 (2) *Loi sur le travail*, wie auch die luxemburgische, Art. L 211-4 *Code du travail* Luxemburg (CdT LUX), Begriffsbestimmung dem französischen Begriff ähneln,[561] reicht es hier aus, Letzteren kurz exemplarisch zu betrachten. Auch gibt es Staaten wie Bulgarien, Tschechien und Portugal, die den Schwerpunkt auf ein anderes Kriterium, nämlich die Pflicht, zu arbeiten, legen.[562] Kritisch sieht die Europäische Kommission solche Begriffsbestimmungen jedenfalls nicht (ausdrücklich).

Im französischen Arbeitszeitrecht stimmt die Definition aus Art. L 3121-1 CdT also nicht vollständig mit der der ArbZRL überein. Entscheidend ist hier für das Vorliegen von Arbeitszeit, dass der Arbeitnehmer dem Arbeitgeber zur Verfügung steht und dessen Weisungen befolgt, also nicht frei seinen persönlichen Beschäftigungen nachgehen kann:

> „La durée du travail effectif est le temps pendant lequel le salarié est à la disposition de l'employeur et se conforme à ses directives sans pouvoir vaquer librement à des occupations personnelles."

Folglich ist es nicht erforderlich, dass er tatsächlich eine Tätigkeit ausübt, denn auch wenn er „nichts" tut, aber dem Arbeitgeber zur Verfügung steht, handelt es sich um Arbeitszeit.[563] Konsequenterweise zählen solche Zeiten im französischen Recht zur tatsächlichen Arbeitszeit, die der Verpflegung und für Pausen

560 *Europäische Kommission*, SWD(2017) 204 final, S. 6.

561 Unterschiede zwischen dem luxemburgischen und dem französischen Arbeitszeitbegriff bestehen darin, dass bei Ersterem auch auf mehrere Arbeitgeber abgestellt wird, falls ein Arbeitnehmer mehrere hat, sowie die Ruhzeiten ausdrücklich i.R.d. Definition von der Arbeitszeit ausgeschlossen werden.

562 *Europäische Kommission*, SWD(2017) 204 final, S. 6.

563 *Peskine/Wolmark*, Droit du travail, 15. Aufl. 2022, Rn. 452.

dienen, wenn dennoch die Voraussetzungen des Art. L 3121-1 CdT erfüllt sind.[564]

3. *Staaten mit weniger präzisen Arbeitszeitbegriffen – insbesondere Spanien (*tiempo de trabajo*)*

Österreich wird neben Deutschland von der Europäischen Kommission bei den Staaten genannt, die weniger spezifische Definitionen der Arbeitszeit in ihren Reglements zugrunde legen. Im selben Atemzug nennt die Europäische Kommission auch die spanische Regelung.[565] Der österreichische Arbeitszeitbegriff in § 2 Abs. 1 Nr. 1 AZG („die Zeit vom Beginn bis zum Ende der Arbeit ohne die Ruhepausen") entspricht im Wortlaut dem deutschen, sodass weitere Ausführungen zu dem Begriff an sich an dieser Stelle entbehrlich sind.[566]

Die spanischen Arbeitszeitregelungen finden sich im Allgemeinen Arbeiterstatut – *Estatuto de los Trabajadores* (ET). Die Festlegung, was Arbeitszeit ist, ist keine präzise Begriffsbestimmung, die Voraussetzungen für das Vorliegen von Arbeitszeit enthielte. Somit ist sie aber auch der deutschen (sowie der österreichischen) nicht unähnlich. Nach Art. 34 (5) ET ist die Arbeitszeit so zu berechnen, dass sich der Arbeitnehmer zu Beginn und am Ende des Arbeitstages am Arbeitsplatz befindet. Hier findet sich also die Bestimmung anhand eines Start- und eines Endzeitpunkts wieder. Auffällig ist im Vergleich zur deutschen Regelung die Maßgeblichkeit der örtlichen Komponente, nicht der Arbeit an sich. Dennoch ist diese Regelung wohl zu unspezifisch, um ohne Weiteres den Anforderungen der ArbZRL zu genügen. Sowohl im Falle Österreichs als auch Spaniens geht die Europäische Kommission aber wohl davon aus, wie bereits zur deutschen Regelung angemerkt, dass die Praxis mit den Vorgaben der ArbZRL übereinstimmt.[567]

---

564 *Auzero/Baugard/Dockès*, Droit du travail, 35. Aufl. 2022, Rn. 860 m.w.N.; *Peskine/Wolmark*, Droit du travail, 15. Aufl. 2022, Rn. 463 f., eine Pause kann auch umqualifiziert werden

565 *Europäische Kommission*, SWD(2017) 204 final, S. 6.

566 S. dazu Auer-Mayer/Felten/Pfeil/*Auer-Mayer*, AZG ÖR, 4. Aufl. 2019, § 2 Rn. 2 ff.

567 *Europäische Kommission*, SWD(2017) 204 final, S. 7.

IV. Besondere Fallgruppen und ihre Einordnung als Arbeits- oder Ruhezeit

Im Folgenden soll es um besondere Fallgruppen und ihre Qualifizierung als Arbeits- oder Ruhezeit gehen. Die hier zu betrachtenden Gruppen sind in ihrer Einordnung weder in der Richtlinie noch im ArbZG vorgegeben. Zunächst geht es grundlegend um Arbeitsbereitschaft, Bereitschaftsdienst und Rufbereitschaft, die durch die Rechtsprechung des EuGH konkretisiert wurden (1.). Im Weiteren wird, da hier oftmals der Vergleich mit Bereitschaftszeiten gezogen wird, das mit der Digitalisierung intensivierte Problem ständiger, nicht regulierter Erreichbarkeit des Arbeitnehmers für den Arbeitgeber behandelt (2.). Anschließend folgt ein Seitenblick auf Umkleide- (3.) sowie Wege- und Reisezciten (4.).

1. Einordnung von Bereitschaftszeiten

Weder in der ArbZRL noch im deutschen ArbZG definiert sind die weniger intensiven Formen der Arbeit, also die verschiedenen Arten der Bereitschaft. Das deutsche Recht kennt und unterscheidet Arbeitsbereitschaft, Bereitschaftsdienst und Rufbereitschaft, auf die auch im Gesetz, bspw. in §§ 5, 7 ArbZG, Bezug genommen wird. Im Europarecht hingegen gibt es, so der EuGH, keine weiteren Kategorien zwischen Arbeits- und Ruhezeit.[568] Da nach Auffassung des EuGH also entweder Arbeits- oder Ruhezeit vorliegt, sind auch die drei genannten Arbeitsformen nicht als eigene Abstufungen von Arbeits- und Ruhezeit zu sehen, sondern jeweils in eine der beiden Kategorien einzuordnen. Grundlage ist die Vollarbeit (a)), bevor es um die Definitionen und Einordnung von Arbeitsbereitschaft (b)), Bereitschaftsdienst (c)) und Rufbereitschaft (d)) geht.

a) Vollarbeit

Ausgangspunkt ist die Vollarbeit, die ohne Weiteres als Arbeitszeit einzuordnen ist. Sie liegt dann vor, wenn der Arbeitnehmer voll für Zwecke des Arbeitgebers beansprucht wird, sei es in körperlicher oder geistiger Hinsicht.[569] Erbringt der Arbeitnehmer also seine geschuldete Arbeitsleistung in vollem Umfang, liegt

---

568 St. Rspr., s. nur EuGH, Urt. v. 21.2.2018 – C-518/15 – *Matzak*, NZA 2018, 293 Rn. 55; v. 23.12.2015, C-180/14 – *Kommission/Griechenland*, BeckRS 2016, 80037 Rn. 35 (frz.); v. 3.10.2000 – C-303/98 – *SIMAP*, NZA 2000, 1227 Rn. 47.

569 *Baeck/Deutsch/Winzer*, ArbZG, 4. Aufl. 2020, § 2 Rn. 30; BeckOK/*Kock*, 64. Ed. 2022, § 2 ArbZG Rn. 4; *Schliemann*, ArbZG, 4. Aufl. 2020, § 2 Rn. 19.

Vollarbeit vor.[570] Ob es sich aber tatsächlich um im Arbeitsvertrag vereinbarte Leistungen handelt oder diese sich außerhalb der dortigen Festlegungen bewegt, ist nicht relevant, da in beiden Fällen auf Weisung des Arbeitgebers gearbeitet wird.[571] Arbeitsschutzrechtlich kann dies keinen Unterschied machen, da sowohl im Arbeitsvertrag festgelegte Arbeitsleistung als auch außerhalb davon erbrachte Leistung die gleichen Auswirkungen auf Gesundheit und Sicherheit des Arbeitnehmers haben. Somit ist auch die Arbeit im Rahmen eines faktischen Arbeitsverhältnisses erfasst.[572] Auch bei Vollarbeit kann es Unterschiede in der Intensität oder kurze Unterbrechungen der Arbeitszeit geben.[573]

b) Arbeitsbereitschaft

Erste Abstufung zur Vollarbeit ist die Arbeitsbereitschaft, bei der es sich ebenfalls um Arbeitszeit im Sinne des ArbZG handelt.[574] Für Zeiten der Arbeitsbereitschaft treffen folglich alle Vorgaben der ArbZRL und des ArbZG zur Höchstarbeitszeit zu; auch bei Arbeitsbereitschaft müssen somit regelmäßige Ruhepausen und Ruhezeiten gewährt und die Grenzen der Höchstarbeitszeit beachtet werden. Arbeitsbereitschaft setzt voraus, dass der Arbeitnehmer verpflichtet ist, eine „wache Achtsamkeit im Zustand der Entspannung“ beizubehalten[575] und ggfs.

---

570 *Baeck/Deutsch/Winzer*, ArbZG, 4. Aufl. 2020, § 2 Rn. 31, das ist nicht zwingend, da auch Formen geringerer Beanspruchung wie Arbeitsbereitschaft als Hauptleistung vereinbart sein können; *Schliemann*, ArbZG, 4. Aufl. 2020, § 2 Rn. 19.

571 *Baeck/Deutsch/Winzer*, ArbZG, 4. Aufl. 2020, § 2 Rn. 32; *Neumann/Biebl*, ArbZG 16. Aufl. 2013, § 2 Rn. 13.

572 *Baeck/Deutsch/Winzer*, ArbZG, 4. Aufl. 2020, § 2 Rn. 32.

573 *Schliemann*, ArbZG, 4. Aufl. 2020, § 2 Rn. 19 f.; s. auch ErfK/*Roloff*, 22. Aufl. 2022, § 2 ArbZG Rn. 15.

574 S. nur BAG, Urt. v. 20.11.2018 – 9 AZR 327/18, NZA 2019, 535 Rn. 15; v. 19.11.2014 – 5 AZR 1101/12, BeckRS 2014, 74316 Rn. 16; *Baeck/Deutsch/Winzer*, ArbZG, 4. Aufl. 2020, § 2 Rn. 39; HWK/*Gäntgen*, 10. Aufl. 2022, § 2 ArbZG Rn. 5.

575 H.M., s. nur BAG, Urt. v. 19.11.2014 – 5 AZR 1101/12, BeckRS 2014, 74316 Rn. 16; v. 11.7.2006 – 9 AZR 519/05, NZA 2007, 155 Rn. 41; v. 28.1.1981 – 4 AZR 892/78, BeckRS 2015, 66334; BVerwG, Urt. v. 19.1.1988 – 1 C 11/85, NZA 1988, 881 (882); *Baeck/Lösler*, NZA 2005, 247 (248); *Anzinger/Koberski*, ArbZG, 5. Aufl. 2020, § 2 Rn. 40 f.; BeckOK ArbR/*Kock*, 64. Ed. 2022, § 2 ArbZG Rn. 5; ErfK/*Roloff*, 22. Aufl. 2022, § 2 ArbZG Rn. 17; HWK/*Gäntgen*, 10. Aufl. 2022, § 2 ArbZG Rn. 5; Schaub/*Vogelsang*, ArbR-HdB, 19. Aufl. 2021, § 156 Rn. 16; *Schliemann*, ArbZG, 4. Aufl. 2020, § 2 Rn. 24.

die Tätigkeit von sich aus aufzunehmen.[576] Beispiele hierfür sind die Tätigkeit als Kellner, der auf Gäste wartet,[577] oder Empfangspersonal, das sich für Anrufe bereithält.[578]

Die Abgrenzung zur Vollarbeit ist jedoch umstritten. Die sog. Dienstleistungstheorie knüpft an die vertraglich geschuldete Leistung an, um festzumachen, ob Arbeitsbereitschaft vorliegt. So stelle Arbeitsbereitschaft neben der vertraglich geschuldeten, regelmäßigen Arbeitsleistung eine mindere Leistung dar, die den Arbeitnehmer weniger belaste und Entspannung ermögliche.[579] Nach der Beanspruchungstheorie hingegen ist der Grad der Beanspruchung des Arbeitnehmers bei der jeweiligen Tätigkeit entscheidend – wenn dieser tatsächlich geringer sei als bei Vollarbeit, liege Arbeitsbereitschaft vor.[580] Letztere Anknüpfungspunkte zur Abgrenzung überzeugen, da sie im öffentlich-rechtlichen Arbeitsschutzrecht besser passen. Es kommt für die Gesundheit und Sicherheit des Arbeitnehmers eben nicht darauf an, was im Vertrag vereinbart ist, sondern wie viel und wie intensiv er tatsächlich arbeiten muss. Dies bestätigt sich auch bei einem Blick auf die Abweichungsmöglichkeit des § 7 Abs. 1 Nr. 1 lit. a) ArbZG, die bei Vorliegen von Arbeitsbereitschaft in einem erheblichen Umfang die Verlängerung der Höchstarbeitszeit gestattet und damit eine tatsächlich geringere Beanspruchung des Arbeitnehmers als bei Vollarbeit voraussetzt, um diese Abweichung zu rechtfertigen.[581] Problematisch ist an der Dienstleistungstheorie außerdem, dass auch bei Festlegung von Arbeitsbereitschaft als Hauptleistungspflicht, welche dann für die Einordnung entscheidend wäre, der Arbeitnehmer dennoch so in Anspruch genommen werden könnte, dass arbeitsschutzrechtlich eine Einordnung als Arbeitsbereitschaft fehlginge.[582] Vergütungsrechtlich mag

576 HWK/*Gäntgen*, 10. Aufl. 2022, § 2 ArbZG Rn. 5; s. auch *Neumann/Biebl*, ArbZG 16. Aufl. 2013, § 2 Rn. 12; *Schliemann*, ArbZG, 4. Aufl. 2020, § 2 Rn. 24.

577 HWK/*Gäntgen*, 10. Aufl. 2022, § 2 ArbZG Rn. 5.

578 *Baeck/Deutsch/Winzer*, ArbZG, 4. Aufl. 2020, § 2 Rn. 38, die auch weiter Bsp. nennen.

579 Vgl. BAG, Urt. v. 5.5.1988 – 6 AZR 658/85, NZA 1989, 138; v. 12.2.1986 – 7 AZR 358/84, BeckRS 1980, 43062; dazu *Anzinger/Koberski*, ArbZG, 5. Aufl. 2020, § 2 Rn. 42; *Baeck/Deutsch/Winzer*, ArbZG, 4. Aufl. 2020, § 2 Rn. 34.

580 S. BAG, Urt. v. 28.1.1981 – 4 AZR 892/78, BeckRS 2015, 66334; BVerwG, Urt. v. 19.1.1988 – 1 C 11/85, NZA 1988, 881 (882); *Anzinger/Koberski*, ArbZG, 5. Aufl. 2020, § 2 Rn. 45; *Schliemann*, ArbZG, 4. Aufl. 2020, § 2 Rn. 24.

581 *Baeck/Deutsch/Winzer*, ArbZG, 4. Aufl. 2020, § 2 Rn. 35.

582 MHdB ArbR/*Koberski*, 5. Aufl. 2021, § 182 Rn. 31.

die Dienstleistungstheorie daher geeignete Ergebnisse herbeiführen,[583] für die arbeitsschutzrechtliche Bestimmung ist sie nicht brauchbar.

Zur Feststellung, ob Arbeitsbereitschaft vorliegt, kommt es demnach darauf an, ob der Arbeitnehmer im Vergleich zur Vollarbeit in solchem Umfang weniger belastet wird, dass er sich entspannen kann, wofür es einer wertenden Gesamtwürdigung der Einzelfallumstände bedarf: Zu berücksichtigen sind (nicht abschließend) der Grad der notwendigen Aufmerksamkeit, die Häufigkeit, Dauer und Lage der Inanspruchnahme des Arbeitnehmers durch tatsächliche Vollarbeit sowie die Häufigkeit, Dauer und Lage etwaiger Arbeitsunterbrechungen.[584]

c) *Bereitschaftsdienst*

Auf der nächsten Stufe steht der Bereitschaftsdienst, der – vorgegeben durch entsprechende Rechtsprechung des EuGH in den Rechtssachen *SIMAP* und *Jaeger* –[585] ebenfalls in Gänze als Arbeitszeit einzustufen ist.[586] Bei Bereitschaftsdienst handelt es sich nach deutschem Verständnis um Zeiten, während derer der Arbeitnehmer verpflichtet ist, sich an einem vom Arbeitgeber festgelegten Ort innerhalb oder außerhalb des Betriebs aufzuhalten, um bei Bedarf die Arbeit aufzunehmen, ohne dass er von sich aus tätig werden müsste.[587] Letzterer Aspekt macht auch die entscheidende Abgrenzung zur Arbeitsbereitschaft aus: Der Arbeitnehmer muss nicht von sich aus tätig werden, sondern erst auf

---

583 *Anzinger/Koberski*, ArbZG, 5. Aufl. 2020, § 2 Rn. 42; genauso MHdB ArbR/*Koberski*, 5. Aufl. 2021, § 182 Rn. 29; zust. *Baeck/Deutsch/Winzer*, ArbZG, 4. Aufl. 2020, § 2 Rn. 35.

584 *Schliemann*, ArbZG, 4. Aufl. 2020, § 2 Rn. 26; vgl. auch *Baeck/Deutsch/Winzer*, ArbZG, 4. Aufl. 2020, § 2 Rn. 36; BeckOK ArbR/*Kock*, 64. Ed. 2022, § 2 ArbZG Rn. 5.

585 EuGH, Urt. v. 3.10.2000 – C-303/98 – *SIMAP*, NZA 2000, 1227; v. 9.9.2003 – C-151/02 – Jaeger, NZA 2003, 1019; s. dazu z.B. *Thüsing*, ZESAR 2010, 373 (374).

586 St. Rspr., s. nur BAG, Urt. v. 21.12.2016 – 5 AZR 362/16, NZA-RR 2017, 233 Rn. 31; v. 19.11.2014 – 5 AZR 1101/12, BeckRS 2014, 74316 Rn. 16; v. 11.7.2006 – 9 AZR 519/05; *Baeck/Deutsch/Winzer*, ArbZG, 4. Aufl. 2020, § 2 Rn. 43.

587 H.M., s. nur BAG, Urt. v. 21.12.2016 – 5 AZR 362/16, NZA-RR 2017, 233 Rn. 31; v. 19.11.2014 – 5 AZR 1101/12, BeckRS 2014, 74316 Rn. 16; v. 10.1.1991 – 6 AZR 352/89, NZA 1991, 516 (518); *Baeck/Lösler*, NZA 2005, 247 (248); *Schliemann*, NZA 2004, 513 (515); *Anzinger/Koberski*, ArbZG, 5. Aufl. 2020, § 2 Rn. 47; *Baeck/Deutsch/Winzer*, ArbZG, 4. Aufl. 2020, § 2 Rn. 41; BeckOK ArbR/*Kock*, 64. Ed. 2022, § 2 ArbZG Rn. 8; ErfK/*Roloff*, 22. Aufl. 2022, § 2 ArbZG Rn. 18; HK-ArbZR/*Spengler*, 2. Aufl. 2018, § 2 ArbZG Rn. 9; HWK/*Gäntgen*, 10. Aufl. 2022, § 2 ArbZG Rn. 5; *Schliemann*, ArbZG, 4. Aufl. 2020, § 2 Rn. 29.

Aufforderung des Arbeitgebers.[588] Es handelt sich bei Bereitschaftsdienst um eine Aufenthaltsbeschränkung in Verbindung mit der Pflicht, bei Bedarf die Arbeit aufzunehmen.[589] Vor allem in Krankenhäusern tritt Bereitschaftsdienst auf, wenn z.B. Ärzte sich für den Bedarfsfall im Krankenhaus aufhalten.[590]

Auch nach der bisherigen Rechtsprechung des EuGH ist es erforderlich, dass sich der Arbeitnehmer an einem vom Arbeitgeber bestimmten Ort aufhalten und zur Verfügung stehen muss, um seine Leistungen sofort erbringen zu können.[591] Dabei hat das Kriterium, dass der Arbeitnehmer seinen Aufenthaltsort nicht frei bestimmen kann, in der Rechtsprechung des EuGH besonderes Gewicht.[592] Diese Verpflichtung kann sich auch mittelbar daraus ergeben, dass der Arbeitnehmer innerhalb einer gewissen Zeitspanne nach Abruf durch den Arbeitgeber am Arbeitsplatz sein muss.[593] So entschied der EuGH in der Rechtssache *Matzak*, dass sog. „Rufbereitschaft" als Arbeitszeit zu qualifizieren sei, wenn der Arbeitnehmer sich innerhalb von acht Minuten nach Abruf am Arbeitsort einfinden können muss.[594]

Die Gewichtung des ortsbezogenen Kriteriums durch den EuGH wird aus verschiedenen Gründen kritisch gesehen. Zunächst führe dieses Verständnis dazu, dass auch Zeiten der Bereitschaft, in denen weniger als die Hälfte der Zeit tatsächliche Arbeit geleistet wird, als Arbeitszeit gewertet werden müssten.[595]

---

588 BAG, Urt. v. 12.12.2012 – 5 AZR 918/11, BeckRS 2013, 68694 Rn. 19; *Baeck/Deutsch/Winzer*, ArbZG, 4. Aufl. 2020, § 2 Rn. 41; HWK/*Gäntgen*, 10. Aufl. 2022, § 2 ArbZG Rn. 5.

589 *Anzinger/Koberski*, ArbZG, 5. Aufl. 2020, § 2 Rn. 48; *Baeck/Deutsch/Winzer*, ArbZG, 4. Aufl. 2020, § 2 Rn. 41; ErfK/*Roloff*, 22. Aufl. 2022, § 2 ArbZG Rn. 18.

590 ErfK/*Roloff*, 22. Aufl. 2022, § 2 ArbZG Rn. 19.

591 St. Rspr., s. nur EuGH, Urt. v. 21.2.2018 – C-518/15 – *Matzak*, NZA 2017, 293 Rn. 59; Beschl. v. 4.3.2011 – C-258/10 – *Grigore*, BeckRS 2011, 80562 Rn. 53 (frz.); Beschl. v. 11.1.2007 – C-437/05 – *Vorel*, BeckRS 2007, 146402 Rn. 27 f. (dazu *Thüsing*, RdA 2007, 207 (308)); Urt. v. 9.9.2003 – C-151/02 – *Jaeger*, NZA 2003, 1019 Rn. 63; vgl. Urt. v. 3.10.2000 – C-303/98 – *SIMAP*, NZA 2000, 1227; dazu *Baeck/Lösler*, NZA 2005, 247 (248 f.).

592 Vgl. nur EuGH, Urt. v. 9.9.2003 – C-151/02 – *Jaeger*, NZA 2003, 1019 Rn. 65; krit. *Schmitz*, NZA-RR 2019, 233 (236 f.); *Baeck/Deutsch/Winzer*, ArbZG, 4. Aufl. 2020, § 2 Rn. 45 m.w.N.

593 Vgl. EuGH, Urt. v. 21.2.2018 – C-518/15 – *Matzak* NZA 2017, 293 Rn. 63; *Freyler*, EuZA 2018, 463 (469); *Schmitz*, NZA-RR 2019, 233 (236).

594 EuGH, Urt. v. 21.2.2018 – C-518/15 – *Matzak* NZA 2017, 293 Rn. 63; dazu *Bayreuther*, NZA 2018, 348.

595 *Baeck/Deutsch/Winzer*, ArbZG, 4. Aufl. 2020, § 2 Rn. 45 m.w.N. zu ebenfalls krit. Stimmen der Literatur und der Instanzgerichte.

Die Verpflichtung, sich an einem vorgegebenen Ort aufzuhalten, könne aber die Einstufung als Arbeitszeit nicht erklären, insbesondere wenn der Arbeitnehmer die Zeit nach seinem Dünken nutzen könne.[596] Daneben wird außerdem kritisiert, dass es auf ein Kriterium wie den vom Arbeitgeber bestimmten Ort in der digitalisierten Arbeitswelt nicht mehr ankommen könne, da aufgrund von mobilem Arbeiten oder Homeoffice in Zeiten der Entgrenzung die Anwesenheit an einem vom Arbeitgeber bestimmten Ort eher die Ausnahme darstelle.[597] Generalanwältin *Sharpston* schlägt daher vor, auf die Qualität der Freizeit abzustellen anstatt auf die Nähe zum Arbeitsplatz, um festzustellen, ob es sich bei der betreffenden Zeitspanne um Arbeitszeit handelt oder nicht.[598] Jüngst hat der EuGH seine Rechtsprechung hierzu nun auch modifiziert und das ortsbezogene Kriterium abgeschwächt (s. sogleich unter d)).[599]

d) Rufbereitschaft

Rufbereitschaft steht ihrer Intensität nach auf der letzten Stufe der Bereitschaftsformen, sodass Zeitspannen, in denen der Arbeitnehmer Rufbereitschaft leistet, nicht zur Arbeitszeit zählen.[600] Bei der Rufbereitschaft ist der Arbeitnehmer dazu gehalten, für den Arbeitgeber erreichbar zu sein und auf dessen Weisung die Arbeit aufzunehmen, wobei er sich nach Rechtsprechung des BAG, anders als bei Bereitschaftsdienst, an einem Ort seiner Wahl aufhalten darf.[601] Da der Arbeitnehmer jedenfalls während des Bereithaltens frei über seine Zeit verfügen und seinen Interessen nachgehen darf, ist grundsätzlich die Einordnung als

---

596 *Baeck/Deutsch/Winzer*, ArbZG, 4. Aufl. 2020, § 2 Rn. 45.

597 *Schmitz*, NZA-RR 2019, 233 (236 f.).

598 GA *Sharpston*, SchlAnt. v. 26.7.2017 – C-518/15 – *Matzak*, BeckRS 2017, 118649 Rn. 57; zust. *Bayreuther*, NZA 2018, 348 (349); krit. *Schlottfeld*, ZESAR 2019, 27 (35), da es eine „objektiv ruhezeitfreundliche" Rufbereitschaft nicht gebe.

599 EuGH, Urt. v. 9.3.2021 – C-344/19 – *Radiotelevizija Slovenija*, NZA 2021, 485; v. 9.3.2021 – C-580/19 – *Stadt Offenbach am Main*, NZA 2021, 489.

600 Die Rufbereitschaft muss aber so gelegen sein, dass auf sie eine elfstündige Ruhezeit folgt, EAS/*Balze*, 215. EL 2019, B 3100 Rn. 112; Franzen/Gallner/Oetker/*Gallner*, EuArbR, 4. Aufl. 2022, Art. 3 RL 2003/88/EG Rn. 6; Preis/Sagan/*Ulber, D.*, EuArbR, 2. Aufl. 2019, § 7 Rn. 7.153.

601 S. nur BAG, Urt. v. 11.7.2006 – 9 AZR 519/05, NZA 2007, 155 Rn. 41; v. 24.10.2000 – 9 AZR 634/99, NZA 2001, 449; v. 19.12.1991 – 6 AZR 592/89, NZA 1992, 560; s. auch *Baeck/Deutsch/Winzer*, ArbZG, 4. Aufl. 2020, § 2 Rn. 48 f.; HWK/*Gäntgen*, 10. Aufl. 2022, § 2 ArbZG Rn. 5; *Schliemann*, ArbZG, 4. Aufl. 2020, § 2 Rn. 36.

Ruhezeit angezeigt.[602] Muss der Arbeitnehmer dann auf Abruf des Arbeitgebers die Arbeit aufnehmen, handelt es sich bei der Zeitspanne, in der er Arbeitsleistung erbringt, um Arbeitszeit.[603]

Die Wahl des Aufenthaltsorts erfährt jedoch insoweit eine gewisse Eingrenzung, als dass die Zeitspanne zwischen Abruf und Arbeitsaufnahme den Einsatz des Arbeitnehmers nicht gefährden darf und die Arbeitsaufnahme auch möglich sein muss, wenn sie erforderlich ist.[604] Das BAG hat entschieden, dass 45 Minuten, innerhalb derer der Arbeitsort zu erreichen sein muss, für die Einordnung als Rufbereitschaft unschädlich ist,[605] während eine Vorgabe von 20 Minuten den Arbeitnehmer zwinge, sich in der Nähe des Arbeitsortes aufzuhalten, sodass die Voraussetzungen der Rufbereitschaft nicht mehr erfüllt seien.[606; 607] Teilweise wird die Grenze zwischen Bereitschaftsdienst und Rufbereitschaft demnach treffend bei 30 Minuten gezogen.[608] Die Einschätzungen des BAG bestätigt letztlich auch die Entscheidung des EuGH, sog. Rufbereitschaft, die voraussetzt, dass der Arbeitnehmer innerhalb von acht Minuten nach Abruf seinen Arbeitsplatz erreicht, nicht als Ruhezeit, sondern als Arbeitszeit zu kategorisieren.[609] Auch nach deutschem Verständnis wäre eine solche Bereitschaftsform als Bereitschaftsdienst einzuordnen.[610]

Im letzten Jahr hat der EuGH, wie bereits angedeutet, die Relevanz eingeschränkt, die er dem ortsbezogenen Kriterium beimisst. So stellt er nun zur Bestimmung, ob eine Zeitspanne der Bereitschaft des Arbeitnehmers als Arbeits- oder Ruhezeit einzuordnen ist, nicht mehr entscheidend auf die Möglichkeit ab,

---

602 *Anzinger/Koberski*, ArbZG, 5. Aufl. 2020, § 2 Rn. 55; *Baeck/Deutsch/Winzer*, ArbZG, 4. Aufl. 2020, § 2 Rn. 52; *Schliemann*, ArbZG, 4. Aufl. 2020, § 2 Rn. 39; jeweils m.w.N.

603 *Baeck/Deutsch/Winzer*, ArbZG, 4. Aufl. 2020, § 2 Rn. 54; HK-ArbZR/*Spengler*, 2. Aufl. 2018, § 2 ArbZG Rn. 10; *Schliemann*, ArbZG, 4. Aufl. 2020, § 2 Rn. 39.

604 BAG, Urt. v. 19.12.1991 – 6 AZR 592/89, NZA 1992, 560; *Anzinger/Koberski*, ArbZG, 5. Aufl. 2020, § 2 Rn. 54; *Baeck/Deutsch/Winzer*, ArbZG, 4. Aufl. 2020, § 2 Rn. 50; HWK/*Gäntgen*, 10. Aufl. 2022, § 2 ArbZG Rn. 5.

605 BAG, Urt. v. 22.1.2004 – 6 AZR 543/02, BeckRS 2004, 30800702.

606 BAG, Urt. v. 31.1.2002 – 6 AZR 214/00, NZA 2002, 871; und zehn Minuten dann erst recht: BAG, Urt. v. 19.12.1991 – 6 AZR 592/89, NZA 1992, 560 (561).

607 Die Übertragung der Überlegungen i.R. vergütungsrechtlicher Fragestellungen ist insofern unproblematisch, s. nur *Bayreuther*, NZA 2018, 348 (350) m.w.N.

608 *Baeck/Deutsch/Winzer*, ArbZG, 4. Aufl. 2020, § 2 Rn. 50.

609 EuGH, Urt. v. 21.2.2018 – C-518/15 – *Matzak*, NZA 2017, 293 Rn. 63; krit. zu der Entscheidung aus dem Gesichtspunkt fehlender Kompetenz der EU, *Schliemann*, EuZW 2018, 274.

610 *Baeck/Deutsch/Winzer*, ArbZG, 4. Aufl. 2020, § 2 Rn. 50.

den Aufenthaltsort frei zu wählen, sondern auf eine Gesamtbeurteilung der Einzelfallumstände, wozu „die Folgen einer […] Zeitvorgabe und ggfs. die durchschnittliche Häufigkeit von Einsätzen während der Bereitschaftszeit gehören".[611] Das aufenthaltsbezogene Kriterium wird in der Rechtsprechung des EuGH nun lediglich ein Indiz – wenn auch das entscheidende – für die Beurteilung der Frage, ob Ruhezeit vorliegt oder nicht.[612] Relevant ist also, dass sich der Arbeitnehmer,

> „der während einer solchen Bereitschaftszeit verpflichtet ist, zur sofortigen Verfügung seines Arbeitgebers an seinem Arbeitsplatz zu bleiben, außerhalb seines familiären und sozialen Umfelds aufhalten muss und weniger frei über die Zeit verfügen kann, in der er nicht in Anspruch genommen wird".[613]

Daneben treten verschiedene Kriterien, wie bspw. die Rufzeit in Relation zu anderen Faktoren wie dem Anlegen von Ausrüstung und einem möglicherweise zur Verfügung gestellten Fahrzeug,[614] die Häufigkeit und der Umfang der tatsächlichen Inanspruchnahme[615] und ob der Arbeitnehmer die Bereitschaftszeit am Arbeitsort leisten muss.[616] Für Fälle, in denen die Bereitschaftszeit also nicht am Arbeitsplatz selbst geleistet werden muss, bleibt die Abgrenzung und Einordnung kompliziert und von einer Vielzahl von Faktoren abhängig.[617]

Das BAG hat sich inzwischen auch der Sichtweise des EuGH angeschlossen und mittels europarechtskonformer Auslegung judiziert:

> „Erhebliche Einschränkungen durch die konkrete Ausgestaltung der Rufbereitschaft und besondere Vorgaben (z.B. kurze Reaktionszeiten) sind mit dem Wesen der Rufbereitschaft jedoch nicht vereinbar. […] Die Bereitschaftszeit eines Arbeitnehmers ist deshalb arbeitszeitrechtlich entweder als Arbeitszeit oder als Ruhezeit einzustufen, da die RL 2003/88/EG keine Zwischenkategorie vorsieht. Bereitschaftszeit in Form von Rufbereitschaft, bei der der Arbeitnehmer während dieser Zeit nicht an seinem Arbeitsplatz bleiben muss, ist insgesamt als Arbeitszeit einzustufen, wenn dem Arbeitnehmer Einschränkungen auferlegt werden, die ihn bei objektiver Betrachtung ganz erheblich darin

---

611 EuGH, Urt. v. 9.3.2021 – C-344/19 – *Radiotelevizija Slovenija*, NZA 2021, 485 Rn. 66; v. 9.3.2021 – C-580/19 – *Stadt Offenbach am Main*, NZA 2021, 489 Rn. 61.

612 *Kocher*, RdA 2022, 50 (52).

613 EuGH, Urt. v. 9.3.2021 – C-580/19 – *Stadt Offenbach am Main*, NZA 2021, 489 Rn. 36.

614 EuGH, Urt. v. 9.3.2021 – C-580/19 – *Stadt Offenbach am Main*, NZA 2021, 489 Rn. 49.

615 *Freyler*, EuZA 2021, 336 (341); *Meler*, SPA 2021, 121; *Kocher*, RdA 2022, 50 (52); *Ulber, D./Stein*, AuR 2022, 148 (152 f.); bereits: *Bayreuther*, NZA 2018, 348 (349 f.).

616 *Bayreuther*, NZA 2021, 745 (746); dies war der Fall bei EuGH, Urt. v. 9.3.2021 – C-344/19 – *Radiotelevizija Slovenija*, NZA 2021, 485.

617 *Freyler*, EuZA 2021, 336 (345); *Kocher*, RdA 2022, 50 (54).

> beeinträchtigen, die Zeit, in der seine beruflichen Leistungen in Anspruch genommen werden können, frei gestalten und sich eigenen Interessen widmen zu können. Erreichen dagegen die dem Arbeitnehmer während einer bestimmten Bereitschaftszeit auferlegten Einschränkungen nicht diesen Intensitätsgrad und erlauben sie es ihm, über seine Zeit zu verfügen und sich ohne größere Einschränkungen seinen eigenen Interessen zu widmen, stellen nur die Zeiten tatsächlich erbrachter Arbeitsleistung Arbeitszeit dar."[618] (Nachweise ausgelassen)

Damit kommt es nach BAG-Rechtsprechung nun auch maßgeblich auf das Weisungsrecht des Arbeitgebers und die Einschränkungen der Freizeit des Arbeitnehmers an.[619]

e) *Summa: Einordnung einzelfallabhängig*

Für die Subsumtion unter die Definitionen der verschiedenen Bereitschaftsformen kristallisiert sich heraus, dass es immer auf eine nicht unerhebliche Anzahl von Umständen des Einzelfalls ankommt, um bewerten zu können, welche Art von Bereitschaft welcher Bereitschaftsform zuzuordnen und letztlich als Arbeits- oder Ruhezeit zu verstehen ist. Neben den zur Arbeitsbereitschaft genannten Faktoren, kommt bei der Abgrenzung von Bereitschaftsdienst und Rufbereitschaft insbesondere die örtliche Komponente hinzu, die sich auf die Freiheit des Arbeitnehmers, seinen Aufenthaltsort selbst zu bestimmen, konzentriert. Dies hängt auch von der Zeit ab, innerhalb derer die Arbeit nach Abruf durch den Arbeitgeber aufzunehmen ist. Daneben ist nach neuerer Rechtsprechung des EuGH auch zu berücksichtigen, wie häufig der Arbeitnehmer in Anspruch genommen wird und wie lange der Einsatz dauert. Klare Grenzen sind damit nicht vorgegeben, aber einzelfallabhängige, gerechte Ergebnisse möglich.[620] Die von Generalanwältin *Sharpston*[621] vorgeschlagene Anknüpfung an die Qualität der Freizeit des Arbeitnehmers während des Bereithaltens ist damit ebenfalls ein Stück weit mit berücksichtigt, weil diese maßgeblich von den genannten Faktoren abhängig ist.[622]

---

618 BAG, Urt. v. 27.7.2021 – 9 AZR 448/20, NZA 2021, 1702 Rn. 47.

619 Vgl. *Lunk*, NZA 2022, 881 (884).

620 Vgl. *Freyler*, EuZA 2021, 336 (345).

621 GA *Sharpston*, SchlAnt. v. 26.7.2017 – C-518/15 – *Matzak*, BeckRS 2017, 118649 Rn. 57.

622 Vgl. *Bayreuther*, NZA 2018, 348 (351).

2. *Sonderproblem: dauernde, „unregulierte" Erreichbarkeit*

Im arbeitszeitrechtlichen Schrifttum ein häufig diskutiertes Thema ist die dauernde oder ständige Erreichbarkeit der Arbeitnehmer, insbesondere aufgrund neuer, technischer Entwicklungen im Rahmen der Digitalisierung. Dabei geht es nicht um arbeitsvertraglich vereinbarte Rufbereitschaft, sondern um die „weitestgehend unregulierte Form einer erweiterten Verfügbarkeit der Beschäftigten für dienstliche Belange außerhalb der regulären Arbeitszeit."[623] Durch die erleichterte Kommunikation mittels E-Mail oder Smartphone kann der Arbeitgeber den Arbeitnehmer in der Regel jederzeit und überall erreichen, auch wenn dieser gerade eigentlich Freizeit hat. Dass die resultierenden Unterbrechungen der Ruhezeit (s. Gliederungspunkt § 3 B) II. 3.) aus Arbeitnehmerschutzgesichtspunkten problematisch sind, liegt auf der Hand. Aber auch bereits der Zustand der Erreichbarkeit in der Freizeit kann insbesondere psychische Auswirkungen auf den Arbeitnehmer haben, sodass eine arbeitszeitrechtliche Bewertung wegen der Schutzzwecke des ArbZG geboten ist. *Kohte* nennt dieses Phänomen „äußere Entgrenzung"[624] und betont von ihr ausgehende gesundheitliche Gefahren.[625]

a) *Bereitschaftsdienst oder Rufbereitschaft?*

Dass es sich bei dem Zustand ständiger Erreichbarkeit generell nicht um Bereitschaftsdienst (oder gar Arbeitsbereitschaft) handelt, ist herrschende Meinung,[626] denn die maßgeblichen Kriterien des Bereitschaftsdienstes sind nicht erfüllt.[627] Die Zeiten ständiger, unregulierter Erreichbarkeit machen gerade aus, dass der Arbeitnehmer eigentlich Freizeit hat, sich dort aufhalten kann, wo er möchte, und seinen eigenen Interessen nachgehen kann. Außerdem würde eine Einordnung solcher Zeiten als Bereitschaftsdienst und damit Arbeitszeit bedeuten, dass man einer Zeitspanne nur dann Ruhezeitqualität zuschreiben könne, wenn der Arbeitnehmer generell keinerlei Einfluss von der Arbeit ausgesetzt ist; er dürfte nicht einmal an seine Arbeit denken, so wird vereinzelt kritisiert, da

---

623 *Strobel*, iga.Report 23, S. 8.

624 *Kohte*, NZA 2015, 1417 (1422 f.).

625 *Kohte*, AuR 2019, 402 (406) m.w.N.

626 *Falder*, NZA 2010, 1150 (1151); *Hanau, H.*, EuZA 2019, 423 (429); *Kohte*, NZA 2015, 1417 (1423); *Krause*, NZA-Beil. 2017, 53 (56 f.); *Maier*, DB 2016, 2723 (2725); *Wank*, RdA 2014, 285 (288 f.); *Wiebauer*, NZA 2016, 1430 (1433); a.A. wohl Preis/Sagan/*Ulber, D.*, EuArbR, 2. Aufl. 2019, § 7 Rn. 7.127.

627 *Wank*, RdA 2014, 285 (288).

ansonsten der Erholungszweck der Ruhezeit gefährdet sei.[628] Sei dies entscheidend, könne auch Rufbereitschaft nicht mehr als Ruhezeit angesehen werden.[629] In Anknüpfung an die oben getroffenen Schlussfolgerungen zur Unterscheidung von Rufbereitschaft und Bereitschaftsdienst und die jüngste Rechtsprechung des EuGH hierzu mag es jedoch im speziellen Einzelfall möglich sein, die Zeiten der Erreichbarkeit als Bereitschaftsdienst anzusehen, wenn sich die Anforderungen an die Erreichbarkeit des Arbeitnehmers und die Kontaktaufnahmen durch den Arbeitgeber derart verdichten, dass die Freizeit erheblich eingeschränkt wird.[630]

Viele nehmen deshalb an, es handle sich bei dem Zustand der ständigen Erreichbarkeit um Rufbereitschaft, eine besondere Form der Rufbereitschaft oder zumindest um einen Zustand ähnlich der Rufbereitschaft.[631] Auf den ersten Blick leuchtet das ein: Der Arbeitnehmer hat Freizeit, kann sich demnach aufhalten, wo er möchte, und seinen Interessen nachgehen, erst bei Abruf durch den Arbeitgeber nimmt er die Arbeit auf. Dagegen wird jedoch angeführt, dass mangels Verpflichtung, sich bereit zu halten, negative Konsequenzen bei Arbeitsverweigerung oder Nichterreichbarkeit anders als bei „richtiger" Rufbereitschaft ausblieben und der Arbeitnehmer nicht an einen bestimmten Ort gebunden sei und jederzeit tätig werden könne.[632] Beides steht jedoch der Annahme von Rufbereitschaft nicht entgegen. Abgesehen davon, dass negative Konsequenzen auch darin liegen können, dass der Arbeitnehmer z.B. einen bestimmten Bonus nicht erhält, weil er sich nicht bereithält, oder ihn aus demselben Grund andere Nachteile treffen, ist das Kriterium des Ortswechsels für die Annahme von Rufbereitschaft nicht zwingend,[633] insbesondere in Zeiten von mobilem Arbeiten und Homeoffice. Gänzlich überzeugend ist all dies dennoch nicht, wenn auch die

628 *Hanau, H.*, EuZA 2019, 423 (429).

629 *Hanau, H.*, EuZA 2019, 423 (429).

630 Vgl. *Krause*, Gutachten 71. DJT, S. B 38; *Ulber, D./Stein*, AuR 2022, 148 (153), unter Bezugnahme auf die Gesamtbeurteilung durch den EuGH; *Witschen*, Rahmenvorgaben und Flexibilisierungsspielräume im Arbeitszeitrecht, S. 105 f.

631 *Falder*, NZA 2010, 1150 (1151) will dies zumindest analog der Rufbereitschaft behandeln; *Gaul*, DB 2013, 60 (61); *Hanau, H.*, EuZA 2019, 423 (429); *Kohte*, NZA 2015, 1417 (1423); *Krause*, Gutachten 71. DJT, S. B 38; *ders.*, NZA-Beil. 2017, 53 (56 f.); *Maier*, DB 2016, 2723 (2725); *Wank*, RdA 2014, 285 (288 f.); *Wiebauer*, NZA 2016, 1430 (1433).

632 *Bissels/Domke/Wisskirchen*, DB 2010, 2052 (2053); *Falder*, NZA 2010 S. 1150 (1151); vgl. *Maier*, DB 2016, 2723 (2725).

633 *Maier*, DB 2016, 2723 (2725); s. auch *Gaul*, DB 2013, 60 (61); *Falder*, NZA 2010, 1150 (1511).

Vergleichbarkeit zur Rufbereitschaft zuzugestehen ist. So wird der Subsumtion unter Rufbereitschaft entgegengehalten, es gehe bei der Problematik der ständigen Erreichbarkeit nicht ausschließlich um Fälle, in denen den Arbeitnehmer eine solche Pflicht zum Bereithalten trifft, wie sie der Rufbereitschaft immanent ist, sondern um die inzwischen alltägliche Situation, dass der Arbeitnehmer auch nach Feierabend für den Arbeitgeber erreichbar sei.[634] Mangels Verpflichtung liege also keine Rufbereitschaft vor.[635] Dies verkennt jedoch, dass der Anlass zur Erreichbarkeit außerhalb vereinbarter Zeiten oftmals aus der Sphäre des Arbeitgebers stammt. Eine allgemeine Einordnung als Rufbereitschaft kann, so ist den Bedenken zuzustimmen, zu weit gehen.

b) *Erreichbarkeit auf Weisung des Arbeitgebers oder freiwillig?*

Richtig und sachgerecht ist vielmehr die Differenzierung danach, ob der Arbeitnehmer auf Weisung oder aufgrund entsprechender Erwartungen seines Arbeitgebers erreichbar ist oder ob er freiwillig dazu bereit ist.[636] Das heißt: Fordert der Arbeitgeber den Arbeitnehmer ausdrücklich dazu auf, nach Feierabend noch zur etwaigen Arbeitsaufnahme erreichbar zu sein, auch wenn ihn der Arbeitsvertrag hierzu nicht berechtigt, handelt es sich um Rufbereitschaft.[637] Zwar ist der Arbeitnehmer, insbesondere wenn die Grenzen des arbeitszeitrechtlich Zugelassenen an diesem Tag bereits erreicht sind, dann nicht verpflichtet, dieser Weisung Folge zu leisten, da sie ggfs. rechtswidrig ist.[638] Dennoch wird er sich vielfach aufgrund seiner unterlegenen Stellung dem Arbeitgeber gegenüber und wegen befürchteter Nachteile dazu genötigt fühlen, einer solchen Weisung Folge zu leisten. In diesen Fällen wäre es mit Blick auf den Schutzzweck des ArbZG widersinnig, ihm den arbeitszeitrechtlichen Schutz zu verwehren. Denn auch wenn Rufbereitschaft als Ruhezeit einzuordnen ist, ist die Qualifizierung einer

634 *Baeck/Winzer*, NZA 2020, 96 (98 f.).

635 *Baeck/Winzer*, NZA 2020, 96 (98 f.).

636 *Witschen*, Rahmenvorgaben und Flexibilisierungsspielräume im Arbeitszeitrecht, S. 106.

637 Ausf. *Witschen*, Rahmenvorgaben und Flexibilisierungsspielräume im Arbeitszeitrecht, S. 106 ff.; s. auch *Neumann/Biebl*, ArbZG, 16. Aufl. 2013, § 7 Rn. 13b.

638 *Witschen*, Rahmenvorgaben und Flexibilisierungsspielräume im Arbeitszeitrecht, S. 107. Einer Weisung, die die gesetzlichen Grenzen überschreitet, muss der Arbeitnehmer keine Folge leisten, s. BeckOK ArbR/*Tillmanns*, 64. Ed. 2022, § 106 GewO Rn. 56.

Zeitspanne als Rufbereitschaft für bestimmte Vorschriften des ArbZG von Relevanz,[639] sodass die Einordnung keineswegs ohne Bedeutung ist.

Man muss aber noch weiter gehen: Selbst wenn seitens des Arbeitgebers keine ausdrückliche Weisung dem Arbeitnehmer gegenüber erfolgt, aber die Erwartung der Erreichbarkeit besteht oder dem Arbeitnehmer anderweitig deutlich gemacht wird, dass er erreichbar zu sein habe, ist von Rufbereitschaft auszugehen.[640] Die ständige Erreichbarkeit wird in der Regel eben nicht vereinbart oder angeordnet, sondern setzt von alleine ein und schlägt sich in entsprechenden Erwartungen nieder.[641] Und auch in diesen Fällen wird auf den Arbeitnehmer nicht unerheblicher Druck ausgeübt: einerseits, erreichbar zu sein, weil der Arbeitgeber ihm strukturell überlegen ist, andererseits, weil er während der Freizeit ständig mit Kontaktaufnahme rechnen muss. Doch nur wenn der Arbeitnehmer richtig „abschalten" kann, ist vollständige Entspannung und tatsächliche Frei- und Ruhezeit gegeben.[642] Die Situation ist somit faktisch mit der Rufbereitschaft vergleichbar.

Wenn der Arbeitnehmer sich hingegen tatsächlich und völlig freiwillig bereithält, auch nach Ende der täglichen Höchstarbeitszeit noch Arbeiten für den Arbeitgeber zu erledigen, ist dies arbeitszeitrechtlich nicht erheblich – solange zumindest der Arbeitgeber davon keine Kenntnis hat.[643] Denn auch in letzterem Fall kann er, sofern er dies für erforderlich hält, auf den Arbeitnehmer zurückgreifen und ihn nach seinen Bedürfnissen zur Arbeit heranziehen,[644] was sich im Ergebnis ebenfalls mit Rufbereitschaft vergleichen lässt.

c) Summa: Einordnung ebenfalls einzelfallabhängig

Bei der Lösung der Problematik ständiger Erreichbarkeit der Arbeitnehmer ist sich mittels der bestehenden arbeitszeitrechtlichen Vorgaben und Bereitschaftsformen zu behelfen. Ständige Erreichbarkeit der Arbeitnehmer ist nach

639 Aufzählung bei *Witschen*, Rahmenvorgaben und Flexibilisierungsspielräume im Arbeitszeitrecht, S. 107.

640 *Witschen*, Rahmenvorgaben und Flexibilisierungsspielräume im Arbeitszeitrecht, S. 108 f.

641 *Krause*, Gutachten 71. DJT, S. B 37.

642 *Witschen*, Rahmenvorgaben und Flexibilisierungsspielräume im Arbeitszeitrecht, S. 109.

643 *Witschen*, Rahmenvorgaben und Flexibilisierungsspielräume im Arbeitszeitrecht, S. 109.

644 *Witschen*, Rahmenvorgaben und Flexibilisierungsspielräume im Arbeitszeitrecht, S. 109.

einhelliger Auffassung nicht generell unter die Merkmale des Bereitschaftsdienstes zu subsumieren – das ist auch richtig. Ob hingegen Rufbereitschaft vorliegen kann, ist umstritten und überzeugenderweise davon abhängig zu machen, ob der Arbeitgeber die Erreichbarkeit anordnet, sie erwartet oder zumindest davon weiß, dass der Arbeitnehmer für ihn erreichbar ist. Denn all dies sind Fälle, in denen der Arbeitnehmer jederzeit mit Kontaktaufnahme rechnen muss und keine „richtige" Ruhezeit genießen kann. Je nach Intensität kann die ständige Erreichbarkeit im Einzelfall sogar so weit gehen, dass letztlich von Bereitschaftsdienst auszugehen ist. Weiß der Arbeitgeber hingegen nichts von der Möglichkeit, den Arbeitnehmer außerhalb dessen Arbeitszeiten zu erreichen, ist das freiwillige Bereithalten arbeitszeitrechtlich nicht relevant.

3. *Umkleidezeiten*

Auf einzelne Fallgruppen von möglicher Arbeitszeit, die mitunter auch in mitgliedstaatlicher Handhabung unterschiedlich behandelt werden, soll hier noch ein kurzer Seitenblick geworfen werden. Dabei sind zunächst Umkleidezeiten interessant. Folgend soll es mangels europarechtlicher Konkretisierungen (a)) zunächst um die deutsche Rechtslage hinsichtlich Umkleidezeiten gehen, die im selben Abschnitt europarechtlich auf dem Prüfstand steht (b)). Ein kurzer Blick auf andere Mitgliedstaaten soll hier nicht fehlen (c), (d)).

a) Konkretisierende Rechtsprechung des EuGH fehlt

Eine europarechtliche Einordnung von Umkleidezeiten ist aus der Judikatur des EuGH bisher noch nicht zu entnehmen; entsprechend gibt es wenige Stimmen in der Literatur, die sich zu Umkleidezeiten im europarechtlichen Arbeitszeitrecht äußern. Lediglich *D. Ulber* subsumiert unter den Arbeitszeitbegriff der Richtlinie und nimmt an: Wenn der Arbeitnehmer sich an der Dienststelle umkleide (dazu gehöre auch ein Umkleideraum am Arbeitsort)[645], stehe er dem Arbeitgeber bereits räumlich zur Verfügung und übe außerdem eine Tätigkeit aus, die mit seinem Beruf im Zusammenhang stehe, sodass Arbeitszeit gegeben sei.[646]

---

645 Das sei mit Bereitschaftsdienst, der nach ständiger EuGH-Rechtsprechung als Arbeitszeit zu bewerten ist, vergleichbar, denn auch dort sei es gleich, wo sich der Arbeitnehmer aufhalte, Preis/Sagan/*Ulber, D.*, EuArbR, 2. Aufl. 2019, § 7 Rn. 7.138.

646 Preis/Sagan/*Ulber, D.*, EuArbR, 2. Aufl. 2019, § 7 Rn. 7.138 m.w.N.

b) Deutsche Rechtslage

Im deutschen Recht hingegen gibt es im Unterschied zur europäischen Rechtslage umfangreiche Rechtsprechung zu der Frage, ob es sich bei Umkleidezeiten um Arbeitszeit handelt. Das BAG hat dabei (in vergütungsrechtlicher Hinsicht freilich)[647] Umkleidezeiten unter bestimmten Voraussetzungen als Arbeitszeit eingeordnet. Entscheidendes Kriterium ist in der Rechtsprechung des BAG die Fremdnützigkeit solcher Tätigkeiten, sodass die Einordnung als Arbeitszeit mit der Verpflichtung des Arbeitnehmers, Arbeitskleidung zu tragen und diese im Betrieb anzulegen, begründet wird.[648]

Wenn die Arbeitskleidung auch zu Hause angezogen werden darf, liegt grundsätzlich keine Arbeitszeit vor. Dies ändert sich unter Anknüpfung an das Merkmal der Fremdnützigkeit dann, wenn die Arbeitskleidung auffällig ist.[649] Dafür reicht es aus, wenn der Arbeitnehmer aufgrund seiner Arbeitskleidung als einem bestimmten Beruf zugehörig zu erkennen ist.[650] Das BAG begründet dies mit einem eigenen Interesse des Arbeitgebers:

> „An einer derartigen Offenlegung ihres Arbeitgebers gegenüber Dritten sowie einer Verbreitung des Bekanntheitsgrads des Unternehmens besteht außerhalb der Arbeitszeit kein objektiv feststellbares eigenes Interesse der Arbeitnehmer. Das Tragen der Dienstkleidung auf dem Weg zur und von der Arbeit dient vielmehr dem Interesse der

---

647 Diese Grundsätze gelten nach weit verbreiteter Auffassung so auch im Arbeitsschutzrecht, s. nur *Franzen*, NZA 2016, 136 (137); ErfK/*Roloff*, 22. Aufl. 2022, § 2 ArbZG Rn. 4; HWK/*Gäntgen*, 10. Aufl 2022, § 2 ArbZG Rn. 6 f.; *Schliemann*, ArbZG, 4. Aufl. 2020, § 2 Rn. 40 ff.; s. auch MHdB ArbR/*Koberski*, 5. Aufl. 2021, § 182 Rn. 18 m.w.N.: wenn das Tragen der Arbeitskleidung aus gesundheitlichen oder hygienischen Gründen vorgeschrieben ist.

648 S. dazu BAG, Urt. v. 12.12.2018 – 5 AZR 124/18, NZA 2019, 549 Rn. 17, 22; v. 19.3.2014 – 5 AZR 954/12, NZA 2014, 787; v. 19.9.2012 – 5 AZR 678/11, NZA-RR 2013, 63 Rn. 23; vgl. *Bayreuther*, NZA 2021, 745 (748); *Bettinghausen*, BB 2019, 2613; *Franzen*, NZA 2016, 136; *Baeck/Deutsch/Winzer*, ArbZG, 4. Aufl. 2020, § 2 Rn. 9.

649 BAG, Beschl. v. 12.11.2013 – 1 ABR 59/12, NZA 2014, 557 Rn. 35; v. 17.1.2012 – 1 ABR 45/10, NZA 2012, 687 Rn. 32; v. 10.11.2009 – 1 ABR 54/08, NZA-RR 2010, 301 Rn. 20; *Bettinghausen*, BB 2019, 2613; *Franzen*, NZA 2016, 136; s. auch Buschmann/Ulber/*Buschmann*, ArbZR, 1. Aufl. 2019, § 2 ArbZG Rn. 51 ff.

650 BAG, Urt. v. 6.9.2017 – 5 AZR 382/16, NZA 2018, 180: Der Arbeitnehmer war in seiner weißen Arbeitskleidung als Krankenpfleger zu erkennen.

> Bekl., zumal es dem Kl. auf Grund des Fehlens von Umkleidevorrichtungen nicht möglich ist, die Dienstkleidung erst am Arbeitsplatz anzulegen."[651] (Nachweise ausgelassen)

Teilweise werden diese Zeiten arbeitsschutzrechtlich aber auch nur als reine Vorbereitungshandlungen angesehen, die nicht als Arbeit zu verstehen seien.[652] Für die letztere Auffassung spricht insbesondere, dass der Schutzzweck des Arbeitszeitrechts sowohl aus europäischer wie nationaler Warte durch die Herausnahme auch notwendiger Umkleidezeiten aus dem Schutzbereich keine Einbuße erfahren würde: In praktischer Hinsicht sind entsprechende Zeiträume allgemein so gering, dass sie kaum bis keine Auswirkungen auf die einzuhaltende Höchstarbeitszeit haben,[653] wodurch sich auch der Einfluss, den sie auf Gesundheit und Sicherheit der Arbeitnehmer nehmen, in Grenzen hält.

Während im deutschen Arbeitsrecht auch der Wortlaut des Arbeitszeitbegriffs für diese Auffassung spricht, indem er auf den Beginn der Arbeit abstellt und daher so ausgelegt werden kann, dass er Vorbereitungshandlungen ausklammert,[654] greift zumindest dieses Argument im europäischen Recht nicht. Vielmehr ist hier Folgendes zu bedenken: Geht es um ein angeordnetes Umziehen am Arbeitsplatz, ist der Arbeitnehmer im Sinne des Arbeitszeitbegriffs der Richtlinie bei der Arbeit, sodass die örtliche Komponente erfüllt ist, steht damit dem Arbeitgeber bereits räumlich zur Verfügung und geht einer ihm aufgetragenen Tätigkeit nach.[655] Der Arbeitszeitbegriff der Richtlinie ist erfüllt und es ist der Überlegung *D. Ulbers* wohl hinsichtlich des Umkleidens im Betrieb aus europarechtlicher Perspektive zuzustimmen – somit muss das mittels europarechtskonformer Auslegung auch für den nationalen Begriff gelten.

Diese Argumentation, stützt sie sich doch vornehmlich auf den räumlichen Aspekt, greift nicht ohne Weiteres im zweiten Fall, dem Umziehen zu Hause, sodass hier eine andere Bewertung möglich scheint. Es stimmt auch, dass die Auffälligkeit der Kleidung auf den Gesundheitsschutz des Arbeitnehmers keinerlei

---

651 BAG, Urt. v. 19.3.2014 – 5 AZR 954/12, NZA 2014, 787 Rn. 25; vgl. auch BAG, Beschl. v. 12.11.2013 – 1 ABR 59/12, NZA 2014, 557 Rn. 35; v. 17.1.2012 – 1 ABR 45/10, NZA 2012, 687 Rn. 32; v. 10.11.2009 – 1 ABR 54/08, NZA-RR 2010, 301 Rn. 20.

652 *Baeck/Deutsch/Winzer*, ArbZG, 4. Aufl. 2020, § 2 Rn. 9; s. auch BeckOK ArbR/*Kock*, 64. Ed. 2022, § 2 ArbZG Rn. 18.

653 Das konstatiert auch *Franzen*, NZA 2016, 136 (137); s. auch *Baeck/Deutsch/Winzer*, ArbZG, 4. Aufl. 2020, § 2 Rn. 9 mit Augenmerk auf das Vorliegen einer bloßen Vorbereitungshandlung. So schließlich auch BAG, Urt. v. 11.10.2000 – 5 AZR 122/99, NZA 2001 458 (459).

654 *Baeck/Deutsch/Winzer*, ArbZG, 4. Aufl. 2020, § 2 Rn. 9.

655 Vgl. Preis/Sagan/*Ulber, D.*, EuArbR, 2. Aufl. 2019, § 7 Rn. 7.138.

Auswirkungen hat, sodass das Tragen auf dem Weg zum und vom Arbeitsplatz arbeitsschutzrechtlich ohne Belang sein mag.[656] Die Fremdnützigkeit der Tätigkeit an sich, an die das BAG seine vergütungsrechtliche Wertung knüpft, ist außerdem kein Kriterium, das Arbeitszeit im Sinne der Richtlinie ausmacht. Will man das Umziehen zu Hause unter den Arbeitszeitbegriff der Richtlinie subsumieren, so scheitert dies an den örtlichen Komponenten, insbesondere wohl an dem entscheidenden zweiten Kriterium des Arbeitszeitbegriffs, dass der Arbeitnehmer dem Arbeitgeber zur Verfügung zu stehen habe. Er befindet sich vielmehr in seiner Wohnung und zieht sich dort um, steht also nicht dafür bereit, Leistungen zu erbringen. Es scheint also aus europarechtlicher Warte durchaus möglich, dass der EuGH sich in solchen Fällen gegen das Vorliegen von Arbeitszeit entscheidet. Ob er dies letztlich tun wird, bleibt abzuwarten.

c) *Französische Rechtslage (*temps d'habillage et de déshabillage*)*

In Frankreich gehören Umkleidezeiten unter zwei Bedingungen zu der Arbeitszeit, wie es gesetzlich in Verknüpfung mit der Vergütungspflicht in Art. L 3121-3 CdT geregelt ist: Erstens der Arbeitgeber schreibt das Tragen der Arbeitskleidung vor und zweitens das Umkleiden ist dem Arbeitnehmer nur im Unternehmen oder am Arbeitsplatz möglich. Diese Voraussetzungen müssen kumulativ vorliegen, eine entsprechende Vorgabe des Arbeitgebers allein ist somit nicht ausreichend; zusätzlich muss die Kleidung aus zwingenden Gründen nur im Unternehmen an- oder ausgezogen werden können.[657] Dies gilt nur dann nicht, wenn das Umziehen am Arbeitsplatz aus Gründen des Gesundheitsschutzes oder der Sicherheit erforderlich ist – denn ansonsten könnte der Arbeitgeber durch die rein formale Erlaubnis, sich auch zu Hause umzuziehen, die Einordnung als Arbeitszeit und seine damit im französischem Recht einhergehende Vergütungspflicht verhindern.[658] Die Grenze der Zumutbarkeit, mit der Arbeitskleidung in der Öffentlichkeit aufzutreten, die in Deutschland oftmals vertreten wird, gilt hier daher gerade nicht.[659]

---

656 *Baeck/Deutsch/Winzer*, ArbZG, 4. Aufl. 2020, § 2 Rn. 9.

657 Cass. Soc. 26.3.2008, n° 05-41.476 P; s. auch *Auzero/Baugard/Dockès,* Droit du travail, 35. Aufl. 2022, Rn. 861; s. auch zu entsprechender Rspr. in deutscher Zusammenfassung EuZA 2010, 421.

658 *Auzero/Baugard/Dockès,* Droit du travail, 35. Aufl. 2022, Rn. 861.

659 Vgl. auch EuZA 2010, 421.

d) *Österreichische Rechtslage*

Auch im österreichischen Recht kommt es darauf an, wo die Kleidung angelegt wird. Umkleidezeiten sind nach der wohl vorwiegenden Auffassung dann Arbeitszeit, wenn die Kleidung aus hygienischen Gründen oder aufgrund einer Anordnung des Arbeitgebers im Betrieb erfolgen muss.[660] Der Arbeitnehmer kommt damit einer Weisung des Arbeitgebers nach, was der OGH als entscheidendes Merkmal zur Bestimmung von Arbeitszeit betrachtet.[661] Während dieser Zeit kann er nämlich über seinen Arbeitsort und die Verwendung seiner Zeit nicht frei entscheiden – ob für ihn tatsächlich ein zeitlicher Mehraufwand entstünde, sei aus diesen Gründen nicht relevant.[662] Dagegen wird ein Umziehen zu Hause nicht als Arbeitszeit gezählt, ebenso wenn der Arbeitnehmer selbst aussuchen darf, wo er sich umzieht.[663] Das gilt laut Hinweisen des OGH aber nur, solange kein unüblich großer Zeitaufwand zu einem abweichenden Ergebnis führe.[664]

e) *Summa: arbeitsschutzrechtlich von geringer Relevanz*

Es zeigt sich, dass Umkleidezeiten arbeitsschutzrechtlich kaum Relevanz haben.[665] Frankreich und Österreich regeln die Einordnung als Arbeitszeit in Verknüpfung mit vergütungsrechtlichen Fragen, ebenso hält es das BAG in seiner entsprechenden Judikatur. Demnach überrascht es auch nicht, dass der EuGH sich hiermit für die Auslegung der ArbZRL, die vergütungsrechtliche Fragen nicht regelt, noch nicht zu befassen hatte. Umkleidezeiten unter bestimmten Voraussetzungen als Arbeitszeit zu verstehen, ist für den Arbeitnehmer

---

660 OGH v. 25.5.2020 – 9 ObA 13/20g, RIS-Justiz RS0132154 Pkt. 3.1; v. 17.5.2018 – 9 ObA 29/18g, RIS-Justiz RS0132154 Pkt. 5; Auer-Mayer/Felten/Pfeil/*Auer-Mayer*, AZG ÖR, 4. Aufl. 2019, § 2 Rn. 25.

661 OGH v. 25.5.2020 – 9 ObA 13/20g, RIS-Justiz RS0132154 Pkt. 3.1.

662 Auer-Mayer/Felten/Pfeil/*Auer-Mayer*, AZG ÖR, 4. Aufl. 2019, § 2 Rn. 25.

663 Krit. Auer-Mayer/Felten/Pfeil/*Auer-Mayer*, AZG ÖR, 4. Aufl. 2019, § 2 Rn. 27 f.: Es komme vielmehr darauf an, ob das Umkleiden aufgrund bestimmter Beschränkungen durch den Arbeitnehmer für erforderlich gehalten werde und ob das An- und Ausziehen der Arbeitskleidung mehr Zeit bedürfe als bei selbstgewählter Kleidung.

664 OGH, Beschl. v. 4.9.2002 – 9 ObA 89/02g, RIS-Justiz RS0021824; Urt. v. 4.9.2002 – 9 ObA 133/02b, RIS-Justiz RS0021824.

665 Ähnlich dürfte es aufgrund des ebenfalls geringen zeitlichen Umfangs mit den während der Pandemie erforderlichen Coronatests und 3G-Kontrollen sein, vgl. dazu *Fink*, NZA 2022, 1, der diese im Ergebnis richtig als Arbeitszeit in vergütungs- wie arbeitsschutzrechtlicher Hinsicht einordnet.

jedenfalls günstig, sodass dies aus europäischer Sicht unproblematisch ist. Wo Umkleidezeiten nicht als Arbeitszeit gewertet werden, vermag dies aber auch den Schutzzweck der Richtlinie im Regelfall wegen des geringen Zeitaufwands nicht zu beeinträchtigen; findet das Umziehen jedoch zwingend am Arbeitsplatz statt, sind die Voraussetzungen des Arbeitszeitbegriffs erfüllt.

4. *Wege- und Reisezeiten*

Auch wegen ihres größeren zeitlichen Umfangs relevanter ist die Frage nach der arbeitszeitrechtlichen Einordnung von Wege- und Reisezeiten, die einer differenzierten Betrachtung unterliegt. Für die zuerst vorzunehmende europarechtliche Einordnung (a)) ist zu bedenken, dass es auch hier kaum umreißende Rechtsprechung des EuGH gibt. Die deutsche Einordnung von Wege- und Reisezeiten (b)) ist wiederum anhand umfangreicher Rechtsprechung und Literatur ausgestaltet. Auch hier soll ein Seitenblick auf Österreich (c)), wo einige Aspekte gesetzlich erfasst sind, erfolgen.

a) Europarechtliche Einordnung

Eine europarechtliche Annährung fällt zumindest hinsichtlich Wegezeiten etwas leichter als bei den zuvor betrachteten Umkleidezeiten, da der EuGH sich in der Rechtssache *Tyco*[666] bereits zu einer Fallkonstellation von Wegezeiten geäußert hat, was als Orientierungspunkt dienen kann. Von dieser Entscheidung unabhängig besteht zunächst wohl Einigkeit darüber, dass Fahrten von und zum festen Arbeitsort keine Arbeitszeit darstellen, es sei denn, es handelt sich um einen Arbeitseinsatz im Rahmen der Rufbereitschaft.[667] Das sieht auch die Europäische Kommission so, denn bei solchen Fahrten kann der Arbeitnehmer die Entfernung zwischen Wohn- und Arbeitsort durch entsprechende Wahl des Wohnorts selbst bestimmen und außerdem über die Zeit, die für die Fahrt aufgewendet wird, frei verfügen.[668]

Für die Fahrten von Arbeitnehmern hingegen, die keinen festen Arbeitsort haben und zwischen ihrem Wohnort und bei Arbeitsbeginn dem Standort des ersten und bei Arbeitsende des letzten Kunden unterwegs sind, hat der EuGH in der genannten Rechtssache *Tyco* judiziert, dass Arbeitszeit vorliegt.[669] Das

---

666 EuGH, Urt. v. 10.9.2015 – C-266/14 – *Tyco*, NZA 2015, 1777.

667 *Europäische Kommission*, Mitteilung 2017/C 165, S. 19 f.; Preis/Sagan/*Ulber, D.*, EuArbR, 2. Aufl. 2019, § 7 Rn. 7.138.

668 *Europäische Kommission*, Mitteilung 2017/C 165, S. 19 f.

669 EuGH, Urt. v. 10.9.2015 – C-266/14 – *Tyco*, NZA 2015, 1777 Rn. 32 ff.

begründet er mit einer sonst eintretenden Verfälschung des Arbeitszeitbegriffs und damit einem Unterlaufen des Schutzzwecks der Richtlinie.[670] Die Fahrten seien notwendig, um die Arbeitsleistung beim Kunden überhaupt erbringen zu können, sodass der Arbeitnehmer während dieser Fahrten bereits seiner Tätigkeit nachkomme.[671] Auch ändere die Tatsache, dass der Arbeitnehmer bei der Fahrt eine gewisse Freiheit genieße, nichts am Vorliegen des zweiten Kriteriums des Arbeitszeitbegriffs, dass der Arbeitnehmer dem Arbeitgeber zur Verfügung steht, da er ebenfalls während der Fahrt den Anweisungen des Arbeitgebers unterliege.[672] Schließlich sei auch aus der Annahme, dass der Arbeitnehmer Aufgaben wahrnehme, sowie aus der untrennbaren Verbindung der Fahrten zum Wesen eines Arbeitnehmers ohne festen Arbeitsort zu schließen, dass er beim Fahren arbeite.[673]

Das erste Argument des EuGH in Bezug auf die Notwendigkeit der Fahrten, um die Arbeitsleistung erbringen zu können, wird zu Recht kritisiert. Diese recht unspezifische Begründung erlaubt durchaus auch die Subsumtion des üblichen Weges von zu Hause zum festen Arbeitsplatz als Arbeitszeit,[674] denn auch dann ist die Fahrt zum Arbeitsort notwendig in diesem Sinne. Dieser Argumentation ist daher ohne nähere Konkretisierung jedenfalls nicht zuzustimmen. Wollte man die Überlegung jedoch auf alle Wegezeiten zu übertragen, ist zu berücksichtigen, dass die Ausführungen des EuGH in der Rechtssache *Tyco*, die maßgeblich auch mit der Umwandlung und Rationalisierung des Betriebs im konkreten Fall zusammenhängen, schon aus dogmatischen Gründen nicht überzeugen, sind sie doch allzu stark auf den Einzelfall konzentriert, um allgemeinere Grundsätze zu stützen.[675] Dennoch spricht entscheidend für die Einordnung als Arbeitszeit, dass dem Arbeitnehmer nicht mehr die Möglichkeit offensteht, über die Entfernung zwischen der Wohnung und dem Arbeitsort, der sich schließlich täglich mehrfach ändert, zu bestimmen.[676]

---

670 Krit. dazu *Schlottfeldt*, ZESAR 2016, 173 (174).

671 EuGH, Urt. v. 10.9.2015 – C-266/14 – *Tyco*, NZA 2015, 1777 Rn. 32.

672 EuGH, Urt. v. 10.9.2015 – C-266/14 – *Tyco*, NZA 2015, 1777 Rn. 35 ff.

673 EuGH, Urt. v. 10.9.2015 – C-266/14 – *Tyco*, NZA 2015, 1777 Rn. 43 ff.

674 *Schlottfeldt*, ZESAR 2016, 173 (174).

675 *Bayreuther*, NZA 2021, 745 (747 f.); *Hartmann*, EuZA 2017, 153 (180); *Schlottfeldt*, ZESAR 2016, 173 (174 f.); *Stiebert*, EuZW 2015, 791 (795); *Baeck/Deutscher/Winzer*, ArbZG, 4. Aufl 2020, § 2 Rn. 74; *Thüsing*, EuArbR, 3. Aufl. 2017, § 7 Rn. 29.

676 EuGH, Urt. v. 10.9.2015 – C-266/14 – *Tyco*, NZA 2015, 1777 Rn. 44; *Schlottfeldt*, ZESAR 2016, 173 (175).

Fehlt es für andere Zeitspannen zwar an Rechtsprechung, hat die Europäische Kommission doch bereits eine Einordnung als Leitlinie vorgenommen: Fahrten zwischen einzelnen Terminen während des Arbeitstages sind nach ihrer Auffassung und mit an die Entscheidung *Tyco* angelehnten Überlegungen als Arbeitszeit einzuordnen.[677] Das gleiche nimmt sie hinsichtlich unregelmäßiger Fahrten zu einem anderen Arbeitsort an.[678] Diese Erwägungen sind jedenfalls europarechtlich noch nicht „in Stein gemeißelt" und bedürfen wohl auch immer noch einer Einzelfallbetrachtung. Auch für die Einordnung von Dienstreisen gibt es noch keine Vorgaben des EuGH.

b) Deutsche Rechtslage

Die verschiedenen Fälle der Wege- oder auch Fahrtzeiten (aa)) werden im deutschen Schrifttum viel diskutiert. Zu unterscheiden sind die Dienstreisen des Arbeitnehmers, deren rechtliche Bewertung durch umfangreiche Stellungnahmen in Rechtsprechung und Literatur vorgenommen wird (bb)).

aa) Wegezeiten

Wie auch europarechtlich zugelassen, gilt die Wegezeit zwischen Wohnung und Betrieb nicht als Arbeitszeit, denn die Wahl des Wohnorts und damit letztendlich die Entscheidung über die Entfernung vom Arbeitsplatz obliegt dem Arbeitnehmer.[679] Es kommt darauf an, ob die Fahrzeiten betriebsbedingt sind und der Arbeitnehmer so beansprucht wird, dass die Belastung arbeitsschutzrechtliche Relevanz entfaltet,[680] sodass innerbetriebliche oder bspw. auch Fahrten von der Betriebsstätte zu einem außerhalb gelegenen Ort der Arbeitszeit zuzurechnen sind.[681] Einig ist man sich darüber – und das ist auch im Sinne der *Tyco*-Entscheidung des EuGH –, dass Arbeitnehmer ohne feste Betriebsstätte, die von

---

677 *Europäische Kommission*, Mitteilung 2017/C 165, S. 19.

678 *Europäische Kommission*, Mitteilung 2017/C 165, S. 19.

679 H.M., s. nur BAG, Urt. v. 14.6.2016 – 9 AZR 409/15, NJOZ 2017, 200 Rn. 17; v. 22.4.2009 – 5 AZR 292/05, NZA-RR 2010, 231; v. 21.12.2006 – 6 AZR 341/06, BeckRS 2007, 44363; *Bayreuther*, NZA 2021, 745 (747); *Boemke*, RdA 2020, 65 (71); *Baeck/Deutsch/Winzer*, ArbZG, 4. Aufl. 2020, § 2 Rn. 71; MHdB ArbR/*Koberski*, 5. Aufl. 2021, § 182 Rn. 13; *Schliemann*, ArbZG, 4. Aufl. 2020, § 2 Rn. 47 f.

680 *Thüsing/Flink/Jänsch*, SR 2021, 45 (50); vgl. *Baeck/Deutsch/Winzer*, ArbZG, 4. Aufl. 2020, § 2 Rn. 75.

681 BAG, Urt. v. 25.4.2018 – 5 AZR 424/17, NZA 2018, 1211 (vergütungsrechtlich); v. 12.12.2012 – 5 AZR 355/12, NZA 2013, 1158 Rn. 16; MHdB ArbR/*Koberski*, 5. Aufl. 2021, § 182 Rn. 13; *Schliemann*, ArbZG, 4. Aufl. 2020, § 2 Rn. 51.

der Wohnung aus direkt zu ihren Kunden und vom letzten Kunden wieder zu ihrer Wohnung fahren, hiermit auch ihre Arbeitsleistung erbringen, sodass diese Zeiten arbeitsschutzrechtlich als Arbeitszeit einzuordnen sind.[682]

Bei einer Fahrt von zu Hause wiederum zu einem außerhalb der festen Betriebsstätte liegenden Arbeitsort spaltet sich die Meinung in der rechtswissenschaftlichen Literatur. Manche lehnen die Charakterisierung als Arbeitszeit vollständig ab, da es keinen Unterschied mache, ob der Arbeitnehmer zum festen Betriebsort oder zum außerhalb gelegenen Arbeitsort fahre.[683] Gegen die Verneinung von Arbeitszeit spricht, dass der Arbeitnehmer bei der Fahrt bereits im Interesse des Arbeitgebers tätig wird und damit im Rahmen seiner arbeitsvertraglichen Pflichten weisungsgebunden Arbeitsleistung erbringt.[684] Eine Begründung mit dem europäischen Verständnis des Arbeitszeitbegriffs[685] greift insofern mit der Auffassung der Europäischen Kommission ineinander, die wohl auch diese Fälle als Arbeitszeit bewertet, wenn sie von unregelmäßigen Fahrten zu einem anderen Arbeitsort spricht, die ihrer Auffassung nach als Arbeitszeit gelten sollen.[686] Warum die Einordnung der Zeit für die Fahrt zum außen gelegenen Arbeitsort als Arbeitszeit davon abhängt, ob der Arbeitnehmer eine feste Betriebsstätte hat oder nicht, erschließt sich darüber hinaus nicht;[687] arbeitsschutzrechtlich macht dies keinen Unterschied.

Andere wollen diese Fahrzeiten demnach als Arbeitszeiten einordnen, dabei aber die Zeit in Abzug bringen, die der Arbeitnehmer üblicherweise für die Fahrt zum Betrieb selbst aufgewendet hätte.[688;]

---

682 *Boemke*, RdA 2020, 65 (71 f.); Buschmann/Ulber/*Buschmann*, ArbZR, 1. Aufl. 2019, § 2 ArbZG Rn. 43; *Baeck/Deutsch/Winzer*, ArbZG, 4. Aufl. 2020, § 2 Rn. 74; BeckOK/*Kock*, 64. Ed. 2022, § 2 ArbZG Rn. 21. ErfK/*Roloff*, 22. Aufl. 2022, § 2 ArbZG Rn. 4, 9; *Schliemann*, ArbZG, 4. Aufl. 2020, § 2 Rn. 52.

683 *Baeck/Deutsch/Winzer*, ArbZG, 4. Aufl. 2020, § 2 Rn. 81; HK-ArbZR/*Spengler*, 2. Aufl. 2018, § 2 ArbZG Rn. 15, der aber Zeit, die über den üblichen Weg zum Betrieb hinausgeht als Arbeitszeit ansieht; vgl. *Schliemann*, ArbZG, 4. Aufl. 2020, § 2 Rn. 52, der dies noch mit den Zwecken des ArbZG begründet hatte, das weder jede Art von Beanspruchung des Arbeitnehmers verhindern, noch die Sicherheit im Straßenverkehr schützen wolle, von der Ansicht inzwischen aber wohl abgekehrt ist.

684 *Boemke*, RdA 2020, 65 (72).

685 *Boemke*, RdA 2020, 65 (72).

686 *Europäische Kommission*, Mitteilung 2017/C 165, S. 19,

687 *Boemke*, RdA 2020, 65 (72).

688 *Anzinger/Koberski*, ArbZG, 5. Aufl. 2020, § 2 Rn. 19; Buschmann/Ulber/*Buschmann*, ArbZR, 1. Aufl. 2019, § 2 ArbZG Rn. 43; MHdB ArbR/*Koberski*, 5. Aufl. 2021, § 182 Rn. 13.

[689] Für den Abzug der üblichen Wegezeit lässt sich sicherlich anführen, dass durch die Subsumtion der lediglich über die übliche Fahrzeit hinausgehende Zeit als Arbeitszeit der Arbeitnehmer hinreichend vor Gesundheitsbeeinträchtigungen durch möglicherweise ausgedehnte Arbeitszeiten geschützt wird, die wegen längerer Anfahrten zustande kommen. Andererseits geht es fehl, diese Anrechnung pauschal vorzunehmen. Sachgerechter und im Sinne des Arbeitsschutzes wäre es, mit *Boemke* darauf abzustellen, ob der Arbeitnehmer freiwillig direkt zum Arbeitsort fährt oder dies auf Weisung des Arbeitgebers tut.[690] Wird der Weg zum Arbeitsort auf Weisung des Arbeitgebers zurückgelegt, handelt es sich um Arbeitszeit; handelt der Arbeitnehmer auf eigene Entscheidung so, soll dies dem Arbeitgeber nicht zum Nachteil gereichen, sodass Einschränkungen vorzunehmen sind.[691] Sachgerecht ist es daneben auch, wie *Boemke* vorschlägt, dass die Zeiten zu berücksichtigen sind, die der Arbeitnehmer aufgewandt hätte, wenn er vom Betrieb aus zum auswärtigen Arbeitsort gefahren wäre.[692] Denn diese Zeit wäre bei vorheriger Anfahrt zum Betrieb erst als Arbeitszeit zu bewerten – so steht der Arbeitnehmer nicht besser als in dem Fall, dass er zuerst zum Betrieb fährt.[693] Dauert die Fahrt von der Wohnung des Arbeitnehmers zum auswärtigen Arbeitsort kürzer als die vom Betrieb aus zum Arbeitsort andauern würde, ist sie vollständig als Arbeitszeit zu werten.[694]

bb) Reisezeiten

Letztlich soll es noch kurz um die Frage gehen, wie Dienstreisezeiten arbeitszeitrechtlich einzuordnen sind. Als Dienstreise wird hierbei „die Fahrt an einen Ort verstanden, an dem ein Dienstgeschäft zu erledigen ist".[695] Das heißt also,

---

689 Braucht er also üblicherweise 20 Minuten zur Arbeit, der Weg zum außerhalb liegenden Arbeitsort beträgt nun aber 30 Minuten, sollen lediglich zehn Minuten als Arbeitszeit angerechnet werden.

690 *Boemke*, RdA 2020, 65 (72).

691 *Boemke*, RdA 2020, 65 (72).

692 *Boemke*, RdA 2020, 65 (72).

693 Ein Beispiel: Die übliche Anfahrt zum Betrieb dauert 30 Minuten, die Fahrt zum auswärtigen Arbeitsort von der Wohnung des Arbeitnehmers aus 60 Minuten, während die Fahrt vom Betrieb zum Arbeitsort 40 Minuten beanspruchen würde. Fährt der Arbeitnehmer zuerst zum Betrieb und von dort zum auswärtigen Einsatzort, gelten 40 Minuten als Arbeitszeit. Fährt er freiwillig direkt zum Arbeitsort und bringt man die Zeit, die die Fahrt vom Betrieb zum Arbeitsort dauern würde, in Abzug, gelten 20 Minuten als Arbeitszeit.

694 *Boemke*, RdA 2020, 65 (72).

695 BAG, Beschl. v. 23.7.1996 – 1 ABR 17/96, NZA 1997, 216 (218).

Dienstreisezeit liegt immer dann vor, wenn der Arbeitnehmer sich auf dem Weg zu oder von einem auswärtigen Dienstort befindet, um dort ein Dienstgeschäft vorzunehmen und sich dort aufzuhalten.[696] Generell wird hierzu Folgendes vertreten: Für Arbeitnehmer, deren Hauptleistungspflicht im Reisen selbst liegt (z.B. LKW- und Busfahrer), zählt die Fahrzeit ohne Weiteres als Arbeitszeit.[697] Im Übrigen sind verschiedene Konstellationen zu unterscheiden:

(1) Reisezeiten in öffentlichen Verkehrsmitteln ohne Arbeitsleistungen

Dienstreisezeit an sich soll nach weit verbreiteter Auffassung keine arbeitsschutzrechtliche Arbeitszeit sein, wenn der Arbeitnehmer mit öffentlichen Verkehrsmitteln den Weg zurücklegt.[698] Denn könne der Arbeitnehmer während der Fahrt tun und lassen, was er möchte, bestünden auch aus europarechtlicher Sicht keine Bedenken – wenn bspw. der Arbeitnehmer vom Arbeitgeber ungestört im Zug lesen oder schlafen darf (beides Freizeitaktivitäten), ist seine Gesundheit kaum gefährdet.[699] Dass aber auch mit einer Zugreise bspw., insbesondere wenn sie lange dauert, eine gewisse Belastung einhergehen kann, weshalb dem Arbeitnehmer eben doch nicht die volle Verfügung über die Zeit obliegt, wird in der Literatur weitestgehend außer Acht gelassen.[700] Es wird aber aus diesem Grund teilweise mit der durch die Reise und dem Aufenthalt im Transportmittel eingeschränkten Wahl des Aufenthaltsorts argumentiert, dass der Arbeitnehmer durch die arbeitgeberseitige Weisung, die Dienstreise anzutreten, in seiner Freizeit so eingeschränkt sei, dass es sich entsprechend der Rechtsprechung des EuGH in der Rechtssache *Matzak* um Arbeitszeit handeln müsse.[701]

---

696 *Stöhr/Stolzenberg*, NZA 2019, 505 (506) m.w.N.

697 *Lunk*, NZA 2022, 881 (887); *Stöhr/Stolzenberg*, NZA 2019, 505 (506); *Schliemann*, ArbZG, 4. Aufl. 2020, § 2 Rn. 55.

698 BAG, Urt. v. 11.7.2006 – 9 AZR 519/05, NZA 2007, 155 Rn. 44; Beschl. v. 23.7.1996 – 1 ABR 17/96, NZA 1997, 216 Rn. 29; *Ricken*, DB 2016, 1255 (1259); *Stöhr/Stolzenberg*, NZA 2019, 505 (506 f.); *Baeck/Deutsch/Winzer*, ArbZG, 4. Aufl. 2020, § 2 Rn. 75; BeckOK ArbR/*Kock*, 64. Ed. 2022, § 2 ArbZG Rn. 22; HWK/*Gäntgen*, 10. Aufl. 2022, § 2 ArbZG Rn. 7a; *Schliemann*, ArbZG, 4. Aufl. 2020, § 2 Rn. 56; a.A. Buschmann/Ulber/*Buschmann*, ArbZR, 1. Aufl. 2019, § 2 ArbZG Rn. 44 f.; HK-ArbZR/*Spengler*, 2. Aufl. 2018, § 2 ArbZG Rn. 16; Preis/Sagan/*Ulber, D.*, EuArbR, 2. Aufl. 2019, § 7 Rn. 7.138: Der Arbeitnehmer stehe während der Reise, die schließlich auch im Interesse des Arbeitgebers stattfinde, dem Arbeitgeber zur Verfügung.

699 Vgl. auch *Stöhr/Stolzenberg*, NZA 2019, 505 (506).

700 Vgl. *Boemke*, RdA 2020, 65 (73).

701 *Boemke*, RdA 2020, 65 (74).

Letztlich ist dies jedoch wiederum eine Frage des Einzelfalls.[702] Es besteht zweifelsohne eine örtliche Beschränkung des Arbeitnehmers auf der Dienstreise, sodass insoweit ein Merkmal des europäischen Arbeitszeitbegriffs erfüllt ist.[703] Daneben treten aber weitere zu berücksichtigende Aspekte, denn auch der EuGH nimmt bei der Beurteilung, ob Arbeitszeit vorliegt oder nicht, eine Gesamtabwägung vor, bei der es auch darauf ankommt, ob der Arbeitnehmer für den Arbeitgeber jederzeit verfügbar ist,[704] was während einer Reise nicht zwingend der Fall ist. Steht er dem Arbeitgeber tatsächlich nicht zur Verfügung, greift der europäische Arbeitszeitbegriff wohl nicht – erhebliche Schutzeinbußen entstehen für den Arbeitnehmer hierdurch nicht, weil er sich während der Reisezeit entspannen und seinen eigenen Interessen widmen kann (wenn auch eingeschränkt). Schließlich ist aus jetziger Warte daher wohl nicht davon auszugehen, dass die bisherige Praxis als europarechtswidrig zu bewerten ist,[705] obwohl die jüngere Rechtsprechung des EuGH auch ein anderes Ergebnis nahelegen kann. Ist es dem Arbeitgeber im konkreten Fall egal, wann und wie der Arbeitnehmer reist, und kommt es ihm nur darauf an, dass dieser rechtzeitig die Arbeit am Arbeitsort aufnimmt, liegt dennoch die die Annahme von Ruhezeit näher.[706] Denn eine Reise mit öffentlichen Verkehrsmitteln mag zwar an sich bereits stressig und unter Umständen auch körperlich belastend sein, kommt in ihrer Intensität aber nicht zwingend der tatsächlichen Arbeitsleistung nahe.

(2) Reisezeiten in öffentlichen Verkehrsmitteln mit Arbeitsleistungen

Unproblematisch ist demgegenüber der Fall, dass der Arbeitnehmer während der Fahrt Arbeit für seinen Arbeitgeber leistet, wenn er z.B. E-Mails bearbeitet, Akten durchliest, für Anrufe des Arbeitgebers erreichbar ist oder Präsentationen vorbereitet. Die verbreitete Auffassung nimmt an, in diesen Fällen liege Arbeitszeit vor.[707] Diese Annahme, dass auf Weisung oder zumindest mit Kenntnis

702 S. auch *Lunk*, NZA 2022, 881 (887).

703 So Buschmann/Ulber/*Buschmann*, ArbZR, 1. Aufl. 2019, § 2 ArbZG Rn. 47.

704 EuGH, Urt. v. 9.3.2021 – C-580/19 – *Stadt Offenbach am Main*, NZA 2021, 489 Rn. 36.

705 A.A.: *Boemke*, RdA 2020, 65 (74); HK-ArbZR/*Spengler*, 2. Aufl. 2018, § 2 ArbZG Rn. 16.

706 *Lunk*, NZA 2022, 881 (887).

707 BAG, Urt. v. 11.7.2006 – 9 AZR 519/05, NZA 2007, 155 Rn. 44; *Boemke*, RdA 2020, 65 (73); *Lunk*, NZA 2022, 881 (887); *Stöhr/Stolzenberg*, NZA 2019, 505 (506); BeckOK ArbR/*Kock*, 64. Ed. 2022, § 2 ArbZG Rn. 22; ErfK/*Roloff*, 22. Aufl. 2022, § 2 ArbZG Rn. 6 und *Preis*, § 611a BGB Rn. 516 f.; MHdB ArbR/*Koberski*, 5. Aufl. 2021, § 182 Rn. 14 f.; s. auch: *Baeck/Deutsch/Winzer*, ArbZG, 4. Aufl. 2020, § 2 Rn. 73: Es komme

des Arbeitgebers aufgenommene Arbeit während einer Zugfahrt als Arbeitszeit zählt, ist auch sachgerecht, denn ob der Arbeitnehmer von zu Hause aus, aus dem Büro, dem Café oder eben dem Zug seine Arbeit erledigt, macht arbeitsschutzrechtlich keinen Unterschied.[708] Hingegen muss man – entsprechend oben bereits dargelegter Wertungen – davon ausgehen, dass für einen Arbeitnehmer, der während der Reise von sich aus tätig wird, ohne dass der Arbeitgeber dies angeordnet hat oder erkennt, keine Arbeitszeit vorliegt.[709]

(3) Reisezeiten mit dem PKW

Uneinheitlich ist die Einordnung auch dann, wenn der Arbeitnehmer die Dienstreise auf Weisung des Arbeitgebers mit dem PKW antritt. Während einer Autofahrt ist die Beanspruchung des Arbeitnehmers durch die erforderliche Bewältigung des Straßenverkehrs ungleich höher als bei einer Fahrt mit dem Zug oder einer Flugreise, sodass teilweise angenommen wird, diese Zeit habe als Arbeitszeit zu gelten.[710] Diese Grundsätze, werden sie auch teilweise angezweifelt,[711] leuchten weitestgehend ein und scheinen angemessen.[712] Wenn der Arbeitnehmer von sich aus entscheidet, mit dem Auto zu fahren, liege hingegen keine Arbeitszeit vor, da die Fahrt auf seiner freien Entscheidung beruhe und damit auch seiner Privatsphäre entspringe.[713]

---

bei der arbeitszeitrechtlichen Bewertung darauf an, ob der Arbeitnehmer während der Fahrt frei ist, die Zeit nach seinem Dünken zu nutzen, es gelte auch hier die sog. Beanspruchungstheorie.

708 S. auch *Boemke*, RdA 2020, 65 (73).

709 BAG, Urt. v. 11.7.2006 – 9 AZR 519/05, NZA 2007, 155 Rn. 44; *Boemke*, RdA 2020, 65 (73); *Heins/Leder*, NZA 2007, 249 (250); *Lunk*, NZA 2022, 881 (887).

710 BayObLG, Beschl. v. 23.3.1992 – 3 ObOWi 18/92, NZA 1992, 811; *Stöhr/Stolzenberg*, NZA 2019, 505 (507); *Baeck/Deutsch/Winzer*, ArbZG, 4. Aufl. 2020, § 2 Rn. 76; Buschmann/Ulber/*Buschmann*, ArbZR, 1. Aufl. 2019, § 2 ArbZG Rn. 46; HK-ArbZR/*Spengler*, 2. Aufl. 2018, § 2 ArbZG Rn. 16 a.E.; HWK/*Gäntgen*,10. Aufl. 2022, § 2 ArbZG Rn. 7a.

711 S. zu den Nuancen, die umstritten sind: *Baeck/Deutsch/Winzer*, ArbZG, 4. Aufl. 2020, § 2 Rn. 76 ff. m.w.N.

712 *Henssler*, FS Moll, S. 233 (243): Das BAG habe „brauchbare Kriterien" aufgestellt.

713 *Baeck/Deutsch/Winzer*, ArbZG, 4. Aufl. 2020, § 2 Rn. 76.

c) Rechtslage in Österreich

Zu Wegezeiten ergibt sich im österreichischen Recht gegenüber dem deutschen Recht nichts Neues (aa)). Interessant ist aber die Sonderregelung zu Reisezeiten in § 20b AZG (bb)), die aber auch europarechtlich Zweifel aufwerfen (cc)).

aa) Wegezeiten

Wie im deutschen Recht gelten Wegezeiten, also die Zeiten die der Arbeitnehmer für den Weg von seiner Wohnung zum Betrieb benötigt, nicht als Arbeitszeit, da sie in der Sphäre des Arbeitnehmers liegen.[714] Auch entsprechend deutschem Verständnis gilt die Zeit für Wege vom Arbeitsort zu einer auswärtigen Arbeitsstätte (und zurück) als Arbeitszeit.[715] Gleiches gilt für Wege zwischen mehreren Arbeitsorten wie bei einem Außendienstmitarbeiter, da dies Teil seiner arbeitsvertraglich geschuldeten Leistung darstellt.[716] Wegen der fehlenden Einflussmöglichkeit des Arbeitnehmers entsprechend der Entscheidung des EuGH in der Rechtssache *Tyco* gelten auch Wegezeiten zum ersten und vom letzten Kunden bei fehlendem festen Arbeitsort als Arbeitszeit; hat der Arbeitnehmer einen festen Arbeitsort, kommt es maßgeblich auf Vorgaben des Arbeitgebers an.[717]

bb) Reisezeiten

Interessanter sind aber die Regelungen zu Reisezeiten im österreichischen Recht. Für „aktive" Reisezeiten (also beim Lenken des PKW oder beim Bearbeiten von Akten im Zug) ist, dem deutschen Recht vergleichbar, zwar normale Arbeitszeit anzunehmen.[718] Es gibt aber im AZG eine spezielle Vorschrift für bestimmte Reisezeiten, den § 20b AZG. So definiert § 20b Abs. 1 AZG, auf welche Zeiten es ankommt:

> „Reisezeit im Sinne der Abs. 2 bis 5 liegt vor, wenn der Arbeitnehmer über Auftrag des Arbeitgebers vorübergehend seinen Dienstort (Arbeitsstätte) verläßt, um an anderen Orten seine Arbeitsleistung zu erbringen, sofern der Arbeitnehmer während der Reisebewegung keine Arbeitsleistung zu erbringen hat."

---

714 S. nur Auer-Mayer/Felten/Pfeil/*Auer-Mayer*, AZG ÖR, 4. Aufl. 2019, § 2 Rn. 14 m.w.N. aus der Rspr.

715 S. nur Auer-Mayer/Felten/Pfeil/*Auer-Mayer*, AZG ÖR, 4. Aufl. 2019, § 2 Rn. 15 m.w.N. aus der Rspr.

716 S. nur Auer-Mayer/Felten/Pfeil/*Auer-Mayer*, AZG ÖR, 4. Aufl. 2019, § 2 Rn. 16 m.w.N. aus der Rspr.

717 Auer-Mayer/Felten/Pfeil/*Auer-Mayer*, AZG ÖR, 4. Aufl. 2019, § 2 Rn. 18.

718 Auer-Mayer/Felten/Pfeil/*Auer-Mayer*, AZG ÖR, 4. Aufl. 2019, § 20b Rn. 3.

Das heißt also, die Reise darf nicht zur typischen Tätigkeit des Arbeitnehmers gehören und er muss während der Reisebewegung keine Arbeitsleistung erbringen.[719] Liegt eine solche Reise vor, wird zwar Arbeitszeit angenommen, die Norm ermöglicht dann aber eine Überschreitung der gesetzlichen Höchstarbeitszeit (Abs. 2) und unter gewissen Voraussetzungen, insbesondere müssen ausreichende Erholungszeiten bestehen, eine Verkürzung der Ruhezeit (Abs. 3–5) des Arbeitnehmers. Diese Zeiten kann man als „passive" Reisezeiten verstehen (im deutschen Recht nach herrschender Auffassung keine Arbeitszeit), die arbeitsschutzrechtlich lockereren Bestimmungen unterliegen als „richtige" Arbeitszeit. Dennoch werden diese Zeiten arbeitsschutzrechtlich aufgefangen und reisende Arbeitnehmer geschützt.

cc) Europarechtliche Zweifel an § 20b AZG

Die Regelung des § 20b AZG stößt jedoch im ersten Zugriff auf europarechtliche Bedenken. Es ist zwar (noch) unklar, ob der EuGH „passive" Reisezeiten als Arbeits- oder als Ruhezeit betrachtet, sodass die europarechtliche Einordnung nicht feststeht. Folgende hypothetische Erwägungen sind hier aber notwendig: Ginge das Europarecht (bei entsprechender Auslegung durch den EuGH) bei solchen passiven Reisezeiten nun vom Vorliegen von Arbeitszeit aus, wäre die österreichische Regelung europarechtswidrig. Denn für die Abweichungen von Höchstarbeits- und Mindestruhezeit bei Reisezeiten findet sich keine entsprechende bzw. anwendbare Möglichkeit in der ArbZRL. Nun mag man annehmen, die nach deutschem Verständnis ebenfalls näherliegende Einordnung als Ruhezeit sei europarechtlich „richtig". Dann sind die Abweichungen, die § 20b AZG erlaubt, unproblematisch. Die ermöglichte Überschreitung der Höchstarbeitszeit „durch Reisezeiten"[720] hätte europarechtlich keinen Belang, weil nach der Konzeption und den Begrifflichkeiten der Richtlinie eine Überschreitung der Höchstarbeitszeit durch Ruhezeit gar nicht möglich ist. Und auch eine Verkürzung der Ruhezeit, wie § 20b Abs. 3 AZG sie bei ausreichenden Erholungsmöglichkeiten während der Reisezeit gestattet, ist aus diesem Grund europarechtlich unbedenklich.

Jedoch ist es die Autonomie der Definitionen von Arbeits- und Ruhezeit, die hier Zweifel hervorruft. Eine Abweichung von diesen europarechtlich vorgegebenen Begriffen ist auch zum für den Arbeitnehmer Günstigeren hin nicht zulässig

719 S. Auer-Mayer/Felten/Pfeil/*Auer-Mayer*, AZG ÖR, 4. Aufl. 2019, § 20b Rn. 1.

720 Die Formulierung verdeutlicht, dass es hier nur auf Überschreitung ankommt, die tatsächlich durch die Reisezeit herbeigeführt werden.

(s. Gliederungspunkt § 3 A) I. 1.), sodass auch eine Auffassung von Arbeitszeit, die sich im Ergebnis zugunsten der Arbeitnehmer auswirkt, richtlinienwidrig ist. Zu beachten ist aber, dass die Einordnung der „passiven" Reisezeit im österreichischen Recht nicht wesentlich die Begriffsbestimmung der Arbeitszeit verändert oder gar unterläuft, sondern – wohl vergleichbar mit Arbeitsbereitschaft, Bereitschaftsdienst und Rufbereitschaft – allein im nationalen Recht eine Zwischenkategorie schafft, die sich nach hier vertretener Ansicht europarechtlich ohne Weiteres als Ruhezeit einordnen lässt. Hieran werden durch das österreichische Recht aber höhere Schutzbestimmungen angelegt als bei „normaler" Ruhezeit; die Regelung ist insofern „umgekehrt" zu verstehen, also nicht als Einschränkung des Schutzes einer Zeitspanne, die als Arbeitszeit einzuordnen ist. Problematisch ist daher nur die Kategorisierung als Arbeitszeit, also die Begriffsidentität mit der festen europäischen Vorgabe. Ordnet man die Zeiten einfach als das, was sie sind – „passive Reisezeiten" als Zwischenkategorie –, kann eine solche Regelung europarechtlich standhalten (sofern der EuGH in Zukunft keine Einschätzung zu passiven Reisezeiten als Arbeitszeit vornimmt).

5. *Summa: ähnliche Kriterien*

Festzuhalten ist, dass die genannten besonderen Fallgruppen in ihrer Einordnung als Arbeitszeit – oder eben auch nicht – den gleichen Kriterien unterliegen, wobei sich eine pauschale Antwort in der Regel verbietet und eine Abwägung der Einzelfallumstände geboten ist. Entscheidend ist, auch unter notwendiger Berücksichtigung des europäischen Arbeitszeitbegriffs die örtliche Einbindung des Arbeitnehmers und ob er dem Arbeitgeber zur Verfügung steht bzw. stehen muss. Daneben kommt es oftmals darauf an, ob er die infrage stehende Tätigkeit freiwillig und von sich aus oder weisungsgebunden oder zumindest mit Kenntnis und Billigung des Arbeitgebers vornimmt bzw. erreichbar ist. Der Grad der Beanspruchung des Arbeitnehmers sowie die Intensität der Freizeiteinschränkungen, die aus verschiedenen Faktoren resultieren können, sind daneben zwingend zu berücksichtigen, um auf das Vorliegen von Arbeitszeit schließen zu können.

V. Arbeitszeit – Notwendigkeit und Möglichkeiten der Anpassung?

Aus all dem lässt sich nun schließen, dass eine Anpassung des im Gesetz festgelegten Arbeitszeitbegriffs nur insofern möglich ist, als dass man ihn näher an den der ArbZRL heranrückt, da er europäisch „fest" vorgegeben ist.[721] Das

721 Vgl. auch *Wank*, RdA 2014, 285 (289).

wäre vor dem Hintergrund der eindeutigen Richtlinienbestimmung zwar auch wünschenswert, aber nicht zwingend erforderlich, denn erstens greift in Fällen, die nach europäischem Recht erfasst sein müssten, im Wege der unionsrechtskonformen Auslegung auch der europäische Arbeitszeitbegriff, zweitens ist die deutsche Rechtspraxis insofern weitestgehend nicht zu beanstanden. Jede andere grundlegende Änderung des Arbeitszeitbegriffs jedenfalls wäre überflüssig und europarechtlich auch nicht zulässig.[722] Inwieweit der bestehende Begriff mit den Herausforderungen der modernen Arbeitswelt zurechtkommt und ob nicht Änderungen „im Kleinen" auch europarechtlich möglich und nötig sind, soll, wo erforderlich, thematisiert werden.[723] Bisher deutet sich jedoch an, dass der Begriff aus deutscher wie europarechtlicher Hinsicht mit den aktuell relevanten Phänomenen zurechtkommt, da er Weiterentwicklungen gestattet.[724] Solche Konkretisierungen und Erweiterungen durch Rechtsprechung und Literatur bei der Anwendung des Arbeitszeitbegriffs sind also möglich und nicht zuletzt

---

722 Die Erforderlichkeit der Änderung des Arbeitszeitbegriffs wird im Schrifttum verneint, vgl. *Jacobs*, NZA 2016, 733 (735 f.); *Witschen*, Rahmenvorgaben und Flexibilisierungsspielräume im Arbeitszeitrecht, S. 114 ff.

723 Was das im Einzelnen bedeuten könnte, macht schließlich aber folgende Überlegung deutlich: Sinnvoll könnte eine Anpassung der dargestellten Grundsätze zur Reisezeit sein, das österreichische Recht macht es vor. Die genannten Regelungen zur „passiven" Reisezeit gibt es im deutschen Recht nicht, solche Zeiten gelten schlichtweg nicht als Arbeitszeit, sondern Ruhezeit im Sinne des Arbeitsschutzes. Dem wird hier im Kern, vorbehaltlich einer Prüfung im Einzelfall, zwar zugestimmt (s.o.), eine Einschränkung mittels einer dem § 20b AZG ähnlichen Sonderregelung scheint aber nicht unangemessen, wie bereits angedeutet wurde. So könnte eine wie in Österreich eingeschränktere Anwendung des Arbeitszeitschutzes auch für das deutsche Recht eine gangbare Alternative sein, um den Arbeitnehmer zu schützen. Das ergibt aus Schutzgesichtspunkten durchaus Sinn: Der Arbeitnehmer wird während dieser Zeit zwar nicht direkt in Anspruch genommen, hat aber keine Möglichkeit, über seinen Aufenthaltsort zu disponieren. Darüber hinaus ist sicherlich jedem bekannt, dass auch eine lange Zugfahrt z.B. oder eine Flugreise ermüdend und anstrengend sein kann, sodass eine komplette Nichtanwendbarkeit des Schutzreglements bei einer – schließlich durch den Arbeitgeber veranlassten – Reise auch als unangemessen verstanden werden kann. Nach sechs Stunden Zugreise noch acht Stunden Vollarbeit zu erbringen, mag letztlich nicht jedem möglich sein. So könnte man bspw. eine Regelung schaffen, die sich spezifisch auf Reisezeiten und bezieht und die am selben Tag oder in derselben Woche vom reisenden Arbeitnehmer zu leistende Arbeitszeit im Verhältnis herabsetzt.

724 *Jacobs*, NZA 2016, 733 (735 f.); *Witschen*, Rahmenvorgaben und Flexibilisierungsspielräume im Arbeitszeitrecht, S. 114 f.

nötig, um auf aktuelle Entwicklungen angemessen zu reagieren und den Schutz der Sicherheit und Gesundheit der Arbeitnehmer, insbesondere durch Gewährung von ungestörten Ruhezeiten, die als „richtige" Freizeit qualifiziert werden können, zu realisieren.[725]

B) Tägliche Ruhezeit

Das Gegenstück zur Arbeitszeit ist die Ruhezeit.[726] Die Regelungen zur täglichen Ruhezeit sind insbesondere prominent in der aktuellen Diskussion, wenn es um ihre Unterbrechungen durch kurze Arbeitseinsätze wie das Lesen und Beantworten spätabendlicher oder nächtlicher E-Mails des Arbeitgebers geht.[727] Unter den Begriff der Ruhezeit fallen in der Richtlinie neben der täglichen Ruhezeit auch die Ruhepausen sowie die wöchentliche Ruhezeit.[728] Vorliegend werden zunächst die europarechtlichen Vorgaben zur täglichen Ruhezeit (I.) betrachtet, bevor es folgend um die deutsche Umsetzung geht (II.). Auch hier mag eine Betrachtung der Umsetzung in anderen europäischen Mitgliedstaaten (III.) letztlich Schlussfolgerungen auf etwaige Freiräume zulassen (IV.).

I. Die europarechtlichen Vorgaben für die tägliche Ruhezeit

Das Recht auf tägliche (wie wöchentliche) Ruhezeiten ist nicht nur im europäischen Sekundärrecht festgehalten, sondern auch primärrechtlich in der Grundrechtecharta vorgegeben, s. Art. 31 Abs. 2 GRC. Für die ArbZRL sind

---

725 *Witschen*, Rahmenvorgaben und Flexibilisierungsspielräume im Arbeitszeitrecht, S. 114 f.: So fordert *Witschen* einen stärkeren Fokus auf das Merkmal der Fremdnützigkeit, also die Frage, in wessen Sphäre die Tätigkeit des Arbeitnehmers letztendlich fällt, was in den oben dargelegten Fallgruppen häufig als ein (mit-)entscheidendes Abwägungskriterium dient. Entsprechende Auslegungen des Arbeitszeitbegriffs, die die Möglichkeiten neuen Arbeitens deutlicher und stärker mit einbeziehen, hält sie im Sinne des Arbeitsschutzzweckes sogar für erforderlich.

726 S. nur EuGH, Urt. v. 10.9.2015 – C-266/14 – *Tyco*, NZA 2015, 1777 Rn. 25; v. 9.8.2003 – C-151/02 – *Jaeger*, NZA 2003, 1019 Rn. 48; v. 3.10.2000, C-303/98 – *SIMAP*, NZA 2000, 1227 Rn. 47; krit. *Kolbe*, ZfA 2021, 216 (220 f.).

727 S. dazu z.B. *Baeck/Winzer*, NZA 2020, 96 (98 ff.); *Bayreuther*, NZA-Beil. 2018, 103 (107 f.); *Giesen*, Arbeitszeitmodelle der Zukunft, S. 15 (34); *Jacobs*, NZA 2016, 733 (736 f.); *Henssler*, FS Moll, S. 235 (247 f.); *Kohte*, NZA 2015, 1417 (1423) ordnet dies als Teil der äußeren Entgrenzung ein; *Krause*, Gutachten 71. DJT, S. B 41 ff.; *Ulber, D./Stein*, AuR 2022, 148 (153).

728 Vgl. *Europäische Kommission*, Mitteilung 2017/C 165, S. 23.

die verschiedenen grundlegenden Ruhezeitregelungen entscheidend in ihrem Schutzkonzept, wie anhand von Bedeutung und Zweck aufgezeigt werden soll (1.).[729] Die zentralen Vorschriften der Richtlinie zur täglichen Ruhezeit sollen im Folgenden betrachtet werden (2.), ebenso wie die gestatteten Abweichungen (3.).

1. Bedeutung und Zweck der Ruhezeit im Konzept der ArbZRL

Das Schutzkonzept der ArbZRL baut maßgeblich auf der Gewährung von Ruhezeiten auf. Das unterstreicht die grundrechtliche Verankerung in Art. 31 Abs. 2 GRC, der neben der Begrenzung der Höchstarbeitszeit vornehmlich tägliche und wöchentliche Ruhezeiten sowie bezahlten Jahresurlaub verlangt. Damit beinhaltet die Norm auch den Auftrag an den Unionsgesetzgeber und die Mitgliedstaaten, die genannten Rechte auszugestalten,[730] ohne jedoch selbst präzisere Vorgaben zu machen. Wie die Ausgestaltung im Konkreten dann aussieht, ist folglich – in den Grenzen der „gesunden, sicheren und würdigen Arbeitsbedingungen", vgl. Art. 31 Abs. 1 GRC – dem Richtliniengeber überlassen. Hierzu dienen für die Europäische Union auf Grundlage des Art. 153 Abs. 1 AEUV die Bestimmungen der ArbZRL.

a) Ruhezeitbezogene Konzeption der ArbZRL

Bei der ArbZRL hat sich der Richtliniengeber nun für folgende Konzeption entschieden: Mit Art. 6 lit. b) ArbZRL kennt die Richtlinie zwar eine Begrenzung der wöchentlichen Höchstarbeitszeit. Allerdings ist sie insgesamt vornehmlich auf die Gewährung der Ruhezeiten ausgerichtet, sowohl täglich als auch wöchentlich und mit dem Urlaub außerdem auf das Jahr bezogen.[731] Die Festlegung der wöchentlichen Höchstarbeitszeit hingegen wird historisch betrachtet nur als Annexregelung angesehen[732] und sollte nach Wunsch der Europäischen Kommission zunächst auch gar nicht Eingang in die Richtlinie finden.[733] Das

---

729 S. nur Franzen/Gallner/Oetker/*Gallner*, EuArbR, 4. Aufl. 2022, Art. 2 RL 2003/88/EG Rn. 16. Zum Regelungskonzept der ArbZRL: *Junker*, Arbeitszeitmodelle der Zukunft, S. 99 (107).

730 Vgl. Frankfurter Kommentar/*Kocher*, 1. Aufl. 2017, Art. 31 GRC Rn. 9.

731 *Buschmann*, FS Düwell, S. 34 (36 f.); *Hanau, H.*, EuZA 2019, 423 (434); *Junker*, Arbeitszeitmodelle der Zukunft, S. 99 (107); Preis/Sagan/*Ulber, D.*, EuArbR, 2. Aufl. 2019, § 7 Rn. 7.94.

732 *Hanau, H.*, EuZA 2019, 423 (434); Preis/Sagan/*Ulber, D.*, EuArbR, 2. Aufl. 2019, § 7 Rn. 7.94.

733 Vgl. ABl. EG 1990 C 254, S. 4 ff.; ABl. EG 1991 C 124, S. 8 ff; dazu Preis/Sagan/*Ulber, D.*, EuArbR, 2. Aufl. 2019, § 7 Rn. 7.94 und 7.17.

spiegelt sich bereits in der Überschrift von Kapitel 2 wieder, in der „Mindestruhezeiten“ und „Sonstige Aspekte der Arbeitszeitgestaltung“ genannt werden.[734] Neben täglicher und wöchentlicher Ruhezeit werden in diesem Kapitel Ruhepause und Jahresurlaub – alles Ruhezeiten nach europäischem Verständnis –[735] geregelt und lediglich als „sonstiger Aspekt“ die wöchentliche Höchstarbeitszeit gem. Art. 6 lit. b) ArbZRL. Auch Erwägungsgrund 5 stützt dieses Verständnis; nach mehr oder weniger detaillierten Festlegungen zur Ruhezeit folgt in seinem letzten Satz die Ergänzung zur Höchstarbeitszeit:

> „Alle Arbeitnehmer sollten angemessene Ruhezeiten erhalten. Der Begriff „Ruhezeit“ muss in Zeiteinheiten ausgedrückt werden, d.h. in Tagen, Stunden und/oder Teilen davon. Arbeitnehmern in der Gemeinschaft müssen Mindestruhezeiten – je Tag, Woche und Jahr – sowie angemessene Ruhepausen zugestanden werden. In diesem Zusammenhang muss auch eine wöchentliche Höchstarbeitszeit festgelegt werden.“

Zwar attestiert der EuGH der Festlegung der Höchstarbeitszeit

> „eine besonders wichtige Regel des Sozialrechts der Union [zu sein], die jedem Arbeitnehmer als ein zum Schutz seiner Sicherheit und seiner Gesundheit bestimmter Mindestanspruch zugutekommen muss und die die Mitgliedstaaten verpflichtet, für die durchschnittliche wöchentliche Arbeitszeit eine Obergrenze von 48 Stunden vorzusehen“[736].

Damit misst er ihr sicherlich mehr Bedeutung zu, als der Richtliniengeber vorgesehen haben mag. Gleichzeitig betont er jedoch regelmäßig unter Anknüpfung an Wortlaut, Systematik und Zweck der Richtlinie die Relevanz des Schutzes von (Mindest-)Ruhezeiten und ihre zentrale Stellung im System der ArbZRL:

> „Nach der Rechtsprechung des Gerichtshofs sind die verschiedenen Bestimmungen der Richtlinie 2003/88 über die Mindestruhezeit in Anbetracht sowohl des Wortlauts als auch der Zielsetzung und Systematik dieser Richtlinie besonders wichtige Regeln des Sozialrechts der Union, die jedem Arbeitnehmer als ein zum Schutz seiner Sicherheit und seiner Gesundheit erforderlicher Mindestanspruch zugute kommen müssen.“[737] (Nachweise ausgelassen)

---

734 Vgl. *Hanau, H.*, EuZA 2019, 423 (435).

735 *Junker*, Arbeitszeitmodelle der Zukunft, S. 99 (107): Das Konzept der ArbZRL beinhalte Vorschriften zu vier Ruhezeittypen: Ruhepausen, Art. 4, tägliche Ruhezeit, Art. 3, wöchentliche Ruhezeit, Art. 5, und jährliche Ruhezeit, Art. 7, also Jahresurlaub.

736 EuGH, Urt. v. 25.11.2010 – C-429/09 – *Fuß*, NZA 2011, 53 Rn. 33; s. auch Urt. v. 11.4.2019 – C-254/18 – *Syndicat des cadres de la sécurité intérieure*, NZA 2019, 765 Rn. 32; Urt. v. 10.9.2015 – C-266/14 – *Tyco*, NZA 2015, 1177 Rn. 23 f.

737 EuGH, Urt. v. 14.10.2010 – C-428/09 – *Union syndicale Solidaires Isère*, BeckRS 2010, 91197 Rn. 36; st. Rspr., vgl. auch Urt. v. 1.12.2005 – C-14/04 – *Dellas*, NZA

Im Wortlaut des EuGH ist die Festlegung der Höchstarbeitszeit dazu bestimmt, den Schutz der Sicherheit und Gesundheit der Arbeitnehmer zu sichern, die Gewährung der Ruhezeiten demgegenüber ist hierfür erforderlich. Jedenfalls ist die Systematik der Richtlinie durch die Rechtsprechung nicht infrage gestellt, ihren Kern bildet die Gewährung von Ruhezeiten; sie ist ruhezeitbezogen.

Nicht zuletzt wird die Bedeutung der täglichen Ruhezeit im Konzept der Richtlinie auch durch das Fehlen eines Bezugszeitraums für einen Ausgleich der Mindestruhezeit in Art. 16 ArbZRL unterstrichen.[738]

b) Zweck der Ruhezeit

Zweck der Ruhezeit ist, dass der Arbeitnehmer sich ausruhen kann und die Auswirkungen der Arbeit auf seine Gesundheit und Sicherheit wieder ausgeglichen werden.[739] Auch soll durch die Möglichkeit, privaten und sozialen Interessen nachzugehen, ein Rückzug aus dem Arbeitsleben geschaffen werden.[740] Mittels der täglichen Unterbrechung der Arbeitszeit durch die Ruhezeit wird außerdem das Entstehen ununterbrochener Arbeitsperioden verhindert.[741] Durch ausreichende Ruhezeiten wird auch sichergestellt, wie es in Art. 2 Nr. 9 ArbZRL festgelegt ist, dass Arbeitnehmer nicht wegen Übermüdung oder aufgrund eines unregelmäßigen Arbeitsrhythmus sich oder ihre Kollegen oder sonstige Personen verletzen bzw. ihre eigene Gesundheit kurz- oder langfristig schädigen. Neben dem Schutz des Arbeitnehmers wird durch die Ruhezeitenregelungen daher auch ein Drittschutz bezweckt.[742]

2006, 89 Rn. 49; v. 26.6.2001 – C-173/99 – *BECTU*, NZA 2001, 827 Rn. 43, 47 (zum Jahresurlaub).

738 *Baeck/Deutsch/Winzer*, ArbZG, 4. Aufl. 2020, § 5 Rn. 4; Franzen/Gallner/Oetker/*Gallner*, EuArbR, 4. Aufl. 2022, Art. 2 RL 2003/88/EG Rn. 16, Art. 3 RL 2003/88/EG Rn. 5; Preis/Sagan/*Ulber, D.*, EUArbR, 2. Aufl. 2019, § 7 Rn. 7.156.

739 EuGH, Urt. v. 14.10.2010 – C-428/09 – *Union syndicale Solidaires Isère*, BeckRS 2010, 91197 Rn. 37, 50; v. 9.9.2003 – C-151/02 – *Jaeger*, NZA 2003, 1019 Rn. 94 f.; Franzen/Gallner/Oetker/*Gallner*, EuArbR, 4. Aufl. 2022, Art. 2 RL 2003/88/EG Rn. 16; Preis/Sagan/*Ulber, D.*, EuArbR, 2. Aufl. 2019, § 7 Rn. 7.142.

740 EuGH, Urt. v. 9.9.2003 – C-151/02 – *Jaeger*, NZA 2003, 1019 Rn. 95; Preis/Sagan/*Ulber, D.*, EuArbR, 2. Aufl. 2019, § 7 Rn. 7.142.

741 Franzen/Gallner/Oetker/*Gallner*, EuArbR, 4. Aufl. 2022, Art. 2 RL 2003/88/EG Rn. 16, Art. 3 RL 2003/88/EG Rn. 4. Dafür kommt es aber auch auf die Lage der Ruhezeit an, s.u.

742 S. nur Franzen/Gallner/Oetker/*Gallner*, EuArbR, 4. Aufl. 2022, Art. 2 RL 2003/88/EG Rn. 33.

2. Regelungen der täglichen Ruhezeit in der ArbZRL

Für die tägliche Ruhezeit enthält die ArbZRL neben Erwägungsgrund 5 drei zentrale Vorschriften (a)). Zur Lage der täglichen Ruhezeit schweigt die Richtlinie (b)).

a) Zentrale Vorgaben zur Ruhezeit

Zunächst wird Ruhezeit im Rahmen der Begriffsbestimmungen des Art. 2 ArbZRL in Nr. 2 als „jede Zeitspanne außerhalb der Arbeitszeit" definiert. Hierdurch wird deutlich: Es handelt sich bei Ruhezeit, wie auch der EuGH in seiner Rechtsprechung betont, um das Gegenstück zur Arbeitszeit, Arbeits- und Ruhezeit schließen sich gegenseitig aus, Zwischenkategorien gibt es nicht.[743] In der Konsequenz bedeutet das im Grunde zunächst, dass Ruhezeit vorliegt, wenn die Voraussetzungen des europäischen Arbeitszeitbegriffs nicht erfüllt sind.[744] Entscheidend ist daher, dass der Arbeitnehmer während dieser Zeit keiner Verpflichtung dem Arbeitgeber gegenüber unterliegt, sondern seinen eigenen Interessen nachgehen kann,[745] untechnisch gesprochen: Er hat Freizeit.[746]

Weiterhin findet sich in Art. 2 Nr. 9 ArbZRL eine Konkretisierung dazu, was „ausreichende Ruhezeiten" sind. Um Verletzungen und Gesundheitsschädigungen zu vermeiden, müssen die Arbeitnehmer über regelmäßige, ausreichend lange und kontinuierliche Ruhezeiten verfügen. Die Dauer der Ruhezeit ist in Zeiteinheiten anzugeben. Letzteres gibt auch Erwägungsgrund 5 der ArbZRL vor. Daraus folgt, dass der nationale Gesetzgeber sich bei der Umsetzung der Richtlinienregelung nicht allein der Gewährleistung bspw. einer „angemessenen" Ruhezeit bedienen darf, dies würde Rechtsklarheit und -sicherheit

---

743 St. Rspr., s. nur EuGH, Urt. v. 21.2.2018 – C-518/15 – *Matzak*, NZA 2018, 293 Rn. 55; v. 10.9.2015 – C-266/14 – *Tyco*, NZA 2015, 1177 Rn. 26; Beschl. v. 11.1.2007 – C-437/04 – *Vorel*, BeckRS 2007, 14602.

744 *Europäische Kommission*, Mitteilung 2017/C 165, S. 17.

745 Franzen/Gallner/Oetker/*Gallner*, EuArbR, 4. Aufl. 2022, Art. 2 RL 2003/88/EG Rn. 16; Preis/Sagan/*Ulber, D.*, EuArbR, 2. Aufl. 2019, § 7 Rn. 7.142. Die neuere Rspr. des EuGH, Urt. v. 9.3.2021 – C-344/19 – *Radiotelevizija Slovenija*, NZA 2021, 485; v. 9.3.2021 – C-580/19 – *Stadt Offenbach am Main*, NZA 2021, 489 gestaltet die Abgrenzung genauer aus und betont die Einschränkungen der Freizeitgestaltung als mitentscheidend für die Beurteilung von Bereitschaftszeiten hinsichtlich der Frage, ob Arbeitszeit vorliegt oder nicht.

746 S. zum Begriff der Freizeit, der, obwohl er kein Fachbegriff im Arbeitszeitrecht ist, in § 13 JArbSchG Anwendung findet, HK-ArbZR/*Jerchel*, 2. Aufl. 2018, § 5 ArbZG Rn. 11 m.w.N.

entgegenstehen; der Arbeitnehmer muss seine Rechte kennen, der Arbeitgeber seine Pflichten.

Im Zusammenspiel hiermit enthält die Richtlinie genaue zeitliche Vorgaben in Bezug auf die Gestaltung der täglichen Ruhezeit. Jedem Arbeitnehmer muss gem. Art. 3 ArbZRL innerhalb von 24 Stunden eine Mindestruhezeit von elf zusammenhängenden Stunden gewährt werden. Hierzu stellt die Europäische Kommission klar, dass es sich um eine Mindestanforderung handelt, sodass strengere Regelungen möglich sind.[747] Wichtig ist, dass die Ruhezeit grundsätzlich ohne Unterbrechung gestattet werden muss.[748; 749] Den Schluss, dass der Zeitraum von 24 Stunden, innerhalb dessen die Ruhezeit zu gewähren ist, nicht als Kalendertag zu verstehen ist, gebietet die Logik. Die Europäische Kommission stellt richtig heraus, dass Arbeitnehmer, knüpfte der Zeitraum an einen Kalendertag an, zwischen 0:00 Uhr und 13:00 Uhr oder zwischen 11:00 Uhr und 24:00 Uhr arbeiten müssten, um im Anschluss zu ruhen und damit die 11 Stunden ununterbrochene Ruhezeit innerhalb desselben Kalendertages nehmen zu können – dies stimme mit den üblichen Arbeitszeiten keineswegs überein.[750] Die Vorgabe des 24-Stunden-Zeitraum dient vornehmlich der Regelmäßigkeit der täglichen Ruhezeiten,[751] sodass Anknüpfungspunkt sinnvollerweise der Beginn des Arbeitseinsatzes des jeweiligen Arbeitnehmers ist.[752]

Zu beachten ist schließlich noch, dass es nicht ausreichend ist, wenn zwar ein Recht des Arbeitnehmers auf die Ruhezeit im nationalen Recht festgehalten

---

747 *Europäische Kommission*, Mitteilung 2017/C 165, S. 23.

748 Zu Ausgleichsruhezeiten entschied dies der EuGH: Urt. v. 9.9.2003 – C-151/02 – *Jaeger*, NZA 2003, 1019 Rn. 95; *Europäische Kommission*, Mitteilung 2017/C 165, S. 23; Preis/Sagan/*Ulber, D.*, EuArbR, 2. Aufl. 2019, § 7 Rn. 7.152.

749 Durch die vorgeschriebene Mindestruhezeit von elf Stunden wird außerdem die tägliche Höchstarbeitszeit, die in der Richtlinie nicht konkret benannt wird (vgl. Art. 6 ArbZRL, der nur eine wöchentliche Höchstarbeitszeit anordnet), auf höchstens 13 Stunden inklusive der Ruhepausen begrenzt; Franzen/Gallner/Oetker/*Gallner*, EuArbR, 4. Aufl. 2022, Art. 3 RL 2003/88/EG Rn. 1 f.; Preis/Sagan/*Ulber, D.*, EuArbR, 2. Aufl. 2019, § 7 Rn. 7.148. Ähnliches gilt bspw. auch im französischen Recht, vgl. *Auzero/Baugard/Dockès*, Droit du travail, 35. Aufl. 2022, Rn. 906.

750 *Europäische Kommission*, Mitteilung 2017/C 165, S. 23, insb. Fn. 121; s. auch Franzen/Gallner/Oetker/*Gallner*, EuArbR, 4. Aufl. 2022, Art. 3 RL 2003/88/EG Rn. 4.

751 *Europäische Kommission*, Mitteilung 2017/C 165, S. 24 m.w.N.

752 Ausf. *Witschen*, Rahmenvorgaben und Flexibilisierungsspielräume im Arbeitszeitrecht, S. 173 f.; Franzen/Gallner/Oetker/*Gallner*, EuArbR, 4. Aufl. 2022, Art. 3 RL 2003/88/EG Rn. 4.

wird, der Arbeitgeber aber nicht dazu verpflichtet ist, die Inanspruchnahme dieser Ruhezeiten sicherzustellen.[753]

b) Lage der täglichen Ruhezeit

Die Richtlinienvorschrift lässt ihrem Wortlaut nach zunächst allerdings die Frage unbeantwortet, ob die Ruhezeit damit nach einem Arbeitseinsatz erfolgen muss oder auch davor stattfinden kann.[754] Letztere Möglichkeit würde in der Konsequenz bedeuten, dass faktisch Schichten von bis zu 26 Arbeitsstunden möglich wären, wenn die erste Ruhezeit vor der Arbeitszeit liegt, dann eine weitere Arbeitsschicht folgt, deren „zugehörige" Ruhezeit aber erst im Anschluss genommen wird.[755] Der EuGH hat sich direkt hierzu (noch) nicht geäußert. Zwei Anknüpfungspunkte aus der EuGH-Rechtsprechung haben sich aber in der Literatur herausgebildet, mittels derer man die Frage lösen kann.

aa) Rechtsprechung des EuGH zur Lage der Ausgleichsruhezeiten

Ein Ansatz ist die Übertragung der Rechtsprechung des EuGH zu Ausgleichsruhezeiten, wie es die Europäische Kommission und die wohl herrschende Meinung tun – freilich ohne weitergehende Auseinandersetzung.[756] Ausgleichsruhezeiten sind grundsätzlich bei Abweichungen nach Artt. 17, 18 ArbZRL zu gewähren, um hierüber verkürzte Ruhezeiten auszugleichen und den Effekt der Abweichung auf die Sicherheit und Gesundheit des betreffenden Arbeitnehmers auszugleichen.

Hinsichtlich der Ausgleichsruhezeiten im Rahmen von Abweichungen nach Art. 17 ArbZRL hat der EuGH klargestellt, dass sie sich unmittelbar an die Arbeitsperioden anschließen müssen, deren Ausgleich sie dienen, was die Kumulierung mehrerer Arbeitsperioden verhindern soll, um Gesundheitsschädigungen der Arbeitnehmer u.a. durch Senkung der Leistungsfähigkeit

---

753 EuGH, Urt. v. 7.9.2006 – C-484/04 – *Kommission/Vereinigtes Königreich*, BeckRS 2006, 70660 Rn. 41 ff. Das bedeutet aber nicht, dass der Arbeitgeber die Arbeitnehmer zur Ruhezeit zwingen muss.

754 *Schliemann*, ArbZG, 4. Aufl. 2020, § 5 Rn. 17.

755 S. nur *Anzinger*, FS Wlotzke, S. 427 (436).

756 S. *Europäische Kommission*, Mitteilung 2017/C 165, S. 24; Franzen/Gallner/Oetker/*Gallner*, EuArbR, 4. Aufl. 2022, Art. 3 RL 2003/88/EG Rn. 4; Preis/Sagan/*Ulber, D.*, EuArbR, 2. Aufl. 2019, § 7 Rn. 7.151; wohl auch HK-ArbZR/*Jerchel*, 2. Aufl. 2018, § 5 ArbZG Rn. 23; wohl a.A. *Schliemann*, NZA 2004, 513 (516).

vorzubeugen.[757] Mit Blick auf den oben dargelegten Sinn und Zweck der Ruhezeit scheint die Übertragung auf die „normale“ Ruhezeit zumindest naheliegend. Ansonsten wären eben doch nicht ein regelmäßiger Rhythmus der Arbeit und Kontinuität gewährleistet, vgl. Art. 2 Nr. 9 ArbZRL. Auch werden Praktikabilitätspunkte ins Spiel gebracht – der Start des 24-Stunden-Zeitraums durch die Ruhezeit sei weniger klar zu erkennen als der durch einen Arbeitseinsatz.[758]

bb) Rechtsprechung des EuGH zur Lage der wöchentlichen Ruhezeit

Eine alternative Überlegung von *Witschen* ist es, die Rechtsprechung des EuGH zur Lage der wöchentlichen Ruhezeit nach Art. 5 ArbZRL auf die tägliche Ruhezeit zu übertragen.[759]

Ohne zu viel vorgreifen zu wollen: Art. 5 Abs. 1 ArbZRL legt für die wöchentliche Ruhezeit eine Mindestdauer von 24 Stunden innerhalb eines Siebentageszeitraums fest. Der EuGH hat zur Lage dieser Ruhezeit ausgeführt, dass sie nicht zwingend nach einem Zeitraum von sechs Tagen, also am siebten Tag folgen muss, sondern sie nur innerhalb eines Siebentagezeitraums gewährt werden soll, für die Mitgliedstaaten besteht hiermit ein gewisser Spielraum.[760] Der EuGH legt dieser Überlegung zugrunde, dass der Siebentageszeitraum ein Bezugszeitraum sei.[761] Der Bezugszeitraum ist somit zu verstehen als

> „ein fester Zeitraum, innerhalb dessen eine bestimmte Anzahl aufeinanderfolgender Ruhestunden zu gewähren ist, unabhängig vom Zeitpunkt, zu dem diese Ruhestunden gewährt werden.“[762]

---

757 EuGH, Urt. v. 14.10.2010 – C-428/09 – *Union syndicale Solidaires Isère*, BeckRS 2010, 91197 Rn. 50; v. 9.9.2003 – C-151/02 – *Jaeger*, NZA 2003, 1019 Rn. 94 ff; s. auch *Europäische Kommission*, Mitteilung 2017/C 165, S. 24; Preis/Sagan/*Ulber, D.*, EUArbR, 2. Aufl. 2019, § 7 Rn. 7.151.

758 Allerdings von der Gegenansicht, s. *Witschen*, Rahmenvorgaben und Flexibilisierungsspielräume im Arbeitszeitrecht, S. 175.

759 *Witschen*, Rahmenvorgaben und Flexibilisierungsspielräume im Arbeitszeitrecht, S. 174 ff.

760 EuGH, Urt. v. 9.11.2017 – C-306/16 – *Maio Marques da Rosa*, NZA 2017, 1521 Rn. 39 f.

761 EuGH, Urt. v. 9.11.2017 – C-306/16 – *Maio Marques da Rosa*, NZA 2017, 1521 Rn. 42; vgl. auch Urt. v. 12.11.1996 – C-84/94 – *Vereinigtes Königreich/Rat*, NZA 1997, 23 Rn. 62, wo der EuGH den Siebentagezeitraum (ohne Weiteres) als Bezugszeitraum bezeichnet; s. dazu auch Franzen/Gallner/Oetker/*Gallner*, EuArbR, 4. Aufl. 2022, Art. 5 RL 2003/88/EG Rn. 2.

762 EuGH, Urt. v. 9.11.2017 – C-306/16 – *Maio Marques da Rosa*, NZA 2017, 1521 Rn. 43.

„Fester Zeitraum“ bedeutet hierbei lediglich, dass es sich um einen Zeitraum von bestimmter Dauer handelt.[763] Es ist also keine gleichmäßige Verteilung der wöchentlichen Ruhezeit nötig, wie der EuGH mit einem Blick auf Art. 16 lit. b), 22 Abs. 1 lit. a) ArbZRL herausstellt,[764] sodass auch zwölf Tage Arbeit nacheinander möglich sind, auf die dann eine längere Ruhezeit folgt.[765] Letztlich geht der EuGH davon aus, sein Verständnis entspreche dem Wortlaut der Vorschrift, könne durch die Systematik gestützt werden und kollidiere augenscheinlich nicht mit dem Zweck der wöchentlichen Ruhezeit,[766] denn der Arbeitnehmer könne auch ein Interesse an einer längeren Ruhezeitphase haben, wie sie durch dieses Verständnis der Vorgaben der Richtlinie möglich wird, die Richtlinie solle schließlich auch eine gewisse Flexibilität zulassen, vgl. Erwägungsgrund 15.[767] Unabhängig davon, wie man diese Auffassung nun bewertet (s. dazu Gliederungspunkt § 3 D) I. 1. a) aa)), handelt es sich hier um die durch den EuGH vorgegebenen europarechtlichen Grundsätze, die für die Auslegung und Anwendung der Richtlinie maßgebend sind. Diese sollen daher hier als Grundlage für die weiteren Überlegungen dienen.

Eine Übertragung dieser Rechtsprechung auf die Lage der täglichen Ruhezeit wird mit der Parallelität der die tägliche, Art. 3 ArbZRL, und wöchentliche Ruhezeit, Art. 5 ArbZRL, regelnden Normen und der Bezugnahme von Art. 5 auf Art. 3 ArbZRL (die wöchentliche Mindestruhezeit ist zuzüglich einer täglichen Ruhezeit zu gewähren) begründet. In beiden werde eine Ruhezeit, die innerhalb eines gewissen Zeitraums einzuhalten ist, vorgeschrieben.[768] Die

---

763 EuGH, Urt. v. 11.4.2019 – C-254/18 – *Syndicat des cadres de la sécurité intérieure*, NZA 2019, 765 Rn. 30.

764 EuGH, Urt. v. 9.11.2017 – C-306/16 – *Maio Marques da Rosa*, NZA 2017, 1521 Rn. 43.

765 *Köhlert*, NZA-RR 2018, 113 (119); so auch schon vor dem Urteil in der Rs. *Maio Marques da Rosa*: *Europäische Kommission*, Mitteilung 2017/C 165, S. 26; *Baeck/Deutsch/Winzer*, ArbZG, 4. Aufl. 2020, § 5 Rn. 2.

766 Der EuGH legt anhand der bekannten Auslegungsmethoden aus, so ist die Rede von einer „lehrbuch-“ oder auch „schulmäßigen“ Auslegung: *Junker*, Arbeitszeitmodelle der Zukunft, S. 99 (114 f.); *Witschen*, Rahmenvorgaben und Flexibilisierungsspielräume im Arbeitszeitrecht, S. 176; Franzen/Gallner/Oetker/*Gallner*, EuArbR, 4. Aufl. 2022, Art. 5 RL 2003/88/EG Rn. 2; sehr krit. auch zur Auslegungsmethodik hingegen *Klocke*, AuR 2018, 143 (144); *Leist*, ZESAR 2018, 333 (339); *Ulber, D.*, EuZA 2018, 484 (487 ff.).

767 EuGH, Urt. v. 9.11.2017 – C-306/16 – *Maio Marques da Rosa*, NZA 2017, 1521 Rn. 46 ff.

768 *Witschen*, Rahmenvorgaben und Flexibilisierungsspielräume im Arbeitszeitrecht, S. 176.

Vorschriften müssten aufgrund ihrer gleichen Ausgestaltung auch gleichmäßig ausgelegt werden, sodass auch für die Lage der täglichen Ruhezeit anzunehmen sei, dass keine konkrete Vorgabe existiere.[769] Die Rechtsprechung zu Ausgleichsruhezeiten hingegen sei enger und finde deshalb auch nur auf die besonderen Ausgleichsruhezeiten Anwendung.[770] Die tägliche Ruhezeit könne daher unter Übertragung der Rechtsprechung des EuGH zur Lage der wöchentlichen Ruhezeit auch vor dem Arbeitseinsatz liegen.[771]

cc) Stellungnahme

Die Übertragung der Rechtsprechung zur wöchentlichen Ruhezeit scheint auf den ersten Blick naheliegend und möglich, ist sie doch dogmatisch insbesondere durch systematische Erwägungen gestützt. Trotzdem muss angemerkt werden, dass die Parallele der beiden Normen vor allem bei einer teleologischen Betrachtung hinkt. Es müssen auch hier Sinn und Zweck der Ruhezeit, unter Differenzierung nach den beiden Typen der Ruhezeit, und der Richtlinie bemüht werden.

Der Arbeitnehmer soll sich durch die Gewährung der vorgeschriebenen Ruhezeiten, wie oben dargelegt, ausruhen und erholen, also mögliche Gesundheitsbeeinträchtigungen durch die Arbeit wieder ausgleichen, vgl. auch Art. 2 Nr. 9 ArbZRL, sowie seinen eigenen Interessen nachgehen können. Daneben geht es auch um einen regelmäßigen Arbeitsrhythmus, der mittels der Ruhezeiten erreicht werden soll. Das ist der täglichen wie wöchentlichen Ruhezeit im Kern gemein und dient dem Gesundheitsschutz und der Sicherheit der Arbeitnehmer.

Allerdings ist zu differenzieren: Die tägliche Ruhezeit wirkt kurzfristig, sie ermöglicht es dem Arbeitnehmer, sich von einem einzelnen Arbeitstag zu erholen, für den nächsten Tag zu regenerieren und dazu insbesondere auch Zeit zum Schlafen zu haben. Fehlende Ruhe und Schlaf wirken sich akut und schon nach kurzer Zeit auf die Leistungsfähigkeit und damit auch auf die Gesundheit und Sicherheit des Arbeitnehmers aus. Demgegenüber garantiert die wöchentliche Ruhezeit einen kompletten arbeitsfreien Tag pro Woche (bzw. pro Siebentageszeitraum), der in einem langfristigeren Kontext steht sowie umfassenderes

---

769 *Witschen*, Rahmenvorgaben und Flexibilisierungsspielräume im Arbeitszeitrecht, S. 176.

770 *Witschen*, Rahmenvorgaben und Flexibilisierungsspielräume im Arbeitszeitrecht, S. 176 und S. 177 zu den Konsequenzen dieses Verständnisses.

771 *Witschen*, Rahmenvorgaben und Flexibilisierungsspielräume im Arbeitszeitrecht, S. 176 f.

Erholungspotential bereitet und nachhaltiger wirkt, da der Arbeitnehmer hierdurch mindestens 35 Stunden am Stück hat, um sich auszuruhen und seine Freizeitinteressen zu verfolgen.[772] Auch erscheint es zumindest zumutbarer, die maximal zulässigen zwölf Tage am Stück zu arbeiten, als die bei zwei aneinandergehängten Arbeitsphasen 26 möglichen Stunden ohne nennenswerte Unterbrechung. Man möge sich nur 26 Stunden Vollarbeit vorstellen, was konsequenterweise bei einem Verständnis parallel zur Lage der wöchentlichen Ruhezeit europarechtlich zulässig wäre. Eine solche Arbeitsspanne ist physisch wie psychisch kaum zu bewerkstelligen, birgt sie doch erhebliche negative Auswirkungen auf Gesundheit, Sicherheit und nicht zuletzt auf die Leistung des Arbeitnehmers.[773] Es werden also trotz der systematischen Parallelität der Regelungen durch die Anknüpfung an zwei unterschiedliche Zeiträume, so gebieten es wohl der Zweck der Ruhezeit und der Richtlinie, auch unterschiedliche Anforderungen an die Lage innerhalb der Bezugszeiträume gestellt.

Bestärkt wird die Notwendigkeit der Differenzierung auch durch folgende Erwägung: Der EuGH stützt sich bei den Überlegungen zur Lage der wöchentlichen Ruhezeit u.a. auch darauf, dass Art. 16 lit. a) ArbZRL den Mitgliedstaaten für die Anwendung des Art. 5 ArbZRL die Option zugesteht, einen längeren Bezugszeitraum (bis zu 14 Tage) vorzusehen.[774] Für die tägliche Ruhezeit gibt es diese Möglichkeit aber nicht, was ihre Bedeutung im Schutzkonzept gegenüber der Bedeutung der wöchentlichen Ruhezeit hervorhebt. Das spricht folglich außerdem dafür, dass der Richtliniengeber die tägliche Ruhezeit insgesamt mit weniger Flexibilisierungspotential ausgestalten wollte.

Hinzu kommt, dass auch der EuGH im Kontext „normaler" Ruhezeiten das Erfordernis betont, die Risiken, die aus einer Aneinanderreihung von Arbeitsphasen ohne erforderliche Ruhepausen resultieren können, so weit wie möglich

---

772 Auch die Europäische Kommission differenziert insofern hinsichtlich der physiologischen Bedürfnisse der betroffenen Arbeitnehmer zwischen wöchentlicher und täglicher Ruhezeit, *Europäische Kommission*, Mitteilung 2017/C 165, S. 51 (im Kontext der Übertragung der EuGH-Rspr. zu den Ausgleichsruhezeiten bei Abweichungen von der täglichen Ruhezeit auf Abweichungen von der wöchentlich Ruhezeit).

773 Vgl. *Anzinger*, FS Wlotzke, S. 427 (436): Vorstellbar ist insofern höchstens Bereitschaftsdienst.

774 EuGH, Urt. v. 9.11.2017 – C-306/16 – *Maio Marques da Rosa*, NZA 2017, 1521 Rn. 46. Danach können Unterschreitungen der wöchentlichen Ruhezeit innerhalb eines Zeitraums von 14 Tagen ausgeglichen werden, dazu: Franzen/Gallner/Oetker/*Gallner*, EuArbR, 4. Aufl. 2022, Art. 16 RL 2003/88/EG Rn. 2; s. Gliederungspunkt § 3 D) I. 1. b).

zu verringern, wobei er sich u.a. auf die Rechtsprechung zu Ausgleichsruhezeiten bezieht.[775]

Eine Anwendung der Rechtsprechung zur Lage der wöchentlichen Ruhezeit würde somit zwar zugegebenermaßen einen großen Flexibilitätsgewinn herbeiführen,[776] dieser hätte aber das Potential, den Arbeitnehmerschutz, den die tägliche Ruhezeit überhaupt erst bietet, weitgehend auszuhebeln. Diese Ansicht übersieht daher zwingende Schutzgesichtspunkte, die im Rahmen der wöchentlichen Ruhezeit weniger akut sind, so auch die Wertung der Richtlinie. Aus teleologischer Warte kann die Rechtsprechung zur wöchentlichen Ruhezeit demzufolge nicht übertragen werden.

Überzeugender ist mithin die von der herrschenden Meinung vertretene Anwendung der Rechtsprechung zu den Ausgleichsruhezeiten. Das heißt, die tägliche Ruhezeit hat unmittelbar nach dem Arbeitseinsatz zu folgen. So kann sie ihren Zweck erfüllen, einen gleichmäßigen Arbeitsrhythmus garantieren und überlange Arbeitszeiten durch das Aneinanderreihen von Schichten ohne Unterbrechung verhindern. Der Schutz der Arbeitnehmer ist gewährleistet. Flexibilisierungspotential besteht daher im gegebenen Kontext aber, so muss man konstatieren, nicht.

3. *Abweichungsmöglichkeiten der ArbZRL*

Die Richtlinie macht aber nicht nur die oben dargestellten, strengen Vorgaben zur täglichen Ruhezeit, die nicht flexibel sind, sondern enthält auch Abweichungsmöglichkeiten in Artt. 17, 18 ArbZRL. Zunächst werden vorliegend die durch Art. 17 ArbZRL eröffneten Optionen betrachtet, die sich auf bestimmte Bereiche beschränken (a)), bevor es um Art. 18 ArbZRL geht, der die Abweichungsbefugnisse den Kollektivpartnern überträgt (b)). Der Übersichtlichkeit halber werden die Voraussetzungen, die beiden Abweichungsvorschriften gemein sind, auch gemeinsam dargestellt (c)). Die Darstellung der Abweichungsmöglichkeiten soll sich an dieser Stelle auf solche beschränken, die Abweichungen von den Vorgaben zur täglichen Ruhezeit einräumen.[777]

---

775 EuGH, Urt. v. 14.10.2010 – C-428/09 – *Union syndicale Solidaires Isère*, BeckRS 2010, 91197 Rn. 37; s. auch Urt. v. 7.9.2006 – C-484/04 – *Kommission/Vereinigtes Königreich*, BeckRS 2006, 70660 Rn. 41; v. 9.9.2003 – C-151/02, NZA 2003, 1019 Rn. 92.

776 Ausf. *Witschen*, Rahmenvorgaben und Flexibilisierungsspielräume im Arbeitszeitrecht, S. 176 ff., hierbei auch zum Folgeproblem der „Doppelverwertung" von Ruhezeiten.

777 Da sich einiges sonst doppeln würde, kann sich in den weiteren Teilen hinsichtlich der Grundlagen unter Verweis auf die hier vorgenommenen Ausführungen kürzer

a) *Abweichungsmöglichkeiten nach Art. 17 ArbZRL*

Abweichungen von Art. 3 ArbZRL, der die tägliche Ruhezeit von elf zusammenhängenden Stunden festlegt, sind über Art. 17 Abs. 3, 4 ArbZRL möglich, wobei Abs. 2 die allgemeinen Voraussetzungen für alle Abweichungen nach Art. 17 Abs. 3–5 ArbZRL festlegt.[778] Dieser knüpft an Abweichungen das Erfordernis entweder gleichwertiger Ausgleichsruhezeiten oder eines angemessenen Schutzes für Ausnahmefälle, in denen solche Ausgleichsruhezeiten aus objektiven Gründen nicht gewährt werden können, und legt als Instrumente zur Abweichung Rechts- oder Verwaltungsvorschriften und Tarifverträge oder Vereinbarungen zwischen Sozialpartnern fest. Da die Abweichungsmöglichkeiten nach Art. 17 ArbZRL auf bestimmte Bereiche beschränkt sind, sollen diese zunächst betrachtet werden (aa)), bevor es um die vorgesehenen Abweichungsinstrumente geht (bb)).

aa) *Erfasste Bereiche*

Zunächst zählt Art. 17 Abs. 3 ArbZRL verschiedene Fallgruppen von Tätigkeiten auf, bei denen Abweichungen von den Artt. 3–5, 8 und 16 ArbZRL zulässig sind. Dazu gehören neben Tätigkeiten, die durch eine Entfernung zwischen Arbeitsplatz und Wohnsitz des Arbeitnehmers oder zwischen seinen verschiedenen Arbeitsplätzen gekennzeichnet sind, Art. 17 Abs. 3 lit. a) ArbZRL,[779] sowie solchen Tätigkeiten, bei denen es um Sach- und Personenschutz geht, Art. 17 Abs. 3 lit. b) ArbZRL,[780] auch Tätigkeiten, die voraussetzen, dass die Kontinuität des Dienstes gewährleistet sein muss, Art. 17 Abs. 3 lit. c) ArbZRL.[781] Diese Abweichung betrifft z.B. Dienste in Krankenhäusern, Art. 17 Abs. 3 lit. c) i) ArbZRL, und ist mit einigen weiteren Regelbeispielen versehen. Weiterhin können Abweichungen insbesondere in der Landwirtschaft, im Fremdenverkehr

---

gehalten werden. Die Abweichungen nach Art. 17 Abs. 1 ArbZRL für autonome Arbeitnehmer werden gesondert unter Gliederungspunkt § 3 F) besprochen, da sie in ihrer Konzeption anders aufgebaut sind und umgesetzt werden.

778 *Europäische Kommission*, Mitteilung 2017/C 165, S. 46; Preis/Sagan/*Ulber, D.*, EuArbR, 2. Aufl. 2019, § 7 Rn. 7.231.

779 Dazu Preis/Sagan/*Ulber, D.*, EuArbR, 2. Aufl. 2019, § 7 Rn. 7.245.

780 Dazu Franzen/Gallner/Oetker/*Gallner*, EuArbR, 4. Aufl. 2022, Art. 17 RL 2003/88/EG Rn. 13a; Preis/Sagan/*Ulber, D.*, EuArbR, 2. Aufl. 2019, § 7 Rn. 7.246 m.w.N.

781 S. dazu Franzen/Gallner/Oetker/*Gallner*, EuArbR, 4. Aufl. 2022, Art. 17 RL 2003/88/EG Rn. 13a; Preis/Sagan/*Ulber, D.*, EuArbR, 2. Aufl. 2019, § 7 Rn. 7.247 f. m.w.N.: u.a. staatliche Daseinsvorsorge.

und im Postdienst vorgesehen werden, wenn ein vorhersehbarer übermäßiger Arbeitsanfall besteht, Art. 17 Abs. 3 lit. d) ArbZRL, was wohl auf Saisonbetrieb gerichtet ist,[782] sowie nach Art. 17 Abs. 3 lit. e) ArbZRL in bestimmten Fällen für Eisenbahnpersonal. Schließlich gelten die Ausnahmemöglichkeiten nach Art. 17 Abs. 3 lit. f) ArbZRL unter Verweis auf die Voraussetzungen des Art. 5 Abs. 4 RL 89/391 EWG für den Fall, dass Vorkommnisse eintreten, die auf nicht vom Arbeitgeber zu vertretende, anormale und unvorhersehbare Umstände oder auf außergewöhnliche Ereignisse zurückzuführen sind, deren Folgen auch bei Einhaltung von Sorgfalt nicht hätten vermieden werden können, sowie nach Art. 17 Abs. 3 lit. g) ArbZRL für den Fall eines Unfalls oder der Gefahr eines unmittelbar bevorstehenden Unfalls. Die in Art. 17 Abs. 3 ArbZRL genannten Tätigkeiten sind nicht abschließend aufgezählt,[783] sodass auch Abweichungen für weitere Fallgruppen vorstellbar sind, solange ein Zusammenhang mit den in der Norm erwähnten Aspekten der betreffenden Tätigkeiten besteht.[784] Durch die in der Richtlinie eröffneten Abweichungsmöglichkeiten soll auf die Besonderheiten dieser Tätigkeitsbereiche (und vergleichbare Bereiche) Rücksicht genommen werden.[785] Rein wirtschaftliche Erwägungen dürfen nicht der Grund für Abweichungen sein.[786]

Für Schichtarbeit und für Tätigkeiten, bei denen die Arbeitszeiten über den Tag verteilt sind, lässt Art. 17 Abs. 4 ArbZRL, wiederum nur unter den Voraussetzungen des Art. 17 Abs. 2 ArbZRL, Abweichungen von der täglichen und wöchentlichen Ruhezeit zu. Die relevanten Begriffsbestimmungen für Schichtarbeit und Schichtarbeiter finden sich in Art. 2 Nrn. 5, 6 ArbZRL. Erforderlich für eine Abweichung von den Ruhezeitvorgaben ist nach Art. 17 Abs. 4 lit. a) ArbZRL ein Schichtgruppenwechsel, infolge dessen die Ruhezeit nicht eingehalten werden kann.[787] Zu Art. 17 Abs. 4 lit. b) ArbZRL, der die Abweichungen

---

782 Preis/Sagan/*Ulber, D.*, EuArbR, 2. Aufl. 2019, § 7 Rn. 7.249.

783 EuGH, Urt. v. 14.10.2010 – C-428/09 – *Union syndicale Solidaires Isère*, BeckRS 2010, 91197 Rn. 48. Darunter fallen z.B. Ambulanzdienste, EuGH, Urt. v. 5.10.2004 – C-397/01 bis C-403/01 – *Pfeiffer u.a.*, NZA 2004, 1145 Rn. 97 und Feuerwehrdienste, EuGH, Urt. v. 14.10.2010 – C-243/09 – *Fuß I*, NZA 2010, 1344 Rn. 49. Diese und weitere Bsp.: *Europäische Kommission*, Mitteilung 2017/C 165, S. 47 m.w.N.

784 *Europäische Kommission*, Mitteilung 2017/C 165, S. 47.

785 Preis/Sagan/*Ulber, D.*, EuArbR, 2. Aufl. 2019, § 7 Rn. 7.232: tätigkeitsbezogener Ausnahmecharakter.

786 EuGH, Urt. v. 9.9.2003 – C-151/02 – *Jaeger*, NZA 2003, 1019 Rn. 67.

787 Dazu: Franzen/Gallner/Oetker/*Gallner*, EuArbR, 4. Aufl. 2022, Art. 17 RL 2003/88/EG Rn. 26; Preis/Sagan/*Ulber, D.*, EuArbR, 2. Aufl. 2019, § 7 Rn. 7.265.

für Tätigkeiten zulässt, bei denen die Arbeitszeiten über den Tag verteilt sind, fehlen bislang Konkretisierungen durch die Rechtsprechung des EuGH. Daher ist zu klären, was genau die Norm umfasst. Dieser Frage hat sich *T. Klein* bereits überzeugend genähert:[788] Während die Bezugnahme auf das Reinigungspersonal als Fall, in dem die Arbeitszeiten über den Tag verteilt sind, teilweise zu dem Schluss herangezogen wird, es seien mit der Abweichungsmöglichkeit konkrete Berufe gemeint und nicht bestimmte Arbeitszeitkonzepte,[789] hält er dem zu Recht entgegen, dass es sich bei der Erwähnung von Reinigungspersonal um ein Regelbeispiel handle und Regelbeispiele alleine nicht zur Ableitung einer abstrakten Wertung ausreichen könnten.[790] Demnach ergebe die Orientierung am Wortlaut der Regelung, der sich auf die Voraussetzung der Verteilung der Tätigkeiten über den Tag beschränke, dass kein bestimmter Grund für die Verteilung verlangt werde.[791] Dieses Verständnis der Norm wird auch durch einen Vergleich mit z.B. der französischen Sprachfassung der Richtlinie gestützt – „pour les activités caractérisées par des périodes de travail fractionnées dans la journée" –, in der es auf die Charakterisierung der Tätigkeit durch die Aufteilung ankommt; eine solche Charakterisierung durch die Aufteilung der Arbeitszeit erfolge aber nicht aufgrund des bestimmten Berufs an sich, sondern erst durch die Betriebsorganisation, die ein Arbeitszeitkonzept erfordere, bei welchem die entsprechende Verteilung der Arbeitszeit vorgesehen sei.[792] Überzeugend ist zur Stütze dieser Auslegung außerdem die Heranziehung systematischer Erwägungen, da es in Art. 17 Abs. 4 lit. a) ArbZRL ebenfalls auf die Arbeitszeitgestaltung (Schichtarbeit) ankommt.[793] Demnach ist anzunehmen, dass hier nicht nur konkrete Berufe betroffen sind, sondern Arbeitszeitgestaltungen/-konzepte, die dazu führen, dass die Arbeitszeit über den Tag verteilt liegt. Eine andere Auslegung würde sicherlich auch dem Sinn und Zweck der Ausnahmeregelung entgegenstehen, die den Besonderheiten der genannten Tätigkeiten Rechnung tragen und dafür Abweichungen ermöglichen will, wo sie erforderlich sind. Eine Beschränkung allein auf bestimmte Berufe, anstatt auf Arbeitszeitkonzepte

---

788 *Klein, T.*, NZA 2021, 474 (477).
789 *Wiebauer*, NZA 2016, 1430 (1434); s. auch Franzen/Gallner/Oetker/*Gallner*, EuArbR, 4. Aufl. 2022, Art. 17 RL 2003/88/EG Rn. 26.
790 *Klein, T.*, NZA 2021, 474 (477).
791 *Klein, T.*, NZA 2021, 474 (477).
792 *Klein, T.*, NZA 2021, 474 (477).
793 *Klein, T.*, NZA 2021, 474 (477).

würde ihren – wie sich zeigen wird – sowieso schon engen Anwendungsbereich weiter einschränken.

Insgesamt zeigt sich ein eng gestricktes Netz aus Tatbeständen, für die Ausnahmen vorgesehen werden können. Zwar sind viele der in der Norm genannten Tätigkeiten unter den einzelnen Fallgruppen lediglich als Regelbeispiele zu verstehen, aber auch die Erweiterung auf vergleichbare Tätigkeitsbereiche unterliegt den gleichen strengen Voraussetzungen.[794]

bb) Abweichungsinstrumente

Als Abweichungsinstrument für die durch Art. 17 Abs. 3, 4 ArbZRL gestatteten Abweichungen legt Art. 17 Abs. 2 ArbZRL Rechts- oder Verwaltungsvorschriften oder Tarifverträge oder Vereinbarungen zwischen den Sozialpartnern fest.

Generell gilt: Die Abweichungsoptionen des Art. 17 ArbZRL sind fakultativ, d.h. die Mitgliedstaaten können sich ihrer für die Arbeitszeitreglements bedienen, sie müssen es aber nicht.[795] Das heißt aber auch, dass grundsätzlich eine ausdrückliche Entscheidung der Mitgliedstaaten hinsichtlich der Verwendung der Abweichungsmöglichkeiten erforderlich ist, wobei ihnen aber auch die Wahl der Rechtsetzungstechnik offensteht.[796] Dennoch hat der EuGH festgelegt, dass auch bei Fehlen einer ausdrücklichen Maßnahme zur Umsetzung nationales Recht anwendbar sei, das richtlinienkonform die Voraussetzungen des Art. 17 ArbZRL erfülle.[797] Bei der Umsetzung der Abweichungen in nationales Recht müssen die Mitgliedstaaten ihr Ermessen unter Beachtung der allgemeinen Grundsätze des Unionsrechts ausüben, insbesondere den Grundsatz der Rechtssicherheit, sodass die Abweichungsvorschriften bestimmt und klar sein müssen.[798] Das gilt auch bei Delegation der Abweichungsbefugnisse an die

794 Zur restriktiven Auslegung durch den EuGH s. Gliederungspunkt § 3 B) I. 3. c) cc). Vgl. hier außerdem Preis/Sagan/*Ulber, D.*, EuArbR, 2. Aufl. 2019, § 7 Rn. 7.247, der davon ausgeht, i.R.v. Art. 17 Abs. 3 lit. c) ArbZRL, der eine Ausnahme für Fälle der erforderlichen Gewährleistung der Kontinuität des Dienstes oder der Produktion zulässt, dürfe eine Unterbrechung objektiv nicht möglich sein, damit die Abweichung umgesetzt werden kann.

795 EuGH, Urt. v. 21.10.2010 – C-227/09 – *Accardo*, NZA 2011, 215 Rn. 51.

796 EuGH, Urt. v. 21.10.2010 – C-227/09 – *Accardo*, NZA 2011, 215 Rn. 51 f.; *Europäische Kommission*, Mitteilung 2017/C 165, S. 43; Franzen/Gallner/Oetker/*Gallner*, EuArbR, 4. Aufl. 2022, Art. 17 RL 2003/88/EG Rn. 7.

797 EuGH, Urt. v. 3.10.2000 – C-303/98 – *SIMAP*, NZA 2000, 1227 Rn. 44; s. auch *Europäische Kommission*, Mitteilung 2017/C 165, S. 43 f.

798 EuGH, Urt. v. 21.10.2010 – C-227/09 – *Accardo*, NZA 2011, 215 Rn. 55.

Tarif- oder Kollektivvertragsparteien.[799] Diese Grundsätze bedeuten für Tarifverträge oder Kollektivvereinbarungen, die Abweichungen vorsehen, dass Maßstab für diese sowohl der unionsrechtliche Grundsatz der Rechtssicherheit als auch innerstaatliche Erfordernisse für die rechtmäßige Umsetzung sind.[800]

In Deutschland ist eine direkte Umsetzung der ArbZRL und damit der Abweichungen nach Art. 17 Abs. 2 ArbZRL durch die Tarifvertragsparteien nicht möglich. Die Wirkung des Tarifvertrags für die Tarifvertragsparteien folgt aus ihrer Tarifbindung, also für den Arbeitnehmer aus seiner Gewerkschaftsmitgliedschaft und für den Arbeitgeber entweder aus seiner Verbandsmitgliedschaft oder aus der Arbeitgeberstellung selbst, vgl. §§ 1 ff. TVG, sodass sie das Schutzniveau der ArbZRL nicht *erga omnes*, also für jeden und gegenüber jedem, durchsetzen können.[801] Damit ist für einen Zugriff der Tarifvertragsparteien auf die in der Richtlinie vorgesehenen Regelungen grundsätzlich eine hinreichend bestimmte Umsetzungsnorm erforderlich.[802] Der deutsche Gesetzgeber muss die Abweichungsmöglichkeiten also zunächst in das nationale Recht übertragen und dort für die Kollektivparteien hinreichend bestimmte und transparente Öffnungsklauseln vorsehen. Die Befugnis an sich, Abweichungen im Anwendungsbereich des Art. 17 Abs. 2 ArbZRL von den Richtlinienvorgaben vorzunehmen, kann er ihnen nicht übertragen.[803]

b) Abweichungsmöglichkeiten nach Art. 18 ArbZRL

Auch Art. 18 ArbZRL gestattet Abweichungen von den Vorgaben zur täglichen Ruhezeit. Zu klären sind zunächst die Anwendbarkeit und das Verhältnis der Norm zu Art. 17 ArbZRL (aa)). Des Weiteren geht es darum, welche Abweichungsinstrumente im Rahmen von Art. 18 ArbZRL vorgesehen und zulässig sind (bb)).

---

799 Franzen/Gallner/Oetker/*Gallner*, EuArbR, 4. Aufl. 2022, Art. 17 RL 2003/88/EG Rn. 7.

800 *Kohte*, FS Bepler, S. 287 (290); Franzen/Gallner/Oetker/*Gallner*, EuArbR, 4. Aufl. 2022, Art. 17 RL 2003/88/EG Rn. 7; Preis/Sagan/*Ulber, D.*, EuArbR, 2. Aufl. 2019, § 7 Rn. 7.233.

801 S. dazu (Art. 18): Buschmann/Ulber/*Buschmann/Ulber, J.*, ArbZR, 1. Aufl. 2019, Anh. – EU RL 2003/88/EG Fn. 109 Ziff. 4; Franzen/Gallner/Oetker/*Gallner*, EuArbR, 4. Aufl. 2022, Art. 18 RL 2003/88/EG Rn. 1.

802 Vgl. Preis/Sagan/*Ulber, D.*, EuArbR, 2. Aufl. 2019, § 7 Rn. 7.233.

803 Preis/Sagan/*Ulber, D.*, EuArbR, 2. Aufl. 2019, § 7 Rn. 7.234, der dies mit einem Vergleich von Art. 17 Abs. 2 ArbZRL mit Art. 18 Abs. 1, 2 ArbZRL begründet.

aa) Anwendbarkeit und Verhältnis zu Art. 17 ArbZRL

Die Norm ist in der Konzeption der Richtlinie von Art. 17 ArbZRL autonom auszulegen, zumindest was die Fallgruppen des Art. 17 Abs. 3 ArbZRL angeht.[804] Dies lässt sich historisch begründen: Art. 17 Abs. 2 der Vorgängerrichtlinie RL 93/104/EG wurde bei der Neufassung auf Art. 17 Abs. 2, 3 ArbZRL aufgeteilt, während Art. 17 Abs. 3 RL 93/104/EG wortlautgleich den jetzigen Art. 18 ArbZRL enthielt. Die Trennung in der aktuellen Fassung der ArbZRL belegt, dass der Richtliniengeber von der Möglichkeit oder sogar der Notwendigkeit ausging, die verschiedenen Abweichungsvorgaben unterschiedlich auszulegen.[805] Das bedeutet, dass eine berufliche Tätigkeit unter den Anwendungsbereich des Art. 18 ArbZRL fallen kann, auch wenn sie nicht in Art. 17 Abs. 3 ArbZRL genannt ist.[806] Weil Art. 18 ArbZRL nun, anders als Art. 17 Abs. 2, 3 ArbZRL, keine Beschränkung auf bestimmte Tätigkeiten kennt, kann er somit für alle Bereiche Geltung erlangen; er gilt also für alle Sektoren.[807]

Damit ergibt sich auf den ersten Blick ein großer Anwendungsbereich mit reichem Flexibilisierungspotential. Dennoch sind folgende Aspekte einschränkend zu berücksichtigen: Wie bei den anderen Ausnahmemöglichkeiten der ArbZRL ist nach der Rechtsprechung des EuGH ihre restriktive Auslegung erforderlich und ihr Anwendungsbereich muss auf das unbedingt Erforderliche beschränkt werden,[808] dazu sogleich.

---

804 EuGH, Urt. v. 21.10.2010 – C-227/09 – *Accardo*, NZA 2011, 215 Rn. 35 f.; Franzen/Gallner/Oetker/*Gallner*, EuArbR, 4. Aufl. 2022, Art. 18 RL 2003/88/EG Rn. 6; Preis/Sagan/*Ulber, D.*, EuArbR, 2. Aufl. 2019, § 7 Rn. 7.271.

805 EuGH, Urt. v. 21.10.2010 – C-227/09 – *Accardo*, NZA 2011, 215 Rn. 35 f.

806 EuGH, Urt. v. 21.10.2010 – C-227/09 – *Accardo*, NZA 2011, 215 Rn. 35 f.; Franzen/Gallner/Oetker/*Gallner*, EuArbR, 4. Aufl. 2022, Art. 18 RL 2003/88/EG Rn. 6; Preis/Sagan/*Ulber, D.*, EuArbR, 2. Aufl. 2019, § 7 Rn. 7.271, der die Verwendung des Wortes „kann" durch den EuGH betont, die zeige, dass dies nicht immer möglich sei.

807 *Europäische Kommission*, Mitteilung 2017/C 165, S. 49.

808 St. Rspr., s. nur EuGH, Urt. v. 21.2.2018 – C-518/15 – *Matzak*, NZA 2018, 293 Rn. 38; v. 14.10.2010 – C-428/09 – *Union syndicale Solidaries Isère*, BeckRS 2010, 91197 Rn. 40; v. 9.9.2003 – C-151/02 – *Jaeger*, NZA 2003, 1019 Rn. 89; vgl. auch: *Kohte*, FS Bepler, S. 287 (289); Franzen/Gallner/Oetker/*Gallner*, EuArbR, 4. Aufl. 2022, Art. 17 RL 2003/88/EG Rn. 1; Preis/Sagan/*Ulber, D* EuArbR, 2. Aufl. 2019, § 7 Rn. 7.222 f., der in Rn. 7.271 annimmt, die Erforderlichkeit müsse i.R.v. Art. 18 ArbZRL strenger begutachtet werden als bei Art. 17 ArbZRL, dem durch die Beschränkung auf gewisse Fallgruppen bereits die Vermutung eines legitimen Ziels innewohne.

bb) Abweichungsinstrumente

Abgesehen vom weiteren Anwendungsbereich liegt der Hauptunterscheid von Art. 18 zu Art. 17 ArbZRL darin, dass Art. 18 ArbZRL die Abweichungen entweder in Mitgliedstaaten, die dies rechtlich ermöglichen, direkt über Tarifverträge oder Vereinbarungen zwischen den Sozialpartnern (Abs. 1) zulässt oder in solchen Staaten, die keine entsprechende rechtliche Regelung haben, ausdrücklich die Option einer Zulassungsnorm für Tarifverträge oder Kollektivvereinbarungen eröffnet (Abs. 2). Für Deutschland gilt aus den oben dargelegten Gründen (fehlende Wirkung der Tarifverträge *erga omnes*) allein die zweite Möglichkeit, eine direkte Umsetzung durch Tarifverträge oder Kollektivvereinbarungen ist nicht möglich.[809] Bei einer Umsetzung des Art. 18 Abs. 2 ArbZRL ist es notwendig, dass das nationale Recht eine hinreichend bestimmte Zulassungsnorm enthält.[810] Schließlich enthält aber Art. 18 Abs. 4 lit. b) ArbZRL eine Erstreckungsbefugnis, sodass im Ergebnis die Wirkung der Tarifverträge *inter partes* überwunden werden kann (vgl. auch § 7 Abs. 3 ArbZG).[811] Art. 18 Abs. 4 lit. a) ArbZRL, der es den Mitgliedstaaten gestattet, Vorschriften für die Anwendung von Art. 18 ArbZRL durch die Sozialpartner vorzusehen, hat in Deutschland keine Bedeutung.[812]

Für das Flexibilisierungspotential der Abweichung und in Konsequenz der Richtlinie ist die Frage nicht unerheblich, was genau unter den Begriffen „Tarifvertrag“ sowie „Sozialpartner“ im Sinne der ArbZRL zu verstehen ist. Da beide Begriffe in der ArbZRL nicht näher umschrieben sind, bedarf es hier genaueren Hinsehens.

---

809 Vgl. auch nochmal *Karthaus*, AuR 2017, 154 (155); Franzen/Gallner/Oetker/*Gallner*, EuArbR, 4. Aufl. 2022, Art. 18 RL 2003/88/EG Rn. 1.

810 EuGH, Urt. v. 21.10.2010 – C-227/09 – *Accardo*, NZA 2011, 215 Rn. 46, 51; *Klein, T.*, NZA 2021, 474 (478); Buschmann/Ulber/*Buschmann/Ulber, J.*, ArbZR, 1. Aufl. 2019, Anh. – EU RL 2003/88/EG, Fn. 109 Ziff. 2); Franzen/Gallner/Oetker/*Gallner*, EuArbR, 4. Aufl. 2022, Art. 18 RL 2003/88/EG Rn. 2; Preis/Sagan/*Ulber, D.*, EuArbR, 2. Aufl. 2019, § 7 Rn. 7.278.

811 Franzen/Gallner/Oetker/*Gallner*, EuArbR, 4. Aufl. 2022, Art. 18 RL 2003/88/EG Rn. 3; Preis/Sagan/*Ulber, D.*, EuArbR, 2. Aufl. 2019, § 7 Rn. 7.279.

812 S. Franzen/Gallner/Oetker/*Gallner*, EuArbR, 4. Aufl. 2022, Art. 18 RL 2003/88/EG Rn. 4; Preis/Sagan/*Ulber, D.*, EuArbR, 2. Aufl. 2019, § 7 Rn. 7.276.

(1) Tarifverträge – auch Haustarifverträge?

Die Europäische Kommission ist richtigerweise der Ansicht, die Bezeichnungen der in Art. 18 ArbZRL genannten Abweichungsinstrumente müssten mangels europäischer Vorgabe durch nationale Vorschriften und Gepflogenheiten ausgefüllt werden.[813] Dabei seien in Bezug auf Tarifverhandlungen und -verträge auch völkerrechtliche Vorgaben zu beachten, da es nicht ausreiche, wenn ein Dokument lediglich formal die Bezeichnung „Tarifvertrag" trage.[814] Erforderlich ist außerdem, dass die Abweichungen auf geeigneter kollektiver Ebene zugelassen werden, vgl. Art. 18 Abs. 2 a.E. ArbZRL.

Offen bleibt mit Blick auf den insofern unklaren Wortlaut die Frage, zu der eine Stellungnahme des EuGH (noch) nicht vorliegt, ob auch Abweichungen im Wege von Firmen- und/oder Haustarifverträgen möglich sind, ob es sich hierbei also um Vereinbarungen auf geeigneter kollektiver Ebene handelt. Ein Haus- oder Firmentarifvertrag ist ein Tarifvertrag, der nur durch einen einzelnen Arbeitgeber mit einer Gewerkschaft abgeschlossen wird.[815] Steht hingegen auf Arbeitgeberseite nicht nur eine Person, sondern ein Arbeitgeberverband, ist der Geltungsbereich des Tarifvertrags üblicherweise größer, sodass von einem Verbands- oder Flächentarifvertrag die Rede ist.[816] Die Wirkung des normativen Teils des Haustarifvertrags und die des Verbandstarifvertrags sind gleich.[817] Es geht im Kern um eine Abgrenzung nach dem Geltungsbereich der Tarifverträge. Die Frage nach der Zulässigkeit von Abweichungen im Wege des Art. 18 ArbZRL durch Haustarifverträge konzentriert sich demnach darauf, ob die Regelung von Abweichungen auch auf niedrigerer Ebene möglich sein soll.

---

813 *Europäische Kommission*, Mitteilung 2017/C 165, S. 49 m.w.N. zu den laut der Kommission insbesondere zu beachtenden Normen des Völkerrechts.

814 *Europäische Kommission*, Mitteilung 2017/C 165, S. 49. Bekannt ist diese letztere Maßgabe auch in anderem Kontext, vor allem was die Arbeitnehmereigenschaft angeht: Dabei ist auch der Begriff, den die Parteien ihrem Vertragsverhältnis geben, für dessen rechtliche Einordnung nicht entscheidend; vgl. die st. Rspr.: s. nur EuGH, Urt. v. 26.3.2015 – C-316/13 – *Fenoll*, NZA 2015, 1444 Rn. 31; v. 20.9.2007 – C-116/06 – *Kiiski*, NZA 2007, 1274 Rn. 26; v. 7.9.2004 – C-456/02 – *Trojani*, NZA 2005, 757 Rn. 16; s. auch Gliederungspunkt § 2 B) III. 2. a), b).

815 Wiedemann/*Thüsing*, TVG, 8. Aufl. 2019, § 1 Rn. 59.

816 Wiedemann/*Thüsing*, TVG, 8. Aufl. 2019, § 1 Rn. 60, in Rn. 61 auch zum firmenbezogenen Verbandstarifvertrag; u.a. für Statistiken s. *Löwisch/Rieble*, TVG, 4. Aufl 2017, Grdlg. Rn. 22; ausf. zur Abgrenzung noch: HWK/*Henssler*, 10. Aufl. 2022, § 1 TVG Rn. 5 ff.

817 Wiedemann/*Thüsing*, TVG, 8. Aufl. 2019, § 1 Rn. 59.

Einen ersten Anhaltspunkt zur Beantwortung liefert die Systematik der Norm, denn das in Art. 18 Abs. 2 ArbZRL aufgeführte Merkmal der geeigneten kollektiven Ebene findet sich nicht in Art. 18 Abs. 1 ArbZRL, der die Abweichungsbefugnis direkt den Tarifvertragsparteien überträgt. Hierüber sind nur Abweichungen auf nationaler oder regionaler Ebene sowie, bei zwischen den Sozialpartnern getroffenen Abmachungen, im Wege von Tarifverträgen oder Vereinbarungen zwischen Sozialpartnern auf niedrigerer Ebene zulässig. Im Umkehrschluss kann man daher annehmen, dass Firmen- und Haustarifverträge im Rahmen von Art. 18 Abs. 2 ArbZRL zumindest kein ungeeignetes Instrument sein könnten.[818] Hier tritt schließlich auch das Erfordernis einer Zulassungsnorm im mitgliedstaatlichen Recht hinzu. Eine abschließende Stellungnahme wird jedoch in der Literatur zumeist unter Verweis auf die Erforderlichkeit einer Vorlage an den EuGH gem. Art. 267 AEUV nicht vorgenommen.[819] Grund dafür sind Bedenken hinsichtlich der strengen Rechtsprechung des EuGH, was eine geeignete kollektive Ebene ausmacht – Haustarifverträge könnte er möglicherweise für nicht ausreichend befinden.[820]

Dafür, die Abweichungen auch durch Tarifverträge auf niedrigerer Ebene zuzulassen, spricht aber einiges. Zunächst sind solche Tarifverträge auf die Bedürfnisse des jeweiligen Unternehmens zugeschnitten.[821] Denn die Parteien eines Haustarifvertrags sind nah am jeweiligen Unternehmen bzw. Betrieb und können ihre Tarifverträge daher spezifischer an den Interessen und Bedürfnissen der dort tätigen Arbeitnehmer ausrichten, während bei Flächentarifverträgen die Gefahr besteht, dass diese nicht hinreichend auf die Unterschiede Rücksicht nehmen, die sich im Rahmen der Tätigkeiten in den Betrieben in ihrem Geltungsbereich wiederfinden können.[822] So ist eine Regelung durch die Tarifvertragsparteien auf Verbandsebene wohl nur dann sinnvoll, wenn die

---

818 Franzen/Gallner/Oetker/*Gallner*, EuArbR, 4. Aufl. 2022, Art. 18 RL 2003/88/EG Rn. 4; Preis/Sagan/*Ulber, D.*, EuArbR, 2. Aufl. 2019, § 7 Rn. 7.276 f.

819 Franzen/Gallner/Oetker/*Gallner*, EuArbR, 4. Aufl. 2022, Art. 18 RL 2003/88/EG Rn. 4; Preis/Sagan/*Ulber, D.*, EuArbR, 2. Aufl. 2019, § 7 Rn. 7.276 f. Im Kontext der Leiharbeitsrichtlinie wird teilweise auch der Firmentarifvertrag als „geeignete Ebene" verstanden, denn darüber zu entscheiden, welche Ebene im Einzelfall die geeignete sei, sei Sache der Mitgliedstaaten, vgl. Franzen/Gallner/Oetker/*Kolbe*, EuArbR, 4. Aufl. 2022, Art. 5 RL 2008/104/EG Rn. 19.

820 Preis/Sagan/*Ulber, D.*, EuArbR, 2. Aufl. 2019, § 7 Rn. 7.277.

821 BeckOK ArbR/*Waas*, 64. Ed. 2022, § 1 TVG Rn. 6.

822 Vgl. auch *Baeck/Winzer*, NZA 2020, 96 (98), die aber davon ausgehen, eine Betriebsvereinbarung zur Regelung von Ausnahmen sei sachgerechter (dazu s.u.).

Besonderheiten der Arbeitszeit, welche die Abweichung notwendig machen, auf alle Arbeitnehmer, die in den Geltungsbereich des Tarifvertrags fallen, in gleicher Weise zutreffen.[823] Dass die Interessen der verhandelnden Gewerkschaft(en) wohl üblicherweise über die Grenzen des jeweiligen Unternehmens hinausgehen,[824] ist in diesem Zusammenhang kein Argument gegen Haustarifverträge, trifft diese Annahme doch genauso, wenn nicht noch mehr auf den Abschluss von Flächentarifverträgen zu. Im Ergebnis würde eine Umsetzung auf niedrigerer Ebene für die Beschäftigten mithin wohl keine Schutzeinbuße bedeuten, eher im Gegenteil: Der Arbeitgeber muss schließlich „alleine" mit der Gewerkschaft verhandeln und hat tendenziell weniger Verhandlungsmacht als ein Arbeitgeberverband, was sich für den Arbeitnehmer wohl günstiger auswirken wird. Durch die näher am jeweiligen Unternehmen orientierte Regelung scheint außerdem eine „sinnvollere" Flexibilisierung möglich, die da ankommt, wo sie nötig ist, und dort nicht umgesetzt wird, wo es ihrer nicht bedarf.

(2) Wer ist Sozialpartner?

Eng mit der oben geregelten Frage im Zusammenhang steht auch die Frage, wer als Sozialpartner im Sinne der Richtlinie zu verstehen ist. Denkbar wäre es bspw., behält man weiterhin die größere Sachnähe von Kollektivvereinbarungen auf niedrigerer Ebene im Kopf, hierunter auch die Betriebsparteien zu fassen, um ihnen die Umsetzung der Abweichungsoptionen unmittelbar (und nicht nur mittels Delegation durch Tarifvertrag) zu ermöglichen. Vielfach wird jedoch, freilich ohne weitgehende Auseinandersetzung mit der Frage, angenommen, Sozialpartner seien ausschließlich die Tarifvertragsparteien.[825] Die Europarechtskonformität der Delegation an die Betriebspartner, wie sie auch das deutsche Recht kennt, steht nicht in Zweifel. Fraglich ist aber, ob der Sozialpartnerbegriff vor dem europarechtlichen Hintergrund allein so zu verstehen ist.

Weitergehend erwägen *Baeck/Winzer*[826] eine Auslegung des Begriffs in der Form, dass er auch die Betriebspartner umfasst. Da es zur Begriffsbestimmung auf die Vorschriften und Gepflogenheiten der Mitgliedstaaten ankomme (s.o.), entstehe eine Uneinheitlichkeit in der Handhabe der Mitgliedstaaten, denn die

---

823 Vgl. *Wirtz*, BB 2014, 1397 (1399), im Zusammenhang mit der Delegation auf die Betriebspartner.

824 *Baeck/Winzer*, NZA 2020, 96 (98).

825 Franzen/Gallner/Oetker/*Gallner*, EuArbR, 4. Aufl. 2022, Art. 18 RL 2003/88/EG Rn. 5; Preis/Sagan/*Ulber, D.*, EuArbR, 2. Aufl. 2019, § 7 Rn. 7.273.

826 *Baeck/Winzer*, NZA 2020, 96 (97).

Trennung zwischen Tarif- und Betriebsparteien sei in anderen Mitgliedstaaten längst nicht so relevant wie in Deutschland.[827] In Frankreich sind Abweichungen von bestimmten Arbeitszeitvorschriften, auch der täglichen Ruhezeit, sogar vorrangig durch Betriebsvereinbarungen vorgesehen, vgl. Art. L 3131-2 CdT. Dass unter den deutschen Sozialpartnerbegriff grundsätzlich nur die Tarifpartner fallen, ist somit für das europäische Recht auch nicht entscheidend. Richtig ist vielmehr, dass generell eine einheitliche Auslegung und Anwendung der Richtlinie herbeigeführt werden muss. Hierfür kann auch ein Vergleich der verschiedenen Sprachfassungen notwendig sein,[828] der im vorliegenden Kontext Erkenntnisse verspricht: *Baeck/Winzer* ziehen die englische Version der ArbZRL heran, die in Art. 18 von *collective agreements* oder *agreements concluded between the two sides of industry* spricht, hierunter fielen auch Betriebsvereinbarungen und -partner.[829] Nicht Eingang in die Richtlinie fanden die in der englischen Version der Artt. 152, 154 Abs. 1 AEUV verwendeten Begriffe *social partners* und *management and labour*.[830] Für die Auslegung des Begriffs der Sozialpartner ziehen *Baeck/Winzer* daher weitere Aspekte heran. Diese werden im Folgenden sortiert und kritisch beleuchtet.

(a) Europäisches Primärrecht: AEUV

Der Begriff der Sozialpartner taucht zunächst im Primärrecht, genauer im AEUV, auf. *Baeck/Winzer* argumentieren mit der englischen Fassung der

---

827 *Baeck/Winzer*, NZA 2020, 96 (97), die als Beispiel auf Spanien verweisen: Hier führen auch die Betriebsräte die Tarifverhandlungen; vgl. dazu Henssler/Braun/*Calle/Prehm*, ArbR in Europa, 3. Aufl. 2011, Spanien Rn. 187 ff.; s. auch Calliess/Ruffert/*Krebber*, EUV/AEUV, 6. Aufl. 2022 Art. 28 GRC Rn. 5.

828 St. Rspr., s. nur EuGH, Urt. v. 10.9.2009 – C-199/08 – *Eschig*, EuZW 2009, 732 Rn. 54; v. 17.6.1998 – C-321/96 – *Mecklenburg*, NVwZ 1998, 945 Rn. 29; v. 2.4.1998 – C-296/95 – *EMU Tabac u.a.*, BeckRS 2004, 76104 Rn. 36. Tritt hierbei eine Abweichung auf, ist eine Auslegung nach der allgemeinen Systematik sowie nach dem Zweck der Regelung erforderlich, es müssen also die anderen Auslegungsmethoden mit herangezogen werden; s. nur EuGH, Urt. v. 15.4.2010 – C-511/08 – *Heinrich Heine*, NJW 2010, 1941 Rn. 51; v. 9.10.2008 – C-239/07 – *Sabatauskas u.a.*, EuZW 2009 Rn. 39; v. 4.10.2007 – C-457/05 – *Schutzverband der Spirituosen-Industrie e.V.*, EuZW 2007, 730 Rn. 18. Vgl. auch: Calliess/Ruffert/*Wegener*, EUV/AEUV, 6. Aufl. 2022, Art. 19 EUV Rn. 28; Preis/Sagan/*Sagan*, EuArbR, 2. Aufl. 2019, § 1 Rn. 1.85; Riesenhuber/*Riesenhuber*, Methodenlehre, 4. Aufl. 2021, § 10 Rn. 15.

829 *Baeck/Winzer*, NZA 2020, 96 (97).

830 Vgl. *Baeck/Winzer*, NZA 2020, 96 (97).

Artt. 152 ff. EUV, die für die dort gemeinten Sozialpartner, die sich nach den Kriterien der Europäischen Kommission[831] bestimmen und zusammenfassend nur solche sind, die „in ihrem Land integraler und anerkannter Bestandteil des Systems der Arbeitsbeziehungen sind“,[832] u.a. den Begriff *social partners* kennt.[833] Hierbei handelt es sich, wie gezeigt, um andere Begrifflichkeiten als in der englischen Version der ArbZRL, was den Schluss darauf zulässt, dass auch andere Kollektivpartner gemeint sein könnten. Gegen diese Begründung einer Auslegung, welche die Betriebsparteien unter den Begriff der Sozialpartner im Sinne der Richtlinie fasst, spricht aber, dass sie auf den Vergleich mit nur einer Sprachfassung gestützt ist – in der französischen Fassung der ArbZRL hingegen ist auch die Rede von *partenaires sociaux* – und dieser Vergleich bei der englischen Sprachfassung auch insofern hinkt, als dass weder in Großbritannien[834] noch in Irland[835] ein dem deutschen bzw. kontinentaleuropäischen vergleichbares Betriebsverfassungsrecht existiert. Trotzdem kann der Blick in das europäische Primärrecht für sich genommen als erster Anhaltspunkt dienen. So meint der Begriff der Artt. 152 ff. AEUV nämlich grundsätzlich nicht die Sozialpartner auf mitgliedstaatlicher Ebene,[836] während diese in der Richtlinie angesprochen werden. Somit sind wohl generell in Abgrenzung zum Richtlinienrecht andere Parteien gemeint und eine andere Auslegung damit zulässig und geboten.

(b) Pendelblick auf weitere Sekundärrechtsakte

Weiterhin führen *Baeck/Winzer* an, dass auch in anderen Richtlinien die Betriebspartner als Sozialpartner genannt werden.[837] Als Beispiel ziehen die

831 *Europäische Kommission*, KOM(93)600 endg., 13; Calliess/Ruffert/*Krebber*, EUV/AEUV, 6. Aufl. 2022, Art. 154 AEUV Rn. 6 ff.; Franzen/Gallner/Oetker/*Franzen*, EuArbR, 4. Aufl. 2022, Art. 154 AEUV Rn. 3 ff.

832 Franzen/Gallner/Oetker/*Franzen*, EuArbR, 4. Aufl. 2022, Art. 154 AEUV Rn. 6, s. in Rn. 5 auch die Bsp.

833 *Baeck/Winzer*, NZA 2020, 96 (97).

834 Henssler/Braun/*Harth/Taggart*, ArbR in Europa, 3. Aufl. 2011, Großbritannien Rn. 80 ff.

835 Henssler/Braun/*Erken*, ArbR in Europa, 3. Aufl. 2011, Irland Rn. 103 ff.

836 Ausgenommen davon sind nur Fälle, in denen es um die Ausführung und Umsetzung von EU-Recht geht; Calliess/Ruffert/*Krebber*, EUV/AEUV, 6. Aufl. 2022, Art. 154 AEUV Rn. 9 unter genauer Aufzählung der betreffenden Artikel und Absätze und m.w.N.

837 *Baeck/Winzer*, NZA 2020, 96 (97).

Autoren die RL 2019/1937/EG[838] heran, in deren Art. 8 Abs. 1 ebenfalls die Rede von Sozialpartnern ist, zu denen (in Abgrenzung zu Art. 154 f. AEUV) die Betriebsräte gehören.[839]

Auch ließe sich dies mit einem Blick in die englische Fassung des Erwägungsgrunds 155 der Datenschutzgrundverordnung[840] (DS-GVO) stützen, der den Begriff *collective agreements* (auch verwendet in der ArbZRL) inklusive *works agreements*, also Betriebsvereinbarungen, verstehe.[841] Die deutsche Fassung stellt hier auf „Kollektivvereinbarungen (einschließlich ‚Betriebsvereinbarungen') " ab. Der Bezugnahme auf die Formulierung in der DS-GVO kann man jedoch entgegenhalten, dass der ausdrückliche Zusatz, der Betriebsvereinbarungen inkludiert, auch anders zu verstehen sein könnte. So könnte er aus Sicht des europäischen Gesetzgebers aus dem Grund notwendig und in den Erwägungsgrund aufgenommen worden sein, damit Betriebsvereinbarungen überhaupt erfasst seien, da die verwendeten Begriffe sie nach seiner Ansicht üblicherweise nicht beinhalteten. Der Zusatz existiert in der ArbZRL wiederum weder im Deutschen noch im Englischen, sodass hier auch der gegenteilige Schluss – Betriebspartner sind nicht gemeint – gezogen werden könnte. Das Argument kann man jedoch auch mit einem Vergleich mit der RL 2014/50/EU[842] wieder umdrehen: Dort sind in Art. 4 Abs. 2 zwar auch die Sozialpartner genannt, es wird aber ausdrücklich auf Regelungen in Tarifverträgen abgestellt. So könnte man hieraus schlussfolgern, dass dem in Richtlinien verwendeten Begriff der Sozialpartner üblicherweise ein Verständnis, das auch Betriebspartner umfasst, zugrunde liegt, denn sonst wäre diese Klarstellung nicht erforderlich.

Lassen sich aus dem zuvor Gesagten also keine eindeutigen Schlussfolgerungen ziehen, ist der Vergleich mit anderen Sekundärrechtsakten von *Baeck/Winzer* jedenfalls zu kurz gegriffen. So ist zu berücksichtigen, dass die Betriebsparteien

---

838 Richtlinie (EU) 2019/1937 des Europäischen Parlaments und des Rates vom 23. Oktober 2019 zum Schutz von Personen, die Verstöße gegen das Unionsrecht melden.

839 *Baeck/Winzer*, NZA 2020, 96 (97) unter Verweis auf Franzen/Gallner/Oetker/*Fest*, EuArbR, 4. Aufl. 2022, Art. 8 RL 2019/1937/EU Rn. 5.

840 Verordnung (EU) 2016/679 des Europäischen Parlaments und des Rates vom 27. April 2016 zum Schutz natürlicher Personen bei der Verarbeitung personenbezogener Daten, zum freien Datenverkehr und zur Aufhebung der Richtlinie 95/46/EG.

841 *Baeck/Winzer*, NZA 2020, 96 Fn. 10.

842 Richtlinie 2014/50/EU des Europäischen Parlaments und des Rates vom 16. April 2014 über Mindestvorschriften zur Erhöhung der Mobilität von Arbeitnehmern zwischen den Mitgliedstaaten durch Verbesserung des Erwerbs und der Wahrung von Zusatzrentenansprüchen.

in einigen Richtlinien explizit als „Arbeitnehmervertreter“[843] oder „Vertreter der Arbeitnehmer“[844] bezeichnet werden,[845] ihre Bezeichnung als Sozialpartner zeigt sich damit eher als unüblich.

Abschließend beantworten lässt sich die Frage unter Rückgriff auf andere Sekundärrechtsakte somit nicht.

(c) Stütze: Art. 28 GRC

Schließlich wird von *Baeck/Winzer* noch Art. 28 GRC herangezogen, um ihre Auslegung zu untermauern.[846] Die Vorschrift enthält als Grundrecht u.a. das Recht von Arbeitnehmern wie Arbeitgebern und ihren jeweiligen Organisationen, Tarifverträge auf geeigneten Ebenen auszuhandeln und zu schließen. Zwar ist dort ausdrücklich von Tarifverträgen die Rede, allerdings wird teilweise angenommen, auch die Betriebsvereinbarungen fielen hierunter.[847] Das wird jedoch von einigen Autoren aus verschiedenen Gründen bestritten.[848] So werden maßgeblich die Natur des Betriebsrats als gesetzlich geregelte Organisation, die von Art. 28 GRC nicht erfasst sei,[849] und der Vergleich mit bzw. ein Widerspruch zu Art. 27 GRC, der die innerbetrieblichen Organisationen erfasst und nur auf Unterrichtung und Anhörung gerichtet ist,[850] angeführt. Maßgeblich dafür spricht hingegen die bereits dargelegte Tatsache, dass nicht allen Mitgliedstaaten die strenge Trennung zwischen den Kollektivparteien, konkreter noch: zwischen

843 S. nur Art. 3 lit. c) RL 89/391/EWG.

844 Art. 2 Nr. 1 lit. c) RL 2001/23/EG (Richtlinie 2001/23/EG des Rates vom 12. März 2001 zur Angleichung der Rechtsvorschriften der Mitgliedstaaten über die Wahrung von Ansprüchen der Arbeitnehmer beim Übergang von Unternehmen, Betrieben oder Unternehmens- oder Betriebsteilen).

845 *Klein, T.*, NZA 2021, 474 (478) mit weiteren Bsp.

846 *Baeck/Winzer*, NZA 2020, 96 (97).

847 Calliess/Ruffert/*Krebber*, EUV/AEUV, 6. Aufl. 2022, Art. 28 GRC Rn. 5; vgl. auch *Baeck/Winzer*, NZA 2020, 96 (97).

848 Frankfurter Kommentar/*Kocher*, 1. Aufl. 2017, Art. 28 GRC Rn. 17; Franzen/Gallner/Oetker/*Schubert*, EuArbR, 4. Aufl. 2022, Art. 28 GRC Rn. 34; von der Groeben/Schwarze/Hatje/*Lembke*, Europ. UnionsR, 7. Aufl. 2015, Art. 28 GRC Rn. 8.

849 Frankfurter Kommentar/*Kocher*, 1. Aufl. 2017, Art. 28 GRC Rn. 17; dagegen aber Calliess/Ruffert/*Krebber*, EUV/AEUV, 6. Aufl. 2022, Art. 28 GRC Rn. 5; und im Grunde auch Franzen/Gallner/Oetker/*Schubert*, EuArbR, 4. Aufl. 2022, Art. 28 GRC Rn. 34, wenn auch i.E. die Gegenauffassung vertreten wird.

850 Franzen/Gallner/Oetker/*Schubert*, EuArbR, 4. Aufl. 2022, Art. 28 GRC Rn. 34; von der Groeben/Schwarze/Hatje/*Lembke*, Europ. UnionsR, 7. Aufl. 2015, Art. 28 GRC Rn. 8.

Haustarifvertrag und Betriebsvereinbarung, gemein ist.[851] Im Ergebnis jedenfalls ist dieser Streit – da es nur um die Funktion des Grundrechts als Auslegungsstütze geht – hier zwar nicht letztentscheidend. Insgesamt erscheint es aber naheliegender, auch Betriebsvereinbarungen unter Art. 28 GRC zu fassen – die fehlende strenge Differenzierung in den anderen Mitgliedstaaten ist hier wegen der gebotenen einheitlichen Auslegung ein starkes Argument.

(d) Stellungnahme

Für eine abschließende Bewertung ist auf den Wortlaut der ArbZRL zurückzukommen. Zunächst unterscheidet sie selbst augenscheinlich zwischen Tarifvertragsparteien und Sozialpartnern: „durch Tarifverträge oder Vereinbarungen zwischen den Sozialpartnern auf geeigneter kollektiver Ebene", Art. 18 Abs. 2 a.E. ArbZRL, sodass der Hinweis auf die Sozialpartner redundant wäre, würden sie im Grunde nur die Tarifvertragsparteien erfassen. Relevant ist daneben auch, dass es auf Vereinbarungen auf „geeigneter kollektiver Ebene" ankommt. Unter die geeignete Ebene lassen sich, so *Baeck/Winzer*, auch die Betriebspartner subsumieren.[852] Oftmals mag eine Vereinbarung auf betrieblicher Ebene nun die geeignetste sein. Diese unbestimmte Formulierung eröffnet es außerdem den mitgliedstaatlichen Gesetzgebern, den Begriff nach ihrem Ermessen auszufüllen.[853]

Die Überlegung von *Baeck/Winzer*, dass Betriebspartner unter den Begriff der Sozialpartner im Sinne der Richtlinie fallen sollten, scheint auch nach Betrachtung der genannten Kritikpunkte insgesamt schlüssig. Insbesondere der Vergleich mit der Rechtspraxis anderer Mitgliedstaaten, in denen die Unterscheidung von betrieblicher und tariflicher Ebene weniger Gewicht hat, überzeugt. Dem ist noch hinzufügen, dass, wie sich aus den vorgehenden Erwägungen bereits angedeutet hat, die Wertungsargumente, die für die Zulässigkeit von Abweichungen durch Haustarifverträge sprechen, weitestgehend auf ein Verständnis von Sozialpartnern zu übertragen sind, das die Betriebsparteien

851 Calliess/Ruffert/*Krebber*, EUV/AEUV, 6. Aufl. 2022, Art. 28 GRC Rn. 5.

852 *Baeck/Winzer*, NZA 2020, 96 (97).

853 Nicht zu vergessen sind die oben angesprochenen Bedenken hinsichtlich der Zulässigkeit einer Abweichung mittels Haustarifvertrags vor dem Hintergrund der restriktiven EuGH-Rspr., die bei der Abweichung durch Betriebsvereinbarung umso mehr zutreffen.

umfasst.[854] Spricht nichts dagegen, Ausnahmen durch Haustarifverträge zuzulassen, spricht auch nichts dagegen, Ausnahmen durch Betriebsvereinbarungen zu gestatten. So bieten sich jedenfalls Argumente, insbesondere die größere Sachnähe der sich einigenden Parteien, die bei der Auslegung nach Sinn und Zweck der Richtlinie nicht zu übersehen sind. Eine sachnähere Regelung, die die Bedürfnisse der jeweiligen Arbeitgeber und Arbeitnehmer berücksichtigt, wirkt sich wohl am Ende günstiger für den Arbeitnehmer aus. Geht man also davon aus, Betriebspartner seien als Sozialpartner im Sinne der ArbZRL zu verstehen, bleibt aber noch die Frage offen, ob das im deutschen Recht ohne Weiteres umgesetzt werden kann (s. Gliederungspunkt § 3 B) II. 2. c) cc) (3)).

c) Gemeinsame Voraussetzungen der Artt. 17, 18 ArbZRL

Sowohl Art. 17 als auch Art. 18 ArbZRL fordern als Kompensation für Abweichungen gleichwertige Ausgleichsruhezeiten (aa)) oder in Ausnahmefällen, in denen die Gewährung solcher Ausgleichsruhezeiten aus objektiven Gründen nicht möglich ist, einen angemessenen anderen Schutz (bb)) für die Arbeitnehmer. Daneben fordert der EuGH als ungeschriebenes Kriterium für beide Abweichungsmöglichkeiten die Einhaltung der unbedingten Erforderlichkeit (cc)).

aa) Gleichwertige Ausgleichsruhezeiten

Damit die Abweichungen über Artt. 17, 18 ArbZRL nun zulässig sind, gilt es, die weiteren Voraussetzungen Art. 17 Abs. 2, Art. 18 Abs. 3 ArbZRL zu beachten. Demnach ist für eine Abweichung von der Vorgabe des Art. 3 ArbZRL zur täglichen Ruhezeit grundsätzlich die Gewährung einer gleichwertigen Ausgleichsruhezeit erforderlich.

(1) Inhaltliche Anforderungen

Zunächst zu beachten ist der Begriff der „Gleichwertigkeit“, dessen Bedeutung unter Heranziehung des Ziels der Richtlinie zu bestimmen ist.[855] Um den Gesundheitsschutz der Arbeitnehmer sicherzustellen, muss, damit Gleichwertigkeit vorliegt, bei einer Abweichung der gleiche Schutz gewährleistet werden,

---

854 Dafür spricht auch, dass eine Abgrenzung von Haustarifvertrag und Betriebsvereinbarung erforderlich sein kann, vgl. Wiedemann/*Thüsing*, TVG, 8. Aufl. 2019, § 1 Rn. 183 f.

855 EuGH, Urt. v. 14.10.2010 – C-428/09 – *Union syndicale Solidaires Isère*, BeckRS 2010, 91197 Rn. 50 unter Verweis auf EuGH, v. 9.9.2003 – C-151/02 – *Jaeger*, NZA 2003, 1019 Rn. 92.

wie er durch die Vorgaben eingeräumt wird, von denen abgewichen werden soll. Wird also die tägliche Ruhezeit gekürzt, sind die fehlenden Zeiteinheiten zusammenhängend als Ausgleich wieder zu gewähren.[856]

Inhaltlich sind die Ausgleichsruhezeiten des Weiteren so auszugestalten, dass der Arbeitnehmer währenddessen keinerlei Verpflichtung unterliegt, sondern frei und ohne Unterbrechung seinen eigenen Interessen nachgehen und die Auswirkungen der Arbeit auf seine physische wie psychische Gesundheit neutralisieren kann.[857] So darf bspw. Rufbereitschaft, die eigentlich im Grundsatz als Ruhezeit gilt,[858] nach Auffassung der Europäischen Kommission gerade nicht während der Ausgleichsruhezeiten gelegen sein.[859] Qualitativ sind die Ausgleichsruhezeiten hinsichtlich des Erholungszwecks somit höher eingestuft als „normale" Ruhezeiten. Die Rechtsprechung des EuGH zu den inhaltlichen Anforderungen der Ausgleichsruhezeiten ist insoweit wohl kaum einer anderen Interpretation zugänglich. Dies ist aus Schutzgesichtspunkten aber angemessen. Der Arbeitnehmer, der bereits eine Verkürzung der ihm zustehenden Ruhezeit und damit eine Verlängerung der zugehörigen Arbeitsperiode erlitten hat, hat einen erhöhten Erholungsbedarf.[860] Dem Zweck der Ausgleichsruhezeit wäre es gegenläufig, ein diese Ruhezeit unterbrechendes Heranziehen zur Arbeit zuzulassen, wie es Wesen der Rufbereitschaft ist. Darüber hinaus schränkt bereits das Wissen, jederzeit durch den Arbeitgeber zur Arbeit abgerufen werden zu können, die Freizeit des Arbeitnehmers nicht unerheblich ein.

(2) Lage der Ausgleichsruhezeiten

Auch mit Fokus auf den Erholungszweck der Ausgleichsruhezeiten und wirksamen Arbeitnehmerschutz hat der EuGH durch seine Rechtsprechung zur Lage der Ausgleichsruhezeiten den Spielraum verkürzt, den die Abweichungsmöglichkeiten auf den ersten Blick eröffnen. Danach müssen sich Ausgleichsruhezeiten unmittelbar an die Arbeitszeit anschließen, für deren Ausgleich sie

---

856 EuGH, Urt. v. 23.12.2015 – C-180/14 – *Kommission/Griechenland*, BeckRS 2016, 80037 Rn. 53 (frz.); v. 9.9.2003 – C-151/02 – *Jaeger*, NZA 2003, 1019 Rn. 97; *Europäische Kommission*, Mitteilung 2017/C 165, S. 50.

857 EuGH, Urt. v. 14.10.2010 – C-428/09 – *Union syndicale Solidaires Isère*, BeckRS 2010, 91197 Rn. 50; v. 9.9.2003 – C-151/02 – *Jaeger*, NZA 2003, 1019 Rn. 94.

858 *Baeck/Deutsch/Winzer*, ArbZG, 4. Aufl. 2020, § 2 Rn. 52; ErfK/*Roloff*, 22. Aufl. 2022, § 2 ArbZG Rn. 31; HWK/*Gäntgen*, 10. Aufl. 2022, § 2 ArbZG Rn. 5; s. dazu Gliederungspunkt § 3 A) IV. 1. d).

859 *Europäische Kommission*, Mitteilung 2017/C 165, S. 50.

860 Vgl. EuGH, Urt. v. 9.9.2003 – C-151/02 – *Jaeger*, NZA 2003, 1019 Rn. 95 f.

vorgesehen sind,[861] und sie müssen dem Arbeitnehmer gewährt werden, bevor sein nächster Arbeitseinsatz beginnt.[862] Der EuGH begründet dies mit den Gefährdungen des Arbeitnehmers durch Arbeitsperioden ohne Unterbrechung durch die erforderlichen Ruhezeiten:

> „Um einen wirksamen Schutz der Sicherheit und Gesundheit des Arbeitnehmers zu gewährleisten, muss somit grundsätzlich vorgesehen werden, dass eine Arbeitsperiode regelmäßig von einer Ruheperiode abgelöst wird. Um sich tatsächlich ausruhen zu können, muss der Arbeitnehmer sich nämlich für eine bestimmte Anzahl von Stunden, die nicht nur zusammenhängen, sondern sich auch unmittelbar an eine Arbeitsperiode anschließen müssen, aus seiner Arbeitsumgebung zurückziehen können, um sich zu entspannen und sich von der mit der Wahrnehmung seiner Aufgaben verbundenen Ermüdung zu erholen. Dieses Erfordernis ist umso dringlicher, wenn die regelmäßige tägliche Arbeitszeit abweichend von der allgemeinen Regel […] verlängert wird.
> Dagegen kann die Ableistung einer Reihe von Arbeitsperioden ohne Zwischenschaltung der erforderlichen Ruhezeit gegebenenfalls zu einer Schädigung des Arbeitnehmers führen oder zumindest dessen körperliche Fähigkeiten übersteigen und damit seine Gesundheit und Sicherheit gefährden, so dass eine erst nach diesen Perioden gewährte Ruhezeit nicht geeignet ist, den Schutz der fraglichen Belange ordnungsgemäß zu gewährleisten.“[863]

Kurz gesagt: Die Lage der Ausgleichsruhezeiten ist durch ein unmittelbares Anschließen an die Arbeitszeit, deren Ausgleich sie dient, sowie die Gewährung vor der folgenden Arbeitsperiode definiert.[864] Es ist daher bei Verkürzung

---

861 EuGH, Urt. v. 9.9.2003 – C-151/02 – *Jaeger*, NZA 2003, 1019 Rn. 94, 97.

862 EuGH, Urt. v. 9.9.2003 – C-151/02 – *Jaeger*, NZA 2003, 1019 Rn. 97. Vgl. auch EuGH, Urt. v. 23.12.2015 – C-180/14 – *Kommission/Griechenland*, BeckRS 2016, 80037 Rn. 52 (frz.).

863 EuGH, Urt. v. 9.9.2003 – C-151/02 – *Jaeger*, NZA 2003, 1019 Rn. 95 f.

864 Soweit die Übertragung im Wortlaut auf die „normale“ Ruhezeit, folgt man der hierzu herrschenden Auffassung, keine Probleme bereitet (s. Gliederungspunkt § 3 B) I. 2. b) aa)), führt die genaue Bedeutung dieser Aussage in ihrem ursprünglichen Kontext zu Missverständnissen. Teilweise wird die Folge einer Verkürzung der Ruhezeit nach Rechtsprechung des EuGH so dargestellt, dass an diese selbe Ruhezeit die ausgleichende Ruhezeit wieder angehängt werden müsse, Preis/Sagan/*Ulber, D.*, EuArbR, 2. Aufl. 2019, § 7 Rn. 7.241. *D. Ulber* nimmt auf dieser Grundlage an, dass im Ergebnis eine Unterbrechung zwischen zwei Arbeitsperioden von weniger als 11 Stunden gar nicht möglich sei. So kann der EuGH aber nicht verstanden werden, wenn auch, so viel sei zugestanden, aufgrund seiner Formulierung ein „falsches“ Verständnis nicht ganz ferngelegen ist. Aber eine solche Interpretation der Rechtsprechung würde dazu führen, dass die Abweichungsmöglichkeiten der Artt. 17, 18 ArbZRL hinsichtlich möglicher Abweichungen von Art. 3 ArbZRL gar keinen Effekt hätten. Denn elf Stunden Ruhezeit zwischen zwei Arbeitsperioden sind dort schließlich als Regelfall

der Ruhezeit die an die folgende Arbeitszeitperiode anknüpfende Ruhezeit als Ausgleich zu verlängern.[865] Mit anderen Worten: Der Ausgleich fällt in den 24-Stunden-Zeitraum, der mit der ruhezeitverkürzenden Arbeitsperiode beginnt, die folgende Ruhezeit wird verlängert, wobei sie auch in den nächsten 24-Stunden-Zeitraum übergehen kann.[866] Und zur Verdeutlichung: Wird abends länger gearbeitet, bis 23 Uhr z.B., und am nächsten Tag die Arbeit aber bereits um 9 Uhr wieder begonnen, ist die eigentlich vorgeschriebene Ruhezeit durch die verlängerte Arbeitszeit um eine Stunde verkürzt. Dann muss die folgende Ruhezeitphase 12 Stunden dauern.[867]

bb) Alternativer angemessener Schutz

Streng ist der EuGH dahingehend, was den in der Richtlinie vorgesehenen, angemessenen Schutz betrifft, wenn Ausgleichsruhezeiten keine gangbare Alternative sind.[868] Erforderlich sind außergewöhnliche Umstände, sodass die Ausgleichsruhezeiten aus objektiven Gründen nicht gestattet werden können. Erst dann dürfen die Mitgliedstaaten auf andere Schutzmechanismen zurückgreifen. Den Vorrang der Ausgleichsruhezeiten unterstreicht auch Erwägungsgrund 16 der ArbZRL, der die Möglichkeit der Abweichung zugesteht, aber ebenfalls vorschreibt, dass „in der Regel gleichwertige Ausgleichsruhezeiten gewährt werden" sollen.

Welche alternativen Schutzmechanismen genau hierunter fallen, ist jedoch noch nicht näher durch EuGH-Rechtsprechung ausgeformt. Wo er sich hierzu geäußert hat, bleibt die Aussagekraft eingeschränkt. Entschieden hat er lediglich, dass die Begrenzung der jährlichen Arbeitstage keinesfalls als angemessener

---

der Mindestruhezeit vorgeschrieben. So zu der Ansicht *D. Ulbers* auch *Hanau, H.*, EuZA 2019, 423 Fn. 76.

865 *Karthaus*, AuR 2017, 154 (155); *Hanau, H.*, EuZA 2019, 423 (437); Franzen/Gallner/Oetker/*Gallner*, EuArbR, 4. Aufl. 2022, Art. 17 RL 2003/88/EG Rn. 11.

866 *Hanau, H.*, EuZA 2019, 423 (437); s. auch Franzen/Gallner/Oetker/*Gallner*, EuArbR, 4. Aufl. 2022, Art. 17 RL 2003/88/EG Rn. 11.

867 Angelehnt an das Bsp. bei *Karthaus*, AuR 2017, 154 (155). Die Kommission stellt sogar heraus, dass ein Wegfall der gesamten täglichen Ruhezeit möglich ist, wenn der Arbeitnehmer die Ruhezeit im Berechnungszeitraum wieder erhält; *Europäische Kommission*, Mitteilung 2017/C 165, S. 50. Zur Reichweite der Rspr., insb. auch bei gestückelten Arbeitszeiten, *Witschen*, Rahmenvorgaben und Flexibilisierungsspielräume im Arbeitszeitrecht, S. 172.

868 EuGH, Urt. v. 14.10.2010 – C-428/09 – *Union syndicale Solidaires Isère*, BeckRS 2010, 91197 Rn. 55; EuGH, Urt. v. 9.9.2003 – C-151/02 – *Jaeger*, NZA 2003, 1019 Rn. 98.

Schutz in diesem Sinne anzusehen ist.[869] Klar ist letztlich nur, dass den Mitgliedstaaten bei der Schaffung eines angemessenen Schutzes ein gewisser Ermessensspielraum zusteht, solange dieser angemessene Schutz dem Arbeitnehmer die Möglichkeit einräumt, sich zu entspannen und zu erholen – dabei kommt es auf den Charakter der Arbeit oder den Kontext ihrer Ausübung an.[870]

Angewendet werden kann der alternative angemessene Schutz nach EuGH-Rechtsprechung auf Arbeitnehmer in Ferien- und Freizeitzentren bei Gelegenheits- und Saisontätigkeiten, bei denen eine dauernde Überwachung von Minderjährigen erforderlich ist,[871] oder, so die Auffassung der Europäischen Kommission, auch auf Angehörige des Militärs bei Einsätzen, die nicht am gewöhnlichen Arbeitsort stattfinden.[872] Als Alternative zu den gleichwertigen Ausgleichsruhezeiten hat der angemessene Schutz mithin keinen nennenswerten Anwendungsbereich.

cc) Ungeschriebenes Kriterium: Unbedingte Erforderlichkeit

Die Europäische Kommission stellt zu den Ausnahmeregelungen die grundrechtliche Verankerung der Rechte der ArbZRL in Art. 31 GRC heraus und betont daher die Notwendigkeit der Berücksichtigung von Art. 52 GRC:[873]

> „Jede Einschränkung der Ausübung der in dieser Charta anerkannten Rechte und Freiheiten muss gesetzlich vorgesehen sein und den Wesensgehalt dieser Rechte und Freiheiten achten. Unter Wahrung des Grundsatzes der Verhältnismäßigkeit dürfen Einschränkungen nur vorgenommen werden, wenn sie erforderlich sind und den von der Union anerkannten dem Gemeinwohl dienenden Zielsetzungen oder den Erfordernissen des Schutzes der Rechte und Freiheiten anderer tatsächlich entsprechen."

Damit spielt auch die ständige Rechtsprechung des EuGH zur restriktiven Anwendung der Ausnahmen zusammen. Diese ist aber zu Recht kritisch zu sehen.

---

869 EuGH, Urt. v. 14.10.2010 – C-428/09 – *Union syndicale Solidaires Isère*, BeckRS 2010, 91197 Rn. 60.

870 EuGH, Urt. v. 14.10.2010 – C-428/09 – *Union syndicale Solidaires Isère*, BeckRS 2010, 91197 Rn. 59 f.

871 EuGH, Urt. v. 14.10.2010 – C-428/09 – *Union syndicale Solidaires Isère*, BeckRS 2010, 91197 Rn. 45, 57.

872 *Europäische Kommission*, Mitteilung 2017/C 165, S. 51.

873 *Europäische Kommission*, Mitteilung 2017/C 165, S. 43.

(1) Kritik an der restriktiven Auslegung des EuGH

Der EuGH hat in ständiger Rechtsprechung judiziert, dass die Abweichungsmöglichkeiten der ArbZRL, um die Interessen zu wahren, deren Schutz sie ermöglichen, auf das unbedingt Erforderliche zu begrenzen sind.[874] Dies bestätigt das grundsätzliche Vorgehen des EuGH, Ausnahmeregelungen im Hinblick auf den Grundsatz der praktischen Wirksamkeit eng auszulegen.[875] So darf man sich die Frage stellen, ob diese Grundregel zwingend Geltung bzw. Einfluss bei der Umsetzung im nationalen Recht erlangen muss. Denn der Ansatz des EuGH wird zu Recht von manchen Stimmen als methodisch problematisch eingestuft, da er zu fraglichen Konstruktionen führe.[876] Um dem Willen des Reglungsgebers und den ins Auge gefassten Zwecken und Zielen hinreichend Rechnung zu tragen, scheint es schließlich bei Ausnahmen, die sich nach Auslegung tatsächlich als solche herausstellen, nicht geboten, die enge Auslegung zum pauschalen Grundsatz zu machen.[877] Angemessener und jedenfalls differenzierter ist es,

---

874 St. Rspr., s. nur EuGH, Urt. v. 21.2.2018 – C-518/15 – *Matzak*, NZA 2018, 293 Rn. 38; v. 14.10.2010 – C-428/09 – *Union syndicale Solidaries Isère*, BeckRS 2010, 91197 Rn. 40; v. 9.9.2003 – C-151/02 – *Jaeger*, NZA 2003, 1019 Rn. 89; vgl. auch: *Kohte*, FS Bepler, S. 287 (289).

875 St. Rspr., s. nur EuGH, Urt. v. 13.9.2011 – C-447/09 – *Prigge*, NZA 2011, 1039 Rn. 56; Beschl. v. 7.4.2011 – C-519/09 – *May*, BeckRS 2013, 87054 Rn. 19; Urt. v. 12.1.2010 – C-341/08 – *Petersen*, NJW 2010, 587 Rn. 60; Calliess/Ruffert/*Wegener*, EUV/AEUV, 6. Aufl. 2022, Art. 19 EUV Rn. 32; Riesenhuber/*Pechstein/Drechsler*, Methodenlehre, 4. Aufl. 2021, § 7 Rn. 27; von der Groeben/Schwarze/Hatje/*Gaitanides*, Europ. UnionsR, 7. Aufl. 2015, Art. 19 EUV Rn. 45, jeweils m.w.N. Im deutschen Recht gilt dieser Grundsatz nicht, s. nur *Larenz*, Methodenlehre, 6. Aufl. 1991, S. 355 f.

876 S. dazu Preis/Sagan/*Sagan*, EuArbR, 2. Aufl. 2019, § 1 Rn. 1.94 f. aufgrund der EuGH-Rspr. zur Betriebsübergangsrichtlinie 2001/23/EG (Urt. v. 12.2.2009 – C-466/07 – *Klarenberg*, NJW 2009, 2029 Rn. 41) und zu Art. 153 Abs. 5 AEUV (Urt. v. 13.9.2007 – C-307/05 – *Del Cerro Alonso*, BeckRS 2007, 70790 Rn. 39); s. auch *Pickenhahn*, Arbeitszeit von Wissensarbeitern, S. 194. Für die restriktive Auslegung können aber sicherlich Harmonisierungsbestrebungen sprechen, die sich nur mit eingeschränkten Ausnahmeregelungen verwirklichen lassen, *Ulber, D.*, EuZA 2014, 202 (207 f.); Riesenhuber/*Riesenhuber*, Methodenlehre, 4. Aufl. 2021, § 10 Rn. 63. Vorzugswürdig ist es dennoch, herkömmlich auszulegen und zu erforschen, ob etwas überhaupt eine Ausnahme vom Grundsatz darstellt, ausf. dazu Riesenhuber/*Riesenhuber*, Methodenlehre, 4. Aufl. 2021, § 10 Rn. 64; ähnl. Preis/Sagan/*Sagan*, EuArbR, 2. Aufl. 2019, § 1 Rn. 1.94.

877 Preis/Sagan/*Sagan*, EuArbR, 2. Aufl. 2019, § 1 Rn. 1.95 a.E.; Riesenhuber/*Riesenhuber*, Methodenlehre, 4. Aufl. 2021, § 10 Rn. 66.

die enge Auslegung von Ausnahmen nicht als zwingenden Grundsatz zu sehen, sondern für den jeweiligen Fall mit den herkömmlichen Auslegungsmethoden herauszuarbeiten, was passend ist und dem gesetzgeberischen Willen am meisten Rechnung trägt.[878]

Für die ArbZRL im Speziellen ist dabei auch zu berücksichtigen, dass Erwägungsgrund 15 eine gewisse Flexibilität bei der Anwendung der Richtlinienbestimmungen vorsieht, was ebenfalls gegen eine rein restriktive Auslegung der Ausnahmevorschriften spricht, da sie, insbesondere im Fall der täglichen Ruhezeit, auch die einzige Option sind, Flexibilität in das strenge Reglement der Richtlinie zu bringen. Darüber hinaus ist festzuhalten, dass ein Verständnis dieser Voraussetzung, das Flexibilisierungsinteressen als (mit-)Rechtfertigung für Ausnahmen gänzlich ausklammert, nicht ohne Weiteres tragbar oder zur Zweckerreichung der ArbZRL zielführend ist. Denn Flexibilisierung kann durchaus auch ein Interesse des Arbeitnehmers sein und deshalb steht sie auch nicht in jedem Fall dem Gesundheitsschutz diametral gegenüber. Durch Ausnahmen vom Arbeitszeitreglement der Richtlinie können berechtigten arbeitgeber- wie arbeitnehmerseitigen Interessen Rechnung getragen werden und es wird der Schutz der Arbeitnehmer nicht unbedingt und auf jeden Fall beeinträchtigt. Dies bedarf selbstverständlich einer kritischen Prüfung im Einzelfall, die im Zweifel wegen seines Vorrangs für den Schutz der Sicherheit und Gesundheit der Arbeitnehmer ausfallen muss. Eine pauschale Annahme verbietet sich aber in die eine – Ausnahmen schädigen die Gesundheit des Arbeitnehmers – wie die andere – Ausnahmen ermöglichen vom Arbeitnehmer gewollte Flexibilität und sind damit unbedenklich – Richtung.

Festzuhalten ist, dass die aus geänderter Interessenlage und Digitalisierung resultierenden arbeitszeitrechtlichen Probleme, die oben dargelegt wurden, den Gesetzgeber vor Handlungsbedarf stellen. Dabei ist er auf den durch die ArbZRL vorgegebenen Rahmen beschränkt. Diesen und damit auch seine Ausnahmemöglichkeiten – wohldosiert und zielgerichtet – anzuwenden, sollte also nicht allgemein durch die pauschale restriktive Auslegung, die der EuGH bemüht, beschränkt werden,[879] sondern steht dem Gesetzgeber zunächst offen. Das Merkmal der unbedingten Erforderlichkeit auszufüllen, also festzulegen, wann

---

878 Vgl. Preis/Sagan/*Sagan*, EuArbR, 2. Aufl. 2019, § 1 Rn. 1.95 a.E.; Riesenhuber/*Riesenhuber*, Methodenlehre, 4. Aufl. 2021, § 10 Rn. 66; so inzwischen auch der EuGH: Urt. v. 3.9.2014 – C-201/13 – *Deckmyn*, BeckRS 2014, 81715 Rn. 22 ff.

879 Krit. zu dieser Formulierung zumindest i.R.v. Art. 17 Abs. 1 ArbZRL, *Thüsing/Rombey/Schippers*, NZA 2020, 480 (483 f.).

die Ausnahme notwendig ist, muss mithin in gewissem Rahmen dem Ermessen der Mitgliedstaaten überlassen sein – dass dabei Schutz- und Gesundheitsinteressen nicht vernachlässigt werden dürfen, versteht sich von selbst. Genauso wenig dürfen rein wirtschaftliche Überlegungen den Schutzzwecken übergeordnet werden, s. Erwägungsgrund 4 der ArbZRL.[880] Eine Abwägung der betroffenen Belange wird bei der Anwendung der Abweichungsmöglichkeiten, um die unbedingte Erforderlichkeit zu begründen, nicht ausbleiben dürfen.

(2) Auswirkungen der „unbedingten Erforderlichkeit"

Fraglich ist nun jedenfalls, wie das Kriterium „unbedingt erforderlich" auszufüllen bzw. zu verstehen ist. Grundsätzlich bedeutet die Rechtsprechung des EuGH: Liegen die Voraussetzungen für eine Abweichung vor, können die gestatteten Ausnahmen gemacht werden, aber nur soweit es notwendig ist, um der gegebenen Ausnahmesituation Rechnung zu tragen.[881] Inwieweit es nun passend und umsetzbar ist, bestimmte Probleme, für die das Arbeitszeitrecht Lösungen bieten soll, oder Fallgestaltungen unter dieses Kriterium zu subsumieren und damit schließlich auch Flexibilisierung zu ermöglichen, kann nur an den entsprechenden Stellen und bei der Diskussion möglicher Vorhaben betrachtet werden. Dass aber die Fallgruppen des Art. 17 Abs. 3 ArbZRL schon eine gewisse Vermutung für die Erforderlichkeit beinhalten, die in Art. 18 ArbZRL fehlt,[882] ist insofern schlüssig. Ist es also in der Eigenart der Tätigkeit angelegt, dass bspw. die tägliche Ruhezeit nicht eingehalten werden kann, liegt eine unbedingte Erforderlichkeit nahe und die Abweichung kann gerechtfertigt sein.

Fest steht: Auch wenn das Kriterium der unbedingten Erforderlichkeit in seiner Allgemeinheit eher schwammig und sicherlich auch kritikwürdig ist, der Ausnahmecharakter der Abweichungsmöglichkeiten wird durch die ständige Rechtsprechung des EuGH unterstrichen. Damit Gesetzesvorhaben, die die Abweichungsmöglichkeiten umsetzen, also nicht Gefahr laufen, unionsrechtswidrig zu sein, muss der nationale Gesetzgeber diese Einschränkung in angemessenen Grenzen berücksichtigen.

d) Summa: nur begrenztes Flexibilisierungspotential

Die Abweichungsmöglichkeiten der Artt. 17, 18 ArbZRL haben für die Flexibilisierung der täglichen Ruhezeit bei unbedarftem Lesen erhebliches Potential.

---

880 Vgl. EuGH, Urt. v. 9.9.2003 – C-151/02 – *Jaeger*, NZA 2003, 1019 Rn. 67.
881 So zu Art. 17 Abs. 1 ArbZRL *Thüsing/Rombey/Schippers*, NZA 2020, 480 (483).
882 Preis/Sagan/*Ulber, D.*, EuArbR, 2. Aufl. 2019, § 7 Rn. 7.271.

Sie stellen Abweichungsregelungen jedoch selbst die nicht unerhebliche Hürde der Gewährung gleichwertiger Ausgleichsruhezeiten oder wollen den Arbeitnehmerschutz auf andere Weise sicherstellen. Der EuGH hat diese Kriterien teilweise ausgefüllt und das Potential hierdurch und insofern auch berechtigterweise begrenzt. Seine Rechtsprechung zur unbedingten Erforderlichkeit der Abweichungen hingegen erfährt berechtigte Kritik, nimmt sie doch eine pauschale Bewertung vor und lässt Arbeitnehmerinteressen, die über Sicherheit und Gesundheitsschutz hinausgehen, weitestgehend außen vor.

4. *Flexibilisierung ausschließlich über die Abweichungsmöglichkeiten möglich*

Die Grundregeln der ArbZRL zur täglichen Ruhezeit enthalten strenge Mindestvorgaben – jedem Arbeitnehmer muss innerhalb eines 24-Stunden-Zeitraums, der mit dem Arbeitseinsatz beginnt, eine mindestens elfstündige, in der Regel ununterbrochene Ruhezeit gewährt werden –, die zunächst nur Abweichungen zum Günstigeren hin (also längere Ruhezeiten) gestatten. Die Lage der Ruhezeit bestimmt sich nach Anwendung der Rechtsprechung des EuGH zu den Ausgleichsruhezeiten, sodass die tägliche Ruhezeit unmittelbar an den Arbeitseinsatz anzuschließen hat. Um aktuellen Problemstellungen zu begegnen, muss man vor europarechtlichem Hintergrund über eine generelle Verkürzung der Ruhezeit demnach gar nicht erst nachdenken.[883] Flexibilisierungspotential haben allein die Abweichungsmöglichkeiten der Artt. 17, 18 ArbZRL unter ebenfalls strikten Voraussetzungen, um die Sicherheit und Gesundheit der Arbeitnehmer zu schützen. Es bleibt die Möglichkeit, in den in Art. 17 Abs. 3, 4 ArbZRL genannten Bereichen Ausnahmeregelungen zu schaffen, sowie über Art. 18 ArbZRL grundsätzlich für alle Sektoren Tarifdispositivität einzuführen und möglicherweise auch die Regelung zur Disposition durch die Betriebsparteien zu stellen – in den vorgegebenen Grenzen und unter Einräumung von Ausgleichsruhezeiten. Diese Ausnahmeregelungen – so erfährt ihr Potential durch die ständige Rechtsprechung des EuGH einen weiteren Einschnitt – müssen aber restriktiv angewendet werden, sind also, um die Interessen zu wahren, deren Schutz sie ermöglichen, auf das unbedingt Erforderliche zu begrenzen.

883 S. *Wiebauer*, NZA 2016, 1430 (1434) m.w.N.

II. Die deutschen Regelungen zur täglichen Ruhezeit

Die deutsche Grundregelung zur Ruhezeit findet sich in § 5 Abs. 1 ArbZG, der zunächst die Vorgaben der Richtlinie übernommen hat (1.). Sowohl § 5 Abs. 2, 3 ArbZG als auch § 7 ArbZG enthalten Ausnahmebestimmungen (2.). Zu betrachten ist hier außerdem das viel diskutierte Sonderproblem der geringfügigen Unterbrechungen der Ruhezeit (3.).

1. Definition und Grundregelung

Die Umsetzung der europäischen Vorgaben zur täglichen Ruhezeit hat der deutsche Gesetzgeber in § 5 ArbZG vorgenommen. Eine Definition von Ruhezeit gibt es im Gesetz allerdings nicht. Das BAG stellt aber heraus, dass Ruhezeit formell bzw. begrifflich

> „der in § 5 ArbZG gesetzlich festgelegte arbeitsfreie Zeitraum zwischen dem Ende der täglichen Arbeitszeit und dem Beginn der nächsten täglichen Arbeitszeit bzw. zwischen zwei Schichten desselben Arbeitnehmers [ist]“,[884]

und materiell voraussetzt,

> „dass der Arbeitnehmer innerhalb dieser Zeit nicht in einem Umfang beansprucht wird, der eine Einstufung als Arbeitszeit erfordert.“[885]

Aus der Verknüpfung der beiden Aspekte, so *Anzinger/Koberski*, folgt die zusammenfassende Definition, dass es sich um eine Zeit vom Ende der täglichen Arbeitszeit bis zum Beginn der Arbeit am nächsten Tag handeln muss, die dem Arbeitnehmer frei zur Verfügung steht, damit er sich ausruhen und erholen kann, vor allem durch Schlaf, um seine durch die Arbeit verbrauchten Kräfte zu regenerieren, wobei er auch seine persönlichen Interessen und Angelegenheiten verfolgen können muss.[886] Auch für das nationale Recht ist klar, dass es – in Ansehung der Autonomie der europäisch vorgegebenen Begriffe – entsprechend dem Europarecht zwischen Arbeits- und Ruhezeit keine Zwischenkategorien gibt.[887]

---

884 BAG, Urt. v. 22.7.2010 – 6 AZR 78/09, NZA 2010, 1194 Rn. 16; vgl. auch Urt. v. 13.2.1992 – 6 AZR 638/89, NZA 1992, 891 (892). S. auch *Baeck/Deutsch/Winzer*, ArbZG, 4. Aufl. 2020, § 5 Rn. 6.

885 BAG, Urt. v. 22.7.2010 – 6 AZR 78/09, NZA 2010, 1194 Rn. 16.

886 *Anzinger/Koberski*, ArbZG, 5. Aufl. 2020, § 5 Rn. 7; s. auch HK-ArbZR/*Jerchel*, 2. Aufl. 2018, § 5 ArbZG Rn. 14.

887 Buschmann/Ulber/*Buschmann*, ArbZR, 1. Aufl. 2019, § 5 ArbZG Rn. 4; HK-ArbZR/*Jerchel*, 2. Aufl. 2018, § 5 ArbZG Rn. 7; *Schliemann*, ArbZG, 4. Aufl. 2020, § 5 Rn. 1, 4.

Der deutsche Gesetzgeber hat die Mindestvorgabe für die Dauer der Ruhezeit von elf Stunden aus der ArbZRL eingehalten, § 5 Abs. 1 ArbZG.[888] Bereits aus dem Gesetzestext geht hervor, dass die Ruhezeit ohne Unterbrechungen zu gewährleisten ist, sodass auch eine Aufteilung in kleinere Abschnitte nicht zulässig ist. Dafür sprechen auch Sinn und Zweck der Ruhezeit.[889]

In der deutschen Regelung wird hinsichtlich der Lage der Ruhezeit lediglich festgelegt, dass die Ruhezeit „nach Beendigung der täglichen Arbeitszeit" gewährt werden muss. Anknüpfungspunkt ist hierbei nicht die Arbeitszeit an dem Kalendertag, sondern die werktägliche Arbeitszeit des Arbeitnehmers.[890] Da die Bezugnahme auf den 24-Stunden-Zeitraum, den die ArbZRL vorschreibt, fehlt, wird teilweise angenommen, es sei eine europarechtskonforme Auslegung der Norm erforderlich, wonach das Merkmal des 24-Stunden-Zeitraums entsprechend Art. 3 ArbZRL „hineinzulesen" bzw. dieser anzuwenden sei.[891] Es wird aber auch angezweifelt, dass der hierfür erforderliche europarechtswidrige Zustand überhaupt besteht: Die Norm sei zusammen mit § 3 S. 2 ArbZG zu lesen, der eine tägliche Höchstarbeitszeit von maximal zehn Stunden vorschreibt – durch das Zusammenwirken der beiden Normen könne regelmäßig kein europarechtswidriger Zustand entstehen, sodass im Ergebnis „nur" ein Transparenzverstoß wegen der fehlenden Angabe des 24-Stunden-Zeitraums anzunehmen sei.[892] Damit kann es aber offenbleiben, ob man nun vom Zusammenspiel der beiden Normen ausgeht oder eine europarechtskonforme Auslegung heranziehen will, das Ergebnis – (faktische) Anwendung des 24-Stunden-Zeitraums – bleibt gleich. Das ergibt auch aus Schutzgesichtspunkten Sinn. Damit sind jedenfalls auch Doppelschichten, die zusammen über die

---

888 Ursprünglich wurde damit die Regelung der Ruhezeit aus der AZO übernommen, *Anzinger/Koberski*, ArbZG, 5. Aufl. 2020, § 5 Rn. 1.

889 *Baeck/Deutsch/Winzer*, ArbZG, 4. Aufl. 2020, § 5 Rn. 12; vgl. hierzu auch *Anzinger/Koberski*, ArbZG, 5. Aufl. 2020, § 5 Rn. 12.

890 *Anzinger/Koberski*, ArbZG, 5. Aufl. 2020, § 5 Rn. 20; *Baeck/Deutsch/Winzer*, ArbZG, 4. Aufl. 2020, § 5 Rn. 10; Buschmann/Ulber/*Buschmann*, ArbZR, 1. Aufl. 2019, § 5 ArbZG Rn. 12.

891 Franzen/Gallner/Oetker/*Gallner*, EuArbR, 4. Aufl. 2022, Art. 3 RL 2003/88/EG Rn. 7; vgl. auch *Baeck/Deutsch/Winzer*, ArbZG, 4. Aufl. 2020, § 5 Rn. 4; Preis/Sagan/*Ulber, D.*, EuArbR, 2. Aufl. 2019, § 7 Rn. 7.158 jeweils m.w.N.; HK-ArbZR/*Jerchel*, 2. Aufl. 2018, § 5 ArbZG Rn. 23; a.A. *Anzinger/Koberski*, ArbZG, 5. Aufl. 2020, § 5 Rn. 18 f.

892 Preis/Sagan/*Ulber, D.*, EuArbR, 2. Aufl. 2019, § 7 Rn. 7.158; vgl. auch *Tietje*, Grundfragen des Arbeitszeitrechts, S. 129 f.

im deutschen Recht vorgegebene tägliche Höchstarbeitszeit von acht bzw. zehn Stunden (§ 3 ArbZG) hinausgehen, nicht möglich.[893]

2. *Abweichungsmöglichkeiten*

Bereits § 5 ArbZG enthält zwei Bezugspunkte für Kürzungen der Ruhezeit: Abs. 2 (a)) knüpft an bestimmte Beschäftigungsbereiche an, während in Abs. 3 (b)) für Krankenhäuser und andere Pflegeeinrichtungen Kürzungen während der Rufbereitschaft geregelt sind. Daneben gibt es für die Tarifpartner die Möglichkeit, Abweichungen nach § 7 ArbZG (c)) vorzusehen. Und auch in außergewöhnlichen Fällen gem. § 14 ArbZG (d)) sind Abweichungen möglich.

a) Kürzungen in bestimmten Beschäftigungsbereichen, § 5 Abs. 2 ArbZG

§ 5 Abs. 2 ArbZG gestattet eine Kürzung der Ruhezeit in verschiedenen Beschäftigungsbereichen, die abschließend in der Norm aufgezählt werden,[894] um bis zu eine Stunde. Voraussetzung dafür ist ausweislich der Vorschrift, dass „jede Verkürzung der Ruhezeit innerhalb eines Kalendermonats oder innerhalb von vier Wochen durch Verlängerung einer anderen Ruhezeit auf mindestens zwölf Stunden ausgeglichen wird." Besondere Gründe für die Verkürzung sind nicht erforderlich.[895] Die Norm gestattet bis zu einem Zeitraum von 60 Minuten eine beliebige Kürzung, allerdings muss an jeden Zeitraum auch der Ausgleich mit der längeren Ruhezeit von zwölf Stunden geknüpft werden.[896]

---

893 HK-ArbZR/*Jerchel*, 2. Aufl. 2018, § 5 ArbZG Rn. 23; *Schliemann*, ArbZG, 4. Aufl. 2020, § 5 Rn. 18, der allerdings annimmt, Doppelschichten seien europarechtlich möglich, s. dazu die Überlegungen zur Lage der Ruhezeit nach dem Europarecht, Gliederungspunkt § 3 B) I. 2. b). Nicht zu verwechseln sind diese mit Doppelvorstellungen von Orchestermusikern, bei denen die tägliche Arbeitszeit erst nach dem Schluss der zweiten Aufführung endet, vgl. BAG, Urt. v. 23.6.2015 – 9 AZR 272/14, BeckRS 2015, 72275.

894 Genannt werden Einrichtungen zur Behandlung, Pflege und Betreuung von Personen, Gaststätten und andere Einrichtungen zur Bewirtung und Beherbergung, Verkehrsbetriebe, der Rundfunk sowie die Landwirtschaft und die Tierhaltung; s. die Definitionen bei HK-ArbZR/*Jerchel*, 2. Aufl. 2018, § 5 ArbZG Rn. 28 f. m.w.N.; ausf.: *Anzinger/Koberski*, ArbZG, 5. Aufl. 2020, § 5 Rn. 35 ff.

895 *Anzinger/Koberski*, ArbZG, 5. Aufl. 2020, § 5 Rn. 30; HK-ArbZR/*Jerchel*, 2. Aufl. 2018, § 5 ArbZG Rn. 30.

896 Wohl h.M.: *Anzinger/Koberski*, ArbZG, 5. Aufl. 2020, § 5 Rn. 29, 31; ErfK/*Roloff*, 22. Aufl. 2022, § 5 ArbZG Rn. 6; HK-ArbZR/*Jerchel*, 2. Aufl. 2018, § 5 ArbZG Rn. 32; HWK/*Gäntgen*, 10. Aufl. 2022, § 5 ArbZG Rn. 3; *Schliemann*, ArbZG, 4. Aufl. 2020, § 5 Rn. 25.

Manche Autoren halten eine „Gesamtabrechnung“ für zulässig.[897] Danach sollen mehrere kurze Verkürzungen der Ruhezeit (bis zu 60 Minuten) zusammengefasst und dann durch eine einzige Verlängerung einer anderen Ruhezeit auf zwölf Stunden ausgeglichen werden. Das widerspricht allerdings dem eindeutigen Wortlaut der Norm, wonach „jede Verkürzung […] durch Verlängerung einer anderen Ruhezeit“ ausgeglichen werden soll.[898] Gegen das teilweise von Vertretern dieser Auffassung bemühte Argument der Überkompensation, die zu einem Widerspruch zu § 1 Nr. 1 ArbZG (Verbesserung der Rahmenbedingungen für flexible Arbeitszeiten) führe,[899] spricht insofern, dass Arbeitnehmer üblicherweise nicht jeden Tag mit einer Ruhezeit von nur elf Stunden arbeiten – das würde schließlich eine regelmäßige tägliche Arbeitszeit von 13 Stunden bedeuten, was grundsätzlich gar nicht zulässig ist.[900] Durch die wortlautgetreue Anwendung der Regelung kann außerdem ein höherer Schutz der Arbeitnehmer erzielt werden, indem Verkürzungen der Ruhezeit unattraktiver werden.[901] Diese Überlegung stützt der Schutzzweck des Arbeitszeitrechts. Aber auch einer europarechtlichen Betrachtung unter Bezugnahme auf die Abweichungsmöglichkeiten der Richtlinie hält die Auffassung der „Gesamtabrechnung“ nicht stand. Grundsätzlich ist eine Verkürzung der Ruhezeit wie in § 5 Abs. 2 ArbZG über Art. 17 Abs. 2, 3 lit. c) ArbZRL zulässig,[902] solange den Arbeitnehmern gleichwertige Ausgleichsruhezeiten eingeräumt werden. Da diese die Auswirkungen der Arbeit nach der Rechtsprechung des EuGH in der Sache *Jaeger* neutralisieren müssen (s.o.), besteht das Erfordernis, dass die Ausgleichsruhezeiten unmittelbar an die Arbeitszeit anschließen müssen, deren Ausgleich sie dienen – das bedeutet in der Konsequenz, dass nach den Vorgaben der Richtlinie

---

897 *Neumann/Biebl*, ArbZG, 16. Aufl. 2013, § 5 Rn. 5; so auch noch ErfK/*Wank*, 21. Aufl. 2021, § 5 ArbZG Rn. 5.

898 *Junker*, ZfA 1998, 105 (119); *Baeck/Deutsch/Winzer*, ArbZG, 4. Aufl. 2020, § 5 Rn. 21; ErfK/*Roloff*, 22. Aufl. 2022, § 5 ArbZG Rn. 6 und *Schliemann*, ArbZG, 4. Aufl. 2020, § 5 Rn. 28: Das belege auch der Vergleich mit § 7 Abs. 2 ArbZG. HK-ArbZR/*Jerchel*, 2. Aufl. 2018, § 5 ArbZG Rn. 33.

899 So noch ErfK/*Wank*, 21. Aufl. 2021, § 5 ArbZG Rn. 5 m.w.N; das Argument wird auch von *Roloff* in ErfK, 22. Aufl. 2022, § 5 Rn. 6 aufgegriffen, er schließt sich jedoch der Gegenauffassung an.

900 *Schliemann*, ArbZG, 4. Aufl. 2020, § 5 Rn. 28.

901 HK-ArbZR/*Jerchel*, 2. Aufl. 2018, § 5 ArbZG Rn. 33; *Schliemann*, ArbZG, 4. Aufl. 2020, § 5 Rn. 28.

902 *Baeck/Deutsch/Winzer*, ArbZG, 4. Aufl. 2020, § 5 Rn. 5; HK-ArbZR/*Jerchel*, 2. Aufl. 2018, § 5 ArbZG Rn. 33; *Thüsing*, EuArbR, 3. Aufl. 2017, § 7 Rn. 35.

eine verkürzte Ruhezeit zur Verlängerung der ihr direkt nachfolgenden Ruhezeit führen muss. Das wäre bei einer Gesamtabrechnung nicht möglich.[903]

Europarechtliche Bedenken bestehen in diesem Zusammenhang und vor dem Hintergrund der Rechtsprechung des EuGH aber auch mit Blick auf den Ausgleichszeitraum, den § 5 Abs. 2 ArbZG einräumt (innerhalb eines Kalendermonats oder innerhalb von vier Wochen), denn ein solcher ist in den einschlägigen Abweichungsmöglichkeiten der ArbZRL (Art. 17 Abs. 2, 3 lit. c) ArbZRL) nicht vorgesehen.[904] Insofern muss man wohl von einer (teilweisen) Unionsrechtswidrigkeit der Norm ausgehen.[905]

b) Kürzungen während der Rufbereitschaft, § 5 Abs. 3 ArbZG

Eine weitere Abweichungsmöglichkeit enthält § 5 Abs. 3 ArbZG. Danach können in Krankenhäusern und anderen Pflegeeinrichtungen die Ruhezeiten um die Hälfte gekürzt werden, wenn dies aufgrund einer Inanspruchnahme während der Rufbereitschaft geschieht und sie später ausgeglichen werden. Dies ist relevant, da die Rufbereitschaft, die grundsätzlich als Ruhezeit einzuordnen ist, dennoch so gelegen sein muss, dass auf sie eine elfstündige Ruhezeit folgen kann, da ansonsten die Anforderungen an die elfstündige ununterbrochene Ruhezeit nicht erfüllt sind, wenn der Arbeitnehmer zwischendurch zur Arbeitsleistung herangezogen wird.[906] Aufgrund der ungenauen Angabe hinsichtlich des Ausgleichs, „zu anderen Zeiten“ in § 5 Abs. 3 ArbZG, ist aber, auch wenn man dies im Sinne einer „angemessenen Zeit“ verstehen muss,[907] hier ebenfalls eine Unionsrechtswidrigkeit der Norm anzunehmen, denn: Unter Berücksichtigung von Art. 19 ArbZRL, der die Festlegung eines konkreten Bezugszeitraums fordert, widerspricht die Norm der Richtlinie;[908] ganz abgesehen davon, dass für die

---

903 *Baeck/Deutsch/Winzer*, ArbZG, 4. Aufl. 2020, § 5 Rn. 21; HK-ArbZR/*Jerchel*, 2. Aufl. 2018, § 5 ArbZG Rn. 33 ff.

904 *Baeck/Deutsch/Winzer*, ArbZG, 4. Aufl. 2020, § 5 Rn. 23 m.w.N; HK-ArbZR/*Jerchel*, 2. Aufl. 2018, § 5 ArbZG Rn. 37; *Schliemann*, ArbZG, 4. Aufl. 2020, § 5 Rn. 29. Das kritisiert auch die Kommission: *Europäische Kommission*, COM(2017) 254 final, S. 12 und SWD(2017) 204 final, S. 35.

905 *Baeck/Deutsch/Winzer*, ArbZG, 4. Aufl. 2020, § 5 Rn. 23, HK-ArbZR/*Jerchel*, 2. Aufl. 2018, § 5 ArbZG Rn. 37; *Schliemann*, ArbZG, 4. Aufl. 2020, § 5 Rn. 29.

906 EAS/*Balze*, 215. EL 2019, B 3100 Rn. 112; Franzen/Gallner/Oetker/*Gallner*, EuArbR, 4. Aufl. 2022, Art. 3 RL 2003/88/EG Rn. 6; Preis/Sagan/*Ulber, D.*, EuArbR, 2. Aufl. 2019, § 7 Rn. 7.153.

907 *Baeck/Deutsch/Winzer*, ArbZG, 4. Aufl. 2020, § 5 Rn. 46; BeckOK ArbR/*Kock*, 64. Ed. 2022, § 5 ArbZG Rn. 15.

908 *Thüsing*, EuArbR, 3. Aufl. 2017, § 7 Rn. 35.

tägliche Ruhezeit keine Bezugszeiträume festgelegt werden können. Auch der EuGH hat bereits den Widerspruch vergleichbarer Regelung zu den Zielbestimmungen der Richtlinie festgestellt.[909]

c) *Regelungen gemäß § 7 ArbZG zur Abweichung von der täglichen Ruhezeit*

Weitere Abweichungsmöglichkeiten von der Grundvorgabe zur Ruhezeit hat der deutsche Gesetzgeber in § 7 Abs. 1 Nr. 3, Abs. 2 ArbZG vorgesehen, die verschiedene Gestaltungsoptionen enthalten (aa), bb)). Dabei stellt das Gesetz als Abweichungsinstrumente auf die Umsetzung mittels eines Tarifvertrags oder auf Grund eines Tarifvertrags in einer Betriebs- oder Dienstvereinbarung ab (cc)). § 7 ArbZG enthält daneben auch die Möglichkeit, die Höchstarbeitszeit zu verlängern und die Ruhepausen aufzuteilen.[910]

aa) *Abweichungen nach § 7 Abs. 1 Nr. 3 ArbZG*

Gestattet ist im ArbZG eine Verkürzung der in § 5 Abs. 1 ArbZG vorgegebenen Mindestruhezeit um bis zu zwei Stunden, also auf neun Stunden, wenn das aufgrund der Art der Arbeit erforderlich ist und die Kürzung innerhalb eines festzulegenden Ausgleichszeitraums ausgeglichen wird, § 7 Abs. 1 Nr. 3 ArbZG. Klarzustellen ist, dass die Vorschrift nur die Kürzung vorsieht, also ausdrücklich keine Abweichung von den sonstigen Vorgaben des § 5 Abs. 1 ArbZG hinsichtlich der Ruhezeit.[911] Die Ausnahmemöglichkeit betrifft (in Umsetzung von Art. 18 ArbZRL)[912], da sie keine Beschränkung auf bestimmte Bereiche enthält, zunächst alle Bereiche. Dazu gehören auch die, die bereits unter § 5 Abs. 2 ArbZG fallen, wobei jedoch eine Kombination der beiden Kürzungsoptionen nicht möglich ist; die tarifliche Öffnungsklausel bietet aber einen größeren

---

909 EuGH, Urt. v. 23.12.2015 – C-180/14 – *Kommission/Griechenland*, BeckRS 2016, 80037 Rn. 53 (frz.).

910 Zu beidem s. unter den Gliederungspunkten § 3 C) II. 2. (Ruhepausen) und § 3 E) II. 2. b) (Höchstarbeitszeit). Auch § 7 Abs. 2a ArbZG ermöglicht Abweichungen von § 5 Abs. 1 ArbZG, da es hier aber um eine Verlängerung der werktäglichen Arbeitszeit mittels des Opt-outs nach Art. 22 Abs. 1 ArbZRL geht, soll dies dort besprochen werden, s. Gliederungspunkt § 3 E) II. 2. b).

911 *Anzinger/Koberski*, ArbZG, 5. Aufl. 2020, § 7 Rn. 33; *Baeck/Deutsch/Winzer*, ArbZG, 4. Aufl. 2020, § 7 Rn. 72; *Schliemann*, ArbZG, 4. Aufl. 2020, § 7 Rn. 54.

912 Vgl. auch Preis/Sagan/*Ulber, D.*, EuArbR, 2. Aufl. 2019, § 7 Rn. 7.252.

Handlungsspielraum.[913] Eine Begutachtung der Kriterien einer Abweichung nach § 7 Abs. 1 Nr. 3 ArbZG und ihre europarechtliche Wertung sollen im Folgenden vorgenommen werden.

(1) Erforderlich wegen der Art der Arbeit

Die Abweichungsmöglichkeiten nach § 7 Abs. 1 Nr. 3 ArbZG begrenzend, greift die Voraussetzung, dass die Art der Arbeit die Kürzung der Ruhezeit erforderlich macht. Wie genau dieses Merkmal zu verstehen ist, wird nicht ganz einheitlich gesehen. Ausreichend sind nach einer Auffassung arbeitsorganisatorische Gründe,[914] auch wird auf branchenspezifische und/oder arbeitstechnische Besonderheiten abgestellt,[915] teilweise auch auf beides.[916] Weitestgehend ist man sich jedoch darüber einig, dic bewusst unklar gewählte Formulierung räume den Tarifvertragsparteien einen nicht unerheblichen Spielraum dahingehend ein, ob eine Verkürzung der Ruhezeit erforderlich ist.[917] Weniger Freiraum sieht hingegen *Schliemann*, der annimmt, die Art der Arbeit könne die Ruhezeitkürzung nur dann rechtfertigen,

> „wenn sie so gestaltet ist, dass sie vom selben Arbeitnehmer auszuführen ist und dies sinnvoll oder technisch bedingt nur erfolgen kann, wenn der Arbeitnehmer keine Ruhezeit von mindestens elf Stunden nach Ende seiner Arbeit erhält, sondern eine um bis zu zwei Stunden verkürzte Ruhezeit."[918]

Aus dem Merkmal „erforderlich wegen der Art der Arbeit" die unbedingte Erforderlichkeit herauszulesen, die der EuGH voraussetzt, damit eine Ausnahmemöglichkeit gerechtfertigt ist, ist nicht schwer. Über die Art der Arbeit kann und muss die Ausnahme entsprechend der oben dargelegten Erwägungen auf das unbedingt Erforderliche begrenzt werden. Auf den ersten Blick ist die enge, letztgenannte Auffassung *Schliemanns* somit jedenfalls nah an der

---

913 *Baeck/Deutsch/Winzer*, ArbZG, 4. Aufl. 2020, § 7 Rn. 73; *Neumann/Biebl*, ArbZG, 16. Aufl. 2013, § 7 Rn. 26

914 *Roggendorff*, ArbZG, § 7 Rn. 41.

915 *Neumann/Biebl*, ArbZG, 16. Aufl. 2013, § 7 Rn. 27.

916 *Anzinger/Koberski*, ArbZG, 5. Aufl. 2020, § 7 Rn. 34; *Baeck/Deutsch/Winzer*, ArbZG, 4. Aufl. 2020, § 7 Rn. 74.

917 H.M.: *Anzinger/Koberski*, ArbZG, 5. Aufl. 2020, § 7 Rn. 34; *Baeck/Deutsch/Winzer*, ArbZG, 4. Aufl. 2020, § 7 Rn. 74; ErfK/*Roloff*, 22. Aufl. 2022, § 7 ArbZG Rn. 6; HK-ArbZR/*Pfeiffer*, 2. Aufl. 2018, § 7 ArbZG Rn. 47; HWK/*Gäntgen*, 10. Aufl. 2022, § 7 ArbZG Rn. 7; *Neumann/Biebl*, ArbZG, 16. Aufl. 2013, § 7 Rn. 27.

918 *Schliemann*, ArbZG, 4. Aufl. 2020, § 7 Rn. 54.

einschränkenden Rechtsprechung des EuGH orientiert. Dennoch ist auch aus europarechtlichem Sichtwinkel die Auffassung vertretbar, die ein weniger enges Verständnis der Erforderlichkeit wegen der Art der Arbeit zugrunde legt. Denn das Merkmal der unbedingten Erforderlichkeit auszufüllen, also festzulegen, wann eine Ausnahme nun nötig ist, ist in gewissem Rahmen dem Ermessen der Mitgliedstaaten überlassen (s.o.). Das geht nach hier vertretener Auffassung über die alleinige Vorgabe strenger Anforderungen hinaus und kann unter Umständen und nach gründlicher Abwägung mit Schutzinteressen bspw. auch Flexibilisierungspunkte umfassen. Eine strenge Begrenzung auf die von *Schliemann* dargelegten Grundsätze würde dem entgegenstehen.

(2) Ausgleich der Kürzung

Die zweite Voraussetzung für eine Kürzung der Ruhezeit ist, dass ein Ausgleich „innerhalb eines festzulegenden Ausgleichszeitraums" stattfindet. Die Diskussion beschränkt sich maßgeblich darauf, welche Anforderungen an die Länge dieses Zeitraums zu stellen sind. Es wird vertreten, diese sei abhängig von gesundheitlichen Belangen[919] bzw. von Umfang und Häufigkeit der Verkürzungen,[920] der Ausgleich dürfe nur in derselben oder der folgenden Woche liegen,[921] oder der Zeitraum sei unter Anwendung von § 7 Abs. 8 S. 1 ArbZG auf zwölf Monate zu beschränken.[922]

Zunächst stellen sich aber dringendere europarechtliche Fragen. Zur Erinnerung: Voraussetzung für eine Abweichung, sei es über Art. 17 oder Art. 18 ArbZRL, ist die Gewährung gleichwertiger Ausgleichsruhezeiten oder eines anderen angemessenen Schutzes, wenn objektive Gründe der Gewährung von Ausgleichsruhezeiten entgegenstehen, vgl. Art. 17 Abs. 2, Art. 18 Abs. 3 ArbZRL. Der EuGH hat, wie beschrieben, festgelegt, dass die Ausgleichsruhezeiten unmittelbar an die Arbeitszeit, deren Ausgleich sie dienen, anschließen und vor der folgenden Arbeitsperiode gewährt werden müssen. Wenn der Ausgleich aber nach § 7 Abs. 1 Nr. 3 ArbZG lediglich in einem „festzulegenden Ausgleichszeitraum" stattfinden muss, fehlt die Anpassung an das europarechtliche Zulässige, sodass die Norm ähnlich dem § 5 Abs. 2, 3 ArbZG europarechtlich mindestens bedenklich ist. Über die Bezugszeiträume des Art. 16 ArbZRL

---

919 *Anzinger/Koberski*, ArbZG, 5. Aufl. 2020, § 7 Rn. 35.
920 *Schliemann*, ArbZG, 4. Aufl. 2020, § 7 Rn. 56.
921 Buschmann/Ulber/*Buschmann*, ArbZR, 1. Aufl. 2019, § 7 ArbZG Rn. 42.
922 *Baeck/Deutsch/Winzer*, ArbZG, 4. Aufl. 2020, § 7 Rn. 75; HK-ArbZR/*Pfeiffer*, 2. Aufl. 2018, § 7 ArbZG Rn. 48.

kommt man insofern ebenfalls nicht zu einer Bejahung der Europarechtskonformität, denn für die tägliche Ruhezeit gibt es keinen Bezugszeitraum. Daran ändert sich auch nichts, weil über Art. 18 ArbZRL Abweichungen von Art. 16 ArbZRL möglich sind, denn diese Befugnis umfasst nicht das Einführen eines neuen Bezugszeitraums.[923]

Die Zweifel an der Europarechtskonformität der Regelung könnte man allenfalls dann ausräumen, wenn man die zweite Alternative der Abweichungsmöglichkeiten heranzieht und annimmt, der festzulegende Ausgleichszeitraum stelle einen durch die Abweichungsvorschriften der ArbZRL ermöglichten anderen angemessenen Schutz dar.[924] So könnte zwar die Europarechtskonformität der Norm begründet werden. Jedoch würde hiermit die Möglichkeit, die Ausnahme überhaupt zu nutzen, erheblich verkürzt. Denn es müssen, wie vom EuGH vorausgesetzt, „außergewöhnliche Umstände" vorliegen, die der Einräumung von gleichwertigen Ausgleichsruhezeiten, die seinen Anforderungen entsprechen, entgegenstehen.[925] Dazu, wann solche außergewöhnlichen Umstände überhaupt vorliegen, hat der EuGH (noch) nicht viel gesagt, das Merkmal ist aber sehr restriktiv zu verstehen. Dies müssten die Tarifvertragsparteien bei Anwendung der Abweichungsmöglichkeit des § 7 Abs. 1 Nr. 3 ArbZG dann berücksichtigen. Im Ergebnis hätte die Vorschrift damit einen verschwindend geringen Anwendungsbereich, denn bei ihrer Anwendung müsste das Vorliegen einer außergewöhnlichen, gar atypischen Situation begründet werden.[926] Daher ist jedenfalls anzunehmen, dass dies nicht im Sinne des Gesetzgebers bei der Schaffung der Norm war, auch, da er ja gerade auf Ausgleichsruhezeiten abgestellt hat.

Möglich erscheint es aber, zumindest eine unionsrechtskonforme Auslegung der Norm dahingehend vorzunehmen, dass der festzulegende Zeitraum sich an den Vorgaben des EuGH zu den Ausgleichsruhezeiten orientiert, oder aber, dass die Tarifvertragsparteien sie insofern einschränkend unionsrechtskonform anwenden.

---

923 Preis/Sagan/*Ulber, D.*, EuArbR, 2. Aufl. 2019, § 7 Rn. 7.261; vgl. auch *Witschen*, Rahmenvorgaben und Flexibilisierungsspielräume im Arbeitszeitrecht, S. 187.

924 *Witschen*, Rahmenvorgaben und Flexibilisierungsspielräume im Arbeitszeitrecht, S. 186 f.

925 S. nochmal: EuGH, Urt. v. 14.10.2010 – C-428/09 – *Union syndicale Solidaires Isère*, BeckRS 2010, 91197 Rn. 55; EuGH, Urt. v. 9.9.2003 – C-151/02 – *Jaeger*, NZA 2003, 1019 Rn. 98.

926 Vgl. *Witschen*, Rahmenvorgaben und Flexibilisierungsspielräume im Arbeitszeitrecht, S. 187 f.

bb) Abweichungen nach § 7 Abs. 2 ArbZG

Weitere Möglichkeiten für von der täglichen Ruhezeit abweichende Regelungen enthält § 7 Abs. 2 ArbZG, der es in Nr. 1 gestattet, unter der Voraussetzung, dass der Gesundheitsschutz der Arbeitnehmer durch entsprechenden Zeitausgleich gewährleistet wird, die Ruhezeit bei Rufbereitschaft an die Besonderheiten des Dienstes anzupassen, insbesondere zu kürzen. Weiterhin enthalten die Nrn. 2–4 Möglichkeiten zur Anpassung u.a. der täglichen Ruhezeit in bestimmten Beschäftigungsbereichen, namentlich bei der Landwirtschaft (Nr. 2), bei Pflegetätigkeiten (Nr. 3) und im öffentlichen Dienst (Nr. 4).

(1) Anpassungen der Ruhezeit

Anders als bei den anderen dargestellten Abweichungsmöglichkeiten erlaubt § 7 Abs. 2 ArbZG nicht nur eine Kürzung der Ruhezeit, sondern auch Anpassungen ihrer anderen Merkmale nach § 5 Abs. 1 ArbZG. Das verdeutlicht insbesondere die eindeutige Wortwahl des Gesetzgebers, verwendet er hier doch den Begriff der Anpassung, nicht wie bspw. in § 7 Abs. 1 Nr. 3 ArbZG nur den der Kürzung.[927] Daher ermöglicht die Norm es zunächst nicht nur, die Dauer der Ruhezeit zu modifizieren, sondern z.B. auch ihre Lage, sodass die Ruhezeit nicht unmittelbar nach Beendigung der Arbeitszeit stattfinden muss.[928] Weiterhin eröffnet die Vorschrift auch die Option, Unterbrechungen der Ruhezeit in der Form zu gestatten, dass Zeiträume vor und nach einer Inanspruchnahme zusammen die nötige Ruhezeit ergeben können.[929] Das scheint insbesondere im Zusammenhang mit der Rufbereitschaft, die in der Regel als Ruhezeit gilt, eine praktische Handhabung für bestimmte Umstände darzustellen. Durch die Vorschrift wird somit eine erhebliche Flexibilisierung möglich, sofern es sich bei Anwendung der Nr. 1 um einen Dienst in Rufbereitschaft handelt oder die in den Nrn. 2–4 genannten Tätigkeitsbereiche unter den dort festgelegten Umständen betroffen sind.

Die Zulassung von Anpassungen und nicht nur Kürzungen der Ruhezeit ist auch mit den Vorgaben der Richtlinie vereinbar.[930] Art. 18 Abs. 2 ArbZRL spricht

---

927 *Baeck/Deutsch/Winzer*, ArbZG, 4. Aufl. 2020, § 7 Rn. 87; Buschmann/Ulber/*Buschmann*, ArbZR, 1. Aufl. 2019, § 7 ArbZG Rn. 47; s. auch die Übersicht bei HKW/*Gäntgen*, 9. Aufl. 2020, § 7 ArbZG Rn. 2.

928 *Anzinger/Koberski*, ArbZG, 5. Aufl. 2020, § 7 Rn. 43.

929 *Baeck/Deutsch/Winzer*, ArbZG, 4. Aufl. 2020, § 7 Rn. 87; BeckOK ArbR/*Kock*, 64. Ed. 2022, § 7 ArbZG Rn. 18.1; ErfK/*Roloff*, 22. Aufl. 2022, § 7 ArbZG Rn. 14.

930 S. auch *Witschen*, Rahmenvorgaben und Flexibilisierungsspielräume im Arbeitszeitrecht, S. 188.

von Abweichungen von Art. 3 ArbZRL, sodass eine Beschränkung auf Verkürzungen der Ruhezeit nicht ersichtlich ist, sondern ebenfalls von den gesamten Vorgaben, die die Richtlinie in Art. 3 ArbZRL zur täglichen Ruhezeit macht, abgewichen werden kann.

(2) Gewährleistung des Gesundheitsschutzes

Voraussetzung für eine Anpassung nach den Nrn. 1–4 ist außerdem die Gewährleistung des Gesundheitsschutzes durch Zeitausgleich, sodass ein andersartiger Ausgleich, vor allem in Geld, nicht möglich ist.[931] Entscheidend ist dabei, dass der Gesundheitsschutz der Arbeitnehmer gewährleistet werden muss, weshalb einige Stimmen in der Literatur der Meinung sind, bei einer Kürzung der Ruhezeit müsse nicht zwingend ein gleich langer Ausgleich ermöglicht werden.[932] Was aus europarechtlicher Perspektive daher einer genaueren Betrachtung bedarf, ist der durch § 7 Abs. 2 ArbZG vorgeschriebene entsprechende Zeitausgleich, der die Anforderungen der europarechtlich vorgegebenen, gleichwertigen Ausgleichsruhezeiten nicht ohne Weiteres erfüllt. Denn diese werden durch das deutsche Gesetz so, wie der EuGH sie fordert, nicht vorgeschrieben. Zu beachten ist allerdings, dass die Vorgaben, die der EuGH bisher in Bezug auf Ausgleichsruhezeiten vorgenommen hat, solche Fälle betreffen, in denen es nur um eine Verkürzung der Ruhezeit geht.[933] Geht es mithin um eine andersartige Anpassung der Ruhezeitregelung, ist es durchaus denkbar, dass nach bisheriger europäischer Rechtslage nicht die Notwendigkeit besteht, die gleichen Maßstäbe anzulegen.[934] Insofern ist die Gleichwertigkeit, die die Ausgleichsruhezeiten erfüllen müssen, bei anderen Anpassungen der täglichen Ruhezeit wohl einer Auslegung zugänglich, die nicht unbedingt die strengen Vorgaben des EuGH aus der Rechtssache *Jaeger* umsetzt. Das heißt aber auch, dass das Merkmal des „entsprechenden Zeitausgleichs“ und die oben dargelegten Grundsätze der Literatur

---

931 BeckOK ArbR/*Kock*, 64. Ed. 2022, § 7 ArbZG Rn. 21; Buschmann/Ulber/*Buschmann*, ArbZR, 1. Aufl. 2019, § 7 ArbZG Rn. 48; *Schliemann*, ArbZG, 4. Aufl. 2020, § 7 Rn. 63 mit weiteren Bsp.

932 *Baeck/Deutsch/Winzer*, ArbZG, 4. Aufl. 2020, § 7 Rn. 84; *Schliemann*, ArbZG, 4. Aufl. 2020, § 7 Rn. 63; vgl. auch *Anzinger/Koberski*, ArbZG, 5. Aufl. 2020, § 7 Rn. 40, die einen strengen Maßstab bzgl. der Gewährleistung des Gesundheitsschutzes anlegen, indem sie auf die Erfüllung der §§ 3, 4, 5 Abs. 1, 6 Abs. 2 ArbZG über ein Jahr abstellen.

933 Insb. EuGH, Urt. v. 9.9.2003 – C-151/02 – *Jaeger*, NZA 2003, 1019.

934 S. auch *Witschen*, Rahmenvorgaben und Flexibilisierungsspielräume im Arbeitszeitrecht, S. 188 f.

sowie die Vorgabe in § 7 Abs. 2 Nr. 1 ArbZG, die einen Ausgleich „zu anderen Zeiten" zulässt, für den Fall einer Kürzung der Ruhezeit im Sinne der EuGH-Rechtsprechung zu verstehen und anzuwenden sind. Eine etwaige Äußerung des EuGH zu anderen Anpassungen der Ruhezeitvorgaben und den hierfür notwendigen Ausgleich bleibt abzuwarten.

(3) Europarechtliche Bedenken: unbedingte Erforderlichkeit gewahrt?

Unionsrechtliche Bedenken werden außerdem in Bezug darauf geäußert, dass § 7 Abs. 2 Nr. 1 ArbZG Abweichungsmöglichkeiten für Rufbereitschaft schafft. Die Erforderlichkeit könne nicht nur deshalb angenommen werden, so manche Autoren, weil eine bestimmte Arbeitszeitgestaltung vorliege; und auch mittels einer einschränkenden Auslegung oder Anwendung der Norm sei die Herstellung eines unionsrechtskonformen Zustands aufgrund der darauf beruhenden Tarifnormen nicht ohne Weiteres möglich.[935] Dennoch werden zu dieser Problemstellung nur vereinzelt Stimmen laut, lediglich teilweise wird konstatiert, dass anders als in § 5 ArbZG einschränkende Voraussetzungen fehlten.[936] Eine restriktivere Auslegung der Vorschrift, die europarechtlichen Vorgaben gerecht wird, ist also insoweit denkbar, als dass sich die unbedingte Erforderlichkeit und damit die Handhabung des EuGH in der Norm „unterbringen" lässt, weil die Anpassungen der Ruhezeit in den Besonderheiten des Dienstes begründet sein müssen. Sofern diese Besonderheiten also eine Anpassung (unbedingt) erfordern, steht der europarechtskonformen Anwendung der Ausnahme nichts entgegen. Das garantiert jedoch noch keine in dieser Hinsicht korrekte Anwendung der Norm, deren Formulierung vergleichbar den Nrn. 2, 3 konkreter sein könnte. Den Zweifeln, wonach ein unionsrechtskonformer Zustand so nicht herzustellen sei, ist insofern zuzustimmen.

Bei den Tätigkeitsbereichen, die in § 7 Abs. 2 Nrn. 2–4 genannt werden, bestehen die Zweifel an der Europarechtskonformität hingegen nicht. Die Ausnahmen werden hier eben nicht nur für bestimmte Arbeitszeitgestaltungen, sondern für benannte Tätigkeitsbereiche zugelassen, denen eine gewisse Vermutung für die Erforderlichkeit bereits innewohnt. Darüber hinaus werden noch weitere Umstände genannt, die hinzutreten müssen, damit Abweichungen von

935 Franzen/Gallner/Oetker/*Franzen*, EuArbR, 4. Aufl. 2022, Art. 18 RL 2003/88/EG Rn. 7; Preis/Sagan/*Ulber, D.*, EuArbR, 2. Aufl. 2019, § 7 Rn. 7.272. Diese Bedenken betreffen auch § 7 Abs. 1 Nr. 1 lit. a), Nr. 4 lit. a), Abs. 2a ArbZG.

936 *Baeck/Deutsch/Winzer*, ArbZG, 4. Aufl. 2020, § 7 Rn. 88.

den Vorgaben des ArbZG zulässig sind.[937] Dazu gehört in § 7 Abs. 2 Nrn. 3, 4, dass die Anpassung der Eigenart der Tätigkeit Rechnung trägt. Geht es um eine Abweichung nach Nr. 3 im Pflegebereich, ist diese an der Eigenart der Tätigkeit sowie dem Wohl der gepflegten Personen auszurichten; zu berücksichtigen ist wegen der Zweckrichtung des ArbZG außerdem der Gesundheitsschutz der Arbeitnehmer.[938] Auch bei Nr. 4 ist die Eigenart der Tätigkeit maßgeblich. Diese kann sich allgemein aus den dem Gemeinwohl in besonderer Weise dienenden Aufgaben des öffentlichen Dienstes und ihren hierauf zugeschnittenen Tätigkeiten oder aus den Besonderheiten der Zusammenarbeit von Arbeitnehmern und Beamten ergeben.[939] Darüber hinausgehend wird teilweise als erforderlich angesehen, dass die entsprechende Tätigkeit so beschaffen sein müsse, dass die Abweichungsmöglichkeiten des § 7 Abs. 1, Abs. 2 Nr. 1 ArbZG nicht ausreichten, um der besonderen Eigenart der öffentlichen Verwaltung gerecht zu werden.[940; 941]

cc) Abweichungsinstrumente

Abweichungen nach § 7 ArbZG sind mittels Tarifvertrags ((1)) oder aufgrund eines Tarifvertrags mittels einer Betriebs- oder Dienstvereinbarung ((2)) möglich. Fraglich ist, ob es nach deutschem Recht auch zulässig ist, wie es nach obigen Überlegungen (s. Gliederungspunkt § 3 B) I. 3. b) bb) (2)) das europäische Recht erlauben mag, die Abweichungen direkt durch Betriebs- oder Dienstvereinbarung vornehmen zu lassen ((3)).

---

937 S. zu § 7 Abs. 2 Nr. 2–4 ArbZG die ausf. Kommentierung von *Baeck/Deutsch/Winzer*, ArbZG, 4. Aufl. 2020, § 7 Rn. 92 ff.

938 *Baeck/Deutsch/Winzer*, ArbZG, 4. Aufl. 2020, § 7 Rn. 100; HK-ArbZR/*Pfeiffer*, 2. Aufl. 2018, § 7 ArbZG Rn. 60.

939 LAG Berlin-Brandenburg, Urt. v. 11.4.2018 – 15 Sa 1418/17, BeckRS 2018, 11056 Rn. 57; *Baeck/Deutsch/Winzer*, ArbZG, 4. Aufl. 2020, § 7 Rn. 103; BeckOK ArbR/*Kock*, 64. Ed. 2022, § 7 ArbZG Rn. 21; HK-ArbZR/*Pfeiffer*, 2. Aufl. 2018, § 7 ArbZG Rn. 63.

940 *Anzinger/Koberski*, ArbZG, 5. Aufl. 2020, § 7 Rn. 62.

941 Hinsichtlich des § 7 Abs. 2 Nr. 4 ArbZG, der die Ausnahmen für den öffentlichen Dienst gestattet, werden auch Zweifel in rechtstaatlicher Hinsicht laut, da durch die pauschale Ausnahme eine Herabsetzung des öffentlich-rechtlichen Arbeitsschutzes gegenüber der Privatwirtschaft sowie eine Ungleichbehandlung der Beschäftigten des öffentlichen Dienstes gegenüber denen in der Privatwirtschaft Beschäftigten stattfinden (Art. 3 GG), Buschmann/Ulber/*Buschmann*, ArbZR, 1. Aufl. 2019, § 7 ArbZG Rn. 52 m.w.N.

(1) Tarifverträge

Die von der Abweichung durch die Tarifvertragsparteien betroffenen Regelungen sind tarifdispositiv – das heißt, die Tarifvertragsparteien dürfen insofern von ihren Vorgaben abweichen, auch zu Lasten der Arbeitnehmer, jedoch nur soweit § 7 ArbZG das zulässt.[942] Eine vollständige Abweichung von § 5 Abs. 1 ArbZG ist demnach nicht möglich (s.o.). Ob die Tarifvertragsparteien sich über Abweichungen nach § 7 ArbZG überhaupt einigen wollen, bleibt ihnen überlassen.[943] Die näheren Modalitäten, auf welche Weise die Tarifvertragsparteien von den Abweichungsmöglichkeiten Gebrauch machen können, ergeben sich maßgeblich aus dem TVG, woraus bspw. das Erfordernis der Schriftform, § 1 Abs. 2 TVG, sowie die Tarifvertragsparteien selbst, § 2 TVG, folgen.[944] Verstöße gegen zwingendes höherrangiges Recht führen zur Nichtigkeit der Tarifverträge.[945]

Die Möglichkeit der Abweichung durch die Tarifvertragsparteien steht an sich ohne Weiteres in Einklang mit der Richtlinie. Sie ermöglicht außerdem passgenauere Flexibilisierungen, die durch die Tarifvertragsparteien ausgehandelt werden. Das bedeutet auch eine Sicherung des Schutzes der Arbeitnehmer, deren Interessen durch die Gewerkschaften gegenüber den Arbeitgebern effektiver durchgesetzt werden können, als dies individualvertraglich möglich wäre. Zu beachten ist aber, wie es oben auch schon angedeutet wurde, dass eine Regelung im Tarifvertrag, die in der Regel nicht wenige Arbeitnehmer erfasst, nur dann wirklich sinnvoll ist, wenn alle erfassten Arbeitnehmer von den zugrundeliegenden Erwägungen auf gleiche Weise betroffen sind.[946]

---

942 Zu tarifdispositivem Recht ausf. *Löwisch/Rieble*, TVG, 4. Aufl. 2017, § 1 TVG Rn. 1068 ff.; kurz ErfK/*Franzen*, 22. Aufl. 2022, § 1 TVG Rn. 14; zum ArbZG im Speziellen: *Baeck/Deutsch/Winzer*, ArbZG, 4. Aufl. 2020, § 7 Rn. 17 f. m.w.N.

943 Vgl. BAG, Urt. v. 14.2.1989 – 1 AZR 142/88, NZA 1989, 601; *Anzinger/Koberski*, ArbZG, 5. Aufl. 2020, § 7 Rn. 7; *Schliemann*, ArbZG, 4. Aufl. 2020, § 7 Rn. 10.

944 Vgl. *Baeck/Deutsch/Winzer*, ArbZG, 4. Aufl. 2020, § 7 Rn. 19 und mit einem Überblick zu weiteren relevanten Grundzügen wie der Tarifbindung und den Geltungsbereichen in Rn. 21 ff. m.w.N.; weiterhin sei hierzu auf die entspr. Kommentierungen verwiesen, z.B. Wiedemann/*Oetker*, TVG, 8. Aufl. 2019, § 3 und dort *Wank*, § 4.

945 *Löwisch/Rieble*, TVG, 4. Aufl. 2017, § 1 TVG Rn. 653 ff.; Wiedemann/*Jacobs*, TVG, 8. Aufl. 2019, Einl. Rn. 548, jeweils m.w.N.; unklar ist dies aber hinsl. des Verfassungsrechts, s. Wiedemann/*Jacobs*, TVG, 8. Aufl. 2019, Einl. Rn. 263 ff.; zur Teilnichtigkeit Wiedemann/*Thüsing*, TVG, 8. Aufl. 2019, § 1 Rn. 328.

946 *Wirtz*, BB 2014, 1397 (1399).

(2) Tarifvertragliche Delegation an die Betriebsparteien

Eine Umsetzung durch die Betriebsparteien ist nach aktueller Rechtsetzungspraxis und derzeitigem Verständnis in Deutschland nur dann möglich, wenn dies mittels einer Öffnung von Tarifverträgen im nationalen Recht gestattet ist.[947] Hierzu muss der Tarifvertrag eine klar bestimmte Abweichungsbefugnis enthalten (die allerdings nicht zwingend wörtlich geregelt sein muss, sie muss lediglich deutlich zum Ausdruck kommen)[948] und die Betriebsparteien dürfen sich nur in dem hierdurch abgesteckten Rahmen bewegen.[949] Ohne entsprechende tarifvertragliche Regelung dürfen die Betriebsparteien mithin keine Abweichungen nach § 7 ArbZG gestatten. Hiermit wird ihnen zwar ein gewisser Spielraum zugeschrieben, bestimmt wird dieser aber effektiv durch die Tarifvertragsparteien.[950]

Dieser Konstruktion liegen ähnliche Argumente zugrunde, wie man sie auch für eine direkte Öffnung für Regelungen in Betriebsvereinbarungen anbringen könnte: Vereinbarungen auf betrieblicher Ebene sind sachnäher und können die Bedürfnisse des jeweiligen Betriebs bei der Umsetzung besser berücksichtigen und einbeziehen.[951] So heißt es schon in der Beschlussempfehlung und dem Bericht des Ausschusses für Arbeit und Sozialordnung zum Gesetzentwurf des ArbZG der Bundesregierung:

> „Im Interesse eines praxisnahen, sachgerechten und effektiveren Arbeitszeitschutzes werden den Tarifvertragsparteien und unter bestimmten Voraussetzungen auch den

---

947 Franzen/Gallner/Oetker/*Gallner*, EuArbR, 4. Aufl. 2022, Art. 18 RL 2003/88/EG Rn. 5; Preis/Sagan/*Ulber, D.*, EuArbR, 2. Aufl. 2019, § 7 Rn. 7.273. Entsprechende Regelungen gibt es häufiger im ArbZG, so in §§ 7, 12, 20, 21a; vgl. auch *Baeck/Winzer*, NZA 2020, 96 (97). Ausf. zur Delegation durch Öffnungsklauseln Wiedemann/*Thüsing*, TVG, 8. Aufl. 2019, § 1 Rn. 251 ff.

948 St. Rspr., s. nur BAG, Urt. v. 17.1.2012 – 1 AZR 482/10, BeckRS 2012, 68994 Rn. 27; Beschl. v. 9.12.2003 – 1 ABR 52/02, BeckRS 2003, 152677 Rn. 18; Urt. v. 29.10.2002 – 1 AZR 573/01, NZA 2003, 939 (395); vgl. dazu auch *Baeck/Deutsch/Winzer*, ArbZG, 4. Aufl. 2020, § 7 Rn. 34.

949 Franzen/Gallner/Oetker/*Gallner*, EuArbR, 4. Aufl. 2022, Art. 18 RL 2003/88/EG Rn. 5; Preis/Sagan/*Ulber, D.*, EuArbR, 2. Aufl. 2019, § 7 Rn. 7.273; s. dazu auch *Löwisch/Rieble*, TVG, 4. Aufl. 2017, § 4 TVG Rn. 447 ff.

950 Vgl. *Baeck/Deutsch/Winzer*, ArbZG, 4. Aufl. 2020, § 7 Rn. 36; Buschmann/Ulber/*Buschmann*, ArbZR, 1. Aufl. 2019, § 7 ArbZG Rn. 25; *Schliemann*, ArbZG, 4. Aufl. 2020, § 7 Rn. 24.

951 S. nur *Wirtz*, BB 2014, 1397 (1399); ausf. Wiedemann/*Thüsing*, TVG, 8. Aufl. 2019, § 1 Rn. 258 f., 262.

Betriebspartnern bei der Arbeitszeitgestaltung mehr Befugnisse und mehr Verantwortung als bisher übertragen."[952]

Das stützt auch, wie es oben schon angerissen wurde, dass eine Regelung allein durch die Tarifvertragsparteien nur soweit sinnvoll ist, wie alle Arbeitnehmer, für die sie Geltung erlangt, vergleichbar betroffen sind.[953; 954]

Diese Argumente gelten offenkundig vor allem für Verbandstarifverträge, aber Betriebsvereinbarungen bergen auch andere Vorteile, die sich auch die Parteien eines Haustarifvertrags mittels Öffnungsklausel zunutze machen können.[955] Insbesondere sind der Abschluss und die Modifizierung der Betriebsvereinbarungen weniger anspruchsvoll als bei Tarifverträgen, was somit auch möglicherweise kurzfristig notwendige Reaktionen auf sich ändernde Umstände vereinfacht.[956] Durch die Einbeziehung des Betriebsrats, der die gesamte Belegschaft repräsentiert, erhalten die Regelungen darüber hinaus eine größere Legitimation als in dem Fall, dass allein Arbeitgeber und Gewerkschaft (kraft Ermächtigung durch ihre Mitglieder, die in der Regel nicht die gesamte Belegschaft umfassen) sich einigen.[957]

---

952 BT-Drs. 12/6990, S. 38.

953 *Wirtz*, BB 2014, 1397 (1399).

954 Schließlich bleibt zu beachten, dass teilweise Zweifel an der Verfassungsmäßigkeit dieser Regelung laut werden, s. *Buschmann*, FS Wißmann, 251 (264 f.); *Wank*, NJW 1996, 2273 (2280 f.); a.A. aber ErfK/*Roloff*, 22. Aufl. 2022, § 7 ArbZG Rn. 2; *Schliemann*, ArbZG, 4. Aufl. 2020, § 7 Rn. 21. So werden durch eine Betriebsvereinbarung auch nicht gewerkschaftlich organisierte Arbeitnehmer, die mithin nicht tarifgebunden sind, erfasst. Problematisch sei dies in den Fällen, in denen die Betriebsparteien über die öffentlich-rechtlich zulässige Dauer der Arbeitszeit disponierten, wofür es ihnen an einer eigenen Regelungskompetenz fehle, Buschmann/Ulber/*Buschmann*, ArbZR, 1. Aufl. 2019, § 7 ArbZG Rn. 24 f. Dieses Problem soll hier jedoch nicht weiter vertieft werden, da es auch in Rechtsprechung und Literatur keinen erhöhten Stellenwert erlangt hat – die tarifvertragliche Delegation an die Betriebsparteien ist seit Erlass des ArbZG unbeanstandet dort vorgesehen, vgl. § 7 Abs. 1 ArbZG a.F. v. 6.6.1994: „In einem Tarifvertrag oder auf Grund eines Tarifvertrags in einer Betriebsvereinbarung kann zugelassen werden, [...]", und damit für die vorliegende Darstellung nicht entscheidend.

955 Wiedemann/*Thüsing*, TVG, 8. Aufl. 2019, § 1 Rn. 262.

956 Wiedemann/*Thüsing*, TVG, 8. Aufl. 2019, § 1 Rn. 262.

957 Wiedemann/*Thüsing*, TVG, 8. Aufl. 2019, § 1 Rn. 262.

(3) *Möglichkeit der gesetzlichen Delegation an die Betriebsparteien?*

Dass es europarechtlich durchaus zulässig sein kann, die Abweichungsbefugnisse gesetzlich auch direkt auf die Betriebsparteien zu delegieren, wurde bereits dargelegt (s. Gliederungspunkt § 3 B) I. 3. b) bb) (2)). Fraglich ist aber, ob dies im deutschen Recht überhaupt und unter welchen Voraussetzungen möglich und darüber hinaus sinnvoll ist. Es folgen hierzu verschiedene Überlegungen, ausgehend von der zunächst kurz zu erläuternden Richtigkeitsgewähr der Tarifverträge ((a) bis (d)) sowie eine abschließende Bewertung ((e)).

(a) *Grundlegend: Richtigkeitsgewähr der Tarifverträge*

Ein gewichtiges Argument gegen die Zulassung von Abweichungen durch die Betriebsparteien liegt in der sog. Angemessenheitsvermutung bzw. Richtigkeitsgewähr der Tarifverträge, da den Betriebsvereinbarungen eine vergleichbare Vermutung oder Gewähr demgegenüber nicht innewohnt.[958] Dies bedarf einer genaueren Betrachtung.

Die Angemessenheitsvermutung entspringt der Tarifautonomie, Art. 9 Abs. 3 GG, und ist darin begründet, dass die strukturelle Unterlegenheit der Arbeitnehmer gegenüber dem Arbeitgeber auf kollektiver Ebene durch die Verhandlungen und die Vertragsschlüsse ausgeglichen wird, sodass tendenziell von einem Gleichgewicht zwischen den verhandelnden Parteien auszugehen ist.[959] Das bedeutet, dass das Verhandlungsergebnis, auf das die Tarifvertragsparteien sich einigen, insofern als „richtig" gilt, als dass die Interessen beider Parteien hinreichend Berücksichtigung erfahren haben und sachgerecht umgesetzt wurden.[960] Voraussetzung dafür ist aber laut BVerfG, dass tatsächlich „ein ungefähres Kräftegleichgewicht – Parität – besteht".[961] Sowohl das BVerfG als auch das BAG nehmen daher an, die Angemessenheitsvermutung erfordere es, dass die verhandelnden und vertragsschließenden Arbeitnehmervereinigungen, die tariffähig nach § 2 Abs. 1 TVG sind, eine gewisse „soziale Mächtigkeit"

---

958 So auch *Klein, T.*, NZA 2021, 474 (479).

959 St. Rspr., s. nur BVerfG, Urt. v. 11.7.2017 – 1 BvR 1571/15 u.a., NZA 2017, 915 Rn. 146; v. 4.7.1995, 1 BvF 2/86 u.a., NZA 1995, 754 (756); Beschl. v. 26.6.1991 – 1 BvR 779/85, NZA 1991, 809 (811); s. BAG, Urt. v. 21.5.2014 – 4 AZR 50/13, NZA 2015, 115 Rn. 29; Wiedemann/*Jacobs*, TVG, 8. Aufl. 2019, Einl. Rn. 101.

960 S. nur BVerfG, Urt. v. 11.7.2017 – 1 BvR 1571/15 u.a., NZA 2017, 915 Rn. 146; Wiedemann/*Jacobs*, TVG, 8. Aufl. 2019, Einl. Rn. 100 sowie die Rn. 101 ff. für alle weiteren relevanten (hier zu weit führenden) Aspekte im Kontext der Richtigkeitsgewähr.

961 S. nur BVerfG, Urt. v. 11.7.2017 – 1 BvR 1571/15 u.a., NZA 2017, 915 Rn. 146.

besitzen müssen – sie brauchen also ein Mindestmaß an Verhandlungsgewicht, eine gewisse Durchsetzungskraft gegenüber ihrem sozialen Gegenspieler (dem Arbeitgeber bzw. der Arbeitgebervereinigung).[962] Das BAG zählt die Voraussetzungen, die für die tarifschließende Gewerkschaft im Einzelfall zu untersuchen sind, auf:

> „Sie muss sich als satzungsgemäße Aufgabe die Wahrnehmung der Interessen ihrer Mitglieder in deren Eigenschaft als Arbeitnehmer gesetzt haben und willens sein, Tarifverträge abzuschließen. Sie muss frei gebildet, gegnerfrei, unabhängig und auf überbetrieblicher Grundlage organisiert sein und das geltende Tarifrecht als verbindlich anerkennen. Weiterhin ist Voraussetzung, dass die Arbeitnehmervereinigung ihre Aufgabe als Tarifpartnerin sinnvoll erfüllen kann. Dazu gehört einmal die Durchsetzungskraft gegenüber dem sozialen Gegenspieler, zum anderen aber auch eine gewisse Leistungsfähigkeit der Organisation. Durchsetzungskraft muss eine Arbeitnehmervereinigung besitzen, um sicherzustellen, dass der soziale Gegenspieler Verhandlungsangebote nicht übergehen kann. Ein angemessener, sozial befriedender Interessenausgleich kann nur zustande kommen, wenn die Arbeitnehmervereinigung zumindest so viel Druck ausüben kann, dass sich die Arbeitgeberseite veranlasst sieht, sich auf Verhandlungen über eine tarifliche Regelung von Arbeitsbedingungen einzulassen. Die Arbeitnehmervereinigung muss von ihrem sozialen Gegenspieler ernst genommen werden, so dass die Arbeitsbedingungen nicht einseitig von der Arbeitgeberseite festgelegt, sondern tatsächlich ausgehandelt werden."[963]

Darüber hinaus stellt das BAG auch Anforderungen an den organisatorischen Aufbau der Arbeitnehmervereinigung, der sie in die Lage versetzen muss, ihre Aufgaben zu erfüllen – dazu gehören auch die Vorbereitung des Tarifvertragsabschlusses, seine Vermittlung an die Mitglieder und die tatsächliche Durchführung.[964] Die Anforderungen der Rechtsprechung an die tarifschließenden Gewerkschaften sind insgesamt folglich hoch, um das für die Richtigkeitsgewähr

---

962 St. Rspr., s. nur BVerfG, Urt. v. 11.7.2017 – 1 BvR 1571/15 u.a., NZA 2017, 915 Rn. 164; Beschl. v. 24.2.1999 – 1 BvR 123/93, NZA 1999, 713 (714); v. 20.10.1981 – 1 BvR 404/78, NJW 1982, 815 (816); BAG, Beschl. v. 23.6.2018 – 1 ABR 37/16, NZA 2019, 188 Rn. 57 ff.; v. 28.3.2006 – 1 ABR 58/04, NZA 2006, 1112 Rn. 39; v. 16.1.1990 – 1 ABR 10/89, NZA 1990, 623 (624).

963 BAG, Beschl. v. 6.6.2000 – 1 ABR 10/99, NZA 2001, 160 (162); st. Rspr., vgl. auch Beschl. v. 23.6.2018 – 1 ABR 37/16, NZA 2019, 188 Rn. 54 ff.; v. 16.1.1990 – 1 ABR 10/89, NZA 1990, 623 (624).

964 St. Rspr., s. nur BAG, Beschl. v. 23.6.2018 – 1 ABR 37/16, NZA 2019, 188 Rn. 56; v. 6.6.2000 – 1 ABR 10/99, NZA 2001, 160 (162); v. 10.9.1985 – 1 ABR 32/83, NZA 1986, 332.

erforderliche Verhandlungsgleichgewicht zwischen Arbeitnehmer- und Arbeitgeberseite sicherzustellen.

Im gegebenen Kontext hat das folgende Bedeutung: Da die Abweichungen über Art. 18 ArbZRL deutlich weitergehend sein können als solche aus Art. 17 ArbZRL, muss sichergestellt sein, so lässt sich auf Grundlage der dargelegten Grundsätze argumentieren, dass die Kollektivparteien, denen die Abweichungsbefugnisse eingeräumt werden, bei den Verhandlungen tatsächlich auf einer Ebene stehen und hierdurch die Schutzziele der ArbZRL und des ArbZG effektiv und sicher gewahrt werden.[965] Dies könne wegen der notwendigen sozialen Mächtigkeit der tarifvertragsschließenden Gewerkschaften und der Richtigkeitsgewähr der Tarifverträge in Deutschland nur durch die Tarifvertragsparteien gewährleistet werden.

Die Richtigkeitsgewähr der Tarifverträge spricht damit gegen die Möglichkeit, Abweichungsbefugnisse direkt auf die Betriebsparteien zu verlagern, da diese die Anforderungen nicht erfüllen (können). Fraglich ist aber, ob das weit genug gedacht ist.

(b) Sind Tarifverträge tatsächlich richtig?

Fraglich ist, ob Tarifverträge entgegen der Richtigkeitsgewähr überhaupt in jeglichem Kontext ohne Weiteres als richtig angesehen werden können und ob, falls dies nicht der Fall ist, dies etwas an den obigen Befunden ändert.

Bedenken daran könnte in jüngerer Zeit die Vorlage des BAG[966] an den EuGH aufwerfen, welche die Möglichkeit betrifft, bei Arbeitnehmerüberlassung Abweichungen durch Tarifverträge von dem Anspruch auf gleiches Arbeitsentgelt vorzusehen. Dabei geht es um die durch Art. 5 Abs. 3 Leiharbeitsrichtlinie[967] (LeiharbRL) gestattete Möglichkeit, Tarifverträge zu schließen, die unter Achtung des Gesamtschutzes von Leiharbeitnehmern beim Arbeitsentgelt und den sonstigen Arbeits- und Beschäftigungsbedingungen von dem Grundsatz der Gleichbehandlung nach Art. 5 Abs. 1 LeiharbRL abweichen. Das BAG will u.a. vom EuGH wissen, ob die durch den EuGH wohl noch aufzustellenden (Frage 1) Voraussetzungen und Kriterien für die Achtung des Gesamtschutzes durch den

965 So auch *Klein, T.*, NZA 2021, 474 (479).

966 BAG, Beschl. v. 16.12.2020 – 5 AZR 143/19 (A), NZA 2021, 800; inzwischen liegen auch die Schlussanträge des GAs *Collins* vor, s. SchlAnt. v. 14.7.2022 – C-311/21 – *TimePartner*, BeckRS 2022, 17976.

967 Richtlinie 2008/104/EG des Europäischen Parlaments und des Rates vom 19. November 2008 über Leiharbeit.

nationalen Gesetzgeber bei der Umsetzung der Abweichungsmöglichkeit für die Tarifvertragsparteien vorgegeben werden müssen, auch wenn – wie in Deutschland – die Richtigkeitsgewähr der Tarifverträge im nationalen System besteht.[968] Die Frage könnte also so ausgelegt werden, dass einem Tarifvertrag in gewissem Umfang und unter gewissen Umständen doch die Angemessenheit bei der Abweichung von arbeitnehmerschützenden Vorschriften fehlen kann, sodass der Gesetzgeber regelnd eingreifen und die zu berücksichtigenden Kriterien genau benennen müsste.

Dieses Verständnis liegt aber der Frage 3 nach der Begründung des BAG nicht zugrunde, sodass es ihm auch nicht unterstellt werden kann. Generell nehme man im arbeitsrechtlichen Schrifttum bereits an, so führt es das BAG aus,[969] es sei auch im Rahmen von Art. 5 Abs. 3 LeiharbRL Sache der Sozialpartner, bei Abschluss der abweichenden Tarifverträge für die Leiharbeitsbranche für die Achtung der Schutzstandards zu sorgen.[970] Dies wird nach Auffassung des BAG auch durch den Erwägungsgrund 19 der LeiharbRL gestützt, der klarstellt, dass die Autonomie der Sozialpartner und ihre Beziehungen untereinander durch die Richtlinie nicht beeinträchtigt werden (sollten).[971] Darüber hinaus ist das Recht auf Kollektivverhandlungen und Kollektivmaßnahmen in Art. 28 GRC verankert.[972] Im Folgenden betont das Gericht schließlich die verfassungsrechtliche

968 Die Frage im Wortlaut: „3. Müssen die Voraussetzungen und Kriterien für die Achtung des Gesamtschutzes von Leiharbeitnehmern iSd. Art. 5 Abs. 3 Richtlinie 2008/104/EG den Sozialpartnern vom nationalen Gesetzgeber vorgegeben werden, wenn er ihnen die Möglichkeit einräumt, Tarifverträge zu schließen, die von dem Gebot der Gleichbehandlung abweichende Regelungen in Bezug auf die Arbeits- und Beschäftigungsbedingungen von Leiharbeitnehmern enthalten, und das nationale Tarifsystem Anforderungen vorsieht, die zwischen den Tarifvertragsparteien einen angemessenen Interessenausgleich erwarten lassen (sog. Richtigkeitsgewähr von Tarifverträgen)?", BAG, Beschl. v. 16.12.2020 – 5 AZR 143/19 (A), NZA 2021, 800.

969 BAG, Beschl. v. 16.12.2020 – 5 AZR 143/19 (A), NZA 2021, 800 Rn. 37.

970 Franzen/Gallner/Oetker/*Kolbe*, EuArbR, 4. Aufl. 2022, Art. 5 RL 2008/104/EG Rn. 22; Preis/Sagan/*Sansone*, EuArbR, 2. Aufl. 2019, § 12 Rn. 12.80.

971 BAG, Beschl. v. 16.12.2020 – 5 AZR 143/19 (A), NZA 2021, 800 Rn. 37; ErwGrd. 19 LeiharbRL: „Die vorliegende Richtlinie beeinträchtigt weder die Autonomie der Sozialpartner, noch sollte sie die Beziehungen zwischen den Sozialpartnern beeinträchtigen, einschließlich des Rechts, Tarifverträge gemäß nationalem Recht und nationalen Gepflogenheiten bei gleichzeitiger Einhaltung des geltenden Gemeinschaftsrechts auszuhandeln und zu schließen."

972 BAG, Beschl. v. 16.12.2020 – 5 AZR 143/19 (A), NZA 2021, 800 Rn. 37; darauf geht auch GA *Collins* ein, SchlAnt. v. 14.7.2022 – C-311/21 – *TimePartner*, BeckRS 2022, 17976 Rn. 64 f.

Stellung und die Richtigkeitsgewähr der Tarifverträge im deutschen Recht sowie die hohen Anforderungen hieran.[973] Es zieht diese somit offenkundig nicht in Zweifel.

Eine Bejahung der Frage 3 durch den EuGH steht aufgrund der im Ergebnis nicht darauf hinauslaufenden Schlussanträge des Generalanwalts *Collins* zu bezweifeln.[974] Und auch selbst wenn der EuGH, der freilich nicht an die Auffassung des Generalanwalts gebunden ist, hierüber anders befinden sollte und seiner Auffassung nach detaillierte gesetzliche Vorgaben dazu, was der Gesamtschutz erfordert, vorzusehen wären, hieße das nicht, dass Abweichungen durch Tarifverträge generell und damit auch im Rahmen der ArbZRL nicht die Angemessenheitsvermutung zugutekommt. Zwar würde auch eine entsprechende Entscheidung des EuGH und ihre zwingende Implementierung in das deutsche Umsetzungsgesetz dem deutschen Verfassungs- und Tarifrecht in gewissem Grad widersprechen,[975] könnte im Ergebnis aber auch als besondere und punktuelle Betonung des Arbeitnehmerschutzes nur im Rahmen der Abweichungen von der LeiharbRL verstanden werden. Eine grundsätzliche Infragestellung der Angemessenheit und Richtigkeit der Tarifverträge, auch im Kontext der Umsetzung der europäischen Richtlinien, kann daraus jedenfalls nicht mit überzeugender Begründung gefolgert werden.

Die oben aufgeworfene Frage bleibt letztlich zu bejahen – Tarifverträgen wohnt mit Recht die Richtigkeitsgewähr inne, die durch strenge Voraussetzungen und Anforderungen an die tarifschließenden Gewerkschaften begründet wird.

(c) Anforderungen an tarifschließende Gewerkschaften in anderen Mitgliedstaaten

Weiterhin kann man nach kurzem Pendelblick auf die Kollektivvertragsregelungen anderer europäischer Mitgliedstaaten anführen, dass diese nicht nur die Unterscheidung bzw. die strikte Trennung zwischen Tarif- und Betriebspartnern nicht kennen, sondern auch die Anforderungen an die tarifvertragsschließenden Gewerkschaften nicht zwingend die gleichen wie in Deutschland sind. Sofern viele Mitgliedstaaten die Tariffähigkeit nur solchen Gewerkschaften einräumen, die repräsentativ sind[976] oder andere Voraussetzungen

973 BAG, Beschl. v. 16.12.2020 – 5 AZR 143/19 (A), NZA 2021, 800 Rn. 38.

974 GA *Collins*, SchlAnt. v. 14.7.2022 – C-311/21 – *TimePartner*, BeckRS 2022, 17976 Rn. 56 ff., insb. Rn. 69.

975 Vgl. BAG, Beschl. v. 16.12.2020 – 5 AZR 143/19 (A), NZA 2021, 800 Rn. 37.

976 Z.B. Frankreich, Griechenland, Luxemburg, Polen, Rumänien, Tschechien, Ungarn, s. dazu jeweils die Darstellung bei Henssler/Braun, ArbR in Europa, 3. Aufl.

erfüllen,[977] ist fraglich, inwiefern diese Anforderungen durchweg mit den Voraussetzungen der sozialen Mächtigkeit im deutschen Recht vergleichbar sind. So liegt die Annahme nahe, dass auch (kleinere und daher) weniger starke Gewerkschaften in anderen Mitgliedstaaten gleich wirkungsvolle und weitreichende Abweichungen von den Vorgaben der Richtlinie verhandeln dürfen. Man könnte argumentieren, dass solche Gewerkschaften den deutschen Betriebspartnern in dieser Hinsicht mit Blick auf die Sicherung des Arbeitnehmerschutzes durch Ausgleich der strukturellen Ungleichheit vielmehr gleichstehen als übergeordnet sind. Somit wäre es nicht nachvollziehbar, den Betriebspartnern die Abweichungen von der Richtlinie aus Arbeitnehmerschutzgründen zu versagen, während die durchsetzungsschwächeren Gewerkschaften, die faktisch nicht mehr Schutz durch größere Verhandlungsmacht gegenüber dem Arbeitgeber bieten können, Ausnahmen verhandeln, ergo diese im Tarifvertrag umsetzen dürfen. Denn wenn infolge eines solchen Tarifvertragsschlusses in anderen Mitgliedstaaten Instrumente zur Abweichung zulässig sind, die nicht mehr Schutz für die Arbeitnehmer bieten als eine (deutsche) Betriebsvereinbarung, kann das nicht gegen die Zulässigkeit eben einer solchen abweichenden Betriebsvereinbarung sprechen. Dies steht mithin ergänzend auf europarechtlicher Ebene dafür, dass Abweichungen direkt durch die Betriebspartner zumindest nicht aus Schutzgründen unzulässig sind.

Der Vergleich mit anderen Mitgliedstaaten kann an dieser Stelle jedoch mit Blick auf die Zulässigkeit im deutschen Recht nicht absolut verfangen und zwingt auch nicht zu einer Anpassung. Denn unabhängig davon, ob bspw. mit den Anforderungen an die Repräsentativität der Gewerkschaften in manchen Mitgliedstaaten nun tatsächlich der sozialen Mächtigkeit vergleichbare Erfordernisse geschaffen werden oder nicht: Die ArbZRL gestattet den Mitgliedstaaten hinsichtlich der Abweichung ausdrücklich ein Ausfüllen „im Einklang mit den einzelstaatlichen Rechtsvorschriften und/oder Gepflogenheiten", s. Art. 18 Abs. 2 ArbZRL. Auch ganz grundsätzlich machen europäische Richtlinien zwar Vorgaben, die entsprechend dem nationalen Recht umzusetzen sind. Sie

---

2011: *Welter/Caron*, Frankreich Rn. 260 ff.; *Kerameos/Kerameus*, Griechenland Rn. 175; *Castegnaro*, Luxemburg Rn. 362 ff; *Zimoch-Tuchołka/Malinowska-Hyla*, Polen Rn. 199 f.; *Gotha*, Rumänien Rn. 213; *Linhart/Ranič*, Tschechien Rn. 168; *Gobert/Krisch*, Ungarn Rn. 167.

977 Z.B. in Großbritannien vollständige Anerkennung, in Italien eine in der Verfassung vorgesehene Eintragung, in Österreich kraft Gesetzes oder Zuerkennung, dazu in Henssler/Braun, ArbR in Europa, 3. Aufl. 2011: *Harth/Taggart*, Großbritannien Rn. 175; *Radoccia*, Italien Rn. 366; *Pelzmann*, Österreich Rn. 237 ff.

schreiben dabei jedoch nicht jede Einzelheit in der Umsetzung vor und überlassen vieles den Rechtssystemen der Mitgliedstaaten, was deren Unterschieden geschuldet ist. Wenn in Deutschland nun der Schutz der Arbeitnehmer bei kollektiven Vereinbarungen zur Abweichung von den Vorgaben des ArbZG (in Umsetzung der Richtlinie) faktisch größer geschrieben wird als in anderen Ländern, dann spricht rechtlich nichts dagegen, dies auch beizubehalten.

(d) Übertragung des Prüfungsmaßstabs

Teilweise wird sich in der Rechtswissenschaft – im Kontext der Betrieblichen Altersversorgung zwar, wobei die Überlegung durchaus übertragbar sein könnte – dafür ausgesprochen, den aus der Richtigkeitsgewähr der Tarifverträge folgenden eingeschränkten Prüfungsmaßstab (Prüfung nur hinsichtlich eines Verstoßes gegen das Grundgesetz oder anderes höherrangiges Recht) auf Betriebsvereinbarungen zu übertragen, da diesen beiden Instrumenten die Eigenschaft als Normenvertrag und als Ergebnis von Verhandlungen des Arbeitgebers mit unabhängigen Arbeitnehmervertretern gemein seien.[978] Das BAG hat die Übertragung des Prüfungsmaßstabs dennoch aufgrund der Verschiedenartigkeit beider Regelungsinstrumente sowie der Regelungsparteien abgelehnt,[979] was aus den oben dargelegten Gründen und wegen der Voraussetzungen für die Richtigkeitsgewähr der Tarifverträge auch überzeugend ist.

Zugestanden sei dennoch: Der Betriebsrat soll wie die Gewerkschaft als unabhängiges Gremium mit dem Arbeitgeber verhandeln, sodass die Betriebsvereinbarung dem Tarifvertrag in diesem Punkt sicherlich vergleichbar ist. Allerdings hat der Gesetzgeber den tarifvertraglichen Regelungen mehr Gewicht zugemessen als solchen, die auf betrieblicher Ebene geschlossen werden, was auch anhand der Tarifvorbehalte in § 77 Abs. 3, § 87 Abs. 1 BetrVG deutlich wird.[980] Den Betriebsvereinbarungen fehlt darüber hinaus die den Tarifverträgen durch das Grundgesetz, vgl. Art. 9 Abs. 3 GG, eingeräumte Stellung.

(e) Bewertung: die deutsche Regelung als guter Kompromiss?

Aus all dem folgt, dass die Richtigkeitsgewähr der Tarifverträge, die sich in der sozialen Mächtigkeit der Gewerkschaften und der daraus folgenden

---

978 *Thüsing*, FS Uebelhack, S. 467 (469 f.).

979 BAG, Urt. v. 19.3.2019 – 3 AZR 201/17, NZA 2020, 1031 Rn. 30 f.

980 BAG, Urt. v. 19.3.2019 – 3 AZR 201/17, NZA 2020, 1031 Rn. 31; zum Verhältnis von Betriebsvereinbarung und Tarifvertrag i.R.v. §§ 77 Abs. 3 und 87 Abs. 1 BetrVG: Richardi/*Richardi*, BetrVG, 17. Aufl. 2022, § 77 Rn. 255, § 87 Rn. 143 f.

Verhandlungsparität gründet, diese als sicheres Instrument zur Schaffung von Abweichungen im Rahmen von Art. 18 ArbZRL von den Betriebsvereinbarungen abgrenzt. So ist die Einhaltung von Arbeitnehmerschutzinteressen auch im Kontext des Arbeitszeitrechts durch dem Arbeitgeber gegenüberstehende mächtigere „Gegenspieler" gewährleistet. Die Betriebsvereinbarung als Instrument zur Abweichung hingegen dient betriebsindividuellen Interessen und Bedürfnissen und birgt die Möglichkeit zu sachnäheren und passgenauen Regelungen für den einzelnen Betrieb. Letztlich ist vor diesem Hintergrund, sicherlich auch rechtspolitisch gedacht, nicht zu verkennen: In der Delegation der Abweichung durch Tarifvertrag an die Betriebsparteien kann ein gelungener Kompromiss aus Arbeitnehmerschutz – durch Parität bei den Verhandlungen der Tarifverträge – und der gewünschten Betriebsindividualität gesehen werden. Schutzeinbußen, die möglicherweise mit einer direkten Abweichung durch die Betriebsvereinbarung einhergehen, werden mit der bestehenden deutschen Regelung durch die mächtigeren Gewerkschaften gleichsam „abgeblockt".

Warum darüberhinausgehend eine direkte Abweichung durch die Betriebspartner überhaupt notwendig sein soll, liegt im Ergebnis auch nicht auf der Hand, sondern bleibt zweifelhaft. Dass in anderen Staaten das Schutzniveau für den Arbeitnehmer bei Abweichungen durch die Richtlinie möglicherweise niedriger ist, ist kein überzeugendes Gegenargument. Eine Senkung des Arbeitnehmerschutzniveaus im deutschen Recht, um auf vergleichbarer Ebene wie in anderen Mitgliedstaaten Abweichungen vornehmen zu dürfen, ist höchst fraglich. Dem deutschen Gesetzgeber ist es vielmehr auch vor diesem Hintergrund unbenommen, strengere Vorgaben zu machen, so er sich dafür nachvollziehbar entscheidet bzw. entschieden hat. Auch wenn man über etwaige Nachteile für den Wirtschaftsstandort Deutschland im Vergleich mit anderen Mitgliedstaaten nachdenkt, ist es nicht offenkundig, dass dieser maßgeblich von Abweichungsbefugnissen der Betriebspartner im Arbeitszeitrecht profitieren würde; passgenaue Regelungen sind über die Öffnungsklauseln in Tarifverträgen schließlich bereits möglich.

Gegen die Öffnung für die Betriebspartner spricht außerdem, dass eine abschließende Klärung, ob die Abweichung durch Betriebsvereinbarung europarechtlich überhaupt zulässig ist, nach jetzigem Stand und ohne entsprechende Entscheidung des EuGH nicht rechtssicher möglich ist, wie die obige Auseinandersetzung gezeigt hat. Nach hier vertretener Auffassung ist es europarechtlich aber auf jeden Fall möglich, Abweichungen in Haustarifverträgen vorzusehen, die bereits näher am jeweiligen Betrieb gelagert sind als Verbandstarifverträge. Wo es noch notwendig ist, können Öffnungsklauseln für Betriebsvereinbarungen vorgesehen werden.

Die bestehende deutsche Regelung zur Beteiligung der Betriebspartner ist mithin im Ergebnis ein sinnvoller Kompromiss, der dem Schutzzweck des Arbeitszeitrechts und den individuellen Bedürfnissen der Betriebe hinreichend gerecht werden kann.

(4) Sonstige Abweichungsinstrumente

Das ArbZG kennt noch weitere Abweichungsinstrumente, die nicht Gegenstand der näheren Betrachtung sein sollen, sodass der Vollständigkeit halber ein kurzer Blick ausreicht.

Eine direkte Abweichung durch die Betriebspartner ist *de lege lata* also nicht möglich und ist aufgrund der gesetzgeberischen Entscheidung und den genannten Gründen im deutschen Recht wohl nicht umsetzbar, zumindest aber nicht notwendig und wünschenswert. Dennoch können Arbeitgeber, die nicht an Tarifverträge gebunden sind, weil sie weder Partei des Tarifvertrags noch Mitglied in dem tarifvertragschließenden Arbeitgeberverband sind,[981] s. § 3 Abs. 1 TVG, an Abweichungen von der täglichen Ruhezeit über § 7 ArbZG ein berechtigtes Interesse haben. Um einheitliche Arbeitsbedingungen für die Beschäftigten eines Bereichs sicherzustellen,[982] können sie daher im Geltungsbereich eines Tarifvertrags – räumlich, fachlich, betrieblich – die abweichenden tarifvertraglichen Regelungen durch Betriebsvereinbarung oder, wenn es keinen Betriebsrat gibt, im Arbeitsvertrag übernehmen, § 7 Abs. 3 S. 1 ArbZG.[983] Enthält ein Tarifvertrag Öffnungsklauseln für Betriebsvereinbarungen, kann davon ebenfalls nach § 7 Abs. 3 S. 2 ArbZG Gebrauch gemacht werden.[984] Europarechtlich ist dies von Art. 18 Abs. 4 lit. b) ArbZRL

---

981 Ist der Tarifvertrag für allgemeinverbindlich erklärt worden, ist ein Rückgriff auf § 7 Abs. 3 ArbZG nicht nötig, vgl. § 5 Abs. 4 TVG, *Anzinger/Koberski*, ArbZG, 5. Aufl. 2020, § 7 Rn. 73; *Baeck/Deutsch/Winzer*, ArbZG, 4. Aufl. 2020, § 7 Rn. 119; Buschmann/Ulber/*Buschmann*, ArbZR, 1. Aufl. 2019, § 7 ArbZG Rn. 60. Zu der str. Frage, ob es ausreichend ist, wenn der Arbeitgeber in den Geltungsbereich eines nachwirkenden Tarifvertrags fällt, abl. *Anzinger/Koberski*, ArbZG, 5. Aufl. 2020, § 7 Rn. 75; Buschmann/Ulber/*Buschmann*, ArbZR, 1. Aufl. 2019, § 7 ArbZG Rn. 60; ErfK/*Roloff*, 22. Aufl. 2022, § 7 ArbZG Rn. 11; zust. *Baeck/Deutsch/Winzer*, ArbZG, 4. Aufl. 2020, § 7 Rn. 126; *Neumann/Biebl*, ArbZG, 16. Aufl. 2013, § 7 Rn. 46.

982 *Anzinger/Koberski*, ArbZG, 5. Aufl. 2020, § 7 Rn. 72.

983 Mit verfassungsrechtlichen Bedenken Buschmann/Ulber/*Buschmann*, ArbZR, 1. Aufl. 2019, § 7 ArbZG Rn. 62 m.w.N.; a.A. HK-ArbZR/*Pfeiffer*, 2. Aufl. 2018, § 7 ArbZG Rn. 77.

984 Das geht aber nicht durch Arbeitsvertrag: Buschmann/Ulber/*Buschmann*, ArbZR, 1. Aufl. 2019, § 7 ArbZG Rn. 65.

gedeckt.[985]

Kirchen und öffentlich-rechtlich Religionsgemeinschaften genießen ein verfassungsmäßig garantiertes Selbststimmungsrecht gem. Art. 140 GG in Verbindung mit Art. 137 Abs. 3 WRV. Aufgrund dessen und wegen der hierzu ergangenen Rechtsprechung des BVerfG und des BAG hat der Gesetzgeber mit § 7 Abs. 4 ArbZG klargestellt, dass sie ebenfalls für ihre Arbeitnehmer die Abweichungen des § 7 Abs. 1, 2 ArbZG vornehmen können.[986]

Hingewiesen sei darauf, dass in Bereichen, in denen Tarifvertragsregelungen unüblich sind, die Ausnahmen des § 7 Abs. 1, 2, 2a ArbZG, soweit sie betrieblich erforderlich sind und die Gesundheit der Arbeitnehmer nicht gefährdet ist, durch die Aufsichtsbehörde bewilligt werden können, § 7 Abs. 5 ArbZG. Das betrifft nach Vorstellung des Gesetzgebers bspw.

„– Rechtsanwälte und Notare,
– Wirtschaftsprüfer, Unternehmens- und Steuerberater,
– Arbeitgeber- und Unternehmerverbände,
– Gewerkschaften,
– Industrie- und Handelskammern.“[987]

Der Arbeitgeber muss in diesem Bereich eine Ausnahmebewilligung beantragen, die von der Behörde anhand der gesetzlichen Vorgaben geprüft wird.[988]

Schließlich besteht noch die Möglichkeit, dass die Bundesregierung durch Erlass einer Rechtsverordnung mit Zustimmung des Bundesrates die Abweichungen des § 7 Abs. 1, 2 ArbZG umsetzt. Dies steht ebenfalls unter dem Vorbehalt der Erforderlichkeit aus betrieblichen Gründen und dass keine Gefahr für die Arbeitnehmergesundheit besteht;[989] darüber hinaus setzt die

985 *Baeck/Deutsch/Winzer*, ArbZG, 4. Aufl. 2020, § 7 Rn. 118; Franzen/Gallner/Oetker/*Gallner*, EuArbR, 4. Aufl. 2022, Art. 18 RL 2033/88/EG Rn. 3.

986 BT-Drs. 12/5888, S. 28. Ausf. dazu *Baeck/Deutsch/Winzer*, ArbZG, 4. Aufl. 2020, § 7 Rn. 133 ff.; BeckOK ArbR/*Kock*, 64. Ed. 2022, § 7 ArbZG Rn. 26 ff.

987 BT-Drs. 12/5888, S. 28: Dazu gehören nach der Rspr. auch die karitativen und erzieherischen Einrichtungen der Kirchen.

988 S. dazu *Baeck/Deutsch/Winzer*, ArbZG, 4. Aufl. 2020, § 7 Rn. 138 f.; vgl. auch Buschmann/Ulber/*Buschmann*, ArbZR, 1. Aufl. 2019, § 7 ArbZG Rn. 68; ErfK/*Roloff*, 22. Aufl. 2022, § 7 ArbZG Rn. 15.

989 S. dazu *Baeck/Deutsch/Winzer*, ArbZG, 4. Aufl. 2020, § 7 Rn. 140; HK-ArbZR/*Pfeiffer*, 2. Aufl. 2018, § 7 ArbZG Rn. 89 ff.; mit verfassungsrechtlichen Bedenken Buschmann/Ulber/*Buschmann*, ArbZR, 1. Aufl. 2019, § 7 ArbZG Rn. 69 f.

Gesetzesbegründung voraus, dass die Regelungen des § 7 Abs. 1 bis 3 und 5 ArbZG nicht ausreichen.[990] Die Umsetzung mittels Rechtsverordnung ist also nachrangig.

Insgesamt stehen also einige Instrumente zur Verfügung, die Abweichungen umzusetzen. Auch nicht tarifgebundene Arbeitgeber können mithin von den Abweichungsmöglichkeiten des § 7 ArbZG auf verschiedene Art und Weise Gebrauch machen.

dd) Potential zur Flexibilisierung

Das Flexibilisierungspotential von § 7 ArbZG bezüglich der Vorgaben zur täglichen Ruhezeit ist auf den ersten Blick nicht unerheblich. Dabei ist zu berücksichtigen, dass die Verkürzung der Ruhezeit ein eigenes Instrument ist, das neben der Verlängerung der Arbeitszeit steht und nicht nur „automatisch" auf diese folgt.[991] Eine genauere Betrachtung zeigt jedoch, dass noch Fragen offen sind, auch in europarechtlicher Hinsicht. Vor allem die Flexibilisierung, die § 7 Abs. 1 Nr. 3 ArbZG einräumt, dreht sich um die unbedingte Erforderlichkeit, die im Einklang mit der Rechtsprechung des EuGH in der Norm untergebracht werden müsste. Ähnliches gilt für die Abweichungen von der Ruhezeit bei Rufbereitschaft nach § 7 Abs. 2 Nr. 1 ArbZG. Alles in allem wappnet der Gesetzgeber mit dem Abweichungsreglement für einige Bereiche die Tarifvertragsparteien mit der Möglichkeit, die Vorschriften zur Ruhezeit anzupassen und sachnähere Regelungen in Betriebsvereinbarungen zu ermöglichen.

d) Außergewöhnliche Fälle, § 14 ArbZG

Ein weiterer Ausnahmetatbestand befindet sich in § 14 ArbZG für außergewöhnliche Fälle. Die Norm gestattet nicht nur eine Abweichung von den grundlegenden Normen, dabei ist § 5 ArbZG, sondern auch von den Abweichungsvorschriften z.B. des § 7 ArbZG. § 14 ArbZG eröffnet dem Arbeitgeber die Möglichkeit, Arbeitnehmer in bestimmten Fällen, in denen es ansonsten bspw. zu (erheblichen) Schäden in seinem Betrieb kommen könnte, zu beschäftigen, ohne dass er an die dort genannten Normen gebunden ist und ihm bei

---

990 BT-Drs. 12/5888, S. 28.

991 *Wirtz*, BB 2014, 1397 (1399); vgl. auch *Witschen*, Rahmenvorgaben und Flexibilisierungsspielräume im Arbeitszeitrecht, S. 189 ff.; zur Kombination beider Flexibilisierungsmöglichkeiten s. Gliederungspunkt § 3 E) I. 3. a) dd).

Nichteinhaltung strafrechtliche Folgen drohen.[992] Die Norm soll damit allerdings keinesfalls einen Arbeitgeber absichern, der unzureichend geplant hat:[993] Ereignisse infolge von falschen Entscheidungen und fehlerhafter Organisation des Arbeitgebers fallen in seinen Verantwortungsbereich und sind mithin nicht von der Norm erfasst.[994] Es geht vielmehr um Notfälle und andere außergewöhnliche Situationen, wie sie die Norm umschreibt. Abweichungen von § 5 ArbZG (und anderen Vorgaben) sind nach § 14 Abs. 1 ArbZG erlaubt

> „bei vorübergehenden Arbeiten in Notfällen und in außergewöhnlichen Fällen, die unabhängig vom Willen der Betroffenen eintreten und deren Folgen nicht auf andere Weise zu beseitigen sind, besonders wenn Rohstoffe oder Lebensmittel zu verderben oder Arbeitsergebnisse zu mißlingen drohen."

Nach § 14 Abs. 2 ArbZG sind unter der Voraussetzung, dass dem Arbeitgeber andere Vorkehrung nicht zumutbar sind, außerdem Abweichungen bei vorübergehender Mehrarbeit (Nr. 1), in Forschung und Lehre (Nr. 2) sowie bei unaufschiebbaren Arbeiten (Nr. 2) in bestimmten Bereichen zugestanden. Einschränkend greift aber § 14 Abs. 3 ArbZG ein, der festlegt, dass dennoch eine Arbeitszeit von 48 Stunden wöchentlich im Durchschnitt von sechs Monaten oder 24 Wochen nicht überschritten werden darf.

Generell werden an die Abweichungen nach § 14 ArbZG, die sehr weitgehend sein können und deshalb auch restriktiv gehandhabt werden müssen,[995] um dem Schutzzweck des Arbeitszeitrechts Rechnung zu tragen, hohe Anforderungen gestellt.[996] Es liegt in der Verantwortung des Arbeitgebers, das Vorliegen der

---

992 *Anzinger/Koberski*, ArbZG, 5. Aufl. 2020, § 14 Rn. 2; *Baeck/Deutsch/Winzer*, ArbZG, 4. Aufl. 2020, § 14 Rn. 4; HWK/*Gäntgen*, 10. Aufl. 2022, § 14 ArbZG Rn. 1; s. insb. zum strafrechtlichen Aspekt auch: *Schröder*, ArbRAktuell 2016, 177 (178 f.).

993 S. Erbs/Kohlhaas/*Häberle*, StrafR NebenG, 240. EL 2022, § 14 ArbZG Rn. 1; s. auch *Anzinger/Koberski*, ArbZG, 5. Aufl. 2020, § 14 Rn. 2; *Schliemann*, ArbZG, 4. Aufl. 2020, § 14 Rn. 1.

994 Vgl. noch zu § 14 AZO: BAG, Urt. v. 28.2.1958 – 1 AZR 491/56, juris Rn. 21; LAG Hamm, Urt. v. 17.2.1956 – 4 Sa 654/44, juris; vergleichbar zu § 105c I Nr. 1 GewO: OLG Düsseldorf, Beschl. v. 13.4.1992 – 5 Ss (OWi) 106/92 – (OWi) 60/92 I, NVwZ-RR 1993, 246; vgl. auch *Baeck/Deutsch/Winzer*, ArbZG, 4. Aufl. 2020, § 14 Rn. 4; Buschmann/Ulber/*Ulber, J.*, ArbZR, 1. Aufl. 2019, § 14 ArbZG Rn. 3; HK-ArbZR/*Hahn/Käckenmeister*, 2. Aufl. 2018, § 14 ArbZG Rn. 1.

995 Buschmann/Ulber/*Ulber, J.*, ArbZR, 1. Aufl. 2019, § 14 ArbZG Rn. 1; *Neumann/Biebl*, ArbZG, 16. Aufl. 2013, § 14 Rn. 2; vgl. auch *Schliemann*, ArbZG, 4. Aufl. 2020, § 14 Rn. 4: „eng begrenzte Anlässe".

996 BAG, Urt. v. 28.2.1958 – 1 AZR 491/56, juris Rn. 21; *Anzinger/Koberski*, ArbZG, 5. Aufl. 2020, § 14 Rn. 2; Buschmann/Ulber/*Ulber, J.*, ArbZR, 1. Aufl. 2019, § 14

Voraussetzungen richtig einzuschätzen, ansonsten handelt er ordnungswidrig, § 22 Abs. 1 Nr. 1 bis 6 ArbZG (je nachdem, welche Vorschrift durch die ungerechtfertigte Abweichung verletzt wurde).[997]

Mit europäischem Recht ist die Ausnahmevorschrift vereinbar, auch wenn eine Gewährung von Ausgleichsruhezeiten nicht vorgesehen ist. Art. 17 Abs. 2 ArbZRL gestattet Abweichungen auch unter Einräumung eines anderen angemessenen Schutzes, wenn die Gewährung dieser Ausgleichsruhezeiten aus objektiven Gründen nicht möglich ist. Davon ist bei Vorliegen eines Notfalls oder eines außergewöhnlichen Falls, der möglicherweise umgehendes Handeln verlangt, wohl regelmäßig auszugehen. Um den Vorgaben der ArbZRL hinsichtlich eines angemessenen Schutzes gerecht zu werden, wurde durch das Gesetz zu Reformen am Arbeitsmarkt vom 24. Dezember 2003[998] § 14 Abs. 3 ArbZG angefügt,[999] der den Gebrauch der Befugnisse des § 14 Abs. 1, 2 ArbZG an die Einhaltung einer wöchentlichen Arbeitszeit von maximal 48 Stunden im Durchschnitt von sechs Kalendermonaten oder 24 Wochen knüpft. Diese Zeit ist in Art. 6 lit. b) ArbZRL als wöchentliche Höchstarbeitszeit vorgegeben; insofern kommt § 14 Abs. 3 ArbZG auch klarstellende Wirkung zu.[1000] Relevant ist allerdings der festgelegte Bezugszeitraum von sechs Monaten, der den von der ArbZRL in Art. 16 lit. b) vorgeschriebenen von vier Monaten überschreitet.[1001] Diese Abweichung dürfte aber, anders als die Europäische Kommission es annimmt, über Art. 19 Abs. 1 i.V.m. Art. 17 Abs. 3 ArbZRL zulässig sein.[1002] Der Flexibilisierung dient die Norm damit jedenfalls nicht, sie fängt lediglich wegen plötzlich auftretender Ereignisse o.ä. auftretenden, anders nicht zu bewältigenden Arbeitsanfall auf.[1003]

ArbZG Rn. 1; *Schliemann*, ArbZG, 4. Aufl. 2020, § 14 Rn. 1; dabei ist das Vorliegen der Voraussetzungen der Norm streng zu prüfen.

997 *Baeck/Deutsch/Winzer*, ArbZG, 4. Aufl. 2020, § 14 Rn. 47; HK-ArbZR/*Hahn/Käckenmeister*, 2. Aufl. 2018, § 14 ArbZG Rn. 1; *Schliemann*, ArbZG, 4. Aufl. 2020, § 14 Rn. 4.

998 BGBl. 2003 I, S. 3002.

999 BT-Drs. 15/1587, S. 4; das aber wohl vornehmlich in Bezug auf die kurz zuvor ergangene *SIMAP*-Entscheidung des EuGH zum Bereitschaftsdienst, EuGH, Urt. v. 3.10.2000 – C-303/98 – *SIMAP*, NZA 2000, 1227; s. auch *Reim*, DB 2004, 186 f.

1000 BT-Drs. 15/1587, S. 31.

1001 Das kritisiert die *Europäische Kommission*, SWD(2017) 204 final, S. 15.

1002 *Baeck/Deutsch/Winzer*, ArbZG, 4. Aufl. 2020, § 14 Rn. 3.

1003 Erhebliche Relevanz erlangte die Norm i.R.d. Corona-Pandemie im Jahr 2020: Angefügt wurde für die Zeit vom 28. März 2020 bis zum 31. Dezember 2020 ein ergänzender vierter Absatz, BGBl. 2020 I, S. 575, der als Ermächtigungsgrundlage für Rechtsverordnungen des Bundesministeriums für Arbeit und Soziales diente, um in außergewöhnlichen Notfällen unter den dort genannten Voraussetzungen die „zur

Ähnliches wie für § 14 ArbZG gilt auch für § 15 ArbZG. Dieser gibt der Aufsichtsbehörde die Möglichkeit an die Hand, bestimmte Abweichungen zu bewilligen und unter gewissen Umständen auch weitergehende Ausnahmen zuzulassen (Abs. 1, 2). Auch die Bundesregierung und das Bundesministerium für Verteidigung bekommen für bestimmte Fälle die Möglichkeit einer Rechtsverordnung zur Abweichung eröffnet.[1004]

3. *Sonderproblem: Geringfügige Unterbrechungen der Ruhezeit*

Wie bereits angedeutet, bestehen im Arbeitszeitrecht vor dem Hintergrund der sich wandelnden Arbeitswelt und der Digitalisierung verschiedene Probleme, die sich mit strenger Anwendung der aktuellen Rechtslage, so wird es vertreten, nicht oder nicht angemessen lösen lassen. Das bekannteste arbeitszeitrechtliche Problem in der aktuellen Diskussion sind die kurzfristigen Unterbrechungen der Ruhezeit des Arbeitnehmers z.B. durch eine Mail oder einen Anruf des Arbeitgebers. Um die Unterbrechungen der Ruhezeit einzuordnen, soll zunächst das Problem nach aktueller Rechtslage verdeutlicht werden (a)), um dann die hierzu vertretenen Ansichten und Lösungswege aufzuzeigen (b), c)) und zu bewerten (d)).

a) Problemaufriss

Sowohl die europäischen wie auch die nationalen Vorgaben zur Ruhezeit sind streng und lassen, um dem arbeitnehmerseitigen Bedürfnis nach Erholungs- und Regenerationsphasen im Anschluss an die Arbeitszeit gerecht zu werden, nur unter bestimmten Voraussetzungen Abweichungen zu. Maßgeblich ist dabei, dass die vorgeschriebene tägliche Ruhezeit von elf Stunden ohne Unterbrechung

---

Aufrechterhaltung der öffentlichen Sicherheit und Ordnung, des Gesundheitswesens und der pflegerischen Versorgung, der Daseinsvorsorge oder zur Versorgung der Bevölkerung mit existenziellen Gütern notwendig[en]“ Abweichungen vorzunehmen. In der Folge wurde die befristete COVID-19-ArbZV vom 7.4.2020 erlassen, die (jeweils unter bestimmten Voraussetzungen) die Verlängerung der täglichen Arbeitszeit, Ruhezeitverkürzungen, Beschäftigung an Sonn- und gesetzlichen Feiertagen erlaubte. Ausf. dazu *Greiner*, NZS 2020, 338; *Schliemann*, NZA 2020, 565 (krit.); BeckOK ArbR/*Kock*, 64. Ed. 2022, § 14 ArbZG Rn. 9 ff.

1004 Darauf soll hier aber nicht weiter eingegangen werden. S. zu § 15 ArbZG die einschlägigen Kommentierungen, z.B. *Baeck/Deutsch/Winzer*, ArbZG, 4. Aufl. 2020, insb. Rn. 6 zum europäischen Recht; ausf. auch Buschmann/Ulber/*Ulber, J.*, ArbZR, 1. Aufl. 2019.

zu gewähren ist. Aufgrund der erleichterten Kommunikationswege und damit verbundenen Erreichbarkeit der Arbeitnehmer per E-Mail oder Telefon bzw. Textnachricht kommt es in der Arbeitswirklichkeit aber häufig zu (wenn auch nur kurzfristigen) Kontaktaufnahmen durch den Arbeitgeber. Streng genommen handelt es sich beim Lesen oder sogar Bearbeiten einer arbeitgeberseitigen Mail durch den Arbeitnehmer um Arbeitszeit, wobei die tatsächliche – kurze – Dauer der Tätigkeit keine Rolle spielt.[1005] Dadurch wird die Ruhezeit unterbrochen und, wendet man die bestehenden Regelungen konsequent an, beginnt nach Abschließen der Tätigkeit aufs Neue.[1006] Nach Konzeption des Arbeitszeitrechts kommt es auf die Freiwilligkeit der Aufnahme der Tätigkeit dabei nicht an, jedenfalls wenn der Arbeitgeber die Arbeitsaufnahme duldet.[1007] Eine um 23:00 Uhr bearbeitete Mail des Arbeitgebers hätte somit zur Folge, dass der Arbeitnehmer am nächsten Tag frühestens um 10:00 Uhr die Arbeit wieder aufnehmen darf. Damit darf auch die Bedeutung des Problems in der Praxis nicht unterschätzt werden, insbesondere sind Verstöße nach § 22 Abs. 1 Nr. 3, § 23 ArbZG bußgeldbewehrt.[1008]

b) Erheblichkeitsschwelle und teleologische Reduktion?

Viele Stimmen in der Literatur betrachten die Rechtslage hinsichtlich kurzfristiger Ruhezeitunterbrechungen als veraltet oder nicht angemessen.[1009] Manche

---

1005 S. nur *Witschen*, Rahmenvorgaben und Flexibilisierungsspielräume, S. 69 ff. m.w.N., die ausf. die Subsumtion unter den deutschen und europäischen Arbeitszeitbegriff vornimmt.

1006 Dazu nur *Däubler*, AuR 2016, 325 (331); *Hanau, H.*, EuZA 2019, 423 (429); *Jacobs*, NZA 2016, 733 (736); *Krause*, NZA-Beil. 2019, 86 (87); *Ulber, D./Stein*, AuR 2022, 148 (153); *Wank*, RdA 2014, 285 (288); Buschmann/Ulber/*Buschmann*, ArbZR, 1. Aufl. 2019, § 5 ArbZG Rn. 14; *Anzinger/Koberski*, ArbZG, 5. Aufl. 2020, § 5 Rn. 12; *Baeck/Deutsch/Winzer*, ArbZG, 4. Aufl. 2020, § 5 Rn. 13; ErfK/*Roloff*, 22. Aufl. 2022, § 5 ArbZG Rn. 4; *Schliemann*, ArbZG, 4. Aufl. 2020, § 5 Rn. 11.

1007 Ausf. zu der Fragestellung *Freyler*, Arbeitszeit- und Urlaubsrecht im Mobile Office, S. 118 ff.; *Witschen*, Rahmenvorgaben und Flexibilisierungsspielräume, S. 72 ff.; vgl. auch ErfK/*Roloff*, 22. Aufl. 2022, § 5 ArbZG Rn. 4; Schaub/*Vogelsang*, ArbR-HdB, 19. Aufl. 2021, § 158 Rn. 5. Das stimmt auch mit dem zur ständigen Erreichbarkeit gefundenen Ergebnis überein, s. Gliederungspunkt § 3 A) IV. 2.

1008 Vgl dazu auch *Tonikidis*, AuR 2018, 67.

1009 S. nur *Günther/Böglmüller*, NZA 2015, 1025 (1028): „unbefriedigend“; *Baeck/Winzer*, NZA 2020, 96 (97); *Henssler*, FS Moll, S. 233 (247): „weltfremd“; *Jacobs*, NZA 2016, 733 (736): „nicht sachgerecht und lebensfremd“; *Thüsing*, BB 17/2017, Die erste Seite;

sprechen sogar von einem Flexibilitätshindernis.[1010] Daher sehen einige Vertreter dieser Auffassung eine Erheblichkeitsschwelle als geboten an.[1011] Geringfügige Unterbrechungen der Ruhezeit – also bspw. ein kurzes Telefonat mit dem Arbeitgeber oder die Bearbeitung einer Mail – gefährdeten den Erholungszweck der Ruhezeit nach § 5 ArbZG nicht, weshalb ein durch sie ausgelöster Neubeginn der Ruhezeit unverhältnismäßig und nicht erforderlich sei.[1012] Sie unterbrechen daher nach teilweise vertretener Ansicht die Ruhezeit erst gar nicht.[1013] Die Gefahr gesundheitlicher Schäden infolge von Überlastung bestehe bei geringfügigen Unterbrechungen nämlich nicht.[1014] Ob diese Erheblichkeitsschwelle überschritten ist, sei letztlich eine Frage des Einzelfalls.[1015] Teilweise werden zur Einordnung auch konkretere Grenzen gezogen. So geht *Wirtz* bei einer einmaligen Unterbrechung von maximal 10 bis 15 Minuten von einer unwesentlichen Störung aus[1016] und *Wiebauer* nimmt an, Unterbrechungen von bis zu 15 Minuten seien möglich, sofern ungestörte Kernruhezeiten vorgeschrieben werden.[1017]

Während einige Autoren sich mit der Begründung einer Bagatellgrenze über Sinn und Zweck der Ruhezeit begnügen, wird teilweise eine teleologische Reduktion des Art. 3 ArbZRL sowie von § 5 Abs. 1 ArbZG in diesem Sinne vorgeschlagen, damit geringfügige Unterbrechungen der Ruhezeit sie nicht erneut in voller Länge auslösen.[1018] Manche wollen (im Kontext der dauernden Erreichbarkeit)

Wank, RdA 2014, 285 (288): „unverhältnismäßig"; milder ist *Bayreuther*, NZA-Beil. 2018, 103 (107): „misslich".

1010 *Krause*, Gutachten 71. DJT, S. B 44.

1011 *Bissels/Meyer-Michaelis*, DB 2015, 2331 (2332); *Günther/Böglmüller*, NZA 2015, 1025 (1028), die aber herausstellen, dass eine verlässliche Grundlage für das Ausklammern von kurzfristigen Ruhezeitunterbrechungen fehle; *Henssler*, FS Moll, S. 235 (247); *Jacobs*, NZA 2016, 733 (737) alternativ zur teleologischen Reduktion; *Vogt*, StBW 2012, 765 (767); *Wiebauer*, NZA 2016, 1430 (1434); *Wirtz*, BB 2014, 1397 (1401); *Wisskirchen/Schiller*, DB 2015, 1163 (1167); *Anzinger/Koberski*, ArbZG, 5. Aufl. 2020, § 5 Rn. 12 ff.

1012 *Günther/Böglmüller*, NZA 2015, 1025 (1028); *Vogt*, StBW 2012, 765 (767); *Wirtz*, BB 2014, 1397 (1401); *Anzinger/Koberski*, ArbZG, 5. Aufl. 2020, § 5 Rn. 12 ff.

1013 *Bissels/Meyer-Michaelis*, DB 2015, 2331 (2332); *Günther/Böglmüller*, NZA 2015, 1025 (1028); *Vogt*, StBW 2012, 765 (767); *Wisskirchen/Schiller*, DB 2015, 1163 (1167).

1014 *Wirtz*, BB 2014, 1397 (1401).

1015 *Vogt*, StBW 2012, 765 (767); *Wirtz*, BB 2014, 1397 (1401).

1016 *Wirtz*, BB 2014, 1397 (1401).

1017 *Wiebauer*, NZA 2016, 1430 (1434), allerdings nicht ohne europarechtliche Zweifel; zust. *Henssler*, FS Moll, S. 235 (247).

1018 *Baeck/Winzer*, NZA 2020, 96 (99); *Freyler*, Arbeits- und Urlaubsrecht im Mobile Office, S. 161 ff.; *Hanau, H.*, NJW 2016, 2613 (1617); *Jacobs*, NZA 2016, 733 (737);

auch eine Zwischenkategorie schaffen als „Rufbereitschaft neuer Art“, in der gelegentliche Unterbrechungen der Ruhezeit diese nicht neu auslösen.[1019] Das Ausklammern kurzer Ruhezeitunterbrechung, so ist jedenfalls der übereinstimmende Ton, sei für den Arbeitnehmer kaum belastend und gefährde seine Gesundheit und Sicherheit nicht.[1020] Auch sei dies praktikabler.[1021]

c) *Strenge Auffassung: kein Spielraum in ArbZG und ArbZRL*

Gegen eine Erheblichkeitsschwelle oder teleologische Reduktion der Ruhezeitregelungen wird vornehmlich die insoweit klare deutsche wie europarechtliche Rechtslage angeführt; für eine solche Einschränkung sei in den Arbeitszeitvorgaben kein Raum.[1022] Der nationale Gesetzgeber habe sich bewusst dagegen entschieden, eine entsprechende Bagatellgrenze einzuführen, und auch die europarechtlichen Vorgaben sehen eine solche nicht vor.[1023] Dass also eine nur geringfügige und wenig intensive Arbeit nicht als die Ruhezeit unterbrechende Arbeitszeit gewertet werden solle, sei in der Richtlinie nicht angelegt.[1024]

Wisskirchen/Schiller, DB 2015, 1163 (1167); *Baeck/Deutsch/Winzer*, ArbZG, 4. Aufl. 2020, § 5 Rn. 14.

1019 *Wank*, RdA 2014, 285 (289), der aber selbst erkennt, dass dies in europarechtlicher Hinsicht erhebliche Rechtsunsicherheit bedeuten würde; s. dazu Franzen/Gallner/Oetker/*Gallner*, EuArbR, 4. Aufl. 2022, Art. 2 RL 2003/88/EG Rn. 20 m.w.N., die darauf hinweist, dass das europäische Arbeitszeitrecht eine Zwischenkategorie zwischen Arbeits- und Ruhezeit nicht kennt.

1020 *Baeck/Winzer*, NZA 2020, 96 (99); *Günther/Böglmüller*, NZA 2015, 1025 (1028); wohl auch *Jacobs*, NZA 2016, 733 (737); *Wirtz*, BB 2014, 1397 (1401); *Baeck/Deutsch/Winzer*, ArbZG, 4. Aufl. 2020, § 5 Rn. 14; HWK/*Gäntgen*, 10. Aufl. 2022, § 5 ArbZG Rn. 2a.

1021 *Anzinger/Koberski*, ArbZG, 5. Aufl. 2020, § 5 Rn. 3b (mit Zweifeln hinsichtlich der Vereinbarkeit mit der aktuellen Rechtslage); HWK/*Gäntgen*, 10. Aufl. 2022, § 5 ArbZG Rn. 2a.

1022 *Krause*, NZA-Beilage 2017, 53; *Tonikidis*, AuR 2018, 67 (69); Buschmann/Ulber/*Buschmann*, ArbZR, 1. Aufl. 2019, § 5 ArbZG Rn. 14; Franzen/Gallner/Oetker/*Gallner*, EuArbR, 4. Aufl. 2022, Art. 2 RL 2003/88/EG Rn. 20; vgl. auch BeckOK ArbR/*Kock*, 64. Ed. 2022, § 5 ArbZG Rn. 7.

1023 *Krause*, NZA-Beilage 2017, 53; *Tonikidis*, AuR 2018, 67 (69); Buschmann/Ulber/*Buschmann*, ArbZR, 1. Aufl. 2019, § 5 ArbZG Rn. 15 f. m.w.N.

1024 *Hanau, H.*, EuZA 2019, 423 (429); *Krause*, NZA-Beilage 2017, 53, der EuGH werde dies auch nicht akzeptieren; *Tonikidis*, AuR 2018, 67 (69); wohl auch *Ulber, D./Stein*, AuR 2022, 148 (153); Buschmann/Ulber/*Buschmann*, ArbZR, 1. Aufl. 2019, § 5 ArbZG Rn. 16; ErfK/*Roloff*, 22. Aufl. 2022, § 5 ArbZG Rn. 4; Franzen/Gallner/Oetker/*Gallner*, EuArbR, 4. Aufl. 2022, Art. 2 RL 2003/88/EG Rn. 20

Eine Grenzziehung anhand der Intensität der entsprechenden Tätigkeiten sei außerdem willkürlich und nicht handhabbar, da sie mit zu vielen individuellen Umständen des Einzelfalls behaftet sei.[1025] Und es sei auch nicht zu verkennen, dass für den einen Arbeitnehmer sog. „Bagatelltätigkeiten“ tatsächlich auch als solche empfunden, andere Arbeitnehmer hierdurch jedoch nicht unerheblich unter Stress gesetzt würden, je nach psychischer (und auch physischer) Konstitution.[1026] Zum Erholungszweck der Ruhezeit, der auch durch geringfügige Tätigkeiten beeinträchtigt werden könne, gehöre es auch, nicht über die Arbeit nachdenken zu müssen.[1027] Letztlich sei auch bei freiwilliger Aufnahme der Tätigkeit nicht von einem Verzicht auf den Arbeitszeitschutz auszugehen. Dies würde die Disponibilität der Arbeitszeitvorschriften voraussetzen. Auch hier gilt, dass Abweichungen nur dort möglich sind, wo der Gesetzgeber sie eröffnet hat.[1028]

d) Stellungnahme

Vorweg: Soweit von Vertretern der Ansicht, die Einschränkungen des Ruhezeitrechts bevorzugt, auch die Schwierigkeiten in der Praxis angeführt werden, welche die aktuelle Rechtslage mit sich bringe,[1029] darf sicherlich bezweifelt werden, ob solche praktischen Schwierigkeiten tatsächlich bestehen. Denn will der Arbeitgeber den Arbeitnehmer noch telefonisch erreichen oder greift der Arbeitnehmer von sich aus zum Laptop, um noch schnell eine Mail zu schreiben, werden beide dies tun – unabhängig davon, ob dies arbeitszeitrechtlich gestattet ist oder nicht.[1030] Darüber hinaus kommt es der Richtlinie auf praktische Schwierigkeiten nicht an – etwaige Betriebsstörungen durch „zu spät“ kommende Arbeitnehmer, die ihre Ruhezeit einhalten mussten, liegen im wirtschaftlichen Risiko des Arbeitgebers, hinter dem die Schutzzwecke der ArbZRL nach ihrem 4. Erwägungsgrund auch nicht zurückstehen dürfen.[1031] Schließlich

---

1025 *Falder*, NZA 2010, 1150 (1152); vgl. auch *Hanau, H.*, EuZA 2019, 423 (429); *Henssler*, FS Moll, S. 235 (247).

1026 Vgl. *Hanau, H.*, EuZA 2019, 423 (429); *Freyler*, Arbeits- und Urlaubsrecht im Mobile Office, S. 162.

1027 *Tonikidis*, AuR 2018, 67 (69); *Wiebauer*, NZA 2016, 1430 (1433).

1028 S. dazu *Freyler*, Arbeits- und Urlaubsrecht im Mobile Office, S. 127; *Witschen*, Rahmenvorgaben und Flexibilisierungsspielräume im Arbeitszeitrecht, S. 89.

1029 Vgl. *Baeck/Deutsch/Winzer*, ArbZG, 4. Aufl. 2020, § 5 Rn. 15.

1030 S. *Thüsing*, SZ, 27.10.2019, Im Job flexibel bleiben: „Viele arbeitsrechtliche Regelungen funktionieren nur deshalb, weil sie breitflächig missachtet werden“.

1031 Vgl. auch *Tonikidis*, AuR 2018, 67 (70).

sprechen auch die bereits attestierten häufigen Verstöße gegen die Ruhezeitvorgaben nicht dafür, das aktuelle Reglement aufzuweichen – ganz im Gegenteil: Um einem Missbrauch laxer Regelungen entgegenzutreten, sollte bei der Aufweichung Zurückhaltung geübt werden.[1032]

Festzuhalten ist weiterhin, dass die Schaffung einer Zwischenkategorie zwischen Arbeits- und Ruhezeit nach der Konzeption der Richtlinie und der Rechtsprechung des EuGH ausgeschlossen ist. Und auch dafür, die geringfügigen Tätigkeiten unter einer gewissen Erheblichkeitsschwelle nicht als Arbeitszeit einzuordnen, fehlt es an einer (europa-)rechtlichen Grundlage, da die Intensität der Tätigkeit nicht entscheidend ist. Alles, was nicht Arbeitszeit ist, ist Ruhezeit, s. Art. 2 Nr. 2 ArbZRL, was nicht Ruhezeit ist, ist Arbeitszeit und unterbricht diese denklogisch.[1033] Insofern ist der restriktiveren Ansicht bereits zuzustimmen – der Wortlaut des Art. 3 ArbZRL sowie § 5 ArbZG, beide von zusammenhängenden oder ununterbrochenen elf Stunden Ruhezeit ausgehend, lässt es nicht zu, auch nur geringfügige Unterbrechungen der Ruhezeit auszuklammern.[1034] Auch der Schutzzweck der Richtlinie lässt eine teleologische Reduktion dahingehend, kurze Arbeitsaufnahmen nicht als Unterbrechungen der Ruhezeit zu verstehen, nicht infrage. Wer sich von der Arbeit erholt, muss auch „abschalten" können und dürfen; das gehört zur (psychischen) Gesundheit der Arbeitnehmer dazu. Zur Abgrenzung lediglich auf die Dauer der tatsächlichen Unterbrechung abzustellen, wäre insoweit auch nicht weit genug gedacht: Je nach dem, worum es bspw. in der abgerufenen Mail geht, mag es den Arbeitnehmer durchaus länger beschäftigen, als er mit Lesen und Beantworten beschäftigt ist.[1035] Eine Einschränkung würde daher auch dem Zweck der Richtlinie entgegenstehen.

Richtig ist aber auch, dass nicht nur späte Anrufe oder Nachrichten des Arbeitgebers, sondern ebenfalls noch im Betrieb erteilte Aufgaben oder Mitteilungen den Arbeitnehmer über seine Arbeitszeit hinaus beschäftigen können und ihm ein Abschalten von der Arbeit in der Folge schwerfällt,[1036] sodass der Erholungszweck der Ruhezeit – ganz ohne Verstoß – darunter leidet. Ein

---

1032 Vgl. auch *Witschen*, Rahmenvorgaben und Flexibilisierungsspielräume im Arbeitszeitrecht, S. 92 f.

1033 S. nur *Tonikidis*, AuR 2018, 67 m.w.N.

1034 Vgl. *Freyler*, Arbeits- und Urlaubsrecht im Mobile Office, S. 161.

1035 *Freyler*, Arbeits- und Urlaubsrecht im Mobile Office, S. 162; *Krause*, NZA-Beil. 2019, 86 (90); vgl. auch *Hanau, H.*, EuZA 2019, 423 (429), der nur Mitteilungen als unschädlich betrachtet, die für den Arbeitnehmer positiv sind.

1036 Ausf. *Freyler*, Arbeits- und Urlaubsrecht im Mobile Office, S. 162; *Kolbe*, ZfA 2021, 216 (226).

„Wegarbeiten" bestimmter kleiner Aufgaben nach Feierabend mag sich daher für den Arbeitnehmer auch positiv auswirken, da er dann nicht bis zum nächsten Morgen darüber grübeln muss.[1037] Richtigerweise ist also zu berücksichtigen, dass unter gewissen Umständen auch die Belastung der Arbeitnehmer durch Unterbrechungen der Ruhezeit verringert werden kann.[1038] Das mag nicht zwingend der Regelfall sein, zeigt aber, dass auch dieses Problem nicht schwarz-weiß dargestellt werden kann.

Freyler schließt sich aus diesen Gründen der Ansicht an, die eine teleologische Reduktion des § 5 Abs. 1 ArbZG dahingehend vornimmt, dass mit der geringfügigen Tätigkeit zwar eine Unterbrechung der Ruhezeit durch Arbeitszeit vorliegt, aber hierdurch nicht die erneute Gewährung der Ruhezeit erforderlich wird.[1039] Die Richtlinienkonformität wird durch eine entsprechende Reduktion des Art. 3 ArbZRL – eine gewisse Flexibilität erlaubt die Richtlinie, s. Erwägungsgrund 15 – sichergestellt.[1040] Dabei werden geringfügige Unterbrechungen bei maximal zehn Minuten angesetzt, auch dürfen sie den Erholungszweck weder beachtlich beeinträchtigen, noch wiederholt auftreten.[1041] Dies kann überzeugen, da Schutzinteressen und die rechtstatsächliche Situation hinreichend berücksichtigt werden.

e) Summa: geringfügige Unterbrechungen der Ruhezeit sind Arbeitszeit ohne die entsprechende Rechtsfolge

Auch nur geringfügige Arbeitsaufnahmen während der Ruhezeit sind als diese unterbrechende Arbeitszeit anzusehen, darüber kann auch keine Erheblichkeitsschwelle oder teleologische Reduktion hinweghelfen. Generell ist die Rechtsfolge einer solchen Unterbrechung aber differenziert zu betrachten: Eine Belastung des Arbeitnehmers, die den Schutzzweck des Arbeitszeitrechts beeinträchtigt, ist nicht in jedem Fall anzunehmen. Vielmehr kann es für den Arbeitnehmer auch positive Auswirkungen haben, kleine Aufgaben auch während der Ruhezeit noch schnell zu erledigen. In diesen Fällen ist eine teleologische Reduktion der

---

1037 *Freyler*, Arbeits- und Urlaubsrecht im Mobile Office, S. 162.

1038 *Freyler*, Arbeits- und Urlaubsrecht im Mobile Office, S. 162.

1039 *Freyler*, Arbeits- und Urlaubsrecht im Mobile Office, S. 163; vgl. auch *Jacobs*, NZA 2016, 733 (737).

1040 *Freyler*, Arbeits- und Urlaubsrecht im Mobile Office, S. 163, die folgend für die Arbeitnehmer im Mobile Office spezifisch auch auf Art. 17 Abs. 1 ArbZRL abstellt; *Jacobs*, NZA 2016, 733 (737).

1041 *Freyler*, Arbeits- und Urlaubsrecht im Mobile Office, S. 165 nimmt auch eine eigene Definition hierzu vor.

Ruhezeitvorgaben dahingehend gerechtfertigt, dass die geringfügige Tätigkeit die Ruhezeit nicht neu auslöst. Solange der Arbeitnehmer also tatsächlich nur ganz geringfügig beansprucht wird und eine Beeinträchtigung des Erholungszwecks sicher ausgeschlossen werden kann, darf die Ruhezeit „normal" fortgesetzt werden.

4. *Auf deutscher Seite zunächst Verbesserungsbedarf*

Die Grundregel zur Ruhezeit entspricht den Mindestvorgaben der Richtlinie – eine Änderung der Dauer der Ruhezeit könnte in der Theorie daher nur „nach oben" erfolgen, sollte dies (rechts)politisch gewünscht sein. Diese Überlegung ist aber aufgrund der bereits strengen Vorgaben fernliegend. Die Kürzungsregelungen, insbesondere des § 5 Abs. 2, 3 ArbZG, die europarechtlichen Bedenken begegnen, sollten hingegen, was auch problemlos möglich ist, nachgebessert werden, um den unionsrechtswidrigen Zustand zu beseitigen. Ähnliches lässt sich auch zu den Regelungen des § 7 ArbZG sagen. Nicht alles ist europarechtlich „wasserdicht" und bedarf teilweise der Anpassung an die Richtlinienvorgaben.

III. Die Regelungen zur täglichen Ruhezeit in anderen Mitgliedstaaten

Spannend ist nun, wie die anderen Mitgliedstaaten die tägliche Ruhezeit der Arbeitnehmer regeln und ob sich hier noch europarechtliche Gestaltungsfreiräume offenbaren. Die Europäische Kommission ist grundsätzlich mit der Umsetzung in den Mitgliedstaaten zufrieden, was die Grundlagenregelung zur täglichen Ruhezeit angeht.[1042] Während die meisten Mitgliedstaaten sich an die Mindestvorgabe der ArbZRL von elf Stunden halten, wird in manchen Ländern, wie die Europäische Kommission aufzeigt, sogar eine längere Mindestruhezeit von 12 Stunden verlangt.[1043] Interessanter ist daher auch die Frage nach den Abweichungsmöglichkeiten, die mehr Flexibilität versprechen als die strenge Grundregel der ArbZRL zur täglichen Ruhezeit. Betrachtet werden hier Österreich (1.), das Vereinigte Königreich (2.) und Frankreich (3.).

1042 *Europäische Kommission*, SWD(2017) 204 final, S. 11.

1043 *Europäische Kommission*, SWD(2017) 204 final, S. 11 Fn. 35: Bulgarien, Spanien (Privatwirtschaft), Kroatien, Lettland, Rumänien, Slowenien (aber bei unregelmäßiger Verteilung oder vorübergehender Umverteilung der Arbeitszeit nur elf Stunden) und die Slowakei. Im Vereinigten Königreich gilt die zwölfstündige Mindestruhezeit außerdem für *young workers*, also junge Arbeitnehmer (unter 18 Jahre), s. WTR 1998 Reg. 10 (2).

1. *Die österreichischen Regelungen*

Für die Ruhezeitregelung im österreichischen Recht sind in § 12 AZG kompakt sowohl die Grundregeln zur Ruhezeit als auch die Abweichungsmöglichkeiten enthalten. Darüber hinaus gibt es aber auch noch Ausnahmen in §§ 20a, 20b AZG für Rufbereitschaft und Reisezeit (s. zu letzteren bereits Gliederungspunkt § 3 A) 4. c) bb)).[1044]

a) *Grundregelung, § 12 Abs. 1 AZG*

Die Grundregel zur täglichen Ruhezeit unterscheidet sich im Kern nicht von der deutschen, § 12 Abs. 1 AZG lautet:

> „Nach Beendigung der Tagesarbeitszeit ist den Arbeitnehmern eine ununterbrochene Ruhezeit von mindestens elf Stunden zu gewähren."

Auch hier gelten die wesentlichen Grundsätze, die aus dem deutschen Recht bekannt sind und dem Europarecht Rechnung tragen. Der entsprechende Zeitraum von 24 Stunden fängt mit Aufnahme der Arbeit am jeweiligen Tag an und endet, wenn die Arbeit tatsächlich beendet wird (nicht bei Erreichen der Höchstarbeitszeit!); die Ruhezeit muss ohne Unterbrechung gewährleistet werden.[1045]

b) *Abweichungsmöglichkeiten*

§ 12 AZG enthält aber auch die Möglichkeit, Abweichungen von der Grundregel zur täglichen Ruhezeit vorzusehen. Dabei stellt § 12 Abs. 2 AZG auf eine Abweichung durch Kollektivvertrag[1046] ab:

> „Der Kollektivvertrag kann die ununterbrochene Ruhezeit auf mindestens acht Stunden verkürzen. Solche Verkürzungen der Ruhezeit sind innerhalb der nächsten zehn Kalendertage durch entsprechende Verlängerung einer anderen täglichen oder wöchentlichen Ruhezeit auszugleichen. Eine Verkürzung auf weniger als zehn Stunden ist nur zulässig, wenn der Kollektivvertrag weitere Maßnahmen zur Sicherstellung der Erholung der Arbeitnehmer vorsieht."

Den Anforderungen des EuGH an die gleichwertigen Ausgleichsruhezeiten wird mit einer Verlängerung innerhalb der nächsten zehn Kalendertage freilich nicht

---

1044 Das AZG kennt in § 20 auch Abweichungen für außergewöhnliche Fälle, diese sollen hier aber nicht weiter thematisiert werden, s. dazu Auer-Mayer/Felten/Pfeil/*Pfeil*, AZG ÖR, 4. Aufl. 2019, § 20.

1045 Auer-Mayer/Felten/Pfeil/*Pfeil*, AZG ÖR, 4. Aufl. 2019, § 12 Rn. 3 f.

1046 Der österreichische Kollektivvertrag entspricht dem deutschen Tarifvertrag, s. Henssler/Braun/*Pelzmann*, ArbR in Europa, 3. Aufl. 2011, Österreich Rn. 228.

genügt,[1047] weil die Ausgleichsruhezeiten nach seiner Rechtsprechung direkt an die nächste Arbeitszeit anschließen müssen; einen Bezugszeitraum gibt es hierfür nicht. Fraglich ist bei der österreichischen Regelung auch das europarechtlich durch den EuGH vorgegebene Merkmal der unbedingten Erforderlichkeit, das in die Norm zumindest hineingelesen werden muss. Die Anordnung weiterer Maßnahmen zur Sicherstellung der Erholung der Arbeitnehmer, die mit Verkürzungen der Ruhezeit von mehr als einer Stunde zu verknüpfen sind, implementiert hingegen höhere Schutzstandards und geht damit – vorausgesetzt, diese Maßnahmen stehen in Kombination mit europarechtskonformen Ausgleichsruhezeiten – über die Anforderungen der Richtlinie hinaus.

Aber auch ohne Kollektivvertrag sind Abweichungen mittels § 12 AZG gestattet. Die Norm enthält in Abs. 2a Abweichungsmöglichkeiten für das Gast-, Schank- und Beherbergungsgewerbe sowie in Abs. 2c für den Fall der Schichtarbeit. § 12 Abs. 2a AZG sieht die Möglichkeit des Ausgleichs innerhalb von vier Wochen oder zum Ende der Saison vor, sodass die europarechtlichen Anforderungen an die Lage der Ausgleichsruhezeiten missachtet werden.[1048] Auch die mit der Regelung ermöglichte Kompensation in Geld für den Fall, dass der Zeitausgleich bis zum Ende des Arbeitsverhältnisses nicht erfolgt ist, ist europarechtswidrig.[1049] Eine europarechtliche Rechtfertigung könnte man allenfalls über den „anderen angemessenen Schutz" erreichen, wie ihn die ArbZRL in Art. 17 Abs. 2 für den Fall, dass objektive Gründe der Gewährung von Ausgleichsruhezeiten entgegenstehen, erlaubt. Dass der Begriff der „objektiven Gründe" durch den österreichischen Gesetzgeber hinreichend ausgefüllt wurde, darf aber bezweifelt werden, stellt das Gesetz doch alleine darauf ab, dass der Ausgleich nicht erfolgte, ohne in irgendeiner Form hierfür objektive Gründe zu fordern. Darüber hinaus garantiert eine „geldwerte Zahlung in Höhe des Normallohns und der Zuschläge" keinen Gesundheitsschutz der Arbeitnehmer, sodass schon gar kein angemessener Schutz hierdurch besteht.

Eine weitere Ausnahmemöglichkeit enthält schließlich noch § 20a Abs. 2 AZG für den Fall der Rufbereitschaft. Auch hier könnten mit Blick auf die unbedingte Erforderlichkeit, die der EuGH für die Abweichungen verlangt, die zur

---

1047 Krit. auch Auer-Mayer/Felten/Pfeil/*Pfeil*, AZG ÖR, 4. Aufl. 2019, § 12 Rn. 8, der die Abweichungen über Art. 17 Abs. 2, 3 ArbZRL begründet. Näherliegend scheint hier jedoch Art. 18 ArbZRL, der – wie die Regelung des § 12 Abs. 2 AZG – keine Beschränkung auf bestimmte Tätigkeiten oder Berufsgruppen kennt.

1048 Auer-Mayer/Felten/Pfeil/*Pfeil*, AZG ÖR, 4. Aufl. 2019, § 12 Rn. 11.

1049 Auer-Mayer/Felten/Pfeil/*Pfeil*, AZG ÖR, 4. Aufl. 2019, § 12 Rn. 11.

deutschen Regelung genannten Bedenken greifen, vgl. § 7 Abs. 2 Nr. 1 ArbZG.[1050] Dabei ist allerdings zu berücksichtigen, dass die österreichische Regelung keine umfassenden Anpassungen der Ruhezeit einräumt, wie sie über die deutsche Regelung möglich wären (s.o.), sondern allein für den Fall der Unterbrechung ihren Ausgleich innerhalb vorgegebener Zeit anordnet sowie die Erholung der Arbeitnehmer sicherstellt, indem sie für einen Teil der Ruhezeit eine Dauer von mindestens acht Stunden vorschreibt.[1051] Sinnvoll ist die Regelung insoweit, als dass sie die Unterbrechung der täglichen Ruhezeit, die wegen einer Arbeitsleistung in Rufbereitschaft entstehen kann und die üblicherweise eine neuerliche Gestattung von elf Stunden Ruhezeit nach sich ziehen würde, auffängt und zu anderer Zeit einen Ausgleich zulässt. Genau das ist auch über die deutsche Regelung möglich, die Befugnis zur Abweichung wird im österreichischen Recht aber allein auf diese Fälle beschränkt. Damit könnte die österreichische, engere Regelung dem Schutzzweck der ArbZRL eher gerecht werden und scheint, da die Unterbrechungen der Ruhezeit bei der Rufbereitschaft dem Sinn der Sache nach vorkommen, auch „unbedingt erforderlich". Bedenken hinsichtlich des Ausgleichszeitraums bleiben dennoch. Unabhängig davon zeigt der Vergleich, dass ein Bedürfnis der Mitgliedstaaten zu solchen Regelungen für die Rufbereitschaft besteht. Kritisiert hat die Europäische Kommission diese bisher nicht.

c) Insgesamt europarechtlich bedenkliche Regelungen

Die vorangegangene Betrachtung zeigt deutlich: Als Vorbild für eine Arbeitszeitgestaltung, die europarechtlichen Wertungen genügt, dienen die österreichischen Regelungen zur täglichen Ruhezeit überwiegend nicht, überschreiten sie doch in einigen Punkten ebenfalls den strengen, durch den EuGH abgesteckten Rahmen der ArbZRL. Als besseren Ansatz als die deutsche Regelung zu Abweichungen während der Rufbereitschaft mag jedoch § 20a AZG anzusehen sein.

2. *Die britischen Regelungen (*daily rest*)*

In den WTR 1998 sind die Vorgaben zur täglichen Ruhezeit in Reg. 10 (1) zu finden (a)), wobei Ergänzungen für *young workers*, junge Arbeitnehmer unter

---

1050 Vgl. wie oben Franzen/Gallner/Oetker/*Gallner*, EuArbR, 4. Aufl. 2022, Art. 18 RL 2003/88/EG Rn. 7; Preis/Sagan/*Ulber, D.*, EuArbR, 2. Aufl. 2019, § 7 Rn. 7.272.

1051 Auer-Mayer/Felten/Pfeil/*Pfeil*, AZG ÖR, 4. Aufl. 2019, § 20a Rn. 6 nimmt an, es sei die Ruhezeit nach Beendigung des Einsatzes gemeint. Der Wortlaut mag aber durchaus auch die vor der Unterbrechung liegende Ruhezeit erfassen.

18 Jahren,[1052] folgen. Abweichungen (*exceptions*) und Ausgleichsruhezeiten (*compensatory rest*) kennen die WTR 1998 ebenfalls (b)).

a) Grundregelung, WTR 1997 Reg. 10 (1)

Auch in Großbritannien gilt die Mindestruhezeit von elf Stunden, die durchgehend zu gewährleisten ist, WTR 1998 Reg. 10 (1). Dabei greift die Norm, anders als die bereits dargestellten deutschen oder die österreichischen Regelungen außerdem den 24-Stunden-Zeitraum auf, innerhalb dessen nach der ArbZRL die Ruhezeit liegen muss:

> „A worker is entitled to a rest period of not less than eleven consecutive hours in each 24-hour period during which he works for his employer."

Hingewiesen sei auf Folgendes: Europarechtlich problematisch – für Großbritannien nach dem Brexit freilich nicht mehr relevant – ist die Tatsache, dass die britischen Gerichte der Meinung sind, das Recht auf tägliche Ruhezeit umfasse lediglich die Verpflichtung des Arbeitgebers, den Arbeitnehmern ihre Ruhezeit zu gewähren, die diese forderten:

> „We consider this requires answers to two questions. Did the Claimant exercise the right? Did the Respondent refuse him permission to do so? And in those circumstances it is correct to say that the obligation is triggered when there has been an actual refusal by an employer."[1053]

Die entgegenstehende Rechtsprechung des EuGH wird durch die Gerichte ignoriert. Dieser nimmt vor dem Hintergrund des Schutzzwecks der ArbZRL überzeugenderweise an, dass es die Pflicht des Arbeitgebers sei, die Einhaltung der vorgeschriebenen Ruhezeiten (in seiner Verantwortung angemessenem Rahmen) sicherzustellen.[1054] Denn bei anderer Handhabung kann es möglicherweise zu einem Unterlaufen des Arbeitnehmerschutzes kommen, wenn der Arbeitnehmer aus Angst vor Repressionen oder sonstigen Benachteiligungen seitens seines Arbeitgebers die ihm zustehende tägliche Ruhezeit einfordert.

1052 Vgl. Tolley's Empl. HdB/*Wallington*, 28. Aufl. 2014, Chap. 56.15.

1053 *Carter v Prestige Nursing Ltd* [2012] 5 WLUK 374; so auch in *Miles v Linkage Community Trust Ltd* [2008] IRLR 602; s. dazu Tolley's Empl. HdB/*Wallington*, 28. Aufl. 2014, Chap. 56.15 a.E. Vgl. WTR 1998 Reg. 30 (1) zur Anrufung des Arbeitsgerichts durch den Arbeitnehmer.

1054 S. EuGH, Urt. v. 7.9.2006 – C-484/04 – *Kommission/Vereinigtes Königreich*, BeckRS 2006, 70660 Rn. 41 ff.

b) Abweichungsmöglichkeiten

Den Abweichungsmöglichkeiten ist in den WTR 1998 ein ganzer Abschnitt gewidmet. Unter den Bereich der Artt. 17 Abs. 2–4, 18 ArbZRL fallen WTR 1998 Reg. 21–24. Dabei sind die Fälle in WTR 1998 Reg. 21, für die die Norm u.a. die Anwendung der Grundregelung zur täglichen Ruhezeit WTR 1998 Reg. 10 (1) für unanwendbar erklärt, weitestgehend wörtlich aus Art. 17 Abs. 3 ArbZRL entnommen. In dem Anwendungsbereich der Ausnahmeoptionen findet damit gleichsam die größtmögliche Umsetzung statt. Fraglich ist aber, ob die Nichtanwendbarkeit der Vorschriften, die hier angeordnet wird, gleichzusetzen ist mit den durch die ArbZRL gestatteten Abweichungen. Jedenfalls scheint für eine gänzliche Nichtanwendung der in den britischen Regelungen genannten Arbeitszeitvorgaben für die beschriebenen Tätigkeitsgruppen das Merkmal der unbedingten Erforderlichkeit nicht ohne Weiteres erfüllt. Die so weitreichende Umsetzung ist daher mit Vorsicht zu genießen.

Die Ausnahmemöglichkeit durch Tarifverträge und Sozialpartner aus Art. 18 ArbZRL hat der Gesetzgeber in WTR 1998 Reg. 23 umgesetzt, wobei für diese Regelung die genannten Bedenken insoweit weitestgehend ausgeräumt sind, als dass sie den Kollektivpartnern nicht nur das Recht zugesteht, die Anwendbarkeit bestimmter Regelungen auszuschließen, sondern auch ein bloßes Modifizieren (*modify*) ermöglicht.

Die Anordnung der Ausgleichsruhezeiten (*compensatory rest*) schließlich enthält WTR 1998 Reg. 24, wonach für den Fall des Arbeitseinsatzes aufgrund einer der genannten Abweichungsmöglichkeiten eine gleichwertige Ausgleichsruhezeit einzuräumen ist. Ist das in besonderen Fällen (*exceptional cases*) nicht möglich, gibt es auch im britischen Recht die in der ArbZRL vorgesehene Option, einen anderen angemessenen Schutz zu gestatten, um Sicherheit und Gesundheit des Arbeitnehmers zu schützen. Auch hier orientiert sich der Wortlaut eng an den Richtlinienvorgaben. Anders als im deutschen Recht, besteht kein (europarechtswidriger) Bezugszeitraum, sodass wohl von einer europarechtskonformen Umsetzung der Ausgleichsvoraussetzungen ausgegangen werden kann, wenn auch eine Klarstellung in Bezug auf die Lage der Ausgleichsruhezeiten fehlt.[1055]

1055 S. dazu Tolley's Empl. HdB/*Wallington*, 28. Aufl. 2014, Chap. 56.17 (zu Ruhepausen (*rest breaks*)).

c) Großbritannien eignet sich nur eingeschränkt als Vorbild

Die britische Regelung zur Ruhezeit mag nur unter Berücksichtigung der genannten Bedenken als Vorbild dienlich sein. Sie macht aber deutlich, dass der Anwendungsbereich der Abweichungsmöglichkeiten hinsichtlich bestimmter Tätigkeiten im Rahmen des Art. 17 ArbZRL möglichst umfassend ausgenutzt werden könnte. Einer Übernahme des Richtlinienwortlauts steht insofern zunächst nichts entgegen – dem Vorbehalt der unbedingten Erforderlichkeit muss aber auch dabei spätestens bei Anwendung der Vorschrift Rechnung getragen werden.

*3. Die französischen Regelungen (*temps de repos quotidien*)*

Auch das französische Recht kennt die Grundregel von elf Stunden Mindestruhezeit pro Tag (a)), die ohne Unterbrechung gewährleistet werden müssen, sowie entsprechende Ausnahmeregelungen (b)).

a) Grundregelung, Art. L 3131-1 CdT

Die Grundregel entspricht den Vorgaben der Richtlinie, sodass nach Art. L 3131-1 CdT jedem Arbeitnehmer eine tägliche ununterbrochene Ruhezeit von mindestens elf Stunden zusteht.

b) Abweichungsmöglichkeiten

In Art. L 3131-1 CdT werden neben der Grundregelung bereits Ausnahmen aufgezählt. Nicht nur in dringenden Fällen (*cas de urgence*), sondern auch, wenn nach Art. L 3131-2 CdT Abweichungen durch Betriebsvereinbarungen etc. vorgenommen wurden, insbesondere bei solchen Tätigkeiten, bei denen die Kontinuität des Dienstes gewährleistet werden muss oder die Einsatzzeiten aufgeteilt sind, oder wenn gem. Art. L 3131-3 CdT zwar keine Vereinbarung besteht, aber Mehrarbeit in außergewöhnlichem Maß vorliegt, gilt die Grundregel zur täglichen Ruhezeit nicht. Die Formulierungen des französischen Gesetzgebers erinnern teilweise an die ArbZRL.[1056] Konkretisierend gelten außerdem noch die Dekrete, wobei Art. D 3131-1 CdT bspw. die dringenden Fälle näher beschreibt. In Art. D 3131-4 CdT werden die Tätigkeiten, für die Abweichungen vorgesehen werden können, in Anlehnung an Fallgruppen aus der Richtlinie festgelegt.[1057]

1056 Vgl. *Peskine/Wolmark*, Droit du travail, 15. Aufl. 2022, Rn. 472.

1057 Fehlt ein Tarifvertrag, kann bei Zunahme der Tätigkeit eine Verkürzung der Ruhezeit noch unter weiteren Bedingungen stattfinden, s. Art. D 3131-7 CdT.

Einschränkend ist insbesondere Art. D 3131-6 CdT zu berücksichtigen, der die Verkürzung der täglichen Ruhezeit auf unter neun Stunden durch Kollektivvereinbarung untersagt.

Auch die europarechtlich notwendige Festlegung von Ausgleichsruhezeiten findet sich im französischen Recht wieder. Art. D 3131-2 CdT bestimmt, dass bei Abweichungen von den Vorgaben zur täglichen Ruhezeit den betreffenden Arbeitnehmern eine mindestens gleichwertige Ruhezeit zugestanden werden muss, oder für den Fall, dass dies nicht möglich ist, ein gleichwertiger Ausgleich in einem Kollektivvertrag vorgegeben sein muss. Damit wird den Vorgaben der Richtlinie zwar Rechnung getragen – aber auch hier fehlt eine Festlegung, in welchem Zeitraum der Ausgleich zu erfolgen hat. Auch ist nicht klargestellt, dass ein anderer angemessener Schutz nur möglich ist, wenn die Gewährung einer Ausgleichsruhezeit aus objektiven Gründen nicht möglich ist. Unabhängig davon ist die Norm europarechtskonform auf die Weise anzuwenden, dass die EuGH-Rechtsprechung zu den Ausgleichsruhezeiten eingehalten wird.

c) Orientierungsmöglichkeit für das deutsche Recht?

Anders als die deutsche Regelung mit ihren unionsrechtswidrigen Bezugszeiträumen ist das französische Abweichungsreglement insoweit eher unbedenklich und umfasst ebenfalls durch Übernahme der Fallgruppen aus der Richtlinie auch mehr Tätigkeiten, für die Abweichungen vorgesehen werden könnten. Daran könnte sich das deutsche Recht orientieren.

IV. Freiräume bei der Gestaltung der Ruhezeit?

Die Grundregelungen zur täglichen Ruhezeit der ArbZRL sind restriktiv und wenig flexibel. Der EuGH legt strenge Maßstäbe an und auch die Lage der Ruhezeit im Anschluss an die Arbeitszeit ist unter Übertragung der Rechtsprechung zu den Ausgleichsruhezeiten „in Stein gemeißelt". Vor dem Schutzzweck des Arbeitszeitrechts ist das nur konsequent, denn die (tägliche) Ruhezeit spielt in der Konzeption der Richtlinie eine zentrale Rolle. Dieses Ergebnis wird auch mit der Rundschau auf die anderen Mitgliedstaaten bestätigt, die sich für die Übertragung der europäischen Grundregel entschieden haben und damit für den Regelfall mindestens elf Stunden ununterbrochene Ruhezeit pro 24-Stunden-Zeitraum vorsehen.

Die Abweichungsmöglichkeiten der Artt. 17, 18 ArbZRL zeigen auf den ersten Blick großes Potential, werden durch die Rechtsprechung des EuGH aus Arbeitnehmerschutzgründen aber mittels strenger Vorgaben für die Ausgleichsruhezeiten und des Merkmals der unbedingten Erforderlichkeit nicht unerheblich verkürzt. Auch wenn die Umsetzung durch Deutschland teilweise unionsrechtswidrig ist, besteht neben etwaigem Verbesserungsbedarf auch noch die Möglichkeit, die Abweichungen weitergehend zu nutzen. Der Pendelblick auf die anderen Mitgliedstaaten verdeutlicht dazu Folgendes: Anpassungen der täglichen Ruhezeit in dringenden Fällen oder Notfällen sind in vielen Mitgliedstaaten bekannt und berechtigterweise vorgesehen. Auch bei der bei der Rufbereitschaft sind in den Augen einiger Gesetzgeber Modifikationen der Ruhezeit notwendig (aus gutem Grund) – man könnte die teilweise als bedenklich betrachtete deutsche Regelung daher z.B. der wohl eindeutigeren österreichischen Regelung hierzu nachempfinden. Weiterhin wäre eine Übernahme der Fallgruppen aus der Richtlinie möglich, um den Anwendungsbereich der Abweichungsmöglichkeiten zu erweitern, und ist in manchen Mitgliedstaaten längst gängig. Dass man im Anwendungsbereich aber auch schnell zu weit gehen kann, zeigt die Kritik der Europäischen Kommission an entsprechenden Regelungen, mit denen die Mitgliedstaaten bspw. allzu allgemeine Ausnahmen vorgenommen haben.[1058]

Wie bereits dargelegt, muss die Abweichung von der täglichen Ruhezeit ausgeglichen werden. Dabei ist der EuGH streng, die Mitgliedstaaten sind in der Umsetzung aber nicht konsequent: Was die zu langen Zeiträume hinsichtlich der Gewährung von Ausgleichsruhezeiten angeht, stellt die Europäische Kommission in ihrem Umsetzungsbericht ausdrücklich fest, dass nur Regelungen mit der Richtlinie übereinstimmen, nach denen die Ausgleichsruhezeit sofort oder durch eine Verlängerung der folgenden Ruhezeit erfolgen muss oder die vorschreiben, dass bei Kürzung der Ruhezeit die Gesamtdauer von zwei aufeinanderfolgenden täglichen Ruhezeiten mindestens 22 Stunden betragen muss.[1059] Spielraum gibt es hier demnach kaum und die anderen Gestaltungsmöglichkeiten, die die Mitgliedstaaten insofern vorgenommen haben, werden moniert.[1060]

C) Ruhepausen

Wegen ihrer geringeren Bedeutung, allein wohl wegen ihres relativ unerheblichen zeitlichen Umfangs, stehen die Pausen kaum in der aktuellen Diskussion. Dennoch soll ein Blick hierauf nicht ausbleiben, da die unspezifische Regelung der ArbZRL etwas Flexibilisierungspotential verspricht. Auch dazu erfolgt zunächst eine Darstellung der Richtlinienvorgaben (I.), bevor die deutsche

---

1058 Bulgarien und Tschechien, s. *Europäische Kommission*, SWD(2017) 2014 final, S. 33.
1059 *Europäische Kommission*, SWD(2017) 2014 final, S. 33.
1060 *Europäische Kommission*, SWD(2017) 2014 final, S. 33 f.

Umsetzung (II.) im vergleichenden Pendelblick mit der in anderen Mitgliedstaaten (III.) ins Licht gerückt wird. Ob Änderungen der deutschen Regelung möglich und notwendig sind, wird abschließend erläutert (IV.).

I. Die europarechtlichen Vorgaben für die Ruhepausen

Die europäische ArbZRL enthält nicht allzu viele und eher unspezifische Vorschriften hinsichtlich der Ruhepausen (1.). Vieles wird also den Mitgliedstaaten überlassen. Von ihren Vorgaben lässt die Richtlinie aber auch Abweichungen zu (2.).

1. Grundvorgaben zu Ruhepausen

Art. 4 ArbZRL legt für die Ruhepausen lediglich fest, dass Arbeitnehmern bei mehr als sechs Stunden täglicher Arbeitszeit eine Ruhepause zusteht. Die Bestimmung der Einzelheiten überlässt die ArbZRL den Mitgliedstaaten durch Rechtsvorschriften oder mittels Tarifverträgen oder Vereinbarungen zwischen den Sozialpartnern. Die Europäische Kommission betont die Verantwortung der Mitgliedstaaten, für jeden Arbeitnehmer für angemessene Ruhepausen zu sorgen, die gesetzlich oder kollektivvertraglich vorgeschrieben sind – Festlegung und Dauer und Bedingung der Ruhepausen dürften auch nicht den Arbeitsvertragsparteien alleine überlassen werden.[1061] Ausgestaltung durch Rechtsprechung des EuGH fehlt.[1062]

Mit Blick auf die Dauer der Ruhepausen ist Erwägungsgrund 5 der ArbZRL heranzuziehen, der jedoch lediglich „angemessene Ruhepausen" vorschreibt, was ebenfalls nicht viel darüber verrät, von welcher Dauer die Ruhepausen konkret sein müssen. Die Europäische Kommission ist der Auffassung, dass die Pausen eindeutig in Zeiteinheiten festgelegt sein müssten und allzu kurze Pausen gegen die Richtlinienbestimmungen verstoßen würden – wann eine Pause freilich zu kurz ist, bestimmt auch sie nicht.[1063]

Hervorgehoben wird von der Europäischen Kommission das Erfordernis der zeitlichen Planung der Ruhepause, sodass effektives Ruhen möglich ist. Sie müsse der Arbeitszeit des Arbeitnehmers angepasst und spätestens nach sechs Stunden möglich sein.[1064] Systematisch ergebe sich daraus, dass die Pause in

---

1061 *Europäische Kommission*, SWD(2017) 2014 final, S. 10.

1062 S. den Überblick bei Franzen/Gallner/Oetker/*Gallner*, EuArbR, 4. Aufl. 2022, Art. 4 RL 2003/88/EG Rn. 4.

1063 *Europäische Kommission*, Mitteilung 2017/C 165, S. 24.

1064 *Europäische Kommission*, Mitteilung 2017/C 165, S. 24.

Erwägungsgrund 5 neben der Ruhezeit und im Richtlinientext innerhalb des Kapitels „Mindestruhezeiten“ steht, dass sie auch eine „Ruhezeit“ sein müsse, was bedeute, dass der Arbeitnehmer frei über seine Zeit verfügen und eigenen Interessen nachgehen können muss.[1065] Das bestätigt sich auch in der ruhezeitbezogenen Konzeption der ArbZRL (s. Gliederungspunkt § 3 B) I. 1. a)). Die Europäische Kommission folgert hieraus, dass eine Anrechnung der Pausenzeiten auf die Arbeitszeit nicht notwendig sei, stellt allerdings klar, dass Zeiten, in denen der Arbeitnehmer zur Verfügung des Arbeitgebers stehen muss, Arbeitszeit sind.[1066]

2. Abweichungsmöglichkeiten der ArbZRL

Zu den Abweichungsoptionen, die die ArbZRL für die Ruhepausen eröffnet, soll an dieser Stelle eine kurze Betrachtung genügen, denn die maßgeblichen Grundsätze der Rechtsprechung sind nur zur bereits behandelten täglichen Ruhezeit ergangen (Gliederungspunkt § 3 B) I. 3.).

Über Art. 17 Abs. 2, 3 und Art. 18 ArbZRL sind Abweichungen von den Ruhepausenregelungen gestattet, solange die betroffenen Arbeitnehmer gleichwertige Ausgleichsruhezeiten zugestanden bekommen oder in Ausnahmefällen, in denen die Gewährung solcher gleichwertigen Ausgleichsruhezeiten aus objektiven Gründen nicht möglich ist, einen angemessenen Schutz erhalten. Rechtsprechung des EuGH zu gleichwertigen Ausgleichsruhezeiten in Bezug auf die Ruhepausen gibt es nicht. Die Europäische Kommission verhält sich hierzu in der Mitteilung zu Auslegungsfragen ebenfalls kaum, vertritt aber die Auffassung,

> „dass der Ausgleich wie im Fall der täglichen Ruhezeit so schnell wie möglich gewährt werden sollte, spätestens jedoch vor der nächsten Arbeitsperiode.“[1067]

Eine Anlehnung an die durch den EuGH entwickelten Grundsätze zu angemessenen Ausgleichsruhezeiten wie bei der täglichen Ruhezeit scheint aus Arbeitnehmerschutzgesichtspunkten sinnvoll. Daneben sprechen wohl auch Praktikabilitätserwägungen dafür, denn eine verkürzte oder nicht genommene

---

1065 *Europäische Kommission*, Mitteilung 2017/C 165, S. 24 unter Verweis auf EuGH, Urt. v. 10.9.2015 – C-266/14 – *Tyco*, NZA 2015, 1777 Rn. 36 ff.

1066 *Europäische Kommission*, Mitteilung 2017/C 165, S. 24 f. Zur Mindestruhezeit von elf zusammenhängenden Stunden gem. Art. 3 ArbZRL können die Pausen allerdings auch nicht gerechnet werden, Franzen/Gallner/Oetker/*Gallner*, EuArbR, 4. Aufl. 2022, Art. 4 RL 2003/88/EG Rn. 2.

1067 *Europäische Kommission*, Mitteilung 2017/C 165, S. 51.

Ruhepause wird wohl aufgrund der kurzen Dauer schnell „vergessen“, sodass schließlich nur ein sehr zeitnaher Ausgleich sicherstellen kann, dass die Folgen der fehlenden Pause auf jeden Fall ausgeglichen werden.

Art. 17 Abs. 3 ArbZRL benennt, bei welchen Tätigkeiten solche Abweichungen grundsätzlich erlaubt sein dürfen, zusätzlich gelten die Möglichkeiten auch für den Fall eines Unfalls oder der Gefahr eines unmittelbar bevorstehenden Unfalls. Für die Ruhepausen wird wohl vornehmlich Art. 17 Abs. 3 lit. c) ArbZRL einschlägig sein, also wenn es um Tätigkeiten geht, bei denen eine Kontinuität des Dienstes oder der Produktion gewährleistet sein muss.[1068]

II. Die deutschen Regelungen zu Ruhepausen

Bei der Umsetzung der Vorschriften zur Ruhepause hat der deutsche Gesetzgeber die Vorgaben der Richtlinie in § 4 ArbZG näher ausgestaltet (1.) und ein spezifischeres Reglement für die Ruhepausen (2.) geschaffen.

1. Grundlage: § 4 ArbZG

Eine gesetzliche Definition der Ruhepause gibt es nicht, sodass Orientierungsmaßstäbe zunächst fehlen. § 4 ArbZG schreibt lediglich vor, dass die Arbeit bei einer Arbeitszeit von mehr als sechs Stunden mit 30 Minuten Pause und bei einer Arbeitszeit von mehr als neun Stunden mit 45 Minuten Pause zu unterbrechen ist (S. 1), wobei auch eine Aufteilung der Pausenzeit auf jeweils mindestens 15 Minuten möglich ist (S. 2). Die Pause muss nach spätestens sechs Stunden Arbeit gewährt werden (S. 3)[1069] und darf nicht am Anfang oder am Ende der Arbeitszeit liegen.[1070] Dass die Ruhepause nicht mit zur Arbeitszeit zählt, ist aus europäischer Sicht nicht zu beanstanden.[1071]

Das BAG hat in ständiger Rechtsprechung definiert, dass Pausen

---

1068 Vgl. Preis/Sagan/*Ulber, D.*, EuArbR, 2. Aufl. 2019, § 7 Rn. 7.263.

1069 Grund für die Pause nach sechs Stunden (unter Abweichung von dem bis 1994 geltenden § 18 Abs. 1 S. 1 AZO, der für Frauen eine Pause nach viereinhalb Stunden vorschrieb) ist der in der Gesetzesbegründung genannte Wunsch der Teilzeitbeschäftigten, nicht wegen der Pausen unnötig lange im Betrieb bleiben zu müssen, BT-Drs. 12/5888, 2 S. 4.

1070 *Baeck/Deutsch/Winzer*, ArbZG, 4. Aufl. 2020, § 4 Rn. 23; BeckOK ArbR/*Kock*, 64. Ed. 2022, § 4 ArbZG Rn. 8; ErfK/*Roloff*, 22. Aufl. 2022, § 4 ArbZG Rn. 6.

1071 Vgl. *Europäische Kommission*, SWD(2017) 204 final, S. 9, die solche Regelungen nur mit aufzählt, aber keineswegs kritisiert.

> „im Voraus feststehende Unterbrechungen der Arbeit [sind], in denen der Arbeitnehmer weder Arbeit zu leisten noch sich dafür bereitzuhalten hat und frei über die Nutzung des Zeitraums bestimmen kann.“[1072]

Entscheidend ist hierbei, dass der Arbeitnehmer von seiner Dienstverpflichtung freigestellt ist, damit er sich erholen kann, um einer Übermüdung, daraus folgenden Gesundheitsgefahren und Unfallrisiken sowie Minderungen der Leistung etc. vorzubeugen.[1073] Er muss somit auch selbst und frei darüber entscheiden dürfen, wie er die Zeit verbringt; der Aufenthaltsort während der Pausenzeit muss allerdings nicht zwingend zu seiner freien Verfügung stehen.[1074] Ein Feststehen der Pausen im Voraus, zumindest in einem bestimmten zeitlichen Fenster,[1075] ist dann anzunehmen, wenn der Arbeitnehmer zu Beginn der täglichen Arbeitszeit weiß, wann er seine Pausen nehmen darf und wie lange diese sind.[1076] Dies verhindert, dass der Arbeitgeber rückwirkend z.B. betriebsbedingt arbeitsfreie Zeiten als Ruhepause deklariert, sie also „umwidmet“.[1077] Es dient außerdem dazu, den Erholungszweck arbeitsmedizinischen Erkenntnissen entsprechend zu stützen und zu verbessern, weil sich der Arbeitnehmer so

---

1072 BAG, Urt. v. 11.12.2019 – 5 AZR 579/18, NZA 2020, 664 Rn. 16; vgl. auch Urt. v. 25.2.2015 – 5 AZR 886/12, NZA 2015, 494 Rn. 21; v. 23.8.2991 – 4 AZR 562/91, NZA 1993, 752 (753).

1073 *Baeck/Deutsch/Winzer*, ArbZG, 4. Aufl. 2020, § 4 Rn. 9; BeckOK ArbR/*Kock*, 64. Ed. 2022, § 4 ArbZG Rn. 1; ErfK/*Roloff*, 22. Aufl. 2022, § 4 ArbZG Rn. 2, jeweils m.w.N.

1074 *Anzinger/Koberski*, ArbZG, 5. Aufl. 2020, § 4 Rn. 47; *Baeck/Deutsch/Winzer*, ArbZG, 4. Aufl. 2020, § 4 Rn. 12 f.; ErfK/*Roloff*, 22. Aufl. 2022, § 4 ArbZG Rn. 7.

1075 H.M.: BAG, Urt. v. 13.10.2009 – 9 AZR 139/08, NZA-RR 2010, 623 Rn. 47; v. 28.9.1972 – 5 AZR 198/72, AP AZO § 12 Nr. 9; BT-Drs. 12/5888, S. 24; *Anzinger/Koberski*, ArbZG, 5. Aufl. 2020, § 4 Rn. 32; *Baeck/Deutsch/Winzer*, ArbZG; 4. Aufl. 2020, § 4 Rn. 24a; BeckOK ArbR/*Kock*, 64. Ed. 2022, § 4 ArbZG Rn. 5; vorsichtiger Buschmann/Ulber/*Buschmann*, ArbZR, 1. Aufl. 2019, § 4 ArbZG Rn. 14, dieser Rahmen dürfe nicht unendlich weit sein; a.A. *Kleinebrink*, DB 2015, 2023 (2025), denn der Erholungswert trete bereits in den ersten drei bis fünf Minuten der Pause ein und aus § 4 S. 3 ArbZG folge gerade kein verbindlicher Rahmen für den Beginn der Pause.

1076 BAG, Urt. v. 25.2.2015 – 5 AZR 886/12, NZA 2015, 494 Rn. 28; *Baeck/Deutsch/Winzer*, ArbZG, 4. Aufl. 2020, § 4 Rn. 24; BeckOK ArbR/*Kock*, 64. Ed. 2022, § 4 ArbZG Rn. 4.

1077 BAG, Urt. v. 13.10.2009 – 9 AZR 139/08, NZA-RR 2010, 623 Rn. 47; BeckOK ArbR/*Kock*, 64. Ed. 2022, § 4 ArbZG Rn. 4; HWK/*Gäntgen*, 10. Aufl. 2022, § 4 ArbZG Rn. 4; s. auch *Kleinebrink*, DB 2015, 2023 (2024).

auf die Pause einstellen kann.[1078] Spätestens zu Beginn der jeweiligen Unterbrechung soll außerdem klar sein, wie lange sie dauern wird, sonst müsste sich der Arbeitnehmer während dieser Unterbrechung dauernd zur Arbeit bereithalten und nach dem Arbeitszeitbegriff und der Definition der Ruhepause des BAG läge dann schon keine Pause vor.[1079]

2. *Abweichungsmöglichkeiten*

Abweichungsmöglichkeiten von diesen Regelungen sind (neben § 14 ArbZG für außergewöhnliche Fälle) in § 7 ArbZG normiert. So erlaubt es § 7 Abs. 1 Nr. 2 ArbZG, mittels Tarifvertrags oder auf Grund eines Tarifvertrags in einer Betriebs- oder Dienstvereinbarung abweichend von § 4 S. 2 ArbZG die Gesamtdauer der Pausen in Schicht- und Verkehrsbetrieben auf Kurzpausen von angemessener Dauer aufzuteilen. Das bedeutet, dass in den betreffenden Betrieben[1080] Pausen auch kürzer als 15 Minuten sein dürfen, denn, während der Begriff der „angemessenen Dauer" eher unbestimmt ist, wird man aufgrund arbeitsmedizinischer Erkenntnisse davon ausgehen müssen, dass mindestens fünf Minuten Pause erforderlich sind, damit die Pause überhaupt Erholungswert erlangt.[1081] Die übrigen Voraussetzungen einer Ruhepause müssen selbstverständlich weiterhin vorliegen.[1082] Indem § 7 Abs. 1 Nr. 2 ArbZG auf die „angemessene Dauer" rekurriert und damit dem vorgeschriebenen Erholungszweck

---

1078 *Anzinger/Koberski*, ArbZG, 5. Aufl. 2020, § 4 Rn. 33; ErfK/*Roloff*, 22. Aufl. 2022, § 4 ArbZG Rn. 3; HK-ArbZR/*Jerchel*, 2. Aufl. 2018, § 4 ArbZG Rn. 23.

1079 BAG, Urt. v. 13.10.2009 – 9 AZR 139/08, NZA-RR 2010, 623 Rn. 47; Beschl. v. 22.7.2003 – 1 ABR 28/02, NZA 2004, 507 (511); Urt. v. 29.10.2002 – 1 AZR 603/01, NZA 2003, 1212 (1214); *Anzinger/Koberski*, ArbZG, 5. Aufl. 2020, § 4 Rn. 14; *Baeck/Deutsch/Winzer*, ArbZG, 4. Aufl. 2020, § 4 Rn. 24; HK-ArbZR/*Jerchel*, 2. Aufl. 2018, § 4 ArbZG Rn. 20.

1080 S. zu Schichtarbeit: *Anzinger/Koberski*, ArbZG, 5. Aufl. 2020, § 7 Rn. 31; *Baeck/Deutsch/Winzer*, ArbZG, 4. Aufl. 2020, § 7 Rn. 68; ausf. MHdB ArbR/*Koberski*, 5. Aufl. 2021, § 184 Rn. 8 ff.

1081 Der Erholungswert tritt zwar schon nach drei Minuten ein, s. BAG, Urt. v. 13.10.2009 – 9 AZR 139/08, NZA-RR 2010, 623 Rn. 41, dennoch erscheint diese Zeitspanne arg kurz, vgl. auch *Anzinger/Koberski*, ArbZG, 5. Aufl. 2020, § 7 Rn. 29; ErfK/*Roloff*, 22. Aufl. 2022, § 7 ArbZG Rn. 5; *Neumann/Biebl*, ArbZG, 16. Aufl. 2013, § 7 Rn. 24; a.A.: Buschmann/Ulber/*Buschmann*, ArbZR, 1. Aufl. 2019, § 7 ArbZG Rn. 40: mind. 15 Minuten.

1082 *Anzinger/Koberski*, ArbZG, 5. Aufl. 2020, § 7 Rn. 29; *Baeck/Deutsch/Winzer*, ArbZG, 4. Aufl. 2020, § 7 Rn. 70; HK-ArbZR/*Pfeiffer*, 2. Aufl. 2018, § 7 ArbZG Rn. 41.

der Ruhepausen nach Art. 4 HS. 2 ArbZRL wohl ohne Weiteres entspricht, wird dieser unter Anwendung von Art. 4 ArbZRL zu Recht als europarechtskonform angesehen.[1083]

In § 7 Abs. 2 Nr. 3, 4 ArbZG sind Anpassungen des gesamten § 4 ArbZG möglich, sofern ein entsprechender Zeitausgleich gewährleistet wird. Diese Möglichkeiten beschränken sich in Nr. 3 auf den Pflegebereich und in Nr. 4 auf den öffentlichen Dienst. Möglich ist es hierbei, auch die in § 4 ArbZG angeordnete Dauer der Ruhepause zu unterschreiten, um den Bedürfnissen im Pflegebereich bzw. den Besonderheiten des öffentlichen Dienstes gerecht zu werden.[1084] Vorstellbar sind aber auch Anpassungen der übrigen Voraussetzungen der Ruhepause, die § 4 ArbZG vorgibt. Für die Abweichungen ist die Eigenart der Tätigkeiten zu berücksichtigen. Dies erfüllt damit wohl zumindest die Voraussetzung der Artt. 17, 18 ArbZRL.[1085]

III. Die Ruhepausenregelungen in anderen Mitgliedstaaten

Es wurde bereits deutlich, dass die ArbZRL bei Ruhepausenregelungen große Spielräume lässt. Dies bestätigt sich auch mit einer kurzen Betrachtung der österreichischen (1.), französischen (2.) und irischen (3.) sowie einer Zusammenfassung weiterer mitgliedstaatlicher Regelungen (4.).

1. Die Ruhepause in Österreich

In Österreich z.B. ist nach § 11 Abs. 1 S. 1 AZG ebenfalls bei sechsstündiger täglicher Arbeitszeit eine Pause von einer halben Stunde zu gewähren. Eine Erhöhung der Pause bei einer erheblich längeren Arbeitszeit wie in der deutschen Regelung ist allerdings nicht vorgesehen. Es ist aber ebenfalls möglich, die Pause in zwei oder drei gleichmäßige, kürzere Zeitabschnitte aufzuteilen, § 11 Abs. 1 S. 2 AZG, wenn dies im Interesse der Arbeitnehmer liegt oder aus betrieblichen Gründen notwendig ist. Hierzu ordnet § 11 Abs. 2 AZG außerdem die Zustimmung des Betriebsrats an, wenn ein solcher besteht. Für andere Teilungen bedarf

---

1083 *Baeck/Deutsch/Winzer*, ArbZG, 4. Aufl. 2020, § 4 Rn. 5; Franzen/Gallner/Oetker/*Gallner*, EuArbR, 4. Aufl. 2022, Art. 4 RL 2003/88/EG Rn. 3.

1084 *Baeck/Deutsch/Winzer*, ArbZG, 4. Aufl. 2020, § 7 Rn. 99, 101.

1085 Franzen/Gallner/Oetker/*Gallner*, EuArbR, 4. Aufl. 2022, Art. 4 RL 2003/88/EG Rn. 3; Preis/Sagan/*Ulber, D.*, EuArbR, 2. Aufl. 2019, § 7 Rn. 7.181: Für Abs. 2 Nrn. 3, 4 sei nur eine Rechtfertigung unter den Voraussetzungen der Artt. 17, 18 ArbZRL möglich. A.A. wohl *Baeck/Deutsch/Winzer*, ArbZG, 4. Aufl. 2020, § 4 Rn. 5, die annehmen, auch diese Vorschriften fielen unter Art. 4 ArbZRL.

es gem. § 11 Abs. 1 S. 3 AZG einer Betriebsvereinbarung oder bei Betrieben ohne Betriebsrat einer Zulassung durch das Arbeitsinspektorat[1086]. Für eine Verteilung auf noch kürzere Zeitabschnitte ist dies zunächst in Anbetracht des Schutzgedankens des Arbeitszeitrechts sinnvoll. Die Sinnhaftigkeit steht jedoch bspw. bei einer Aufteilung auf zwei Pausen, von denen eine 20 und die andere zehn Minuten betragen, mangels offensichtlicher Schutzeinbußen in Zweifel.[1087] Unter ähnlichen Voraussetzungen ist nach § 11 Abs. 5 AZG auch eine Verkürzung der Ruhepause möglich, die Abs. 3, 4 enthalten weitere Ausnahmemöglichkeiten.[1088] Schließlich kennen sowohl das AZG als auch weitere Gesetze Sondervorschriften für bestimmte Berufsgruppen.[1089]

Die Voraussetzungen der Ruhepause an sich sind ähnlich derer im deutschen Recht. Es handelt sich um Arbeitsunterbrechungen, die der Erholung dienen.[1090] Eine Pause

> „muss […] ihrer Lage nach für den Arbeitnehmer vorhersehbar sein (sich also an einer im Vorhinein definierten zeitlichen Position im Rahmen der Arbeitszeiteinteilung befinden) oder vom Arbeitnehmer innerhalb eines vorgesehenen Zeitraums frei gewählt werden können. Überdies muss sie echte Freizeit sein; der Arbeitnehmer muss über diese Zeit nach seinem Belieben verfügen können. Der Zweck der Ruhepausen ist die Erholung des Arbeitnehmers; eine solche ist nur dann gewährleistet, wenn diese Pausen im Voraus, spätestens bei ihrem Beginn, umfangmäßig feststehen“.[1091] (Nachweise ausgelassen)

Damit die Lage der Pause im Voraus feststeht, reicht ein zeitlicher Rahmen aus, vgl. § 26 Abs. 3 AZG, eine spontane Ankündigung – „Sie können jetzt Ihre Pause nehmen“[1092] – genügt dieser Anforderung also nicht.[1093] Außerdem darf die Ruhepause nicht zu Beginn oder Ende der Arbeitszeit liegen.[1094]

1086 Das Arbeitsinspektorat hat die Aufgaben, die Einhaltung von Arbeitsschutzregelungen in Betrieben zu kontrollieren sowie fachliche Unterstützung zu bieten, s. dazu: *Arbeitsinspektorat*, 5 Dinge, die Sie über die Arbeitsinspektion wissen sollten, Stand: 2.6.2020, abrufbar unter: https://www.arbeitsinspektion.gv.at/Agenda/gutberatung/5_Dinge.html, letzter Abruf: 17.9.2022.

1087 S. Auer-Mayer/Felten/Pfeil/*Pfeil*, AZG ÖR, 4. Aufl. 2019, § 11 Rn. 9: Die Norm sei rechtspolitisch nicht geglückt.

1088 Auer-Mayer/Felten/Pfeil/*Pfeil*, AZG ÖR, 4. Aufl. 2019, § 11 Rn. 10 ff.

1089 S. dazu den Überblick bei Auer-Mayer/Felten/Pfeil/*Pfeil*, AZG ÖR, 4. Aufl. 2019, § 11 Rn. 20 ff.

1090 Auer-Mayer/Felten/Pfeil/*Pfeil*, AZG ÖR, 4. Aufl. 2019, § 11 Rn. 1.

1091 OGH, Beschl. v. 30.1.2018 – 9 ObA 9/18s, RIS-Justiz RS0051919.

1092 OGH v. 17.3.2004 – 9 ObA 102/03w, RIS-Justiz RS0051370.

1093 Auer-Mayer/Felten/Pfeil/*Pfeil*, AZG ÖR, 4. Aufl. 2019, § 11 Rn. 5.

1094 Auer-Mayer/Felten/Pfeil/*Pfeil*, AZG ÖR, 4. Aufl. 2019, § 11 Rn. 5.

2. *Die Ruhepause in Frankreich* (temps de pause)

In Frankreich beschränkt sich die Dauer der dem Arbeitnehmer zugestandenen Mindestpausenzeit zwar auf 20 Minuten, Art. L 3121-16 CdT. Weiter ist allerdings in Art. L 3121-17 CdT festgelegt, dass unter bestimmten Voraussetzungen die Vereinbarung längerer Pausenzeiten möglich ist. Die Verlängerung der Pause unterliegt gewissen Anforderungen, da ansonsten die Gefahr der Zerstückelung des Arbeitstages durch lange Pausen und kurze Arbeitszeiten besteht, sodass trotz „Arbeit" von 6 Uhr bis 19 Uhr z.B. nur fünf Stunden entlohnt werden könnten.[1095] Das heißt aber auch, dass die Gewährung kürzerer Pausen nicht möglich ist.[1096] Vielmehr ist eine Pause, die weniger als 20 Minuten lang ist, gesetzeswidrig und unterbricht die Arbeitszeit nicht – der Arbeitgeber wird durch die Gestattung der kurzen Pause somit auch nicht von der Pflicht zur Gewährung einer „richtigen" Pause von 20 Minuten befreit.[1097] Dass es keine Ausnahmeregelung für die Vorschriften gibt, ist auch im französischen System der Arbeitszeitregelungen unüblich.[1098]

Die französische Regelung erscheint somit restriktiver und weniger flexibel – interessant ist auch, dass der Arbeitnehmer vor zu langen, häufigen Pausen geschützt werden soll. Die im französischen Arbeitsrecht geltenden Voraussetzungen für das Vorliegen einer Ruhepause sind den bereits dargestellten vergleichbar.[1099]

3. *Die Ruhepause in Irland (*break*)*

In Irland liegt der auffälligste Unterschied zur deutschen Regelung darin, dass die nach WTA 1997 Sec. 12 (1) vorgeschriebene Mindestdauer der Pausen zwar nur 15 Minuten beträgt, allerdings bereits nach viereinhalb Stunden zu gewähren ist. Diese Pause erhöht sich ab sechs Stunden Arbeitszeit auf 30 Minuten, WTA 1997 Sec. 12 (2). Die Regelung ist daher großzügiger als die deutsche, da sie schon vor einer täglichen Arbeitszeit von sechs Stunden überhaupt eine Pause vorschreibt. Auch gibt es eine Sonderregelung, um längere Pausen, höchstens eine Stunde, für Arbeitnehmer, die länger als sechs Stunden arbeiten, zu ermöglichen, WTA

1095 *Auzero/Baugard/Dockès*, Droit du travail, 35. Aufl. 2022, Rn. 905.

1096 *Auzero/Baugard/Dockès*, Droit du travail, 35. Aufl. 2022, Rn. 905.

1097 Cass. Soc. 20.2.2013, n° 11-26.793.

1098 *Auzero/Baugard/Dockès*, Droit du travail, 35. Aufl. 2022, Rn. 905.

1099 Vgl. *Peskine/Wolmark*, Droit du travail, 15. Aufl. 2022, Rn. 463.

1997 Sec. 12 (3). Es ist darüber hinaus ausdrücklich im Gesetz festgehalten, dass die Pause nicht am Ende des Arbeitstages liegen darf, WTA 1997 Sec. 12 (4).

4. Die Ruhepause in weiteren Mitgliedstaaten

Weitere Variablen in der Gestaltung sind im Umsetzungsbericht der Europäischen Kommission aufgezählt:[1100] Unterschiede ergeben sich dabei, ob die Pause auch zum Essen genutzt werden soll, ob sie als Arbeitszeit zählt oder nicht, ob der Arbeitnehmer den Arbeitsort verlassen darf, wie die Pause gelegen und ob eine Aufteilung der Pausenzeiten erlaubt ist sowie hinsichtlich möglicher Abweichungsvorschriften. Ob die Europäische Kommission an Staaten, die gesetzlich keine feste Zeit oder vergleichbare Details der Pause festschreiben, Kritik üben will, lässt sich aus ihrer Wortwahl nicht eindeutig schließen, da sie lediglich darlegt, dass manche Mitgliedstaaten die Anforderungen an die Ruhepause eher allgemeiner formuliert haben.[1101] Eine solche allgemeinere Regelung findet sich bspw. im CdT LUX, nach dessen Art. L 211-16 (1) die Pausenzeit an die Art der ausgeübten Tätigkeit angepasst sein soll (*adaptés à la nature de l'activité exercée*). Es folgt in Art. L 211-16 (2) CdT LUX der Verweis auf die Festlegung mittels Kollektivvereinbarung.[1102] Die Anpassung der Pausen an die Art der ausgeübten Tätigkeit ist nicht weniger unspezifisch als die Richtlinienbestimmung, sodass auch mit dem Schutzgedanken des Arbeitszeitrechts im Kopf eine präzisere Festlegung auf nationaler Ebene zumindest wünschenswert erscheint. Europarechtlich zulässig ist eine weniger konkrete Vorschrift damit aber allemal, solange die Mitgliedstaaten dafür Sorge tragen, dass für jeden Arbeitnehmer *wenigstens* eine kollektive Pausenregelung gilt.[1103]

IV. Änderungen sind möglich, aber nicht nötig

Es bleibt die Frage, ob Änderungen der Ruhepausenregelung nötig sind, liegt doch auf der Hand, dass sie möglich sind. Teilweise wird eine Reformierung der Ruhepausenregelung angeraten, weil der Arbeitgeber mit den neuen Formen der Arbeit – gemeint ist wohl vor allem Homeoffice – nicht in der Lage sei, wie

1100 *Europäische Kommission*, SWD(2017) 2014 final, S. 9 f.

1101 *Europäische Kommission*, SWD(2017) 2014 final, S. 10.

1102 Laut Kommission gibt es in Luxemburg einige Kollektivvereinbarungen mit detaillierteren Regelungen bzgl. Ruhepausen, *Europäische Kommission*, SWD(2017) 2014 final, S. 11.

1103 Vgl. *Europäische Kommission*, SWD(2017) 2014 final, S. 10.

vorgegeben seiner Kontrollpflicht nachzukommen.[1104] Im deutschen Recht wurden die Vorgaben zur Ruhepause des Art. 4 ArbZRL aber insofern passend und unter Bußgeldandrohung nach § 22 ArbZG umgesetzt,[1105] sodass eine tatsächliche Anpassung in dieser Hinsicht an neue Gegebenheiten, soweit sie denn für erforderlich erachtet wird, nur dem europäischen Richtliniengeber obliegt.[1106] Auch wird in der Literatur erwogen, mehr Flexibilität zu schaffen, indem die Ruhepausen in manchen Fällen entfallen sollten.[1107] Bei diesen Überlegungen geht es aber um die Herausnahme bestimmter Arbeitnehmergruppen u.a. aus dem Ruhepausenreglement, also nicht um eine (grundlegende) Änderung der deutschen Ruhepausenregelung an sich.[1108]

Zwar ist im Übrigen die Regelung der Richtlinie (bewusst) unspezifisch gehalten und lässt Raum für alternative Gestaltungsmöglichkeiten, wie auch der vergleichende Pendelblick auf die Vorschriften anderer Mitgliedstaaten zeigt, die in ihren Nuancen teilweise sehr unterschiedlich sind, während die Voraussetzungen für das Vorliegen einer Pause weitestgehend übereinstimmen. Ein entscheidender Nutzen gegenüber der bestehenden deutschen Umsetzung lässt sich aber aus keiner der Varianten zur Ruhepausengestaltung, derer sich die anderen Mitgliedstaaten bedienen, ablesen.

Denkbar wäre eine – z.B. der oben angerissenen luxemburgischen Regel vergleichbaren – gesetzlich weniger präzise Bestimmung der Ruhezeitvorgaben. Das würde die Festlegung der Pausenzeiten etc. jedoch nur auf die tarifvertragliche und betriebliche Ebene verlagern, was dort zwar möglicherweise angemessenere Pausen für jeden Beruf, jede Berufsgruppe oder Betrieb erlauben würde. Die Notwendigkeit dessen ist jedoch durchaus fragwürdig, gestattet § 4 ArbZG doch bereits einige Flexibilität bei der Gestaltung der Pausen. Für Bereiche, in denen gefährliche Arbeiten getätigt werden und wo mithin auch längere Pausen erforderlich sein können, besteht für die Bundesregierung darüber hinaus ohnehin die Möglichkeit in § 8 S. 1 ArbZG, durch Rechtsverordnung mit Zustimmung

1104 *Henssler*, FS Moll, S. 233 (247 f.).

1105 S. zur Richtlinienkonformität der deutschen Umsetzung des Art. 4 ArbZRL: *Baeck/Deutsch/Winzer*, ArbZG, 4. Aufl. 2020, § 4 Rn. 5; Franzen/Gallner/Oetker/*Gallner*, EuArbR, 4. Aufl. 2022, Art. 4 RL 2003/88/EG Rn. 3 f.; Preis/Sagan/*Ulber, D.*, EuArbR, 2. Aufl. 2019, § 7 Rn. 7.181.

1106 Das sieht dann auch *Henssler*, FS Moll, S. 233 (247 f.).

1107 *Bissels/Krings*, NJW 2016, 3418 (3421).

1108 Man bewegt sich damit dann wohl i.R.d. Ausnahmen, die Art. 17 Abs. 1 ArbZRL gestattet; vgl. *Bissels/Krings*, NJW 2016, 3418 (3421); dazu Gliederungspunkt § 3 F).

des Bundesrates u.a. die Pausen auszudehnen.[1109] Hinzu kommt, dass eine solche Anpassung dem Staat schließlich nicht die Verantwortung zur Einhaltung der Richtlinienvorgaben auch in dieser Hinsicht nehmen würde, sodass ein etwaiger (und wohl eher geringer) Vorteil hieraus daneben einen höheren staatlichen Kontroll- und Durchsetzungsaufwand bedeuten würde.

Auch eine Anpassung der Ruhepause in ihrer Länge, was in beide Richtungen möglich wäre, verspricht kein nennens- und wünschenswertes Flexibilisierungspotential – auch ist rechtspolitisch fraglich, ob z.B. eine Verkürzung von Pausenzeiten, also Erholungszeiten der Arbeitnehmer, eine gangbare Möglichkeit ist, für Effektivität und Leistung bei der Arbeit zu sorgen. So wäre das europarechtlich zwar möglich,[1110] allerdings scheinen 30 Minuten Pause bei sechs täglichen Arbeitsstunden, wie sie nun z.B. in Deutschland und Österreich gesetzlich vorgegeben sind, alles andere als exzessiv.

Demnach ergibt sich: Eine Anpassung wäre sicherlich möglich, zeigen doch auch die, bisher von der Europäischen Kommission weitestgehend gebilligten, differierenden Regelungen der anderen Mitgliedstaaten, welchen Raum es hierfür gäbe. Ihre Sinnhaftigkeit steht aber in Frage und die deutsche Regelung funktioniert – eine Umgestaltung ist daher abzulehnen.

D) Wöchentliche Ruhezeit

Ein weiterer Baustein im ruhezeitbasierten Schutzsystem des Arbeitszeitrechts ist die wöchentliche Ruhezeit. Auch hier macht die Richtlinie Vorgaben zu Grundlagen und Abweichungsmöglichkeiten, die im Ergebnis aber eine recht freie Gestaltung zulassen (I.). In Deutschland wurden die Vorgaben – anders als teilweise in den anderen europäischen Mitgliedstaaten (III.) – in einen strengen Sonntagsschutz umgesetzt (II.).

1109 Da diese Regelungen günstiger sind, sind sie über Art. 15 ArbZRL zulässig. S. zu der Regelung auch im europarechtlichen Kontext *Baeck/Deutsch/Winzer*, ArbZG, 4. Aufl. 2020, § 8; vgl. auch die Kommentierungen in BeckOK ArbR/*Kock*, 64. Ed. 2022, § 8 ArbZG; ErfK/*Roloff*, 22. Aufl. 2022, § 8 ArbZG.

1110 Die Kommission kritisiert Regelungen mit geringeren Mindestpausenzeiten jedenfalls nicht, vgl. *Europäische Kommission*, SWD(2017) 204 final, S. 9 ff. Das ist außerdem, wie gesagt, aus der Tatsache, dass die ArbZRL gerade keine bestimmten Vorgaben hinsichtlich der Dauer macht, zu schlussfolgern.

I. Die europarechtlichen Vorgaben zur wöchentlichen Ruhezeit

Die ArbZRL gibt wiederum Grundregeln zur Lage und Dauer der wöchentlichen Ruhezeit vor (1.), aber auch hiervon sind Abweichungen möglich (2.).

1. Dauer und Lage der wöchentlichen Ruhezeit

Art. 5 Abs. 1 ArbZRL enthält die Grundregelung zur wöchentlichen Mindestruhezeit. Demgemäß haben die Mitgliedstaaten dafür Sorge zu tragen, dass jedem Arbeitnehmer

> „pro Siebentageszeitraum eine kontinuierliche Mindestruhezeit von 24 Stunden zuzüglich der täglichen Ruhezeit von elf Stunden gemäß Artikel 3"

zusteht. Da hiernach also die Mindestruhezeiten aus Art. 5 Abs. 1 und Art. 3 ArbZRL zusammengerechnet werden, besteht im Grundsatz eine längere wöchentliche Ruhezeit von mindestens 35 Stunden.[1111]

Zur Lage der wöchentlichen Ruhezeit nach der Grundregel des Art. 5 Abs. 1 ArbZRL hat sich der EuGH ausführlich verhalten (a)) (dazu bereits Gliederungspunkt § 3 B) I. 2. b) bb)). Darüber hinaus räumt Art. 16 lit. a) ArbZRL die Möglichkeit ein, den Bezugszeitraum zu verlängern (b)).

a) Siebentageszeitraum nach Art. 5 Abs. 1 ArbZRL

Seit die Bestimmung der Vorgängerrichtlinie 93/104/EG, nach welcher von der wöchentlichen Mindestruhezeit der Sonntag umfasst sein sollte, für nichtig erklärt wurde,[1112] ist für die Lage der täglichen Ruhezeit maßgeblicher Anknüpfungspunkt allein der Siebentageszeitraum. Das heißt, die Ruhezeit muss nicht zwingend nach einem Zeitraum von sechs Tagen, also am siebten Tag, gewährt werden, sondern nur irgendwann innerhalb des Siebentagezeitraums,[1113] sodass sich für die Mitgliedstaaten bereits ein nicht unerheblicher Spielraum ergibt.

1111 EuGH, Urt. v. 9.11.2017 – C-306/16 – *Maio Marques da Rosa*, NZA 2017, 1521 Rn. 41.

1112 Der Rat habe „nicht dargetan, warum der Sonntag als wöchentlicher Ruhetag in engerem Zusammenhang mit der Gesundheit und der Sicherheit der Arbeitnehmer stehen solle als ein anderer Wochentag", EuGH, Urt. v. 12.11.1996 – C-84/94 – *Vereinigtes Königreich/Rat*, NZA 1997, 23 Rn. 37.

1113 EuGH, Urt. v. 9.11.2017 – C-306/16 – *Maio Marques da Rosa*, NZA 2017, 1521 Rn. 39 f. Wie einige Autoren betonen, gilt „am siebten Tag sollst du ruhen" für die Umsetzung der Richtlinie nicht, s. *Junker*, RIW 2018, 19 (28); *Lipinski/Domni*, DB 2017, 3077; *Baeck/Deutsch/Winzer*, ArbZG 4. Aufl. 2020, § 9 Rn. 2.

Der EuGH legt dieser Überlegung zugrunde, dass der Siebentageszeitraum ein Bezugszeitraum sei.[1114] Damit ist es bspw. auch möglich, zwölf Tage am Stück zu arbeiten und folgend eine „doppelte“ Ruhezeit zu nehmen.[1115] Die Europäische Kommission ist richtigerweise der Auffassung, dass nach der Richtlinie auch Systeme möglich sind, in denen sich der „Ruhetag“ jede Woche verschiebt.[1116]

aa) Kritik an der Rechtsprechung des EuGH

Die Überlegungen des EuGH werden in der Literatur unterschiedlich bewertet. Während die Auslegungsmethodik im gegebenen Urteil von vielen Stimmen als vorbildlich bezeichnet wird,[1117] werden auch berechtigte Kritikpunkte geltend gemacht. Dass der Siebentageszeitraum ein autonomer Begriff des Unionsrechts ist, wie der EuGH herausstellt,[1118] wird zwar in der Regel nicht bestritten.[1119] Bereits die Wortlautauslegung des EuGH jedoch erfährt Kritik z.B. durch *Leist*, da der EuGH sich viel mehr mit der Auslegung des Begriffs „pro“ als mit dem des Siebentageszeitraums befasse – da aber verschiedene Deutungsmöglichkeiten dieses Begriffs denkbar seien, bedürfte der Wortlaut auch in dieser Hinsicht einer näheren Auseinandersetzung.[1120] Nichtsdestoweniger ist auch das Auslegungsergebnis des EuGH vom Wortlaut der Norm erfasst.

1114 EuGH, Urt. v. 9.11.2017 – C-306/16 – *Maio Marques da Rosa*, NZA 2017, 1521 Rn. 42; vgl. auch Urt. v. 12.11.1996 – C-84/94 – *Vereinigtes Königreich/Rat*, NZA 1997, 23 Rn. 62.

1115 *Köhlert*, NZA-RR 2018, 113 (119); so auch schon vor dem Urteil in der Rs. C-306/16: *Europäische Kommission*, Mitteilung 2017/C 165, S. 26; *Baeck/Deutsch/Winzer*, ArbZG, 4. Aufl. 2020, § 5 Rn. 2.

1116 *Europäische Kommission*, Mitteilung 2017/C 165, S. 26.

1117 *Junker*, Arbeitszeitmodelle der Zukunft, S. 99 (114 f.); *Witschen*, Rahmenvorgaben und Flexibilisierungsspielräume im Arbeitszeitrecht, S. 176; Franzen/Gallner/Oetker/*Gallner*, EuArbR, 4. Aufl. 2022, Art. 5 RL 2003/88/EG Rn. 2.

1118 EuGH, Urt. v. 9.11.2017 – C-306/16 – *Maio Marques da Rosa*, NZA 2017, 1521 Rn. 38.

1119 *Leist*, ZESAR 2018, 333 (338); *Ulber, D.*, EuZA 2018, 484 (487); Franzen/Gallner/Oetker/*Gallner*, EuArbR, 4. Aufl. 2022, Art. 5 RL 2003/88/EG Rn. 2.

1120 *Leist*, ZESAR 2018, 333 (339): „So könnte die Gewährung einer Ruhezeit ‚pro Siebentageszeitraum‘ dergestalt zu verstehen sein, dass (1) Siebentageszeiträume bereits im Vorfeld abstrakt zu definieren sind und dann jeweils einen Ruhetag enthalten müssen, dass es (2) von den gewährten Ruhetagen ausgehend eine Möglichkeit geben muss, den Kalender nachträglich dergestalt in Siebentageszeiträume einzuteilen, dass diese jeweils einen Ruhetag enthalten, oder dass (3) „Siebentageszeitraum“ *jeden* Zeitraum von sieben aufeinander folgenden Tagen meint, sodass es unabhängig von

Bemängelt wird außerdem die systematische Anknüpfung des EuGH daran, dass in anderen Vorschriften wie Art. 16 lit. a) ArbZRL der Begriff „Bezugszeitraum" für solche Zeiträume verwendet werde, in denen die Mindestruhezeit gewährt werden soll.[1121] Denn dass in Art. 5 S. 1 ArbZRL diese Bezeichnung gar nicht vorkommt, beachte er dabei nicht, sodass die systematische Auslegung aus diesem Grund nicht überzeugend sei.[1122] Ob es sich also bei dem Siebentageszeitraum des Art. 5 S. 1 ArbZRL tatsächlich um einen Bezugszeitraum handle, lasse sich mit der Methodik des EuGH nicht klären.[1123; 1124]

Den Kern der Kritik bilden aber die Ausführungen zu Sinn und Zweck der Richtlinie, die der EuGH seiner Auslegung zugrunde legt. Daran bemängelt wird – und so zu Recht – die Fehlgewichtung von Gesundheitsschutz und Flexibilität durch den EuGH. Zentraler Zweck der ArbZRL ist der Schutz von Sicherheit und Gesundheit der Arbeitnehmer, zu dessen Erreichung ihr Schutzkonzept vornehmlich auf der Gewährung von Mindestruhezeiten aufbaut. Im Kontext des Urteils in der Rechtssache *Maio Marques da Rosa* wird nun herausgestellt, dass die Regelung die Notwendigkeit der 24-stündigen Ruhezeit verdeutliche.[1125] Aus Art. 5 S. 1 ArbZRL gehe durch die Anknüpfung an den Siebentageszeitraum zur Gewährung dieser Ruhezeit die Annahme einer größeren Gesundheitsgefährdung durch Verschiebung des Ruhezeitraums nach hinten hervor.[1126] Ansonsten bestehe neben der wöchentlichen Höchstarbeitszeit und der täglichen Ruhezeit kein Sinn für diese Regelung.[1127] Hierauf geht der EuGH aber nicht näher ein. Auch setzt er sich nicht damit auseinander, welche Auswirkungen auf den Gesundheitsschutz der Arbeitnehmer die verschiedenen Interpretationsmöglichkeiten des Art. 5 S. 1 ArbZRL hinsichtlich des Siebentageszeitraums

---

der Betrachtungsweise keine siebentägigen Zeiträume geben dürfte, in denen keine Ruhezeit gewährt wird."

1121 EuGH, Urt. v. 9.11.2017 – C-306/16 – *Maio Marques da Rosa*, NZA 2017, 1521 Rn. 42.

1122 *Leist*, ZESAR 2018, 333 (339); *Ulber, D.*, EuZA 2018, 484 (487).

1123 *Ulber, D.*, EuZA 2018, 484 (488).

1124 Auch die Überlegungen zu Art. 31 Abs. 2 GRC, die den selbstständigen Gehalt des Grundrechts verkennen würden, werden von einigen Stimmen in der Literatur angegriffen, *Heuschmid/Hlava*, NZA 2017, 1312 (1316); *Ulber, D.*, EuZA 2018, 484 (488 f.)

1125 *Klocke*, AuR 2018, 143 (144).

1126 *Klocke*, AuR 2018, 143 (144).

1127 *Klocke*, AuR 2018, 143 (144).

haben.[1128] Neben den Schutzerwägungen steht, worauf sich der EuGH auch bei der Auslegung des Art. 5 S. 1 ArbZRL maßgeblich beruft,[1129] die durch die Richtlinie ebenfalls – aber sekundär – gewollte Flexibilisierung im Rahmen ihrer Vorschriften.[1130] Auch bei Betrachtung von Erwägungsgrund 15 ist eigentlich nicht zu übersehen, dass in der Richtlinie die Flexibilisierung unter den Vorbehalt des Arbeitnehmerschutzes gestellt wird. Dem EuGH wird aber durchaus vorgeworfen, dies nicht berücksichtigt zu haben, denn während die Beschäftigung mit den Schutzzwecken der Richtlinie zu kurz komme, stelle er ihnen die Flexibilität, die er in den Wortlaut von Art. 5 ArbZRL hineinliest,[1131] durch die hierauf fokussierten Überlegungen als Zweckbestimmung der Richtlinie quasi gleich.[1132]

Der Kritik an der Betrachtungsweise des EuGH ist zuzustimmen, weil außerdem Folgendes auffällig ist: Mit dem Urteil in der Rechtssache *Maio Marques da Rosa* bricht der EuGH aus seiner im Rahmen des Arbeitszeitrechts sehr auf die Schutzzwecke der Richtlinie fokussierten Linie aus. Selbst die originär u.a. zu Flexibilisierungszwecken gedachten Ausnahmevorschriften[1133] behandelt er üblicherweise höchst restriktiv und knüpft strenge Voraussetzungen an ihre Umsetzung; Erwägungsgrund 15 misst er dabei üblicherweise keine solche Bedeutung bei wie vorliegend in der Rechtssache *Maio Marques da Rosa*. Somit scheint dieses Urteil kaum in seine strenge und gewöhnlich schutzzweckorientierte Rechtsprechungslinie zu passen. Vielmehr verwundert der Widerspruch: Ausnahmevorschriften werden eng ausgelegt und damit in ihrem Potential verkürzt, um die Arbeitnehmer zu schützen, eine der maßgeblichen

---

1128 *Leist*, ZESAR 2018, 333 (339) mit Überlegungen zu einer schutzzweckorientierten Auslegung des EuGH durch Anknüpfung an das Urt. v. 2.6.1994 – C-313/92 – *van Swieten*, BeckRS 2004, 76268.

1129 EuGH, Urt. v. 9.11.2017 – C-306/16 – *Maio Marques da Rosa*, NZA 2017, 1521 Rn. 46.

1130 S. *Klocke*, AuR 2018, 143 (144): „Es macht einen Unterschied, ob man Flexibilität als Zweck neben die Bestimmungen stellt oder Flexibilität nur im Rahmen der Vorgaben der RL zulässt."

1131 EuGH, Urt. v. 9.11.2017 – C-306/16 – *Maio Marques da Rosa*, NZA 2017, 1521 Rn. 46; krit. genau dazu *Ulber, D.*, EuZA 2018, 484 (488 f.).

1132 *Leist*, ZESAR 2018, 333 (340); s. *Klocke*, AuR 2018, 143 (144); krit. auch *Ulber, D.*, EuZA 2018, 484 (488 f.).

1133 Teilweise wird im vorliegenden Kontext auch angeführt, die Ausnahmevorschriften reichten zur Flexibilisierung aus, um schützenswerte Flexibilitätsinteressen zu erfassen, *Leist*, ZESAR 2018, 333 (340).

Grundregelungen zur Ruhezeit interpretiert der EuGH bzgl. ihrer Flexibilität hingegen denkbar weit. Deshalb hält auch *Klocke* dazu treffend fest:

> „Die Vorgaben der [ArbZ]RL sollen durch Gewährung von – u.a. täglichen und wöchentlichen – Mindestruhezeiten und angemessenen Ruhepausen sowie durch die Festlegung einer Obergrenze für die wöchentliche Arbeitszeit einen besseren Schutz der Sicherheit und der Gesundheit der AN gewährleisten. Die Gesundheit sollte nicht in dieser Form zur Disposition der Flexibilität gestellt werden. Hier war Europa bislang viel weiter."[1134]

Mittels der Interpretation des EuGH ist es außerdem möglich, dass eine wöchentliche Ruhezeit an das Ende eines Siebentageszeitraums und eine an den Beginn des folgenden gelegt wird, sodass insgesamt eine längere Ruhephase möglich wird. Durch ein Heranziehen unterstellter Arbeitnehmerinteressen scheint der EuGH dieses Auslegungsergebnis rechtfertigen zu wollen, indem er annimmt, dies komme auch den Arbeitnehmern zugute.[1135] Hieran müssen berechtigte Zweifel laut werden. Ganz offensichtlich ist, dass es durch dieses Vorgehen im Extremfall zu zwölf Arbeitstagen am Stück kommen kann, was wirksamen Gesundheitsschutz aushebelt.[1136] Weiterhin wird die Gefahr herausgestellt, dass die eigentlich zu der wöchentlichen Ruhezeit hinzuzurechnenden elf Stunden tägliche Ruhezeit nicht genommen werden können.[1137] Während diese letzteren Bedenken für die Praxis sicherlich begründet sind, sind sie rechtlich einfach auszuräumen. Denn unabhängig davon, ob man annimmt der Erholungswert der Ruhezeit bleibe dennoch bestehen,[1138] kann auch durch die Rechtsprechung des EuGH nicht gewollt sein, dass es dazu kommt, dass die dem Arbeitnehmer zustehende Ruhezeit insgesamt gekürzt wird.[1139] Das widerspräche der ArbZRL.

Auch das Argument des EuGH, es handle sich nur um eine Mindestvorgabe, die Mitgliedstaaten könnten also durchaus höhere Schutzstandards für die Arbeitnehmer anlegen,[1140] indem sie dann z.B. wie in Deutschland einen bestimmten Tag festlegen, der frei sein muss, überzeugt nicht. Was europarechtlich erlaubt

---

1134 *Klocke*, AuR 2018, 143 (144).

1135 EuGH, Urt. v. 9.11.2017 – C-306/16 – *Maio Marques da Rosa*, NZA 2017, 1521 Rn. 47.

1136 *Köhlert*, NZA-RR 2018, 113 (119); *Lipinski/Domni*, DB 2017, 3077; vgl. *Leist*, ZESAR 2018, 333 (339) unter Verweis auf arbeitsmedizinische Erkenntnisse, m.w.N.

1137 *Klocke*, AuR 2018, 143 (144).

1138 *Ulber, D.*, EuZA 2018, 484 (490).

1139 *Ulber, D.*, EuZA 2018, 484 (490 f.).

1140 EuGH, Urt. v. 9.11.2017 – C-306/16 – *Maio Marques da Rosa*, NZA 2017, 1521 Rn. 49; *Lipinski/Domni*, DB 2017, 3077.

und vorgegeben ist, soll einen zumutbaren Maßstab für die Arbeitnehmer aufstellen. Es ist unangemessen und widersprüchlich, wenn die durch die Richtlinie festgelegte Untergrenze in ihrer Ausgestaltung dem eigentlichen Schutzzweck der Richtlinie entgegenläuft. Will der europäische Gesetzgeber ein bestimmtes Maß an Schutz festschreiben, müssen die verwendeten Regelungen tatsächlich sinnvollen Schutz bieten und dürfen nicht mittels Auslegung – durch den EuGH – nahezu ausgehebelt werden.

bb) Beginn des Siebentageszeitraums

Ungeklärt ist schließlich die zentrale Frage, wann der Siebentageszeitraum beginnt bzw. wer den Beginn dieses Zeitraums überhaupt festlegt.[1141] Diese Frage, die auch der EuGH nicht behandelt hat, lässt die Richtlinie aber genauso offen wie die Frage nach der Lage der 24 Stunden wöchentlicher Ruhezeit.

Wie bereits von *Leist* vorgeschlagen wird, wäre es eine denkbare Möglichkeit, an die Rechtsprechung in der Rechtssache *van Swieten*[1142] zu den Ruhezeiten bei Schichtarbeit anzuknüpfen und den Beginn des Siebentageszeitraums davon abhängig zu machen, wann nach dem Ende der vorhergehenden Ruhezeit mit der Arbeit angefangen wird.[1143] Dieses Verständnis würde auch parallel zu dem Beginn des 24-Stunden-Zeitraums zur Gewährung der täglichen Ruhezeit laufen (s. Gliederungspunkt § 3 B) I. 2. a)). Darüber hinaus wäre dies in der Tat am Schutzzweck der Richtlinie ausgerichtet, unabhängig davon, dass in der Rechtssache *van Swieten* um Art. 8 Abs. 1 VO Nr. 3820/85/EWG[1144], der eine tägliche Ruhezeit für im Straßenverkehr beschäftigtes Fahrpersonal festlegt, als Zweck die Sicherheit des Straßenverkehrs neben den Arbeitnehmerschutz trat.[1145] Dafür spricht die Steigerung der Arbeitnehmergefährdung durch einen längeren Zeitraum an Arbeitstagen ohne Ruhezeitausgleich.[1146] Diese Auslegung lässt sich aber nicht mit der Rechtsprechung des EuGH in der Rechtssache *Maio*

1141 *Klocke*, AuR 2018, 143 (144); *Leist*, ZESAR 2018, 333 (340).

1142 EuGH, Urt. v. 2.6.1994 – C-313/92 – *van Swieten*, BeckRS 2004, 76268.

1143 EuGH, Urt. v. 2.6.1994 – C-313/92 – *van Swieten*, BeckRS 2004, 76268 Rn. 22 ff, insb. 27.

1144 Verordnung (EWG) Nr. 3820/85 des Rates vom 20. Dezember 1985 über die Harmonisierung bestimmter Sozialvorschriften im Straßenverkehr.

1145 *Leist*, ZESAR 2018, 333 (339); a.A. GA *Saugmannsgaard Øe*, SchlAnt. v. 21.6.2017 – C-306/16 – *Maio Marques da Rosa*, BeckRS 2017, 121813 Fn. 32: Der EuGH habe in dem Urteil in der Rs. *van Swieten* das Ziel, die Sicherheit des Straßenverkehrs zu gewährleisten, hervorgehoben; dies sei i.R.d. ArbZRL gerade nicht maßgeblich.

1146 *Leist*, ZESAR 2018, 333 (340).

Marques da Rosa vereinbaren, da es so u.a. nicht zu den ausdrücklich möglichen zwölf Arbeitstagen am Stück kommen könnte. Gleiches gilt für die alternative, ebenso aus Schutzgesichtspunkten sinnvolle Überlegung, an die tatsächliche Gewährung der wöchentlichen Ruhezeit anzuknüpfen, sodass der Arbeitnehmer jeweils sechs Tage davor und danach arbeiten dürfte.[1147]

Die Frage zum Beginn des Siebentageszeitraums ist damit noch nicht beantwortet. Seine Festlegung ist folglich (zunächst) den Mitgliedstaaten bei der Umsetzung der ArbZRL überlassen. Das ist auch zweckmäßig, um den jeweiligen nationalen Gepflogenheiten Rechnung zu tragen. Dass von der Richtlinie in dieser Hinsicht verschiedene Gestaltungsvarianten gedeckt sind, sichert die insoweit offene Auslegung durch den EuGH. Dabei bleibt es ihnen aus europarechtlicher Sicht wohl unbenommen, die endgültige Festlegung des Siebentageszeitraums den Arbeitsvertragsparteien zu überlassen.[1148] Eine Übertragung der Zuständigkeit auf die Kollektivpartner, insbesondere die Tarifvertragsparteien, wäre ebenfalls eine gangbare Lösung, um insbesondere auch Bedenken entgegenzukommen, die an der Festlegung durch die Arbeitsvertragsparteien bestehen könnten.

b) Bis zu vierzehntägiger Bezugszeitraum nach Art. 16 lit. a) ArbZRL

Es besteht schließlich auch die Möglichkeit, eine Unterschreitung der wöchentlichen Ruhezeit von 24 Stunden in einem Bezugszeitraum von bis zu 14 Tagen auszugleichen, s. Art. 16 lit. a) ArbZRL. Das heißt, wird die wöchentliche Ruhezeit nicht innerhalb von sieben Tagen eingehalten, kann die Unterschreitung der Ruhezeit innerhalb von 14 Tagen nachgeholt werden,[1149] sofern der Gesetzgeber die Möglichkeit, den Bezugszeitraum zu nutzen, ausdrücklich umgesetzt hat.[1150] Der Ausgleich der verkürzten wöchentlichen Ruhezeit muss innerhalb aller denkbaren 14-Tages-Zeiträume möglich sein.[1151]

Aufgeworfen wird bei Art. 16 lit. a) ArbZRL oftmals die Frage, was mit den elf Stunden täglicher Ruhezeit passiert, die den 24 Stunden wöchentlicher Ruhezeit

---

1147 *Klocke*, AuR 2018, 143 (144).

1148 Wohl auch *Leist*, ZESAR 2018, 333 (340); krit. *Klocke*, AuR 2018, 143 (144).

1149 Franzen/Gallner/Oetker/*Gallner*, EuArbR, 4. Aufl. 2022, Art. 16 RL 2003/88/EG Rn. 2; Preis/Sagan/*Ulber, D.*, EuArbR, 2. Aufl. 2019, § 7 Rn. 7.176.

1150 Vgl. EuGH, Urt. v. 9.11.2017 – C-306/16 – *Maio Marques da Rosa*, NZA 2017, 1521 Rn. 53.

1151 Franzen/Gallner/Oetker/*Gallner*, EuArbR, 4. Aufl. 2022, Art. 16 RL 2003/88/EG Rn. 2; Preis/Sagan/*Ulber, D.*, EuArbR, 2. Aufl. 2019, § 7 Rn. 7.176.

hinzuzurechnen sind (s.o.), wenn eine Gewährung als Gesamtruhezeit vorgesehen ist.[1152] Dazu gilt zunächst, dass die Kürzung der insgesamt dem Arbeitnehmer zur Verfügung stehenden Ruhezeit der ArbZRL widerspräche. Daneben beinhaltet Art. 16 lit. a) ArbZRL die Möglichkeit, einen Bezugszeitraum für die wöchentliche Ruhezeit festzulegen, nicht aber die Gesamtruhezeit zu kürzen.[1153] Darüber hinaus legt auch die Europäische Kommission fest, dass Arbeitnehmer nach entsprechender Umsetzung der Regelung in das nationale Recht Anspruch auf zwei Zeiträume von jeweils 35 Stunden innerhalb der 14 Tage oder auf eine doppelte wöchentliche Ruhezeit hätten,[1154] womit sie erkennbar die Annahme zugrunde legt, dass die zur wöchentlichen Ruhezeit hinzukommende tägliche Ruhezeit ebenfalls immer zu gewähren ist. Das ist aus den genannten Gründen auch überzeugend.

Damit ist das Potential von Art. 16 lit. a) ArbZRL soweit klar. Eine Option zur Kürzung der Ruhezeit folgt aus der Vorschrift nicht, es kann allein die Lage der wöchentlichen Ruhezeit flexibilisiert werden, dies jedoch in erheblichem Maße. Vor diesem Hintergrund ist die oben dargestellte Rechtsprechung des EuGH zur Lage der wöchentlichen Ruhezeit noch weniger nachvollziehbar, denn bereits aus Art. 16 lit. a) ArbZRL ergeben sich hinreichend Möglichkeiten, die Lage der wöchentlichen Ruhezeit zu gestalten. Das gilt umso mehr, als dass über Artt. 17, 18 ArbZRL auch Abweichungen von Art. 16 ArbZRL erfasst sind. Das bedeutet, die Mitgliedstaaten bzw. die jeweiligen Sozialpartner können unter den Voraussetzungen der Artt. 17, 18 ArbZRL von Art. 16 lit. a) ArbZRL abweichen, also den Bezugszeitraum sogar noch vergrößern. Klar ist dabei, dass eine Verlängerung des Bezugszeitraums die entsprechende Verlängerung der zu gewährenden Ruhezeit nach sich ziehen muss: Bei einer Verlängerung des Bezugszeitraums auf vier Wochen müssen auch vier wöchentliche Ruhezeiten gewährt werden. Die Relevanz der Abweichungen von Art. 16 ArbZRL scheint jedoch vornehmlich hinsichtlich des Bezugszeitraums für die wöchentliche Höchstarbeitszeit, Art. 16 lit. b) ArbZRL gegeben zu sein, denn nur dieser wird in der Literatur und von der Europäischen Kommission näher begutachtet,[1155] und auch nur

---

1152 EAS/*Balze*, 215. EL 2019, B 3100 Rn. 137, der annimmt ein einmaliges Hinzurechnen der täglichen Ruhezeit sei ausreichend; Franzen/Gallner/Oetker/*Gallner*, EuArbR, 4. Aufl. 2022, Art. 16 RL 2003/88/EG Rn. 2; Preis/Sagan/*Ulber, D.*, EuArbR, 2. Aufl. 2019, § 7 Rn. 7.176.

1153 Vgl. nochmal Preis/Sagan/*Ulber, D.*, EuArbR, 2. Aufl. 2019, § 7 Rn. 7.176.

1154 *Europäische Kommission*, Mitteilung 2017/C 165, S. 26.

1155 *Europäische Kommission*, Mitteilung 2017/C 165, S. 52; Franzen/Gallner/Oetker/*Gallner*, EuArbR, 4. Aufl. 2022, Art. 17 RL 2003/88/EG Rn. 16 ff.

für diesen gilt die Begrenzung des Art. 19 ArbZRL. Im Umkehrschluss gilt, dass für die Abweichung von dem Bezugszeitraum für die wöchentliche Ruhezeit keine Begrenzung gilt – eine solche ergibt sich allenfalls aus den allgemeinen Voraussetzungen der Abweichungsmöglichkeiten. Auch das erhöht das Flexibilisierungspotential.

2. Abweichungsmöglichkeiten der ArbZRL

Eine Möglichkeit zur Kürzung der wöchentlichen Ruhezeit enthält bereits die Grundregelung des Art. 5 ArbZRL (a)); auch die Abweichungsmöglichkeiten der Artt. 17, 18 ArbZRL (b)) erfassen die Vorgaben zur wöchentlichen Ruhezeit.

a) Kürzung nach Art. 5 Abs. 2 ArbZRL

Art. 5 Abs. 2 ArbZRL klammert die Hinzurechnung der täglichen zur wöchentlichen Ruhezeit aus, wenn „objektive, technische oder arbeitsorganisatorische Umstände dies rechtfertigen", sodass sich die wöchentliche Mindestruhezeit von 35 auf nun 24 Stunden verkürzt. Der eine ganze Ruhetag muss aber bestehen bleiben.[1156] Die Europäische Kommission stellt neben der engen Auslegung von Ausnahmebestimmungen durch den EuGH[1157] einen weiteren zu berücksichtigenden Aspekt zu Art. 5 Abs. 2 ArbZRL heraus. Die Bestimmung diene insbesondere der Lösung des Problems, das sich bei Schichtarbeit stellen könne: wenn die letzte Schicht bspw. an einem Samstag und die nächste Schicht an einem Montag liegen sollte, sodass nur 24 Stunden Ruhezeit möglich seien.[1158]

Die Abweichung über Art. 5 Abs. 2 ArbZRL mag also vornehmlich für die Schichtarbeit gedacht sein, ist aber auch in anderen Fällen anwendbar, da der Normtext insoweit nicht eingeschränkt ist. Notwendig sind aber objektive, technische oder arbeitsorganisatorische Umstände. Unklar ist, ob dies so zu verstehen ist, dass objektive Umstände technischer oder arbeitsorganisatorischer Art vorliegen müssen,[1159] oder aber objektive Umstände als Alternative zu technischen oder arbeitsorganisatorischen Umständen stehen.[1160] Der Wortlaut der

---

1156 *Wiebauer*, NZA 2016, 1430 (1434); Franzen/Gallner/Oetker/*Gallner*, EuArbR, 4. Aufl. 2022, Art. 5 RL 2003/88/EG Rn. 3.

1157 *Europäische Kommission*, Mitteilung 2017/C 165, S. 27; vgl. auch Preis/Sagan/*Ulber, D.*, EuArbR, 2. Aufl. 2019, § 7 Rn. 7.167.

1158 *Europäische Kommission*, Mitteilung 2017/C 165, S. 27.

1159 So z.B. Franzen/Gallner/Oetker/*Gallner*, EuArbR, 4. Aufl. 2022, Art. 5 RL 2003/88/EG Rn. 3.

1160 *Baeck/Deutsch/Winzer*, ArbZG, 4. Aufl. 2020, § 11 Rn. 31.

Richtlinie lässt an dieser Stelle beide Verständnisoptionen zu. Dieses Ergebnis wird auch nicht durch den Vergleich mit anderen Sprachfassungen erschüttert. Die französische Variante bspw. spricht von „conditions objectives, techniques ou d'organisation du travail" und die englische Variante von „objective, technical or work organisation conditions" (obwohl die Aussagekraft Letzterer eingeschränkt ist, da nicht klar ist, ob der Richtliniengeber ein Oxfordkomma setzen würde oder nicht)[1161].

Es ist jedoch zu berücksichtigen, dass die Aufzählung noch häufiger in der Richtlinie auftaucht. Die Artt. 19, 20, 21 ArbZRL formulieren ebenfalls für bestimmte Festlegungen vor allem hinsichtlich Bezugszeiträumen, dass sie aus „objektiven, technischen oder arbeitsorganisatorischen Gründen" getroffen werden müssen. Zwar ist die deutsche Richtlinienversion hier hinsichtlich der zu klärenden Frage nicht ergiebiger als bei Art. 5 Abs. 2 ArbZRL. Aus der englischen sowie der französischen Variante ergibt sich jedoch ein anders Bild: Beide wählen die Aufzählung der drei Adjektive getrennt durch „oder". Auf Englisch heißt es also: „for objective or technical reasons or reasons concerning the organisation of work", auf Französisch: „pour des raisons objectives ou techniques ou pour des raisons ayant trait à l'organisation du travail".[1162] Zumindest für die Artt. 19–21 ArbZRL bestätigt dies die Alternativität objektiver Gründe neben technischen Gründen und arbeitsorganisatorischen Gründen. Die Frage ist nun, ob das auch für die Auslegung von Art. 5 Abs. 2 ArbZRL gelten kann. Da es sich um eine Ausnahmevorschrift handelt, scheint es zunächst näherliegend, im Sinne einer restriktiven Auslegung anzunehmen, dass zur Kürzung der Ruhezeit nach Art. 5 Abs. 2 ArbZRL nur objektive Umstände technischer oder arbeitsorganisatorischer Art berechtigen.[1163;]

1161 Es handelt sich um ein Komma, das in der englischen Sprache bei drei- oder mehrteiligen Aufzählungen unmittelbar vor die Konjunktion „and" oder „or" gesetzt wird oder werden kann, vgl. *Wikipedia*, Serielles Komma, Stand: 28.6.2022, abrufbar unter: https://de.wikipedia.org/wiki/Serielles_Komma, letzter Abruf: 17.9.2022. Würde der Richtliniengeber Oxfordkommata generell verwenden, wäre es hier aber nicht gesetzt worden, spräche dies dafür, dass es keine Alternativaufzählung ist. Würde er Oxfordkommata hingegen nicht verwenden, bliebe die Auslegung weiter unklar.

1162 Der Tatsache, dass nun von „Gründen" statt „Umständen" (bzw. „reasons"/„raisons" statt „conditions") die Rede ist, ist für die Klärung der vorliegenden Frage wohl kein Gewicht beizumessen, da beide Begriffe im gegebenen Kontext auf das Gleiche hinauswollen.

1163 Auch die Kommission scheint dieses Verständnis zugrunde zu legen, da sie in ihrem Umsetzungsbericht bspw. davon spricht, dass es nach der Richtlinie möglich sei, die

[1164] Allerdings ist nicht klar, warum der Richtliniengeber, wenn er ein anderes Verständnis der Abweichungsmöglichkeit nach Art. 5 Abs. 2 ArbZRL als für Artt. 19–21 ArbZRL gewollt hätte, eine insbesondere im Deutschen, aber auch in den anderen Sprachfassungen fast wortlautgleiche Formulierungen wählen sollte. Auch ist zweifelhaft, dass die Kürzung der wöchentlichen Ruhezeit nach Art. 5 Abs. 2 ArbZRL durch das Erfordernis der Objektivität der technischen oder arbeitsorganisatorischen Umstände strengeren Kriterien unterliegen sollte als eine Abweichung z.B. nach Art. 19 ArbZRL, wo objektive oder technische oder arbeitsorganisatorische Gründe Voraussetzung für eine Verlängerung der Bezugszeiträume durch die Sozialpartner darstellen – die Verlängerung der Bezugszeiträume kann ebenfalls ganz erhebliche Auswirkungen auf die Gestaltung der Arbeitszeit und damit Gesundheit und Sicherheit der Arbeitnehmer haben (das wird sich für das Europarecht unter Gliederungspunkt § 3 E) I. 3. b), für das deutsche Recht unter Gliederungspunkt § 3 E) II. 2. zeigen). Insgesamt spricht mithin mehr dafür, dass die Umstände, die einer Gewährung von 35 Stunden Ruhezeit pro Woche tatsächlich entgegenstehen müssen, um die Kürzung nach Art. 5 Abs. 2 ArbZRL zu rechtfertigen, objektiv oder technisch oder arbeitsorganisatorisch sein können.[1165]

b) *Die Abweichungsmöglichkeiten der Artt. 17, 18 ArbZRL*

Grundsätzlich sind auch Abweichungen über Artt. 17, 18 ArbZRL von der Grundregelung zur wöchentlichen Ruhezeit möglich. Die Voraussetzungen und Grundsätze, die im Rahmen der täglichen Ruhezeit bereits dargelegt wurden (s. Gliederungspunkt § 3 B) I. 3.), greifen auch hier. Rechtsprechung des EuGH zur Abweichung von der wöchentlichen Ruhezeit im Spezifischen gibt es bislang nicht. Die Übertragbarkeit der Voraussetzungen der Artt. 17, 18 ArbZRL an sich ist möglich und notwendig. Fraglich ist hingegen die auf den ersten Blick naheliegend scheinende Übertragung der Rechtsprechung zu den Ausgleichsruhezeiten bei Abweichung von der täglichen Ruhezeit, die unmittelbar zu

---

wöchentliche Mindestruhezeit aus objektiven Gründen auf 24 Stunden zu reduzieren, *Europäische Kommission*, COM(2017) 254 final, S. 7 und SWD(2017) 204 final, S. 12. So auch *Anzinger/Koberski*, ArbZG, 5. Aufl. 2020, § 11 Rn. 45; Franzen/Gallner/Oetker/*Gallner*, EuArbR, 4. Aufl. 2022, Art. 5 RL 2003/88/EG Rn. 3.

1164 Dass diese Gründe darüber hinaus „besonders erheblich" sein müssten, vgl. Preis/Sagan/*Ulber, D.*, EuArbR, 2. Aufl. 2019, § 7 Rn. 7.167, geht weder aus der Richtlinie selbst noch aus der Rechtsprechung des EuGH zu Ausnahmevorschriften hervor.

1165 So auch *Baeck/Deutsch/Winzer*, ArbZG, 4. Aufl. 2020, § 11 Rn. 31.

gewähren sind (dazu Gliederungspunkt § 3 B) I. 3. c) aa) (2)). Die Europäische Kommission lehnt dieses Vorgehen ausdrücklich ab und stellt sich überzeugend auf einen anderen Standpunkt:

> „Was die wöchentliche Ruhezeit betrifft, so ist die Kommission der Auffassung, dass sich die Situation etwas anders als bei der täglichen Ruhezeit darstellt, sowohl unter dem Aspekt der physiologischen Bedürfnisse der betroffenen Arbeitnehmer als auch in Bezug auf den zweiwöchigen Bezugszeitraum für die Gewährung der wöchentlichen Ruhezeit. Sie vertritt daher die Auffassung, dass der Ausgleich für nicht in Anspruch genommene wöchentliche Ruhezeiten nicht ‚unmittelbar' gewährt werden muss, sondern innerhalb eines Zeitrahmens, der gewährleistet, dass dem Arbeitnehmer zum Schutz seiner Sicherheit und Gesundheit regelmäßige Ruhezeiten gewährt werden, u.a. da bereits durch tägliche oder Ausgleichsruhezeiten sichergestellt ist, dass eine Arbeitsperiode regelmäßig von einer Ruheperiode abgelöst wird."[1166]

Die Begründung der Europäischen Kommission kann – auch unter Rückgriff auf die obige Argumentation zur Lage der täglichen Ruhezeit (s. Gliederungspunkt § 3 B) I. 2. b) cc)) – überzeugen. Denn die tägliche Ruhezeit hat eine andere Wirkweise als die wöchentliche Ruhezeit, indem sie kurzfristig Zeit zum Erholen und Schlafen bietet – ihre unmittelbare Nachholung ist somit unverzichtbar. Bei der wöchentlichen Ruhezeit hingegen ist der langfristigere Kontext zu beachten sowie eben die Tatsache, dass die Möglichkeit zur Festlegung längerer Bezugszeiträume existiert. Bei Abweichungen von Art. 5 ArbZRL ist es demnach nicht erforderlich, dass der Ausgleich für nicht in Anspruch genommene wöchentliche Ruhezeiten unmittelbar zu gewährleisten ist, sondern lediglich so, dass die regelmäßigen Ruhezeiten des Arbeitnehmers sichergestellt sind.

Im Ergebnis gestattet die ArbZRL also über Artt. 17, 18 eine Anpassung der wöchentlichen Ruhezeit für Fälle, in denen dies unbedingt erforderlich ist, mittels Umsetzung durch die Sozialpartner oder den Gesetzgeber. Dabei kommt bspw. eine Verkürzung der Ruhezeit in Betracht oder eine Änderung ihrer Lage.

3. *Flexibilität ist möglich*

Die europäische Vorschrift zur wöchentlichen Ruhezeit ist im Gegensatz zur Vorgabe der täglichen Ruhezeit alles andere als starr. Ihre Lage ist nach Rechtsprechung des EuGH nicht festgeschrieben, sodass der freie Tag pro Woche denkbar flexibel gelegen sein kann. Darüber hinaus stehen mit den Optionen, den Bezugszeitraum zu verlängern und sowohl von der Bezugszeitraumregelung sowie der Grundregelung zur wöchentlichen Arbeitszeit abzuweichen, weitere

---

1166 *Europäische Kommission*, Mitteilung 2017/C 165, S. 51.

Instrumente zur Verfügung, die im Ergebnis eine flexible und angepasste Gestaltung der wöchentlichen Ruhezeit zulassen. Der europäische Normgeber misst der wöchentlichen Ruhezeit damit wohl nicht das gleiche Gewicht wie der täglichen Ruhezeit bei. Flexibilität bei der Gestaltung der wöchentlichen Ruhezeit durch die Mitgliedstaaten ist daher möglich und umsetzbar.

II. Die deutsche Umsetzung als Sonntagsruhe

Der deutsche Gesetzgeber war in der Umsetzung der Vorgabe zur wöchentlichen Ruhezeit in § 9 ArbZG streng – verfassungsrechtlich wie historisch bedingt –, indem er Sonn- und Feiertagsbeschäftigung von Arbeitnehmern grundsätzlich verbietet (1.).[1167] Es gibt aber im ArbZG als Abweichungen ein umfassendes System zur Beschäftigung an Sonn- und Feiertagen (2.).

1. Sonntagsruhe

Die Sonn- und Feiertagsruhe hat im deutschen Recht Tradition und ist verfassungsrechtlich sowie religiös und sozialpolitisch verwurzelt (a)). Als Grundregel verbietet § 9 Abs. 1 ArbZG daher die Beschäftigung an Sonn- und Feiertagen (b)). § 9 Abs. 2 ArbZG kennt die Möglichkeit, die Ruhezeit in mehrschichtigen Betrieben zu verschieben (c)).[1168]

a) Sonn- und Feiertagsruhe als institutionelle Garantie und deutsche Tradition

Das deutsche Recht kannte schon lange vor der europarechtlichen (später als nichtig erkannten)[1169] Festlegung einer Sonntagsruhe in der RL 93/104/EG die Sonn- und Feiertagsruhe. Die ersten Regelungen dazu enthielt das Preußische Allgemeine Landrecht von 1794 und auch das Regulativ von 1839 (dazu

1167 Die Feiertagsruhe ist europarechtlich nicht determiniert und soll daher nur dort betrachtet werden, wo es nötig ist; zur Feiertagsruhe z.B. *Anzinger/Koberski*, ArbZG, 5. Aufl. 2020, § 9 Rn. 15 ff.; *Baeck/Deutsch/Winzer*, ArbZG, 4. Aufl. 2020, § 9 Rn. 8 f.; HK-ArbZR/*Herbert*, 2. Aufl. 2018, § 9 ArbZG Rn. 17 ff.

1168 Zu den Regelungen für Kraft- und Beifahrer gem. § 9 Abs. 3 ArbZG, in deren Anwendungsbereich der Beginn der Sonn- und Feiertagsruhe um bis zu zwei Stunden vorverlegt werden kann, nur *Baeck/Deutsch/Winzer*, ArbZG, 4. Aufl. 2020, § 9 Rn. 26 ff.; ErfK/*Roloff*, 22. Aufl. 2022, § 9 ArbZG Rn. 6; HK-ArbZR/*Herbert*, 2. Aufl. 2018, § 9 ArbZG Rn. 44 ff.

1169 EuGH, Urt. v. 12.11.1996 – C-84/94 – *Vereinigtes Königreich/Rat*, NZA 1997, 23 Rn. 37.

Gliederungspunkt § 2 A) I. 1.) griff diese auf. In der Folgezeit wies § 105 Abs. 2 der Gewerbeordnung für den Norddeutschen Bund[1170] ein Verbot der zivilrechtlichen Verpflichtung zur Sonntagsarbeit auf, welches durch die Änderung der GewO vom 17. Juli 1878[1171] auf das gesamte Reich erstreckt wurde. Als öffentlich-rechtliches Verbot wie auch heute war der Sonn- und Feiertagsschutz seit 1891 zunächst mit § 105b GewO a.F. ausgestaltet.[1172] 1919 folgte mit der Weimarer Republik die verfassungsrechtliche Niederlegung und Absicherung der Sonn- und Feiertagsruhe in Art. 139 WRV, wonach der Sonntag und die staatlich anerkannten Feiertage als Tage der Arbeitsruhe und der seelischen Erhebung gesetzlich geschützt bleiben. Mittels Art. 140 GG ist diese Regelung nun auch Bestandteil des Grundgesetzes und stellt damit nicht nur voll gültiges Verfassungsrecht,[1173] sondern auch eine institutionelle Garantie des Sonn- und Feiertagsschutzes dar.[1174] Dies entspringt kirchlicher Tradition sowie sozialpolitischen Wurzeln.[1175] Die meisten Landesverfassungen haben diesen Grundsatz ebenfalls aufgenommen, s. z.B. Art. 25 Abs. 1 LVerf NRW und Art. 47 LVerf RhPf. Aus der Eigenschaft des Sonn- und Feiertagsschutzes als institutionelle Garantie folgt die Pflicht des Gesetzgebers, ihn gesetzlich festzuschreiben.[1176] Dabei schützt das Verbot der Sonn- und Feiertagsarbeit nicht nur Interessen und Gesundheit der Arbeitnehmer, sondern auch das Interesse der Allgemeinheit an

1170 RGBl. 1869, S. 245.

1171 RGBl. 1878, S. 199.

1172 RGBl. 1891, S. 261.

1173 BVerfG, Urt. v. 14.12.1965 – 1 BvR 413, 416/60, NJW 1966, 147 (148); Jarass/Pieroth/*Jarass*, GG, 17. Aufl. 2022, Art. 140 GG Rn. 1; MHdB ArbR/*Koberski*, 5. Aufl. 2021, § 185 Rn. 1.

1174 BAG, Beschl. v. 4.5.1993 – 1 ABR 57/92, NZA 1993, 856 (861); BVerwG, Urt. v. 19.4.1988 – 1 C 50/86, NJW 1988, 2252 (2253); ErfK/*Roloff*, 22. Aufl. 2022, § 9 ArbZG Rn. 1; HK-ArbZR/*Herbert*, 2. Aufl. 2018, § 9 ArbZG Rn. 1; Jarass/Pieroth/*Jarass*, GG, 17. Aufl. 2022, Art. 139 WRV Rn. 1.

1175 *Schatzschneider*, NJW 1989, 681 (682) m.w.N. insb. unter Hinweis auf den christlichen Bezug (das biblische Gebot der Sonntagsruhe); *Baeck/Deutsch/Winzer*, ArbZG, 4. Aufl. 2020, Vorbem. zu §§ 9–13 Rn. 5; vgl. auch BVerfG, Urt. v. 1.12.2009 – 1 BvR 2857/07 u.a., NVwZ 2010, 570 Rn. 141 f.

1176 BVerfG, Urt. v. 1.12.2009 – 1 BvR 2857/07 u.a., NVwZ 2010, 570 Rn. 149 ff.; Beschl. v. 17.11.1992 – 1 BvR 168/89, 1 BvR 1509/89, 1 BvR 638/90, 1 BvR 639/90, NVwZ 1993, 878 (881); HK-ArbZR/*Herbert*, 2. Aufl. 2018, § 9 ArbZG Rn. 2; Jarass/Pieroth/*Jarass*, GG, 17. Aufl. 2022, Art. 139 WRV Rn. 1 ff.; MHdB ArbR/*Koberski*, 5. Aufl. 2021, § 185 Rn. 1; ausf. zum verfassungsrechtlichen Rahmen: *Tietje*, Grundfragen des Arbeitszeitrechts, S. 198 ff.

einheitlicher und umfassender Gewährleistung von Sonn- und Feiertagsruhe[1177] sowie, so wird teilweise vertreten, den Wettbewerb vor Konkurrenz an diesen Tagen.[1178] Das BVerfG führt dazu aus:

> „Die soziale Bedeutung des Sonn- und Feiertagsschutzes und mithin der generellen Arbeitsruhe im weltlichen Bereich resultiert wesentlich aus der – namentlich durch den Wochenrhythmus bedingten – synchronen Taktung des sozialen Lebens. Während die Arbeitszeit- und Arbeitsschutzregelungen jeweils für den Einzelnen Schutzwirkung entfalten, ist der zeitliche Gleichklang einer für alle Bereiche regelmäßigen Arbeitsruhe ein grundlegendes Element für die Wahrnehmung der verschiedenen Formen sozialen Lebens. Das betrifft vor allem die Familien, insbesondere jene, in denen es mehrere Berufstätige gibt, aber auch gesellschaftliche Verbände, namentlich die Vereine in den unterschiedlichen Sparten. Daneben ist im Auge zu behalten, dass die Arbeitsruhe an Sonn- und Feiertagen auch für die Rahmenbedingungen des Wirkens der politischen Parteien, der Gewerkschaften und sonstiger Vereinigungen bedeutsam ist und sich weiter, freilich im Verbund mit einem gesamten ‚freien Wochenende', auch auf die Möglichkeiten zur Abhaltung von Versammlungen auswirkt. Ihr kommt mithin auch erhebliche Bedeutung für die Gestaltung der Teilhabe im Alltag einer gelebten Demokratie zu."[1179]

Daraus folgt auch die Funktion des Sonn- und Feiertagsschutzes, so auch das BVerfG, die Wahrnehmung anderer Grundrechte (z.B. der Schutz von Ehe und Familie gem. Art. 6 Abs. 1 GG oder die Vereinigungsfreiheit nach Art. 9 Abs. 1 GG), abzusichern und zu ermöglichen.[1180] Durch den Sonn- und Feiertagsschutz werden allerdings auch die Grundrechte der Berufsfreiheit gem. Art. 12 Abs. 1 GG und der allgemeinen Handlungsfreiheit gem. Art. 2 Abs. 1 GG berührt bzw. eingeschränkt.

Dem Gesetzgeber steht bei der Ausfüllung der institutionellen Garantie durch Gesetz und beim Ausgleich gegenüberstehender Interessen im Wege der praktischen Konkordanz ein Gestaltungsspielraum zu, wobei er auf die geänderte soziale Wirklichkeit, vor allem auch auf Änderungen im Freizeitverhalten Rücksicht nehmen kann.[1181] Dabei können und müssen auch „Arbeit für den Sonntag",

---

1177 *Anzinger/Koberski*, ArbZG, 5. Aufl. 2020, § 9 Rn. 2 ff; HK-ArbZR/*Herbert*, 2. Aufl. 2018, § 9 ArbZG Rn. 4; *Baeck/Deutsch/Winzer*, ArbZG, 4. Aufl. 2020, § 9 Rn. 5.

1178 *Falder*, NZA 2010, 1150 (1153); a.A. *Baeck/Deutsch/Winzer*, ArbZG, 4. Aufl. 2020, § 9 Rn. 5.

1179 BVerfG, Urt. v. 1.12.2009 – 1 BvR 2857/07 u.a., NVwZ 2010, 570 Rn. 145.

1180 BVerfG, Urt. v. 1.12.2009 – 1 BvR 2857/07 u.a., NVwZ 2010, 570 Rn. 145 ff.; s. auch BVerwG, Urt. v. 26.11.2014 – 6 CN 1/13, NVwZ 2015, 590 Rn. 15; vgl. *Freyler*, Arbeitszeit- und Urlaubsrecht im Mobile Office, S. 173.

1181 BVerfG, Urt. v. 1.12.2009 – 1 BvR 2857/07 u.a., NVwZ 2010, 570 Rn. 155.

z.B. im Gastronomiegewerbe, sowie „Arbeit trotz des Sonntags", z.B. im Krankenhaus, ermöglicht werden.[1182] Zu den Umständen, unter denen auch sonntags gearbeitet werden darf, gehören laut BVerfG auch Ausnahmen im industriellen Bereich aus produktionstechnischen Gründen sowie die Erhaltung der Wettbewerbsfähigkeit im internationalen Vergleich.[1183]

Der Konkretisierung der institutionellen Garantie dient vornehmlich § 9 Abs. 1 ArbZG,[1184] der Art. 139 WRV auch beinahe wortlautgleich übernimmt.

b) Verbot des § 9 Abs. 1 ArbZG

Das deutsche Arbeitszeitrecht sieht ein grundsätzliches Verbot der Sonn- und Feiertagsbeschäftigung von Arbeitnehmern[1185] vor, § 9 Abs. 1 ArbZG. Dabei handelt es sich auch um eine der zentralen Zielbestimmungen des Gesetzes, wie aus § 1 Nr. 2 ArbZG folgt, wonach der Sonntag und staatlich anerkannte Feiertage als Tage der Arbeitsruhe und der seelischen Erhebung zu schützen sind. § 9 ArbZG ist eine öffentlich-rechtliche Verbotsnorm zum Schutz der Arbeitnehmer. Die Spannung zur flexiblen Gestaltung der Arbeitszeit, das darf hier vorweggenommen werden, liegt damit wohl auf der Hand, eine weniger starre Lage der wöchentlichen Ruhezeit als der feste freie Sonntag würde erheblichen Flexibilitätsgewinn bringen.[1186]

In seiner Ausformung ist § 9 Abs. 1 ArbZG konkret. Er verbietet die Beschäftigung von Arbeitnehmern an Sonn- und Feiertagen von 0 Uhr bis 24 Uhr, also für den jeweiligen gesamten Kalendertag. Verboten ist demnach jede Art der Beschäftigung, darunter fallen auch Arbeitsbereitschaft, Bereitschaftsdienst und Rufbereitschaft,[1187] damit dem Arbeitnehmer die Entscheidungsgewalt darüber, wie er den freien Sonn- oder Feiertag verbringt, auch tatsächlich zusteht.[1188] Zur Beschäftigung gehört jede dem Betrieb zuzuordnende

---

1182 S. *Greiner*, ZfA 2015, 469 (476).

1183 BVerfG, Urt. v. 1.12.2009 – 1 BvR 2857/07 u.a., NVwZ 2010, 570 Rn. 156.

1184 *Baeck/Deutsch/Winzer*, ArbZG, 4. Aufl. 2020, § 9 Rn. 3; ErfK/*Roloff*, 22. Aufl. 2022, § 9 ArbZG Rn. 1; vgl. auch *Schliemann*, ArbZG, 4. Aufl. 2020, § 9 Rn. 2.

1185 Zum Geltungsbereich ausf. HK-ArbZR/*Herbert*, 2. Aufl. 2018, § 9 ArbZG Rn. 5 ff.

1186 S. auch *Baeck/Deutsch/Winzer*, ArbZG, 4. Aufl. 2020, Vorbem. zu §§ 9–13 Rn. 1.

1187 BAG, Urt. v. 22.9.2005 – 6 AZR 579/04, NZA 2006, 329 Rn. 27; *Falder*, NZA 2010, 1150 (1153); *Baeck/Deutsch/Winzer*, ArbZG, 4. Aufl. 2020, § 9 Rn. 12; HK-ArbZR/*Herbert*, 2. Aufl. 2018, § 9 ArbZG Rn. 11; vgl. auch *Anzinger/Koberski*, ArbZG, 5. Aufl. 2020, § 9 Rn. 4.

1188 *Anzinger/Koberski*, ArbZG, 5. Aufl. 2020, § 9 Rn. 4; HK-ArbZR/*Herbert*, 2. Aufl. 2018, § 9 ArbZG Rn. 11. Dieses Recht ist sowohl bei Bereitschaftsdienst als auch bei Rufbereitschaft zumindest eingeschränkt.

Tätigkeit.[1189]

Während das Verbot zunächst also für die einzelnen Arbeitnehmer gilt, besteht in der Literatur keine Einigkeit darüber, ob nach § 9 Abs. 1 ArbZG der gesamte Betrieb an Sonn- und Feiertagen zu ruhen hat oder nicht. Für die Anordnung der vollständigen Betriebsruhe wird vereinzelt der Wortlaut der Überschrift des § 9 ArbZG, „Sonn- und Feiertagsruhe", als maßgeblich angeführt.[1190] Viele Stimmen der Literatur sprechen sich zu Recht allerdings dagegen aus, solange der Betrieb vollautomatisch stattfindet[1191] – das heißt, dass die Produktion in solchen Betrieben, in denen bspw. Maschinen oder Computer ohne Personal, also ohne Kontrollen durch Arbeitnehmer, laufen und Arbeiten erledigen können, an Sonn- und Feiertagen gestattet ist (sog. „Geisterschicht")[1192]. Denn § 9 Abs. 1 ArbZG enthält gerade kein Gebot zum Ruhen des Betriebs bzw. der Arbeit.[1193] Auch Sinn und Zweck des ArbZG gebieten dies nicht.[1194]

Vorgegeben ist in § 9 Abs. 1 ArbZG insgesamt eine wöchentliche Ruhezeit von 24 Stunden. Das heißt, dass Tätigkeiten, die bspw. samstags aufgenommen werden, nicht länger als bis 24 Uhr andauern dürfen; auch dürfen daher z.B. Arbeitnehmer im Einzelhandel nach 24 Uhr nicht noch ein wenig länger beschäftigt werden, um Kunden zu Ende zu bedienen oder nach Ladenschluss aufzuräumen.[1195] Zu beachten ist im Zusammenhang mit § 9 Abs. 1 ArbZG außerdem § 11 Abs. 4 ArbZG, der vorgibt, die Sonn- und Feiertagsruhe unmittelbar mit der Ruhezeit nach § 5 ArbZG zu verbinden, sofern technische oder arbeitsorganisatorische Gründe nicht entgegenstehen, sodass der europäischen

---

1189 BAG, Urt. v. 22.9.2005 – 6 AZR 579/04, NZA 2006, 329 Rn. 27; *Baeck/Deutsch/Winzer*, ArbZG, 4. Aufl. 2020, § 9 Rn. 12; ErfK/*Roloff*, 22. Aufl. 2022, § 9 ArbZG Rn. 2.

1190 So nur *Anzinger/Koberski*, ArbZG, 5. Aufl. 2020, § 9 Rn. 13, die aber in § 9 ArbZG Rn. 5 die gegenteilige Ansicht vertreten.

1191 *Baeck/Deutsch/Winzer*, ArbZG, 4. Aufl. 2020, § 9 Rn. 7; BeckOK ArbR/*Kock*, 64. Ed. 2022, § 9 ArbZG Rn. 2; ErfK/*Roloff*, 22. Aufl. 2022, § 9 ArbZG Rn. 3; HK-ArbZR/*Herbert*, 2. Aufl. 2018, § 9 ArbZG Rn. 11; *Schliemann*, ArbZG, 4. Aufl. 2020, § 9 Rn. 5; s. auch *Zmarzlik*, NZA 1989, 537 (539), der annimmt, eine Betriebsnutzung ohne Arbeitnehmer sei i.d.R. nicht möglich, sodass das Beschäftigungsverbot faktisch ein Ruhen des Betriebs zur Folge habe. Vgl. auch OVG NRW, Urt. v. 16.12.1993 – 4 A 799/91, BeckRS 1993, 6180 (zu § 105b Abs. 1 GewO): Auch überwachende Tätigkeiten sind von dem Verbot der Sonn- und Feiertagsarbeit erfasst.

1192 BeckOK ArbR/*Kock*, 64. Ed. 2022, § 9 ArbZG Rn. 2.

1193 *Zmarzlik*, NZA 1989, 537 (539); *Baeck/Deutsch/Winzer*, ArbZG, 4. Aufl. 2020, § 9 Rn. 7; BeckOK ArbR/*Kock*, 64. Ed. 2022, § 9 ArbZG Rn. 2.

1194 *Baeck/Deutsch/Winzer*, ArbZG, 4. Aufl. 2020, § 9 Rn. 7.

1195 BVerwG, Beschl. v. 4.12.2014 – 8 B 66/14, NVwZ-RR 2015, 256.

Vorgabe damit Rechnung getragen wird und die wöchentliche Ruhezeit insgesamt 35 Stunden beträgt.

c) Die Regelung des § 9 Abs. 2 ArbZG für mehrschichtige Betriebe

§ 9 Abs. 2 ArbZG flexibilisiert die starre Lage der wöchentlichen Ruhezeit für mehrschichtige Betriebe leicht. Hiernach ist es zulässig, den Beginn oder das Ende der Sonn- und Feiertagsruhe um bis zu sechs Stunden nach vorne oder nach hinten zu verschieben. Dies steht unter der Voraussetzung, dass mit Beginn der Ruhezeit der Betrieb dann 24 Stunden ruht. Außerdem gilt die Möglichkeit der Verschiebung nur für Betriebe mit regelmäßigen Tag- und Nachtschichten.[1196] Der Sinn der Regelung ist die Vereinfachung von Schichtwechseln, die sonst um 24 Uhr stattfinden müssten, wenn der Arbeitgeber nicht auf einen Teil der Produktionszeit verzichten will – geschützt werden also sowohl Arbeitnehmer- als auch Arbeitgeberinteressen, denn mittels der Verschiebung können die normalen Schichtwechselzeiten eingehalten werden und müssen nicht an jedem Wochenende oder Feiertag angepasst werden.[1197] Es kann also am Sonntagmorgen bis 5:00 Uhr gearbeitet werden, so dies die übliche Schichtwechselzeit im Betrieb ist, solange dann bis Montag um 5:00 Uhr die Betriebsruhe eingehalten wird. Eine Verschiebung soll auch dann möglich sein, wenn die letzte Schicht z.B. an einem Freitag endet und der Samstag arbeitsfrei ist.[1198]

Fraglich ist aber auch hier das Merkmal der Betriebsruhe. Die herrschende Ansicht in der Literatur ist, dass auch vollautomatische Produktion in dieser Zeit nicht zulässig sei.[1199] Nach Ansicht von *Dobberahn* gilt die Ruhezeit hingegen nur für die Arbeitnehmer.[1200] Für die vollständige – auch „objektive" – Betriebsruhe

---

1196 Vgl. *Baeck/Deutsch/Winzer*, ArbZG, 4. Aufl. 2020, § 9 Rn. 23; *Neumann/Biebl*, 16. Aufl. 2013, § 9 Rn. 6; *Schliemann*, ArbZG, 4. Aufl. 2020, § 9 Rn. 11.

1197 *Anzinger/Koberski*, ArbZG, 5. Aufl. 2020, § 9 Rn. 45; *Baeck/Deutsch/Winzer*, ArbZG, 4. Aufl. 2020, § 9 Rn. 22.

1198 *Baeck/Deutsch/Winzer*, ArbZG, 4. Aufl. 2020, § 9 Rn. 22; ErfK/*Roloff*, 22. Aufl. 2022, § 9 ArbZG Rn. 5.

1199 *Junker*, ZfA 1998, 105 (125); *Anzinger/Koberski*, ArbZG, 5. Aufl. 2020, § 9 Rn. 46 f.; BeckOK ArbR/*Kock*, 64. Ed. 2022, § 9 ArbZG Rn. 9; Buschmann/Ulber/*Ulber, J.*, ArbZR, 1. Aufl. 2019, § 9 ArbZG Rn. 17; ErfK/*Roloff*, 22. Aufl. 2022, § 9 ArbZG Rn. 5; HK-ArbZR/*Herbert*, 2. Aufl. 2018, § 9 ArbZG Rn. 43; HWK/*Gäntgen*, 10. Aufl. 2022, § 9 ArbZG Rn. 3; *Neumann/Biebl*, 16. Aufl. 2013, § 9 Rn. 6; *Schliemann*, ArbZG, 4. Aufl. 2020, § 9 Rn. 13.

1200 *Dobberahn*, Das neue ArbZG in der Praxis, 2. Aufl. 1996, Rn. 98; zust. *Baeck/Deutsch/Winzer*, ArbZG, 4. Aufl. 2020, § 9 Rn. 24 f.

wird angeführt, diese folge aus dem insofern klaren Gesetzeswortlaut.[1201] Darüber hinaus sei eine solche wegen der institutionellen Garantie der Sonn- und Feiertagsruhe und ihrer kollektiven Komponente notwendig.[1202] Folglich mute die Norm dem Arbeitgeber zwar eine Produktionsunterbrechung zu, ermögliche ihm aber durch die Verschiebung der Lage der Ruhezeit auch die Begrenzung dieser Unterbrechung auf nur 24 Stunden, um so einen Ausgleich zwischen Sonn- und Feiertagsschutz und insbesondere Wettbewerbsinteressen gegenüber ausländischen Betrieben ohne festgelegte Sonn- und Feiertagsruhe zu schaffen.[1203]

Während der Wortlaut zugegebenermaßen das Erfordernis der vollständigen Betriebsruhe nahelegt, sprechen systematische Argumente dagegen. Das ArbZG schreibt insgesamt gar keine solche gänzliche und umfassende Betriebsruhe an Sonn- und Feiertagen vor.[1204] Das folgt sowohl aus dem eingeschränkten Anwendungsbereich des Gesetzes, vgl. § 18 ArbZG, als auch aus den Ausnahmetatbeständen der §§ 10 ff. ArbZG.[1205] Auch der Schutz des Arbeitnehmerinteresses, dem mit der Sonn- und Feiertagsruhe Rechnung getragen werden soll, gebietet keine vollständige Betriebsruhe.[1206] Den Arbeitnehmern darf in der Zeit ohnehin keine Arbeit zugeteilt werden; bei automatischem Weiterlaufen der Produktion werden sie außerdem nicht beeinträchtigt. Zu beachten ist weiterhin, dass die „Überhangzeiten", in denen nach der vorgehend dargestellten Auffassung ebenfalls die objektive Betriebsruhe gelten soll, sich nicht mit dem Argument der kollektiven Sonntagsruhe begründen lassen – diese liegen ja gerade nicht an einem Sonntag, sondern an einem Samstag oder einem Montag.[1207] Diese Begründung kann daher höchstens für den Sonntag an sich greifen. Schließlich mutet das Ergebnis widersprüchlich an, sollte tatsächlich eine vollständige Betriebsruhe angeordnet sein.[1208] Es leuchtet nicht ein, warum in einem Betrieb, der nicht mehrschichtig im Sinne des § 9 Abs. 2 ArbZG oder in dem die Schichteinteilung nicht regelmäßig ist, oder in einem solchen mehrschichtigen Betrieb, in dem keine Verschiebung des Ruhezeitbeginns vorgenommen wird,

---

1201 BeckOK ArbR/*Kock*, 64. Ed. 2022, § 9 ArbZG Rn. 9.

1202 *Junker*, ZfA 1998, 105 (125); *Schliemann*, ArbZG, 4. Aufl. 2020, § 9 Rn. 13.

1203 *Anzinger/Koberski*, ArbZG, 5. Aufl. 2020, § 9 Rn. 47.

1204 *Baeck/Deutsch/Winzer*, ArbZG, 4. Aufl. 2020, § 9 Rn. 24

1205 *Baeck/Deutsch/Winzer*, ArbZG, 4. Aufl. 2020, § 9 Rn. 24.

1206 *Dobberahn*, Das neue ArbZG in der Praxis, 2. Aufl. 1996, Rn. 98.

1207 Ausf. *Tietje*, Grundfragen des Arbeitszeitrechts, S. 229.

1208 Vor historischem Hintergrund erklärbar, vgl. *Tietje*, Grundfragen des Arbeitszeitrechts, S. 225 ff.

an Sonn- und Feiertagen die Produktion automatisch weiterlaufen sollte, wie es die herrschende Literaturansicht über § 9 Abs. 1 ArbZG als zulässig ansieht (s.o.), nicht aber in einem mehrschichtigen Betrieb, in dem die Ruhezeit um ein paar Stunden verschoben wird.

Generell ist es überzeugend, dass bei einer Verschiebung der Ruhezeit, ohne Arbeitnehmerinteressen, den Schutzzwecken des § 9 ArbZG oder dem § 1 Nr. 2 ArbZG zuwiderzulaufen, die Maschinen vollautomatisch weiterlaufen könnten, ebenso wie im Rahmen des „normalen" Beschäftigungsverbots. Allerdings ist der Unterschied im Wortlaut von § 9 Abs. 1 zu Abs. 2 ArbZG nicht zu missachten: Abs. 1 enthält ausdrücklich ein Beschäftigungsverbot, Abs. 2 hingegen spricht davon, dass „der Betrieb ruht". Fraglich ist daher, ob man sich vor dem Hintergrund des deutlichen Wortlauts des § 9 Abs. 2 ArbZG, um das sachgerechtere Ergebnis, dass keine objektive Betriebsruhe notwendig ist, zu erreichen, einer teleologischen Reduktion der Norm bedienen muss und kann. In Bezug auf die Überhangzeiten ist dies möglich und wird auch so vertreten.[1209] Jedoch darf die Gefahr nicht übersehen werden, dass die bevorzugte Auslegung oder eine entsprechende teleologische Reduktion der Norm gegen den klaren Wortlaut, *contra legem*, läuft. Das vorzugswürdige Ergebnis lässt sich rechtssicher nur durch eine Gesetzesänderung umsetzen. Letztlich ist daher wohl zuzugestehen, dass § 9 Abs. 2 ArbZG eine objektive Betriebsruhe vorschreibt.

2. *Sonn- und Feiertagsbeschäftigung*

Der deutsche Gesetzgeber hat viele Fälle geregelt, in denen von dem Verbot der Sonn- und Feiertagsbeschäftigung abgewichen werden kann. Dies ist deshalb notwendig, da es Arbeiten gibt, die auch an Sonntagen erledigt werden müssen. Darüber hinaus existieren bestimmte Bereiche, in denen gearbeitet werden darf, da dies der Verwirklichung der Grundrechte dient, welche durch die Sonn- und Feiertagsruhe gewährleistet werden soll. In § 10 ArbZG sind daher die Fallgruppen festgeschrieben, in denen Sonn- und Feiertagsbeschäftigung zulässig ist (a)), wobei § 11 ArbZG den erforderlichen Ausgleich vorschreibt. Abweichungen durch die Tarifvertragsparteien bzw. durch Betriebs- und Dienstpartner aufgrund eines Tarifvertrags sind nach § 12 ArbZG ebenfalls möglich (b)).[1210]

1209 *Tietje*, Grundfragen des Arbeitszeitrechts, S. 230 f.

1210 Durch Ermächtigung, Anordnung und Bewilligung können Bundesregierung und Aufsichtsbehörden im Rahmen der Sonn- und Feiertagsarbeit Regelungen treffen, § 13 ArbZG, worauf hier jedoch nicht näher einzugehen ist. Genauso bedarf es keiner näheren Betrachtung, dass auch beim Sonn- und Feiertagsschutz Abweichungen

a) Abweichungen durch Gesetz, § 10 ArbZG

§ 10 ArbZG regelt verschiedene Fälle der Sonn- und Feiertagsbeschäftigung. Sein Abs. 1 (aa)) enthält einen umfangreichen Ausnahmenkatalog, während Abs. 2 für bestimmte Fälle des Abs. 1 weitere Abweichungen vorsieht (bb)).[1211] Dazu wird in § 11 Abs. 2 ArbZG klargestellt, dass auch bei Sonn- und Feiertagsbeschäftigung die Grenzen des allgemeinen Arbeitszeitrechts einzuhalten sind. Den Ausgleich für die Sonn- und Feiertagsbeschäftigung regelt § 11 ArbZG (cc)). Die europarechtliche Zulässigkeit der Bestimmungen soll im Weiteren kurz betrachtet werden (dd)), da teilweise Zweifel daran aufgeworfen werden.

aa) Ausnahmen nach § 10 Abs. 1 ArbZG

§ 10 Abs. 1 ArbZG sieht Ausnahmen von dem Verbot der Sonn- und Feiertagsbeschäftigung vor. In der Norm werden verschiedene Arbeitsbereiche abschließend aufgezählt,[1212] in denen die Beschäftigung an Sonn- und Feiertagen zulässig ist, z.B. bei Not- und Rettungsdiensten sowie der Feuerwehr (Nr. 1) oder bei Musikaufführungen, Theatervorstellungen, Filmvorführungen, Schaustellungen, Darbietungen und anderen ähnlichen Veranstaltungen (Nr. 5).[1213] Diese Ausnahmen gelten nicht ohne Weiteres für den gesamten Betrieb, erlangen aber Geltung für die in der Norm genannten Haupttätigkeiten sowie für Hilfs- und Nebentätigkeiten, die für die Durchführung ersterer Tätigkeiten erforderlich sind.[1214] Um zu gewährleisten, dass Sonn- und Feiertagsbeschäftigung auf ein Mindestmaß reduziert wird, ist Voraussetzung, dass die Arbeiten an Werktagen nicht vorgenommen werden können.[1215] Dazu gehört nicht nur die technische

---

nach § 14 ArbZG getroffen werden können (oder müssen), denn dies versteht sich von selbst.

1211 Die Ausnahmen für Bäckereien und Konditoreien sowie für die Durchführung des Eil- und Großbetragszahlungsverkehrs nach § 10 Abs. 3, 4 ArbZG brauchen hier nicht näher begutachtet zu werden; s. dazu z.B. *Baeck/Deutsch/Winzer*, ArbZG, 4. Aufl. 2020, § 10 Rn. 149 ff.; ErfK/*Roloff*, 22. Aufl. 2022, § 10 ArbZG Rn. 22 f.; HK-ArbZR/*Herbert*, 2. Aufl. 2018, § 10 ArbZG Rn. 52 ff.

1212 *Anzinger/Koberski*, ArbZG, 5. Aufl. 2020, § 10 Rn. 9 ff.; HK-ArbZR/*Herbert*, 2. Aufl. 2018, § 10 ArbZG Rn. 11; *Schliemann*, ArbZG, 4. Aufl. 2020, § 10 Rn. 3.

1213 Auf die einzelnen Ausnahmetatbestände einzugehen, ist hier überflüssig; s. dazu z.B. *Baeck/Deutsch/Winzer*, ArbZG, 4. Aufl. 2020, § 10 Rn. 19 ff.; BeckOK ArbR/*Kock*, 64. Ed. 2022, § 10 ArbZG Rn. 7 ff.; HK-ArbZR/*Herbert*, 2. Aufl. 2018, § 10 ArbZG Rn. 14 ff.; s. aber z.B. auch *Erasmy*, NZA 1995, 97 (98 ff.).

1214 *Baeck/Deutsch/Winzer*, ArbZG, 4. Aufl. 2020, § 10 Rn. 4; *Neumann/Biebl*, 16. Aufl. 2013, § 10 Rn. 6; *Schliemann*, ArbZG, 4. Aufl. 2020, § 10 Rn. 9

1215 S. nur OVG NRW, Beschl. v. 10.7.2015 – 4 B 792/15, NVwZ-RR 2015, 776 Rn. 4.

Unmöglichkeit, sondern ebenso der Fall, dass die Verlegung der Arbeiten auf Werktage wegen unverhältnismäßiger wirtschaftlicher oder sozialer Nachteile unzumutbar ist.[1216] Insgesamt hat letzteres Merkmal aber geringe Bedeutung, denn während bei manchen Tätigkeiten wie den Rettungsdiensten nach § 10 Abs. 1 Nr. 1 ArbZG eine Verschiebbarkeit bereits der Sache nach ausscheidet, ist bei anderen Tätigkeiten wie z.B. im Theater nach § 10 Abs. 1 Nr. 5 ArbZG die ausschließliche Ausübung an Werktagen (in der Theorie) ohne Weiteres möglich und denkbar.[1217] Dennoch ist die Beschäftigung zugelassen, weil dies von der Gesellschaft erwartet und akzeptiert wird.[1218] Die Verschiebbarkeit muss daher für jede Fallgruppe verschiedentlich bewertet werden.[1219]

bb) Ausnahmen nach § 10 Abs. 2 ArbZG

§ 10 Abs. 2 ArbZG erlaubt eine Beschäftigung von Arbeitnehmern an Sonn- und Feiertagen mit Produktionsarbeiten in den Fällen, in denen die infolge der Unterbrechung der Produktion nach § 10 Abs. 1 Nr. 14 ArbZG zulässige Beschäftigung von Arbeitnehmern mit den dort genannten Tätigkeiten (z.B. Reinigung und Instandhaltung von Betriebseinrichtungen) den Einsatz von mehr Arbeitnehmern als bei durchgehender Produktion erfordern würde. Es ist also zu vergleichen, wie viele Stunden die Arbeitnehmer bei durchgehender Produktion arbeiten müssten und wie viele Arbeitsstunden für die Arbeiten des § 10 Abs. 1 Nr. 14 ArbZG aufgewendet werden müssten – ist die letztere Zahl höher als die erstere, darf an Sonn- und Feiertagen weiterhin produziert werden.[1220] Zweck dieser Regelung ist es, die Sonn- und Feiertagsarbeit zu verringern, da so viele

---

1216 So die h.M.: BVerwG, Urt. v. 19.9.2000 – 1 C 17/99, NZA 2000, 1232 (1235); *Erasmy*, NZA 1995, 97 (98); *Zmarzlik*, NZA 1989, 537 (542) (noch zu § 105c GewO); *Anzinger/Koberski*, ArbZG, 5. Aufl. 2020, § 10 Rn. 24; *Baeck/Deutsch/Winzer*, ArbZG, 4. Aufl. 2020, § 10 Rn. 16; ErfK/*Roloff*, 22. Aufl. 2022, § 10 ArbZG Rn. 2; HK-ArbZR/*Herbert*, 2. Aufl. 2018, § 10 ArbZG Rn. 13; MHdB ArbR/*Koberski*, 5. Aufl 2021, § 185 Rn. 16; *Neumann/Biebl*, 16. Aufl. 2013, § 10 Rn. 5; *Schliemann*, ArbZG, 4. Aufl. 2020, § 10 Rn. 8; a.A. Buschmann/Ulber/*Ulber, J.*, ArbZR, 1. Aufl. 2019, § 10 ArbZG Rn. 8: erwerbswirtschaftliche Interessen seien nicht zu berücksichtigen.

1217 *Baeck/Deutsch/Winzer*, ArbZG, 4. Aufl. 2020, § 10 Rn. 10.

1218 *Baeck/Deutsch/Winzer*, ArbZG, 4. Aufl. 2020, § 10 Rn. 10.

1219 Überzeugend: *Baeck/Deutsch/Winzer*, ArbZG, 4. Aufl. 2020, § 10 Rn. 10; a.A. *Anzinger/Koberski*, ArbZG, 5. Aufl. 2020, § 10 Rn. 22: Die Voraussetzung habe für alle Ausnahmen dieselbe Bedeutung.

1220 *Erasmy*, NZA 1995, 97 (100); *Anzinger/Koberski*, ArbZG, 5. Aufl. 2020, § 10 Rn. 246; vgl. auch MHdB ArbR/*Koberski*, 5. Aufl. 2021, § 185 Rn. 40.

Arbeitnehmer wie möglich in den Genuss des arbeitsfreien Sonn- und Feiertags kommen sollen.[1221] Treffend formuliert die Gesetzesbegründung:

> „Es dient nicht dem Sonntagsschutz, wenn infolge der Unterbrechung der Produktion bei zulässigen Reparatur- und Instandhaltungsarbeiten nach Absatz 1 Nr. 14 mehr Arbeitnehmer beschäftigt werden müssen als bei fortlaufender Produktion."[1222]

Darüber hinaus, so insbesondere *Anzinger/Koberski*, seien die Produktionsarbeiten, die die Norm gestattet, regelmäßig einfacher und sicherer für die Arbeitnehmer als bspw. Reparaturarbeiten, sodass § 10 Abs. 2 ArbZG auch die Arbeitsbedingungen für die Arbeitnehmer verbessern wolle.[1223] Damit schütze die Regelung nicht (nur) die Sonn- und Feiertage und wirtschaftliche Arbeitgeberinteressen, sondern auch die Arbeitnehmer.[1224]

Ungeklärt ist, ob § 10 Abs. 2 ArbZG vor dem Hintergrund seines Zwecks über den sehr begrenzten Wortlaut hinaus im Wege der Analogie auch auf die anderen Ausnahmen des § 10 Abs. 1 ArbZG erstreckt werden kann.[1225] Eine analoge Anwendung des § 10 Abs. 2 ArbZG auf alle Ausnahmen des Abs. 1 oder zumindest auf die Nrn. 15 und 16 liegt auch nahe, denn sein Zweck greift nicht nur bei Arbeiten nach § 10 Abs. 1 Nr. 14 ArbZG durch. Vielmehr kann auch in allen anderen Ausnahmebereichen der Fall eintreten, dass mehr Arbeitnehmer am Sonn- oder Feiertag arbeiten müssten als bei durchgehender Produktion. Die Einschränkung des Anwendungsbereichs des § 10 Abs. 2 ArbZG durch den Gesetzgeber auf § 10 Abs. 1 Nr. 14 ArbZG erschließt sich aus diesem Grund

---

1221 *Erasmy*, NZA 1995, 97 (100); *Junker*, ZfA 1998, 105 (126); *Anzinger/Koberski*, ArbZG, 5. Aufl. 2020, § 10 Rn. 240; *Baeck/Deutsch/Winzer*, ArbZG, 4. Aufl. 2020, § 10 Rn. 143; *Schliemann*, ArbZG, 4. Aufl. 2020, § 10 Rn. 71.

1222 BT-Drs. 12/5888, S. 29.

1223 *Anzinger/Koberski*, ArbZG, 5. Aufl. 2020, § 10 Rn. 241.

1224 *Anzinger/Koberski*, ArbZG, 5. Aufl. 2020, § 10 Rn. 241; s auch *Baeck/Deutsch/Winzer*, ArbZG, 4. Aufl. 2020, § 10 Rn. 143.

1225 Für eine Analogie: *Erasmy*, NZA 1995, 97 (100); *Junker*, ZfA 1998, 105 (126); *Tietje*, Grundfragen des Arbeitszeitrechts, S. 249; *Baeck/Deutsch/Winzer*, ArbZG, 4. Aufl. 2020, § 10 Rn. 148; BeckOK ArbR/*Kock*, 64. Ed. 2022, § 10 ArbZG Rn. 23; *Dobberahn*, Das neue ArbZG in der Praxis, 2. Aufl. 1996, Rn. 112; einschränkend dahingehend, dass eine Prüfung aller Umstände des Einzelfalls erforderlich sei: *Anzinger/Koberski*, ArbZG, 5. Aufl. 2020, § 10 Rn. 245; dagegen: ErfK/*Roloff*, 22. Aufl. 2022, § 10 ArbZG Rn. 21; HK-ArbZR/*Herbert*, 2. Aufl. 2018, § 10 ArbZG Rn. 50; *Neumann/Biebl*, ArbZG, 16. Aufl. 2013, § 10 Rn. 54; *Schliemann*, ArbZG, 4. Aufl. 2020, § 10 Rn. 74.

nicht.[1226] Eine analoge Anwendung, wenn nicht auf alle Nummern des § 10 Abs. 1 ArbZG, zumindest auf die Nrn. 15 und 16,[1227] ist vorzugswürdig.

cc) Ausgleich für Sonn- und Feiertagsbeschäftigung, § 11 ArbZG

§ 11 ArbZG enthält verschiedene Vorgaben, die den Ausgleich von Sonn- und Feiertagsbeschäftigung regeln. Die hier relevanten Kernvorschriften sollen kurz betrachtet werden.

(1) 15 beschäftigungsfreie Sonntage

Zunächst garantiert § 11 ArbZG durch seinen Abs. 1 den Arbeitnehmern (in Betrieben, in denen auch sonntags gearbeitet wird) mindestens 15 freie Sonntage im Jahr, was dem Schutz des einzelnen Arbeitnehmers dienen soll und zumindest indirekt auch die Sonntagsruhe absichert.[1228] Auch ist hier wie in § 9 Abs. 1 ArbZG keine objektive Betriebsruhe gefordert, was aus dem Wortlaut der Vorschrift hervorgeht.[1229] Ob der Bezugszeitraum das Beschäftigungs- oder das Kalenderjahr ist, geht aus dem Gesetzestext nicht ohne Weiteres hervor. Bei Zugrundelegung der Annahme, es handle sich um das Kalenderjahr, kann die hierdurch ermöglichte Verteilung der beschäftigungsfreien Sonntage auf den Anfang des ersten und das Ende des zweiten Jahres dazu führen, dass der Arbeitnehmer schlimmstenfalls etwa 15 Monate keinen freien Sonntag hat.[1230] Das würde dem Schutzzweck der Sonn- und Feiertagsruhe aber erheblich zuwiderlaufen. Als Bezugszeitraum ist daher das Beschäftigungsjahr oder aber auch ein individuell festlegbarer 12-Monatszeitraum anzusehen.[1231]

1226 S. nur *Erasmy*, NZA 1995, 97 (100); *Junker*, ZfA 1998, 105 (126).

1227 Vgl. *Junker*, ZfA 1998, 105 (126); *Tietje*, Grundfragen des Arbeitszeitrechts, S. 247 ff.; *Anzinger/Koberski*, ArbZG, 5. Aufl. 2020, § 10 Rn. 245; *Baeck/Deutsch/Winzer*, ArbZG, 4. Aufl. 2020, § 10 Rn. 148; dagegen verneint *Schliemann*, ArbZG, 4. Aufl. 2020, § 10 Rn. 74 „vor allem" die Anwendbarkeit auf die Nrn. 15 und 16.

1228 *Baeck/Deutsch/Winzer*, ArbZG, 4. Aufl. 2020, § 11 Rn. 6.

1229 H.M.: *Erasmy*, NZA 1995, 97 (102); *Junker*, ZfA 1998, 105 (126 f.); *Anzinger/Koberski*, ArbZG, 5. Aufl. 2020, § 11 Rn. 11; *Baeck/Deutsch/Winzer*, ArbZG, 4. Aufl. 2020, § 11 Rn. 8; BeckOK ArbR/*Kock*, 64. Ed. 2022, § 11 ArbZG Rn. 5; *Dobberahn*, Das neue ArbZG in der Praxis, 2. Aufl. 1996, Rn. 119; ErfK/*Roloff*, 22. Aufl. 2022, § 11 ArbZG Rn. 2; HK-ArbZR/*Herbert*, 2. Aufl. 2018, § 11 ArbZG Rn. 3; *Neumann/Biebl*, ArbZG, 16. Aufl. 2013, § 11 Rn. 2; *Schliemann*, ArbZG, 4. Aufl. 2020, § 11 Rn. 4; a.A. Buschmann/Ulber/*Ulber, J.*, ArbZR, 1. Aufl. 2019, § 11 ArbZG Rn. 2.

1230 *Baeck/Deutsch/Winzer*, ArbZG, 4. Aufl. 2020, § 11 Rn. 9.

1231 Beschäftigungsjahr: *Baeck/Deutsch/Winzer*, ArbZG, 4. Aufl. 2020, § 11 Rn. 9; *Anzinger/Koberski*, ArbZG, 5. Aufl. 2020, § 11 Rn. 15; *Neumann/Biebl*, ArbZG,

(2) Ersatzruhetag

Erforderlich ist außerdem bei Sonn- und Feiertagsbeschäftigung die Gewährung eines Ersatzruhetags, § 11 Abs. 3 ArbZG, wobei dieser bei Sonntagsbeschäftigung innerhalb von zwei Wochen (S. 1), bei Feiertagsbeschäftigung innerhalb von acht Wochen zu gewähren ist (S. 2). Die Norm stellt sicher, dass für den Arbeitnehmer die Sechstagewoche bzw. der erforderliche eine Ruhetag pro Siebentageszeitraum bestehen bleibt.[1232] Indem ein anderer freier Tag eingeräumt wird, soll auch die Gleichbehandlung der Arbeitnehmer gewährleistet werden, die an Sonn- und Feiertagen arbeiten müssen, gegenüber denen, die dies nicht müssen.[1233]

Der Ersatzruhetag kann nach § 11 Abs. 3 ArbZG sowohl vor als auch nach dem nicht arbeitsfreien Sonntag gewährt werden.[1234] Er kann außerdem, so die herrschende Literaturansicht, an jedem Werktag liegen, auch an einem (sowieso arbeitsfreien) Samstag oder einem schichtplanmäßig freien sonstigen Werktag.[1235] Dafür wird angeführt, dass ansonsten der Sonntag als „doppelt wertvoll" eingestuft werde, was das Gesetz nicht vorsehe.[1236] Vielmehr sei der Wortlaut insoweit eindeutig – in den Fällen, in denen das ArbZG ausnahmsweise einen besonderen Vergütungsschutz oder eine besondere Freistellung regeln wolle,

---

16. Aufl. 2013, § 11 Rn. 3; individueller Zeitraum: *Junker*, ZfA 1998, 105 (127); *Dobberahn*, Das neue ArbZG in der Praxis, 2. Aufl. 1996, Rn. 119.

1232 BT-Drs. 12/5888, S. 30; *Baeck/Deutsch/Winzer*, ArbZG, 4. Aufl. 2020, § 11 Rn. 17; ErfK/*Roloff*, 22. Aufl. 2022, § 11 ArbZG Rn. 4.

1233 *Anzinger/Koberski*, ArbZG, 5. Aufl. 2020, § 11 Rn. 26; *Baeck/Deutsch/Winzer*, ArbZG, 4. Aufl. 2020, § 11 Rn. 17; HK-ArbZR/*Herbert*, 2. Aufl. 2018, § 11 ArbZG Rn. 10.

1234 *Anzinger/Koberski*, ArbZG, 5. Aufl. 2020, § 11 Rn. 31; *Baeck/Deutsch/Winzer*, ArbZG, 4. Aufl. 2020, § 11 Rn. 19; ErfK/*Roloff*, 22. Aufl. 2022, § 11 ArbZG Rn. 5; jeweils m.w.N.; a.A.: Buschmann/Ulber/*Ulber, J.*, ArbZR, 1. Aufl. 2019, § 11 ArbZG Rn. 28.

1235 *Erasmy*, NZA 1995, 97 (103); *Junker*, ZfA 1998, 105 (127); *Anzinger/Koberski*, ArbZG, 5. Aufl. 2020, § 11 Rn. 31; *Baeck/Deutsch/Winzer*, ArbZG, 4. Aufl. 2020, § 11 Rn. 18; BeckOK ArbR/*Kock*, 64. Ed. 2022, § 11 ArbZG Rn. 8; ErfK/*Roloff*, 22. Aufl. 2022, § 11 ArbZG Rn. 4; *Neumann/Biebl*, ArbZG, 16. Aufl. 2013, § 11 Rn. 8; *Schliemann*, ArbZG, 4. Aufl. 2020, § 11 Rn. 17; a.A.: *Ulber, J.*, AuR 2002, 281 (284 f.): Dieses Verständnis widerspreche dem Zweck der Vorschrift und verringere ihren Anwendungsbereich auf solche Arbeitnehmer, die sowieso an sechs Tagen pro Woche beschäftigt würden, der gewollten Gleichbehandlung werde so nicht Rechnung getragen; vgl. auch Buschmann/Ulber/*Ulber, J.*, ArbZR, 1. Aufl. 2019, § 11 ArbZG Rn. 20.

1236 *Baeck/Deutsch/Winzer*, ArbZG, 4. Aufl. 2020, § 11 Rn. 18.

gehe dies aus dem Gesetz hervor, z.B. in § 6 Abs. 5 ArbZG.[1237] Dafür spreche auch, dass das ArbZG selbst eine Sechstagewoche zugrunde lege, sodass auch nur ein arbeitsfreier Tag sicherzustellen sei.[1238] Darüber hinaus wolle § 11 Abs. 3 ArbZG keine absolute Gleichbehandlung erreichen, die Norm gebe nur eine Obergrenze zur Wiederherstellung der Sechstagewoche vor.[1239] Das BAG stützt diese Ansicht auch mit dem Zweck des ArbZG, wonach für den Gesundheitsschutz ein Ruhetag pro Siebentageszeitraum ausreiche.[1240] Ein anderes Verständnis als das der herrschenden Meinung ist daher vor dem klaren Wortlaut der Norm kaum vertretbar.

(3) Verbindung mit der täglichen Ruhezeit

Schließlich stellt § 11 Abs. 4 ArbZG die Verbindung mit der täglichen Ruhezeit nach § 5 ArbZG klar, was auch für den Ersatzruhetag gilt und Art. 5 Abs. 1 ArbZRL Rechnung trägt. Darüber hinaus ist aber auch eine Abweichung gestattet, sofern dem technische oder arbeitsorganisatorische Gründe nicht entgegenstehen. Art. 5 Abs. 2 ArbZRL, der für eine Kürzung der wöchentlichen Ruhezeit um die elf Stunden tägliche Ruhezeit „objektive, technische oder arbeitsorganisatorische Umstände" fordert, wird damit fast wörtlich aufgegriffen.[1241]

dd) Europarechtliche Bewertung

Die Beschäftigung an Sonn- und Feiertagen an sich ist europarechtlich unbedenklich. Das ist eindeutig, da die ArbZRL keinen bestimmten Tag für die

---

1237 S. nur BAG, Urt. v. 12.12.2001 – 5 AZR 294/00, NZA 2002, 505 (506); *Erasmy*, NZA 1995, 97 (103); vgl. auch *Baeck/Deutsch/Winzer*, ArbZG, 4. Aufl. 2020, § 11 Rn. 18; *Dobberahn*, Das neue ArbZG in der Praxis, 2. Aufl. 1996, Rn. 119.

1238 *Baeck/Deutsch/Winzer*, ArbZG, 4. Aufl. 2020, § 11 Rn. 18; vgl. BT-Drs. 12/5888, S. 30; *Tietje*, Grundfragen des Arbeitszeitrechts, S. 270; ErfK/*Roloff*, 22. Aufl. 2022, § 11 ArbZG Rn. 4 f.

1239 *Tietje*, Grundfragen des Arbeitszeitrechts, S. 270.

1240 BAG, Urt. v. 13.7.2006 – 6 AZR 55/06, NZA 2007, 273 Rn. 10 m.w.N.

1241 Autoren, welche die Objektivität dieser Gründe für erforderlich halten (s. zum Verständnis des Art. 5 Abs. 2 ArbZRL Gliederungspunkt § 3 D) I. 2. a)), nehmen teilweise an, die Europarechtskonformität der Norm sei zwar zweifelhaft, lasse sich jedoch durch ein „Hinzudenken" des objektiven Charakters dieser Gründe herstellen; Franzen/Gallner/Oetker/*Gallner*, EuArbR, 4. Aufl. 2022, Art. 5 RL 2003/88/EG Rn. 4; vgl. auch *Anzinger/Koberski*, ArbZG, 5. Aufl. 2020, § 11 Rn. 45; BeckOK ArbR/*Kock*, 64. Ed. 2022, § 11 ArbZG Rn. 18; Buschmann/Ulber/*Ulber, J.*, ArbZR, 1. Aufl. 2019, § 11 ArbZG Rn. 35.

wöchentliche Ruhezeit vorschreibt. Der deutsche Gesetzgeber hat sich nun zulässigerweise für eine strengere Handhabung entschieden. Macht er hiervon Ausnahmen für bestimmte Tätigkeiten wie mit § 10 Abs. 1 ArbZG, bedarf es nicht einmal des Rückgriffs auf die Abweichungsmöglichkeiten der Artt. 17, 18 ArbZRL.[1242] An der Europarechtskonformität von § 10 Abs. 1 ArbZG ist folglich nicht zu zweifeln. Ganz vereinzelt werden allerdings Bedenken an § 10 Abs. 2 ArbZG laut, denn die Norm erlaube aus rein wirtschaftlichen Gründen und nur für Produktionsarbeiten Sonn- und Feiertagsarbeiten.[1243] Diese Prämisse ist bereits zweifelhaft (s.o.). Es wird dennoch vertreten, die Regelung verstoße damit gegen Art. 17 Abs. 3 lit. c) ArbZRL, da hiernach Sonntagsarbeiten nur dann zulässig seien, wenn eine Unterbrechung des Arbeitsprozesses aus technischen Gründen nicht möglich sei.[1244] Das beruht jedoch auf unrichtigen Annahmen, denn Sonn- und Feiertagsarbeit werden durch die Richtlinie gar nicht geregelt und erst recht nicht in ihren Ausnahmevorschriften genannt.[1245]

Fraglich sind schließlich die zulässigen Zeiträume zur Gewährung des Ersatzruhetags nach § 11 Abs. 3 ArbZG. Hinsichtlich der Ersatzruhe für einen Feiertag ist die Norm unproblematisch europarechtskonform, da die ArbZRL keine Vorgaben zur Feiertagsruhe enthält, die Staaten insofern also frei in der Festlegung sind. Da die deutsche Sonntagsruhe aber die wöchentliche Mindestruhezeit umsetzt, sind hier strengere Maßstäbe anzulegen: Generell gibt Art. 5 Abs. 1 ArbZRL einen Bezugszeitraum von sieben Tagen zur Gewährung der wöchentlichen Ruhezeit vor. Dieser wird mit der Möglichkeit der Gewährung des Ersatzruhetags innerhalb von 14 Tagen jedoch überschritten, sodass es darauf ankommt, ob Art. 16 lit. a) ArbZRL, der den Mitgliedstaaten die Festlegung eines Bezugszeitraums von bis zu 14 Tagen für die wöchentliche Ruhezeit gestattet, mit § 11 Abs. 3 ArbZG europarechtskonform umgesetzt wurde. Teilweise wird dies angezweifelt, weil so je nach Lage der Sonntage mit Beschäftigung im Ergebnis in einem 14-Tages-Zeitraum nur ein oder auch kein freier Tag liegen könne, während die Richtlinie aber mindestens zwei Tage Ruhezeit für diesen

1242 Vgl. auch *Baeck/Deutsch/Winzer*, ArbZG, 4. Aufl. 2020, § 10 Rn. 6.

1243 Buschmann/Ulber/*Ulber, J.*, ArbZR, 1. Aufl. 2019, § 10 ArbZG Rn. 41.

1244 Buschmann/Ulber/*Ulber, J.*, ArbZR, 1. Aufl. 2019, § 10 ArbZG Rn. 41.

1245 *Anzinger/Koberski*, ArbZG, 5. Aufl. 2020, § 10 Rn. 243; *Baeck/Deutsch/Winzer*, ArbZG, 4. Aufl. 2020, § 10 Rn. 7: Auch ist die Aufzählung in Art. 17 Abs. 3 lit. c) ArbZRL nicht abschließend, sodass selbst dann, wenn eine Rechtfertigung der Sonn- und Feiertagsbeschäftigung hierüber als erforderlich angesehen würde, diese wohl auch gegeben wäre; vgl. auch *Schliemann*, ArbZG, 4. Aufl. 2020, § 10 Rn. 72.

Zeitraum vorschreibe.[1246] Dagegen wird jedoch treffend angeführt, dass § 11 Abs. 3 ArbZG ausdrücklich vorschreibe, den Ersatzruhetag „innerhalb" des Zweiwochenzeitraums einzuräumen, der den Beschäftigungstag einschließe.[1247] Es handle sich somit nicht um eine Ereignisfrist, vielmehr sei der Zeitraum nach §§ 187 Abs. 2 S. 1, 188 Abs. 2 Alt. 2 BGB zu berechnen, sodass kein 14-Tages-Zeitraum ohne Ersatzruhetag zustande kommen könne.[1248] Die Vorschrift ist im Ergebnis europarechtskonform.

b) Abweichungen durch die Kollektivparteien, § 12 ArbZG

Verschiedene Möglichkeiten zur Abweichung durch Tarifvertrag oder in einer Betriebs- oder Dienstvereinbarung aufgrund eines Tarifvertrags enthält überdies § 12 ArbZG. Die Abweichungsmöglichkeiten beschränken sich aber auf Abweichungen von § 11 ArbZG. Die Tarifvertragsparteien bzw. auf Grundlage des Tarifvertrags die Betriebs- oder Dienstparteien haben in bestimmten Bereichen innerhalb vorgegebener Grenzen verschiedene Gestaltungsoptionen, u.a. die Verringerung der beschäftigungsfreien Sonntage (S. 1 Nr. 1). Dies dient den Besonderheiten der dort genannten Betriebe und Tätigkeiten.[1249] Durch die Abweichungsmöglichkeiten für die Tarifvertragsparteien und die Betriebspartner wird die Arbeitszeit in den entsprechenden Betrieben bedarfsorientiert flexibilisiert, indem unter bestimmten Voraussetzungen auch Sonntagsarbeit möglich ist. Der Gesundheitsschutz der Arbeitnehmer ist dabei aber hinreichend zu berücksichtigen.[1250; 1251]

1246 EAS/*Balze*, 215. EL 2019, B 3100 Rn. 139; Preis/Sagan/*Ulber, D.*, EuArbR, 2. Aufl. 2018, § 7 Rn. 7177; vgl. auch *Schubert*, GesR 2012, 326 (329 f.), der zu 20 Tagen ohne Pause am Stück kommt.

1247 *Baeck/Deutsch/Winzer*, ArbZG, 4. Aufl. 2020, § 11 Rn. 19, 3; Franzen/Gallner/Oetker/*Gallner*, EuArbR, 4. Aufl. 2022, Art. 16 RL 2003/88/EG Rn. 3.

1248 Insb. Franzen/Gallner/Oetker/*Gallner*, EuArbR, 4. Aufl. 2022, Art. 16 RL 2003/88/EG Rn. 3; s. auch *Baeck/Deutsch/Winzer*, ArbZG, 4. Aufl. 2020, § 11 Rn. 19; ebenfalls für die Richtlinienkonformität: Buschmann/Ulber/*Ulber, J.*, ArbZR, 1. Aufl. 2019, § 11 ArbZG Rn. 32; ErfK/*Roloff*, 22. Aufl. 2022, § 11 ArbZG Rn. 4.

1249 BT-Drs. 12/5888, S. 30.

1250 *Baeck/Deutsch/Winzer*, ArbZG, 4. Aufl. 2020, § 10 Rn. 5.

1251 Nach § 12 S. 2 ArbZG sind § 7 Abs. 3–6 ArbZG anwendbar, sodass die Abweichungen auch in nicht tarifgebundenen Betrieben (Abs. 3), Kirchen und öffentlich-rechtlichen Religionsgemeinschaften (Abs. 4) sowie durch Bewilligung der Aufsichtsbehörde (Abs. 5) oder Rechtsverordnung der Bundesregierung (Abs. 6) möglich sind.

Unter Umsetzung der Abweichungsmöglichkeiten, die Art. 18 ArbZRL den Tarifvertragsparteien einräumt, ist die Norm aus europarechtlicher Sicht wohl unbedenklich.[1252] Die Verfassungskonformität der Vorschrift wird hingegen angezweifelt. Vorgebracht wird der Gesetzgebungsauftrag, den Art. 139 WRV enthalte und mit dem der den Tarifvertragsparteien überlassene Spielraum zur Abweichung von der Sonn- und Feiertagsruhe nicht vereinbar sei.[1253] Vielmehr werde mittels der Regelung des § 12 ArbZG durch die Tarifautonomie das Gebot der Sonntagsruhe infrage gestellt, während der Gesetzgeber seine eigene Regelungskompetenz einschränke.[1254] Dagegen wird jedoch treffend vorgebracht, dass der Gesetzgeber mit § 9 ArbZG entschieden habe, wie er die institutionelle Garantie des Art. 140 GG i.V.m. Art. 139 WRV umsetzen wolle, wobei er außerdem ein umfassendes Ausnahmenreglement vorgesehen habe.[1255] Die Regelungsoptionen, die den Kollektivpartnern hierbei eingeräumt seien, beschränkten sich darauf, im Rahmen von zulässiger Sonn- und Feiertagsarbeit die Bedingungen hierfür zu modifizieren.[1256] Diesen Möglichkeiten seien wiederum in mehrfacher Hinsicht Grenzen gesetzt (Mindestanzahl arbeitsfreier Sonntage, Festlegung der Tätigkeitsbereiche).[1257] Den Tarifvertragsparteien steht daher ein nur sehr eingeschränkter Spielraum zu, der den Gesetzgebungsauftrag sowie die institutionelle Garantie aus Art. 140 GG i.V.m. Art. 139 WRV keineswegs aushöhlt oder unterläuft. § 12 ArbZG ist folglich mit höherrangigem Recht vereinbar.

1252 *Baeck/Deutsch/Winzer*, ArbZG, 4. Aufl. 2020, § 12 Rn. 3; HK-ArbZR/*Schaumberg*, 2. Aufl. 2018, § 12 ArbZG Rn. 3.

1253 *Kuhr*, DB 1994, 2186 (2188); vgl. Buschmann/Ulber/*Ulber, J.*, ArbZR, 1. Aufl. 2019, § 12 ArbZG Rn. 2.

1254 *Kuhr*, DB 1994, 2186 (2188); vgl. Buschmann/Ulber/*Ulber, J.*, ArbZR, 1. Aufl. 2019, § 12 ArbZG Rn. 2, der im Wege der verfassungskonformen Auslegung der Norm dazu kommt, dass nur solche Kollektivvereinbarungen zulässig seien, die den Schutz der Sonn- und Feiertagsruhe stützten oder die Arbeitsbedingungen i.S.d. Günstigkeitsprinzips verbesserten.

1255 *Baeck/Deutsch/Winzer*, ArbZG, 4. Aufl. 2020, § 12 Rn. 4; HK-ArbZR/*Schaumberg*, 2. Aufl. 2018, § 12 ArbZG Rn. 2; *Schliemann*, ArbZG, 4. Aufl. 2020, § 12 Rn. 5; s. auch *Anzinger/Koberski*, ArbZG, 5. Aufl. 2020, § 12 Rn. 3f.

1256 *Baeck/Deutsch/Winzer*, ArbZG, 4. Aufl. 2020, § 12 Rn. 4; *Roggendorff*, ArbZG, § 12 Rn. 8; *Schliemann*, ArbZG, 4. Aufl. 2020, § 12 Rn. 5.

1257 *Erasmy*, NZA 1995, 97 (103); *Baeck/Deutsch/Winzer*, ArbZG, 4. Aufl. 2020, § 12 Rn. 4, die sogar annehmen, dass § 12 ArbZG überhaupt nicht notwendig sei, da entsprechende Regelungsbefugnisse der Tarifvertragsparteien bereits aus der Tarifautonomie (Art. 9 Abs. 3 GG) folgten.

c) *Potential der Abweichungsmöglichkeiten*

Auf den ersten Blick liegt Potential zur flexiblen Gestaltung in den verschiedenen Abweichungsmöglichkeiten, die das ArbZG von dem Verbot der Sonn- und Feiertagsbeschäftigung kennt – in vielen Fällen wird Sonn- und Feiertagsbeschäftigung gestattet, sei es durch Gesetz oder, bedarfsgerecht und auf „kleinerer“ Ebene, durch die Kollektivpartner. Der Sonn- und Feiertagsschutz des deutschen Rechts ist demnach nicht absolut, denn trotz institutioneller Garantie sind Ab- und Aufweichungen zulässig, zweckmäßig und stellenweise zur Absicherung anderer verfassungsrechtlich geschützter Rechte und Rechtsgüter geboten. Raum für Ausnahmen und Abweichungen lässt das europäische Recht allemal, der strengere Maßstab ist hier die deutsche Verfassung.

3. *Die deutschen Regelungen sind streng*

Es bleibt damit festzuhalten: Das deutsche Recht hat die wöchentliche Ruhezeit im Kern denkbar streng, sogar starr, umgesetzt, indem es mit dem Sonntag einen festen Ruhetag pro Woche vorschreibt. Dass dies nicht flexibel ist, liegt auf der Hand, insbesondere im Vergleich mit den europarechtlichen Vorschriften und ihrer weiten (beinahe nicht mehr nachvollziehbaren) Auslegung hinsichtlich der Lage des einen Ruhetags pro Woche durch den EuGH. Abweichungsmöglichkeiten und Ausnahmeregelungen kennt das deutsche ArbZG jedoch auch und durchbricht das feste Prinzip der Sonn- und Feiertagsruhe damit an vielen Stellen; mitunter sind dafür auch wirtschaftliche Gründe ausreichend. Damit mutet das Reglement bereits weniger unflexibel an. Zu berücksichtigen ist dennoch, dass der Sonn- und Feiertagsschutz verfassungsrechtlich wie einfachgesetzlich hochgehalten wird und auch bei der Anwendung der Ausnahmebestimmungen des Gesetzes immer mit großem Gewicht zu berücksichtigen ist.

III. Die Regelungen zur wöchentlichen Ruhezeit in anderen Mitgliedstaaten

Laut dem Umsetzungsbericht der Europäischen Kommission hat sich bei der Umsetzung der Vorgaben zur wöchentlichen Ruhezeit die Hälfte der Mitgliedstaaten an den Mindestvorgaben der Richtlinie orientiert, während andere Staaten den Arbeitnehmern durchaus auch längere Ruheperioden pro Woche einräumen.[1258] Obwohl die Richtlinie keine feste Sonntagsruhe mehr vorschreibt,

---

1258 *Europäische Kommission*, SWD(2017) 204 final, S. 12 mit den Verweisen auf die entsprechenden Staaten.

halten viele Mitgliedstaaten ebenso wie Deutschland weiterhin daran fest.[1259] Dennoch wird die wöchentliche Ruhezeit nicht überall so streng gehandhabt wie in Deutschland. Teilweise ist Sonntagsarbeit generell erlaubt bzw. nicht explizit verboten, so bspw. in Spanien und Portugal.[1260] Folgend soll zunächst Österreich als Mitgliedstaat betrachtet werden, der eine der deutschen Regelung vergleichbar strenge Festlegung geschaffen hat (1.). Interessant ist die schwedische Regelung, wonach die wöchentliche Ruhezeit „nach Möglichkeit" am Wochenende genommen werden soll (2.). Keine Sonntagsruhe kennt demgegenüber das Arbeitszeitrecht des Vereinigten Königreichs (3.).

1. *Wöchentliche Ruhezeit als Wochenendruhe in Österreich*

Im AZG selbst ist keine Sonn- und Feiertagsruhe vorgesehen. Für die meisten Arbeitnehmer entfaltet hinsichtlich der wöchentlichen Ruhezeit allerdings das Arbeitsruhegesetz (ARG) Wirkung, das die wöchentliche Ruhezeit in Wochenendruhe und Wochenruhe differenziert (a)) sowie Ausnahmen von der Grundregelung und Sonderbestimmungen für bestimmte Bereiche enthält (b)).

a) *Wochenendruhe nach § 3 ARG*

Zwar regelt das AZG mit § 12 Abs. 3, 4 die mindestens 36 Stunden betragende, ununterbrochene Wochenruhe der Arbeitnehmer, ohne hierfür einen festen Tag o.ä. vorzusehen, sowie Abweichungen für den Fall des Schichtwechsels oder durch Verordnung, wenn es aus betrieblichen Gründen notwendig ist. Jedoch hat die Norm in der Rechtspraxis kaum oder keine Bedeutung mehr, da stattdessen das ARG für die meisten Arbeitnehmer Geltung entfaltet, s. § 31 Abs. 2 Nr. 3 ARG.[1261] Zentral ist § 3 Abs. 1 ARG, wonach der Grundsatz der Wochenendruhe gilt. Demnach hat jeder Arbeitnehmer in jeder Kalenderwoche Anspruch auf eine ununterbrochene Ruhezeit von 36 Stunden, die den Sonntag einschließen muss und während derer eine Beschäftigung nur unter bestimmten Voraussetzungen zulässig ist. Mit § 3 Abs. 2 ARG werden die Regelungen aber noch strenger ausgestaltet, indem vorgeschrieben wird, dass die Wochenendruhe für alle Arbeitnehmer spätestens am Samstag um 13 Uhr zu beginnen habe. Bei notwendigen Abschlussarbeiten etc. darf der Beginn auch zwei Stunden später liegen.

1259 *Europäische Kommission*, SWD(2017) 204 final, S. 12.

1260 *Baeck/Deutsch/Winzer*, ArbZG, 4. Aufl. 2020, Vorbem. zu §§ 9–13 Rn. 22.

1261 Auer-Mayer/Felten/Pfeil/*Pfeil*, AZG ÖR, 4. Aufl. 2019, § 12 Rn. 14.

Des Weiteren regelt § 4 ARG die Wochenruhe für solche Arbeitnehmer, die am Wochenende zulässigerweise beschäftigt werden (s.u.). Für die betroffenen Arbeitnehmer ist in jeder Kalenderwoche eine durchgängige Ruhezeit von 36 Stunden einzuhalten ist, die einen ganzen Wochentag einzuschließen hat.[1262]

b) Abweichungsmöglichkeiten und Sonderbestimmungen

Das ARG enthält eine Vielzahl von Abweichungsmöglichkeiten von der Wochenendruhe. In § 10 ARG sind bspw. gesetzliche Abweichungen für bestimmte Reinigungstätigkeiten (Nr. 1) oder für Arbeiten, die dem Brandschutz dienen (Nr. 3), vorgesehen. Der Katalog ist dabei weniger umfangreich als der des deutschen § 10 ArbZG. Für Schichtarbeit enthält darüber hinaus § 5 ARG Sonderregelungen, die ausdrücklich eine Kürzung der wöchentlichen Ruhezeit gestatten. Selbstverständlich bestehen auch im österreichischen Recht mit § 11 ARG Abweichungsmöglichkeiten für außergewöhnliche Fälle. Das ARG lässt darüber hinaus Ausnahmen zu: durch Verordnungen, §§ 12, 13, 14, durch Kollektivvertrag, § 12a, bei vorübergehend auftretendem besonderen Arbeitsbedarf durch Betriebsvereinbarung, § 12b, sowie für bestimmte Sonder- und Einzelfälle, §§ 13a, 15.

All diese Abweichungen stehen unter verschiedenen Vorbehalten. So müssen bspw. solche Ausnahmen, die nach § 12 ARG durch Verordnung für bestimmte Tätigkeiten erlaubt werden können, weitestgehend notwendig o.ä. sein, und die Ausnahmen durch Kollektivvertrag nach § 12a Abs. 1 ARG müssen zur Verhinderung eines wirtschaftlichen Nachteils erforderlich sein. Nach § 2 Abs. 2 ARG darf im Rahmen aller Abweichungen nach §§ 10–18 ARG „nur die unumgänglich notwendige Anzahl von Arbeitnehmern beschäftigt werden", sodass die Ausnahmen im Grunde nur im kleinstmöglichen Umfang realisiert werden dürfen. Vieles spricht also dafür, dass das Abweichungsprogramm der ARG eine restriktive Handhabe erfordert. Wird ein Arbeitnehmer während der wöchentlichen Ruhezeit (Wochenend- oder Wochenruhe) beschäftigt, hat er schließlich auch Anspruch auf eine Ersatzruhe, die in der folgenden Arbeitswoche zu gewähren und auf seine Wochenarbeitszeit anzurechnen ist, § 6 Abs. 1 ARG. Sonderbestimmungen enthält das Gesetz schließlich noch für Märkte und Messen, §§ 16, 17 ARG, und Verkaufsstellen in Bahnhöfen etc., § 18 ARG. Für Arbeitnehmer in Verkehrsbetrieben gelten wiederum eigene Regelungen, § 19 ARG, ebenso für

---

1262 § 6a ARG, wonach in die wöchentliche Ruhezeit nur zweimal im Monat Rufbereitschaft fallen darf, betont den Stellenwert der Wochenendruhe im österreichischen Arbeitszeitrecht.

Zugpersonal, § 19a ARG, und Arbeitnehmer in Apotheken und Anstaltsapotheken, § 21 ARG, sowie im Bewachungsgewerbe, § 22 ARG. Für manche der genannten Bereiche werden auch den Kollektivvertragsparteien in festgelegten Grenzen Regelungsbefugnisse eingeräumt.

c) Dem deutschen Recht ähnlich

Insgesamt zeigt sich eine Regelung der Wochenendruhe, deren Stellenwert hoch und die dem deutschen Recht ähnlich ist. Tatsächlich sind insbesondere die Grundregelungen, die einen Startzeitpunkt der Ruhezeit am Samstag festlegen, sogar strenger und (noch) weniger flexibel als die des deutschen ArbZG. Zwar findet sich auch im ARG ein umfassendes Abweichungsreglement, dieses ist jedoch streng und restriktiv umzusetzen, da es enge Vorgaben für die Abweichungsoptionen vorgibt. Vorzüge gegenüber dem deutschen Abweichungssystem stechen dabei nicht heraus.

*2. Wöchentliche Ruhezeit (*veckovila*) „nach Möglichkeit" als Wochenendruhe in Schweden*

Das schwedische Arbeitszeitrecht setzt das europäische Recht in der Grundregelung in einer wöchentlichen Ruhezeit von 36 Stunden (a)) mit Abweichungsmöglichkeiten (b)) um.

a) „Wochenurlaub" gem. § 14 ATL

Eine etwas lockerere Regelung kennt das schwedische Arbeitszeitrecht. Im Arbeitszeitgesetz (*Arbetstidslagen* (ATL)) ist der Anspruch der Arbeitnehmer auf mindestens 36 Stunden Wochenurlaub, so die Bezeichnung im schwedischen Recht, in einem Zeitraum von sieben Tagen festgelegt, § 14 Abs. 1 S. 1 ATL. Damit ist die Mindestvorgabe der ArbZRL umgesetzt. Dem Arbeitgeber obliegt die Verantwortung dafür, dass der Arbeitnehmer die ihm zustehende Ruhezeit bekommt und nimmt.[1263] Die schwedische Regelung stellt in § 14 Abs. 1 S. 2 ATL klar, dass zu der wöchentlichen Ruhezeit nicht die Zeit zählt, in der sich der Arbeitnehmer nicht am Arbeitsplatz aufhält, aber zur Verfügung des Arbeitgebers stehen muss, um bedarfsgemäß die Arbeit aufnehmen zu können. Es ist daher nach dieser Regelung nicht möglich, Bereitschaftsdienst (das wäre europarechtlich auch nicht zulässig) oder Rufbereitschaft in die Ruhezeit zu legen,

1263 *Ledarna.se*, Arbetstid, abrufbar unter: https://www.ledarna.se/stod-i-chefsrollen/arbetsratt/arbetstid/, letzter Abruf: 17.9.2022.

selbst wenn die Ruhezeit nicht tatsächlich durch einen Arbeitseinsatz unterbrochen wird.[1264] Mit letzterer Regelung setzt das schwedische Arbeitszeitrecht das Europarecht überschießend um, denn nach Rechtsprechung des EuGH ist lediglich im Rahmen von Ausgleichsruhezeiten nach Artt. 17, 18 ArbZRL die Anordnung von Rufbereitschaft untersagt (s. Gliederungspunkt § 3 B) I. 3. c) aa) (1)).

§ 14 Abs. 2 ATL schreibt nun vor, dass die wöchentliche Ruhezeit bzw. der Wochenurlaub „nach Möglichkeit" (*så långt möjligt*) an einem Wochenende (*veckoslut*) genommen werden soll. Damit steht also weder der Sonntag als Ruhetag besonders im Fokus der Regelung, noch ist die Wochenendruhe an sich in Stein gemeißelt. Dass der arbeitsfreie Sonntag damit einen geringeren Stellenwert als im Recht der meisten Mitgliedstaaten einnimmt, bestätigt auch die Tatsache, dass es in Schweden kein Ladenschlussgesetz gibt, sodass Sonn- und Feiertagsarbeit (regelmäßig mit Zuschlägen in der Vergütung) grundsätzlich zulässig ist.[1265] Die Lage der wöchentlichen Ruhezeit ist also flexibler als in Deutschland. In der präferierten Lage am Wochenende ist dennoch in gewisser Weise der kollektive Aspekt der Sonntagsruhe zu erkennen, der dem deutschen Recht zugrunde liegt, da so möglichst viele Arbeitnehmer gleichzeitig am Wochenende freihaben.

Schließlich folgt zur Lage des Wochenurlaubs: Der Siebentageszeitraum entspricht zwar in der Regel der Kalenderwoche, es ist aber auch möglich, diesen auf jeden anderen Zeitraum zu legen.[1266] Relevant ist nur, dass der freie Wochentag im Voraus festgelegt und eingeplant ist, damit der Arbeitnehmer weiß, wann er Freizeit hat.[1267] Dabei muss der freie Tag jedoch nicht immer am selben Tag gewährt werden, sondern kann bspw. auch am Anfang und am Ende des Siebentageszeitraums liegen, wobei der längste Abstand zwischen den freien Tagen elf Tage betragen darf.[1268] Damit ist es z.B. auch möglich, den Urlaub für zwei Zeiträume zusammenzufassen und so dem Arbeitnehmer einen längeren

---

1264 *Ledare.se*, Veckovila, 31.10.2018, abrufbar unter: https://www.ledare.se/arbetsraett-foer-ledare/arbetstider/artikel/Veckovila, letzter Abruf: 17.9.2022.

1265 S. Henssler/Braun/*Kurz*, ArbR in Europa, 3. Aufl. 2011, Schweden Rn. 60.

1266 *Ledare.se*, Veckovila, 31.10.2018, abrufbar unter: https://www.ledare.se/arbetsraett-foer-ledare/arbetstider/artikel/Veckovila, letzter Abruf: 17.9.2022.

1267 *Ledare.se*, Veckovila, 31.10.2018, abrufbar unter: https://www.ledare.se/arbetsraett-foer-ledare/arbetstider/artikel/Veckovila, letzter Abruf: 17.9.2022.

1268 *Ledare.se*, Veckovila, 31.10.2018, abrufbar unter: https://www.ledare.se/arbetsraett-foer-ledare/arbetstider/artikel/Veckovila, letzter Abruf: 17.9.2022; *Ledarna.se*, Arbetstid, abrufbar unter: https://www.ledarna.se/stod-i-chefsrollen/arbetsratt/arbetstid/, letzter Abruf: 17.9.2022.

zusammenhängenden arbeitsfreien Zeitraum zu gewährleisten.[1269] Auch dies ist günstiger als das europarechtlich Zulässige.

b) *Abweichungsmöglichkeiten*

Dass Abweichungsmöglichkeiten für Notfälle bzw. unter besonderen Umständen bestehen, überrascht nicht. So gestattet § 14 Abs. 3 ATL vorübergehende Abweichungen von der Einräumung der wöchentlichen Ruhezeit für den Fall, dass dies auf einem besonderen Umstand beruht, der für den Arbeitgeber im Voraus nicht zu erkennen war – sofern der Arbeitnehmer dafür einen gleichwertigen Ausgleichsurlaub erhält.[1270] Daneben steht auch auf kollektivrechtlicher Ebene die Möglichkeit offen, Abweichungen von der Vorgabe zur wöchentlichen Ruhezeit vorzusehen. § 3 Abs. 1 S. 1 ATL sieht die Möglichkeit vor, Abweichungen durch einen von einer zentralen Arbeitnehmerorganisation geschlossen oder genehmigten Tarifvertrag zu vereinbaren.[1271] Einschränkend stellt das Gesetz mit § 3 Abs. 4 ATL aber für die Zulässigkeit der Abweichungen – deklaratorisch – auf die Vorgaben der ArbZRL ab. Die Ausnahmen sind nur dann gestattet, wenn für die Arbeitnehmer hierdurch nicht ungünstigere Bedingungen eintreten, als die Richtlinie vorgibt, ansonsten sind entsprechende Vereinbarungen nichtig.

c) *Bewertung: flexibel und arbeitnehmerfreundlich*

Die schwedische Grundregelung ist durch die Optionen zur Lage der Ruhezeit bereits deutlich flexibler als die deutsche Regelung. Durch die längere Ruhezeit von 36 Stunden, die keiner direkten Kürzungsmöglichkeit auf 24 Stunden unterliegt, ist sie außerdem arbeitnehmerfreundlich. Es gibt auch hier die – nicht zuletzt aufgrund der großzügigen Rechtsprechung des EuGH – europarechtlich zulässige Möglichkeit, die Ruhezeiten zusammenzufassen und so im Ausgleich für eine längere Arbeitsperiode (von elf Tagen) auch einen längeren Wochenurlaub (72 Stunden) zu schaffen. Darüber hinaus scheint die Regelung nahezu unbürokratisch, ohne umfassenden und mitunter komplizierten

---

1269 *Ledarna.se*, Arbetstid, abrufbar unter: https://www.ledarna.se/stod-i-chefsrollen/arbetsratt/arbetstid/, letzter Abruf: 17.9.2022.

1270 Vgl. *Ledare.se*, Veckovila, 31.10.2018, abrufbar unter: https://www.ledare.se/arbetsraett-foer-ledare/arbetstider/artikel/Veckovila, letzter Abruf: 17.9.2022; *Ledarna.se*, Arbetstid, abrufbar unter: https://www.ledarna.se/stod-i-chefsrollen/arbetsratt/arbetstid/, letzter Abruf: 17.9.2022.

1271 Zum schwedischen Kollektivarbeitsrecht Henssler/Braun/*Kurz*, ArbR in Europa, 3. Aufl. 2011, Schweden Rn. 163 ff.

Ausnahmenkatalog. Der Verweis auf die Untergrenzen der ArbZRL mutet dem deutschen Rechtsanwender ungewöhnlich an, ist weitgehend deklaratorisch und sorgt nicht ohne Weiteres für Rechtssicherheit.

3. *Wöchentliche Ruhezeit* (weekly rest) *in Großbritannien*

Gänzlich von der Sonn- und Feiertagsruhe gelöst hat sich das britische Recht. Das ist vor historischem Hintergrund auch nur konsequent, denn das Vereinigte Königreich hatte die Nichtigkeit der Vorgängerrichtlinie RL 93/104/EG u.a. in Bezug auf die Festlegung einer Sonntagsruhe angestrebt, was der Grund dafür ist, dass in der ArbZRL keine Sonntagsruhe mehr vorgesehen ist.[1272] Wie auch sonst im Arbeitszeitrecht üblich, regelt das britische Recht zunächst die Grundsätze zur wöchentlichen Ruhezeit WTR 1998 Reg. 11 (a)) und kennt auch hiervon Abweichungsmöglichkeiten (b)).

a) Wöchentliche Ruhezeit nach WTR 1998 Reg. 11

Die WTR enthalten die Grundregelung zur wöchentlichen Ruhezeit in Reg. 11 (1), die 24 Stunden ununterbrochene Ruhezeit pro Siebentageszeitraum vorschreibt. Diese 24 Stunden dürfen nicht die tägliche Ruhezeit beinhalten, WTR 1998 Reg. 11 (7), was bedeutet, dass diese noch hinzugerechnet wird und es insgesamt zu einer Ruhezeit von 35 Stunden pro Woche kommt.[1273] Die Nichtgewährung der täglichen Ruhezeit ist nur dann möglich, wenn objektive oder technische oder arbeitsorganisatorische Gründe dies rechtfertigen.

Der britische Gesetzgeber hat des Weiteren die durch Art. 16 lit. a) ArbZRL eröffnete Möglichkeit zur Verwendung längerer Bezugszeiträume genutzt. Das Gesetz ermöglicht es dem Arbeitgeber, die Ruhezeit als zwei jeweils ununterbrochene Zeiträume von mindestens 24 Stunden innerhalb von 14 Tagen zu gewährleisten oder auch als einen Zeitraum von mindestens 48 Stunden innerhalb eines 14-Tages-Zeitraums, WTR 1998 Reg. 11 (2). Dabei fallen jedoch die elf bzw. 22 Stunden der zu addierenden täglichen Ruhezeit weg.

Der Beginn des Siebentageszeitraums bzw. des 14-Tages-Zeitraums ist in einer einschlägigen Vereinbarung festzulegen. Sollte eine solche fehlen, beginnt dieser mit (jedem zweiten) Wochenbeginn, WTR 1998 Reg. 11 (4), der auf Montag um 0 Uhr fällt, WTR 1998 Reg. 11 (6).

1272 EuGH, Urt. v. 12.11.1996 – C-84/94 – *Vereinigtes Königreich/Rat*, NZA 1997, 23.

1273 Tolley's Empl. HdB/ *Wallington*, 28. Aufl. 2014, Chap. 56.16.

b) Abweichungsmöglichkeiten

Für die Abweichungen von der wöchentlichen Ruhezeit gilt WTR 1998 Reg. 21, der im Grunde die Richtlinie wörtlich übernimmt und bestimmte Regelungen für die dort genannten Arbeitnehmer oder Tätigkeiten und Bereiche für unanwendbar erklärt. Wie in den anderen betrachteten mitgliedstaatlichen Ruhezeitregelungen gibt es von der wöchentlichen Ruhezeit abweichende Regelungen für Schichtarbeiter, WTR 1998 Reg. 22: Bei einem Schichtwechsel, aufgrund dessen die Gewährung der wöchentlichen Ruhezeit zwischen dem Ende einer Schicht und dem Beginn der nächsten Schicht nicht möglich ist, ist die Regelung nicht anwendbar. Das gleiche gilt für Arbeitnehmer, deren Arbeitszeit über den Tag verteilt ist. Die Ausnahmemöglichkeit durch Tarifverträge und Sozialpartner nach WTR 1998 Reg. 23 gilt ebenfalls für die wöchentliche Ruhezeit. Auch hier greift WTR 1998 Reg. 24 hinsichtlich der Ausgleichsruhezeiten oder eines anderen angemessenen Schutzes ein.

c) Mehr Flexibilität durch nicht festgelegte Ruhetage

Die Grundregelung des britischen Rechts erlaubt mehr Flexibilität, da der freie Wochentag nicht an einem Sonntag liegen muss; auch lässt die verhältnismäßig knappe Regelung nicht den Schluss zu, dass für den Arbeitnehmer immer derselbe Wochentag frei zu sein hat. Eingeschränkt wird die Flexibilität in gewissem Maße durch die festeren Bezugszeiträume, die mit den Kalenderwochen übereinstimmen – es sei denn eine andere Vereinbarung wurde getroffen. Die Abweichungsmöglichkeiten sind wiederum wenig kreativ, sondern orientieren sich fast wortlautgleich an der ArbZRL.

IV. Abschaffung oder Einschränkung der Sonntagsruhe?

Die deutsche Regelung zur wöchentlichen Ruhezeit erfährt aufgrund ihrer strengen Vorgaben Kritik und steht für einige Autoren auf der Suche nach Flexibilität (teilweise) zur Debatte.[1274] Denn im Sinne der Digitalisierung und der entgrenzten Arbeit sei es in vielen Fällen auch im Interesse der Beschäftigten, das Arbeitsverbot an Sonn- und Feiertagen aufzuweichen.[1275] Das ermögliche eine

---

1274 *Baeck/Winzer*, NZA 2020, 96 (101); *Bayreuther*, NZA-Beilage 2018, 103 (106); *Bissels/Meyer-Michaelis*, DB 201, 2331 (2334); *Freyler*, Arbeitszeit- und Urlaubsrecht im Mobile Office, S. 208 f.; *Greiner*, ZfA 2017, 469; *Günther/Böglmüller*, NZA 2015, 1025 (1028); *Hanau, H.*, NJW 2016, 2613 (2617); *Henssler*, FS Moll, S. 233 (248); *Jacobs*, NZA 2016, 733 (737).

1275 S. nur *Günther/Böglmüller*, NZA 2015, 1025 (1028).

flexiblere Anpassung der freien Tage an die eigenen und familiären Bedürfnisse der Arbeitnehmer, insbesondere bei Arbeit im Mobile Office oder im Homeoffice.[1276] Dass einer „Freigabe" des Sonntags die ArbZRL entgegenstünde, ist nach den oben dargelegten Erwägungen (in dieser Absolutheit) offensichtlich nicht korrekt, gewährt werden muss nur irgendein freier Tag innerhalb eines Zeitraums von sieben Tagen.[1277] An welchem Wochentag hingegen dieser liegen muss, ist in der Richtlinie nicht vorgegeben.

1. Vorzüge einer flexibleren Lage des Ruhetags

Der weitestgehende Vorschlag zur Flexibilisierung der wöchentlichen Ruhezeit ist die gänzliche Freigabe des Ruhetags zur Disposition der Arbeitsvertragsparteien, also die Möglichkeit, die Lage des wöchentlichen Ruhetags flexibel zu wählen, wie dies bspw. in Großbritannien üblich ist. Dies erscheint bei erster Betrachtung attraktiv. Denn die Berufsausübungsfreiheit des Art. 12 Abs. 1 GG wäre im höchsten Maße gesichert, eine Anpassung an individuelle Bedürfnisse der Arbeitnehmer wäre ohne Weiteres möglich, sodass auch der Allgemeinen Handlungsfreiheit gem. Art. 2 Abs. 1 GG Rechnung getragen würde, und der durch die Sonntagsruhe (mit-)bezweckte Schutz der Religionsausübungsfreiheit nach Art. 4 Abs. 1, 2 GG wäre deshalb nicht eingeschränkt, weil der Arbeitnehmer immer noch den Sonntag als freien Tag wählen könnte, um Zeit für die Religionsausübung zu haben.[1278] Somit würden in dieser Hinsicht verfassungsrechtliche bzw. grundrechtliche Bedenken nicht entgegenstehen. Zu berücksichtigen ist aber, dass dies mit der kollektiven Komponente, die das BVerfG aus verschiedenen Gesichtspunkten hervorhebt,[1279] nicht vereinbar wäre.

Nach dem Vergleich mit anderen Mitgliedstaaten wäre es daher möglicherweise sinnvoll, den freien Tag z.B. auf das Wochenende zu legen, wie es in Schweden gehandhabt wird, um so die kollektive Komponente des Sonntagsschutzes, das Interesse der Allgemeinheit an einheitlicher Gewährleistung eines gemeinsamen freien Tages, zu wahren. Eine solche Regelung wäre nicht nur flexibler als die feste Sonntagsruhe, sondern würde auch etwaigen Bedenken in Bezug auf Art. 6 Abs. 1 GG begegnen, der andernfalls deshalb beeinträchtigt sein könnte, weil Familienmitglieder mit verschiedenen wöchentlichen Ruhetagen ihre

1276 *Hanau, H.*, NJW 2016, 2613 (2617); *Jacobs*, NZA 2016, 733 (737).

1277 So aber *Wiebauer*, NZA 2016, 1430 (1434).

1278 Zur Religionsausübungsfreiheit *Freyler*, Arbeitszeit- und Urlaubsrecht im Mobile Office, S. 212 m.w.N.

1279 BVerfG, Urt. v. 1.12.2009 – 1 BvR 2857/07 u.a., NVwZ 2010, 570 Rn. 145.

Freizeit nicht zusammen verbringen könnten.[1280] Auch die anderen durch die institutionelle Garantie des Sonntagsschutzes gesicherten Grundrechte könnten so auch in kollektiver Komponente zur Entfaltung gelangen.

2. *Verfassungsrechtliche Grenzen*

Viel muss allerdings nicht zur Zulässigkeit solcher Vorhaben gesagt werden. Eine Lockerung in den im vorgehenden Abschnitt beschriebenen Weisen wird durch die institutionelle Garantie des Sonn- und Feiertagsschutzes gem. Art. 140 GG i.V.m. Art. 139 WRV verhindert. Die Verfassung sichert hiermit unverrückbar und ausdrücklich den arbeitsfreien Sonntag. Ein individueller Ruhetag pro Woche oder nur eine flexiblere Lage am Wochenende würde folglich der institutionellen Garantie widersprechen, der Schutz des Sonntags würde ausgehebelt.[1281] Soweit einschränkbar ist diese Garantie auch nicht im Rahmen der dem Gesetzgeber eingeräumten Gestaltungsbefugnisse. Notwendig, um entsprechende Änderungen des ArbZG umzusetzen, wäre also eine Verfassungsänderung.

3. *Erweiterung des Ausnahmenkatalogs?*

Schließlich ist es aber auch im verfassungsrechtlich zulässigen Rahmen nicht versperrt, über ein zumindest etwas flexibleres Reglement nachzudenken.[1282] Dabei ist im Rahmen des Gestaltungsspielraums des Gesetzgebers bei der Umsetzung des Sonn- und Feiertagsschutzes nach der institutionellen Garantie des Art. 140 GG i.V.m. Art. 139 WRV zu berücksichtigen, dass sich mit voranschreitenden Zeiten – auch in Folge von Digitalisierung und Arbeiten 4.0 –gesellschaftliche Strukturen und Bedürfnisse verändern. Kurz gesagt:

> „Was im Einzelnen mit der Sonn- und Feiertagsruhe verträglich ist, kann sich im Übrigen mit Blick auf die in der Gesellschaft verbreiteten Anschauungen, Gewohnheiten und Lebens- und Arbeitsbedingungen erheblich wandeln.“[1283]

1280 *Freyler*, Arbeitszeit- und Urlaubsrecht im Mobile Office, S. 212 m.w.N.: Die Beeinträchtigung von Art. 6 Abs. 1 GG kann aber auch dadurch ausgeräumt werden, dass den Arbeitnehmern selbst zusteht, den freien Tag zu wählen.

1281 *Freyler*, Arbeitszeit- und Urlaubsrecht im Mobile Office, S. 213; vgl. auch *Bayreuther*, NZA-Beilage 2018, 103 (106); *Jacobs*, NZA 2016, 733 (737); *Wiebauer*, NZA 2016, 1430 (1434). Die Rspr. ist hier streng, vgl. nur BVerfG, Urt. v. 1.12.2009 – 1 BvR 2857/07 u.a., NVwZ 2010, 570; BVerwG, Urt. v. 26.11.2014 – 6 CN 1/13, NVwZ 2015, 590.

1282 *Freyler*, Arbeitszeit- und Urlaubsrecht im Mobile Office, S. 213 ff.; *Greiner*, ZfA 2015, 469 (492 ff.); *Jacobs*, NZA 2016, 733 (737); *Wiebauer*, NVwZ 2015, 543 (547).

1283 *Jacobs*, NZA 2016, 733 (737) mit Verweis auf *Wiebauer*, NVwZ 2015, 543.

Es wird daher bspw. über die Schaffung einer Ausnahme für Arbeit im Mobile Office nachgedacht, u.a. unter der Voraussetzung, dass nicht der Arbeitgeber die Arbeitstage vorgibt, sondern die Arbeitnehmer selbstbestimmt arbeiten, also die Entscheidungsgewalt darüber haben, ob sie an Sonntagen arbeiten.[1284] Außerdem schlagen einige Autoren vor, das Tätigkeitsverbot an Sonntagen für Callcenter aufzuheben oder einzuschränken, da die meisten anderen Arbeitnehmer an Sonn- und Feiertagen gerade die Zeit haben, erforderliche Telefonate zu führen, die eventuell mit Zeit in Warteschleifen einhergehen.[1285]

Greiner hat in diesem Kontext unter ausführlicher Abwägung betroffener Grundrechtspositionen einen Kriterienkatalog herausgearbeitet, der, so denn alle Kriterien erfüllt sind, einen legitimen Grund für die Beschränkung der Sonn- und Feiertagsarbeit entfallen lasse.[1286] Sonn- und Feiertagsarbeit ist demnach dann zulässig, wenn die Tätigkeit nicht störend in der Öffentlichkeit bemerkbar ist, das Regel-Ausnahme-Verhältnis zwischen Sonntagsruhe und Sonntagsarbeit gewahrt bleibt, ein Bedürfnis für die Arbeit besteht sowie der arbeitsrechtliche Schutzzweck des Sonntagsschutzes nicht beeinträchtigt wird.[1287] Für letztere Voraussetzung ist erforderlich, dass der Arbeitnehmer autonom entscheiden darf, ob er an einem Sonntag arbeiten möchte.[1288] Gerade dieser letzte Punkt kann aber in der Praxis durchaus problematisch werden, wenn Arbeitgeber bspw. erwarten, dass Arbeitnehmer die ihnen eröffnete Möglichkeit zur Sonntagsarbeit auch tatsächlich nutzen und entsprechenden Druck auf ihre Belegschaft bzw. den einzelnen Beschäftigten ausüben.[1289] Unter Beachtung der relevanten Belange der Sonn- und Feiertagsarbeit erscheint dieser Katalog unabhängig davon insgesamt stimmig und sachgerecht. Wie bereits aufgezeigt, haben sich gesellschaftliche Bedürfnisse und Erwartungen an die Arbeit und in diesem Kontext zwangsläufig auch an die Sonn- und Feiertagsruhe gewandelt – dem hat der Gesetzgeber Rechnung zu tragen. Das gelingt nur unter Abwägung der infragestehenden Grundrechtspositionen, wobei sowohl die Schutzgarantie des Art. 140 GG i.V.m. Art. 139 WRV und die hierdurch gesicherten Grundrechte

1284 *Freyler*, Arbeitszeit- und Urlaubsrecht im Mobile Office, S. 213 ff.; abl. *Krause*, Gutachten 71. DJT, S. B 48.

1285 *Greiner*, ZfA 2015, 469 (492 ff.) auch ausf. zu der Legitimation durch das Bedürfnis der Bevölkerung (508 ff.); *Jacobs*, NZA 2016, 733 (737); s. auch *Wiebauer*, NVwZ 2015, 543 (547).

1286 *Greiner*, ZfA 2015, 469 (513).

1287 *Greiner*, ZfA 2015, 469 (513).

1288 *Greiner*, ZfA 2015, 469 (513).

1289 S. zu Recht insb. *Freyler*, Arbeitszeit- und Urlaubsrecht im Mobile Office, S. 215 f.

als auch die gegenüberstehenden Grundrechte, insbesondere Berufsausübungs- und Handlungsfreiheit, in angemessenen Ausgleich zu bringen sind. Das mag mit einem differenzierten Voraussetzungskatalog gelingen, wie er erarbeitet wurde. Besonderes Augenmerk ist dabei aber auf Arbeitnehmerschutzbelange zu legen. Auf dieser Grundlage ließen sich im Ergebnis verschiedene Tätigkeiten und Berufe, nicht nur die Arbeit in Callcentern, an Sonntagen als zulässig einordnen. Europarechtlich wäre dies unproblematisch.

V. Die Sonntagsruhe ist im deutschen Recht fest verankert

Grundlegenden Änderungen im deutschen ArbZG zur Sonn- und Feiertagsruhe steht die Verfassungsgarantie des Art. 140 i.V.m. Art. 139 WRV entgegen. Das ist insgesamt auch richtig, da der gemeinsame freie Tag als Gewährleistung für die Ausübung verschiedener grundrechtlicher Freiheiten eine hohe soziale und gesellschaftliche Bedeutung hat. Das gilt nicht nur für familiäre und freizeitliche Belange, sondern auch für demokratische Teilhabe und Rechte. Für die Freigabe des wöchentlichen Ruhetags im Rahmen des europarechtlich Zulässigen (das weit ist) müsste die Hürde der Verfassungsänderung überwunden werden. Dass dies in absehbarer Zukunft eintreten wird, ist fernliegend und auch nicht ersichtlich.[1290] Es steht dem Gesetzgeber aber unter Abwägung der betroffenen, sich gegenüberstehenden Belange durchaus zu, Änderungen für bestimmte Berufe oder Tätigkeiten vorzunehmen. Einen sinnvollen Katalog an Voraussetzungen mögen die (knapp) dargelegten Ergebnisse von *Greiner* hierbei bilden. Bedenken aus der Warte des Arbeitnehmerschutzes bestünden bei der Umsetzung in die Praxis jedoch weiterhin und sind folglich besonders zu berücksichtigen.

E) Höchstarbeitszeit

Kernthema aktueller Diskussionen um das Arbeitszeitrecht ist die Höchstarbeitszeit.[1291] Auch hier ist bereits auf den ersten Blick zu erkennen, dass die

---

1290 Auch im aktuellen Koalitionsvertrag ist von solchen Bestrebungen keine Spur. Wenn es um Arbeitszeit geht, ist die Rede von flexiblen Arbeitszeitmodellen und Abweichungen von der täglichen Höchstarbeitszeit, s. *SPD, Bündnis 90/Die Grünen und FDP*, Koalitionsvertrag 20. Legislaturperiode, Mehr Fortschritt wagen, S. 54.

1291 In der aktuellen Diskussion z.B.: *Baeck/Winzer*, NZA 2020, 96 (100 f.); *Bayreuther*, NZA-Beilage, 103 (106); *Bissels/Krings*, NJW 2016, 3418 (3419); *Bissels/Meyer-Michaelis*, DB 2015, 2331 (2333); *Günther/Böglmüller*, NZA 2015, 1025 (1028); *Henssler*, FS Moll, S. 235 (244 f.); *Jacobs*, NZA 2016, 733 (736); *Kolbe*, ZfA 2021, 216

ArbZRL mit der Vorgabe einer lediglich wöchentlich einzuhaltenden Höchstarbeitszeit Spielraum für flexible Gestaltungen lässt. Aber auch die Option der Festlegung von Bezugszeiträumen und die weiteren Abweichungsmöglichkeiten sollen im Rahmen der europarechtlichen Vorgaben (I.) näher betrachtet werden. In Deutschland (II.) ist die Höchstarbeitszeit, das liegt ebenfalls auf der Hand, strenger geregelt. Ob die Abweichungsmöglichkeiten das Potential im Rahmen des Zulässigen ausschöpfen, ist aber fraglich. Schließlich darf die Betrachtung der Gestaltungsoptionen in anderen Mitgliedstaaten nicht fehlen (III.).

I. Die europarechtlichen Vorgaben zur Höchstarbeitszeit

Die Grundlage für die Höchstarbeitszeit der Arbeitnehmer ist nicht alleine in der ArbZRL zu finden; Art. 31 Abs. 2 GRC schreibt vor, dass jedem Arbeitnehmer das Recht auf eine Begrenzung der Höchstarbeitszeit zusteht. Als Ausformung und Konkretisierung dieses Rechts kann Art. 6 lit. b) ArbZRL angesehen werden.[1292] Die Grundregelung der ArbZRL sieht eine wöchentliche Begrenzung der Arbeitszeit vor (1.), wobei es den Mitgliedstaaten aber offensteht, Bezugszeiträume zu vereinbaren (2.). Beide Vorschriften unterliegen den Abweichungen und Ausnahmen der ArbZRL (3.), wobei besonderes Augenmerk der in Art. 22 Abs. 1 ArbZRL niedergelegten Möglichkeit des Opt-outs gebührt.

1. Wöchentliche Höchstarbeitszeit nach Art. 6 ArbZRL

Art. 6 ArbZRL schreibt den Mitgliedstaaten vor, die erforderlichen Maßnahmen dafür zu treffen, dass nach lit. a) die wöchentliche Arbeitszeit gesetzlich oder kollektivvertraglich geregelt wird sowie gem. lit. b) die durchschnittliche Arbeitszeit pro Siebentageszeitraum höchstens 48 Stunden inklusive Überstunden betragen darf, um so die Erfordernisse der Sicherheit und des Gesundheitsschutzes der Arbeitnehmer zu sichern. Das bedeutet auch, dass jeder Arbeitnehmer Anspruch auf Einhaltung der Regelung des Art. 6 lit. b) ArbZRL hat, damit diese

---

(223); *Wirtz*, BB 2014, 1397; *Witschen*, Rahmenvorgaben und Flexibilisierungsspielräume im Arbeitszeitrecht, S. 130 ff.

1292 Vgl. *Europäische Kommission*, Mitteilung 2017/C 165, S. 27; Franzen/Gallner/Oetker/*Gallner*, EuArbR, 4. Aufl. 2022, Art. 6 RL 2003/88/EG Rn. 1; s. auch EuGH, Urt. v. 14.5.2019 - C-55/18 - *CCOO*, NZA 2019, 683 Rn. 31; vgl. zum Jahresurlaub auch Urt. v. 6.11.2018 - C-596/16, C-570/16 - *Bauer und Willmeroth*, NZA 2018, 1467 Rn. 51; v. 30.6.2016 - C-178/15 - *Sobczyszyn*, NZA 2016, 877 Rn. 21.

Schutzinteressen gewahrt bleiben.[1293] Erforderlich ist somit ein klarer, präziser und eindeutiger Rechtsrahmen, auf den der Einzelne sich berufen kann.[1294] Die durch die ArbZRL vorgegebene wöchentliche Höchstarbeitszeit ist absolut, darf also nicht bedingt oder beschränkt werden.[1295] Den Mitgliedstaaten ist es dabei selbstverständlich unbenommen, eine kürzere Höchstarbeitszeit vorzusehen.[1296] Darüber hinaus hat der EuGH Art. 6 lit. b) ArbZRL unmittelbare Anwendbarkeit zugesprochen.[1297] Die Bestimmung sei, wie es für eine unmittelbare Anwendung notwendig ist, hinreichend bestimmt und unbedingt, indem sie den Mitgliedstaaten unmissverständlich die Pflicht auferlege, ein bestimmtes Ergebnis zu erreichen.[1298] Die unmittelbare Wirkung entfaltet die Norm daher für öffentliche Stellen, die dem Europarecht entgegenstehendes nationales Recht nicht anwenden dürfen.[1299]

Vorgegeben ist in der ArbZRL lediglich eine wöchentliche Höchstarbeitszeit. Eine tägliche Höchstarbeitszeit hingegen kennt die ArbZRL nur mittelbar. Sie ergibt sich daraus, dass jedem Arbeitnehmer eine tägliche elfstündige Ruhezeit zusteht, Art. 3 Abs. 1 ArbZRL. So ist die tägliche Arbeitszeit der Arbeitnehmer europarechtlich auf 13 Stunden begrenzt.[1300] Bei der Berechnung der Arbeitszeit

---

1293 S. nur EuGH, Urt. v. 11.4.2019 – C-254/18 – *Syndicat des cadres de la sécurité intérieure*, NZA 2019, 765 Rn. 32; v. 25.11.2010 – C-429/09 – *Fuß II*, NZA 2011, 53 Rn. 33; v. 14.10.2010 – C-243/09 – *Fuß I*, NZA 2010, 1344 Rn. 32 f.

1294 EuGH, Urt. v. 23.12.2015 – C-180/14 – *Kommission/Griechenland*, BeckRS 2016, 80037 Rn. 40 (frz.); v. 9.7.2015 – C-87/14 – *Kommission/Irland*, BeckRS 2015, 80902 Rn. 41 m.w.N.

1295 *Europäische Kommission*, Mitteilung 2017/C 165, S. 28 unter Verweis auf: EuGH, v. 14.10.2010 – C-243/09 – *Fuß I*, NZA 2010, 1344 Rn. 65 f.

1296 Vgl. *Europäische Kommission*, Mitteilung 2017/C 165, S. 28.

1297 St. Rspr., s. nur EuGH, Urt. v. 25.11.2010 – C-429/09 – *Fuß II*, NZA 2011, 53 Rn. 35; v. 14.10.2010 – C-243/09 – *Fuß I*, NZA 2010, 1344 Rn. 57; zu RL 93/104/EG: Urt. v. 5.10.2004 – C-397/01 bis C-403/01 – *Pfeiffer u.a.*, NZA 2004, 1145 Rn. 103 ff.

1298 S. nur EuGH, Urt. v. 5.10.2004 – C-397/01 bis C-403/01 – *Pfeiffer u.a.*, NZA 2004, 1145 Rn. 103 ff.; vgl. auch EuGH, Urt. v. 14.10.2010 – C-243/09 – *Fuß I*, NZA 2010, 1344 Rn. 58 unter Bezugnahme auf Art. 22 Abs. 1 ArbZRL, der die Möglichkeit des Opt-outs eröffnet.

1299 Preis/Sagan/*Ulber, D.*, EuArbR, 2. Aufl. 2019, § 7 Rn. 7.164 m.w.N. wirft außerdem die Frage auf, ob die Vorschrift aufgrund von Art. 31 Abs. 2 GRC auch im Verhältnis zu Privaten unmittelbar anwendbar ist, was der EuGH jedoch noch nicht zu entscheiden hatte.

1300 EAS/*Balze*, 215. EL 2019, B 3100 Rn. 111; Preis/Sagan/*Ulber, D.*, EuArbR, 2. Aufl. 2019, § 7 Rn. 7.148; vgl. Europäische Kommission, Mitteilung 2017/C 165, S. 24; s. auch *Ulber, D./Stein*, AuR 2022, 148 (151).

sind alle Zeiten zu berücksichtigen, welche die Voraussetzungen des Arbeitszeitbegriffs der Richtlinie (s. Gliederungspunkt § 3 A) I. und IV.) erfüllen.

2. *Bis zu viermonatiger Bezugszeitraum nach Art. 16 lit. b) ArbZRL*

Zur Berechnung der durchschnittlichen Arbeitszeit ist es gem. Art. 16 lit. b) Abs. 1 ArbZRL gestattet, Bezugszeiträume von bis zu vier Monaten festzulegen. Bei der Berechnung des Durchschnitts im Rahmen des viermonatigen Bezugszeitraums sind alle zur Arbeitszeit zählenden Zeiten zugrunde zu legen. Die Norm legt aber darüber hinaus ausdrücklich fest, dass die die Zeiten des bezahlten Jahresurlaubs[1301] sowie Krankheitszeiten unberücksichtigt bleiben müssen oder neutral sind, vgl. Art. 16 lit. b) Abs. 2 ArbZRL. Damit soll unterbunden werden, dass Tage ohne geleistete Arbeitszeit bei der Berechnung des Durchschnitts einbezogen werden und im Ergebnis eine höhere Arbeitsbelastung ermöglichen.[1302]

a) Fester oder gleitender Bezugszeitraum?

In einer neueren Entscheidung hat sich der EuGH mit der Berechnung des Bezugszeitraums für die durchschnittliche wöchentliche Höchstarbeitszeit in Art. 6 i.V.m. Art. 16 lit. b) ArbZRL befasst.[1303] Hauptfrage der Entscheidung war, ob eine Regelung, die für die Berechnung der durchschnittlichen wöchentlichen Arbeitszeit Bezugszeiträume mit Beginn und Ende an festen Kalendertagen vorsieht, mit der ArbZRL vereinbar ist. Zur Beantwortung dieser Frage legt der EuGH den Begriff des Bezugszeitraums autonom europarechtlich aus, wozu er aus Wortlaut und Kontext der Artt. 16, 19 ArbZRL den Schluss zieht, dass die Mitgliedstaaten grundsätzlich selbst entscheiden könnten, den Bezugszeitraum fest oder flexibel bzw. gleitend festzulegen.[1304] Generell komme es nämlich nicht darauf an, ob Beginn und Ende des Bezugszeitraums anhand von Kalendertagen

---

1301 Nach Ansicht der Kommission ist es in Fällen, in denen die Arbeitnehmer nach nationalem Recht Anspruch auf mehr als die in Art. 7 ArbZRL angeordneten vier Wochen Jahresurlaub Anspruch haben, zulässig, diesen Jahresurlaub in die Berechnung aufzunehmen, *Europäische Kommission*, Mitteilung 2017/C 165, S. 29.

1302 Franzen/Gallner/Oetker/*Gallner*, EuArbR, 4. Aufl. 2022, Art. 16 RL 2003/88/EG Rn. 4; Preis/Sagan/*Ulber, D.*, EuArbR, 2. Aufl. 2019, § 7 Rn. 7.171.

1303 EuGH, Urt. v. 11.4.2019 – C-254/18 – *Syndicat des cadres de la sécurité intérieure*, NZA 2019, 765.

1304 EuGH, Urt. v. 11.4.2019 – C-254/18 – *Syndicat des cadres de la sécurité intérieure*, NZA 2019, 765 Rn. 24 ff., insb. 31.

feststünden, da die Bezugszeiträume als solche die Prüfung ermöglichten, ob der Arbeitnehmer während des gesamten Zeitraums die maximal zulässigen 48 Stunden pro Woche arbeite.[1305] Einschränkend vor dem Hintergrund des Ziels der ArbZRL und des Grundsatzes der praktischen Wirksamkeit sei aber zu beachten,[1306]

> „dass die Methode des festen Bezugszeitraums einen Arbeitgeber dazu veranlassen kann, einem Arbeitnehmer während zweier aufeinanderfolgender fester Bezugszeiträume sehr viel Arbeitszeit aufzubürden, so dass er, obwohl die […] Ruhezeiten eingehalten werden, im Durchschnitt die wöchentliche Höchstarbeitszeit während eines Zeitraums überschreitet, der, da er sich auf diese beiden festen Zeiträume verteilt, einem gleitenden Bezugszeitraum von gleicher Dauer entspräche. Eine solche Situation kann nicht eintreten, wenn der Bezugszeitraum auf gleitender Grundlage bestimmt wird, da die gleitenden Bezugszeiträume per definitionem dazu führen, dass die durchschnittliche wöchentliche Arbeitszeit laufend neu berechnet wird.“[1307]

Mit anderen Worten: Liegt ein gleitender Bezugszeitraum vor, wird die wöchentliche Höchstarbeitszeit immer eingehalten, weil der Beginn des Zeitraums sich dauernd aktualisiert.[1308] Wurde hingegen ein fester Bezugszeitraum gewählt, könne es laut EuGH dazu kommen, dass in den beiden aufeinanderfolgenden Zeiträumen die Arbeitszeit zwar eingehalten werde, aber eben nicht in jedem auf die zwei aufeinanderfolgenden festen Bezugszeiträume verteilten genauso langen Zeitraum.[1309] Durch überlegtes Handhaben der aufeinanderfolgenden Bezugszeiträume könne der Arbeitgeber es also bei Gestattung von festen Bezugszeiträumen ermöglichen, dass am Ende eines Bezugszeitraums und zu Beginn des nächsten viel, in den übrigen Phasen ausgleichend weniger gearbeitet wird.[1310] Das habe allerdings auch ein Unterlaufen von Art. 19 Abs. 2 ArbZRL

1305 EuGH, Urt. v. 11.4.2019 – C-254/18 – *Syndicat des cadres de la sécurité intérieure*, NZA 2019, 765 Rn. 38.

1306 EuGH, Urt. v. 11.4.2019 – C-254/18 – *Syndicat des cadres de la sécurité intérieure*, NZA 2019, 765 Rn. 32 ff.

1307 EuGH, Urt. v. 11.4.2019 – C-254/18 – *Syndicat des cadres de la sécurité intérieure*, NZA 2019, 765 Rn. 40.

1308 *Schmitz*, NZA-RR 2020, 281 (285).

1309 S. auch die Erläuterungen von *Franzen/Roth*, EuZA 2020, 176 (202); *Geiblinger*, ZESAR 2019, 438 (442); *Schmitz*, NZA-RR 2020, 281 (285); Schaub/*Vogelsang*, ArbR-HdB, 19. Aufl. 2021 § 156 Rn. 25; etwas dramatisch vielleicht *Buschmann*, AuR 2019, 292 (293): „Rechnerisch wäre bei 2 aufeinanderfolgenden 6-monatigen Bezugszeiträumen über maximal 9 Monate eine 60-Std.-Woche möglich, wenn der AN diesen Einsatz überlebt.“

1310 *Buschmann*, AuR 2019, 292 (293).

zur Folge, der die Festlegung eines längeren Bezugszeitraums als sechs Monate (bis zu 12 Monate) den Kollektivpartnern vorbehalten: Folge der Festlegung von festen Bezugszeiträumen könne es in diesem Zusammenhang sein,

> „dass ein Arbeitnehmer während eines auf zwei aufeinanderfolgende feste Bezugszeiträume verteilten Sechsmonatszeitraums im Durchschnitt mehr als 48 Stunden pro Woche arbeiten muss, ohne dass es insoweit einen Tarifvertrag oder eine Vereinbarung zwischen den Sozialpartnern gibt. Diese Überlappung kann somit zu Situationen führen, die eigentlich nur im Rahmen eines Bezugszeitraums iSv Art. 19 II der Richtlinie möglich wären. Durch ein solches Ergebnis würde die in dieser Bestimmung vorgesehene Ausnahme ausgehöhlt."[1311]

Zur Lösung des Problems fordert der EuGH also, um Sicherheit und Gesundheit der Arbeitnehmer weiterhin zu gewährleisten, dass die Festlegung fester Bezugszeiträume nur dann zulässig sei, wenn sie mit Mechanismen verbunden werde, die sicherstellten, dass die durchschnittliche wöchentliche Höchstarbeitszeit von 48 Stunden während jedes auf zwei aufeinanderfolgende feste Bezugszeiträume verteilten Sechsmonatszeitraums eingehalten werde.[1312] Das bedeutet, dass bei Verwendung fester Bezugszeiträume durch die Mitgliedstaaten zu garantieren ist, dass bei der gleitenden Anwendung eines ebenso langen Bezugszeitraums die wöchentliche Höchstarbeitszeit gewahrt ist.[1313] Von jedem Zeitpunkt innerhalb der festen Bezugszeiträume aus gerechnet muss die Höchstarbeitszeit eingehalten werden.[1314]

Zu Recht wird in der Literatur angemerkt, dass die Entscheidung des EuGH schließlich dazu führe, dass im Ergebnis der gleitende Bezugszeitraum vorzugswürdig sei, da auch bei Festlegung eines festen Systems eine Berechnung mittels gleitender Zeiträume notwendig ist.[1315] Warum der EuGH sich daneben trotzdem für die Zulässigkeit fester Bezugszeiträume ausgesprochen hat, leuchtet vor diesem Hintergrund nicht gänzlich ein.[1316] Seine Rechtsprechung sichert

---

1311 EuGH, Urt. v. 11.4.2019 – C-254/18 – *Syndicat des cadres de la sécurité intérieure*, NZA 2019, 765 Rn. 44.

1312 EuGH, Urt. v. 11.4.2019 – C-254/18 – *Syndicat des cadres de la sécurité intérieure*, NZA 2019, 765 Rn. 43.

1313 *Schmitz*, NZA-RR 2020, 281 (285).

1314 *Buschmann*, AuR 2019, 292 (293); s. Buschmann/Ulber/*Buschmann*, ArbZR, 1. Aufl. 2019, § 3 ArbZG Rn. 26 f.

1315 *Geiblinger*, ZESAR 2019, 438 (443); s. auch *Krimphove*, ArbRAktuell 2020, 1 (4), der sich dafür ausspricht, dass der EuGH direkt für die Zulässigkeit rollierender Systeme hätte judizieren sollen.

1316 Vgl. *Krimphove*, ArbRAktuell 2020, 1 (4).

letztlich den Arbeitnehmerschutz, der durch feste Bezugszeiträume sicherlich eingeschränkter wäre, bedeutet im Ergebnis aber auch weniger Flexibilität sowie erhöhten (Berechnungs-)Aufwand für Arbeitgeber (der sich aber wohl durch EDV-Systeme auffangen lässt).[1317]

b) Potential der Festlegung von Bezugszeiträumen

Die Möglichkeit, Bezugszeiträume zur Berechnung der wöchentlichen Höchstarbeitszeit festzulegen, hat nicht unerhebliches Flexibilisierungspotential, denn so haben Arbeitgeber und Arbeitnehmer bei erhöhtem Bedarf nicht jede Woche darauf zu schauen, ob bereits die zulässigen 48 Stunden gearbeitet wurde oder ob doch noch Zeit „übrig" ist. Vielmehr ist es hierdurch möglich, Arbeit innerhalb der Bezugszeiträume bedarfsgerecht zu verteilen, denn es ist auch keine gleichmäßige Aufteilung der Arbeitszeit innerhalb dieser Zeiträume erforderlich. Darüber hinaus sind die Mitgliedstaaten in der Festlegung der Berechnungsmethode (fest oder gleitend) frei, wobei aber die oben dargelegte Einschränkung durch die aus Gründen des Gesundheitsschutzes der Arbeitnehmer im Kern nachvollziehbare und sicherlich richtige Entscheidung des EuGH in der Rechtssache *Syndicat des cadres de la sécurité intérieure* zu berücksichtigen ist. Weiterhin ermöglichen die Abweichungsoptionen der ArbZRL die Festlegung größerer Bezugszeiträume, was aus den genannten Gründen auch einen größeren Flexibilitätsgewinn bedeutet. Ungeklärt ist, wann der Bezugszeitraum zu laufen beginnt.[1318]

3. Abweichungen und Ausnahmen

Von der Grundregelung des Art. 6 ArbZRL kann vor allem mittels der Opt-out-Regelung des Art. 22 ArbZRL abgewichen werden (a)).[1319] In den Grenzen des Art. 19 ArbZRL sind daneben auch Abweichungen von der Bezugszeitraumregelung des Art. 16 lit. b) eröffnet (b)).

1317 *Geiblinger*, ZESAR 2019, 438 (443).

1318 *Geiblinger*, ZESAR 2019, 438 (443).

1319 Art. 17 Abs. 2, 3, Art. 18 ArbZRL ermöglichen keine Abweichungen von Art. 6 lit. b) ArbZRL. In Betracht kommt zwar Art. 17 Abs. 1 ArbZRL, der jedoch aufgrund seiner systematischen Besonderheiten und Reichweite gesondert behandelt wird, s. Gliederungspunkt § 3 F).

a) Opt-out nach Art. 22 ArbZRL

Etwas versteckt im Kapitel „Abweichungen und Ausnahmen" der ArbZRL findet sich in dessen letzter Vorschrift unter der Überschrift „Sonstige Bestimmungen" mit Art. 22 Abs. 1 die Möglichkeit des sog. Opt-Outs. Die Vereinbarkeit des Opt-outs mit Art. 31 Abs. 2 GRC ist unklar, da es die Möglichkeit einräumt, Art. 6 ArbZRL unter Umständen nicht anzuwenden (aa)). Jedenfalls verknüpft die Richtlinie seine Nutzung aber mit einem Katalog an strengen Voraussetzungen (bb)), die Sicherheit und Gesundheitsschutz der Arbeitnehmer sicherstellen sollen. Zur abschließenden Bewertung des Potentials der Opt-out-Möglichkeit bedarf es außerdem eines Blickes auf die etwaige Kombination mit anderen Abweichungsmöglichkeiten der ArbZRL (cc)).

aa) Vereinbarkeit mit Art. 31 Abs. 2 GRC

Die Vereinbarkeit des Art. 22 Abs. 1 S. 1 ArbZRL mit der GRC steht infrage, weil die Norm es unter gewissen Voraussetzungen gestattet, die mit Art. 6 lit. b) ArbZRL vorgegebene wöchentliche Höchstarbeitszeit von 48 Stunden zu ignorieren. In Art. 31 Abs. 2 GRC ist jedoch das Recht des Arbeitnehmers auf die Begrenzung seiner Höchstarbeitszeit primärrechtlich festgeschrieben. Insoweit besteht auf den ersten Blick ein Widerspruch zwischen der grundrechtlichen Vorgabe und der fraglichen Richtlinienregelung. Demnach stellt sich die Frage, ob sogar ein Verstoß gegen das Grundrecht gegeben ist, der zur Nichtigkeit der Vorschrift führt. Mangels einer entsprechenden Stellungnahme des EuGH bleiben auch viele Autoren, die diese Frage anreißen, eine Antwort schuldig.[1320]

Die Bedenken gegen die Wirksamkeit der Vorschrift können aber wohl mit folgenden Überlegungen ausgeräumt werden: Art. 31 Abs. 2 GRC verlangt neben der Begrenzung der Höchstarbeitszeit auch tägliche und wöchentliche Ruhezeiten sowie bezahlten Jahresurlaub. Damit beinhaltet die Norm auch den Auftrag an den Unionsgesetzgeber und die Mitgliedstaaten, die genannten Rechte auszugestalten,[1321] ohne jedoch selbst präzisere Vorgaben zu machen.

1320 Franzen/Gallner/Oetker/*Gallner*, EuArbR, 4. Aufl. 2022, Art. 22 RL 2003/88/EG Rn. 15, die das Fehlen von Rspr. des EuGH zu der Frage aufzeigt; Preis/Sagan/*Ulber, D.*, EuArbR, 2. Aufl. 2019, § 7 Rn. 7.286, der aus dem Widerspruch eine restriktive Verwendung des Opt-outs folgert; krit. wohl auch *Buschmann*, FS Düwell, S. 34 (38 f.); den Verstoß bejahend Buschmann/Ulber/*Buschmann/Ulber, J.*, ArbZR, 1. Aufl. 2019, Anh. – EU RL 2003/88/EG Fn. 111 Ziff. 4); *Schäfer*, EU-ArbZRL, 1. Aufl. 2006, Art. 22 Rn. 1, 8.

1321 Vgl. Frankfurter Kommentar/*Kocher*, 1. Aufl. 2017, Art. 31 GRC Rn. 9.

Wie die Ausgestaltung im Konkreten dann aussieht, ist folglich – in den Grenzen der „gesunden, sicheren und würdigen Arbeitsbedingungen", vgl. Art. 31 Abs. 1 GRC – dem Richtliniengeber überlassen. Hierzu dienen für die Europäische Union auf Grundlage des Art. 153 Abs. 1 AEUV die Bestimmungen der ArbZRL. Bei der ArbZRL hat sich der Richtliniengeber nun für die ruhezeitbezogene Konzeption entschieden (s. dazu bereits Gliederungspunkt § 3 B) I. 1. a)). In Kürze: Zwar enthält die Richtlinie eine Begrenzung der wöchentlichen Höchstarbeitszeit durch Art. 6 lit. b) ArbZRL, die jedoch auch in historischem Kontext eher als eine Annexregelung zu verstehen ist, da die ArbZRL vornehmlich auf die Gewährung der verschiedenen Ruhezeiten ausgelegt ist.[1322] Der EuGH misst der Festlegung der Höchstarbeitszeit eine hohe Bedeutung zu, das Gleiche trifft aber auch auf die Mindestruhezeiten zu,[1323] sodass weder Systematik noch Konzeption der Richtlinie mit Schwerpunkt auf der Ruhezeitgewährung infrage gestellt werden. Die Funktion der verschiedenen Ruhezeiten selbst liegt vornehmlich darin, Sicherheit und Gesundheitsschutz der Arbeitnehmer durch regelmäßige Zeiten der Erholung zu gewährleisten (s. Gliederungspunkt § 3 B) I. 1. b)).

Darüber hinaus bewirken die vorgegebenen Mindestruhezeiten als Gegenstück zur Arbeitszeit auch genau das, was Art. 31 Abs. 2 GRC vorschreibt: Sie begrenzen die Höchstarbeitszeit in täglicher wie wöchentlicher Hinsicht. Mindestens elf Stunden am Tag und weitere 24 Stunden pro Woche sind arbeitsfrei – die tägliche Höchstarbeitszeit ist durch die vorgeschriebenen Ruhezeiten auf 13, die wöchentliche auf 78 Stunden[1324] beschränkt. Das heißt, dass die ArbZRL, um

---

1322 *Hanau, H.*, EuZA 2019, 423 (434); *Buschmann*, FS Düwell, S. 34 (36 f.); Preis/Sagan/*Ulber, D.*, EuArbR, 2. Aufl. 2019, § 7 Rn. 7.94; vgl. auch ABl. EG 1990 C 254, S. 4 ff.; ABl. EG 1991 C 124, S. 8 ff.

1323 Höchstarbeitszeit: EuGH, Urt. v. 25.11.2010 – C-429/09 – *Fuß*, NZA 2011, 53 Rn. 33; s. auch Urt. v. 11.4.2019 – C-254/18 – *Syndicat des cadres de la sécurité intérieure*, NZA 2019, 765 Rn. 32; Urt. v. 10.9.2015 – C-266/14 – *Tyco*, NZA 2015, 1177 Rn. 23 f.; Ruhezeiten: EuGH, Urt. v. 14.10.2010 – C-428/09 – *Union syndicale Solidaires Isère*, BeckRS 2010, 91197 Rn. 36; st. Rspr., vgl. auch Urt. v. 1.12.2005 – C-14/04 – *Dellas*, NZA 2006, 89 Rn. 49; v. 26.6.2001 – C-173/99 – *BECTU*, NZA 2001, 827 Rn. 43, 47 (zum Jahresurlaub).

1324 Folgende Berechnung liegt zugrunde: Eine Woche hat 168 Stunden. Sechsmal die tägliche Ruhezeit von elf Stunden (insg. 66 Stunden) addiert mit der wöchentlichen Ruhezeit von 24 Stunden sind 90 Stunden Ruhezeit pro Woche. Es bleiben 78 Stunden mögliche Arbeitszeit (ohne Berücksichtigung etwaiger Pausenzeiten).

ihren grundrechtlichen Auftrag aus Art. 31 Abs. 2 GRC zu erfüllen, gar keine Festlegung der Höchstarbeitszeit braucht, wie Art. 6 lit. b) ArbZRL sie vorsieht.

Das Opt-out passt demnach in die Konzeption der ArbZRL. Es schafft nur die Möglichkeit, von der Anwendung des Art. 6 lit. b) ArbZRL abzusehen, lässt die Ruhezeiten aber unberührt stehen, sodass die Höchstarbeitszeit weiterhin begrenzt wird.[1325] Außerdem gelten für seine Umsetzung strenge Voraussetzungen, die insbesondere die Autonomie der Arbeitnehmer wahren. Mittels der Begrenzung der Höchstarbeitszeit durch die Ruhezeiten der ArbZRL, die auch bei Gebrauch des Opt-outs weiterhin stattfindet, und der übrigen einschränkenden Anforderungen ist Art. 31 Abs. 2 GRC damit gewahrt.

bb) Voraussetzungen der Nutzung des Opt-outs

Das Opt-out ist, um dem Schutzauftrag der Richtlinie und Art. 31 Abs. 2 GRC gerecht zu werden, an strenge Voraussetzungen geknüpft. Diese sollen im Folgenden kurz beleuchtet werden.[1326]

(1) Abweichung durch die Mitgliedstaaten nur bei Einhaltung der allgemeinen Grundsätze der Sicherheit und des Gesundheitsschutzes der Arbeitnehmer

Abweichungen nach Art. 22 Abs. 1 S. 1 ArbZRL können nur die Mitgliedstaaten selbst vorsehen; eine entsprechende Kompetenz ist den Kollektivpartnern in der Vorschrift nicht zugesprochen.[1327] Das ergibt sich bereits aus dem Wortlaut der Norm und folgt aus dem Vergleich mit Artt. 17, 18 ArbZRL, die den

---

1325 *Europäische Kommission*, Mitteilung 2017/C 165, S. 55; s. auch *Pickenhahn*, Arbeitszeit von Wissensarbeitern, S. 177 f. m.w.N.

1326 Auf die Dokumentationspflichten und Einsichtsrechte gem. Art. 22 Abs. 1 S. 1 lit. c) bis e) ArbZRL ist nicht näher einzugehen; s. dazu *Europäische Kommission*, Mitteilung 2017/C 165, S. 54; Franzen/Gallner/Oetker/*Gallner*, EuArbR, 4. Aufl 2022, Art. 22 RL 2003/88/EG Rn. 13; Preis/Sagan/*Ulber, D.*, EuArbR, 2. Aufl. 2019, § 7 Rn. 7.310 ff.

1327 *Hartmann*, EuZA 2017, 153 (181); *Schubert*, GesR 2012, 326 (330); Franzen/Gallner/Oetker/*Gallner*, EuArbR, 3. Aufl 2020, Art. 22 RL 2003/88/EG Rn. 2; Preis/Sagan/*Ulber, D.*, EuArbR, 2. Aufl. 2019, § 7 Rn. 7.289; vgl. auch EuGH, Urt. v. 3.10.2000 – C-303/98 – *SIMAP*, NZA 2000, 1227 Rn. 73 (allerdings bzgl. des Zustimmungserfordernisses); a.A. wohl *Baeck/Deutsch/Winzer*, ArbZG, 4. Aufl. 2020, § 7 Rn. 109, 112; offen gelassen bei BAG, Urt. v. 23.6.2010 – 10 AZR 543/09, NZA 2010, 1081 Rn. 33 f.

Sozialpartnern ausdrücklich die Abweichungskompetenz zuschreiben.[1328] Dieses Ergebnis wird außerdem durch die Entstehungsgeschichte der Norm gestützt, die ursprünglich als Ausnahmevorschrift für Großbritannien dienen sollte, da das Land mittels Tarifverträgen keine Regelungen treffen kann.[1329] Damit ist es auch nicht Sache der Tarifvertragsparteien, für die Einhaltung der Vorgaben des Art. 22 ArbZRL zu sorgen.[1330]

Ebenfalls im Eingangssatz des Art. 22 Abs. 1 ArbZRL enthalten ist die Vorgabe, dass die Mitgliedstaaten bei der Nichtanwendung von Art. 6 ArbZRL die allgemeinen Grundsätze der Sicherheit und des Gesundheitsschutzes der Arbeitnehmer einzuhalten haben. Eine bestimmte Handhabe schreibt die Richtlinie dabei nicht vor, sodass die Bestimmung, welche Maßnahmen nun tatsächlich gemeint sind und von den Mitgliedstaaten ergriffen werden sollten, nicht offensichtlich ist – auch Rechtsprechung und Literatur helfen hier nicht weiter.[1331] Diese Anordnung ist jedenfalls aus dem Grund notwendig, da die anderen Voraussetzungen, Art. 22 Abs. 1 S. 1 lit. a) bis e) ArbZRL, nicht dem Schutz der Sicherheit und Gesundheit des Arbeitnehmers, sondern dem Schutz der Freiwilligkeit seiner Einwilligung, also seiner Autonomie dienen.[1332] Die Europäische Kommission versteht die angeordnete Einhaltung der allgemeinen Grundsätze der Sicherheit und des Gesundheitsschutzes der Arbeitnehmer wohl als Obergrenzen bei der wöchentlichen Höchstarbeitszeit, die je nach Sachverhalt und der ausgeübten Tätigkeit variieren könnten.[1333] Eine

---

1328 S. Franzen/Gallner/Oetker/*Gallner*, EuArbR, 4. Aufl 2022, Art. 22 RL 2003/88/EG Rn. 2; Preis/Sagan/*Ulber, D.*, EuArbR, 2. Aufl. 2019, § 7 Rn. 7.289.

1329 Preis/Sagan/*Ulber, D.*, EuArbR, 2. Aufl. 2019, § 7 Rn. 7.288; vgl. auch EAS/*Balze*, 215. EL 2019, B 3100 Rn. 149; Franzen/Gallner/Oetker/*Gallner*, EuArbR, 4. Aufl 2022, Art. 22 RL 2003/88/EG Rn. 1.

1330 Preis/Sagan/*Ulber, D.*, EuArbR, 2. Aufl. 2019, § 7 Rn. 7.288.

1331 So schon zu dem gleichen Kriterium i.R.d. Art. 17 Abs. 1 ArbZRL: *Thüsing/Rombey/Schippers*, NZA 2020, 480 (483).

1332 S. Preis/Sagan/*Ulber, D.*, EuArbR, 2. Aufl. 2019, § 7 Rn. 7.315: „Gesundheitsschädliche und gefährliche Arbeiten werden nicht dadurch gesund oder sicher, dass der Arbeitnehmer zu ihnen arbeiten möchte." Vgl. dazu auch *Kohte*, FS Bepler, S. 287 (293). A.A. wohl LAG Hamm, Urt. v. 2.2.2012 – 17 Sa 1001/11, BeckRS 2012, 67894: „Konkrete, die Individualvereinbarung begleitende Maßnahmen werden jedoch […] [nicht] von Art. 22 Abs. 1 Unterabs. 1 der Richtlinie 2003/88/EG gefordert."

1333 *Europäische Kommission*, Mitteilung 2017/C 165, S. 55; vgl. auch *Europäische Kommission*, COM(2017) 254 final, S. 13. Für erforderlich oder zumindest als Nachweis

Begrenzung schließlich finde außerdem durch die einzuhaltenden Ruhezeiten statt.[1334]

Der Ansicht der Europäischen Kommission ist insoweit zuzustimmen, als eine generelle Begrenzung der Höchstarbeitszeit für Arbeitnehmer, die in das Opt-out eingewilligt haben, der Ausnahmebestimmung widersprechen würde. Wäre eine solche feste Grenze gewollt, hätte der Richtliniengeber sie vorsehen können und wohl auch vorgesehen. Vielmehr ist anzunehmen, dass es auf den Einzelfall ankommt, welche Höchstarbeitszeit im Rahmen des Opt-outs letztlich geleistet werden kann. Denn dies ist von einer Vielzahl von Faktoren abhängig, die Einfluss auf Sicherheit und Gesundheit des Arbeitnehmers nehmen – so z.B. von der ausgeübten Tätigkeit und ihrem körperlichen, geistigen und psychischen Anspruch sowie der physischen und psychischen Konstitution des betreffenden Arbeitnehmers. Rechtlich kann die Vorgabe entsprechender Höchstgrenzen im nationalen Recht bspw. durch Fürsorgepflichten des Arbeitgebers ausgefüllt werden. Daneben werden durch die vorgeschriebene Einhaltung der in der Richtlinie vorgegebenen Mindestruhezeiten bereits zwingende Grenzen vorgeschrieben, die eine ausreichende Erholung des Arbeitnehmers sicherstellen.

(2) Zustimmung des Arbeitnehmers

Maßgebliche Voraussetzung des Opt-outs ist, dass der Arbeitnehmer sich dazu bereit erklärt hat, im Durchschnitt des Bezugszeitraums nach Art. 16 lit. b) ArbZRL Arbeit von mehr als 48 Stunden innerhalb eines Siebentageszeitraums zu leisten, Art. 22 Abs. 1 S. 1 lit. a) ArbZRL.

(a) Anforderungen an die Einwilligung

Die Anforderungen an die arbeitnehmerseitige Einwilligung wurden durch die Rechtsprechung des EuGH näher ausgeformt. Zunächst hat er festgelegt, dass weder die Zustimmung der gewerkschaftlichen Verhandlungspartner in einem Tarifvertrag noch die Zustimmung des Betriebsrats in einer Betriebsvereinbarung die notwendige individuelle Zustimmung des Arbeitnehmers ersetzen

---

dafür, dass die Nutzung des Opt-outs der Schutzvorgabe entsprechend stattfindet, hält die Europäische Kommission wohl außerdem die Aufzeichnung der Arbeitszeit, *Europäische Kommission*, SWD(2017) 204 final, S. 38.

1334 *Europäische Kommission*, COM(2017) 254 final, S. 13; vgl. auch Mitteilung 2017/C 165, S. 55.

können.[1335] Er muss die Zustimmung also selbst erteilen, was vor dem Hintergrund, dass hierdurch seine Selbstbestimmung geschützt werden soll, auch Sinn ergibt.

Des Weiteren ist es notwendig, dass die Zustimmung des Arbeitnehmers in voller Sachkenntnis und sowohl freiwillig als auch ausdrücklich erfolgen muss.[1336] Das ist Ausprägung der strukturellen Unterlegenheit des Arbeitnehmers und spiegelt den Schutzzweck der ArbZRL wieder, da der Arbeitnehmer durch die Einwilligung im Rahmen des Opt-outs auf ein ihm unmittelbar durch die ArbZRL zugestandenes soziales Recht verzichtet.[1337] Dieser Einschnitt in seine Rechte soll nicht gegen oder ohne seinen Willen erfolgen.[1338] Dass die Zustimmung außerdem vor Beginn der Tätigkeit, die über Art. 6 lit. b) ArbZRL hinausgeht, erteilt werden muss, ergibt sich aus dem Wortlaut sowie dem Zweck des Einwilligungserfordernisses.[1339] Um den Beweis zu erleichtern, dass der Arbeitnehmer tatsächlich ausdrücklich und individuell zugestimmt hat, empfiehlt die Europäische Kommission zusätzlich die Schriftlichkeit der Einwilligung, auch wenn dies dem Richtlinientext nicht zu entnehmen ist.[1340]

Schließlich, so stellt es auch die Europäische Kommission heraus, sollte die Zustimmung widerruflich sein.[1341] Das sichert die Freiwilligkeit der arbeitnehmerseitigen Einwilligung und ist wegen Sinn und Zweck der Richtlinie

---

1335 EuGH, Urt. v. 5.10.2004 – C-397/01 bis C-403/01 – *Pfeiffer u.a.*, NZA 2004, 1145 Rn. 80 f.; v. 3.10.200 – C-303/98 – *SIMAP*, NZA 2000, 1227 Rn. 74. Dafür spricht, dass Abweichungen von Art. 6 lit. b) ArbZRL über Art. 18 ArbZRL, der Abweichungen im Wege von Tarifverträgen gestattet, nicht möglich sind: EuGH, Urt. v. 3.10.200 – C-303/98 – *SIMAP*, NZA 2000, 1227 Rn. 73; *Europäische Kommission*, Mitteilung 2017/C 165, S. 53.

1336 EuGH, Urt. v. 5.10.2004 – C-397/01 bis C-403/01 – *Pfeiffer u.a.*, NZA 2004, 1145 Rn. 82.

1337 Franzen/Gallner/Oetker/*Gallner*, EuArbR, 4. Aufl 2022, Art. 22 RL 2003/88/EG Rn. 7.

1338 EuGH, Urt. v. 5.10.2004 – C-397/01 bis C-403/01 – *Pfeiffer u.a.*, NZA 2004, 1145 Rn. 82.

1339 Preis/Sagan/*Ulber, D.*, EuArbR, 2. Aufl. 2019, § 7 Rn. 7.299; s. auch Franzen/Gallner/Oetker/*Gallner*, EuArbR, 3. Aufl 2020, Art. 22 RL 2003/88/EG Rn. 8 f.: Auch widerspreche es dem Zweck der ArbZRL, eine Einwilligung vor Abschluss des Arbeitsvertrags zu verlangen.

1340 *Europäische Kommission*, Mitteilung 2017/C 165, S. 53.

1341 *Europäische Kommission*, Mitteilung 2017/C 165, S. 54.

unabdingbar,[1342] bedeutet aber auch Planungsunsicherheit für den Arbeitgeber.[1343] Insgesamt ist die Widerruflichkeit der Einwilligung aber geboten, da immer Umstände eintreten können, unter denen der Arbeitnehmer seine Einwilligung zurückziehen will oder muss, sodass eine dauernde Bindung an seine einmal erteilte Einwilligung unbillig wäre und der Freiwilligkeit entgegenstünde.

Baeck/Deutsch/Winzer schätzen es im Übrigen ohne Begründung als problematisch ein, dass der Arbeitnehmer den Widerruf auch noch Jahre nach der erteilten Einwilligung ausüben kann.[1344] Dieses Verständnis widerspricht dem Gesundheitsschutz des Arbeitnehmers, lässt seine Interessen neben denen des Arbeitgebers völlig außer Acht und würde letztlich auch die Freiwilligkeit beim Opt-out aushebeln. Ein Vertrauenstatbestand zugunsten des Arbeitgebers hinsichtlich der Bereitschaft des einwilligenden Arbeitnehmers, länger als die zulässige Höchstarbeitszeit zu arbeiten, wird durch die Zustimmung auch dann nicht begründet, wenn sie jahrelang besteht. Es handelt sich hierbei um eine Ausnahme von der Regel, auf die der Arbeitgeber sich zwar in gewissem Maße und auf gewisse Dauer verlassen darf, aber nicht für immer. Dafür lässt sich auch anführen, dass dem Arbeitnehmer insbesondere nach einigen Jahren gute Gründe zustehen, sich von der einmal erteilten Einwilligung zu lösen. So entspricht es bspw. der Natur des Alterns, dass sich die körperliche wie psychische Verfassung des Arbeitnehmers über einen längeren Zeitraum ändern und daher irgendwann einer erhöhten Arbeitszeit entgegenstehen können. Des Weiteren mag sich die Lebensplanung des Arbeitnehmers fortentwickeln, sodass eine Anpassung der Arbeitszeit – im Rahmen der eigentlich vorgesehenen Höchstarbeitszeit – zur Vereinbarkeit der beruflichen Tätigkeit mit Privatleben und Familie notwendig sein kann. Aber auch wenn kein solcher Grund für den Widerruf besteht, ist es auch und gerade nach Jahren aufgrund der durch die Vorschrift garantierten Freiwilligkeit legitim und in keiner Weise unzumutbar, wenn ein Arbeitnehmer die Einwilligung in das Opt-out widerruft.

1342 *Ulber, D.*, ZTR 2005, 70 (75); Preis/Sagan/*Ulber, D.*, EuArbR, 2. Aufl. 2019, § 7 Rn. 7.301; vgl. auch *Europäische Kommission*, Mitteilung 2017/C 165, S. 54; s. auch LAG Hamm, Urt. v. 2.2.2012 – 17 Sa 1001/11, BeckRS 2012, 67894.

1343 *Baeck/Deutsch/Winzer*, ArbZG 4. Aufl. 2020, § 7 Rn. 146.

1344 *Baeck/Deutsch/Winzer*, ArbZG, 4. Aufl. 2020, § 7 Rn. 147; a.A. daher auch *Schliemann*, ArbZG, 4. Aufl. 2020, § 7 Rn. 85.

(b) Zulässigkeit einer Widerrufsfrist

Der Widerruf der Einwilligung wird durch die ArbZRL jedoch nicht geregelt, sodass die Frage offenbleibt, ob (wie z.B. im deutschen § 7 Abs. 7 S. 2 ArbZG) eine Widerrufsfrist vorgesehen werden darf oder ob der Arbeitnehmer jederzeit seine Einwilligung zurückziehen kann. Teilweise wird hierzu vertreten, die Mitgliedstaaten könnten bei Umsetzung der Richtlinie selbst festlegen, ob eine Frist für den Widerruf vorgesehen wird und wie lang sie sein darf.[1345] Andere Stimmen sprechen sich demgegenüber dafür aus, dass echte bzw. absolute Freiwilligkeit nur dann gewährleistet sei, wenn zu jeder Zeit die Möglichkeit zum Widerruf der Einwilligung des Arbeitnehmers bestehe.[1346]

Zu klären ist somit zunächst, ob eine Widerrufsfrist überhaupt europarechtlich zulässig ist. Dafür spricht, dass die Europäische Kommission selbst die Möglichkeit der Verknüpfung des Widerrufsrechts mit einer „angemessenen Ankündigungsfrist" vorschlägt, damit es dem Arbeitgeber möglich ist, den Arbeitsbedarf, der erst zu dem Opt-out des widerrufenden Arbeitnehmers geführt hat, anderweitig zu decken.[1347] Sie erkennt also neben dem Schutz der Sicherheit und Gesundheit der Arbeitnehmer an dieser Stelle auch die organisatorische Herausforderung des Arbeitgebers für den Fall des Einwilligungswiderrufs an. Gegen die Auffassung der Europäischen Kommission, also gegen die Zulässigkeit einer Widerrufsfrist wird jedoch angeführt, dass die Freiwilligkeit der Einwilligung absolut zu sein habe, was mit einer Widerrufsfrist nicht vereinbar sei.[1348] Dem wird wiederum entgegengehalten, dass „Freiwilligkeit" nicht gleichbedeutend damit sei, dass der Arbeitnehmer nur beliebig kurzfristig an die Einwilligung gebunden sein solle,[1349] was für die Zulässigkeit der Widerrufsfrist

---

1345 BeckOK ArbR/*Kock*, 64. Ed. 2022, § 7 ArbZG Rn. 35; ErfK/*Roloff*, 22. Aufl. 2022, § 7 ArbZG Rn. 10; HK-ArbZR/*Pfeiffer*, 2. Aufl. 2018, § 7 ArbZG Rn. 96. Diese Frist darf nach einer konkretisierenden Ansicht wegen des Verweises auf Art. 16 lit. b) ArbZRL in Art. 22 Abs. 1 lit. a) ArbZRL allerdings nicht länger als vier Monate sein, EAS/*Balze*, 215. EL 2019, B 3100 Rn. 118; Franzen/Gallner/Oetker/*Gallner*, EuArbR, 4. Aufl 2022, Art. 22 RL 2003/88/EG Rn. 10.

1346 Buschmann/Ulber, J./*Buschmann*, ArbZR, 1. Aufl. 2019, § 7 ArbZG Rn. 57 (5. Gliederungspunkt); Preis/Sagan/*Ulber, D.*, EuArbR, 2. Aufl. 2019, § 7 Rn. 7.301: Außerdem müsse bei jeder Änderung der Arbeitszeitregelung die Einwilligung sowieso entfallen, denn die erforderliche volle Sachkenntnis bei Erteilung der Einwilligung beziehe sich auch nur auf die zu diesem Zeitpunkt vorliegenden Umstände.

1347 *Europäische Kommission*, Mitteilung 2017/C 165, S. 54.

1348 *Ulber, D.*, ZTR 2005, 70 (75); Preis/Sagan/*Ulber, D.*, EuArbR, 2. Aufl. 2019, § 7 Rn. 7.301.

1349 *Schliemann*, ArbZG, 4. Aufl. 2020, § 7 Rn. 85.

spricht. Unbestritten ist an dieser Stelle dennoch, dass der Arbeitnehmer sich von der einmal erteilten Einwilligung in angemessener Zeit wieder lösen können muss, alles andere, also auch eine überlange Widerrufsfrist, würde der Freiwilligkeit in der Tat widersprechen.

Durchaus zumutbar ist es dem Arbeitnehmer dabei, den Widerruf nicht nur kurzfristig vorzunehmen, sondern die erhöhte Arbeitszeit für einen bestimmten Zeitraum einzuplanen. So wird er wohl in der Regel auch die Zusage zu der erhöhten Arbeitszeit an sich durch das Opt-out abwägen und entsprechend planen. Für den Fall, dass es zu starken gesundheitlichen Beeinträchtigungen kommt, kennt das nationale Recht in der Regel andere Mechanismen,[1350] welche, sofern es nötig ist, die Beschränkung der Arbeitszeit des Arbeitnehmers sicherstellen, auch wenn die Widerrufsfrist noch nicht abgelaufen ist. Um den Anforderungen an das Opt-out gerecht zu werden, ist dies auch notwendig (s.o.). Einen gerechten Ausgleich zwischen Arbeitnehmer- und Arbeitgeberinteressen, der die Schutzzwecke der Richtlinie wahrt, kann daher nur die Zulässigkeit des Widerrufs mit einer Frist garantieren.

(c) Länge der Widerrufsfrist

Da nach hier vertretener Auffassung von der Zulässigkeit einer Widerrufsfrist auszugehen ist, kommt es im nächsten Schritt darauf an, wie lang diese Frist sein darf. Ein möglicher Anknüpfungspunkt ist der Bezugszeitraum des Art. 16 lit. b) ArbZRL, wofür angeführt wird, dass dieser Bezugszeitraum im Rahmen des Art. 22 die maßgebliche Größe ist, vgl. Art. 22 Abs. 1 lit. a) ArbZRL.[1351] Möglicherweise wäre es aber sachgerechter, den Mitgliedstaaten die Festlegung der Frist selbst zu überlassen, um nationalen Gepflogenheiten gerecht zu werden – denn diese lassen den Schluss darauf zu, welche Frist unangemessen lang ist und welche nicht.

Dazu ist zunächst zu erwägen, in welchen vergleichbaren Fällen die einschlägigen Interessen des Arbeitgebers, die der Widerruf durch den Arbeitnehmer beeinträchtigt, ebenfalls betroffen sein können. Üblicherweise hat der nationale Gesetzgeber für diese und vergleichbare Fälle Regelungen getroffen und für

---

1350 Im deutschen Recht mindestens die Nebenpflichten des Arbeitgebers aus § 241 Abs. 2 BGB, die einer übermäßigen Beanspruchung des Arbeitnehmers entgegenstehen; vgl. im Kontext der Abweichung nach Art. 17 Abs. 1 ArbZRL Gliederungspunkt § 3 F) II. 3.

1351 Franzen/Gallner/Oetker/*Gallner*, EuArbR, 4. Aufl 2022, Art. 22 RL 2003/88/EG Rn. 10.

beide Seiten nach seinem Ermessen zumutbare Fristen daran geknüpft. Daran könnte er sich bei Festlegung einer Widerrufsfrist für die Opt-out-Einwilligung orientieren. Den Interessen des Arbeitnehmers an einem Widerruf der Einwilligung steht dabei vor allem das berechtigte Interesse des Arbeitgebers an Planung und Planbarkeit gegenüber – bei Widerruf der Einwilligung des Arbeitnehmers, länger als die vorgesehene Höchstarbeitszeit zu arbeiten, muss der Arbeitgeber organisatorische Maßnahmen treffen, um den Arbeitsbedarf zu decken, der durch den Wegfall der Arbeitsstunden entsteht.

Im Kern geht es also um einen Wegfall (eines Teils) der Arbeitsleistung eines Arbeitnehmers, den es auszugleichen gilt, was den Arbeitgeber vor administrative Herausforderungen stellen kann. Vorstellbar sind in diesem Kontext auch viele andere, diese Folgen nach sich ziehende Umstände als die Rücknahme der Opt-out-Einwilligung. Dazu zählen z.B. die Kündigung von Arbeitnehmerseite oder die Geltendmachung etwaiger Teilzeitansprüche etc., wobei der Wegfall der Arbeitskraft teilweise plötzlich, teilweise an bestimmte Fristen geknüpft eintritt. Auch in diesen Fällen ist es Sache des Arbeitgebers, unter Umständen kurzfristig organisatorische Maßnahmen zu ergreifen, um den Arbeitsbedarf zu decken; das wird ihm in der Regel durch den Gesetzgeber auch zugemutet. Seine Interessenlage ist in dieser Hinsicht mit der bei Widerruf der Opt-out-Einwilligung vergleichbar.

Folglich ist es auf nationaler Ebene angebracht, sich zur Festlegung einer sachgerechten Widerrufsfrist an entsprechenden, bereits bestehenden, gesetzlichen Fristen zu orientieren. So ließe sich auf eine für Arbeitnehmer und Arbeitgeber angemessene und zumutbare Widerrufsfrist schließen, sodass dem Arbeitgeber hinreichend Zeit für Planungen und notwendige Umstrukturierungen bzw. Neueinstellungen bliebe und der Arbeitnehmer nicht unangemessen lang an die Einwilligung gebunden wäre.

(3) Benachteiligungsverbot

Als weitere Voraussetzung für die Nutzung des Opt-outs enthält Art. 22 Abs. 1 S. 1 lit. b) ArbZRL ein besonderes Benachteiligungsverbot. Wenn der Arbeitnehmer nicht bereit ist, über die Höchstarbeitszeit hinaus Arbeit zu leisten, er also auch keine Einwilligung nach Art. 22 Abs. 1 S. 1 lit. a) ArbZRL erteilt, dürfen ihm daraus keine Nachteile erwachsen. Das gilt nach Auffassung der Europäischen Kommission konsequenterweise auch dann, wenn der Arbeitnehmer seine Einwilligung widerruft.[1352] Dadurch wird die Freiwilligkeit des Arbeitnehmers bei

1352 *Europäische Kommission*, Mitteilung 2017/C 165, S. 54; vgl. Preis/Sagan/*Ulber, D.*,

Erklärung bzw. bei Widerruf der Einwilligung gesichert. Die Rechte des Arbeitnehmers aus der Richtlinie müssen durch das nationale Recht praktisch wirksam werden (*effet utile*),[1353] sodass die Normen, die das Opt-out umsetzen, hinreichend bestimmt und klar sein müssen – jeder Arbeitnehmer soll die Geltung des Benachteiligungsverbots zu seinen Gunsten erkennen können.[1354]

Nachteile, vor denen der Arbeitnehmer geschützt sein muss, können nicht nur die Kündigung sein, sondern auch andere Schäden und Benachteiligungen.[1355] Ein Beispiel aus der Rechtsprechung des EuGH ist die Versetzung in eine andere Dienststelle oder auf einen anderen Dienstposten.[1356]

(4) Unbedingte Erforderlichkeit?

Teilweise wird in Anknüpfung an die Rechtsprechung des EuGH zu den Abweichungsmöglichkeiten der Artt. 17, 18 ArbZRL angenommen, auch, oder sogar erst recht, bei der Umsetzung und Anwendung von Art. 22 ArbZRL sei die Vorgabe der unbedingten Erforderlichkeit einzuhalten.[1357] Ob dies tatsächlich auch für die Opt-out-Regelung gilt, ist folgend zu klären, denn die zitierten Entscheidungen des EuGH beziehen sich nicht auf die Opt-out-Möglichkeit des Art. 22 ArbZRL, sondern betreffen vornehmlich die Abweichungsmöglichkeit des Art. 17 ArbZRL.[1358] In den Rs. *Fuß*

EuArbR, 2. Aufl. 2019, § 7 Rn. 7.306.

1353 EuGH, Urt. v. 14.10.2010 – C-243/09 – *Fuß*, NZA 2010, 1344 Rn. 64 f.; zum *effet utile* die st. Rspr., s. nur EuGH, Urt. v. 14.5.2019 – C-55/18 – *CCOO*, NZA 2019, 683 Rn. 60, 65; v. 3.9.2009 – C-489/07 – *Messner*, NJW 2009, 3015 Rn. 24; v. 4.12.1974 – 41/74 – *van Duyn*, BeckRS 2004, 71134 Rn. 12.

1354 Preis/Sagan/*Ulber, D.*, EuArbR, 2. Aufl. 2019, § 7 Rn. 7.304.

1355 *Europäische Kommission*, Mitteilung 2017/C 165, S. 54.

1356 EuGH, Urt. v. 14.10.2010 – C-243/09 – *Fuß*, NZA 2010, 1344 Rn. 41 ff.; dazu *Europäische Kommission*, Mitteilung 2017/C 165, S. 54 Fn. 286; s. auch Preis/Sagan/*Ulber, D.*, EuArbR, 2. Aufl. 2019, § 7 Rn. 7.308 f.

1357 Buschmann/Ulber/*Buschmann*, ArbZR, 1. Aufl. 2019, § 7 ArbZG Rn. 57; dort auch Anh. – EU RL 2003/88/EG Fn. 111 Ziff. 3); vgl. auch Preis/Sagan/*Ulber, D.*, EuArbR, 2. Aufl. 2019, § 7 Rn. 7.324, der die Unionsrechtswidrigkeit der deutschen Umsetzung mit dem fehlenden Ausnahmecharakter der Norm begründet.

1358 EuGH, Urt. v. 11.4.2019 – C-254/18 – *Syndicat des cadres de la sécurité intérieure*, NZA 2019, 765 Rn. 36 (Art. 17); v. 21.2.2018 – C-518/15 – *Matzak*, NZA 2018, 293 Rn. 38 (Art. 17); v. 26.7.2017 – C-175/16– *Hälvä u.a.*, NZA 2017, 1113 Rn. 31 (Art. 17 Abs. 1); v. 21.10.2010 – C-227/09 – *Accardo*, NZA 2011, 215 Rn. 58 (allg. bzgl. der Abweichungsmöglichkeiten der RL 93/104/EG); v. 14.10.2010 – C-428/09 – *Union syndicale Solidaires Isère*, BeckRS 2010, 91197 Rn. 40 (allg. bzgl. der

I[1359] und *Fuß II*[1360] hingegen, die sich u.a. mit der Regelung des Art. 22 ArbZRL befassen, wird eine unbedingte Erforderlichkeit als Umsetzungsvoraussetzung durch den EuGH nicht erwähnt. Das mag dafür sprechen, dass er das Kriterium hier nicht anlegen will.

Die Übertragbarkeit auf das Opt-out ist außerdem anzuzweifeln, weil die Abweichung nach Art. 22 ArbZRL einen anderen Charakter und vor allem andere Voraussetzungen hat als die übrigen Abweichungsmöglichkeiten, die die ArbZRL eröffnet.[1361; 1362] Springender Punkt ist dabei die Notwendigkeit der freiwilligen Einwilligung des Arbeitnehmers in die erhöhte Höchstarbeitszeit. Denn das bedeutet, dass der Arbeitnehmer es im Rahmen des Opt-outs (etwaiger Druck von Arbeitgeber- oder gar Kollegenseite einmal ausgeklammert) selbst in der Hand hat, ob und wie lange er sich der höheren Arbeitszeit unterwirft. Bei den Abweichungen nach Artt. 17, 18 ArbZRL obliegt die Abweichung demgegenüber in letzter Instanz der Entscheidung des Arbeitgebers, der die in das nationale Recht umgesetzten Regelungen des Gesetzgebers bzw. die Vorgaben des Tarifvertrags oder der Betriebsvereinbarung auf seine Arbeitnehmer anwendet. Dass die Einwilligung des Arbeitnehmers Gesundheitsgefährdungen

---

Abweichungsmöglichkeiten); v. 9.9.2003 – C-151/02– *Jaeger*, NZA 2003, 1019 Rn. 89 (Art. 17); vgl. auch Urt. v. 20.11.2018 – C-147/17 – *Sindicatul Familia Constanța u.a.*, BeckRS 2018, 29010 Rn. 53 (zu Art. 2 Abs. 2 RL 89/391/EWG). Wo sich der EuGH in diesen Entscheidungen allgemein auf die Abweichungsmöglichkeiten der Richtlinie bezieht, zitiert er die Rechtsprechung in der Rs. *Jaeger*, die Art. 17 ArbZRL zum Gegenstand hatte.

1359 EuGH, Urt. v. 14.10.2010 – C-243/09 – *Fuß I*, NZA 2010, 1344.

1360 EuGH, Urt. v. 25.11.2010 – C-429/09 – *Fuß II*, NZA 2011, 53.

1361 Während die Abweichungsmöglichkeiten des Art. 17 ArbZRL sich auf bestimmte Tätigkeiten beziehen, bei denen die eröffneten Abweichungen oftmals naheliegend(er) sind und tatsächlich auch eine Erforderlichkeit zur Abweichung impliziert ist, gilt Art. 22 ArbZRL letztlich für alle Tätigkeiten und oder Berufsgruppen, für die er im nationalen Recht umgesetzt wird. Das Opt-out hat zudem andere Voraussetzungen an seine richtliniengetreue Umsetzung; eine Gewährung angemessener Ausgleichsruhezeiten ist hier anders als in Artt. 17, 18 ArbZRL nicht vorgesehen, dafür aber u.a. die Einhaltung der allgemeinen Grundsätze der Sicherheit und des Gesundheitsschutzes der Arbeitnehmer.

1362 Diese Kritik trifft im Übrigen im Kern auch auf die Übertragung der „unbedingten Erforderlichkeit" durch den EuGH auf die Ausnahmemöglichkeit nach Art. 17 Abs. 1 ArbZRL zu. Dazu bereits *Thüsing/Rombey/Schippers*, NZA 2020, 480 (484); vgl. auch *Pickenhahn*, Arbeitszeit von Wissensarbeitern, S. 232; genauer unter Gliederungspunkt § 3 B) I. 3. c) cc) (1).

nicht verhindern kann,[1363] liegt auf der Hand und wird an dieser Stelle keinesfalls bestritten. Dennoch wird dem Arbeitnehmer das Opt-out aufgrund der Absicherung durch Freiwilligkeitsvorbehalt und Benachteiligungsverbot anders als die anderen Ausnahmen von dem Arbeitszeitreglement nicht „aufgedrängt", sondern bleibt seine Entscheidung. Eben dieses „Aufdrängen" sollte nur unter strengeren Bedingungen geschehen (auch wenn das Kriterium der „unbedingten Erforderlichkeit" kritisch gesehen wird, s. Gliederungspunkt § 3 B) I. 3. c) cc) (1)), denn der Arbeitnehmer kann sich hiergegen kaum wehren und muss sich etwaigen Gesundheits- und Sicherheitsrisiken beugen, sofern die Abweichung berechtigt ist und ihre Voraussetzungen eingehalten werden. Entscheidet er sich jedoch freiwillig zu einer längeren Arbeitszeit, sollte ihm dies – selbstverständlich unter Beachtung erforderlicher Schutzmaßnahmen im Hinblick auf Sicherheit und Gesundheit durch den Arbeitgeber – auch dann möglich sein, wenn es nicht „unbedingt erforderlich" ist. Ihm darf insoweit zugemutet werden, seine Einwilligung in das Opt-out abzuwägen und dabei auch Aspekte seiner eigenen Gesundheit und Sicherheit zu berücksichtigen.

Während damit eine allzu restriktive Handhabung des Opt-outs im Sinne der unbedingten Erforderlichkeit wohl nicht gerechtfertigt ist, sollte dies jedoch unter Berücksichtigung folgenden Vorbehalts angewendet werden: Grundsätzlich handelt es sich bei der Opt-out-Regelung um eine Ausnahme aus dem System der ArbZRL. Ihr Ausnahmecharakter an sich soll und muss gewahrt bleiben; insbesondere bestehen mit der Möglichkeit, Bezugszeiträume festzulegen und zu verlängern, weitere mildere Flexibilisierungsmöglichkeiten als eine vollständige Nichtanwendung des Art. 6 ArbZRL. Eine Höchstarbeitszeit über das von der Richtlinie grundsätzlich gestattete Maß hinaus ist nach europäischer Konzeption nicht die Regel.

cc) Potential der Opt-out-Regelung, auch in Kombination mit anderen Abweichungsmöglichkeiten

Die Regelung zum Opt-out hat erhebliches Potential zur Flexibilisierung und lässt den Mitgliedstaaten verschiedene Gestaltungsmöglichkeiten offen. Die Nicht-Anwendung von Art. 6 lit. b) ArbZRL hat zur Folge, dass keine Höchstarbeitszeit eingehalten werden muss. Damit ist auch die Festlegung eines Bezugszeitraums nicht mehr zwingend notwendig. Die Europäische Kommission zeigt auf, welche Optionen folglich gegeben sein können. Eine Möglichkeit im Rahmen des

---

1363 *Preis/Ulber, D.* ZESAR 2011, 147 (150) sprechen von einer Kommerzialisierung der Gesundheit des Arbeitnehmers.

Opt-outs ist demnach die vollständige Abweichung von Artt. 6 lit. b) und 16 lit. b) ArbZRL. Möglich ist es damit, festzulegen, dass der Arbeitnehmer mehr als 48 Stunden pro Siebentageszeitraum im Rahmen eines beliebigen Bezugszeitraums arbeiten kann, ohne auch an die Grenzen des Art. 19 ArbZRL gebunden zu sein.[1364] Auch schlägt die Europäische Kommission vor, alternative oder gleichzeitig begrenzte Abweichungen von Art. 6 lit. b) und Art. 16 lit. b) ArbZRL anzuordnen.[1365]

Die Nichtanwendbarkeit anderer Vorschriften, insbesondere den Regelungen zur Ruhezeit, ist durch das Opt-out nicht eröffnet, was ihm automatisch die (notwendige) Grenze setzt.[1366] Es ist aber zu fragen, ob die Kombination mit anderen Abweichungsmöglichkeiten der Richtlinie möglich ist. Der Wortlaut der Artt. 17, 18 und 22 ArbZRL steht einer kumulativen Anwendung nicht entgegen, vielmehr stehen die Regelungen ohne irgendeine Begrenzung nebeneinander.[1367] Zwingend sind dabei aber die Voraussetzungen der verschiedenen Normen zu berücksichtigen, da Abweichungen von der Ruhezeit die kompensatorische Gewährung angemessener Ausgleichsruhezeiten voraussetzen.[1368] Das Erfordernis regelmäßiger Erholungszeiten ist nach Rechtsprechung des EuGH außerdem umso größer, je länger die tägliche Arbeitszeit dauert, auch wenn es sich um eine Verlängerung mittels Bereitschaftsdienst handelt.[1369] Die Nutzung der Opt-out-Möglichkeit zieht somit aus Schutzgründen auch ein höheres Ruhebedürfnis nach sich.[1370] Somit mag die Kombination mit Abweichungen von der Ruhezeit problematisch werden,[1371] und die Erfüllung aller Voraussetzungen ist rein rechnerisch gesehen wohl kaum mehr realisierbar.

1364 *Europäische Kommission*, Mitteilung 2017/C 165, S. 54.

1365 *Europäische Kommission*, Mitteilung 2017/C 165, S. 54 f.

1366 *Europäische Kommission*, Mitteilung 2017/C 165, S. 55; Preis/Sagan/*Ulber, D.*, EuArbR, 2. Aufl. 2019, § 7 Rn. 7.321.

1367 Franzen/Gallner/Oetker/*Gallner*, EuArbR, 3. Aufl 2020, Art. 22 RL 2003/88/EG Rn. 14.

1368 Franzen/Gallner/Oetker/*Gallner*, EuArbR, 3. Aufl 2020, Art. 22 RL 2003/88/EG Rn. 14; Preis/Sagan/*Ulber, D.*, EuArbR, 2. Aufl. 2019, § 7 Rn. 7.322.

1369 EuGH, Urt. v. 14.10.2010 – C-428/09 – *Isère*, BeckRS 2010, 91197 Rn. 51; v. 9.9.2003 – C-151/02 – *Jaeger*, NZA 2003, 1019 Rn. 95; Franzen/Gallner/Oetker/*Gallner*, EuArbR, 3. Aufl 2020, Art. 22 RL 2003/88/EG Rn. 14; Preis/Sagan/*Ulber, D.*, EuArbR, 2. Aufl. 2019, § 7 Rn. 7.322.

1370 Preis/Sagan/*Ulber, D.*, EuArbR, 2. Aufl. 2019, § 7 Rn. 7.322.

1371 Preis/Sagan/*Ulber, D.*, EuArbR, 2. Aufl. 2019, § 7 Rn. 7.322.

Insgesamt ist somit eine Kombination verschiedener Ausnahmen europarechtlich zwar zulässig, es ist aber erforderlich, eine Belastung des Arbeitnehmers, die seine Sicherheit und Gesundheit gefährdet, zu verhindern[1372] – das gebieten Sinn und Zweck der Richtlinie. Die Umsetzung ist außerdem faktisch kompliziert.

b) Abweichungen von Art. 16 lit. b) ArbZRL

Den Mitgliedstaaten steht es über Artt. 17 Abs. 3, 18 ArbZRL schließlich auch frei, von den Festlegungen des Art. 16 lit. b) ArbZRL zu den Bezugszeiträumen abzuweichen. Grenzen werden der Möglichkeit, von dem Bezugszeitraum für die wöchentliche Höchstarbeitszeit abzuweichen, mit Art. 19 ArbZRL gezogen. Entschließen sich die Mitgliedstaaten respektive die jeweiligen Sozialpartner, von den Bezugszeiträumen abzuweichen, darf dabei gem. Art. 19 Abs. 1 ArbZRL nicht die Festlegung eines Bezugszeitraums erfolgen, der länger als sechs Monate ist. Darüber hinaus soll es unter bestimmten Umständen gem. Art. 19 Abs. 2 ArbZRL möglich sein, in Tarifverträgen oder Vereinbarungen zwischen Sozialpartnern Bezugszeiträume festzulegen, die länger als sechs Monate, aber nicht länger als zwölf Monate sind. Diese Verlängerungsoption für die Sozialpartner wird im Schrifttum teilweise kritisch gesehen, da die Verlängerung der Bezugszeiträume die Wahrscheinlichkeit mit sich bringe, dass es im Ergebnis zu höheren Arbeitszeiten in kürzeren Zeiträumen komme.[1373] Es besteht damit mehr Zeit, um in kurzen Zeiträumen konzentrierte Arbeitsspitzen auszugleichen, sodass dem schon rein rechnerisch zuzustimmen ist. Zu beachten ist aber, dass bei der Abweichung die (restriktiven) Voraussetzungen der Artt. 17, 18 ArbZRL gelten.[1374] Darüber hinaus enthält auch Art. 19 ArbZRL die Anforderung zur Wahrung der allgemeinen Grundsätze der Sicherheit und des Gesundheitsschutzes der Arbeitnehmer bei der Zulassung längerer Bezugszeiträume.

1372 Franzen/Gallner/Oetker/*Gallner*, EuArbR, 3. Aufl 2020, Art. 22 RL 2003/88/EG Rn. 14; Preis/Sagan/*Ulber, D.*, EuArbR, 2. Aufl. 2019, § 7 Rn. 7.322.

1373 *Buschmann*, AuR 2019, 292 (293).

1374 Bei Abweichungen von den Bezugszeiträumen ergeben sich jedoch nach richtiger Ansicht der Kommission die Ausgleichsruhezeiten von alleine, *Europäische Kommission*, Mitteilung 2017/C 165, S. 50: „Dann müsste nämlich der Durchschnitt weiterhin gelten, würde jedoch über einen anderen Zeitraum berechnet, sodass der Ausgleich während dieses Zeitraums gewährleistet wäre. Jeder andere Ansatz würde die Möglichkeit, von diesen Bestimmungen abzuweichen, ausschließen."

Und: Bezugszeiträume von bis zu zwölf Monaten erfordern zu ihrer Rechtfertigung zusätzlich objektive, technische oder arbeitsorganisatorische Gründe.[1375]

Die Gefahr überlanger Arbeitszeiten durch die verlängerten Bezugszeiträume darf deswegen nicht unterschätzt werden, wurde aber – so darf man an dieser Stelle vermuten – vom Richtliniengeber gesehen und wird durch die genannten Maßnahmen zumindest aufgeweicht.

4. *Erhebliches Flexibilisierungspotential in der ArbZRL*

Die Grenzen der Höchstarbeitszeit in der ArbZRL sind denkbar flexibel. Sie erlaubt die Festlegung einer Wochenarbeitszeit, sodass innerhalb eines Siebentageszeitraums die Arbeit täglich dem Bedarf angepasst werden kann, wobei die Grenze aufgrund der vorgegebenen Ruhezeit von elf Stunden täglich bei 13 Stunden liegt. Darüber hinaus gestattet die ArbZRL die Berechnung der durchschnittlichen wöchentlichen Ruhezeit nach Bezugszeiträumen, deren Länge ebenfalls mittels der Abweichungsmöglichkeiten (in festgelegten Grenzen) angepasst werden kann. Zusätzlich gibt es die Möglichkeit des Opt-outs, die es unter Beachtung der Selbstbestimmung des Arbeitnehmers gestattet, Art. 6 ArbZRL zur wöchentlichen Höchstarbeitszeit nicht anzuwenden. Diese räumt – auch durch die rechtlich restriktiv zu handhabende und faktisch auch schwer umsetzbare Kombination mit den anderen Abweichungsmöglichkeiten der Richtlinie – die Möglichkeit zu weiteren flexiblen Gestaltungen der Arbeitszeit ein. Dabei ist, nicht zuletzt auch wegen des besonderen Stellenwerts, den der EuGH der Höchstarbeitszeit trotz der ruhezeitbezogenen Konzeption der Richtlinie beimisst, immer der Schutzzweck der Richtlinie zu beachten. Gefahr für die Sicherheit und die Gesundheit des Arbeitnehmers darf durch die Gestaltungen, selbst wenn sie auf den ersten Blick europarechtskonform sind, nicht entstehen.

II. Die deutschen Regelungen der Höchstarbeitszeit

Die deutsche Grundregelung zur Höchstarbeitszeit ist strenger als die der ArbZRL, weil § 3 S. 1 ArbZG keine wöchentliche Höchstarbeitszeit kennt, sondern die tägliche Arbeitszeit der Arbeitnehmer auf acht Stunden begrenzt (1.). Aber auch das deutsche Arbeitszeitrecht sieht Abweichungsmöglichkeiten (2.) von der auf den ersten Blick starren Vorgabe vor.

1375 Zu der Frage, wie genau die Aufzählung zu verstehen ist, s. Gliederungspunkt § 3 D) I. 2. a), da sich die gleiche Formulierungsfrage bei Art. 5 Abs. 2 ArbZRL stellt.

1. Grundregelung: Tägliche Höchstarbeitszeit

Die Festlegung des Achtstundentags in § 3 S. 1 ArbZG ist die Kernvorschrift des deutschen Arbeitszeitrechts[1376] und hat historische Bedeutung.[1377] Zunächst scheint die Vorschrift eindeutig, indem sie vorschreibt, die werktägliche Arbeitszeit der Arbeitnehmer dürfe acht Stunden nicht überschreiten. Dennoch bleiben verschiedene Fragen offen: Die Bestimmung des Begriffs Werktag (a)) sowie die Frage, ob die Arbeitszeit anhand eines Wochendurchschnitts berechnet werden kann (b)), sollen folgend erörtert werden.

a) Werktag

Die Regelung des § 3 S. 1 ArbZG knüpft an den Werktag an. Werktag ist dabei jeder Kalendertag, der kein Sonntag oder gesetzlicher Feiertag ist; der Samstag gilt nach gesetzlicher Wertung daher ebenfalls als Werktag.[1378] Beginn und Ende des Werktags im Sinne des ArbZG bestimmen sich nach allgemeiner Auffassung nicht nach dem Kalendertag (entscheidend ist also nicht der Tag von 0:00 Uhr bis 24:00 Uhr) oder gar nach der Arbeitszeit der anderen Arbeitnehmer im Betrieb; vielmehr beginnt der Werktag für den Arbeitnehmer mit der Arbeitsaufnahme und endet nach Ablauf von 24 Stunden.[1379] Beginnt der Arbeitstag des Arbeitnehmers also um 9:00 Uhr, darf er bis 9:00 Uhr am nächsten Tag maximal acht (respektive zehn, vgl. § 3 S. 2 ArbZG) Stunden arbeiten – zu beachten sind dabei auch die halbe Stunde Ruhepause nach § 4 S. 1 ArbZG sowie die elfstündige Ruhezeit des § 5 Abs. 1 ArbZG.

Wenn der Arbeitszeitbeginn wechselt, ändert sich nach dieser Berechnung ebenfalls der Beginn des Werktags. Beginnt die Arbeit später als am Vortag,

---

1376 BeckOK ArbR/*Kock*, 64. Ed. 2022, § 3 ArbZG Rn. 1; Buschmann/Ulber/*Buschmann*, ArbZR, 1. Aufl. 2019, § 3 ArbZG Rn. 1; ErfK/*Roloff*, 22. Aufl. 2022, § 3 ArbZG Rn. 1.

1377 S. *Kohte*, AuR 2019, 402 f.; *Anzinger/Koberski*, ArbZG, 5. Aufl. 2020, § 3 Rn. 1 ff.; HK-ArbZR/*Jerchel*, 2. Aufl. 2018, § 3 ArbZG Rn. 2 ff.; *Schliemann*, ArbZG, 4. Aufl. 2020, § 3 Rn. 4 ff.; und allg. unter Gliederungspunkt § 2 A) I. 2.

1378 *Baeck/Deutsch/Winzer*, ArbZG, 4. Aufl. 2020, § 3 Rn. 14; Buschmann/Ulber/*Buschmann*, ArbZR, 1. Aufl. 2019, § 3 ArbZG Rn. 7; ErfK/*Roloff*, 22. Aufl. 2022, § 3 ArbZG Rn. 2.

1379 Ganz h.M.: *Wirtz*, BB 2014, 1397 (1398); *Anzinger/Koberski*, ArbZG, 5. Aufl. 2020, § 3 Rn. 10; *Baeck/Deutsch/Winzer*, ArbZG, 4. Aufl. 2020, § 3 Rn. 14 f.; BeckOK ArbR/*Kock*, 64. Ed. 2022, § 3 ArbZG Rn. 2; Buschmann/Ulber/*Buschmann*, ArbZR, 1. Aufl. 2019, § 3 ArbZG Rn. 7; ErfK/*Roloff*, 22. Aufl. 2022, § 3 ArbZG Rn. 2; HK-ArbZR/*Jerchel*, 2. Aufl. 2018, § 3 ArbZG Rn. 17; HWK/*Gäntgen*, 9. Aufl. 2020, § 3 ArbZG Rn. 2; *Schliemann*, ArbZG, 4. Aufl. 2020, § 3 Rn. 7 f.

ergeben sich insoweit keinerlei Probleme. Fangen Arbeitszeit und Werktag jedoch früher an, kann unter Umständen ein Verstoß gegen die Höchstgrenze der werktäglichen Arbeitszeit vorliegen.[1380] Diesem Problem, so viel darf hier vorweggenommen werden, wäre durch die Festlegung einer wöchentlichen Höchstarbeitszeit, wie es die Richtlinie gestattet, zu begegnen.

b) Berechnung des Wochendurchschnitts?

Nicht abschließend geklärt ist, wie die Arbeitszeit genau zu berechnen ist. Das ArbZG legt eine Sechstagewoche zugrunde, allein der Sonntag ist, abgesehen von Feiertagen, kein Werktag. Daher nehmen manche Autoren an, dass zur Berechnung der Arbeitszeit nicht entscheidend sei, wie lange der Arbeitnehmer an jedem Werktag arbeite, sondern dass es allein darauf ankomme, ob im Durchschnitt der sechs Werktage die tägliche Arbeitszeit von acht Stunden eingehalten werde.[1381] Sie gehen also im Kern nicht von der täglichen Arbeitszeit an sich, sondern von einer Wochenarbeitszeit von 48 Stunden aus.[1382] Diese Berechnung hätte zur Folge, dass in einem Betrieb, in welchem nur an fünf Werktagen gearbeitet wird, gem. § 3 S. 1 ArbZG auch eine tägliche Arbeitszeit von 9,6 Stunden zulässig wäre.[1383] Maßgeblich wäre also allein, dass die 48 zulässigen Wochenstunden nicht überschritten werden. Fraglich ist jedoch, ob dies dem gesetzgeberischen Willen entspricht oder ob nicht im Ergebnis der Arbeitnehmer in einer Fünftagewoche maximal 40 Stunden und in einer Viertagewoche maximal 32 Stunden etc. arbeiten darf, da die Arbeitszeit jeden Tag auf höchstens acht Stunden berechnet wird und sich eine Durchschnittsberechnung verbietet.[1384]

1380 *Wirtz*, BB 2014, 1397 (1398); Buschmann/Ulber/*Buschmann*, ArbZR, 1. Aufl. 2019, § 3 ArbZG Rn. 9; HK-ArbZR/*Jerchel*, 2. Aufl. 2018, § 3 ArbZG Rn. 19 ff.; *Schliemann*, ArbZG, 4. Aufl. 2020, § 3 Rn. 11 ff.

1381 BeckOK ArbR/*Kock*, 64. Ed. 2022, § 3 ArbZG Rn. 1; s. auch *Baeck/Deutsch/Winzer*, ArbZG, 4. Aufl. 2020, § 3 Rn. 18 a.E.; vgl. auch LAG Saarland, Urt. v. 9.4.2014 – 2 Sa 145/13, BeckRS 2014, 69776.

1382 Die Wochenarbeitszeit schreibe das Gesetz auch indirekt vor, multipliziere man die sechs Werktage mit den acht Stunden Höchstarbeitszeit: *Anzinger/Koberski*, ArbZG, 5. Aufl. 2020, § 3 Rn. 19; *Baeck/Deutsch/Winzer*, ArbZG, 4. Aufl. 2020, § 3 Rn. 22; *Schliemann*, ArbZG, 4. Aufl. 2020, § 3 Rn. 20.

1383 BeckOK ArbR/*Kock*, 64. Ed. 2022, § 3 ArbZG Rn. 1; s. auch *Baeck/Deutsch/Winzer*, ArbZG, 4. Aufl. 2020, § 3 Rn. 18 a.E.

1384 *Lützen*, NZA 2021, 682 unter Verweis auf ArbG Herford, Urt. v. 18.6.2013 – 1 Ca 1445/12, BeckRS 2013, 72115; *Bauer/Krieger*, BB 2004, 549 Fn. 11.

Der Beantwortung dieser Frage ist sich mittels Auslegung zu nähern. Zunächst kann die Wortlautauslegung herangezogen werden, um die durchschnittliche Berechnung zu stützen, denn mit S. 1 wurde die Regelung des Achtstundentags aus der AZO zwar übernommen,[1385] ohne jedoch das damals noch vorgesehene Merkmal der Regelmäßigkeit.[1386] Daraus mag die Schlussfolgerung möglich sein, dass der Achtstundentag nicht die regelmäßige werktägliche Arbeitszeit sein muss und längere Arbeitstage möglich sind, solange sie wieder ausgeglichen werden.[1387] *Lützen* zeigt jedoch richtig auf, dass § 3 S. 1 ArbZG vorschreibt, dass die werktägliche Arbeitszeit von acht Stunden nicht überschritten werden „darf", während sie nach § 3 S. 2 ArbZG verlängert werden „kann" – das deute auf ein Regel-Ausnahme-Verhältnis hin.[1388] Darüber hinaus ist die durch § 3 S. 2 ArbZG ermöglichte Verlängerung der Arbeitszeit auf werktäglich zehn Stunden ausgleichspflichtig, sodass der einzuhaltende Durchschnitt bei acht Stunden täglicher Arbeitszeit liegt – klar ist damit: Der Achtstundentag soll die Regel sein.[1389] Hinzu kommt, dass § 3 S. 1 ArbZG bei der durchschnittlichen Berechnung gegenüber § 3 S. 2 ArbZG leerliefe.[1390] Daraus folgt, dass sich die Norm auf den einzelnen Arbeitstag bezieht und keine bestimmte Rechengröße aufstellen will, die das Errechnen einer Wochenarbeitszeit ermöglichen soll.[1391] Die Achtstundengrenze ist an jedem einzelnen Tag einzuhalten.

Auch die Gesetzesbegründung stützt diese Interpretation, indem sie ausdrücklich festlegt:

> „Es bleibt beim Grundsatz des Acht-Stunden-Tages."[1392]

Etwas anderes, also insbesondere eine Verteilung von Wochenarbeitszeit auf die Arbeitstage, geht aus der Gesetzesbegründung auch nicht hervor.[1393] Und auch

1385 BT-Drs. 12/5888, S. 24.

1386 *Baeck/Deutsch/Winzer*, ArbZG, 4. Aufl. 2020, § 3 Rn. 18.

1387 *Baeck/Deutsch/Winzer*, ArbZG, 4. Aufl. 2020, § 3 Rn. 18.

1388 *Lützen*, NZA 2021, 682.

1389 *Lützen*, NZA 2021, 682.

1390 Vgl. *Lützen*, NZA 2021, 682.

1391 *Lützen*, NZA 2021, 682 f., auch dazu, warum der Gesetzgeber die „werktägliche" Arbeitszeit geregelt hat: „die ‚werktägliche' Arbeitszeit ist vielmehr im Sinne der Arbeitszeit pro Arbeitstag zu verstehen, […] in der der Arbeitstag stets in Zusammenhang mit acht Stunden gebracht wird und es nicht um eine Wochenarbeitszeit geht, die beliebig verteilbar wäre."

1392 BT-Drs. 12/5888, S. 20.

1393 *Lützen*, NZA 2021, 682 (683).

der Gesundheitsschutz der Arbeitnehmer, als einer der geschriebenen Gesetzeszwecke des ArbZG, vgl. § 1 Nr. 1 ArbZG, spricht für die regelmäßige, an den einzelnen Tagen einzuhaltende Obergrenze von acht Stunden Arbeitszeit.[1394] Im Gesamtkontext des ArbZG, so zeigt *Lützen* richtig auf, spricht außerdem die Regelung des § 16 Abs. 2 ArbZG für die Regelmäßigkeit des Achtstundentags, da dort nur die Pflicht enthalten ist, die Arbeitszeit aufzuzeichnen, die über die in § 3 S. 1 ArbZG enthaltenen acht Stunden hinausgeht.[1395]

Insgesamt ist sich daher gegen eine durchschnittliche Berechnung der täglichen anhand einer wöchentlichen Arbeitszeit von 48 Stunden auszusprechen. Hätte der Gesetzgeber eine wöchentliche Arbeitszeit festlegen wollen, hätte er dies getan, dem steht weder im deutschen Recht noch im Europarecht etwas entgegen. Stattdessen ergeben sich weder aus dem Gesetzentwurf noch aus dem Gesetz selbst eindeutige Anhaltspunkte, die eine Berechnung auf diese Weise stützen. Die acht Stunden werktägliche Arbeitszeit sind als Obergrenze pro Werktag zu verstehen. In einer Woche mit fünf Arbeitstagen darf der Arbeitnehmer dann nach § 3 S. 1 ArbZG auch höchstens 40 Stunden Arbeit leisten.

2. *Abweichungsmöglichkeiten*

Abweichungsmöglichkeiten vom Achtstundentag kennt das ArbZG viele. Eine der wichtigsten Regelungen ist § 3 S. 2 ArbZG, der eine Verlängerung der

---

1394 Dazu ausf. *Lützen*, NZA 2021, 682 (683); s. auch *Kohte*, AuR 2019, 402 (403); *Krause*, Gutachten 71. DJT 2016, S. B 40; *Ulber, D./Stein*, AuR 2022, 148 (152); s. außerdem Ausschuss-Drs. 19(11)83, S. 6: „Arbeitszeiten von mehr als acht Stunden am Tag sind nicht nur ein Unfallrisiko, sondern erhöhen auch deutlich den gesundheitlichen Verschleiß der Beschäftigten und das Eintreten vorzeitiger Erwerbsminderung und Erwerbsunfähigkeit."

1395 *Lützen*, NZA 2021, 682 (683). Überzeugend ist auch sein Vergleich mit dem BUrlG. Dort gilt für Arbeitnehmer, die weniger als die sechs Werktage pro Woche arbeiten, an die das Gesetz anknüpft (§ 3 BUrlG), ein im Verhältnis verringerter Urlaubsanspruch (also bei Arbeit an fünf Werktagen Anspruch auf 20 Urlaubstage statt 24); st. Rspr., s. nur BAG, Urt. v. 19.3.2019 – 9 AZR 406/17, NZA 2019, 1435; v. 27.1.1987 – 8 AZR 579/84, NZA 1987, 462; v. 8.3.1984 – 6 AZR 442/83, NZA 1984, 160; und h.M., s. nur BeckOK ArbR/*Lampe*, 64. Ed. 2022, § 3 BUrlG Rn. 5; ErfK/*Gallner*, 22. Aufl. 2022, § 3 BUrlG Rn. 6 ff.; HKW/*Schinz*, 9. Aufl. 2020, § 3 BUrlG Rn. 7 ff. Warum im ArbZG, in dem die Wochenarbeitszeit von 48 Stunden aus der Berechnung anhand der sechs Werktage folgt, keine Umrechnung vorgenommen werden sollte, erschließt sich nicht, insbesondere weil sich das Ziel von ArbZG und BUrlG – Erholung der Arbeitnehmer – überschneidet, *Lützen*, NZA 2021, 682 (683) m.w.N.

werktäglichen Arbeitszeit auf bis zu zehn Stunden gestattet (a)). Auch können die Kollektivpartner Ausnahmen vorsehen, § 7 Abs. 1 Nr. 1 ArbZG (b)), wobei insbesondere die Umsetzung des Opt-outs in § 7 Abs. 2a ArbZG interessant ist (c)).[1396]

a) Verlängerung auf zehn Stunden, § 3 S. 2 ArbZG

§ 3 S. 2 ArbZG erlaubt ohne das Erfordernis einer besonderen Begründung oder Rechtfertigung[1397] die Verlängerung der werktäglichen Arbeitszeit auf bis zu zehn Stunden, wenn innerhalb von sechs Kalendermonaten oder 24 Wochen im Durchschnitt acht Stunden werktäglich nicht überschritten werden.[1398] Im Folgenden sollen die festgelegten Ausgleichszeiträume näher betrachtet werden.

aa) Ausgleichszeiträume

Der Gesetzgeber hat Ausgleichszeiträume von sechs Kalendermonaten oder 24 Wochen zur Wahl gestellt, die der Arbeitgeber für die Arbeitszeit seiner Arbeitnehmer festlegen kann.[1399] Dass zwischen beiden Möglichkeiten gewechselt wird, ist aufgrund ihrer Gleichwertigkeit auch ohne Weiteres möglich.[1400] Darüber hinaus steht es dem Arbeitgeber auch frei, kürzere (nicht jedoch längere) Ausgleichszeiträume zu wählen – dies ist für den Arbeitnehmer günstiger

---

1396 Darüber hinaus erlaubt auch § 7 Abs. 2 ArbZG Anpassungen des § 3 ArbZG in bestimmten Arbeitsbereichen. Da sich mit der Norm bereits i.R.d. Abweichungen von der täglichen Ruhezeit auseinandergesetzt wurde, Gliederungspunkt § 3 B) II. 2. c) bb), erübrigt sich hier eine Begutachtung.

1397 *Baeck/Deutsch/Winzer*, ArbZG, 4. Aufl. 2020, § 3 Rn. 24; *Neumann/Biebl*, ArbZG, 16. Aufl. 2013, § 3 Rn. 5; *Schliemann*, ArbZG, 4. Aufl. 2020, § 3 Rn. 27.

1398 Aus der Norm ergibt sich eine höchstzulässige Wochenarbeitszeit von 60 Stunden; *Anzinger/Koberski*, ArbZG, 5. Aufl. 2020, § 3 Rn. 24; *Baeck/Deutsch/Winzer*, ArbZG, 4. Aufl. 2020, § 3 Rn. 25; *Schliemann*, ArbZG, 4. Aufl. 2020, § 3 Rn. 26.

1399 U.a. bzgl. der Wahl des Ausgleichszeitraums besteht nach § 87 Abs. 1 Nr. 2 BetrVG ein Mitbestimmungsrecht des Betriebsrats: *Junker*, ZfA 1998, 105 (113); *Baeck/Deutsch/Winzer*, ArbZG, 4. Aufl. 2020, § 3 Rn. 55; ErfK/*Roloff*, 22. Aufl. 2022, § 3 ArbZG Rn. 12; ausf. zu den Regelungen, die der Mitbestimmung des Betriebsrats unterliegen: HK-ArbZR/*Jerchel*, 2. Aufl. 2018, § 3 ArbZG Rn. 38 ff. m.w.N.

1400 *Baeck/Deutsch/Winzer*, ArbZG, 4. Aufl. 2020, § 3 Rn. 32; s. auch *Anzinger/Koberski*, ArbZG, 5. Aufl. 2020, § 3 Rn. 28; vgl. auch ErfK/*Roloff*, 22. Aufl. 2022, § 3 ArbZG Rn. 5.

und daher unproblematisch.[1401] Im Übrigen gibt es keine besonderen gesetzlichen Anforderungen an die Ausgleichszeiträume.

Der Begriff „Woche" meint dabei nicht zwingend die Kalenderwoche (also Montag bis Sonntag), sondern jeden Zeitraum von sieben aufeinanderfolgenden Tagen.[1402] Hinsichtlich des im Gesetz genannten Zeitraums von sechs Kalendermonaten hingegen besteht in der Literatur keine Einigkeit darüber, ob tatsächlich „Kalendermonate" oder doch nur „Monate" gemeint sind.[1403] Der Wortlaut lässt insoweit jedoch nur wenig Spielraum: Der Begriff „Kalendermonat" hat eigenständige Bedeutung und meint den Zeitraum, der im Kalender ein Monat ist – er beginnt am Ersten des Monats um 0:00 Uhr und endet am letzten Tag des Monats um 24:00 Uhr.[1404] Dennoch geht insbesondere *Schliemann* davon aus, dass es sich bei der Wortwahl des Gesetzgebers um ein Versehen handle und das Gesetz eigentlich einen Ausgleichszeitraum von sechs Monaten vorschreiben sollte.[1405] Legt man dieser Ansicht folgend eine Sechsmonatsfrist zugrunde, besteht keine Bindung an den Kalender und der Zeitraum kann zu jedem beliebigen Tag des Monats beginnen und sechs Monate später enden, vgl. §§ 187, 188 BGB.[1406] Dafür spreche, dass im Gesetzgebungsverfahren die Unterscheidung zwischen Monat und Kalendermonat gefehlt habe und stattdessen die Begriffe synonym verwendet worden seien.[1407] Gleiches gelte für das Schrifttum, das zwischen den beiden Begriffen nicht immer sauber differenziere.[1408] Ein weiteres

---

1401 *Anzinger/Koberski*, ArbZG, 5. Aufl. 2020, § 3 Rn. 35; *Baeck/Deutsch/Winzer*, ArbZG, 4. Aufl. 2020, § 3 Rn. 32; HK-ArbZR/*Jerchel*, 2. Aufl. 2018, § 3 ArbZG Rn. 27.

1402 *Anzinger/Koberski*, ArbZG, 5. Aufl. 2020, § 3 Rn. 31; *Baeck/Deutsch/Winzer*, ArbZG, 4. Aufl. 2020, § 3 Rn. 30; *Schliemann*, ArbZG, 4. Aufl. 2020, § 3 Rn. 36.

1403 H.M. Kalendermonate: *Anzinger/Koberski*, ArbZG, 5. Aufl. 2020, § 3 Rn. 27; *Baeck/Deutsch/Winzer*, ArbZG, 4. Aufl. 2020, § 3 Rn. 28; BeckOK ArbR/*Kock*, 62. Ed. 2021, § 3 ArbZG Rn. 4; Buschmann/Ulber/*Buschmann*, ArbZR, 1. Aufl. 2019, § 3 ArbZG Rn. 10; ErfK/*Roloff*, 22. Aufl. 2022, § 3 ArbZG Rn. 3; HK-ArbZR/*Jerchel*, 2. Aufl. 2018, § 3 ArbZG Rn. 65; a.A. Monate: insb. *Schliemann*, ArbZG, 4. Aufl. 2020, § 3 Rn. 34 ff.; s. auch *Neumann/Biebl*, ArbZG, 16. Aufl. 2013, § 3 Rn. 8.

1404 *Anzinger/Koberski*, ArbZG, 5. Aufl. 2020, § 3 Rn. 29; *Schliemann*, ArbZG, 4. Aufl. 2020, § 3 Rn. 35.

1405 *Schliemann*, ArbZG, 4. Aufl. 2020, § 3 Rn. 34.

1406 *Schliemann*, ArbZG, 4. Aufl. 2020, § 3 Rn. 35.

1407 *Schliemann*, ArbZG, 4. Aufl. 2020, § 3 Rn. 38 unter Verweis auf BT-Drs. 12/5888, S. 20, 24.

1408 *Schliemann*, ArbZG, 4. Aufl. 2020, § 3 Rn. 39 m.w.N.: Er nimmt dabei u.a. Bezug auf *Erasmy*, NZA 1994, 1105 (1106), der den Begriff „Monat" verwende, während bspw. *Anzinger/Koberski*, ArbZG 4. Aufl. 2014, § 3 Rn. 29 f. von „Kalendermonaten"

Argument ist die Divergenz zu der Festlegung von 24 Wochen, die nicht an den Kalender geknüpft, sondern variabel zu verstehen sind.[1409]

Der Kritik ist im Kern durchaus zuzustimmen,[1410] die unterschiedliche Festlegung im Gesetz ist nur bedingt nachvollziehbar.[1411] Wenn der Arbeitgeber die Ausgleichszeiträume an Kalendermonaten festmachen will, hielte ihn auch eine flexiblere, lediglich an „Monate“ anknüpfende gesetzliche Regelung nicht davon ab.[1412] Nichtsdestoweniger hat der im Gesetz verwendete Begriff des Kalendermonats eine eindeutige Bedeutung und Definition; jedes andere Verständnis ginge *contra legem*, der klare Wortlaut steht dem entgegen.[1413] Sich der Problematik anzunehmen, wäre Sache des Gesetzgebers.

bb) Europarechtskonformität: Länge der Ausgleichszeiträume

Vielfach verneint wird außerdem die Europarechtskonformität der Länge der durch § 3 S. 2 ArbZG gestatteten Ausgleichszeiträume.[1414] Art. 16 lit. b) UAbs. 1 ArbZRL erlaubt lediglich die Festlegung eines Bezugszeitraums für den Ausgleich der wöchentlichen Arbeitszeit von 48 Stunden von bis zu vier Monaten. Längere Ausgleichszeiträume sind nur unter Verwendung der

---

sprechen würden; so auch in der aktuellen Aufl.: *Anzinger/Koberski*, 5. Aufl. 2020, § 3 Rn. 29 f.

1409 *Schliemann*, ArbZG, 4. Aufl. 2020, § 3 Rn. 40 f.

1410 So auch *Baeck/Deutsch/Winzer*, ArbZG, 4. Aufl. 2020, § 3 Rn. 28.

1411 S. aber ErfK/*Roloff*, 22. Aufl. 2022, § 3 ArbZG Rn. 3, der davon ausgeht, dass der Gesetzgeber die beiden unterschiedlich zu berechnenden Ausgleichszeiträume bewusst als Alternativen gewählt hat.

1412 *Schliemann*, ArbZG, 4. Aufl. 2020, § 3 Rn. 42.

1413 *Anzinger/Koberski*, ArbZG, 5. Aufl. 2020, § 3 Rn. 27; *Baeck/Deutsch/Winzer*, ArbZG, 4. Aufl. 2020, § 3 Rn. 28; s. auch Buschmann/Ulber/*Buschmann*, ArbZR, 1. Aufl. 2019, § 3 ArbZG Rn. 10.

1414 H.M., z.B.: *Buschmann*, AuR 2019, 292 (293); *Witschen*, Rahmenvorgaben und Flexibilisierungsspielräume im Arbeitszeitrecht, S. 136 ff.; Buschmann/Ulber/*Buschmann*, ArbZR, 1. Aufl. 2019, § 3 ArbZG Rn. 22; EAS/*Balze*, 215. EL 2019, B 3100 Rn. 156; ErfK/*Roloff*, 22. Aufl. 2022, § 3 ArbZG Rn. 4; Franzen/Gallner/Oetker/*Gallner*, EuArbR, 4. Aufl. 2022, Art. 6 RL 2003/88/EG Rn. 2 und Art. 16 RL 2003/88/EG Rn. 5; HK-ArbZR/*Jerchel*, 2. Aufl. 2018, § 3 ArbZG Rn. 30 f.; Preis/Sagan/*Ulber, D.*, EuArbR, 2. Aufl. 2019, § 7 Rn. 7.173; *Schliemann*, ArbZG, 4. Aufl. 2020, § 3 Rn. 32 f.; *Thüsing*, EuArbR, 3. Aufl. 2017, § 7 Rn. 33; s. auch: *Europäische Kommission*, SWD(2017) 204 final, S. 15; a.A.: *Tietje*, Grundfragen des Arbeitszeitrechts, S. 67 ff.; *Baeck/Deutsch/Winzer*, ArbZG, 4. Aufl. 2020, § 3 Rn. 8; BeckOK ArbR/*Kock*, 64. Ed. 2022, § 3 ArbZG Rn. 6.

Abweichungsmöglichkeiten der Artt. 17, 18 ArbZRL möglich, sofern dabei die Grenzen des Art. 19 ArbZRL eingehalten werden. Bei zunächst nur flüchtigem Hinsehen ist der insoweit herrschenden Meinung wohl zuzustimmen und die Europarechtskonformität zu verneinen.

Aber eine weitergehende Beschäftigung mit der Frage lohnt sich. Manche Autoren gehen mit einem Günstigkeits- oder auch „Sachgruppenvergleich“[1415] davon aus, dass es darauf ankomme, ob die deutsche Regelung im Ergebnis die für den Arbeitnehmer günstigere sei, da die Länge des Ausgleichszeitraums und die zulässige Höhe der maximalen Arbeitszeit untrennbar miteinander verknüpft seien.[1416] Da § 3 ArbZG insgesamt maximal 60 Stunden Wochenarbeitszeit erlaube, Art. 3 ArbZRL hingegen sogar 78 Stunden, sei die deutsche Regelung auch vorteilhafter, da sie weniger Arbeitszeit für die Arbeitnehmer zulasse.[1417] Die Regelung, wie § 3 S. 2 ArbZG sie vorsieht, sei somit aufgrund von Art. 15 ArbZRL europarechtlich unbedenklich.[1418]

Fraglich ist, ob die Überlegungen so zutreffend sind. *Witschen* hat insofern treffend dargelegt und ausgerechnet, dass in Bezug auf die Anzahl der möglichen Arbeitsstunden (innerhalb von sechs Monaten) keine der beiden Regelungen der anderen gegenüber vorteilhafter für den Arbeitnehmer ist.[1419] Um eine Regelung eventuell günstiger als die andere einzuordnen, sind daher weitere Aspekte zu berücksichtigen. *Witschen* zeigt richtig auf, dass zwar der Unterschied zwischen der möglichen Höchstarbeitszeit pro Woche und der Arbeitszeit im Ausgleichszeitraum (48 zu 78 Stunden) bei der europarechtlichen Regelung beträchtlicher sei als bei der deutschen Regelung.[1420] Allerdings sei zu berücksichtigen, dass

---

1415 *Baeck/Deutsch/Winzer*, ArbZG, 4. Aufl. 2020, § 3 Rn. 8.

1416 *Baeck/Deutsch/Winzer*, ArbZG, 4. Aufl. 2020, § 3 Rn. 8; s. auch *Anzinger*, FS Wlotzke, S. 427 (434 f.); BeckOK ArbR/*Kock*, 64. Ed. 2022, § 3 ArbZG Rn. 6.

1417 *Anzinger*, FS Wlotzke, S. 427 (434 f.) unter Bezugnahme auf die Gefahren einer zu langen Arbeitszeit; zust. auch *Tietje*, Grundfragen des Arbeitszeitrechts, S. 70 ff; *Baeck/Deutsch/Winzer*, ArbZG, 4. Aufl. 2020, § 3 Rn. 8; BeckOK ArbR/*Kock*, 64. Ed. 2022, § 3 ArbZG Rn. 6.

1418 S. nur *Baeck/Deutsch/Winzer*, ArbZG, 4. Aufl. 2020, § 3 Rn. 8.

1419 *Witschen*, Rahmenvorgaben und Flexibilisierungsspielräume im Arbeitszeitrecht, S. 137 f.: Nach der deutschen Regelung sind 1.152 Stunden in sechs Monaten möglich, nach der europäischen in den vier Monaten 768 Stunden. Zur Vergleichbarkeit setzt sie zwei weitere Monate mit 48 Stunden wöchentlich an, sodass sie auch hier auf 1.152 Stunden kommt.

1420 *Witschen*, Rahmenvorgaben und Flexibilisierungsspielräume im Arbeitszeitrecht, S. 138.

der Ausgleich der erhöhten Arbeitszeit, insbesondere wenn es zu besonders hohem Arbeitsanfall komme, durch den kürzeren Ausgleichszeitraum auch mit weniger Abstand zu der hohen Arbeitszeit durchgeführt werde; der Arbeitnehmer könne sich demnach schneller erholen.[1421] Bei der deutschen Regelung liege demgegenüber für einen längeren Zeitraum insgesamt eine Arbeitszeit mit niedrigerer Begrenzung vor als bei der europäischen Regelung[1422] – ob das tatsächlich günstiger ist, mag aus den genannten Gründen zu bezweifeln sein. Im Ergebnis jedenfalls bleibe der Vergleich der beiden Regelungen auf ihre Günstigkeit Frage des Einzelfalls – damit genüge er nicht, um die Abweichung von den Richtlinienvorgaben zu rechtfertigen.[1423] Außerdem, so halten einige Autoren zutreffend fest, gebe es einen solchen Günstigkeitsvergleich im Europarecht bzw. im Rahmen der ArbZRL gar nicht.[1424]

Alles in allem ist damit wohl auch aufgrund der eindeutigen Formulierung in der Richtlinie von der Europarechtswidrigkeit der langen Ausgleichszeiträume im deutschen ArbZG auszugehen. In dieser Hinsicht ist, sofern dies aufgrund des eindeutigen Wortlauts der deutschen Regelung überhaupt möglich ist,[1425] eine richtlinienkonforme Auslegung (vier Monate statt sechs Kalendermonate bzw. 24 Wochen) erforderlich.[1426] Im Übrigen besteht hier Nachholbedarf für den deutschen Gesetzgeber.

1421 *Witschen*, Rahmenvorgaben und Flexibilisierungsspielräume im Arbeitszeitrecht, S. 138.

1422 *Witschen*, Rahmenvorgaben und Flexibilisierungsspielräume im Arbeitszeitrecht, S. 138.

1423 *Witschen*, Rahmenvorgaben und Flexibilisierungsspielräume im Arbeitszeitrecht, S. 138.

1424 *Kohte*, FS Wissmann, S. 331 (335); *Schliemann*, NZA 2004, 513 (516); *Witschen*, Rahmenvorgaben und Flexibilisierungsspielräume im Arbeitszeitrecht, S. 138; EAS/*Balze*, 215. EL 2019, B 3100 Rn. 155 f.; Preis/Sagan/*Ulber, D.*, EuArbR, 2. Aufl. 2019, § 7 Rn. 7.173.

1425 *Witschen*, Rahmenvorgaben und Flexibilisierungsspielräume im Arbeitszeitrecht, S. 137 f.

1426 Buschmann/Ulber/*Buschmann*, ArbZR, 1. Aufl. 2019, § 3 ArbZG Rn. 23; HK-ArbZR/*Jerchel*, 2. Aufl. 2018, § 3 ArbZG Rn. 31; ErfK/*Roloff*, 22. Aufl. 2022, § 3 ArbZG Rn. 4 geht von einer möglichen Beschränkung des Zeitraums auf vier Monate im Wege unmittelbarer Anwendung der Richtlinienvorgaben wegen Art. 31 Abs. 2 GRC aus; in die Richtung wohl auch *Schliemann*, ArbZG, 4. Aufl. 2020, § 3 Rn. 33.

cc) Bestimmung des Ausgleichs

Das Gesetz selbst sagt nichts zur Berechnung des einzuhaltenden Durchschnitts. Klar ist, dass Urlaubs- und Krankheitstage in die Berechnung nicht einfließen dürfen oder als neutral angesehen werden müssen, denn das gibt Art. 16 lit. b) ArbZRL vor.[1427] Die Tage nicht zu berücksichtigen, hat zur Folge, dass der Ausgleichszeitraum sich verlängert;[1428] sie neutral zu betrachten, setzt in der Berechnung voraus, dass sie mit der üblichen Arbeitszeit des Arbeitnehmers an dem entsprechenden Tag (maximal acht Stunden) angesetzt werden.[1429; 1430]

Hinweise darauf, dass der auf den längeren Arbeitstag folgende Zeitraum von sechs Kalendermonaten oder 24 Wochen als Ausgleichszeitraum fungieren müsse, also der Ausgleich nach der erhöhten Arbeitszeit zu erfolgen hat, enthält das ArbZG, anders als seine Gesetzesbegründung,[1431] keine. Allein deshalb ist eine solche Vorgabe nicht in die Norm herein zu lesen, weder im Wege einer einschränkenden Auslegung noch mittels teleologischer Reduktion.[1432] Darüber hinaus spricht gegen ein solches Verständnis der Norm auch, dass das ArbZG

1427 ErfK/*Roloff*, 22. Aufl. 2022, § 3 ArbZG Rn. 6; Schaub/*Vogelsang*, ArbR-HdB, 19. Aufl. 2021, § 156 Rn. 25; ausf. *Baeck/Deutsch/Winzer*, ArbZG, 4. Aufl. 2020, § 3 Rn. 43, welche die richtlinienkonforme Auslegung an dieser Stelle umfassend begründen.

1428 *Anzinger/Koberski*, ArbZG, 5. Aufl. 2020, § 3 Rn. 63; *Baeck/Deutsch/Winzer*, ArbZG, 4. Aufl. 2020, § 3 Rn. 44.

1429 *Baeck/Deutsch/Winzer*, ArbZG, 4. Aufl. 2020, § 3 Rn. 44; *Neumann/Biebl*, ArbZG, 16. Aufl. 2013, § 3 Rn. 10; *Schliemann*, ArbZG, 4. Aufl. 2020, § 3 Rn. 88.

1430 Ob dies auf andere Gründe für Arbeitsbefreiung übertragbar ist, z.B. Urlaub, der über den gesetzlichen Mindesturlaub hinausgeht, Sonderurlaub, unberechtigtes Fernbleiben, Arbeitsruhe wegen Arbeitskampf etc. (Bsp. entnommen von *Baeck/Deutsch/Winzer*, ArbZG, 4. Aufl. 2020, § 3 Rn. 45), wird nicht ganz einheitlich gesehen, soll hier aber keine Rolle spielen. S. dazu daher nur: für eine Berücksichtigung: *Schlottfeld*, ZESAR 2016, 477 ff.; *Baeck/Deutsch/Winzer*, ArbZG, 4. Aufl. 2020, § 3 Rn. 45; BeckOK/*Kock*, 64. Ed. 2022, § 3 ArbZG Rn. 9; dagegen: BVerwG, Urt. v. 17.9.2015 – 2 C 26/14, NVwZ 2016, 1417; v. 9.5.2018 – 8 C 13/17, NZA-RR 2018, 608; Buschmann/Ulber/*Buschmann*, ArbZR, 1. Aufl. 2019, § 3 ArbZG Rn. 11; HK-ArbZR/*Jerchel*, 2. Aufl. 2018, § 3 ArbZG Rn. 28. Nach Ansicht von *Anzinger/Koberski*, ArbZG, 5. Aufl. 2020, § 3 Rn. 40 sind außerdem auch die Samstage mitzuzählen, wenn der Samstag im betreffenden Betrieb immer arbeitsfrei ist, s. auch MHdB ArbR/*Koberski*, 5. Aufl. 2021, § 182 Rn. 67.

1431 BT-Drs. 12/5888, S. 24; s. auch HK-ArbZR/*Jerchel*, 2. Aufl. 2018, § 3 ArbZG Rn. 29 m.w.N.

1432 *Anzinger/Koberski*, ArbZG, 5. Aufl. 2020, § 3 Rn. 33; *Baeck/Deutsch/Winzer*, ArbZG, 4. Aufl. 2020, § 3 Rn. 34; ErfK/*Roloff*, 22. Aufl. 2022, § 3 ArbZG Rn. 5.

ausweislich § 1 Nr. 1 Alt. 2 die Rahmenbedingungen für flexible Arbeitszeit verbessern will, wozu § 3 S. 2 ArbZG gerade dient.[1433] Generell kann man somit zwar davon ausgehen, dass es auch aufgrund der Durchschnittsberechnung nicht relevant ist, zu welchem Zeitpunkt im Ausgleichszeitraum die Arbeitstage mit höherer Arbeitszeit liegen.[1434] Gänzlich frei ist die Festlegung der Ausgleichszeiträume und der Arbeitszeiten allerdings auch im Rahmen des § 3 S. 2 ArbZG nicht, insbesondere die Kopplung zweier Ausgleichszeiträume über mehrere Monate kann unter gewissen Umständen dem Gesetzeszweck, eine Durchschnittsarbeitszeit von acht Stunden täglich beizubehalten und die Sicherheit und den Gesundheitsschutz der Arbeitnehmer zu gewährleisten, widersprechen.[1435] Zu berücksichtigen ist jedoch vor allem die oben (s. Gliederungspunkt § 3 E) I. 2. a)) dargelegte Rechtsprechung des EuGH in der Rechtssache *Syndicat des cadres de la sécurité intérieure*. Der EuGH verlangt dort, dass die gesetzliche Erlaubnis zur Festlegung fester Bezugszeiträume nur dann zulässig ist, wenn sie mit Mechanismen verbunden wird, die sicherstellen, dass die durchschnittliche wöchentliche Höchstarbeitszeit von 48 Stunden während jedes auf zwei aufeinanderfolgende feste Bezugszeiträume verteilten Sechsmonatszeitraums eingehalten wird.[1436] Das bedeutet, dass ein Gesetz, das die Festlegung fester Bezugszeiträume ermöglicht, gleichzeitig zu garantieren hat, dass bei der gleitenden Anwendung eines ebenso langen Bezugszeitraums die wöchentliche Höchstarbeitszeit gewahrt ist:[1437] Von jedem Zeitpunkt innerhalb der festen Bezugszeiträume aus gerechnet muss die Höchstarbeitszeit eingehalten werden.[1438] Auch vor dem Hintergrund dieser Rechtsprechung bestehen Zweifel

---

1433 ErfK/*Roloff*, 22. Aufl. 2022, § 3 ArbZG Rn. 5.

1434 H.M.: *Erasmy*, NZA 1994, 1105 (1106); *Junker*, ZfA 1998, 105 (114); *Anzinger/Koberski*, ArbZG, 5. Aufl. 2020, § 3 Rn. 33; *Baeck/Deutsch/Winzer*, ArbZG, 4. Aufl. 2020, § 3 Rn. 34; ErfK/*Roloff*, 22. Aufl. 2022, § 3 ArbZG Rn. 5; HWK/*Gäntgen*, 10. Aufl. 2022, § 3 ArbZG Rn. 5; MHdB ArbR/*Koberski*, 5. Aufl. 2021, § 182 Rn. 66; *Neumann/Biebl*, 16. Aufl. 2013, § 3 Rn. 9; a.A.: Buschmann/Ulber/*Buschmann*, ArbZR, 1. Aufl. 2019, § 3 ArbZG Rn. 26; HK-ArbZR/*Jerchel*, 2. Aufl. 2018, § 3 ArbZG Rn. 29.

1435 Buschmann/Ulber/*Buschmann*, ArbZR, 1. Aufl. 2019, § 3 ArbZG Rn. 26; vgl. auch HK-ArbZR/*Jerchel*, 2. Aufl. 2018, § 3 ArbZG Rn. 32.

1436 EuGH, Urt. v. 11.4.2019 – C-254/18 – *Syndicat des cadres de la sécurité intérieure*, NZA 2019, 765 Rn. 43.

1437 *Schmitz*, NZA-RR 2020, 281 (285).

1438 *Buschmann*, AuR 2019, 292 (293); s. Buschmann/Ulber/*Buschmann*, ArbZR, 1. Aufl. 2019, § 3 ArbZG Rn. 26 f.; vgl. auch Schaub/*Vogelsang*, ArbR-HdB, 19. Aufl. 2021, § 156 Rn. 25.

an der Europarechtskonformität des § 3 S. 2 ArbZG, der die Grundsätze und Sicherungsmechanismen, die der EuGH verlangt, nicht enthält.[1439] Diese könnten aber im Wege der europarechtskonformen Auslegung in die Norm hineingelesen werden. Im Ergebnis bedeutet das, dass es nicht gänzlich irrelevant ist, zu welchem Zeitpunkt im Ausgleichszeitraum die erhöhten Arbeitszeiten liegen, und die Kopplung von Ausgleichszeiträumen sowie geschickte Lage von Arbeitszeiten zur „bestmöglichen“ Ausnutzung der Grenzen des ArbZG wird durch die richtlinienkonforme Auslegung verhindert, wo der Schutz und die Gesundheit der Arbeitnehmer beeinträchtigt werden.

dd) Potential

Generell wird die Regelung des § 3 S. 2 ArbZG als Bereicherung des Arbeitszeitrechts empfunden, denn sie gehe auf die Bedürfnisse der Praxis ein und sorge für erheblich mehr Flexibilisierung der Arbeitszeit.[1440] Gerade auch aufgrund der Tatsache, dass eine Abweichung über § 3 S. 2 ArbZG keiner Rechtfertigung bedarf, entfaltet sich ihr Spielraum als Regelung, die „einfach so“ angewendet werden kann. Zu beachten ist aber, dass die Norm in europarechtlicher Hinsicht nicht unbedenklich ist – insofern ist entweder eine europarechtskonforme Auslegung und Anwendung und/oder aber eine Gesetzesänderung erforderlich.

b) Abweichungen nach § 7 Abs. 1 Nr. 1 ArbZG

Das ArbZG enthält in § 7 Abs. 1 weitere Abweichungsmöglichkeiten für die Kollektivparteien. Dabei gestattet § 7 Abs. 1 Nr. 1 Abweichungen von dem gesamten § 3 ArbZG – nicht nur der Achtstundentag, sondern auch die Erhöhung der Arbeitszeit auf 10 Stunden unter Beachtung der Ausgleichszeiträume unterliegt demnach der Flexibilisierung durch die Tarifvertragsparteien und Betriebspartner.

1439 Buschmann/Ulber/*Buschmann*, ArbZR, 1. Aufl. 2019, § 3 ArbZG Rn. 26; s. HK-ArbZR/*Jerchel*, 2. Aufl. 2018, § 3 ArbZG Rn. 32; vgl. auch *Schmitz*, NZA-RR 2020, 281 (285): „Ferner verstößt § 3 S. 2 ArbZG auch gegen Art. 19 II, wenn der Sechsmonatszeitraum als fester Bezugszeitraum angewandt wird.“

1440 *Baeck/Deutsch/Winzer*, ArbZG, 4. Aufl. 2020, § 3 Rn. 23; HK-ArbZR/*Jerchel*, 2. Aufl. 2018, § 3 ArbZG Rn. 25: „reine Flexibilisierungsklausel“; *Neumann/Biebl*, ArbZG, 16. Aufl. 2013, § 3 Rn. 6: „Kernstück der Flexibilisierung der Arbeitszeit“.

aa) Abweichungen bei Bereitschaftsdienst und Arbeitsbereitschaft

§ 7 Abs. 1 Nr. 1 lit. a) ArbZG erlaubt eine Verlängerung der Arbeitszeit über die zehn Stunden werktäglich hinaus dann, wenn in die Arbeitszeit regelmäßig und in erheblichem Umfang Arbeitsbereitschaft und Bereitschaftsdienst (s. zu beiden Arbeitszeitformen Gliederungspunkt § 3 A) IV. 1.) fallen. Über § 7 Abs. 1 Nr. 1 lit. b) ArbZG ist außerdem die Festlegung eines anderen Ausgleichszeitraums als in § 3 S. 2 ArbZG durch die Kollektivpartner – wegen ihrer größeren Sachnähe[1441] – gestattet.

Es kommt für die Abweichung nach § 7 Abs. 1 Nr. 1 lit. a) ArbZG darauf an, dass Arbeitsbereitschaft oder Bereitschaftsdienst regelmäßig anfallen. Dies ist dann der Fall, wenn sie üblicherweise mit Vollarbeit wechseln, was zwar nicht gleichmäßig sein muss; notwendig ist aber, dass mit einem Wechsel zu rechnen ist.[1442]

Darüber, wann der erforderliche erhebliche Umfang von Arbeitsbereitschaft oder Bereitschaftsdienst erreicht ist, besteht in der Literatur Uneinigkeit.[1443] Klar ist dabei jedenfalls, dass der Umfang dieser Arbeitsformen so groß sein muss, dass eine Erweiterung der Arbeitszeit sich als gesundheitlich nicht bedenklich darstellt.[1444] Entscheidend ist das Verhältnis zur Vollarbeit.[1445] Ob nun der „erhebliche Umfang" anhand des Einzelfalls bestimmt werden soll[1446] oder aber

---

1441 BT-Drs. 12/5888, S. 26.

1442 BAG, Urt. v. 24.9.2008 – 10 AZR 669/07, NZA 2009, 45; *Baeck/Deutsch/Winzer*, ArbZG, 4. Aufl. 2020, § 7 Rn. 49; *Schliemann*, ArbZG, ArbZG, 4. Aufl. 2020, § 7 Rn. 38.

1443 Z.B.: *Baeck/Deutsch/Winzer*, ArbZG, 4. Aufl. 2020, § 7 Rn. 51: abhängig vom Einzelfall; *Wirtz*, BB 2014, 1397 (1399): 20 %; HK-ArbZR/*Pfeiffer*, 2. Aufl. 2018, § 7 ArbZG Rn. 33: 25–30 %; BeckOK/*Kock*, 64. Ed. 2022, § 7 ArbZG Rn. 10: 30 % (aber nicht absolut); Buschmann/Ulber/*Buschmann*, ArbZR, 1. Aufl. 2019, § 7 ArbZG Rn. 31: strenger mit 50 %; das BAG hat einen Anteil von drei Stunden Arbeitsbereitschaft bei einer täglichen Höchstarbeitszeit von elf Stunden als erheblichen Umfang gewertet (das entspricht ca. 27 %): BAG, Beschl. v. 24.1.2006 – 1 ABR 6/05, NZA 2006, 862.

1444 *Baeck/Deutsch/Winzer*, ArbZG, 4. Aufl. 2020, § 7 Rn. 52; HK-ArbZR/*Pfeiffer*, 2. Aufl. 2018, § 7 ArbZG Rn. 33.

1445 ErfK/*Roloff*, 22. Aufl. 2022, § 7 ArbZG Rn. 3; HK-ArbZR/*Pfeiffer*, 2. Aufl. 2018, § 7 ArbZG Rn. 33; *Neumann/Biebl*, ArbZG, 16. Aufl. 2013, § 7 Rn. 18. Es liegt wohl auf der Hand, dass ein erheblicher Umfang auf jeden Fall dann gegeben ist, wenn Arbeitsbereitschaft oder Bereitschaftsdienst die Vollarbeit überwiegt, s. nur HK-ArbZR/*Pfeiffer*, 2. Aufl. 2018, § 7 ArbZG Rn. 33.

1446 *Baeck/Deutsch/Winzer*, ArbZG, 4. Aufl. 2020, § 7 Rn. 51.

es auf eine starre Untergrenze ankommt,[1447] wird nicht gleich beurteilt. Naheliegender scheint die Bestimmung nach dem Einzelfall. So kann es durchaus sein, dass für einen Arbeitnehmer regelmäßig Phasen der Arbeitsbereitschaft oder des Bereitschaftsdienstes ohne tatsächlichen Arbeitseinsatz stattfinden, während ein anderer Arbeitnehmer häufig und intensiv in diesen Zeiten beansprucht wird – für Letzteren würde eine Verlängerung der Arbeitszeit nach § 7 Abs. 1 Nr. 1 lit. a) ArbZG eine deutlich höhere Belastung bedeuten. Daher ist es nur sachgerecht, die Entscheidung über den erheblichen Umfang von Arbeitsbereitschaft und Bereitschaftsdienst dem Einzelfall zu überlassen. Das widerspricht aber nicht einer Kombination mit einer festen Untergrenze von bspw. 30 %, die sich aus Gründen des Arbeitnehmerschutzes ebenfalls anbietet und sinnvoll ist.[1448] Wird diese Untergrenze erreicht, ist anhand der Umstände des Einzelfalls dann zu erwägen, ob ein höherer Anteil an Arbeitsbereitschaft und/oder Bereitschaftsdienst gegeben sein müsste, um die Voraussetzung einer Arbeitszeiterhöhung über § 7 Abs. 1 Nr. 1 lit. a) ArbZG zu erfüllen. Also: Für den Arbeitnehmer, der in den 30 % Bereitschaftszeit häufig zu belastenden Tätigkeiten abgerufen wird, ist eine Verlängerung unter Umständen ein Gesundheitsrisiko und damit nicht angebracht, während bei einem Arbeitnehmer, der in der Regel mit weniger Abruf rechnen muss, auch eine Verlängerung gesundheitlich unbedenklich sein kann.

Zu klären bleibt die Frage, wie lange die verlängerte Arbeitszeit nach § 7 Abs. 1 Nr. 1 lit. a) ArbZG sein darf, denn in der Norm selbst findet sich keine Beschränkung der zulässigen Höchstarbeitszeit. Vielmehr lässt der Wortlaut ohne Obergrenze eine Verlängerung auf bis zu 24 Stunden pro Werktag zu.[1449] Einige Autoren halten deshalb eine Orientierung an der elfstündigen Ruhezeit des § 5 Abs. 1 ArbZG für verpflichtend, wobei aber auch die über § 7 Abs. 1 Nr. 3 ArbZG mögliche Kürzung der Ruhezeit um zwei Stunden berücksichtigt werden kann – die Verlängerung könne dann auf 13 bzw. 15 Stunden vorgenommen

1447 S. nur Buschmann/Ulber/*Buschmann*, ArbZR, 1. Aufl. 2019, § 7 ArbZG Rn. 31.

1448 Den Begriff der Untergrenze betrachtet auch *Kock* flexibel: Er legt mind. 30 % zugrunde, geht aber davon aus, dass dies nicht absolut sei, sondern auch ein geringerer Prozentsatz ausreichen könne, BeckOK/*Kock*, 64. Ed. 2022, § 7 ArbZG Rn. 10.

1449 Das ist h.M., s. nur *Anzinger/Koberski*, ArbZG, 5. Aufl. 2020, § 7 Rn. 25; *Baeck/Deutsch/Winzer*, ArbZG, 4. Aufl. 2020, § 7 Rn. 51; HK-ArbZR/*Pfeiffer*, 2. Aufl. 2018, § 7 ArbZG Rn. 35; *Schliemann*, ArbZG, 4. Aufl. 2020, § 7 Rn. 41; wohl auch ErfK/*Roloff*, 22. Aufl. 2022, § 7 ArbZG Rn. 3.

werden.[1450] Zuzugestehen ist, dass das erste Verständnis – eine Verlängerung darf auf bis zu 24 Stunden vorgenommen werden – mit den Normen des ArbZG in Einklang steht.

Europarechtlich betrachtet ergeben sich jedoch zu dem Wortlaut von Art. 3 ArbZRL Diskrepanzen, denn auch die Richtlinie schreibt eine elfstündige Ruhezeit pro 24-Stunden-Zeitraum vor – das ist offensichtlich mit einer 24stündigen Arbeitszeit nicht vereinbar. Daher müssten die Abweichungsmöglichkeiten der Artt. 17, 18 ArbZRL einschlägig sein. Über Art. 17 Abs. 2, 3 ArbZRL kann die Abweichung von der Ruhezeitvorgabe jedoch nicht gerechtfertigt werden, denn die dort genannten Fallgruppen sind nicht einschlägig[1451] – insbesondere sind Arbeitsbereitschaft und Bereitschaftsdienst nicht mit den in Art. 17 Abs. 2 lit. c) oder d) ArbZRL aufgezählten Tätigkeiten vergleichbar.[1452] Die Abweichung wäre daher nur über Art. 18 ArbZRL möglich. Einige Autoren gehen davon aus, dass dessen Voraussetzungen mit der Regelung des § 7 Abs. 1 Nr. 1 lit. a) ArbZG erfüllt seien.[1453] Dies mag im Kern zutreffend sein, dennoch besteht auch vor diesem Hintergrund weiterhin Bedenken in europarechtlicher Hinsicht.[1454] Einerseits geht die unbedingte Erforderlichkeit der Abweichungen, die das europäische Arbeitszeitrecht nach Rechtsprechung des EuGH verlangt, aus der Norm nicht hervor, indem Arbeitsbereitschaft und Bereitschaftsdienst pauschal für die Abweichung vorgesehen werden.[1455] Unter Berücksichtigung der EuGH-Rechtsprechung müsste die Norm darauf beschränkt werden, dass Ausnahmen nur dann zulässig sein sollen, wenn sie bspw. durch arbeitsorganisatorische Besonderheiten gerechtfertigt sind.[1456] Darüber hinaus werden wohl auch die Anforderungen an die Ausgleichsruhezeiten (s. Gliederungspunkt § 3 B) I. 3. c) aa)) aus der Norm nicht hinreichend deutlich umgesetzt, unabhängig

---

1450 *Kreft*, AuR 2018, 56 (58); *Ulber, D.*, ZTR 2005, 70 (73); *Neumann/Biebl*, ArbZG, 16. Aufl. 2013, § 7 Rn. 19; vgl. auch Buschmann/Ulber/*Buschmann*, ArbZR, 1. Aufl. 2019, § 7 ArbZG Rn. 32.

1451 Vgl. *Ulber, D.*, ZTR 2005, 70 (72), der zudem bemängelt, der Ausnahmecharakter, der nach Art. 17 ArbZRL erforderlich sei, gehe aus der deutschen Vorschrift nicht hervor.

1452 Vgl. *Ulber, D.*, ZTR 2005, 70 (72); *Schliemann*, ArbZG, 4. Aufl. 2020, § 7 Rn. 41.

1453 *Schliemann*, ArbZG, 4. Aufl. 2020, § 7 Rn. 41; wohl zust. *Baeck/Deutsch/Winzer*, ArbZG, 4. Aufl. 2020, § 7 Rn. 55.

1454 Preis/Sagan/*Ulber, D.*, EuArbR, 2. Aufl. 2019, § 7 Rn. 7.272 und ZTR 2005, 70 (72 f.).

1455 Preis/Sagan/*Ulber, D.*, EuArbR, 2. Aufl. 2019, § 7 Rn. 7.272: Teilweise sei aber zumindest eine europarechtskonforme Auslegung möglich.

1456 *Ulber, D.*, ZTR 2005, 70 (73).

davon, dass der Durchschnitt nach § 3 S. 2 ArbZG auch bei einer Verlängerung über 10 Stunden hinaus einzuhalten ist[1457] und § 7 Abs. 8 ArbZG zur Einhaltung der Vorschriften über die Höchstarbeitszeit dienen soll (dazu sogleich).

bb) Einschränkung nach § 7 Abs. 8 ArbZG

Eine Einschränkung erfahren die Abweichungsmöglichkeiten des § 7 Abs. 1 Nr. 1 über § 7 Abs. 8 S. 1 ArbZG. Die Norm schreibt vor, dass bei Zulassung einer solchen Regelung die Arbeitszeit 48 Stunde pro Woche im Durchschnitt von zwölf Kalendermonaten nicht überschreiten darf, um so auch den Vorgaben der ArbZRL (Höchstarbeitszeit, Art. 6 lit. b), und Begrenzung der Ausgleichszeiträume auf maximal zwölf Monate, Art. 19 Abs. 2) zu entsprechen.[1458] Dies wird jedoch nicht erreicht, da nach Art. 19 Abs. 2 ArbZRL für eine Verlängerung der Bezugszeiträume auf bis zu zwölf Monaten durch die Tarifvertragsparteien objektive, technische oder arbeitsorganisatorische Gründe erforderlich sind – der Charakter als Ausnahmebestimmung wird in der deutschen Regelung nicht mitgetragen.[1459]

cc) Erforderliche Nachbesserungen?

Aus europarechtlicher Sicht sind die Regelungen des § 7 Abs. 1 Nr. 1 ArbZG i.V.m. § 7 Abs. 8 ArbZG nachzubessern. Insbesondere fehlt ihnen der Ausnahmecharakter, den der EuGH Abweichungen zum Arbeitszeitreglement zum Schutz der Gesundheit und Sicherheit der Arbeitnehmer regelmäßig und deutlich zuschreibt. Vielmehr erlauben die Normen pauschale Abweichungen durch die Tarifvertragsparteien bzw. die Betriebspartner, sofern dies durch Tarifvertrag zugelassen ist, ohne die Notwendigkeit für Arbeitszeitverlängerungen oder des Ausgleichszeitraums anzuzeigen.

1457 S. nur ErfK/*Roloff*, 22. Aufl. 2022, § 7 ArbZG Rn. 3 unter Verweis auf BAG, Urt. v. 16.9.2020 – 7 AZR 491/19, NZA 2021, 369.

1458 *Baeck/Deutsch/Winzer*, ArbZG, 4. Aufl. 2020, § 7 Rn. 149; *Schliemann*, ArbZG, 4. Aufl. 2020, § 7 Rn. 87

1459 Das ist ganz h.M., s. nur *Schliemann*, NZA 2004, 513 (517); Buschmann/Ulber/*Buschmann*, ArbZR, 1. Aufl. 2019, § 7 ArbZG Rn. 34; HK-ArbZR/*Pfeiffer*, 2. Aufl. 2018, § 7 ArbZG Rn. 108; Preis/Sagan/*Ulber, D.*, EuArbR, 2. Aufl. 2019, § 7 Rn. 7.258; *Schliemann*, ArbZG, 4. Aufl. 2020, § 7 Rn. 87; vgl. auch *Europäische Kommission*, KOM(2010) 802 endg., S. 4; offen gelassen bei *Baeck/Deutsch/Winzer*, ArbZG, 4. Aufl. 2020, § 7 Rn. 152a.

c) Insbesondere: Abweichungen nach § 7 Abs. 2a ArbZG – Opt-out

Besonderen Augenmerks bedarf schließlich die deutsche Opt-out-Regelung zur Umsetzung von Art. 22 Abs. 1 ArbZRL. Gem. § 7 Abs. 2a ArbZG kann in Abweichung von §§ 3, 5 Abs. 1 und § 6 Abs. 2 ArbZG in einem Tarifvertrag oder auf Grund eines Tarifvertrags in einer Betriebs- oder Dienstvereinbarung zugelassen werden, die werktägliche Arbeitszeit ohne Ausgleich – hier liegt der Unterschied zu § 7 Abs. 1 Nr. 1 lit. a) ArbZG – über acht Stunden zu verlängern, wenn in die Arbeitszeit regelmäßig und in erheblichem Umfang Arbeitsbereitschaft oder Bereitschaftsdienst fällt. Darüber hinaus stellt die Norm klar, dass besondere Regelungen zu treffen sind, um den Gesundheitsschutz der Arbeitnehmer sicherzustellen. Entscheidend sind insbesondere die letztere Voraussetzung (aa)) sowie das Einwilligungserfordernis nach § 7 Abs. 7 ArbZG (bb)). Dass die Einwilligung widerruflich ist und mit welcher Frist, soll hier ebenfalls näher betrachtet werden (cc)), bevor es um das Benachteiligungsverbot (dd)) und europarechtliche Bedenken bzgl. der Regelung (ee)) geht.[1460]

aa) Besondere Regelungen zum Gesundheitsschutz

Zu klären ist zunächst, was unter besonderen Regelungen zur Sicherstellung des Gesundheitsschutzes der Arbeitnehmer zu verstehen ist. Zweck dieser Vorgabe ist es, den Gesundheitsrisiken aufgrund der langen Arbeitszeiten entgegenzuwirken.[1461] Hinweise im Gesetz, welche Maßnahmen getroffen werden sollen und können, gibt es keine. Der Gesetzgeber hat sich bewusst dagegen entschieden, genauere Vorgaben aufzunehmen, da sich je nach Dienstform und Belastung der betroffenen Beschäftigten die notwendigen Maßnahmen unterscheiden können.[1462] Er hatte aber Vorstellungen davon, welche Regelungen bspw. infrage kommen:

> „Denkbare in Tarifverträgen zu treffende Regelungen sind z.B. die Begrenzung der Möglichkeit zur Arbeitszeitverlängerung auf einen bestimmten Personenkreis, die Vereinbarung verlängerter Ruhezeiten oder einer besonderen arbeitsmedizinischen Betreuung der Betroffenen. Die Tarifvertragsparteien können Gefahren für die Gesundheit der Arbeitnehmer auch dadurch begegnen, dass sie für die Arbeitszeit Höchstgrenzen

---

1460 Redundant wäre es, hier auf die Abweichungsinstrumente erneut einzugehen, s. dazu Gliederungspunkt § 3 B) II. 2. c) cc), sowie auf die Voraussetzungen bzgl. Arbeitsbereitschaft und Bereitschaftsdienst, s. Gliederungspunkt § 3 A) IV. 1. b), c).

1461 BT-Drs. 15/1587, S. 31.

1462 BT-Drs. 15/1587, S. 31; vgl. auch BAG, Urt. v. 23.6.2010 – 10 AZR 543/09, NZA 2010, 1081 Rn. 26.

> vereinbaren oder einen Zeitraum festlegen, für den sich der einzelne Arbeitnehmer jeweils zu einer längeren Arbeitszeit bereit erklären kann. Der Gesetzgeber geht davon aus, dass die Tarifvertragsparteien von der ihnen eingeräumten Möglichkeit in verantwortungsvoller Weise Gebrauch machen und die angemessenen Schutzmaßnahmen für die Beschäftigten vereinbaren."[1463]

Dazu wird – überzeugend, aber vorbehaltlich europarechtlicher Bedenken[1464] – mit der größeren Sachnähe der Betriebspartner dafür argumentiert, es ihnen zu überlassen, die gesundheitsschützenden Regelungen im Spezifischen festzulegen, während die Tarifpartner allgemeine Grundsätze hierfür aufstellen.[1465]

bb) Freiwillige Einwilligung des Arbeitnehmers

Eine weitere relevante Voraussetzung für das Opt-out ist die Einwilligung nach § 7 Abs. 7 ArbZG.[1466] Erforderlich ist danach eine schriftliche Einwilligung (vorherige Zustimmung, § 183 S. 1 BGB)[1467] des Arbeitnehmers in die Arbeitszeitverlängerung. Neben der Anforderung an die Einwilligung, dass sie vom betreffenden Arbeitnehmer selbst und individuell erteilt werden muss,[1468] ist

---

1463 BT-Drs. 15/1587, S. 31; vgl. auch BAG, Urt. v. 23.6.2010 – 10 AZR 543/09, NZA 2010, 1081 Rn. 26; *Reim*, DB 2004, 186 (188); weitere Vorschläge z.B. bei HK-ArbZR/*Pfeiffer*, 2. Aufl. 2018, § 7 ArbZG Rn. 68 m.w.N.

1464 Vgl. Buschmann/Ulber/*Buschmann*, ArbZR, 1. Aufl. 2019, § 7 ArbZG Rn. 57; s. dazu Gliederungspunkt § 3 E) II. 2. c) ee) (1).

1465 *Reim*, DB 2004, 186 (188); *Baeck/Deutsch/Winzer*, ArbZG 4. Aufl. 2020, § 7 Rn. 116; HK-ArbZR/*Pfeiffer*, 2. Aufl. 2018, § 7 ArbZG Rn. 69.

1466 Die Bezeichnung als „gravierendste Einschränkung der Flexibilisierungsmöglichkeit nach Abs. 2a", *Baeck/Deutsch/Winzer*, ArbZG, 4. Aufl. 2020, § 7 Rn. 117, mag im Kern korrekt sein, stellt aber eine einseitige Betrachtung und entsprechende Wertung dar, die wiederum den Arbeitnehmerschutz außer Acht lässt. Dieser ist jedoch bei der Ermöglichung des Opt-outs aufgrund der hiervon ausgehenden Gefahren für die Gesundheit der Arbeitnehmer besonders zu beachten.

1467 Ob tatsächlich zwingend die Definition des § 183 S. 1 BGB anzuwenden ist, wie bspw. HK-ArbZR/*Pfeiffer*, 2. Aufl. 2018, § 7 ArbZG Rn. 93 es tut, wird nicht einheitlich gesehen, vgl. *Baeck/Deutsch/Winzer*, ArbZG 4. Aufl. 2020, § 7 Rn. 144. Einig ist man sich aber darüber, dass die Einwilligung vor Verlängerung der Arbeitszeit gem. § 7 Abs. 2a ArbZG erklärt werden muss, s. auch *Schliemann*, ArbZG, 4. Aufl. 2020, § 7 Rn. 86: Das verlange der Wortlaut von § 7 Abs. 7 S. 1 ArbZG, wonach die Verlängerung der Arbeitszeit nur vorgenommen werden darf, wenn der Arbeitnehmer schriftlich eingewilligt hat.

1468 *Baeck/Deutsch/Winzer*, ArbZG 4. Aufl. 2020, § 7 Rn. 142; BeckOK ArbR/*Kock*, 64. Ed. 2022, § 7 ArbZG Rn. 34; HK-ArbZR/*Pfeiffer*, 2. Aufl. 2018, § 7 ArbZG Rn. 93.

die relevanteste Voraussetzung ihre Freiwilligkeit (wie sie auch die ArbZRL verlangt), obgleich dies im Gesetzestext selbst keinen Niederschlag findet.[1469] Doch § 7 Abs. 7 S. 1 ArbZG dient nach dem Willen des Gesetzgebers gerade dem Zweck, das Freiwilligkeitsprinzip abzusichern.[1470]

Dass der Arbeitnehmer in der Praxis nun tatsächlich nicht immer freiwillig einwilligen kann oder sich durch den strukturell überlegenen Arbeitgeber auch dazu gedrängt fühlen mag, sich entgegen seiner eigentlichen Interessen für eine Arbeitszeitverlängerung zu entscheiden, ist nicht von der Hand zu weisen.[1471] Die Freiwilligkeit muss daher soweit möglich durch verschiedene Mechanismen geschützt werden. Demnach ist neben der gesetzlichen Verankerung des Benachteiligungsverbots auch die Möglichkeit, diese Einwilligung zu widerrufen, zwingend erforderlich.

cc) Widerruf der Einwilligung unter Einhaltung einer Widerrufsfrist

Die Einwilligung ist nach § 7 Abs. 7 S. 2 ArbZG mit einer Frist von sechs Monaten schriftlich widerruflich. Die Notwendigkeit dieser Widerrufsoption an sich wird in der Regel nicht bestritten. Über die Länge der Widerrufsfrist jedoch ist man sich im Schrifttum nicht einig: Als „äußert knapp" beurteilen *Baeck/Deutsch/Winzer* die gesetzliche Frist von sechs Monaten,[1472] während viele Gegenstimmen in der Literatur annehmen, dass diese dem Arbeitgeber hinreichende Planungssicherheit einräumt (bzw. sogar recht lang ist) und es ihm ermöglicht, notwendige arbeitsorganisatorische Maßnahmen zu treffen.[1473] Teilweise wird hingegen an die Länge der Bezugszeiträume nach Art. 16 lit. b) ArbZRL angeknüpft, sodass eine kürzere Widerrufsfrist von vier Monaten als angemessen betrachtet wird.[1474]

1469 *Reim*, DB 2004, 186 (189); *Baeck/Deutsch/Winzer*, ArbZG 4. Aufl. 2020, § 7 Rn. 143a.

1470 BT-Drs. 15/1587, S. 31.

1471 Vgl. *Reim*, DB 2004, 186 (189).

1472 *Baeck/Deutsch/Winzer*, ArbZG 4. Aufl. 2020, § 7 Rn. 147; unter Ansetzung einer längeren Frist würden jedoch die Sicherheits- und Gesundheitsbelange der Arbeitnehmer nicht hinreichend berücksichtigt und auch die organisatorischen Bedürfnisse der Arbeitgeber überbewertet.

1473 *Reim*, DB 2004, 186 (189); HK-ArbZR/*Pfeiffer*, 2. Aufl. 2018, § 7 ArbZG Rn. 96; wohl auch *Anzinger/Koberski*, ArbZG, 5. Aufl. 2020, § 7 Rn. 116; HWK/*Gäntgen*, 10. Aufl. 2022, § 7 ArbZG Rn. 19; *Schliemann*, ArbZG, 4. Aufl 2020, § 7 Rn. 85; davon geht auch der Gesetzgeber aus, s. BT-Drs. 15/1587, S. 31.

1474 EAS/*Balze*, 215. EL 2019, B 3100 Rn. 118; Franzen/Gallner/Oetker/*Gallner*, EuArbR, 4. Aufl. 2022, Art. 22 RL 2003/88/EG Rn. 10.

Während zuvor bereits zugestanden wurde, dass die Widerrufsfrist für einen Interessenausgleich zwischen Arbeitnehmer und Arbeitgeber europarechtlich zulässig ist, ist nun – anhand der herausgearbeiteten Vergleichspunkte – zu bestimmen, welche Frist letztendlich angemessen ist. Wie bei den europarechtlichen Betrachtungen erläutert, existieren auch andere Umstände als der Widerruf der Opt-out-Einwilligung, die einen Wegfall oder eine Einschränkung des Arbeitsumfangs eines Arbeitnehmers zur Folge haben können und administrative Maßnahmen des Arbeitgebers erfordern sowie mit aus Sicht des Gesetzgebers angemessenen Fristen verknüpft wurden, um beiderseitigen Interessen gerecht zu werden.

Einen vollständigen Wegfall der Arbeitsleistung des Arbeitnehmers für den Arbeitgeber hat eine arbeitnehmerseitige Kündigung zur Folge. Hierfür besteht gem. § 622 Abs. 1 BGB lediglich eine gesetzliche Kündigungsfrist von vier Wochen zum 15. oder zum Ende des Monats. Durch die Kündigungsfrist soll dem Vertragspartner, hier dem Arbeitgeber, die Möglichkeit gegeben werden, auf die Beendigung des Arbeitsverhältnisses zu reagieren und Vorkehrungen zu treffen.[1475] Dabei gilt für den Arbeitgeber insbesondere, dass die Personalplanung geschützt wird und er Ersatz besorgen können soll.[1476] Hier mutet der Gesetzgeber ihm folglich mit dem Fall des Widerrufs der Opt-out-Einwilligung vergleichbare – bzw. aufgrund des vollständigen Wegfalls der Arbeitsleistung des betreffenden Arbeitnehmers unter Umständen sogar umfangreichere –, organisatorische Maßnahmen in einer deutlich kürzeren Frist zu. Zu beachten ist aber, dass gem. § 622 Abs. 5 S. 3 BGB einzelvertraglich längere Kündigungsfristen (mit Einschränkung durch § 622 Abs. 6 BGB) vereinbart werden dürfen.[1477] Nach § 622 Abs. 4 S. 1 BGB können auch im Tarifvertrag Abweichungen vorgesehen werden.[1478] Orientierte man sich für die Widerrufsfrist der

1475 BAG, Urt. v. 24.10.2019 – 2 AZR 158/18, NZA-RR 2020, 199 Rn. 45; BeckOK ArbR/*Gotthardt*, 64. Ed. 2022, § 622 BGB Rn. 1; ErfK/*Müller-Glöge*, 22. Aufl. 2022, § 622 BGB Rn. 1.

1476 ErfK/*Müller-Glöge*, 22. Aufl. 2022, § 622 BGB Rn. 1.

1477 Ausf. dazu BeckOK ArbR/*Gotthardt*, 64. Ed. 2022, § 622 BGB Rn. 60 ff.; ErfK/*Müller-Glöge*, 22. Aufl. 2022, § 622 BGB Rn. 34 ff.; HWK/*Tiedemann*, 10. Aufl. 2022, § 622 BGB Rn. 46 ff.

1478 Ausf. dazu BeckOK ArbR/*Gotthardt*, 64. Ed. 2022, § 622 BGB Rn. 35 ff.; ErfK/*Müller-Glöge*, 22. Aufl. 2022, § 622 BGB Rn. 19 ff.; HWK/*Tiedemann*, 10. Aufl. 2022, § 622 BGB Rn. 79 ff.

Opt-out-Einwilligung an der gesetzlichen Kündigungsfrist, stellte sich die Frage, ob dieser Umstand auch hier zu berücksichtigen wäre.[1479]

Ein weiterer Umstand, der vergleichend herangezogen werden kann, ist die Geltendmachung des Anspruchs auf Teilzeit gem. § 8 TzBfG. Gem. § 8 Abs. 1 TzBfG kann der Arbeitnehmer die Verringerung seiner vertraglich vereinbarten Arbeitszeit verlangen. Dies hat er drei Monate vor Beginn der verringerten Arbeitszeit geltend zu machen hat, § 8 Abs. 2 S. 1 ArbZG. Der Arbeitgeber muss sich mit dem Verlangen des Arbeitnehmers einverstanden erklären, wenn keine betrieblichen Gründe entgegenstehen.[1480] Folglich hat er drei Monate Zeit, um mit der verringerten Arbeitszeit des Arbeitnehmers zu planen und diese in die betriebliche Organisation zu implementieren.[1481] Auch hier geht der Gesetzgeber also davon aus, dass sich die Verkürzung der Arbeitszeit mit einer wesentlich geringeren Frist als der zum Widerruf der Opt-out-Einwilligung organisatorisch auffangen lässt.

Anhand der genannten Beispiele wird deutlich, dass der Gesetzgeber sogar bei einem vollständigen Wegfall der Arbeitszeit (wenn der Arbeitnehmer kündigt) eine geringere Frist für angemessen und dem Arbeitgeber zumutbar hält als für den Widerruf der Einwilligung in das Opt-out. Warum in letzterem Fall demgegenüber eine Frist von sechs Monaten als erforderlich angesehen wird, erschließt sich vor dem Hintergrund der genannten Beispiele nicht; dies erscheint vielmehr willkürlich. Zu beachten ist darüber hinaus, dass die Verlängerung der Arbeitszeit im Rahmen des Opt-outs sich mehr als nur unerheblich auf das Leben und

---

1479 Dem muss hier zwar nicht weiter nachgegangen werden. Dagegen spricht aber, dass die Kündigung den vollständigen Wegfall der Arbeitsleistung zur Folge hat, der Widerruf der Opt-out-Einwilligung hingegen nur einen Teil der Arbeitskraft entfallen lässt, sodass (einzelfallabhängige) Interessen des Arbeitgebers, die eine längere Kündigungsfrist rechtfertigen, nicht in gleicher Weise und Intensität betroffen sind.

1480 S. dazu Annuß/Thüsing/*Mengel*, TzBfG, 3. Aufl. 2012, § 8 Rn. 3, ausf. Rn. 129 ff.; BeckOK ArbR/*Bayreuther*, 62. Ed. 2021, § 8 TzBfG Rn. 27 ff.; HWK/*Rennpferdt*, 10. Aufl. 2022, § 8 TzBfG Rn. 25 ff. zu den Ablehnungsgründen. Zwar besteht somit ein Zustimmungserfordernis des Arbeitgebers, sodass anders als bei Kündigung oder Widerruf der Einwilligung die einseitige Erklärung des Arbeitnehmers nicht ausreichend ist, sondern es sich bei der Willenserklärung des Arbeitnehmers vielmehr um ein Angebot hinsichtlich einer Vertragsänderung handelt, dazu Annuß/Thüsing/*Mengel*, TzBfG, 3. Aufl. 2012, § 8 Rn. 70.

1481 Vgl. BT-Drs. 14/4374, S. 17: „Der Arbeitgeber erhält Zeit, die Anspruchsvoraussetzungen zu prüfen und arbeitsorganisatorische oder personelle Auffangmaßnahmen vorzubereiten. Dadurch sollen Nachbesetzungsprobleme in den Betrieben vermieden werden."

die Freizeit des Arbeitnehmers auswirkt – eine kurzfristigere Möglichkeit, dies rückgängig zu machen, sollte ihm deshalb sowie aus Gründen des Gesundheitsschutzes offenstehen.[1482] Die Orientierung an der Frist für die Geltendmachung des Teilzeitanspruchs schließlich erscheint sachgerecht. In beiden Fällen geht es um die Verkürzung der Arbeitszeit, in beiden Fällen muss der Arbeitgeber als Reaktion auf die Willenserklärung des Arbeitnehmers vergleichbare organisatorische Maßnahmen ergreifen. Drei Monate Zeit für organisatorische Maßnahmen und etwaige Neueinstellungen erscheinen insgesamt als angemessen.[1483]

dd) Benachteiligungsverbot

Hand in Hand damit geht das (auch in der ArbZRL vorgeschriebene) Benachteiligungsverbot, falls sich der Arbeitnehmer nicht bereiterklärt, länger als die gesetzliche Höchstarbeitszeit zu arbeiten, § 7 Abs. 7 S. 3 ArbZG. Zwar wird der Inhalt des Benachteiligungsverbots im Gesetz nicht näher umschrieben, vorstellbar sind aber verschiedene Fälle, wie der Arbeitgeber den Arbeitnehmer als „Strafe" für die unterbliebene Einwilligung benachteiligen kann. Die Kündigung ist das offensichtliche Beispiel, aber auch eine Versetzung kann eine Benachteiligung darstellen.[1484] Die Gesetzbegründung selbst nennt den Fall der Benachteiligung beim beruflichen Aufstieg.[1485] Richtig ist im Ergebnis, dass sich das Vorliegen der Benachteiligung nur im Einzelfall konkret bestimmen lässt,[1486] wobei es darauf ankommt, ob der jeweils betroffene Arbeitnehmer schlechter behandelt wird als ein Arbeitnehmer in vergleichbarer Lage.[1487]

1482 Vgl. auch *Reim*, DB 2004, 186 (189), der außerdem annimmt, dass der Wunsch des Arbeitnehmers, „nur" normale Arbeitszeiten zu arbeiten i.d.R. aus nicht vorhersehbaren Ereignissen herrühre, sodass noch ein halbes Jahr mit der verlängerten Arbeitszeit fraglich sei.

1483 So i.E. auch *Reim*, DB 2004, 186 (189).

1484 *Anzinger/Koberski*, ArbZG, 5. Aufl. 2020, § 7 Rn. 118; HK-ArbZR/*Pfeiffer*, 2. Aufl. 2018, § 7 ArbZG Rn. 96; vgl. auch ErfK/*Roloff*, 22. Aufl. 2022, § 7 ArbZG Rn. 10; krit. *Buschmann*, AuR 2004, 1 (5).

1485 BT-Drs. 15/1587, S. 31.

1486 *Baeck/Deutsch/Winzer*, ArbZG 4. Aufl. 2020, § 7 Rn. 148.

1487 *Anzinger/Koberski*, ArbZG, 5. Aufl. 2020, § 7 Rn. 118; HK-ArbZR/*Pfeiffer*, 2. Aufl. 2018, § 7 ArbZG Rn. 98.

ee) Europarechtliche Bedenken

Europarechtliche Bedenken gegen die Regelung werden im Schrifttum einige geäußert.[1488] Vorweggenommen sei: Dort, wo sie berechtigt sind, stehen sie der Ausschöpfung des vollen Potentials der europäischen Opt-out-Regelung entgegen,[1489] sodass es sinnvoll wäre, die Vorschrift einer Überarbeitung zu unterziehen. Im Einzelnen wird an der Opt-out-Regelung (teilweise treffend) bemängelt:[1490]

(1) Delegation an die Tarifpartner

Bei Abgleich mit der europäischen Vorgabe springt direkt ins Auge, dass Art. 22 Abs. 1 ArbZRL den Mitgliedstaaten die Befugnis einräumt, die Vorgabe zur Höchstarbeitszeit unter den genannten Voraussetzungen nicht anzuwenden, während § 7 Abs. 2a ArbZG es den Tarifvertragsparteien gestattet, solche Abweichungen ohne Ausgleich zuzulassen bzw. eine Grundlage zur Abweichung durch die Betriebs- bzw. Dienstparteien zu schaffen. Im Rahmen des Art. 22 ArbZRL ist der umsetzende Staat jedoch verpflichtet, für Sicherheit und Gesundheitsschutz der Arbeitnehmer zu sorgen, womit eine pauschale Übertragung der Abweichungsbefugnis auf die Kollektivpartner wie in § 7 Abs. 2a ArbZG unvereinbar sein könnte.[1491] Diese Diskrepanz zwischen Vorgabe und Umsetzung hat auch das BAG erkannt, ohne jedoch die Frage ihrer Vereinbarkeit abschließend zu klären oder dem EuGH vorzulegen.[1492] In der Literatur ist die Frage umstritten.[1493]

1488 Vgl. z.B. die Aufzählung bei Buschmann/Ulber/*Buschmann*, ArbZR, 1. Aufl. 2019, § 7 ArbZG Rn. 57.

1489 Vgl. *Hanau*, EuZA 2019, 423 (436).

1490 Nicht näher betrachtet werden sollen folgende Kritikpunkte: *Buschmann* kritisiert die fehlende Implementierung der „unbedingten Erforderlichkeit“, Buschmann/Ulber/*Buschmann*, ArbZR, 1. Aufl. 2019, § 7 ArbZG Rn. 57. Dieses Kriterium ist bei Umsetzung und Anwendung der Opt-out-Möglichkeit jedoch nicht relevant (s. Gliederungspunkt § 3 E) I. 3. a) bb) (4)). Auch das Regressionsverbot des Art. 23 ArbZRL ist entgegen an selber Stelle geäußerter Ansicht *Buschmanns* nicht beeinträchtigt.

1491 S. nur *Buschmann*, AuR 2004, 1 (5); *Kohte*, FS Bepler, S. 287 (292); vgl. auch EuGH, Urt. v. 3.10.2000 – C-303/98 – *SIMAP*, NZA 2000, 1227 Rn. 73.

1492 BAG, Urt. v. 23.6.2010 – 10 AZR 543/09, NZA 2010, 1081 Rn. 32 ff.: Die Vorlage sei nicht erforderlich, da die Norm auch bei Verstoß gegen die Richtlinie nicht unangewendet bleiben könne; für eine Vorlage fehle mithin die Entscheidungserheblichkeit; krit. *Kohte*, FS Bepler, S. 287 (294).

1493 Für einen Verstoß gegen die Richtlinie: *Buschmann*, AuR 2004, 1 (5); *Kohte*, FS Bepler, S. 287 (292); Buschmann/Ulber/*Buschmann*, ArbZR, 1. Aufl. 2019, § 7 ArbZG

Zu beachten ist, dass dem System der Abweichungen der Richtlinie die Annahme zugrundliegt, der Schutz der Arbeitnehmer durch Tarifverträge sei gegenüber dem Schutz durch das mitgliedstaatliche Recht selbst weniger effektiv.[1494] So kann man sicherlich argumentieren, die Regelung verstoße durch die Kompetenzzuweisung an die Tarifvertragsparteien, ohne zumindest genaue Vorgaben in Bezug auf die erforderlichen Maßnahmen zum Schutz und zur Gesundheit der Arbeitnehmer zu machen, gegen die Richtlinienvorgaben. Andererseits besteht – insbesondere aufgrund der insoweit offenen Formulierung der Richtlinie (s. Gliederungspunkt § 3 E) I. 3. a) (1)) – letztlich auch ein Ermessen des Gesetzgebers dahingehend, wie er im Rahmen des Opt-outs die Grundsätze der Sicherheit und des Gesundheitsschutzes gewährleisten will.[1495] Insbesondere weil die Tarifvertragsparteien sachnäher sind und passendere Regelungen unter Implementierung angemessener Schutzstandards für die jeweiligen in ihrem Geltungsbereich befindlichen Arbeitnehmer und Betriebe treffen können, dürfte mit der Übertragung auf die Tarifvertragsparteien, denen mittels § 7 Abs. 2a ArbZG auch die Sicherstellung der Gesundheit der Arbeitnehmer beim Opt-out zur Aufgabe gemacht wird, dieses Ermessen noch im zulässigen Rahmen ausgeübt worden sein.[1496] Darüber hinaus unterstehen die tarifvertraglichen Regelungen im Zweifel auch gerichtlicher Kontrolle.[1497] Die Kompetenzübertragung auf die Tarifpartner begründet daher keine Richtlinienwidrigkeit der Regelung.

(2) Abweichung auch von der Vorgabe zur täglichen Ruhezeit?

Der Richtlinienkonformität des § 7 Abs. 2a ArbZG scheitert jedoch an anderer Stelle. Die hierüber gestattete Abweichung von § 5 Abs. 1 ArbZG, der die tägliche elfstündige Ruhezeit regelt, ist in Ermangelung vorgesehener

---

Rn. 57; Franzen/Gallner/Oetker/*Gallner*, EuArbR, 4. Aufl. 2022, Art. 22 RL 2003/88/EG Rn. 3; Preis/Sagan/*Ulber, D.*, EuArbR, 2. Aufl. 2019, § 7 Rn. 7.148; wohl auch *Hartmann*, EuZA 2017, 153 (181) jedoch ausdr. nur in Bezug auf die Ruhezeitverkürzung; a.A.: *Kreft*, AuR 2018, 56 (59); *Baeck/Deutsch/Winzer*, ArbZG, 4. Aufl. 2020, § 7 Rn. 109; HK-ArbZR/*Pfeiffer*, 3. Aufl. 2018, § 7 ArbZG Rn. 71; wohl auch *Anzinger/Koberski*, ArbZG, 5. Aufl. 2020, § 7 Rn. 68; offengelassen von *Hanau, H.*, EuZA 2019, 423 (435); ErfK/*Roloff*, 22. Aufl. 2022, § 7 ArbZG Rn. 9; *Schliemann*, ArbZG, 4. Aufl. 2020, § 7 Rn. 85.

1494 Preis/Sagan/*Ulber, D.*, EuArbR, 2. Aufl. 2019, § 7 Rn. 7.289 spricht von „minderwertig".

1495 *Herms*, BB 2011, 506 (510) unter Verweis auf EuGH, Urt. v. 22.11.2005 – C-144/04 – *Mangold*, NZA 2005, 1345 und v. 16.10.2007 – C-411/05 – *Palacios*, NZA 2007, 1219.

1496 *Herms*, BB 2011, 506 (510).

1497 *Kreft*, AuR 2018, 56 (59).

Ausgleichsruhezeiten nicht richtlinienkonform. Denn die Richtlinie gestattet das Opt-out über Art. 22 Abs. 1 ArbZRL alleine in Bezug auf die Höchstarbeitszeit, nicht aber auf die Ruhezeit. Erlaubt sind Arbeitszeiten von höchstens 13 Stunden täglich, die Ruhezeit ist grundsätzlich einzuhalten. Abweichungen von der Ruhezeit sind daneben und auch in Kombination mit dem Opt-out möglich (s. Gliederungspunkt § 3 E) I. 3. a) dd)), jedoch ausschließlich über Artt. 17, 18 ArbZRL und unter Gewährung angemessener Ausgleichsruhezeiten, die § 7 Abs. 2a ArbZG gerade nicht vorsieht.[1498] Die Möglichkeit, das Opt-out auf die tägliche Ruhezeit zu erstrecken, ist folglich europarechtswidrig.

(3) Benachteiligungsverbot

Teilweise wird das Benachteiligungsverbot als nicht ausreichend angesehen, da es nur Benachteiligung seitens des Arbeitgebers verbiete, somit aber nicht bspw. die Nichteinstellung untersage für den Fall, dass der Bewerber sich weigert, eine Einwilligung in das Opt-out bereits vor oder bei Abschluss des Arbeitsvertrags zu unterschreiben.[1499] Und auch sozialrechtliche Benachteiligungen seien nicht umfasst.[1500]

Überzeugend ist die Überlegung, dass das Benachteiligungsverbot sich auch auf den Zeitpunkt vor der Beschäftigung beziehen sollte, also auch den Bewerber und den potentiellen Arbeitgeber erfasst. Insbesondere der Grundsatz der praktischen Wirksamkeit der Richtlinie, *effet utile*, so kann man argumentieren, verlangt effektiven Schutz der Arbeitnehmer, der nur gewährleistet werden kann, wenn ein Bewerber nicht bereits vor Beginn des Arbeitsverhältnisses dazu gedrängt wird, seinen arbeitszeitrechtlichen Schutz aufzugeben. Der Wortlaut der Richtlinie jedoch lässt an dieser Argumentation zweifeln, denn hier ist die Rede davon, dass dem Arbeitnehmer keine Nachteile daraus entstehen dürfen. Da die Richtlinie von „Arbeitnehmer" spricht, ist anzunehmen, dass sie das Benachteiligungsverbot auch nur auf Arbeitnehmer (im europarechtlichen Sinne) erstreckt,[1501] was Bewerber nicht umfasst. Auch wenn also eine

---

1498 Dazu: *Buschmann*, AuR 2016, 162 (164); *Hartmann*, EuZA 2017, 153 (181); *Hanau, H.*, EuZA 2019, 423 (436); Buschmann/Ulber/*Buschmann*, ArbZR, 1. Aufl. 2019, § 7 ArbZG Rn. 57.

1499 Buschmann/Ulber/*Buschmann*, ArbZR, 1. Aufl. 2019, § 7 ArbZG Rn. 57; krit. auch ErfK/*Roloff*, 22. Aufl. 2022, § 7 ArbZG Rn. 10, der an wirksamen Schutz des Arbeitnehmers vor arbeitgeberseitigem Druck zweifelt; wohl auch *Preis/Ulber, D.*, ZESAR 2011, 147 (154); unkrit. insoweit *Baeck/Deutsch/Winzer*, ArbZG, 4. Aufl. 2020, § 7 Rn. 148.

1500 *Buschmann*, AuR 2004, 1 (5).

1501 HK-ArbZR/*Pfeiffer*, 2. Aufl. 2018, § 7 ArbZG Rn. 99.

Erweiterung des Benachteiligungsverbots auf Bewerber wünschenswert und sinnvoll wäre, europarechtswidrig ist sie nicht.

ff) Ungenutztes Potential

Wie bereits angedeutet, verbirgt sich in Art. 22 Abs. 1 ArbZRL vom deutschen Gesetzgeber ungenutztes Potential, insbesondere durch die Begrenzung des Opt-outs auf Tätigkeiten mit einem regelmäßigen und erheblichen Anteil an Arbeitsbereitschaft und Bereitschaftsdienst.[1502] Die Beschränkung auf diese Formen der Arbeitszeit ist als Antwort auf die Entscheidung des EuGH in der Rechtssache *SIMAP*[1503] historisch begründet, in welcher der EuGH diese Arbeitsformen als Arbeitszeit einordnete. Eine Anpassung der Regelung ist daher einerseits wegen der europarechtlichen Bedenken geboten, andererseits aber auch wegen verschwendeten Potentials angeraten. Zu beachten ist, dass für den Widerruf der Einwilligung eine kürzere Frist angemessen und aus Gründen des Schutzes der Freiwilligkeit sowie der Sicherheit und Gesundheit der Arbeitnehmer nach hier vertretener Auffassung auch notwendig ist. Wie andere Mitgliedstaaten sich das durch die ArbZRL eröffnete Opt-out zunutze gemacht haben, könnte schließlich eine Orientierung für den deutschen Gesetzgeber sein.

3. Möglichkeit und Notwendigkeit der Anpassung

Die ArbZRL hat, wie herausgearbeitet wurde, allein durch die Zugrundelegung des Wochenarbeitszeitmodells der deutschen Umsetzung gegenüber erhebliche Gestaltungs- und Flexibilisierungsfreiräume. Die deutschen Regelungen zur Höchstarbeitszeit bedürfen letztlich aber aus verschiedenen Gründen einer Anpassung. Zunächst wäre die Festlegung einer Wochenarbeitszeit ein erheblicher Flexibilitätsgewinn für deutsche Arbeitgeber und Arbeitnehmer. Schutzinteressen, die durch die Festlegung einer wöchentlichen statt der täglichen Arbeitszeit beeinträchtigt werden können, sind dabei aber nicht außer Acht zu lassen.[1504] Bei den Abweichungsmöglichkeiten besteht darüber hinaus Anpassungsbedarf, teilweise auch, da die Normen die Vorgaben der Richtlinie nicht wahren oder zu pauschal formuliert sind. Zu guter Letzt ist das Opt-out als wirkungsvolles Mittel zur Arbeitszeitflexibilisierung nicht europarechtskonform und darüber hinaus nicht unter Ausschöpfung seines Potentials in das deutsche

---

1502 So bereits vertreten: *Thüsing/Rombey/Schippers*, NZA 2020, 480 (486).

1503 EuGH, Urt. v. 3.10.2000 – C-303/98 – *SIMAP*, NZA 2000, 1227.

1504 Vgl. Ausschuss-Drs. 19(11)83, S. 6 f., wo das Festhalten an der täglichen Höchstarbeitszeit begrüßt wird.

Recht implementiert worden. Insgesamt hat der deutsche Gesetzgeber hier also Nachbesserungs- und Nachholbedarf.

III. Die Regelungen in der Umsetzung anderer Mitgliedstaaten

Bei Betrachtung der anderen Mitgliedstaaten soll es vornehmlich um die Aspekte gehen, die das meiste Potential in diesem Kontext versprechen. Zunächst die Festlegung der Höchstarbeitszeit unter besonderem Augenmerk darauf, ob eine tägliche, eine wöchentliche oder sogar beide vorgegeben werden und wie dies im nationalen Recht ausgestaltet ist.[1505] Zudem ist wohl der Umsetzung der Bezugszeiträume eine Betrachtung geschuldet. Relevant ist daneben das Opt-out, das in Deutschland bis dato nur eingeschränkt Umsetzung erfahren hat. Interessant sind aus den genannten Gründen also die jüngst überarbeiteten Regelungen im österreichischen Arbeitszeitrecht (1.) sowie die französischen Vorgaben (2.), in denen das Opt-out ebenfalls nur eingeschränkt umgesetzt wurde, und die britischen Normen (3.), in denen das Opt-out, das außerdem auf Drängen des Vereinigten Königreichs überhaupt in der ArbZRL aufgenommen wurde, weniger als Ausnahmeregelung konzipiert ist. Da in den letzten Jahren aber nicht nur die Verlängerung von Arbeitszeit, die beinahe zwangsläufig aus lockereren Regelungen und der Umsetzung von Bezugszeiträumen folgt, diskutiert wurde, sondern einige Länder vielmehr über Kürzungen nachdenken, soll als Denkanstoß schließlich ein kurzer Seitenblick auf entsprechende Vorhaben nicht fehlen (4.).

1. Die österreichischen Regelungen zur Höchstarbeitszeit

Die österreichischen Regelungen zur Arbeitszeit bestehen aus einem System mit Höchstarbeitszeit sowie Normalarbeitszeit und Überstunden (a)), wobei auch vergütungsrechtliche Aspekte aufgegriffen werden. Darüber hinaus kennt das AZG verschiedene Flexibilisierungsmöglichkeiten, u.a. mittels sog. „Durchrechnungszeiträume" (b)). Mit einer jüngeren Gesetzesänderung wurde das Arbeitszeitrecht in Österreich flexibilisiert.

a) Ein System aus Höchstarbeitszeit, Normalarbeitszeit und Überstunden

Das österreichische Arbeitszeitrecht hat verschiedene Grundregelungen zur Dauer der Arbeitszeit. Es gibt eine sog. Normalarbeitszeit, § 3 AZG, in einem

---

1505 Vgl. zur Orientierung den Überblick der Wissenschaftlichen Dienste: *Bundestag*, WD 6 – 3000 – 074/189.

System mit Überstundenarbeit, § 6 AZG, die an den festgelegten Höchstgrenzen der Arbeitszeit, § 9 AZG, gemessen werden. Die Festlegung der Normalarbeitszeit und ihre Verknüpfung mit Überstundenarbeit haben dabei vornehmlich vergütungsrechtliche Relevanz. Grundlegend gelten zunächst zwei Festlegungen nach § 3 Abs. 1 AZG:

> „Die tägliche Normalarbeitszeit darf acht Stunden, die wöchentliche Normalarbeitszeit vierzig Stunden nicht überschreiten, soweit im folgenden nicht anderes bestimmt wird."

Das heißt, der in Österreich beschäftigte Arbeitnehmer hat eine zulässige Normalarbeitszeit von acht Stunden täglich und 40 Stunden wöchentlich. Alles, was darüber hinausgeht, gilt als Überstundenarbeit nach § 6 Abs. 1 AZG.[1506] Das ist für die Vergütung des Arbeitnehmers entscheidend, weil die geleisteten Überstunden besonders zu vergüten sind; es besteht die Möglichkeit, hierfür einen 50 %-Zuschlag oder eine Abgeltung durch Zeitausgleich zu bekommen, § 10 Abs. 1 AZG. Letztere Option steht jedoch nur dann offen, wenn dies individuell vereinbart wurde, nachrangig dazu in einem Kollektivvertrag oder mangels Kollektivvertrag in einer Betriebsvereinbarung festgelegt ist, § 10 Abs. 2 AZG.[1507] In der Praxis sind die Regelungen zu Normalarbeitszeit und Überstundenarbeit von enormer Relevanz,[1508] regeln sie doch für Arbeitnehmer und Arbeitgeber wichtige Fragen der Vergütung. In der Praxis wird die Normalarbeitszeit durch Kollektivverträge häufig deutlich unterhalb der durch das österreichische AZG vorgegebenen Grenzen angesetzt.[1509]

Arbeitsschutzrechtlich entscheidend und an der ArbZRL zu messen ist § 9 Abs. 1 AZG, der die zulässigen Höchstgrenzen der Arbeitszeit festlegt:[1510]

> „Die Tagesarbeitszeit darf zwölf Stunden und die Wochenarbeitszeit 60 Stunden nicht überschreiten, sofern die Abs. 2 bis 4 nicht anderes bestimmen. Diese Höchstgrenzen der Arbeitszeit dürfen auch beim Zusammentreffen einer anderen Verteilung der

---

1506 Auer-Mayer/Felten/Pfeil/*Auer-Mayer*, AZG ÖR, 4. Aufl. 2019, § 3 Rn. 1.

1507 Dazu Auer-Mayer/Felten/Pfeil/*Felten*, AZG ÖR, 4. Aufl. 2019, § 10 Rn. 43.

1508 Auer-Mayer/Felten/Pfeil/*Felten*, AZG ÖR, 4. Aufl. 2019, § 6 Rn. 1.

1509 *Bundesministerium für Arbeit*, Unternehmensservice Portal, Normalarbeitszeit, 18.7.2022, abrufbar unter: https://www.usp.gv.at/mitarbeiter/arbeitszeit/normalarbeitszeit.html, letzter Abruf: 17.9.2022; Auer-Mayer/Felten/Pfeil/*Auer-Mayer*, AZG ÖR, 4. Aufl. 2019, § 3 Rn. 6.

1510 Sowohl Tages- als auch Wochenhöchstarbeitszeiten wurden mit der Arbeitszeitnovelle vom 1.9.2018 angehoben; ausf. *Klein, C.*, AuR 2019, 305; krit. zu der ermöglichten langen Arbeitszeit *Lang*, SPA 2018, 49 f.

wöchentlichen Normalarbeitszeit mit Arbeitszeitverlängerungen nicht überschritten werden."

Die Norm gibt eine tägliche sowie eine wöchentliche Grenze für die Arbeitszeit vor. Die Tagesarbeitszeit von 12 Stunden ist europarechtlich unbedenklich, da die ArbZRL die tägliche Höchstarbeitszeit nur durch die tägliche Ruhezeit von elf Stunden auf 13 Stunden beschränkt. Die Festlegung einer Arbeitszeitgrenze von 60 Stunden wöchentlich muss jedoch, da sie für sich genommen die durch Art. 6 lit. b) ArbZRL gestattete Wochenarbeitszeit von 48 Stunden überschreitet, zusammen mit § 9 Abs. 4 S. 1 AZG gelesen werden – hier wird durch Anlegung eines „Durchrechnungszeitraums" von 17 Wochen (das sind etwas weniger als vier Monate), innerhalb dessen die Wochenarbeitszeit im Durchschnitt nicht mehr als 48 Stunden betragen darf, den Artt. 6 lit. b), 16 lit. b) Abs. 1 ArbZRL Rechnung getragen.[1511] Damit ist die Höchstgrenze der Arbeitszeit insgesamt hoch gesteckt.

b) Abweichungsmöglichkeiten

Ein Großteil des Flexibilisierungspotentials ist in den Anpassungen der Normalarbeitszeit nach §§ 4 bis 5a AZG enthalten (aa)). Daneben gibt es Abweichungen von den Höchstgrenzen der Arbeitszeit, die in § 9 Abs. 2–4 AZG angelegt sind (bb)). Schließlich soll auch die jüngere Neuregelung des § 7 AZG betrachtet werden (cc)).

aa) Flexibilisierung der Normalarbeitszeit

Möglichkeiten zur Flexibilisierung der Normalarbeitszeit kennt das österreichische AZG viele sowohl hinsichtlich ihrer Länge als auch ihrer Lage. Das System wird im österreichischen Schrifttum kritisiert, da die ermöglichte Flexibilisierung im Ergebnis an vielen Stellen vor allem zur Folge hat, dass die Arbeitnehmer mit längerer Normalarbeitszeit weniger Überstunden machen und die entsprechenden Zuschläge damit entfallen;[1512] dies wird im kommenden Abschnitt deutlich werden. Die gesundheitlich bedenklichen Aspekte, die mit der Verlängerung der Arbeitszeit und der Bezugszeiträume einhergehen, sind dabei ebenfalls zu berücksichtigen.

1511 Vgl. dazu auch Auer-Mayer/Felten/Pfeil/*Auer-Mayer*, AZG ÖR, 4. Aufl. 2019, § 9 Rn. 6.

1512 Auer-Mayer/Felten/Pfeil/*Pfeil*, AZG ÖR, 4. Aufl. 2019, § 4 Rn. 4.

(1) Überblick: Abweichungen nach §§ 4 ff. AZG

Der Kollektivvertrag kann zunächst eine längere tägliche Normalarbeitszeit gestatten, § 4 Abs. 1 AZG; die Kompetenz zur Verlängerung der wöchentlichen Normalarbeitszeit hingegen fehlt den Parteien. Damit wäre nach erlaubter Erhöhung der Normalarbeitszeit auf 10 Stunden täglich bei ungleichmäßiger Verteilung der Arbeitszeit – wenn z.B. an Tag 1 12 und an Tag 2 acht Stunden gearbeitet wird –, der erhöhte Überstundensatz im Beispiel für zwei Stunden an Tag 1 zu zahlen, auch wenn die wöchentliche Normalarbeitszeit insgesamt nicht überschritten wird.[1513] § 4 AZG eröffnet deshalb aber noch andere Möglichkeiten, die Arbeitszeit auf die Wochentage zu verteilen:

Nach § 4 Abs. 2 AZG kann das oben genannte Problem umgangen werden, indem eine andere Verteilung der Normalarbeitszeit „zur Erreichung einer längeren Freizeit" vorgenommen wird. Voraussetzungen hierfür sind nach § 4 Abs. 2 S. 1 AZG die regelmäßige Kürzung der Normalarbeitszeit an einzelnen Tagen und das tatsächliche Erreichen längerer Freizeit, indem die kürzeren Arbeitstage mit der wöchentlichen Ruhezeit verknüpft werden.[1514] Erfordert hingegen die Art des Betriebs dies, kann auch eine andere ungleichmäßige Verteilung der Arbeitszeit vorgenommen werden, § 4 Abs. 2 S. 2 AZG.[1515] Für den Fall, dass die Arbeit an sog. „Fenstertagen"[1516] (in Deutschland würde man von Brückentagen sprechen) ausfallen soll, darf die weggefallene Normalarbeitszeit auf die Werktage anderer Arbeitswochen aufgeteilt werden, wofür ein Zeitraum von höchstens 13 Wochen angesetzt werden darf, sofern er nicht durch Kollektivvertrag verlängert wird, § 4 Abs. 3 AZG.[1517] Des Weiteren gibt es verschiedene Flexibilisierungsmöglichkeiten unter Verwendung von Durchrechnungszeiträumen für Arbeitnehmer, die im Handel beschäftigt sind, § 4 Abs. 4, 5 AZG, ohne dass

---

1513 Vgl. Auer-Mayer/Felten/Pfeil/*Pfeil*, AZG ÖR, 4. Aufl. 2019, § 4 Rn. 1.

1514 Ausf. Auer-Mayer/Felten/Pfeil/*Pfeil*, AZG ÖR, 4. Aufl. 2019, § 4 Rn. 9 f. Als Beispiel wird vom *Bundesministerium für Arbeit* eine kürzere Arbeitszeit am Freitag genannt, an dem nur sechs Stunden gearbeitet wird; ausgleichend wird dann von Montag bis Donnerstag 8,5 Stunden täglich gearbeitet, s. Unternehmensservice Portal, Normalarbeitszeit, 18.7.2022, abrufbar unter: https://www.usp.gv.at/mitarbeiter/arbeitszeit/normalarbeitszeit.html, letzter Abruf: 17.9.2022.

1515 Dazu: Auer-Mayer/Felten/Pfeil/*Pfeil*, AZG ÖR, 4. Aufl. 2019, § 4 Rn. 13 ff.

1516 *Bundesministerium für Arbeit*, Unternehmensservice Portal, Normalarbeitszeit, 18.7.2022, abrufbar unter: https://www.usp.gv.at/mitarbeiter/arbeitszeit/normalarbeitszeit.html, letzter Abruf: 17.9.2022.

1517 Ausf. zu den Voraussetzungen: Auer-Mayer/Felten/Pfeil/*Pfeil*, AZG ÖR, 4. Aufl. 2019, § 4 Rn. 17 ff.

dies mittels eines Kollektivvertrags umgesetzt werden müsste.[1518] Einen größeren Anwendungsbereich haben daneben die Flexibilisierungsoptionen mittels Durchrechnung für die „übrigen" Arbeitnehmer, die nicht im Handel tätig sind. Hier ist nach dem Gesetzeswortlaut des § 4 Abs. 6 AZG eine Zulassung durch Kollektivvertrag nötig, damit die Normalarbeitszeit in einzelnen Wochen 40 Stunden überschreiten darf und eine Einhaltung nur im Durchschnitt erforderlich ist.[1519] Darüber hinaus besteht mit § 4 Abs. 8 AZG die Möglichkeit, die Normalarbeitszeit (auch mittels Betriebsvereinbarung oder arbeitsvertraglicher Einigung)[1520] auf vier Tage mit je zehn Stunden Normalarbeitszeit zu verteilen, also eine Viertagewoche zu erreichen. Überstunden sind bei dieser Verteilung nach dem eindeutigen Gesetzeswortlaut dann nicht möglich, es ist die Rede von der regelmäßigen Verteilung der „gesamte[n] Wochenarbeitszeit".[1521]

Schließlich gibt es in den folgenden §§ 4a-4c AZG verschiedene Regelungen zu Schichtarbeit, Gleitzeit und Dekadenarbeit. Z.B. ist es bei Gleitzeitarbeit, bei der es dem Arbeitnehmer grundsätzlich freigestellt ist, Beginn und Ende seiner Arbeitszeit selbst festzulegen, § 4b Abs. 1 AZG, möglich, bis zu 12 Stunden Normalarbeitszeit zu vereinbaren. Voraussetzung ist gem. § 4b Abs. 4 AZG, dass der Arbeitnehmer dafür einen Zeitausgleich erlangt, den er auch in Kombination mit der wöchentlichen Ruhezeit nehmen darf. Möglich sind damit bspw. längere Wochenenden und die Flexibilität auf Arbeitnehmerseite wird vergrößert.[1522] Dabei sei aber zu berücksichtigen, dass die Rechtslage auch in der Praxis Risiken birgt: Zunächst ist der Zweck, Gestaltungsmöglichkeiten für die Arbeitnehmer zu schaffen, eher nebensächlich – hauptsächlicher Einfluss auf die Verwendung der Gleitzeitoptionen sind betriebliche Notwendigkeiten.[1523] Darüber hinaus – und das bezieht sich auf die eröffnete Flexibilisierung generell und vermag auch nicht zu überraschen – gibt es zumindest Bedenken und erste Berichte dahingehend, dass Arbeitnehmer, die sich weigern, die erhöhten Arbeitszeiten zu nutzen, von ihren Arbeitgebern sanktioniert werden.[1524]

1518 Dazu sei auf Auer-Mayer/Felten/Pfeil/*Pfeil*, AZG ÖR, 4. Aufl. 2019, § 4 Rn. 27 ff. verwiesen.

1519 Ausf. Auer-Mayer/Felten/Pfeil/*Pfeil*, AZG ÖR, 4. Aufl. 2019, § 4 Rn. 37 ff.

1520 Auer-Mayer/Felten/Pfeil/*Pfeil*, AZG ÖR, 4. Aufl. 2019, § 4 Rn. 11.

1521 Auer-Mayer/Felten/Pfeil/*Pfeil*, AZG ÖR, 4. Aufl. 2019, § 4 Rn. 12.

1522 Dazu *Bayreuther*, NZA-Beilage 2018, 103 (106); *Klein, C.*, AuR 2019, 305 (306 f.).

1523 *Saupe/Stadler*, Flexible Arbeitszeiten – die Perspektive der ArbeitnehmerInnen, S. 1; dazu auch *Klein, C.*, AuR 2019, 305 (307).

1524 S. z.B. *Strobel*, Der Standard, 5.11.2018, Zwölfstundentag: Gewerkschaft ortet systematischen Missbrauch; auch *Bayreuther*, NZA-Beilage 2018, 103 (106).

Es zeigt sich, dass §§ 4 ff. AZG viele verschiedene Flexibilisierungsmöglichkeiten beinhalten, die, da sie nicht die Höchstarbeitszeit, sondern „nur" die Normalarbeitszeit betreffen, die etwas niedriger ist als die europarechtlich maximal zulässige Wochenarbeitszeit, mit den europäischen Vorgaben vereinbar sein dürften. Durch die Verlängerung der Normalarbeitszeit tritt aber auch eine Verkürzung der Zeiten ein, die ohne „Flexibilisierung" als Überstunden angerechnet und vergütet würden, sodass erhebliche vergütungsrechtliche Auswirkungen bestehen.

(2) Verlängerung nach § 5 und § 5a AZG

Europarechtlich problematische Regelungen zur Verlängerung der Arbeitszeit enthalten die §§ 5, 5a AZG.

(a) Verlängerung bei Arbeitsbereitschaft nach § 5 AZG

Der deutschen Regelung zur Abweichung von den Höchstarbeitszeiten ähnlich scheint § 5 AZG, der eine Verlängerung der täglichen und wöchentlichen Normalarbeitszeit mittels Kollektivvertrag oder Betriebsvereinbarung gestattet, sofern in die Arbeitszeit des Arbeitnehmers regelmäßig und in erheblichem Umfang Arbeitsbereitschaft fällt.[1525] Sind diese Voraussetzungen erfüllt, können Kollektivvertrag oder auch Betriebsvereinbarung (auf Grundlage eines Kollektivvertrags oder wenn für die betreffenden Arbeitnehmer kein Kollektivvertrag gilt, § 5 Abs. 2 AZG) eine längere wöchentliche Normalarbeitszeit von bis zu 60 Stunden bzw. eine tägliche von bis zu 12 Stunden zulassen. Anders als bei den zuvor betrachteten Flexibilisierungsoptionen handelt es sich hier nicht um kurzzeitige Ausdehnungen der Normalarbeitszeit für einzelne Wochen, sondern um eine dauerhafte Verlängerung – das bringt auch europarechtlich betrachtet Probleme mit sich.[1526] Wie bereits angemerkt gibt § 9 Abs. 1 AZG eine europarechtlich auf den ersten Blick bedenkliche Höchstarbeitszeit von 60 Stunden wöchentlich vor, die jedoch durch § 9 Abs. 4 AZG unter Anwendung von Bezugszeiträumen eingeschränkt wird. Diese Einschränkung gilt jedoch ausweislich des § 9 Abs. 5 AZG u.a. nicht für eine Ausdehnung der Arbeitszeit nach § 5 AZG. Das bedeutet,

---

1525 Der erhebliche Umfang ist ähnlich wie im deutschen Recht bei ca. einem Drittel anzusetzen; die Bestimmung der Regelmäßigkeit ist ebenfalls vergleichbar, sodass es maßgeblich darauf ankommt, ob der Arbeitnehmer mit der Arbeitsbereitschaft nach dem gewöhnlichen Lauf der Dinge rechnen kann, vgl. Auer-Mayer/Felten/Pfeil/*Auer-Mayer*, AZG ÖR, 4. Aufl. 2019, § 5 Rn. 6 f. m.w.N.

1526 Auer-Mayer/Felten/Pfeil/*Auer-Mayer*, AZG ÖR, 4. Aufl. 2019, § 5 Rn. 1.

dass für Arbeitnehmer, die regelmäßig und in erheblichem Umfang Arbeit in Arbeitsbereitschaft leisten, eine Erhöhung der Arbeitszeit auf 60 Stunden pro Woche ohne weitere Einschränkung möglich ist. Einschlägige oder zumindest europarechtskonform umgesetzte Abweichungen von der Höchstarbeitszeit gibt es im Zusammenhang mit § 9 Abs. 5 AZG nicht. Während weder Art. 17 Abs. 2, 3 ArbZRL noch Art. 18 ArbZRL eine Abweichung von der Höchstarbeitszeit eröffnet, ist Art. 17 Abs. 1 ArbZRL mangels Beschränkung auf autonome Arbeitnehmer offensichtlich nicht anwendbar. Auch setzt die Norm das Opt-out des Art. 22 Abs. 1 ArbZRL nicht europarechtskonform um, da dessen Voraussetzungen sich hier nicht wiederfinden.[1527]

(b) Normalarbeitszeit bei besonderen Erholungsmöglichkeiten nach § 5a AZG

Ähnliches gilt auch für die Abweichung nach § 5a AZG, der nach seinem Abs. 1 in bestimmten Fällen von Arbeitsbereitschaft die Ausdehnung der täglichen Normalarbeitszeit auf 24 Stunden in drei Tagen der Woche gestattet. Nach § 5a Abs. 3 AZG darf dabei innerhalb eines durch Kollektivvertrag festzulegenden Durchrechnungszeitraums die wöchentliche Normalarbeitszeit im Durchschnitt nicht länger als 60 Stunden und in einzelnen Wochen nicht länger als 72 Stunden sein. Erforderlich hierfür ist, dass die Arbeitszeit zu mehr als der Hälfte, „überwiegend“, aus Arbeitsbereitschaft besteht.[1528] Daneben müssen außerdem besondere Erholungsmöglichkeiten für den Arbeitnehmer gegeben sein.[1529] Schließlich enthält § 5a Abs. 3 AZG die Festlegung eines Durchrechnungszeitraums, der im Kollektivvertrag festzulegen ist und innerhalb dessen die wöchentliche Normalarbeitszeit 60 Stunden bzw. in einzelnen Wochen 72 Stunden nicht

1527 Auer-Mayer/Felten/Pfeil/*Felten*, AZG ÖR, 4. Aufl. 2019, § 9 Rn. 11.

1528 Auer-Mayer/Felten/Pfeil/*Auer-Mayer*, AZG ÖR, 4. Aufl. 2019, § 5a Rn. 2 f.: Auch das Kriterium der Regelmäßigkeit sei zu erfüllen, um zu verhindern, dass solch lange Arbeitszeiten unter weniger strengen Voraussetzungen als nach § 5 AZG möglich seien.

1529 Gefordert wird mindestens eine Schlafmöglichkeit Auer-Mayer/Felten/Pfeil/*Auer-Mayer*, AZG ÖR, 4. Aufl. 2019, § 5a Rn. 4. Ergänzend gilt, dass ein arbeitsmedizinisches Gutachten angefertigt werden muss, welches keine stärkere gesundheitliche Belastung der Arbeitnehmer attestiert als bei Ausübung derselben Tätigkeit bei einer Verlängerung nach § 5 AZG – die gesundheitlichen Belastungen sollen folglich im gleichen Rahmen gehalten werden. Vorgegeben ist auch, dass der Kollektivvertrag und die Betriebsvereinbarung alle Bedingungen für eine Verlängerung der täglichen Normalarbeitszeit festzulegen haben, § 5a Abs. 2 AZG.

überschreiten darf. Auch diese Bezugszeiträume sind von der Einschränkung des § 9 Abs. 4 AZG durch § 9 Abs. 5 AZG ausgenommen.

Die Norm ist daher in verschiedener Hinsicht europarechtlich problematisch: Zunächst gelten hinsichtlich der Durchrechnungszeiträume die gleichen Bedenken, wie sie bereits zu § 5 AZG dargetan wurden (s.o.). Die Erhöhung der täglichen Normalarbeitszeit auf 24 Stunden ist in Ermangelung der Umsetzung der entsprechenden europarechtlichen Voraussetzungen nicht über Art. 22 ArbZRL zu rechtfertigen. Interpretiert man die Vorgabe (auch) als Abweichung von der täglichen Ruhezeitvorgabe – ähnlich wie die vergleichbare deutsche Regelungen –, ist die Norm dennoch nicht mit der Richtlinie vereinbar. Die Abweichungsmöglichkeiten, die eine Kürzung der Ruhezeit rechtfertigen können, greifen für Arbeitsbereitschaft nicht allgemein durch, denn die Fallgruppen des Art. 17 Abs. 3 ArbZRL sind weder einschlägig noch vergleichbar, für eine Abweichung nach Art. 18 ArbZRL müssten der Ausnahmecharakter („unbedingt erforderlich") deutlicher hervortreten und vor allem müssten Ausgleichsruhezeiten vorgesehen werden.

bb) Höchstgrenzen der Arbeitszeit und Bezugszeiträume

Für die Höchstgrenzen der Arbeitszeit interessant ist der bereits angesprochene § 9 Abs. 4 AZG, der nicht nur mittels S. 1 die Festlegung höherer Arbeitszeiten als 48 Stunden pro Woche durch Anlegen eines Durchrechnungszeitraums einschränkt, sondern in S. 2 und 3 auch eine Verlängerung dieser Zeiträume gestattet. Die Verlängerung durch Kollektivvertrag auf 26 Wochen bzw. bei Vorliegen von technischen oder arbeitsorganisatorischen Gründen auf 52 Wochen dürfte soweit von Art. 18 i.V.m. Art. 19 ArbZRL gedeckt sein, wenn auch der nach den Vorgaben des EuGH erforderliche Ausnahmecharakter der Regelung wohl nicht hinreichend zu Tage tritt. Wie *Gieblinger* aufzeigt, dürfte sich die unter österreichischen Rechtswissenschaftlern streitige Frage, ob die Durchrechnungszeiträume als fix oder gleitend zu verstehen sind, mit der Entscheidung des EuGH in der Rechtssache *Syndicat des cadres de la sécurité intérieure*[1530] (s. dazu Gliederungspunkt § 3 E) I. 2. a)) erledigt haben.[1531]

1530 EuGH, Urt. v. 11.4.2019 – C-254/18 – *Syndicat des cadres de la sécurité intérieure*, NZA 2019, 765.

1531 *Gieblinger*, ZESAR 2019, 438 (443 f.) m. zahlreichen w.N.

cc) § 7 AZG: Verlängerung der Arbeitszeit bei Vorliegen höheren Arbeitsbedarfes

Die oben dargelegten Regelungen enthalten bereits viele Ansatzpunkte für eine flexible Arbeitszeitgestaltung. Seit dem 1. September 2018 hat Österreich aber noch eine weitere Option in das Arbeitszeitrecht implementiert, u.a. indem die Voraussetzungen für die Überstundenarbeit weniger restriktiv ausgestaltet wurden.[1532] Liegt erhöhter Arbeitsbedarf vor, gilt gem. § 7 Abs. 1 AZG zunächst, dass die Tagesarbeitszeit nicht länger als 12 Stunden andauern und die wöchentliche Arbeitszeit – bei Zulässigkeit von maximal 20 Überstunden – 48 Stunden in einem Durchrechnungszeitraum von 17 Wochen nicht überschreiten darf (unbeschadet der Abweichungen nach § 9 Abs. 4 AZG). Eine Ausdehnung auf bis zu 60 Stunden Wochen- und 13 Stunden Tagesarbeitszeit ist jedoch gem. § 7 Abs. 3 AZG möglich, wenn die Voraussetzungen des § 5 Abs. 1, 2 AZG vorliegen. Die gleichen europarechtlichen Bedenken wie dort treffen auch auf § 7 Abs. 3 AZG zu, da nach § 9 Abs. 5 Nr. 1 AZG die Durchrechnungszeiträume des § 9 Abs. 4 AZG ebenfalls nicht anwendbar sind.

Relevant ist außerdem § 7 Abs. 6 AZG, der den Arbeitnehmerschutz in diesem Kontext absichern soll.[1533] Danach dürfen Arbeitnehmer Überstunden, die durch die Verlängerung der Arbeitszeit nach § 7 AZG entstehen, ohne Angabe von Gründen ablehnen, wenn dies bedeutet, dass sie mehr als zehn Stunden am Tag oder 50 Stunden in der Woche arbeiten müssten. Das Ganze wird verknüpft mit einem genauer umschriebenen Benachteiligungsverbot aufgrund der Ablehnung von Überstunden. Arbeitnehmer dürfen insbesondere hinsichtlich des Entgelts, ihrer Aufstiegsmöglichkeiten und Versetzung nicht benachteiligt werden, ebenso darf ihnen wegen der Weigerung zur Überstundenarbeit nicht gekündigt werden – eine Kündigung ist vor Gericht anfechtbar.[1534]

1532 S. zu den Änderungen gegenüber der alten Rechtslage *Klein, C.*, AuR 2019, 305 (307); Auer-Mayer/Felten/Pfeil/*Felten*, AZG ÖR, 4. Aufl. 2019, § 7 Rn. 1 ff.

1533 Krit. *Klein, C.*, AuR 2019, 305 (308); kurz: *Thüsing*, jM 2022, 54; *Thüsing/Rombey/Schippers*, NZA 2020, 480 (486).

1534 Das Recht, eine Kündigung anzufechten, fällt unter den allgemeinen Kündigungsschutz, vgl. § 105 ArbVG, wonach die Kündigung vor Gericht auf Wunsch des betroffenen Arbeitnehmers durch den Betriebsrat oder u.U. durch den Arbeitnehmer selbst angefochten werden kann, sofern einer der Gründe des § 105 Abs. 3 ArbVG gegeben ist. Ist die Anfechtung erfolgreich, wird die Kündigung durch das Gericht rückwirkend als unwirksam aufgehoben, ausf. Henssler/Braun/*Pelzmann*, ArbR in Europa, 3. Aufl. 2011, Österreich Rn. 150 ff.

Dies hat Anmutung der Opt-out-Regelung des Art. 22 ArbZRL, setzt diese aber nicht sauber um. Zunächst fehlen die erforderlichen „bürokratischen" Maßnahmen, zu denen die Richtlinie bei Umsetzung der Opt-out-Lösung verpflichtet. Das Benachteiligungsverbot hingegen kann man als umgesetzt ansehen. Vor allem aber mangelt es am zwingenden Einwilligungserfordernis, denn dieses kann nicht in negativer Form durch das Recht des Arbeitnehmers, Überstunden abzulehnen, ersetzt werden. Es macht nämlich einen Unterschied, ob der Arbeitgeber aktiv die Zustimmung des Arbeitnehmers einholen muss, bevor er ihn einsetzt, oder dieser lediglich (irgendwann) erklären darf, mit der erhöhten Arbeitszeit nicht einverstanden zu sein. Der Akt der ausdrücklichen Zustimmung erfordert eine Abwägung und Auseinandersetzung des Arbeitnehmers damit, ob er die Arbeitszeitverlängerung hinnehmen will, in deren Folge er sich positiv auf die vorgeschlagene Mehrarbeit einlässt oder eben nicht. Somit kann er sich freiwillig hierzu entscheiden und zwar vor dem Einsatz im Rahmen verlängerter Arbeitszeit. Kommt es hingegen nur auf die Nicht-Ablehnung von Überstunden durch den Arbeitnehmer an, kann der Arbeitgeber ihn zur Arbeit heranziehen, bis dieser von sich aus die Arbeit ablehnt. Die psychische Hürde, dann noch nein zu sagen, ist höher.

c) Dem deutschen Recht voraus?

Der Arbeitszeit nach dem österreichischen Arbeitszeitrecht liegt ein – mit allen Flexibilisierungen und Durchrechnungszeiträumen kompliziertes – System aus Normalarbeitszeit, Überstunden und der Begrenzung durch die Höchstarbeitszeit zugrunde, das dem deutschen Rechtsanwender fremd anmutet, da es vergütungsrechtliche Aspekte mit arbeitsschutzrechtlichen vermischt. Es gibt viele gesetzliche Öffnungsklauseln und Flexibilisierungsansätze, die Kollektiv-, Betriebspartner und auch die Arbeitsvertragsparteien nutzen können, um Überstunden zuzulassen und die Arbeitszeitgrenzen auszureizen, wobei auch zur Einhaltung der europarechtlich zulässigen Höchstarbeitszeit oft auf die sog. Durchrechnungszeiträume verwiesen wird. Insofern nutzt das österreichische System an vielen Stellen geschickt das Flexibilisierungspotential der Richtlinie aus. Manchmal werden die Grenzen jedoch auch überschritten. Kritisch ist dabei nach dem Arbeitnehmerschutz zu fragen, der gerade durch die viel beachtete Novelle auch Einschränkungen erfahren hat.[1535] Gerade die Verwendung von Bezugszeiträumen (respektive Durchrechnungszeiträumen) bedeutet

1535 Dazu *Klein, C.*, AuR 2019, 305 (308).

möglicherweise erhebliche Belastungen für den Arbeitnehmer, was bei aller Begeisterung für flexible Arbeitszeitmodelle nicht außer Acht zu lassen ist.

Alles in allem zeigt das österreichische Arbeitszeitrecht vor allem auf, wie die Bezugszeiträume der Richtlinie intensiver genutzt werden könnten – ob der deutsche Gesetzgeber sich dies zum Vorbild nehmen sollte, ist dennoch fraglich, denn es verkompliziert das System und macht in der Praxis die Kontrolle der Einhaltung arbeitszeitrechtlicher Grenzen schwieriger.[1536] Die Kombination aus täglicher und wöchentlicher Arbeitszeit scheint daneben ein Konzept zu sein, dem sich auch weitere Mitgliedstaaten bedienen und das eine Lösung für deutsche, starre Arbeitszeitregelungen darstellen könnte.

2. *Die französischen Regelungen zur Höchstarbeitszeit (*durée maximale de travail*)*

Auch das französische Arbeitszeitrecht kennt ein System einer gesetzlichen Arbeitszeit, die neben einer täglich wie wöchentlich vorgegebenen Höchstarbeitszeit steht. Von den europarechtlich erlaubten Möglichkeiten hinsichtlich der Festlegung von Bezugszeiträumen hat der französische Gesetzgeber kaum Gebrauch gemacht und bleibt in den Grundregelungen zur Höchstarbeitszeit sogar hinter dem höchstens gestatteten Niveau der Richtlinie zurück (a)). Der *Code du travail* enthält aber verschiedene Abweichungsmöglichkeiten von den grundlegenden Vorgaben (b)).

a) Tägliche und wöchentliche Höchstarbeitszeit, „gesetzliche Arbeitszeit" und Überstunden

Auch in Frankreich sind sowohl eine tägliche (*durée maximale quotidienne de travail*) als auch eine wöchentliche Höchstarbeitszeit (*durée maximale hebdomadaire de travail*) gesetzlich vorgegeben. Erstere ist im Regelfall auf 10 Stunden begrenzt, Art. L 3121-18 CdT, während Letztere gem. Art. L 3121-20 CdT grundsätzlich 48 Stunden nicht überschreiten darf, was auch der Vorgabe der europäischen ArbZRL entspricht. Das französische Recht ist im Hinblick auf die Höchstgrenze der wöchentlichen Arbeitszeit für den Arbeitnehmer jedoch günstiger als die Richtlinie, weil nach Art. L 3121-22 CdT in einem Zeitraum von 12 Wochen die Arbeitszeit pro Woche im Schnitt nicht mehr als 44 Stunden betragen darf. Daneben gibt es noch eine „gesetzliche Arbeitszeit" (*durée*

1536 Vgl. *Klein, C.*, AuR 2019, 307 (308), wobei er aber auch Bezug auf die Überstundensystematik nimmt.

légale du travail), die gem. Art. L 3121-27 CdT 35 Stunden pro Woche beträgt. Ähnlich wie im österreichischen Recht hat diese Festlegung vornehmlich vergütungsrechtlichen Charakter, da die Stunden, die darüber hinausgehen, als Überstunden (*heures supplémentaires*) gelten.[1537] Die Woche, innerhalb derer die Zeiten einzuhalten sind, dauert gem. Art. L 3121-35 CdT von Montag, 0:00 Uhr bis Sonntag, 24:00 Uhr; es kann aber auch durch (Kollektiv-)Vereinbarung gem. Art. L 3121-32 CdT ein anderer Zeitraum von sieben aufeinanderfolgenden Tagen festgelegt werden.[1538]

b) Abweichungsmöglichkeiten

Die Regelungen zur 35stündigen Wochenarbeitszeit in Kombination mit Überstunden etc. kennen verschiedene Modifikationen und Anpassungen,[1539] die hier aber nicht von Relevanz sind, da sie keine arbeitsschutz-, sondern vergütungsrechtliche Auswirkungen haben und sich, soweit ersichtlich, auch im Rahmen der vorgegebenen, europarechtlich unproblematischen Höchstarbeitszeit bewegen. Gleiches gilt auch für die verschiedenen Bezugszeiträume (*période de référence*), die das französische Recht kennt und bei denen es ebenfalls vornehmlich um die Lage der Überstunden und ihre Vergütung geht. Im Übrigen ist von der Möglichkeit der ArbZRL, längere Bezugszeiträume zuzulassen, im Hinblick auf die Höchstarbeitszeit kein Gebrauch gemacht worden.[1540] Möglich sind aber verschiedene Abweichungen von den Vorgaben zur Höchstarbeitszeit.

aa) Tägliche Höchstarbeitszeit

Zunächst stehen die zehn Stunden tägliche Höchstarbeitszeit unter dem Vorbehalt, dass eine Ausnahme per Dekret genehmigt wird oder ebenfalls per Dekret zu bestimmende Notfälle eintreten, vgl. Art. L 3121-18 Nrn. 1, 2 CdT. Die relevanten Regelungen enthalten die Artt. D 3121-4 bis D 3121-7 CdT. Entscheidend ist vor allem Art. D 3121-4 CdT, der die Voraussetzungen für eine Genehmigung der Überschreitung der täglichen Höchstarbeitszeit vorgibt (Arbeiten, für die

---

1537 *Peskine/Wolmark*, Droit du travail, 15. Aufl. 2022, Rn. 479.

1538 Dazu kurz *Auzero/Baugard/Dockès*, Droit du travail, 35. Aufl. 2022, Rn. 857.

1539 Vgl. dazu ausf. *Auzero/Baugard/Dockès*, Droit du travail, 35. Aufl. 2022, Rn. 881 ff.; *Peskine/Wolmark*, Droit du travail, 15. Aufl. 2022, Rn. 480 ff.

1540 Vgl. auch den Umsetzungsbericht der Europäischen Kommission, wo bei der Betrachtung der Umsetzung der Bezugszeiträume und der zugehörigen Abweichungsmöglichkeiten Frankreich nicht auftaucht: *Europäische Kommission*, SWD(2017) 204 final, S. 14 ff.

eine bestimmte Frist einzuhalten ist (Nr. 1), Saisonarbeiten (Nr. 2) sowie Arbeiten, die zu bestimmten Zeiten erhöhte Aktivität mit sich bringen (Nr. 3)). Eine Begrenzung der täglichen Höchstarbeitszeit ergibt sich aus diesen Abweichungsvorgaben nicht, sodass es dann wohl der genehmigenden Behörde obliegt, eine solche Grenze unter Beachtung der vorgeschriebenen täglichen Ruhezeiten von 11 Stunden vorzugeben. Die Gründe für die Erhöhung der Arbeitszeit selbst ließen sich bei einem „Einschnitt" in die tägliche Ruhezeit im Übrigen sicherlich auch unter Art. 17 Abs. 3 ArbZRL subsumieren; dies würde jedoch die Einhaltung von dessen weiteren Anforderungen voraussetzen. Alles in allem sind die Abweichungen jedoch – ungeachtet einer fehlenden Begrenzung der zulässigen Höchstarbeitszeit – europarechtlich unbedenklich.

Darüber hinaus gestattet auch Art. L 3121-19 CdT Abweichungen von der Vorgabe zur täglichen Höchstarbeitszeit, die sich ebenfalls ohne Weiteres im europarechtlich zulässigen Rahmen bewegen. Mittels (Kollektiv-)Vereinbarung kann eine Überschreitung der täglichen Höchstarbeitszeit vorgesehen werden, sofern dies wegen erhöhter Arbeitsbelastung oder aus Gründen der Unternehmensorganisation geschieht und solange die tägliche Arbeitszeit infolgedessen nicht über 12 Stunden hinausgeht.

bb) Wöchentliche Höchstarbeitszeit

Für die wöchentliche Höchstarbeitszeit sieht Art. L 3121-21 CdT eine Verlängerung wegen besonderer Umstände auf bis zu 60 Stunden vor. Diese Abweichung ist jedoch nur für die Dauer des Vorliegens dieser Umstände zulässig und muss durch die Verwaltungsbehörde zugelassen werden, wobei hierfür wiederum Bedingungen per Dekret aufzustellen sind. Nähere Regelungen dazu enthalten außerdem die Artt. R 3121-8 ff. CdT. Zunächst stellt Art. R 3121-8 CdT klar, dass die Genehmigung nur für einen ausdrücklich bestimmten Zeitraum erteilt werden kann und jederzeit widerruflich ist, wenn die Gründe für die Genehmigung entfallen. Daneben besteht gem. Art. R 3121-9 CdT die Möglichkeit, die Überschreitung der wöchentlichen Höchstarbeitszeit mit verschiedenen Ausgleichsmaßnahmen wie einer nachfolgenden Reduzierung der wöchentlichen Arbeitszeit zu verknüpfen. Art. R 3121-10 CdT enthält formelle Vorgaben. Zu berücksichtigen ist aber, dass eine Abweichung von Art. L 3121-22 CdT, der eine wöchentliche Arbeitszeit von 44 Stunden im Durchschnitt von 12 Wochen vorschreibt, nicht vorgesehen ist.[1541] Dies sichert den Arbeitnehmern auf längere

---

1541 Vgl. auch *Auzero/Baugard/Dockès*, Droit du travail, 35. Aufl. 2022, Rn. 858, die die maximale wöchentliche Arbeitszeit von 48 Stunden, die auf 60 Stunden erhöht

Sicht die geringere Arbeitszeit zu und ist aufgrund der in der ArbZRL gestatteten Bezugszeiträume auch europarechtlich zulässig.

Aber auch von Art. L 3121-22 CdT kann in geringem Maße abgewichen werden. Die 44 Stunden, die als Durchschnitt in 12 Wochen nicht überschritten werden dürfen, können auf 46 Stunden wöchentlich verlängert werden, Art. L 3121-23 CdT, was eine (Kollektiv-)Vereinbarung oder ein Dekret voraussetzt, vgl. Art. L 3121-24 CdT und Art. R 3121-11 CdT i.V.m. Art. R 3121-10 CdT. Möglich wäre damit eine Kombination der Verlängerung der wöchentlichen Arbeitszeit mit der Verlängerung der Durchschnittsarbeitszeit im Bezugszeitraum – dies würde, sofern die entsprechenden Umstände gegeben sind, mehr Flexibilität bedeuten, sich aber dennoch im Rahmen des europarechtlich Gestatteten bewegen, da die maximal zulässige Arbeitszeit in einem Bezugszeitraum von 12 Wochen (die Richtlinie erlaubt 4 Monate) sich noch unterhalb von 48 Stunden bewegen würde.

Schließlich gilt es, noch Art. L 3121-25 CdT zu betrachten, der ausnahmsweise für bestimmte Branchen, Regionen oder Unternehmen die Überschreitung der Höchstarbeitszeit von durchschnittlich 46 Stunden in 12 Wochen gestattet. Die Voraussetzungen hierfür müssen in einem Dekret des Staatsrats festgehalten werden. Genaueres geben die Artt. R 3121-8 f. (s.o.) und R 3121-12 CdT vor. Letzterer nennt verschiedene Arten und Weisen für die Genehmigung der Überschreitung der durchschnittlichen wöchentlichen Höchstarbeitszeit. Möglich ist hiernach entweder die Überschreitung dieser Höchstarbeitszeit in einem Zeitraum von 12 aufeinanderfolgenden Wochen (Nr. 1), die Verteilung des Durchschnitts über mehr als 12 Wochen (Nr. 2) oder sogar eine Kombination der beiden Optionen (Nr. 3), wobei vor dem Hintergrund der Richtlinie nur die Nr. 2 als Abweichung von Art. 16 lit. b) ArbZRL über Art. 17 Abs. 2, 3 ArbZRL unbedenklich anmutet. Mit den anderen beiden Modifikationen ist der Überschreitung der Höchstarbeitszeit keine Grenze gesetzt. Da die Voraussetzungen an das Opt-out[1542] hier nicht aufgegriffen sind, ist höchstens über eine Abweichung nach Art. 17 Abs. 1 ArbZRL nachzudenken,[1543] dessen Anforderungen jedoch nicht ohne Weiteres erfüllt sind.

---

werden kann, und die durchschnittliche Höchstarbeitszeit von 44 Stunden auf 12 Wochen gerechnet als zwei getrennte Facetten der wöchentlichen Höchstarbeitszeit betrachten.

1542 Das Opt-out nach Art. 22 ArbZRL wurde in Frankreich nur eingeschränkt im Gesundheitswesen umgesetzt, *Europäische Kommission*, SWD(2017) 204 final, S. 37, sodass eine Betrachtung sich hier erübrigt.

1543 S. auch *Peskine/Wolmark*, Droit du travail, 15. Aufl. 2022, Rn. 470.

c) *Ein (arbeitnehmerfreundliches) Vorbild für das deutsche Recht?*

Die französischen Regelungen zur Höchstarbeitszeit gehen alles in allem über das Schutzniveau der Richtlinie hinaus. Dass neben der Regelung zur täglichen Höchstarbeitszeit auch eine zur wöchentlichen besteht, erlaubt gegenüber dem deutschen Recht flexiblere Regelungen, sichert aber gleichzeitig den Arbeitnehmerschutz, indem einer aus Sicht des Gesundheitsschutzes bestehenden Gefahr der täglichen „Zuvielarbeit" entgegengewirkt wird. Die allgemeinen Abweichungsmöglichkeiten bewegen sich im französischen Recht weitestgehend im europarechtlich Zulässigen. Große Flexibilisierungsmechanismen bestehen im Bereich der Überstunden und ihrer Vergütung, die als nicht-arbeitsschutzrechtliche Regelungen der Arbeitszeit nicht unter die Richtlinie fallen.

3. *Die britischen Regelungen zur Höchstarbeitszeit (*maximum working time*)*

Die Regelungen zur Höchstarbeitszeit im Vereinigten Königreich bewegen sich erneut nah am Richtlinientext und versuchen so, den Spielraum weitestgehend auszuschöpfen. Das Opt-out wird in der britischen Regelung wie selbstverständlich neben die Grundlagen gestellt (dazu unter (b)). Diese beinhalten eine wöchentliche Höchstarbeitszeit mit Bezugszeitraum (a)).

a) *Wöchentliche Höchstarbeitszeit mit Bezugszeitraum*

Die wöchentliche Höchstarbeitszeit beträgt im Vereinigten Königreich entsprechend der ArbZRL 48 Stunden, WTR 1998 Reg. 4 (1) – unter dem Vorbehalt des Opt-outs. Zur Berechnung der durchschnittlichen Wochenarbeitszeit wird außerdem ein Bezugszeitraum (*reference period*) von 17 Wochen angelegt, WTR 1998 Reg. 4 (3) (a), was ebenfalls die Grenze der Richtlinie „ausreizt", vgl. Art. 16 lit. b) ArbZRL. Vorgegeben ist auch die Berechnung der durchschnittlichen Arbeitszeit, wofür WTR 1998 Reg. 4 (6) eine Formel enthält:

$$\frac{A + B}{C}$$

Die Variablen werden dort wie folgt definiert:

> „**A** is the aggregate number of hours comprised in the worker's working time during the course of the reference period;
> **B** is the aggregate number of hours comprised in his working time during the course of the period beginning immediately after the end of the reference period and ending

when the number of days in that subsequent period on which he has worked equals the number of excluded days during the reference period; and
C is the number of weeks in the reference period."

Bei der Berechnung der Durchschnittsarbeitszeit im Bezugszeitraum sind nach der ArbZRL bestimmte Tage auszuschließen, was in WTR 1998 Reg. 4 (7) ebenfalls aufgegriffen wurde. Die Stunden, die bei „B" einzusetzen sind, sind die Stunden, die der Arbeitnehmer folgend auf den Bezugszeitraum in so vielen Tagen arbeitet, wie bei der Berechnung auszuklammern sind. Diese Zahl ist mit den Arbeitsstunden während des Bezugszeitraums („A") zu addieren; das Ergebnis wird durch die Anzahl der Wochen im Bezugszeitraum („C") geteilt.[1544]

b) Abweichungsmöglichkeiten

Neben der Option, längere Bezugszeiträume zu vereinbaren (aa)), ist maßgebliches Flexibilisierungsinstrument das Opt-out (bb)), für dessen Aufnahme in das europäische Arbeitszeitrecht sich das Vereinigte Königreich bei Konzeption der Richtlinie einsetzte.[1545]

aa) Längere Bezugszeiträume

Zunächst besteht die Möglichkeit, längere Bezugszeiträume zu vereinbaren. WTR 1998 Reg. 4 (5) legt fest, dass für bestimmte Arbeitnehmer ein Bezugszeitraum von 26 statt 17 Wochen gilt. Dies bezieht sich auf die Arbeitnehmer, die Tätigkeiten nach WTR 1998 Reg. 21 ausüben, die wörtlich aus Art. 17 Abs. 3 ArbZRL übernommen wurden. Und auch die Möglichkeit, mittels Kollektivvereinbarungen die Bezugszeiträume zu verlängern, hat der britische Gesetzgeber ausgenutzt: Nach WTR Reg. 23 (b) kann mittels einer solchen Vereinbarung aus objektiven oder technischen oder organisatorischen Gründen der Bezugszeitraum auf bis zu 52 Wochen verlängert werden, wie es auch Art. 19 Abs. 2 ArbZRL gestattet. Die Einräumung von Ausgleichsruhezeiten erfasst dabei gem. WTR 1998 Reg. 24 gerade nicht die Abweichung von den Bezugszeiträumen, was aber – nach Ansicht der Europäischen Kommission zumindest – auch nicht erforderlich ist. Sie vermisst jedoch in der britischen Regelung die Klarstellung, dass der Sicherheit und dem Gesundheitsschutz der Arbeitnehmer zu

---

1544 S. dazu auch Tolley's Empl. HdB/*Wallington*, 28. Aufl. 2014, Chap. 56.6 und *Europäische Kommission*, SWD(2017) 204 final, S. 15, die die deutliche Darlegung der Berechnung wohl gutheißt.

1545 Sonstige Ausnahmen – insbesondere für bestimmte Personengruppen – fallen unter Art. 17 Abs. 1 ArbZRL, der erst unter Gliederungspunkt § 3 F) betrachtet wird.

entsprechen ist.[1546] Eine solche Klarstellung mag man aber, auch wenn sie sich nicht spezifisch auf den gegebenen Fall bezieht, in WTR 1998 Reg. 4 (2) sehen, der dem Arbeitgeber die Verantwortung auferlegt, die Einhaltung von Sicherheit und Gesundheitsschutz der Arbeitnehmer durch Beachtung der Arbeitszeithöchstgrenze sicherzustellen:

> „An employer shall take all reasonable steps, in keeping with the need to protect the health and safety of workers, to ensure that the limit specified in paragraph (1) is complied with in the case of each worker employed by him in relation to whom it applies […]".

bb) Insbesondere: Opt-out

Das Opt-out ist bereits nach der gesetzlichen Konzeption weniger eine Ausnahme denn beinahe schon die Regel, da es in der grundlegenden Regelung sogar noch vor der gesetzlichen wöchentlichen Höchstarbeitszeit steht, vgl. WTR 1998 Reg. 4 (1):

> „Unless his employer has first obtained the worker's agreement in writing to perform such work, a worker's working time, including overtime, in any reference period which is applicable in his case shall not exceed an average of 48 hours for each seven days."

Dies lässt erste Rückschlüsse auf seine Bedeutung zu. Entgegen einer teilweise vertretenen Ansicht[1547] ist dies europarechtlich zulässig und wird von der Europäischen Kommission auch nicht kritisch bemerkt.[1548]

Erforderlich, um das Opt-out durchzusetzen, ist eine schriftliche Einwilligung des Arbeitnehmers, die Höchstarbeitszeit zu überschreiten. Diese Einwilligung kann befristet oder auch auf unbestimmte Zeit getroffen werden und ist, sofern nichts anderes vereinbart wurde, vom Arbeitnehmer mit einer Frist von sieben Tagen widerruflich, WTR 1998 Reg. 5 (2). Auch eine Vereinbarung, die einen längeren Zeitraum für die Widerrufsfrist festlegt, darf nach WTR 1998 Reg. 5 (3) nicht mehr als drei Monate veranschlagen. Die zwingenden Dokumentationspflichten, die sich aus der Opt-out-Regelung der Richtlinie ergeben, wurden mit WTR 1998 Reg. 4 (2), 9 ebenfalls umgesetzt. Neben dem Freiwilligkeitserfordernis im Zusammenhang mit dem Benachteiligungsverbot ist in Einklang mit

---

1546 *Europäische Kommission*, SWD(2017) 204 final, S. 15.

1547 Buschmann/Ulber/*Buschmann*, ArbZR, 1. Aufl. 2019, § 7 ArbZG Rn. 57; dort auch Anh. – EU RL 2003/88/EG Fn. 111 Ziff. 3); vgl. auch Preis/Sagan/*Ulber, D.*, EuArbR, 2. Aufl. 2019, § 7 Rn. 7.324.

1548 Im Umsetzungsbericht wird dies gar nicht angemerkt, *Europäische Kommission*, SWD(2017) 204 final, S. 36 ff.

der europäischen Rechtslage auch zu beachten, dass der einzelne Arbeitnehmer selbst zustimmen muss, also eine Kollektivvereinbarung die Zustimmung nicht ersetzen kann.[1549]

Das Benachteiligungsverbot (*right not to suffer detriment*) ist niedergelegt in WTR 1998 Reg. 31 (1) unter Übernahme von ERA 1996 Sec. 45A, wonach ein Arbeitnehmer weder durch eine Handlung noch ein Unterlassen des Arbeitgebers benachteiligt werden darf, u.a. weil er es abgelehnt hat oder ablehnen wollte, auf ein Recht aus den WTR 1998 zu verzichten. Eine Benachteiligung liegt bspw. in schikanöser Behandlung oder einer Entlassung des ablehnenden Arbeitnehmers.[1550] In der *Entscheidung Arriva London South Ltd v Nicolaou*[1551] hat das *Employment Appeal Tribunal* aber eine Benachteiligung des betroffenen Arbeitnehmers abgelehnt – da er in das Opt-out nicht einwilligte, wurden ihm durch den Arbeitgeber Überstunden an eigentlich freien Tagen (*rest days*) versagt. Springender Punkt war für die Entscheidung des Gerichts in diesem Fall die Verpflichtung des Arbeitgebers nach WTR 1998 Reg. 4 (2), die Gesundheit und Sicherheit der Arbeitnehmer zu schützen, indem er angemessene Vorkehrungen dafür trifft, dass die Höchstarbeitszeit gem. WTR 1998 Reg. 4 (1) von 48 Stunden pro Woche eingehalten wird (für die Arbeitnehmer, die einem Opt-out nicht zustimmen).[1552] Klar wird daraus, dass das Verhältnis der Normen bei der Beurteilung, ob eine Benachteiligung des Arbeitnehmers vorliegt, zu berücksichtigen ist.

Die Vereinbarung des Opt-outs wird in der Rechtspraxis oftmals auch mittels der – im europarechtlichen Kontext zu Recht kritisierten, bisher aber nicht

---

1549 Tolley's Empl. HdB/*Wallington*, 28. Aufl. 2014, Chap. 56.7.

1550 Tolley's Empl. HdB/*Wallington*, 28. Aufl. 2014, Chap. 56.7.

1551 *Arriva London South Ltd v Nicolaou* [2012] I.C.R. 510.

1552 *Arriva London South Ltd v Nicolaou* [2012] I.C.R. 510, para. 35: „Mr Bailey [Anm. d. Verf.: Rechtsbeistand der Arbeitgeberin] focuses on the employer's qualified duty under regulation 4(2) of the 1998 Regulations, a breach of which would lead to a potential criminal sanction. The employment judge found that the policy adopted by the employer was reasonable for the purposes of regulation 4(2). The reason why Mr Robinson [Anm. d. Verf.: Betriebsleiter der Arbeitgeberin] withdrew rest day working in September 2009 was simply the implementation of that reasonable policy; it was not action designed to penalise [the claimant] for not opting-out, nor was its aim to force him to opt out. The act of withdrawing rest day working pursuant to the employer's reasonable policy designed to comply with its qualified duty under regulation 4(2) was that of an honest and reasonable employer […]".

durch europäische Instanzen beanstandeten –[1553] Handhabe verknüpft, das Angebot zum Abschluss des Arbeitsvertrags mit der Einwilligung in ein Opt-out zu bedingen.[1554] Ob die Einwilligung unter diesen Umständen dann noch freiwillig ist, kann infrage gestellt werden.

c) Opt-out nicht als Ausnahme

In der Konzeption des britischen Arbeitszeitrechts ist das Opt-out nicht als Ausnahmevorschrift angelegt, sondern steht als Vorbehalt vor der eigentlichen Festlegung der wöchentlichen Höchstarbeitszeit – ein Ausnahmecharakter lässt sich der Regelung bereits deshalb nicht entnehmen. Dies spiegelt sich darüber hinaus auch in der Praxis wieder, wo das Opt-out ebenfalls keine Ausnahme zu sein scheint, sondern sich in einigen Sektoren als übliche Vereinbarungen abbildet. So legt die *Workplace Employment Relations Study* aus dem Jahr 2011 dar, dass in einem Drittel der britischen Betriebe mindestens ein Arbeitnehmer eine Opt-out-Vereinbarung unterschrieben hat, in 16 % sogar alle Arbeitnehmer.[1555] Daneben haben laut der Studie in 22 % der Betriebe alle Manager dem Opt-out zugestimmt.[1556] Dabei ist es außerdem üblich, dass Arbeitgeber bereits bei Vertragsschluss entsprechende Einwilligungen ihrer (zukünftigen) Arbeitnehmer einfordern, was den Druck auf diese erhöht.[1557]

Für Arbeitnehmer sind die Folgen des weit verbreiteten Opt-outs durch überlange Arbeitszeiten am deutlichsten zu spüren. Zwar gelangt das britische Arbeitszeitrecht durch das – berufsgruppen- und tätigkeitsunabhängige, daher allgemeine – Opt-out zu mehr Flexibilität und Spielräumen, Arbeitszeiten und Arbeitslasten zu verteilen, der Arbeitnehmerschutz leidet jedoch unter dem verhältnismäßig „abgespeckten" Reglement zum Opt-out. Ob sich der deutsche

---

1553 Vgl. Preis/Sagan/*Ulber, D.*, EuArbR, 2. Aufl. 2019, § 7 Rn. 7.299; s. auch Franzen/Gallner/Oetker/*Gallner*, EuArbR, 4. Aufl 2022, Art. 22 RL 2003/88/EG Rn. 8 f.

1554 Auch eher krit. Tolley's Empl. HdB/*Wallington*, 28. Aufl. 2014, Chap. 56.7.

1555 *van Wanrooy/Bewley/Bryson/Forth/Freeth/Stokes/Wood*, WERS 2011, S. 34.Die vornehmlich betroffenen Bereiche sind „construction, other business services, and transport and communication", *Eurofound*, Opting out of the European Working Time Directive, 2015, S. 11.

1556 *van Wanrooy/Bewley/Bryson/Forth/Freeth/Stokes/Wood*, WERS 2011, S. 34.

1557 S. beispielhaft *Jessel*, Architects' Journal, 26.2.2019, Architects being 'pressured' into opting out of Working Time Directive, oder auch die Hinweise des Unternehmens „Rocket Lawyer", *Johnson*, Rocket Lawyer, How to opt-out staff from the 48 hour week, abrufbar unter https://www.rocketlawyer.com/gb/en/quick-guides/how-to-opt-out-staff-from-the-48-hour-week, letzter Abruf: 17.9.2022.

Gesetzgeber hieran ein Vorbild nehmen sollte, ist zweifelhaft. Einer Umsetzung wie im britischen Recht steht auf den ersten Blick die Richtlinie nicht direkt entgegen; ihr Schutzzweck wird durch ein solch flächendeckendes Opt-out jedoch unter Umständen beeinträchtigt.

4. *Ein kurzer – rechtspolitischer – Seitenblick: Die Viertagewoche*

Doch nicht nur eine Verlängerung der wöchentlichen Höchstarbeitszeit steht in den europäischen Mitgliedstaaten auf der Agenda. Vielmehr gehen in einigen Ländern die Bestrebungen dahin, die Arbeitszeit und insbesondere die Arbeitswoche zu verkürzen.[1558] Dies soll nicht nur dem Gesundheitsschutz der Arbeitnehmer dienen, sondern auch ihre Produktivität erhöhen.

Es ist jedoch zu differenzieren: Vorstöße wie in Belgien, wo die Arbeitnehmer nun Anspruch darauf haben, ihre Arbeit auch an vier statt fünf Tagen pro Woche zu erbringen, ohne dass aber die zu leistende Gesamtarbeitszeit verkürzt wird,[1559] bringen vornehmlich einen Flexibilitätsgewinn, bergen aber auch nicht unerhebliche Risiken, da eine Arbeitszeit von mehr als acht Stunden am Tag besondere Gesundheitsgefahren für Arbeitnehmer mit sich bringt.[1560] Problematisch ist dabei außerdem, dass nicht in allen Bereichen die „Einsparung" eines Arbeitstages umsetzbar ist, z.B. wenn es um Ladenöffnungszeiten oder bestimmte, getimte Produktionen geht.[1561] Es sind also längst nicht alle Betriebe, in denen die Umsetzung einer solchen Regelung schon rein tatsächlich möglich und sinnvoll ist. Daher überrascht es auch nicht, dass in Deutschland vor allem Menschen mit höherem Bildungsabschluss, die eher in Berufen tätig sind, die flexible Arbeitszeiten erlauben, ein vergleichbares System befürworten.[1562] Dort, wo dies doch der Fall ist, ist eine privatrechtliche Vereinbarung zwischen

---

1558 Einen schönen Überblick über die Lage in verschiedenen Ländern bietet *Weber*, ZEIT ONLINE, 14.1.2022, Aber am fünften Tag sollst du ruhen; s. dazu auch *Kolbe*, ZfA 2021, 216 (217).

1559 S. dazu z.B. *Abraham*, treffpunkteuropa.de, 1.5.2022, Interview zum Arbeitszeitmodell in Belgien; *faz.net*, 19.2.2022, Mehrheit für Einführung der Vier-Tage-Woche.

1560 Vgl. BT-Drs. 12/5888, S. 24; Ausschuss-Drs. 19(11)83, S. 6; s. auch *Kohte*, AuR 2019, 402 (403); *Krause*, Gutachten 71. DJT 2016, S. B 40; *Ulber, D./Stein*, AuR 2022, 148 (152) m.w.N.; außerdem *Anzinger/Koberski*, ArbZG, 5. Aufl. 2020, § 3 Rn. 2.

1561 Insofern auch krit. äußert sich *Thomsen* im Interview mit *Abraham*, treffpunkteuropa.de, 1.5.2022, Interview zum Arbeitszeitmodell in Belgien, wo er als Beispiel auch die Kinderbetreuung nennt sowie Pflegearbeit und LKW-Fahrer, die festgelegte Ruhepausen einhalten müssen.

1562 Vgl. *faz.net*, 19.2.2022, Mehrheit für Einführung der Vier-Tage-Woche.

Arbeitgeber und Arbeitnehmer denkbar und ausreichend, die, so der politische Wille da wäre, gesetzlich verankert werden könnte. Arbeitsschutzrechtlich sowie europarechtlich steht dem zunächst nichts entgegen.[1563]

Interessanter ist das Modell, das in Spanien eingeführt werden und eine tatsächliche Arbeitszeitverkürzung bedeuten soll. Es dient z.B. auch Großbritannien als Vorbild.[1564] In Spanien soll im Rahmen eines Pilotprojekts nun anstatt an fünf, an vier Tagen pro Woche gearbeitet werden, wobei die Arbeitszeit entsprechend von 40 auf 32 Stunden reduziert wird – bei gleichbleibender Bezahlung, für die die teilnehmenden Unternehmen (zunächst) staatliche Kompensation erhalten sollen.[1565] Ihr Vorbild findet die Maßnahme in vergleichbaren isländischen Projekten, die Arbeitszeitverkürzungen auf 35 oder 36 Stunden zum Gegenstand hatten und im Ergebnis ein Gleichbleiben oder sogar die Steigerung der Produktivität sowie ein erhöhtes Wohlbefinden der Arbeitnehmer z.B. durch Reduzierung von Stress erreichten und – nicht überraschend – die Work-Life-Balance verbesserten.[1566] Schließlich gibt es auch in Deutschland zwar keine allgemeinen Vorstöße, aber zumindest vereinzelte Betriebe, die ihren Arbeitnehmern die Viertagewoche mit Verkürzung der Arbeitszeit anbieten und infolgedessen Produktivitätssteigerungen verzeichnen.[1567]

Arbeitszeitrechtlich wären solche Modelle in Deutschland unproblematisch implementierbar. Unabhängig davon zeigen die Bestrebungen in den verschiedenen Ländern, die Arbeitszeit nicht etwa zu verlängern, sondern zu verkürzen, dass einerseits die Bedürfnisse der Arbeitnehmer nach Vereinbarkeit von Arbeit- und Privatleben immer weiter in den Mittelpunkt der politischen Debatte rücken. Andererseits belegen u.a. die genannten Projekte und Modellversuche,

---

1563 S. aber zu den vielfältigen Problemen, die hinsichtlich eines solchen Modells zu bedenken wären: *Abraham*, treffpunkteuropa.de, 1.5.2022, Interview zum Arbeitszeitmodell in Belgien; *AuA*, 25.2.2022, Viertagewoche – Was ist sinnvoll?

1564 *Jolly*, The Guardian, 4.4.2022, Thousands of UK workers to take part in four-day week trial.

1565 S. dazu z.B.: *Kassam*, The Guardian, 15.3.2021, Spain to launch trial of four-day working week; *WELT*, 15.3.2021, Spanien testet die Vier-Tage-Woche jetzt auf nationaler Ebene.

1566 *Haraldsson/Kellam*, Going Public: Iceland's Journey to a Shorter Working Week, S. 39 ff.

1567 *Staiger*, 2.8.2022 tagesschau, Mehr Fachkräfte durch 4-Tage-Woche?, wobei hier im Grunde eine Mischung der beiden dargestellten Modelle gewählt wurde: Die Beschäftigten arbeiten an vier Tagen – bei Bezahlung für 40 Stunden – 38 Stunden pro Woche.

dass die Produktivität und Effektivität – entgegen etwaiger Bedenken – unter kürzerer Arbeitszeit nicht leiden, ganz im Gegenteil. Dies sollte bei möglichen Reformüberlegungen ebenfalls berücksichtigt werden.

5. Der Pendelblick zeigt unterschiedliche Befunde

Was die Höchstarbeitszeiten und insbesondere auch das Opt-out angeht, ist das Bild aus den anderen Mitgliedstaaten ein gemischtes. Während in Österreich die jüngste Novelle des Arbeitszeitrechts erhebliche Flexibilisierungsoptionen geschaffen hat, die auch durch die großzügige Ausnutzung der Bezugszeitraumregelungen gestützt werden, ist das französische Arbeitszeitreglement strenger und erreicht ein höheres Schutzniveau als die ArbZRL – dies bereits durch die Festlegung einer wöchentlichen und einer täglichen Höchstarbeitszeit und weniger weitgehender Flexibilisierungsmöglichkeiten. In Großbritannien hat das Opt-out einen hohen Stellenwert, was sich bereits aus der systematischen Stellung im Gesetz schließen lässt und nicht zuletzt durch die Befunde aus der Praxis belegt wird. Da die Regelung zur Höchstarbeitszeit besonderen Einfluss auf Sicherheit und Gesundheit der Arbeitnehmer hat und erste Studien erhöhte Produktivität und Arbeitnehmerzufriedenheit bei geringeren Arbeitszeiten andeuten, haben sich einige Länder inzwischen entschieden, Experimente mit einer Viertagewoche vorzunehmen.

IV. Mögliche und nötige Anpassungen im deutschen Recht

Verschiedene Flexibilisierungs- bzw. Anpassungsmöglichkeiten sind zu den Regelungen der Höchstarbeitszeit im deutschen Recht nun also denkbar.

1. Wöchentliche Höchstarbeitszeit

Zunächst wäre es aus Flexibilitätsgesichtspunkten sicherlich sinnvoll, die tägliche Höchstarbeitszeit durch eine wöchentliche, wie sie durch die Richtlinie gestattet wird, zu ersetzen. Dies würde eine bedarfsangepasste und bedürfnisgerechte Verteilung der Arbeitszeit ermöglichen, weshalb es auch von vielen Stimmen ins Spiel gebracht und gefordert wird.[1568] Dabei darf aber nicht zu

---

1568 So z.B.: *Bissels/Meyer-Michaelis*, DB 2015, 2331 (2333); *Günther/Böglmüller*, NZA 2015, 1025 (1028); *Hanau, H.*, EuZA 2019, 423 (440); und schon *Hanau, H.*, NJW 2016, 2613 (2617); *Henssler*, FS Moll, S. 233 (245); *Jacobs*, NZA 2016, 733 (736); *Krause*, NZA-Beil. 2017, 53 (57); *Steffan*, NZA 2015, 1409 (1415); *Baeck/Winzer*, NZA 2020, 96 (100) halten es etwas allgemeiner mit Bezug auf die Spielräume der

kurz gedacht werden – nicht nur (zu) viel Arbeit pro Woche gefährdet Sicherheit und Gesundheit der Arbeitnehmer, sondern und gerade auch (zu) viel Arbeit pro Tag. Die Richtlinie setzt durch die Vorgabe der täglichen Ruhezeit von elf Stunden zwar eine Grenze bei 13 Stunden Arbeitszeit am Tag; auch diese ist jedoch täglich nicht leistbar.[1569] Der Achtstundentag ist nicht ohne Grund eine bewusste Entscheidung des deutschen Gesetzgebers.[1570] Vorzugswürdig und aus Schutzgesichtspunkten wohl zwingend wäre es daher zumindest, wie es in manchen Ländern bereits üblich ist, neben der wöchentlichen auch eine tägliche Höchstarbeitszeit vorzugeben. Damit wäre den Schutzbedürfnissen auf Arbeitnehmerseite hinsichtlich einer Begrenzung der Arbeitszeit Rechnung getragen. Interessant und auch europarechtlich zulässig wäre unter Beachtung dieser Aspekte die Option, eine wöchentliche Höchstgrenze vorzugeben und die tägliche Arbeitszeit als Soll-Vorgabe zu konzipieren: Vorbilder gibt es in Deutschland bereits, so im Beamtenrecht, s. § 2 Abs. 5 Arbeitszeitverordnung NRW[1571].[1572] Von der Begrenzung auf acht Stunden pro Tag sollte man sich aus arbeitsschutzrechtlichen Gesichtspunkten dabei für den Regelfall nicht trennen. Für höhere Arbeitszeiten und Ausnahme- sowie Einzelfälle bleiben dann vielmehr noch die Abweichungsmöglichkeiten, bei denen der deutsche Gesetzgeber noch nachbessern kann und sollte.

Richtlinie hinsichtlich der Maximalarbeitszeit; dagegen ist z.B. *Krause*, Gutachten 71. DJT, S. B 40 f.; jeweils noch m.w.N.

1569 So richtig *Bayreuther*, NZA-Beil. 2018, 103 (106): „Unionsrechtlich ist die tägliche Höchstarbeitszeit jedenfalls auf 13 Stunden begrenzt (was aber ohnehin sehr viel, für den Regelfall sogar eindeutig zu viel ist)."

1570 Dazu *Däubler*, AuR 2016, 325 (331 f.); *Krause*, Gutachten 71. DJT, S. B 40; im neuen Koalitionsvertrag ist auch eindeutig die Rede davon, am Grundsatz des Achtstundentags festzuhalten, *SPD, Bündnis 90/Die Grünen und FDP*, Koalitionsvertrag 20. Legislaturperiode, Mehr Fortschritt wagen, S. 54.

1571 Verordnung über die Arbeitszeit der Beamtinnen und Beamten im Lande Nordrhein-Westfalen (Arbeitszeitverordnung – AZVO) vom 4.7.2006.

1572 So auch *Henssler*, FS Moll, S. 233 (245), der jedoch unter Heranziehung von § 4 S. 2 Arbeitszeitverordnung (Verordnung über die Arbeitszeit der Beamtinnen und Beamten des Bundes (Arbeitszeitverordnung – AZV)) die Vorgabe einer Höchstarbeitszeit von 13 Stunden für ausreichend befindet oder alternativ eine Begrenzung auf 12 Stunden vorschlägt.

2. *Abweichungsmöglichkeiten; Einbeziehung der Kollektivpartner?*

Die europarechtlich problematischen Vorgaben wurden oben genannt, ihre Nachbesserung ist insofern vorgegeben. Möchte man für mehr Flexibilität sorgen, kann der Blick nach Österreich helfen, wo die Bezugszeiträume einen erheblichen Teil des Reglements ausmachen und eine angepasste Verteilung der Arbeitszeit ermöglichen. Wie bereits aufgezeigt, mag das österreichische Modell jedoch nicht das arbeitnehmerfreundlichste sein und birgt höheres Missbrauchspotential. Der Kontrast dazu wird in Frankreich gesetzt, wo nur wenige Flexibilisierungsvorschriften Anwendung finden.

Forderungen und Überlegungen gehen außerdem dahin, mehr Befugnisse auf die Tarifpartner bzw. die Betriebspartner (mittels tariflicher Öffnungsklausel) zuzulassen;[1573] nicht zuletzt in den Koalitionsverträgen der letzten[1574] und der aktuellen[1575] Legislaturperiode wurden entsprechende Vorhaben angekündigt. Europarechtlich betrachtet spricht auch *per se* nichts dagegen, den Tarifpartnern die Möglichkeit einzuräumen, Höchstarbeitszeiten und Bezugszeiträume zu verlängern, solange sich dies im Rahmen der Richtlinie bewegt, vgl. insbesondere Artt. 18, 19 ArbZRL. Verbunden mit der Feststellung, dass gesetzlich nicht als Regelfall die wöchentliche Höchstarbeitszeit (alleine) vorgesehen wird, sondern eine tägliche sie zumindest flankieren sollte, ist eine Öffnung für Tarifverträge (respektive Betriebsvereinbarungen über Öffnungsklauseln in Tarifverträgen) ein probates Mittel, auf höheren Arbeitsanfall vorbereitet zu sein und für Ausnahmefälle passendere Regelungen zu schaffen.

3. *Opt-out*

Das Opt-out umfassender umzusetzen, ist schließlich eine naheliegende Option, um höheren Arbeitsbedarf aufzufangen und Arbeitnehmern, die dies tatsächlich möchten, längere Arbeitszeiten zuzugestehen – die Beschränkung auf

---

1573 Vor allem *Baeck/Winzer*, NZA 2020, 96 (100 f.), die für eine eigene Kompetenz der Betriebsparteien plädieren; *Henssler*, FS Moll, S. 233 (245 f.) kritisiert das System mittels Öffnungsklausel als „übertriebene Kumulation von Schutzmechanismen“, verkennt dabei aber, dass dieses System auch bedarfsgerechtere Lösungen auf kleinerer Ebene ermöglicht als dies mittels rein tariflicher Abweichungsoption möglich wäre; s. dazu auch die Überlegungen unter Gliederungspunkt § 3 B) II. 2. c) cc) (e).

1574 *CDU, CSU und SPD*, Koalitionsvertrag 19. Legislaturperiode, Ein neuer Aufbruch für Europa, Z. 2361–236.

1575 *SPD, Bündnis 90/Die Grünen und FDP*, Koalitionsvertrag 20. Legislaturperiode, Mehr Fortschritt wagen, S. 54.

Tätigkeiten mit überwiegend Arbeitsbereitschaft und Bereitschaftsdienst könnte man europarechtlich unproblematisch aufweichen oder abschaffen. Dabei ist es wünschenswert, das Opt-out aufgrund der davon ausgehenden Gesundheitsrisiken für betroffene Arbeitnehmer als Ausnahmeregelung zu konzipieren.[1576] Der Ausnahmecharakter ist jedoch der europarechtlichen Regelung nicht immanent, wie außerdem der Vergleich mit der britischen Regelung und Rechtspraxis belegt – hier gibt es also nicht unerheblichen Freiraum. Bei der Umsetzung des Opt-outs ist jedoch zwingend das Freiwilligkeitserfordernis zu berücksichtigen, das mit Benachteiligungsverbot und Widerrufsmöglichkeit zu verknüpfen ist. Wichtig ist es dabei, den Widerruf nicht unter eine Frist von sechs Monaten zu stellen, die unangemessen lang ist. Um Arbeitgeberinteressen gerecht zu werden, ist eine halb so lange Frist mehr als ausreichend.

V. Anpassungen sind nötig

Die Forderungen nach einer Überarbeitung der Höchstarbeitszeit im deutschen Recht sind in vielen Punkten berechtigt. Eine wöchentliche Arbeitszeit kann hier Flexibilität schaffen und die einschränkende Verknüpfung mit einer täglichen Höchstgrenze hat Potential, die Sicherheit und Gesundheit der Arbeitnehmer sicherzustellen. Größere Abweichungsbefugnisse den Kollektivpartnern zuzuschreiben, um bei Berufen und Tätigkeiten, die mehr Flexibilität erfordern, diese möglich zu machen, ist daneben eine gangbare Lösung, um auf die Bedürfnisse der Praxis zu reagieren. Das bisher nur zögerlich umgesetzte Opt-out könnte außerdem – so es denn in der konkreten Ausgestaltung an die Anforderungen der ArbZRL angepasst wird – im deutschen Recht weiter ausgestaltet werden. Dass dort, wo das deutsche Recht der europäischen Vorgabe nicht genügt, Anpassungen nötig sind, ist offensichtlich.

F) Abweichungen gemäß Art. 17 Abs. 1 ArbZRL für autonome Arbeitnehmer

Eine bisher in dieser Arbeit noch wenig beachtete, aber in ihrer Bedeutung nicht zu unterschätzende Regelung, ist die Abweichungsmöglichkeit des Art. 17 Abs. 1 ArbZRL. Die Norm erlaubt unter ganz bestimmten Voraussetzungen die Abweichungen von vielen wesentlichen Richtlinienvorgaben für ebenfalls genauer festgelegte Arbeitnehmergruppen. Möglich sind u.a. Abweichungen von den

1576 Vgl. nur Buschmann/Ulber/*Buschmann*, ArbZR, 1. Aufl. 2019, § 7 ArbZG Rn. 57; dort auch Anh. – EU RL 2003/88/EG Fn. 111 Ziff. 3).

Grundlagen zur täglichen Ruhezeit, zur Ruhepause, zur wöchentlichen Ruhezeit sowie wöchentlichen Höchstarbeitszeit und den Bezugszeiträumen (Artt. 3 bis 6, 8 und 16 ArbZRL). Das Potential ist damit auf den ersten Blick für die betreffenden Personengruppen erheblich. Eine weitergehende Anwendung wird in verschiedenen Bereichen diskutiert[1577] – ein näherer Blick ist daher unerlässlich; viele Fragen sind aufgrund spärlicher Konkretisierung durch den EuGH ungeklärt.

I. Die europarechtlichen Vorgaben zu Art. 17 Abs. 1 ArbZRL

Die Abweichungsmöglichkeit nach Art. 17 Abs. 1 ArbZRL hat für die betreffenden Arbeitnehmer weitreichende Auswirkungen, da sie die Abweichungen von fast allen Grundregelungen der ArbZRL gestattet (2.). Daher ist die Abweichung an strenge Voraussetzungen geknüpft (1.).

1. Voraussetzungen der Abweichung

Die Voraussetzungen der Abweichung nach Art. 17 Abs. 1 ArbZRL, die im Folgenden beleuchtet werden, haben bisher wenig Konkretisierung durch die Rechtsprechung des EuGH, inzwischen aber mehr und mehr durch das Schrifttum erfahren. Relevant ist sind dabei vor allem die Anforderungen an die Autonomie der betreffenden Arbeitnehmer.

a) Beachtung der allgemeinen Grundsätze des Schutzes der Sicherheit und der Gesundheit der Arbeitnehmer

Die erste Voraussetzung ist die Beachtung der allgemeinen Grundsätze des Schutzes der Sicherheit und der Gesundheit der Arbeitnehmer. Konkretisierungen, was genau im Kontext des Art. 17 Abs. 1 ArbZRL hiermit gemeint ist, fehlen in der Literatur und auch in der Rechtsprechung des EuGH, der sich mit Art. 17 Abs. 1 ArbZRL im Speziellen bisher wenig befasst hat,[1578] weitestgehend.[1579]

1577 Z.B. für leitende Angestellte: *Henssler/Lunk*, NZA 2016, 1425; Rechtsanwälte: *Thüsing/Rombey/Schippers*, NZA 2020, 480; *Willemsen/Oberthür*, NJW 2020, 1761; Wissensarbeiter: *Pickenhahn*, Arbeitszeit von Wissensarbeitern, S. 228 ff.; *Uffmann*, DB 2022, M4 f.; krit. *Ulber, D./Stein*, AuR 2022, 148 (153).

1578 EuGH, Urt. v. 26.7.2017 – C-175/16 – *Hälva*, NZA 2017, 1113; v. 14.10.2010 – C-428/09 – *Union syndicale Solidaires Isère*, BeckRS 2010, 91197; v. 7.9.2006 – C-484/04 – *Kommission/Vereinigtes Königreich*, BeckRS 2006, 70660.

1579 S. *Thüsing/Rombey/Schippers*, NZA 2020, 480 (483).

Notwendig ist es, den Blick schweifen zu lassen: Die Formulierung „Schutz der Sicherheit und Gesundheit der Arbeitnehmer" ist aus der Richtlinie u.a. als ihre Schutzzielbestimmung in Art. 1 Abs. 1 ArbZRL sowie aus den Erwägungsgründen bekannt und findet sich bereits in ihrer Ermächtigungsgrundlage Art. 153 Abs. 1 lit. a), b) AEUV.[1580] Letztlich gehören zum Schutz der Sicherheit und Gesundheit der Arbeitnehmer die Begrenzung der Arbeitszeit und die Einräumung ausreichender Ruhezeiten und Pausen, wie sie die Richtlinie vorschreibt. Der EuGH folgert daraus die Beschränkung der Abweichungsmöglichkeiten auf das „unbedingt Erforderliche", um den Schutz der ArbZRL nicht zu unterlaufen.[1581] Die Übertragung dieses Kriteriums auf Art. 17 Abs. 1 ArbZRL wurde jedoch bereits an anderer Stelle als nicht immer sinnvoll kritisiert[1582] und ihm ist auch in Übertragung auf die anderen Ausnahmevorschriften mit Zweifeln zu begegnen.[1583]

Festzuhalten ist, dass die Beachtung der Grundsätze der Gesundheit und Sicherheit der Arbeitnehmer die Einräumung hinreichender Ruhezeiten sowie die Begrenzung der Höchstarbeitszeit umfasst – aber: die Einhaltung der exakten, strengen Vorgaben der ArbZRL ist, soweit diese Grundsätze auch anders gewahrt werden, bei einer Abweichung über Art. 17 Abs. 1 ArbZRL nicht erforderlich.

b) Autonome Arbeitnehmer

Kern der Abweichungsmöglichkeit ist die Voraussetzung, dass

> „die Arbeitszeit wegen der besonderen Merkmale der ausgeübten Tätigkeit nicht gemessen und/oder nicht im Voraus festgelegt wird oder von den Arbeitnehmern selbst festgelegt werden kann".

Die Europäische Kommission bezeichnet Arbeitnehmer, die aufgrund der Unabhängigkeit hinsichtlich der Arbeitszeit die Voraussetzungen erfüllen, als

---

1580 *Thüsing/Rombey/Schippers*, NZA 2020, 480 (483).

1581 EuGH, Urt. v. 26.7.2017 – C-175/16 – *Hälva u.a.*, NZA 2017, 1113 Rn. 31; v. 14.10.2010 – C-428/09 – *Union syndicale Solidaires Isère*, BeckRS 2010, 91197 Rn. 40; vgl. auch *Kohte*, FS Bepler, 2012, S. 287 (289); *Krimphove*, NZA 2017, 1374 (1375) im Speziellen zur Rs. *Hälva*; Franzen/Gallner/Oetker/*Gallner*, EuArbR, 4. Aufl 2022, Art. 17 RL 2003/88/EG Rn. 1; Preis/Sagan/*Ulber, D.*, EuArbR, 2. Aufl. 2019, § 7 Rn. 7222 f., 7225.

1582 S. *Thüsing/Rombey/Schippers*, NZA 2020, 480 (484).

1583 S. auch *Pickenhahn*, Arbeitszeit von Wissensarbeitern, S. 194 f.; Gliederungspunkt § 3 B) I. 3. c) cc) (1).

„autonome" Arbeitnehmer.[1584] Die Richtlinie enthält darüber hinaus eine nicht erschöpfende, beispielhafte Aufzählung, in Bezug auf welche Arbeitnehmer die Abweichung möglich sein soll, Art. 17 Abs. 1 lit. a) bis c) ArbZRL: leitende Angestellte oder sonstige Personen mit selbstständiger Entscheidungsbefugnis, Arbeitskräfte, die Familienangehörige sind, sowie Arbeitnehmer, die im liturgischen Bereich von Kirchen oder Religionsgemeinschaften beschäftigt sind. Das bedeutet indes nicht, dass alle Arbeitnehmer, die unter eines dieser Beispiele zu subsumieren sind, automatisch auch als autonome Arbeitnehmer einzuordnen sind – die Voraussetzungen, dass Arbeitszeit nicht gemessen und/oder nicht im Voraus festgelegt wird oder von den Arbeitnehmern selbst festgelegt werden kann, muss im Einzelfall erfüllt sein.[1585] Umgekehrt können aber auch Arbeitnehmer, die unter keine der drei aufgezählten Varianten fallen, unter den Anwendungsbereich des Art. 17 Abs. 1 ArbZRL gefasst werden, sofern sie arbeitszeitautonom tätig sind.[1586]

Um die Anforderungen zu erfüllen, muss – so der EuGH – für den betreffenden Arbeitnehmer die gesamte Arbeitszeit nicht gemessen und/oder nicht im Voraus festgelegt oder von den Arbeitnehmern selbst festgelegt werden können; betrifft dies also nur einen Teil der Arbeitszeit des Arbeitnehmers, kann Art. 17 Abs. 1 ArbZRL keine Anwendung finden.[1587] Die Europäische Kommission betont dabei die Relevanz der Tatsache, dass die autonomen Arbeitnehmer über Umfang und Einteilung ihrer Arbeitszeit selbst entscheiden können.[1588]

1584 *Europäische Kommission*, Mitteilung 2017/C 165, S. 44 f.

1585 *Europäische Kommission*, Mitteilung 2017/C 165, S. 45; Preis/Sagan/*Ulber, D.*, EuArbR, 2. Aufl. 2019, § 7 Rn. 7227.

1586 S. nur *Europäische Kommission*, Mitteilung 2017/C 165, S. 45.

1587 EuGH, Urt. v. 26.7.2017 – C-175/16 – *Hälva u.a.*, NZA 2017, 1113 Rn. 32; v. 14.10.2010 – C-428/09 – *Union syndicale Solidaires Isère*, BeckRS 2010, 91197 Rn. 41; v. 7.9.2006 – C-484/04 – *Kommission/Vereinigtes Königreich*, BeckRS 2006, 70660 Rn. 20; zust. Franzen/Gallner/Oetker/*Gallner*, EuArbR, 4. Aufl 2022, Art. 17 RL 2003/88/EG Rn. 4; Preis/Sagan/*Ulber, D.*, EuArbR, 2. Aufl. 2019, § 7 Rn. 7.227; vgl. auch BVerwG, Urt. v. 8.5.2019 – 8 C 3/18, NVwZ-RR 2020, 303 Rn. 16; krit. hingegen *Henssler/Lunk*, NZA 2016, 1425 (1428), da ErwGrd. 15 eine „gewisse Flexibilität bei Anwendung einzelner Bestimmungen dieser Richtlinie" vorsieht. Eine ausf. Analyse und Auslegung, um zu dem Ergebnis zu kommen, nimmt GA *Kokott* vor: GA *Kokott*, SchlAnt. v. 9.3.2006 – C-484/04 – *Kommission/Vereinigtes Königreich*, juris Rn. 22 ff.

1588 *Europäische Kommission*, Mitteilung 2017/C 165, S. 45.

aa) Kernkriterien: keine Messbarkeit und/oder keine Festlegung der Arbeitszeit im Voraus oder eigene Festlegung des Arbeitnehmers

Die Richtlinie gibt die Kernkriterien für die Abweichung vor. Die Arbeitszeit darf nicht gemessen und/oder im Voraus festgelegt werden ((1)) oder kann von dem betreffenden Arbeitnehmer selbst festgelegt werden ((2)). In welchem Verhältnis die verschiedenen Kriterien stehen, ist schließlich noch zu bestimmen ((3)).

(1) Keine Messbarkeit und/oder keine Festlegung der Arbeitszeit im Voraus

Die fehlende Messbarkeit oder Festlegung der Arbeitszeit im Voraus hat in Rechtsprechung und Literatur noch keine weitergehende Konturierung erfahren. Klar wird aus dem Richtlinientext zunächst, dass die beiden Aspekte – keine Messbarkeit und keine Festlegung im Voraus – sowohl alternativ als auch kumulativ nebeneinander treten können, da der Wortlaut sich hier mit „und/oder" nicht festlegt.[1589] Fest steht insoweit im Grunde nur, dass die Anforderungen, die hieran zu stellen sind, nicht bereits dann erfüllt sind, wenn die Kontrolle der Arbeitszeit durch den Arbeitgeber mit Schwierigkeiten verbunden ist.[1590] Aus der Rechtsprechung des EuGH geht vielmehr hervor, dass die Frage, ob der betreffende Arbeitnehmer die Anzahl seiner Arbeitsstunden und ihre Verteilung selbst bestimmen darf, bereits im Rahmen dieses Kriteriums maßgeblich ist;[1591] insofern ist die Grenzziehung zu der folgenden Voraussetzung schwammig.

(2) Eigene Festlegung des Arbeitnehmers

Die eigene Festlegung der Arbeitszeit des Arbeitnehmers setzt nach Rechtsprechung des EuGH voraus, dass er selbst über die Zahl seiner Arbeitsstunden entscheiden kann – sind Anfangs- und Endzeitpunkt der Arbeitszeit durch den Arbeitgeber festgelegt, ist dies bereits abzulehnen.[1592] Der Arbeitnehmer muss

---

1589 *Pickenhahn*, Arbeitszeit von Wissensarbeitern, S. 232.

1590 EuGH, Urt. v. 26.7.2017 – C-175/16 – *Hälva u.a.*, NZA 2017, 1113 Rn. 36.

1591 EuGH, Urt. v. 26.7.2017 – C-175/16 – *Hälva u.a.*, NZA 2017, 1113 Rn. 39; EuGH, Urt. v. 14.10.2010 – C-428/09 – *Union syndicale Solidaires Isère*, BeckRS 2010, 91197 Rn. 42; v. 7.9.2006 – C-484/04 – *Kommission/Vereinigtes Königreich*, BeckRS 2006, 70660 Rn. 20; vgl. auch Preis/Sagan/*Ulber, D.*, EuArbR, 2. Aufl. 2019, § 7 Rn. 7.227: nach Auffassung des EuGH sei Arbeitszeit dann nicht festgelegt, wenn der Arbeitnehmer selbst darüber bestimmen könne.

1592 S. nur EuGH, Urt. v. 14.10.2010 – C-428/09 – *Union syndicale Solidaires Isère*, BeckRS 2010, 91197 Rn. 42.

also die Arbeitszeit in Bezug auf Anfang, Ende und Dauer selbst bestimmen können.[1593] Dabei ist allerdings unschädlich, wenn z.B. Kundenwünsche oder bestimmte Vorgaben von staatlicher Seite berücksichtigt werden müssen und auf die Einteilung der Arbeitszeit Auswirkungen haben.[1594]

Der tatsächliche Umfang der Befugnis zur eigenen Festlegung der Arbeitszeit wird in Literatur und Rechtsprechung jedoch nicht ganz einheitlich bewertet.[1595] Restriktivere Stimmen in der Literatur knüpfen an die enge Auslegung des EuGH an und verneinen die Befugnis bereits dann, wenn ein grober Dienstplan gegeben ist oder die Aufnahme der Arbeit von Umständen, die außerhalb der Einflüsse des Arbeitnehmers liegen,[1596] oder von betrieblichen Interessen[1597] abhängt. Demgegenüber steht die weitere Auffassung der Vorgaben, wonach der autonome Arbeitnehmer ein hohes Maß an Selbstbestimmung habe, das zu einem geringeren Schutzbedürfnis führe.[1598] Allerdings könne dafür nicht eine restlose Arbeitszeitautonomie gefordert sein, ansonsten sei der Arbeitnehmer nicht mehr als solcher, sondern vielmehr als Selbstständiger anzusehen.[1599] Eine von betrieblichen Interessen völlig losgelöste Festlegung der Arbeitszeit sei in den meisten denkbaren Fällen weder vorstellbar noch realistisch.[1600] Eng damit verknüpft ist die Auffassung, die darauf abstellt, dass dem autonomen Arbeitnehmer wesentliche Kompetenzen zur Gestaltung der Arbeitszeit und Arbeitsorganisation zugestanden seien.[1601]

Überzeugend ist es – die Schutzinteressen der Richtlinie nicht aus den Augen lassend – nicht der restriktiven Auffassung zu folgen, denn diese hätte in der

---

1593 EuGH, Urt. v. 26.7.2017 – C-175/16 – *Hälva u.a.*, NZA 2017, 1113 Rn. 39; Preis/Sagan/*Ulber, D.*, EuArbR, 2. Aufl. 2019, § 7 Rn. 7.227.

1594 *Klein, C.*, GS Rebhahn, S. 231 (244); *Pickenhahn*, Arbeitszeit von Wissensarbeitern, S. 235.

1595 Eine ausführliche Zusammenstellung und Analyse der verschiedenen Ansichten bei *Pickenhahn*, Arbeitszeit von Wissensarbeitern, S. 235 f.

1596 Preis/Sagan/*Ulber, D.*, EuArbR, 2. Aufl. 2019, § 7 Rn. 7.227 unter Verweis auf EuGH, Urt. v. 26.7.2017 – C-175/16 – *Hälva u.a.*, NZA 2017, 1113 Rn. 44.

1597 *Höpfner/Daum*, RdA 2019, 270 (279).

1598 *Risak*, GS Rebhahn, S. 515 (518); *Hanau, H.*, EuZA 2019, 423 (431).

1599 *Risak*, GS Rebhahn, S. 515 (518); *Hanau, H.*, EuZA 2019, 423 (431): Autonome Arbeitnehmer seien keine „Vogelfreien".

1600 Vgl. *Henssler/Lunk*, NZA 2016, 1425 (1428); *Thüsing/Rombey/Schippers*, NZA 2020, 480 (484).

1601 *Kohte*, jurisPR-ArbR 15/2013, Anm. 6, Abschn. C; *Pickenhahn*, Arbeitszeit von Wissensarbeitern, S. 236; *Witschen*, Rahmenvorgaben und Flexibilisierungsspielräume im Arbeitszeitrecht, S. 124.

Lebenswirklichkeit zur Folge, dass, wenn überhaupt, nur höchstselten die Ausnahme des Art. 17 Abs. 1 ArbZRL zu tragen kommt. Dies würde unter Umständen sinnvollen Flexibilisierungen und Abweichungen bestimmte Berufsgruppen betreffend entgegenstehen.[1602] Vielmehr liegt es näher, dass Arbeitnehmer, deren Arbeitszeit lediglich in geringem Maße auch durch vom Arbeitgeber vorgegebene Termine bestimmt wird, noch selbst über ihre übrige Arbeitszeit bestimmen können. Eine gänzliche Unabhängigkeit kann nicht erwartet werden. So sind sogar Selbstständige, die keinerlei arbeitszeitrechtlichen Schutz genießen, bedingt an Weisungen und Wünsche des Auftraggebers gebunden.[1603] Insofern ist es vorzugswürdig, wie von *Pickenhahn* treffend auf den Punkt gebracht, es ausreichen zu lassen,

> „dass dem Arbeitnehmer im Rahmen eines ungestörten betrieblichen Ablaufs weitgehend autonome Einschätzungsspielräume hinsichtlich des Beginns, des Endes und der täglichen sowie wöchentlichen Stundenverteilung zustehen. Unbeachtlich sind Vorgaben von Dritten wie Kundenwünsche oder Vorgaben staatlicher Institutionen, an die auch Selbstständige gebunden sind. Ausreichen muss, dass der Arbeitnehmer ohne Zustimmungsbedürftigkeit des Arbeitgebers weitgehend über Plus- und Minusstunden entscheiden kann und in seiner Arbeitsorganisation grds. selbstbestimmt ist."[1604]

Das heißt im Ergebnis: Damit hinreichende Arbeitszeitautonomie des Arbeitnehmers vorliegt, ist es ausreichend, wenn er unter Beachtung angemessener Berücksichtigung betrieblicher Interessen über seine Arbeitszeit selbst bestimmen darf. Bestimmte strukturierende Aspekte wie Kundenwünsche oder auch Besprechungstermine sind dabei unbeachtlich.

(3) Verhältnis der Kriterien

Schließlich bleibt noch, das Verhältnis der in Art. 17 Abs. 1 ArbZRL genannten Kriterien zu ergründen. Der Wortlaut gibt erste Anhaltspunkte: Die fehlende Messbarkeit und/oder Festlegung (die kumulativ oder alternativ vorliegen können) steht in einem Alternativverhältnis zur eigenen Festlegung durch den Arbeitnehmer, wie bereits aus der Verknüpfung mit „oder" deutlich wird.[1605]

1602 So zu der Notwendigkeit der Herausnahme angestellter Rechtsanwälte: *Thüsing/Rombey/Schippers*, NZA 2020, 480 und *Willemsen/Oberthür*, NJW 2020, 1761; bzgl. leitender Angestellter: *Henssler/Lunk*, NZA 2016, 1425.

1603 Vgl. *Pickenhahn*, Arbeitszeit von Wissensarbeitern, S. 242.

1604 *Pickenhahn*, Arbeitszeit von Wissensarbeitern, S. 242.

1605 *Pickenhahn*, Arbeitszeit von Wissensarbeitern, S. 232; *Klein, C.*, GS Rebhahn, S. 231 (236, 240).

Das entspricht auch der Sichtweise der Europäischen Kommission, die die Voraussetzungen als zwei Kriterien benennt bzw. als „zwei wesentliche Arten von Situationen“ einordnet.[1606] Dennoch wird bei Lektüre der einschlägigen EuGH-Rechtsprechung deutlich, dass neben der autonomen Festlegung der Arbeitszeit durch den Arbeitnehmer fehlende Messbarkeit und fehlende Festlegung im Voraus keine erhebliche Bedeutung haben, da es im Ergebnis maßgeblich darauf ankommt, ob der Arbeitnehmer frei über seine Arbeitszeit bestimmen kann.[1607] Eine getrennte Prüfung der beiden Kriterien nimmt der EuGH selbst nicht vor. Es handelt sich daher, so kann man festhalten, bei den beiden Kriterien bloß um „zwei Seiten ein und derselben Medaille“.[1608] Dabei ist außerdem klar, dass die fehlende Festlegung im Voraus und die fehlende Messung in der Selbstbestimmung des Arbeitnehmers begründet sind.[1609] Das hat auch die Europäische Kommission erkannt, die selbst vorschlug, die Definition zu überarbeiten und dort auf das Kriterium der fehlenden Festlegung im Voraus und/oder der fehlenden Messbarkeit zu verzichten:

> „In einer überarbeiteten Definition sollte bestimmt werden, dass diese Abweichung nur für Führungskräfte im öffentlichen oder privaten Sektor und sonstige Arbeitnehmer gilt, die eine echte, effektive selbständige Entscheidungsbefugnis sowohl über die Länge als auch über die Organisation ihrer Arbeitszeit haben.“[1610]

Im Ergebnis verdeutlicht dies jedenfalls die Relevanz der Selbstbestimmung des Arbeitnehmers, der nicht gleich einem Selbstständigen „vogelfrei“ sein, aber eine gewisse Arbeitszeitautonomie vorweisen muss. Das andere Kriterium tritt, sofern die Selbstfestlegung gegeben ist, als in der Regel gegeben dahinter zurück.

bb) Besondere Merkmale der ausgeübten Tätigkeit

Die bereits betrachteten Voraussetzungen des Art. 17 Abs. 1 ArbZRL stehen unter dem Vorbehalt, dass sie „wegen der besonderen Merkmale der ausgeübten Tätigkeit“ vorliegen. Dass die besonderen Merkmale der ausgeübten Tätigkeit der Grund, also kausal, dafür sein müssen, dass die Arbeitszeit nicht gemessen werden kann und/oder nicht im Voraus festgelegt wird oder vom Arbeitnehmer

---

1606 *Europäische Kommission*, Mitteilung 2017/C 165, S. 44.

1607 EuGH, Urt. v. 26.7.2017 – C-175/16 – *Hälva u.a.*, NZA 2017, 1113 Rn. 39 f.; v. 14.10.2010 – C-428/09 – *Union syndicale Solidaires Isère*, BeckRS 2010, 91197 Rn. 42.

1608 *Klein, C.*, GS Rebhahn, S. 231 (240).

1609 *Klein, C.*, GS Rebhahn, S. 231 (240).

1610 Europäische Kommission, KOM(2010) 801 endg., S. 14.

selbst festgelegt werden kann, liegt bereits mit dem Wortlaut des Art. 17 Abs. 1 ArbZRL auf der Hand.[1611] Eine inhaltliche Konkretisierung der Anforderungen an die besonderen Merkmale der ausgeübten Tätigkeit durch den EuGH fehlt dennoch auch hier. Daneben besteht die Frage, ob die Vereinbarung von Vertrauensarbeitszeit (s. Gliederungspunkt § 2 C) II. 1. a)) bereits den Anforderungen der besonderen Merkmale der ausgeübten Tätigkeit genügt.[1612] *Pickenhahn* hat sich weitergehend mit der Frage beschäftigt und u.a. den Vergleich mit Österreich herangezogen, wo Vertrauensarbeitszeit gerade nicht ausreichen soll, um die Kausalität zu begründen.[1613] Überzeugend ist ihre Überlegung insoweit, dass eine echte Kausalität nicht erforderlich sei; entscheidend sei es, ob sich die zeitliche Autonomie des Arbeitnehmers in der Durchführung der Arbeit niederschlage, was bei Vertrauensarbeitszeit nicht ohne Weiteres der Fall sei, sodass einer Vereinbarung hierüber nur eine Indizwirkung zukomme.[1614] Vielmehr komme es auf die (besondere) Beziehung zwischen Arbeitgeber und Arbeitnehmer an, die sich durch die autonome Stellung des Arbeitnehmers auszeichne, der weniger Schutz bedürfe.[1615] Schließlich ist richtig, dass die Eigenart der Tätigkeit die Einhaltung der Vorschriften, von denen abgewichen werden soll, nicht unmöglich machen muss, da solche Fälle in der Praxis wohl kaum vorkommen mögen.[1616]

Darüber hinaus bleibt noch festzustellen, dass die Anforderungen es zumindest verhindern, dass für ganze Arbeitnehmergruppen pauschal über Art. 17 Abs. 1 ArbZRL Abweichungen vorgesehen werden können.[1617] Das ist auch

1611 Vgl. auch Franzen/Gallner/Oetker/*Gallner*, EuArbR, 4. Aufl 2022, Art. 17 RL 2003/88/EG Rn. 4: es komme auf die Natur der ausgeübten Tätigkeit an; Preis/Sagan/*Ulber, D.*, EuArbR, 2. Aufl. 2019, § 7 Rn. 7.227: es bedürfe eines Sachgrundes.

1612 Abl. Buschmann/Ulber/*Buschmann/Ulber, J.*, ArbZR, 1. Aufl. 2019, Anh. – EU RL 2003/88/EG Fn. 104 Ziff. 6).

1613 *Pickenhahn*, Arbeitszeit von Wissensarbeitern, S. 237 f.

1614 *Pickenhahn*, Arbeitszeit von Wissensarbeitern, S. 245 f.

1615 *Pickenhahn*, Arbeitszeit von Wissensarbeitern, S. 245 f.; nach *Höpfner/Daum*, RdA 2019, 470 (479) hingegen kann Art. 17 Abs. 1 ArbZRL nur einschlägig sein, wenn eine „extensive Form der Vertrauensarbeitszeit" gegeben ist.

1616 *Pickenhahn*, Arbeitszeit von Wissensarbeitern, S. 245; so bereits *Thüsing/Rombey/Schippers*, NZA 2020, 480 (484).

1617 *Europäische Kommission*, Mitteilung 2017/C 165, S. 44; *Pickenhahn*, Arbeitszeit von Wissensarbeitern, S. 239; *Witschen*, Rahmenvorgaben und Flexibilisierungsspielräume im Arbeitszeitrecht, S. 124; Preis/Sagan/*Ulber, D.*, EuArbR, 2. Aufl. 2019, § 7 Rn. 7.227.

sachgerecht, denn nach der Konzeption der Regelung kommt es nicht entscheidend darauf an, welcher Arbeitnehmergruppe der Arbeitnehmer angehört, sondern ob er Arbeitszeitautonomie genießt. Es gibt aber bestimmte Berufsgruppen, die – so legen es ja auch die Regelbeispiele der Richtlinie nahe – üblicherweise die Anforderungen an die Arbeitszeitautonomie erfüllen. Die Europäische Kommission nennt als Beispiele hochrangige Führungskräfte und bestimmte Experten wie erfahrene Anwälte in einem Beschäftigungsverhältnis oder Wissenschaftler.[1618] Insofern wird in Bezug auf Wissenschaftler eine Anwendung der Ausnahmevorschrift von einigen Stimmen in der Literatur bejaht bzw. für möglich gehalten.[1619] Daneben ist es gut begründbar und in der Literatur vertreten, auch für angestellte Rechtsanwälte (als leitende Angestellte) im Sinne der ArbZRL Ausnahmen vorzusehen.[1620] Interessant ist schließlich die Überlegung der Europäischen Kommission, dass Art. 17 Abs. 1 ArbZRL auf neue Beschäftigungsformen wie Arbeitnehmer in der digitalen Plattformwirtschaft Anwendung finden könnte.[1621]

cc) Die Regelbeispiele des Art. 17 Abs. 1 ArbZRL

Auch in Bezug auf die Regelbeispiele, die die Richtlinie vorgibt, fehlen bisher Konkretisierungen. Arbeitskräfte, die Familienangehörige sind, (lit. b)) und Arbeitnehmer im liturgischen Bereich (lit. c)) sind klar gefasst.[1622] Interessanter ist die Frage, wen der europäische Richtliniengeber als leitende Angestellte oder sonstige Personen mit Entscheidungsbefugnis (lit. a)) vor Augen hatte. Konturierende Rechtsprechung fehlt,[1623] sodass eine Annährung schwerfällt. Es bleiben die genannten Hinweise der Europäischen Kommission auf bestimmte Berufsgruppen,[1624] die diesbezüglich nur wenig konkretisieren und keinen

1618 *Europäische Kommission*, Mitteilung 2017/C 165, S. 45.

1619 *Pickenhahn*, Arbeitszeit von Wissensarbeitern, S. 248; wohl auch *Jacobs*, NZA 2016, 733, unter Verweis auf das schweizerische Arbeitszeitgesetz, das nach seinem Art. 3 lit. d) nicht auf Arbeitnehmer, die eine wissenschaftliche Tätigkeit ausüben, anwendbar ist.

1620 *Thüsing/Rombey/Schippers*, NZA 2020, 480; *Willemsen/Oberthür*, NJW 2020, 1761.

1621 *Europäische Kommission*, Mitteilung 2017/C 165, S. 45.

1622 S. dazu knapp Preis/Sagan/*Ulber, D.*, EuArbR, 2. Aufl. 2019, § 7 Rn. 7.2227 m.w.N.

1623 Das bemängelt auch *Pickenhahn*, Arbeitszeit von Wissensarbeitern, S. 240; vgl. auch *Witschen*, Rahmenvorgaben und Flexibilisierungsspielräume im Arbeitszeitrecht, S. 127.

1624 Hochrangige Führungskräfte, bestimmte Experten wie erfahrene Anwälte in einem Beschäftigungsverhältnis oder Wissenschaftler, *Europäische Kommission*, Mitteilung 2017/C 165, S. 45.

Rückschluss auf allgemeine Merkmale zulassen. Zu berücksichtigen ist auch, dass im Grunde jedem Arbeitnehmer Entscheidungsbefugnisse zustehen, mal mehr, mal weniger – das Merkmal alleine hilft insoweit nicht weiter.[1625] „Selbstständige Entscheidungsbefugnis" heißt daneben nicht weniger, aber auch nicht mehr als die Möglichkeit, die Entscheidungen ohne Einbindung von Arbeitgeber oder sonstigen Vorgesetzten treffen zu können.[1626] Dies schränkt das Merkmal zwar ein, so viel sei zugestanden, lässt aber das Ausmaß weiterhin offen. Insbesondere die Frage, worauf sich die selbstständige Entscheidungsbefugnis beziehen sollte, bleibt damit offen.

Dass unter diesem Merkmal jedenfalls nicht die Entscheidungsbefugnis hinsichtlich der eigenen Arbeitszeit zu verstehen ist, ergibt sich bereits aus mehreren Anknüpfungspunkten. Systematisch sprechen zwei Gründe dagegen: Würde sich die selbstständige Entscheidungsbefugnis auf die eigene Arbeitszeit der betreffenden autonomen Arbeitnehmer beziehen, wären die anderen Voraussetzungen, die Kernkriterien des Art. 17 Abs. 1 ArbZRL, insbesondere die eigene Festlegung der Arbeitszeit, daneben überflüssig. Auch die Nennung in einem Atemzug mit den leitenden Angestellten spricht gegen den (alleinigen) Bezug auf die eigene Arbeitszeit. Leitende Angestellte übernehmen, das mag wohl auch der europäische Richtliniengeber zugrunde gelegt haben, unternehmerische Aufgaben mit wesentlichem eigenem Entscheidungsspielraum.[1627] Die Richtlinie könnte mit den sonstigen Personen, die eine solche Entscheidungsbefugnis haben, daher wohl solche Arbeitnehmer meinen, die (noch) nicht die Merkmale des leitenden Angestellten erfüllen, aber doch in gewissem Rahmen eigene Entscheidungen treffen dürfen, ihnen also nahestehen. Wo genau die Grenze zu ziehen ist, bleibt fraglich. Letztlich spricht gegen die Annahme, die Entscheidungsbefugnis habe sich auf die Arbeitszeit zu beziehen, außerdem, dass ansonsten die bereits abgelehnte Überlegung zutreffend wäre und die Vereinbarung von Vertrauensarbeitszeit für die Erfüllung des Tatbestandes des Art. 17 Abs. 1 ArbZRL (mit)ausreichte – denn wer in Vertrauensarbeitszeit arbeitet, hat eine selbstständige Entscheidungsbefugnis über seine Arbeitszeit. Das kann

---

1625 Vgl. *Pickenhahn*, Arbeitszeit von Wissensarbeitern, S. 261 f.

1626 *Henssler/Lunk*, NZA 2016, 1425 (1426) für den deutschen Begriff aus dem BetrVG; *Pickenhahn*, Arbeitszeit von Wissensarbeitern, S. 262.

1627 Beispielhaft für das deutsche Recht: *Henssler*, FS Willemsen, S. 173 (174 ff.); HWK/*Gaul*, 10. Aufl. 2022, § 5 BetrVG Rn. 50; *Fitting*, BetrVG, 31. Aufl. 2022, § 5 Rn. 356; vgl. auch Richardi/*Richardi/Maschmann*, BetrVG, 17. Aufl. 2022, § 5 Rn. 205 ff.

nicht gewollt und daher nicht gemeint sein.[1628] So kommt es wohl im Ergebnis auf eine Vergleichbarkeit zum leitenden Angestellten an; die Befugnisse, welche die „sonstige Person" gegenüber ihrem Arbeitgeber innehat, müssen schließlich dazu führen, dass auch die Gestaltung der eigenen Arbeitszeit frei bleibt.[1629]

Es bleibt schließlich mangels weitergehender Konkretisierung von europäischer Seite, zu betrachten, wie mit den Kriterien in anderen Mitgliedstaaten umgegangen wird – ob sich hier Anhaltspunkte und Vorgaben finden, die auch vor dem europarechtlichen Hintergrund plausibel erscheinen, sinnig sind und als Vorbilder dienen können.

c) Strenge Anforderungen

Die Voraussetzungen einer Abweichung nach Art. 17 Abs. 1 ArbZRL erweisen sich als streng. Die Grundsätze von Sicherheit und Gesundheitsschutz der Arbeitnehmer bleiben zwingend zu berücksichtigen, was sich in der Rechtsprechung des EuGH erneut in das floskelhafte und kritikwürdige Kriterium der unbedingten Erforderlichkeit verdichtet. Für die betreffenden Arbeitnehmer kommt es vornehmlich auf ihre Arbeitszeitautonomie aufgrund ihrer Tätigkeit an. Völlige Unabhängigkeit hinsichtlich Dauer und Verteilung der Arbeitszeit ist dennoch nicht zu erwarten, vielmehr ist es hinreichend, wenn eine eigenverantwortliche, aber auch an betrieblichen Interessen orientierte Selbstbestimmung hierüber möglich ist.

2. Ermöglichte Abweichungen

Liegen die dargelegten Voraussetzungen für die Anwendung des Art. 17 Abs. 1 ArbZRL vor, bleibt zu untersuchen, welche Abweichungen über die Norm möglich sind. Die Europäische Kommission stellt – insofern richtig – klar, dass dies keine Ausnahme aus dem Anwendungsbereich der Richtlinie eröffne,[1630] was aufgrund der Abweichungen von vielen Kernvorschriften auf den ersten Blick fast naheliegend scheint. Gestattet sind indes lediglich Abweichungen von den in Art. 17 Abs. 1 ArbZRL genannten Bestimmungen, wovon die Regelungen zur täglichen sowie wöchentlichen Ruhezeit, zu den Ruhepausen, zur wöchentlichen Höchstarbeitszeit, zur Dauer der Nachtarbeit und zu den Bezugszeiträumen

---

1628 *Krause*, Gutachten 71. DJT, S. B 34 f. m.w.N.; s. auch *Witschen*, Rahmenvorgaben und Flexibilisierungsspielräume im Arbeitszeitrecht, S. 127.

1629 *Witschen*, Rahmenvorgaben und Flexibilisierungsspielräume im Arbeitszeitrecht, S. 127.

1630 *Europäische Kommission*, Mitteilung 2017/C 165, S. 45.

erfasst sind. Anders als die Ausnahmevorschriften des Art. 17 Abs. 2, 3 und Art. 18 ArbZRL sind keine besonderen Schutzmechanismen vorgeschrieben. Relevant ist an dieser Stelle noch, dass die so ermöglichten Abweichungen auch nach Auffassung der Europäischen Kommission nicht bloße Beschränkungen oder Einschränkungen des Schutzes bedeuten, sondern sogar zur Folge haben, dass autonome Arbeitnehmer „völlig von diesen ausgeschlossen“ sind.[1631]

3. *Umfassende Abweichungen unter strengen Voraussetzungen*

Art. 17 Abs. 1 ArbZRL ermöglicht erhebliche Abweichungen von Kernvorschriften des europäischen Arbeitszeitrechts und greift damit für die betreffenden Arbeitnehmer weit in den Arbeitszeitschutz hinein. Dies rechtfertigt sich jedoch in der Anwendung auf ausschließlich ganz bestimmte Arbeitnehmer- bzw. Berufsgruppen, die aufgrund ihrer Arbeitszeitautonomie frei über Dauer und Lage ihrer Arbeitszeit bestimmen können und daher erheblich weniger Schutzbedarf haben als (im Hinblick auf die Arbeitszeit) in größerem Maße weisungsgebundene Arbeitnehmer. Mangels konkretisierender Rechtsprechung des EuGH sind die Kriterien noch nicht vollständig umrissen, lassen mithin viel Interpretationsspielraum. Ebenfalls groß ist der eröffnete Gestaltungsfreiraum durch die weitgreifenden Abweichungsmöglichkeiten.

II. Die Umsetzung im deutschen Recht: § 18 ArbZG

Der deutsche Gesetzgeber hat sich die Abweichungsmöglichkeit des Art. 17 Abs. 1 ArbZRL mit § 18 ArbZG zu Nutze gemacht und Ausnahmen für verschiedene Berufsgruppen wie bspw. in § 18 Abs. 1 Nr. 1 ArbZG für leitende Angestellte im Sinne des § 5 Abs. 3 BetrVG und Chefärzte vorgesehen. Die Norm sieht jedoch eine vollständige Herausnahme aus dem Anwendungsbereich des ArbZG vor, was u.a. Zweifel an ihrer Unionskonformität aufkommen lässt.[1632] Diese Frage soll im Folgenden geklärt werden (1.). Des Weiteren ist zu untersuchen, welche Arbeitnehmergruppen aus dem deutschen Arbeitszeitrecht ausgeschlossen sind (2.), im Zusammenhang mit der Frage, ob hier im Vergleich zur Richtlinie noch Potential zur Gestaltung verbleibt. Schließlich bleibt zu klären,

---

1631 *Europäische Kommission*, Mitteilung 2017/C 165, S. 46; s. dazu *Witschen*, Rahmenvorgaben und Flexibilisierungsspielräume im Arbeitszeitrecht, S. 119.

1632 S. dazu zunächst nur Franzen/Gallner/Oetker/*Gallner*, EuArbR, 4. Aufl 2022, Art. 17 RL 2003/88/EG Rn. 5.

welche Folgen die Herausnahme aus dem Anwendungsbereich im deutschen Recht für die betroffenen Arbeitnehmer hat (3.).

1. Unionsrechtskonformität des § 18 ArbZG

Drei Anknüpfungspunkte für eine mögliche Europarechtswidrigkeit des § 18 ArbZG werden im deutschen Schrifttum geltend gemacht. Zunächst und vornehmlich die Tatsache, dass die Norm die betreffenden Arbeitnehmer vollständig aus dem Anwendungsbereich des ArbZG herausnimmt (a)), anstatt nur die Abweichung von den in der Richtlinie genannten Vorgaben vorzusehen. Daneben findet sich auch Kritik an der fehlenden Beschränkung auf die Merkmale des Art. 17 Abs. 1 ArbZRL – die Norm sei auch insofern zu pauschal gefasst (b)). Und auch die Grundrechtecharta wird herangezogen – Art. 31 Abs. 2 GRC könnte der Norm entgegenstehen (c)).

a) Herausnahme aus dem Anwendungsbereich des ArbZG

Der häufigste Streitpunkt, wenn es um die Frage der Europarechtskonformität des § 18 ArbZG geht, ist die Tatsache, dass die Norm die dort aufgezählten Arbeitnehmer aus dem Anwendungsbereich des ArbZG ausklammert, anstatt nur die Abweichungen von den in der Richtlinie genannten Kernvorschriften vorzusehen – damit gehe die Norm weiter, als die ArbZRL es gestatte.[1633] Um den Richtlinienverstoß zu verneinen, ist es nicht (allein) ausreichend, auf die allgemeinen Grundsätze von Sicherheit und Gesundheitsschutz der Arbeitnehmer zu verweisen, die laut Art. 17 Abs. 1 ArbZRL richtigerweise einzuhalten sind.[1634] Dies verkennt, dass ganz bestimmte Vorschriften zur Abweichung vorgesehen sind; die Frage, ob und wieweit das deutsche Recht darüber in richtlinienwidriger Weise hinausgeht, wird durch den Verweis auf die allgemeinen Grundsätze nicht beantwortet.

Daher: Da die Richtlinie Abweichungen von ihren zentralen Schutzbestimmungen zulässt, ist eine Betrachtung nötig, welche Paragraphen des ArbZG damit zulässigerweise erfasst sind und bei welchen Vorschriften die Nichtanwendbarkeit europarechtswidrig ist. Der Ausschluss der Regelungen zu Höchstarbeitszeiten, Ruhezeiten und Ruhepausen (sowie die entsprechenden

---

1633 *Freyler*, EuZA 2018, 463 (471 f.); Franzen/Gallner/Oetker/*Gallner*, EuArbR, 4. Aufl 2022, Art. 17 RL 2003/88/EG Rn. 5; Preis/Sagan/*Ulber, D.*, EuArbR, 2. Aufl. 2019, § 7 Rn. 7.230; a.A.: *Baeck/Deutsch/Winzer*, ArbZG, § 18 Rn. 12; ErfK/*Roloff*, 22. Aufl. 2022, § 18 ArbZG Rn. 1; HK-ArbZR/*Käckenmeister*, 2. Aufl. 2018, § 18 ArbZG Rn. 1.

1634 So aber *Baeck/Deutsch/Winzer*, ArbZG, 4. Aufl. 2020, § 18 Rn. 12.

Abweichungsmöglichkeiten, die bei Nichtanwendung der Grundregelung ohne Belang sind) ist insoweit von Art. 17 Abs. 1 ArbZRL gedeckt. Nicht abgewichen werden darf von den Vorgaben zum Jahresurlaub, die im deutschen Arbeitszeitrecht nicht geregelt und damit nicht von der Ausnahme nach § 18 ArbZG erfasst sind. Relevant sind insofern alleine bestimmte Regelungen zur Nacht- und Schichtarbeit, von denen über Art. 17 Abs. 1 ArbZRL keine Ausnahme erlaubt ist (Artt. 9–13 ArbZRL).[1635] Dieser Unterschied, der von Befürwortern der Europarechtswidrigkeit der Norm unter den Tisch fallen gelassen wird, ist unbestritten relevant, aber nicht so gravierend, wie es die Diskussion um die Norm vielleicht vermuten lässt. Insbesondere ist wohl davon auszugehen, dass die Vorschriften der Richtlinie zur fremdbestimmten Nachtarbeit für arbeitszeitautonome Arbeitnehmer nicht erheblich sind.[1636] Denn Kern des Schutzsystems der Richtlinie sind die Ruhezeiten, ergänzt durch die wöchentliche Höchstarbeitszeit, die durch Art. 17 Abs. 1 ArbZRL für autonome Arbeitnehmer dispositiv gestellt werden.

Im Ergebnis besteht somit durch die Herausnahme der autonomen Arbeitnehmer aus dem gesamten ArbZG nur bei Anlegung strenger Maßstäbe ein unionsrechtswidriger Zustand. Nimmt man diesen nun an, ließe er sich jedoch nicht nur, wie *D. Ulber* und *Gallner* es vertreten, durch eine Unanwendbarkeit des § 18 ArbZG gegenüber staatlichen Arbeitgebern korrigieren.[1637] Mittels unionsrechtskonformer Auslegung lässt sich die Norm vielmehr insoweit einschränken, dass der Ausschluss der Anwendbarkeit sich nicht auf die Umsetzungsnormen bezüglich der Vorgaben bezieht, von denen Art. 17 Abs. 1 ArbZRL keine Abweichung erlaubt.[1638]

b) Fehlende Beschränkung auf die Merkmale des Art. 17 Abs. 1 ArbZRL

Daneben dreht sich die Diskussion um die Pauschalität der Herausnahme der betreffenden Arbeitnehmer, ohne zu konkretisieren, dass die Voraussetzungen des Art. 17 Abs. 1 ArbZRL hinsichtlich der Arbeitszeitautonomie vorzuliegen

---

1635 Das erkennt auch *Witschen*, Rahmenvorgaben und Flexibilisierungsspielräume im Arbeitszeitrecht, S. 118.

1636 Ausf. *Pickenhahn*, Arbeitszeit von Wissensarbeitern, S. 314.

1637 Franzen/Gallner/Oetker/*Gallner*, EuArbR, 4. Aufl 2022, Art. 17 RL 2003/88/EG Rn. 5; Preis/Sagan/*Ulber, D.*, EuArbR, 2. Aufl. 2019, § 7 Rn. 7.230.

1638 So auch *Witschen*, Rahmenvorgaben und Flexibilisierungsspielräume im Arbeitszeitrecht, S. 118.

haben.[1639] Auch die Europäische Kommission merkt an, dass die im deutschen Recht definierten Arbeitnehmergruppen wohl in der Regel die entsprechenden Freiheiten hinsichtlich ihrer Arbeitszeit genießen, jedoch immer sicherzustellen sei, dass die Vorgaben des Art. 17 Abs. 1 ArbZRL tatsächlich erfüllt sind.[1640] Die Europarechtskonformität stellt sie nicht direkt infrage.

Diese Kritik an der Norm ist mit Blick auf die strengen Vorgaben, die der EuGH an die Anwendung der Vorschrift stellt, berechtigt. Die Schutzbedürftigkeit der autonomen Arbeitnehmer mag zwar geringer sein als die „normaler" Arbeitnehmer. Dafür müssen sie aber auch wirklich autonome Arbeitnehmer sein, was durch die Vorgaben des Art. 17 Abs. 1 ArbZRL sichergestellt wird. Auch hier ist anzumerken, dass insoweit wohl eine richtlinienkonforme Auslegung des § 18 ArbZG möglich ist. Die Vorgaben zur Arbeitszeitautonomie als Voraussetzung für den Ausschluss aus dem Anwendungsbereich des ArbZG (bis auf bestimmte Regelungen zur Nachtarbeitszeit s.o.) können in die Norm hereingelesen werden.[1641]

c) *Verstoß gegen Art. 31 Abs. 2 GRC?*

Schließlich wird vertreten, dass § 18 ArbZG gegen Art. 31 Abs. 2 GRC verstoße,[1642] denn den betreffenden Arbeitnehmern fehle wegen des Ausschlusses aus dem Anwendungsbereich des ArbZG das in dem Grundrecht vorgeschriebene Recht auf Begrenzung der Höchstarbeitszeit und auf Ruhezeiten – auch mitgliedstaatliches Recht ist primärrechtskonform auszulegen.[1643] Für arbeitsrechtliche Richtlinien im Besonderen gilt überdies, dass sich durch ihre grundrechtskonforme Auslegung eine mittelbare Wirkung der GRC im nationalen Recht ergibt, sodass auch bei der richtlinienkonformen Auslegung mitgliedstaatlichen Rechts die Wertungen der Charta zu berücksichtigen sind.[1644] § 18 ArbZG basiert auf Art. 17 Abs. 1 der ArbZRL und ein etwaiger Verstoß der

---

1639 *Latzel*, EuZA 2019, 469 (480); Buschmann/Ulber/*Buschmann/Ulber, J.*, ArbZR, 1. Aufl. 2019, Anh. – EU RL 2003/88/EG Fn. 104 Ziff. 6).

1640 *Europäische Kommission*, SWD(2017) 204 final, S. 31.

1641 *Pickenhahn*, Arbeitszeit von Wissensarbeitern, S. 248 f.

1642 *Hanau, P.*, NZA 2010, 1 (2); *Rebhahn*, EuZA 2013, 296 (298).

1643 St. Rspr., s. nur EuGH, Urt. v. 10.3.2011 – C-379/09 – *Casteels*, NZA 2011, 561 Rn. 33; v. 11.1.2007 – C-208/05 – *ITC*, NZA-RR 2007, 267 Rn. 68; zuerst: Urt. v. 4.2.1988 – 157/86 – *Murphy u.a.*, BeckRS 2004, 71815 Rn. 11; ausf. Riesenhuber/*Leible/Domröse*, Methodenlehre, 4. Aufl. 2021, § 8 Rn. 38 ff.

1644 *Willemsen/Sagan*, NZA 2011, 258 (260) m.w.N.

Richtlinienvorschrift gegen die GRC setzte sich damit im Umsetzungsrecht fort.[1645]

Gegen den Verstoß spricht zunächst, wie in der Folge noch darzulegen sein wird, dass Arbeitnehmer, denen der Schutz des ArbZG entzogen wird, nicht völlig schutzlos dastehen, sondern durch verschiedene nationale Regelungen und Grundsätze aufgefangen werden.[1646] Eine Begrenzung der Höchstarbeitszeit und die Gestattung von Ruhezeit werden ihnen damit weiterhin garantiert, wenn auch auf anderem Wege und in anderem Maße. Das ist insoweit aber auch ausreichend, da die autonomen Arbeitnehmer auch dem Schutzzweck des Art. 31 Abs. 2 GRC nicht in gleichem Maße unterfallen wie „normale" Arbeitnehmer – sie sind (arbeitszeitrechtlich) selbstständig und ihnen wird daher zugemutet und zugetraut, ihre eigenen Belange weitestgehend selbst zu berücksichtigen.[1647] Hinzu kommt, dass die in Art. 31 Abs. 2 GRC genannten Rechte über Art. 52 Abs. 1 GRC beschränkt werden dürfen und zwar dann, wenn diese Einschränkungen

> „[u]nter Wahrung des Grundsatzes der Verhältnismäßigkeit [...] vorgenommen werden, wenn sie erforderlich sind und den von der Union anerkannten dem Gemeinwohl dienenden Zielsetzungen oder den Erfordernissen des Schutzes der Rechte und Freiheiten anderer tatsächlich entsprechen."

Heranziehen kann man hier Art. 16 GRC und zumindest im Hinblick auf die leitenden Angestellten annehmen, dass die Voraussetzungen erfüllt sind.[1648] Ähnlich kann man für die Ausnahmen für liturgische Tätigkeiten Art. 10 Abs. 1 GRC heranziehen.[1649] Letztlich wendet auch der EuGH Art. 17 Abs. 1 ArbZRL an, ohne die Frage der Grundrechtskonformität zu diskutieren.[1650]

1645 Franzen/Gallner/Oetker/*Schubert*, EuArbR, 4. Aufl 2022, Art. 17 RL 2003/88/EG Rn. 28.

1646 S. an dieser Stelle nur *Baeck/Deutsch/Winzer*, ArbZG, 4. Aufl. 2020, § 18 Rn. 27 ff.; später Gliederungspunkt § 3 F) II. 3.

1647 *Hanau, H.*, EuZA 2019, 423 (439).

1648 *Henssler/Lunk*, NZA 2016, 1425 (1428); *Thüsing/Rombey/Schippers*, NZA 2020, 480 (484 f.); ausf. *Witschen*, Rahmenvorgaben und Flexibilisierungsspielräume im Arbeitszeitrecht, S. 120 f.; s. auch Franzen/Gallner/Oetker/*Schubert*, EuArbR, 4. Aufl 2022, Art. 31 GRC Rn. 29.

1649 Krit. Franzen/Gallner/Oetker/*Schubert*, EuArbR, 4. Aufl 2022, Art. 31 GRC Rn. 29.

1650 S. EuGH, Urt. v. 14.5.2019 – C-55/18 – *CCOO*, NZA 2019, 683 Rn. 63; *Baeck/Deutsch/Winzer*, ArbZG, 4. Aufl. 2020, § 18 Rn. 12.

d) Zweifel an der Europarechtskonformität schlagen nicht durch

Insgesamt bleibt festzuhalten: Während man einen Verstoß von Art. 17 Abs. 1 ArbZRL und damit auch § 18 ArbZG gegen Art. 31 Abs. 2 GRC wohl ablehnen kann, sind die Zweifel an der Richtlinienkonformität von § 18 ArbZG zwar begründet. Diesen kann man indes mittels richtlinienkonformer Auslegung dahingehend begegnen, dass erstens der Ausschluss sich nur auf Vorgaben bezieht, welche die in Art. 17 Abs. 1 ArbZRL gestatteten Abweichungen umsetzen, und zweitens die betreffenden Arbeitnehmer die vorausgesetzte Arbeitszeitautonomie auch tatsächlich vorweisen müssen.

2. Die ausgeschlossenen Personengruppen

§ 18 ArbZG zählt die Personengruppen, die aus dem Anwendungsbereich des ArbZG ausgeschlossen sind, abschließend auf. Dazu gehören: Leitende Angestellte im Sinne des § 5 Abs. 3 BetrVG und Chefärzte (Nr. 1), Leiter öffentlicher Dienststellen und ihre Vertreter sowie Arbeitnehmer mit selbstständiger Entscheidungsbefugnis in Personalangelegenheiten (Nr. 2), Arbeitnehmer, die in häuslicher Gemeinschaft mit den ihnen anvertrauten Personen zusammenleben und sie eigenverantwortlich erziehen, pflegen oder betreuen (Nr. 3) und Arbeitnehmer im liturgischen Bereich der Kirchen und der Religionsgemeinschaften (Nr. 4). In der aktuellen Diskussion relevant ist dabei vor allem die Herausnahme der leitenden Angestellten, da der Begriff des § 5 Abs. 3 BetrVG im Vergleich mit der offenen Formulierung der Richtlinie eng zu verstehen ist.[1651] Der Verweis des § 18 Abs. 1 Nr. 1 ArbZG in das BetrVG sorge, so die Intention des Gesetzgebers, für Rechtssicherheit und -klarheit,[1652] da der Begriff des leitenden Angestellten so einheitliche Verwendung findet und § 5 Abs. 3, 4 BetrVG klare Voraussetzungen zur Bestimmung leitender Angestellter enthalten.[1653] *Henssler/*

1651 S. z.B. *Bissels/Krings*, NJW 2016, 3418 (3421); *Henssler/Lunk*, NZA 2016, 1425 (1426); *Henssler*, FS Willemsen, S. 173 f.; *Thüsing/Rombey/Schippers*, NZA 2020, 480 (481).

1652 BT-Drs. 12/5888, S. 32; vgl. auch BeckOK ArbR/*Kock*, 64. Ed. 2022, § 18 ArbZG Rn. 2; ErfK/*Roloff*, 22. Aufl. 2022, § 18 ArbZG Rn. 2.

1653 Das kann aber auch aus dem Grund nicht überzeugen, dass in § 14 Abs. 2 KSchG wieder andere Kriterien (Berechtigung zur selbstständigen Einstellung oder Entlassung von Arbeitnehmern) für den Begriff des leitenden Angestellten zugrunde gelegt werden, die nicht mit denen der leitenden Angestellten i.S.d. BetrVG übereinstimmen, vgl. BeckOK ArbR/*Volkening*, 64. Ed. 2022, § 14 KSchG Rn. 15; ausf. zu den Voraussetzungen des leitenden Angestellten nach § 5 Abs. 3 BetrVG: ErfK/*Koch*, 22. Aufl. 2022, § 5 BetrVG Rn. 17 ff.; *Fitting*, BetrVG, 31. Aufl. 2022, § 5 Rn. 367 ff.; Richardi/*Richardi/Maschmann*, BetrVG, 17. Aufl. 2022, § 5 Rn. 220 ff.

Lunk merken jedoch zu Recht unter Verweis auf umfangreiche Kommentierungen und die große Zahl an gerichtlichen Entscheidungen zu der Frage an, dass, wer leitender Angestellter ist, sich nicht so einfach beantworten lässt, wie vom Gesetzgeber vielleicht intendiert[1654] – insofern hat der Verweis auf das BetrVG seinen Zweck schon nicht erfüllt.

Auffällig ist daneben außerdem, sucht man in den Merkmalen des § 5 Abs. 3 (und 4) BetrVG nach Anhaltspunkten für eine Arbeitszeitautonomie der betreffenden Arbeitnehmer, dass die Voraussetzungen nach § 5 Abs. 3 S. 2 BetrVG in keinem Zusammenhang mit der Entscheidungsbefugnis hinsichtlich der eigenen Arbeitszeit stehen – vielmehr sind Personalkompetenzen (Nr. 1), Generalvollmacht und (nicht unbedeutende) Prokura (Nr. 2) oder die Wahrnehmung sonstiger für das Unternehmen bedeutsamer Aufgaben (Nr. 3) erforderlich.[1655] Es ist daher einerseits nicht garantiert, dass leitende Angestellte im Sinne des § 5 Abs. 3 BetrVG tatsächlich die Voraussetzungen des Art. 17 Abs. 1 ArbZRL erfüllen,[1656] was europarechtlich problematisch ist. Auf der anderen Seite gibt es aber auch Arbeitnehmer, die zwar nicht die Anforderungen des Begriffs des leitenden Angestellten für das BetrVG erfüllen, dafür aber die des Art. 17 Abs. 1 ArbZRL,[1657] weshalb der Verweis auf den Begriff des BetrVG das Potential der Regelung nicht ausschöpft.

Es zeigt sich – im Vergleich zur europäischen Vorgabe steckt hier Potential. Nachdenken kann man neben der Anwendung eines „passenden" Begriffs des leitenden Angestellten als Grundlage für die Ausnahmen des § 18 ArbZG auch über die Erweiterung des Tatbestandes auf die genannten „sonstigen Personen" mit selbstständiger Entscheidungsbefugnis.[1658] Angeknüpft wird in der Literatur auch an bestimmte Verdiensthöhen, die es rechtfertigen können, einem leitenden Angestellten der Schutz des ArbZG versagt werden könnte.[1659]

1654 *Henssler/Lunk*, NZA 2020, 1425 (1427).

1655 *Bauer/von Medem*, NZA 2013, 1233 (1235); *Henssler*, FS Willemsen, S. 173 (174); *Henssler/Lunk*, NZA 2016, 1425 (1427).

1656 Krit. hinsichtlich der Richtlinienkonformität daher *Witschen*, Rahmenvorgaben und Flexibilisierungsspielräume im Arbeitszeitrecht, S. 126.

1657 Vgl. *Henssler/Lunk*, NZA 2016, 1425 (1429).

1658 Teilweise wird auch eine Erweiterung der Personengruppen auf Personen mit selbstständiger Entscheidungsbefugnis vorgeschlagen, s. nur *Bissels/Krings*, NJW 2016, 3418 (3420 f.); s. auch Gliederungspunkt § 3 F) IV. 1.

1659 Vgl. *Henssler*, FS Willemsen, S. 173 (185); *Thüsing/Rombey/Schippers*, NZA 2020, 480 (488); krit.: *Jacobs*, NZA 2016, 733 (735); *Henssler/Lunk*, NZA 2016, 1425 (1429); *Wiebauer*, NZA 2016, 1430 (1434); *Witschen*, Rahmenvorgaben und Flexibilisierungsspielräume im Arbeitszeitrecht, S. 122 f.

3. *Folge des Ausschlusses*

Was nun bleibt, ist die Frage, welche Folge der Ausschluss aus dem Anwendungsbereich des ArbZG für die betreffenden Arbeitnehmer hat; der öffentlich-rechtliche Arbeitszeitschutz des ArbZG gilt dann jedenfalls nicht mehr.[1660] Stattdessen setzt sich der dann bestehende Schutz der Arbeitnehmer vornehmlich aus zivilrechtlichen Normen und Grundsätzen zusammen.[1661] Eine Regelung in Arbeits- oder Tarifverträgen etwa, die dem Arbeitnehmer ein „die allgemeine menschliche Leistungsfähigkeit und die Zumutbarkeit übersteigendes überschreitendes Arbeitspensum abverlangt"[1662], kann infolgedessen aufgrund eines Verstoßes gegen den Rechtsgedanken der §§ 175 Abs. 1, 311a Abs. 1 BGB – niemand ist verpflichtet, unmögliche Leistungen zu erbringen – und sogar gegen die Menschenwürde gem. Art. 1 Abs. 1 GG unwirksam sein.[1663] Teilweise wird auch die Grenze des § 138 BGB genannt.[1664] Daneben gilt für arbeitsvertragliche Weisungen weiterhin die Vorgabe, billiges Ermessen im Sinne der §§ 106 GewO, 315 Abs. 1 BGB einzuhalten.[1665] Eine Missachtung dieser Grenzen durch den Arbeitgeber und die Erteilung unzulässiger Weisungen ziehen ein Leistungsverweigerungsrecht des Arbeitnehmers nach sich.[1666] Ob daneben aus der Fürsorgepflicht des Arbeitgebers Beschränkungen der Arbeitszeit etc. gefolgert werden können, wird im Schrifttum nicht einheitlich gesehen.[1667] Vieles

---

1660 *Anzinger/Koberski*, ArbZG, 5. Aufl. 2020, § 18 Rn. 4; *Baeck/Deutsch/Winzer*, ArbZG, 4. Aufl. 2020, § 18 Rn. 27; *Schliemann*, ArbZG, 4. Aufl. 2020, § 18 Rn. 4.

1661 Die Frage, ob für den leitenden Angestellten (der Arbeitnehmer auch i.S.d. § 2 Abs. 2 Nr. 1 ArbSchG ist) nach Herausnahme aus dem ArbZG über die Grundpflichten des Arbeitgebers nach § 3 ArbSchG auch angemessene Arbeits- und Ruhezeiten vorgeschrieben sind, findet hingegen in Rechtsprechung und Literatur keine Beachtung, vgl. *Däubler*, FS Klebe, S. 89 (91).

1662 BAG, Urt. v. 24.2.1982 – 4 AZR 223/80, NJW 1982, 2140.

1663 BAG, Urt. v. 24.2.1982 – 4 AZR 223/80, NJW 1982, 2140; s. auch *Anzinger/Koberski*, ArbZG, 5. Aufl. 2020, § 18 Rn. 4; *Baeck/Deutsch/Winzer*, ArbZG, 4. Aufl. 2020, § 18 Rn. 28; *Schliemann*, ArbZG, 4. Aufl. 2020, § 18 Rn. 4.

1664 *Anzinger/Koberski*, ArbZG, 5. Aufl. 2020, § 18 Rn. 4.

1665 *Baeck/Deutsch/Winzer*, ArbZG, 4. Aufl. 2020, § 18 Rn. 28; *Schliemann*, ArbZG, 4. Aufl. 2020, § 18 Rn. 4; wohl auch *Anzinger/Koberski*, ArbZG, 5. Aufl. 2020, § 18 Rn. 4.

1666 *Baeck/Deutsch/Winzer*, ArbZG, 4. Aufl. 2020, § 18 Rn. 28 m.w.N.

1667 Dafür *Thüsing/Rombey/Schippers*, NZA 2020, 480 (486 f.); *Anzinger/Koberski*, ArbZG, 5. Aufl. 2020, § 18 Rn. 4; *Schliemann*, ArbZG, 4. Aufl. 2020, § 18 Rn. 4; dagegen *Baeck/Deutsch/Winzer*, ArbZG, 4. Aufl. 2020, § 18 Rn. 29.

spricht dafür: Den Arbeitgeber trifft die Pflicht, Gesundheitsschäden seiner Arbeitnehmern vorzubeugen und sie wenn möglich zu verhindern.[1668] Dass zu lange Arbeitszeiten, verkürzte Ruhezeiten sowie zu kurze oder gar fehlende Ruhepausen die Gesundheit und Sicherheit der Arbeitnehmer beeinträchtigen, ist unbestritten. Auch die hierdurch bedingten Gesundheitsschäden und Sicherheitseinbußen auf Arbeitnehmerseite hat der Arbeitgeber zu verhindern; wie weit diese Pflicht geht, ist schließlich auch Frage des Einzelfalls.[1669]

Fest steht: Erhebliche Schutzlücken entstehen für die herausgenommenen, autonomen Arbeitnehmer nicht. Die strengen Regelungen der ArbZRL und folglich des ArbZG finden auf sie zwar keine Anwendung mehr. Das heißt aber nicht, dass sie uneingeschränkt dem Arbeitgeber zur Verfügung stehen müssen; das deutsche Recht kennt hinreichende Schutzmechanismen.

4. *Auch hier ungenutztes Potential*

Im arbeitsrechtlichen Schrifttum ist man sich weitestgehend einig: § 18 ArbZG als Umsetzung von Art. 17 Abs. 1 ArbZRL hat noch Potential. Europarechtswidrige Pauschalitäten wären hier ggfs. noch zu beseitigen, im Übrigen ließe sich durch die erweiterte Anwendung der Norm in einigen Bereichen ein interessen- und sachgerechtes Reglement finden, um Arbeitszeit und Berufsrecht bzw. die Anforderungen bestimmter Tätigkeiten in Einklang zu bringen. Wie andere Länder dies getan haben, kann – wie immer – Vorbild sein und soll folgend betrachtet werden.

III. Die Regelung in der Umsetzung anderer Mitgliedstaaten

In anderen Ländern ist man, so offenbart es bereits ein erster Blick in den Umsetzungsbericht der Europäischen Kommission, bei der Umsetzung des Art. 17 Abs. 1 ArbZRL teilweise weiter gegangen als der deutsche Gesetzgeber:[1670] So haben einige Länder den Wortlaut des Art. 17 Abs. 1 ArbZRL vollständig inklusive der Regelbeispiele übernommen; andere haben ihn darüber hinaus um bestimmte Merkmale ergänzt. Die Europäische Kommission erkennt aber Schwierigkeiten bei der Festlegung, wer tatsächlich ein arbeitszeitautonomer Arbeitnehmer ist, sowie bei der Bestimmung, wie weit die Abweichungen

---

1668 ErfK/*Preis*, 22. Aufl. 2022, § 611a BGB Rn. 618; HWK/*Thüsing*, 10. Aufl. 2022, § 611a BGB Rn. 408 ff.; MHdB ArbR/*Reichold*, 5. Aufl. 2021, § 93 Rn. 1.

1669 *Thüsing/Rombey/Schippers*, NZA 2020, 480 (487).

1670 *Europäische Kommission*, SWD(2017) 204 final, S. 30.

im jeweiligen mitgliedstaatlichen Recht gehen dürfen.[1671] Des Weiteren haben sich in den Mitgliedstaaten verschiedene Details und Anknüpfungspunkte herausgebildet, die für die Herausnahme aus den Kernvorschriften des Arbeitszeitrechts (mit)entscheidend sind, was die Europäische Kommission dann wohl nicht gänzlich gutheißt, wenn eine Klarstellung in Bezug auf die Einhaltung der notwendigen Anforderungen des Art. 17 Abs. 1 ArbZRL fehlt.[1672]

Interessant für die vorliegende Betrachtung dürfte zunächst ein kurzer Blick auf Großbritannien sein, das Art. 17 Abs. 1 ArbZRL wortlautgetreu umgesetzt hat (1.). Eine Erörterung der neueren Rechtslage im Nachbarland Österreich (2.), das mit der Arbeitszeitnovelle die „selbstständige Entscheidungsbefugnis" mit zur Voraussetzung für die Herausnahme „sonstiger Arbeitnehmerinnen und Arbeitnehmer" gemacht hat, darf nicht fehlen. Daneben soll ein kurzer Überblick über die Regelungen Frankreichs und der Niederlande folgen, welche (u.a.) ein gewisses Einkommen zur Voraussetzung für die Herausnahme machen (3.). Luxemburg kennt außerdem Ausnahmen für Arbeitnehmer, die von zu Hause aus arbeiten (4.).

1. Eng an der Richtlinie: Umsetzung in Großbritannien

Wie bei den anderen Ausnahmeregelungen der Richtlinie hat Großbritannien auch hinsichtlich Art. 17 Abs. 1 ArbZRL den Weg des scheinbar geringsten Widerstandes gewählt und sich an die Wortlautvorlage der Richtlinie gehalten. Unter der Überschrift „*Unmeasured working time*" wird mit der entsprechenden Regelung WTR 1998 Reg. 20 (1) zunächst nur die Anwendbarkeit der Normen ausgeschlossen, die auch in Umsetzung der in Art. 17 Abs. 1 ArbZRL genannten Regelungen geschaffen wurden. Auch die wesentlichen Voraussetzungen des Art. 17 Abs. 1 ArbZRL – keine Messbarkeit der Arbeitszeit, keine Festlegung im Voraus oder eigene Festlegung durch den Arbeitnehmer –, die letztlich ausmachen, wer als autonomer Arbeitnehmer in diesem Sinne zu verstehen ist, hat der Gesetzgeber in Großbritannien wörtlich übernommen (lediglich aus „*and/or*" wurde ein „*or*"). Dementsprechend kommt es auch im britischen Recht darauf an, dass die genannten Umstände aus der Eigenart der Tätigkeiten folgen. Die Regelbeispiele der Richtlinie wurden ebenfalls als solche („*as may be the case for*") übernommen. Konkretisierende Rechtsprechung gibt es allerdings auch in Großbritannien nicht, sodass die Betrachtung sich an dieser Stelle erschöpft.[1673]

1671 *Europäische Kommission*, SWD(2017) 204 final, S. 30.

1672 *Europäische Kommission*, SWD(2017) 204 final, S. 30 f.

1673 Vgl. Tolley's Empl. HdB/*Wallington*, 28. Aufl. 2014, Chap. 56.28.

Eine rechtssichere Handhabe für die Praxis ermöglicht die Übernahme des Richtlinienwortlauts nicht. Die fehlenden Konkretisierungen in der Richtlinie selbst oder seitens des EuGH sind schon mit Blick auf die Beurteilung der Europarechtskonformität der Umsetzungsakte in den Mitgliedstaaten unbefriedigend. Da der Richtlinientext in Großbritannien (und in Zypern, Italien und Finnland)[1674] wortlautgetreu übernommen wurde, ist zwar die Unionsrechtswidrigkeit an sich auszuschließen; eine europarechtskonforme Handhabe in der Praxis und durch die Gerichte ist durch die Übernahme des Wortlauts der Abweichung jedoch nicht garantiert.

2. *Selbstständige Entscheidungsbefugnis in Österreich*

Verschiedene Stimmen in der deutschen Literatur schlagen eine Erweiterung des § 18 Abs. 1 ArbZG um die Ergänzung der „sonstigen Personen mit selbstständiger Entscheidungsbefugnis" vor.[1675] In Österreich wurden entsprechende Reformvorschläge mit der Arbeitszeitnovelle vom 1. September 2018 bereits aufgenommen. Mit der Neufassung des § 1 Abs. 2 Nr. 8 AZG werden nun leitende Angestellte oder sonstige Arbeitnehmer, die eine maßgebliche selbstständige Entscheidungsbefugnis innehaben, aus dem Anwendungsbereich des AZG herausgenommen. Daneben sind in der Regelung auch neu und wörtlich die Anforderungen des Art. 17 Abs. 1 ArbZRL implementiert worden. Die Arbeitszeit wird nicht gemessen oder im Voraus festgelegt, § 1 Abs. 2 Nr. 8 lit. a) AZG, oder der Arbeitnehmer kann diese hinsichtlich Lage und Dauer selbst festlegen, § 1 Abs. 2 Nr. 8 lit. b) AZG; diese fehlten in der bis zum 31. August 2018 geltenden Version.

Die Aufnahme der „maßgeblichen selbstständigen Entscheidungsbefugnis" löst die in der alten Fassung vorausgesetzten „maßgebliche[n] Führungsaufgaben" ab, die den herauszunehmenden leitenden Angestellten „selbstverantwortlich übertragen" wurden. Grund für die Herausnahme der leitenden Angestellten waren ihre selbstständig einzuteilenden Aufgaben, die sich mit festen Arbeitszeitgrenzen und den Regelungen des AZG nicht vereinbaren ließen, und die Annahme, dass ihre Schutzbedürftigkeit auch wegen des hohen Entgelts geringer einzuschätzen sei.[1676] Die maßgeblichen Führungsaufgaben setzten dabei

---

1674 *Europäische Kommission*, SWD(2017) 204 final, S. 30.

1675 *Bissels/Krings*, NJW 2016, 3418 (3420 f.); *Henssler/Lunk*, NZA 2016, 1425 (1429).

1676 S. z.B. OGH, Beschl. v. 8.10.2003 – 9 ObA 110/03x, RIS-Justiz RS0118203; v. 8.9.1993 – 9 ObA 146/93, RIS-Justiz RS0052228; Auer-Mayer/Felten/Pfeil/*Auer-Mayer*, AZG ÖR, 4. Aufl. 2019, § 1 Rn. 30 f.

neben einer Vorgesetztenfunktion auch wichtige Entscheidungen auf kaufmännischem oder technischem Gebiet voraus;[1677] Befugnisse in Personalentscheiden waren hingegen nicht erforderlich.[1678] Daneben ist in Österreich klar, dass es drei Typen leitender Angestellter gibt: Der leitende Angestellte des AZG ist von dem des Betriebsverfassungs- und dem des Arbeiterkammerrechts abzugrenzen[1679] – ein Vorzug gegenüber der deutschen Regelung.

Neuerdings sind nun auch nicht-leitende Angestellte, also auch weitere Arbeitnehmer aus dem Anwendungsbereich des AZG herausgenommen, sofern sie maßgebliche selbstständige Entscheidungsbefugnisse haben. Die Formulierung entspringt weitestgehend der ArbZRL. Der Zusatz der „Maßgeblichkeit" hingegen wird teilweise als Einschränkung gegenüber dem Richtlinientext gesehen, sodass in der Konsequenz die Abweichungsmöglichkeit des Art. 17 Abs. 1 ArbZRL nicht vollständig ausgeschöpft werde.[1680] Auch möglich ist es aber, dies als die durch die einschränkende Auslegung des EuGH der Ausnahmebestimmungen gebotene Begrenzung auf das unbedingt Erforderliche zu sehen.[1681] Eine Festlegung, wann die vorausgesetzte Entscheidungsbefugnis „maßgeblich" sein soll, bleibt unabhängig davon offen.[1682] Klar ist insoweit nur: Für die Anwendbarkeit des § 1 Abs. 2 Nr. 8 AZG soll es auf die faktischen Befugnisse des jeweiligen Arbeitnehmers ankommen, wobei eine Beurteilung des Einzelfalls entscheidend sein muss.[1683] Das ergibt auch mit Blick auf die Richtlinie und ihre Schutzzwecke Sinn, denn nur Arbeitnehmer, die tatsächlich die Voraussetzungen des Art. 17 Abs. 1 ArbZRL erfüllen, bedürfen des Schutzes ihrer Kernvorschriften nicht.

Ob die Neuregelung im österreichischen Arbeitszeitrecht eine Ausdehnung der Ausnahmebestimmung oder eine Einschränkung im Vergleich zur vorherigen Regelung darstellt, wird daneben nicht einheitlich gesehen.[1684] Richtig ist es

1677 OGH v. 16.12.1992 – 9 ObA 268/92, RIS-Justiz RS0051309; Auer-Mayer/Felten/Pfeil/*Auer-Mayer*, AZG ÖR, 4. Aufl. 2019, § 1 Rn. 31.

1678 OGH v. 10.6.1975 – 4 Ob 28/75, ZAS 1977, 136 m. Anm. *Fischer*; Bsp. aus der Rspr. zu leitenden Angestellten i.S.d. § 1 Abs. 2 Nr. 8 AZF a.F. bei Auer-Mayer/Felten/Pfeil/*Auer-Mayer*, AZG ÖR, 4. Aufl. 2019, § 1 Rn. 31 m.w.N.

1679 *Klein, C.*, GS Rebhahn, S. 231 f.

1680 *Klein, C.*, GS Rebhahn, S. 231 (234); Auer-Mayer/Felten/Pfeil/*Auer-Mayer*, AZG ÖR, 4. Aufl. 2019, § 1 Rn. 32.

1681 *Risak*, GS Rebhahn, S. 515 (523).

1682 Vgl. *Pickenhahn*, Arbeitszeit von Wissensarbeitern, S. 258 f.

1683 Auer-Mayer/Felten/Pfeil/*Auer-Mayer*, AZG ÖR, 4. Aufl. 2019, § 1 Rn. 32.

1684 S. dazu bereits ausf. *Pickenhahn*, Arbeitszeit von Wissensarbeitern, S. 256 ff. m.w.N. zum Meinungsstand in der österreichischen Literatur.

wohl, im Ergebnis mit der Neufassung einen erweiterten Anwendungsbereich anzunehmen: Eine Erweiterung ist insofern gegeben, als der Anwendungsbereich über leitende Angestellte hinaus auch auf sonstige Arbeitnehmer erstreckt wird, die lediglich die Anforderungen an „maßgebliche selbständige Entscheidungsbefugnisse" erfüllen müssen.[1685] Dass Voraussetzungen hinsichtlich der Arbeitszeitautonomie der Arbeitnehmer aufgenommen wurden, seien sie leitende Angestellte oder nicht, sollte insofern keine einschränkende Wirkung haben,[1686] da diese Voraussetzung der Richtlinie auch vor der Gesetzesnovelle in Österreich galt. Auch ohne die Aufnahme in den nationalen Gesetzestext wären diese Voraussetzungen bei Anwendung der Ausnahmevorschrift im Wege richtlinienkonformer Auslegung hineinzulesen.[1687] Dass dies wohl nicht passierte,[1688] ist ein europarechtswidriger Zustand, den der österreichische Gesetzgeber durch die Neuformulierung, soweit möglich, ausgeräumt haben sollte.

Im Ergebnis unterscheidet sich die österreichische Neuregelung nicht mehr in großem Maße von der Richtlinienvorgabe des Art. 17 Abs. 1 ArbZRL. Positiv hervorzuheben ist das, wegen der verschiedenen Zwecke von Betriebsverfassungs- oder Arbeiterkammerrecht gegenüber dem Arbeitszeitrecht gebotene, eigene Verständnis des Begriffs des leitenden Angestellten. Im Übrigen ist die Anpassung an die europarechtliche Rechtslage zwar insofern vorzugswürdig, dass sie eine Europarechtswidrigkeit ausschließt. Nachteile bergen die fehlenden konkretisierenden Hinweise zu einigen Aspekten, da sie eine rechtssichere Handhabe erschweren.

3. *Herausnahme ab einem bestimmten Einkommen in Frankreich und den Niederlanden*

Schließlich gibt es Mitgliedstaaten, die einen deutlicheren Schritt aus der Richtlinienvorgabe gewagt haben und die Herausnahme aus den Kernvorschriften des Arbeitszeitrechts u.a. von einem bestimmten Einkommen abhängig machen. Im Folgenden soll eine kurze Betrachtung der Umsetzung in Frankreich und den Niederlanden, folgen. Die Frage, ob die Anknüpfung an ein bestimmtes Einkommen, im Einklang mit der Richtlinienvorgabe des Art. 17 Abs. 1 ArbZRL

1685 Auer-Mayer/Felten/Pfeil/*Auer-Mayer*, AZG ÖR, 4. Aufl. 2019, § 1 Rn. 33.

1686 A.A. aber Auer-Mayer/Felten/Pfeil/*Auer-Mayer*, AZG ÖR, 4. Aufl. 2019, § 1 Rn. 33, die von einer Einschränkung durch Aufnahme der Voraussetzungen ausgeht.

1687 So auch *Klein, C.*, AuR 2019, 305 (306).

1688 Vgl. die Bsp. aus der Rechtsprechung bei *Klein, C.*, AuR 2019, 305 (306) Fn. 6.

steht, soll später (Gliederungspunkt § 3 F) IV. 2. c) bb)) zum Gegenstand der Ausführungen werden.

a) Anknüpfung an die Entgeltsysteme der Unternehmen in Frankreich

Zu der französischen Regelung ist zunächst festzuhalten, dass maßgeblich nicht ausschließlich das Gehalt der Arbeitnehmer ist, die in Umsetzung des Art. 17 Abs. 1 ArbZRL aus den Kernvorgaben des Arbeitszeitrechts herausgenommen werden. Bei Bestimmung des Anwendungsbereichs der Regelungen über die Arbeitszeit werden mit Art. L 3111-2 CdT leitende Angestellte (*cadres dirigeants*) herausgenommen.[1689] Dort findet sich auch eine Legaldefinition der leitenden Angestellten: Entscheidend ist deren Stellung als Führungskräfte im Unternehmen mit einer so bedeutsamen Verantwortung, dass diese eine weitgehende Unabhängigkeit in Gestaltung der Arbeitszeit nach sich ziehen muss. Daneben bedürfen die leitenden Angestellten einer selbstständigen Entscheidungsbefugnis und zu guter Letzt auch einer Vergütung, die sich auf dem höchsten Niveau der in ihrem Unternehmen oder ihrer Einrichtung praktizierten Vergütungssysteme bewegt. Im Wortlaut des Art. L 3111-2 CdT:

> „Sont considérés comme ayant la qualité de cadre dirigeant les cadres auxquels sont confiées des responsabilités dont l'importance implique une grande indépendance dans l'organisation de leur emploi du temps, qui sont habilités à prendre des décisions de façon largement autonome et qui perçoivent une rémunération se situant dans les niveaux les plus élevés des systèmes de rémunération pratiqués dans leur entreprise ou établissement."

Die Formulierung legt nahe, dass die drei Voraussetzungen – Arbeitszeitautonomie, Entscheidungsbefugnisse und hohes Entgelt – kumulativ vorliegen müssen.[1690] Wichtig ist daneben außerdem, dass die Voraussetzungen tatsächlich erfüllt sind.[1691] Weil ein leitender Angestellter auch eine Führungsfunktion innehaben muss, so die Rechtsprechung, sei nur der Kern des Führungsteams zu den leitenden Angestellten im Sinne des Gesetzes zu zählen.[1692] Was genau dies bedeutet, ist unklar, ein eigenständiges Kriterium ist dies nach dem Kassationsgerichtshof jedoch nicht.[1693] Ob die Zugehörigkeit zum Kern des Führungsteams

---

1689 Zum genauen Umfang der Abweichung: *Peskine/Wolmark*, Droit du travail, 15. Aufl. 2022, Rn. 477.

1690 S. *Auzero/Baugard/Dockès*, Droit du travail, 35. Aufl. 2022, Rn. 856.

1691 Cass. Soc. 30.11.2011, n° 09-67.798 10-17.552.

1692 Cass. Soc. 311.2012, n° 10-23.828; für ein einschränkendes Verständnis wohl auch *Auzero/Baugard/Dockès*, Droit du travail, 35. Aufl. 2022, Rn. 856.

1693 Cass. Soc. 22.6.2016, n° 14-29.246.

aus dem Vorliegen der drei Kriterien automatisch folgt oder darüber hinaus auch noch gegeben sein muss, ist noch nicht klargestellt.[1694]

Es bleibt die Frage des Entgelts. Wie sich aus dem Gesetzestext ergibt, gibt es keine absolute Schwelle für die Herausnahme aus den arbeitszeitrechtlichen Vorgaben. Vielmehr kommt es auf das jeweilige Unternehmen und die dort praktizierte Vergütung an, sodass bspw. leitenden Angestellten eines kleinen Unternehmens mit einem deutlich geringeren Gehalt als leitenden Angestellten in großen Unternehmen der Schutz des Arbeitszeitrechts entzogen werden kann.[1695] Während die anderen Kriterien europarechtlich wohl unproblematisch sind, da sie entsprechend der Vorgabe des Art. 17 Abs. 1 ArbZRL Arbeitszeitautonomie implizieren, steht das Gehaltskriterium als zusätzliche Vorgabe daneben, die dem Europarecht soweit unbekannt ist. Ein hohes Entgelt bedeutet nicht zwingend, dass der betreffende Arbeitnehmer seine Arbeitszeit im Sinne der ArbZRL selbst festlegen darf, sodass eine Anknüpfung hieran als europarechtlich problematisch verstanden werden könnte. Aber es ist nach der Konzeption der französischen Regelung nicht alleinentscheidend, welches Gehalt der betreffende Arbeitnehmer erhält; die weiteren Voraussetzungen, die für sich genommen bereits ausreichen würden, um die Abweichung zu rechtfertigen, treten dahinter keinesfalls zurück. Vielmehr wird durch das zusätzliche Kriterium der Anwendungsbereich gegenüber der Richtlinie eingeschränkt und der Schutz damit verstärkt: Für die Europarechtskonformität ist es (abgesehen von der fragwürdigen Beschränkung auf das unbedingt Erforderliche) ausreichend, wenn es um arbeitszeitautonome Arbeitnehmer geht. Einem solchen Arbeitnehmer wird in Frankreich aber erst dann der Schutz gewisser Arbeitszeitvorgaben entzogen, wenn er zusätzlich noch entsprechend der höchsten Gehaltsstufe seines Unternehmens für seine Arbeit vergütet wird. Der französische Gesetzgeber geht also weiter, als die Richtlinie verlangt. Und auch wenn im Übrigen die Voraussetzungen des leitenden Angestellten im französischen Recht nicht abschließend definiert und konturiert sind, kommt die Umsetzung als vorstellbares, da konkreteres Vorbild doch infrage.

b) Das Dreifache des gesetzlichen Mindestlohns in den Niederlanden

In den Niederlanden wurde die Umsetzung der Abweichungsmöglichkeit des Art. 17 Abs. 1 ArbZRL daran geknüpft, ob das Gehalt der betreffenden

---

1694 *Peskine/Wolmark*, Droit du travail, 15. Aufl. 2022, Rn. 478.

1695 *Peskine/Wolmark*, Droit du travail, 15. Aufl. 2022, Rn. 478 m.w.N.

Arbeitnehmer das Dreifache des gesetzlichen Mindestlohns übersteigt.[1696] Dies ermöglicht das Arbeitszeitgesetz (*Arbeidstijdenwet*) über seinen Art. 2:1, der die Herausnahme aus den Bestimmungen des Gesetzes durch Rechtsverordnung gestattet. Eine solche Rechtsverordnung findet sich mit der Arbeitszeitverordnung (*Arbeidstijdenbesluit*), die in Art. 2.1:1 Abs. 1 lit. a) Arbeitnehmer, die älter als 18 Jahre sind und deren Arbeitsentgelt pro Jahr mindestens das Dreifache des in Art. 8 Mindestlohngesetz (*Wet minimumloon en minimumvakantiebijslag*) festgelegten Mindestlohns beträgt. Der Mindestlohn in den Niederlanden beläuft sich nach der Angabe des Gesetzes seit dem 1. Juli 2022 auf 1.756,20 EUR pro Monat, für ein Jahr also 21.074,40 EUR. Das bedeutet: Wer mehr als 63.223,20 EUR im Jahr als Arbeitsentgelt erhält, wird in den Niederlanden von bestimmten Vorschriften des Arbeitszeitrechts ausgenommen. Art. 2.1:1 Abs. 2 Arbeitszeitverordnung nennt verschiedene Rückausnahmen. In Art. 2.1:2 werden außerdem noch unabhängig von ihrem Gehalt verschiedene andere Arbeitnehmer wie Sportler, Wissenschaftler und Haushaltshilfen in nur einer Familie ausgenommen, sofern sie bestimmte Merkmale erfüllen.

Überraschend ist die fehlende Diskussion der Europarechtskonformität einer solchen Regelung im niederländischen Schrifttum.[1697] Ob die Anknüpfung an eine bestimmte Gehaltsschwelle an sich zulässig ist, ist eine später zu behandelnde Frage (s. Gliederungspunkt § 3 F) IV. 2. c)). Was jedoch sofort auffällt, ist die fehlende Aufnahme der strengen Kriterien, die Art. 17 Abs. 1 an die Arbeitszeitautonomie der Arbeitnehmer aufstellt. Dementsprechend sieht auch die Europäische Kommission die niederländische Regelung kritisch.[1698]

4. *Luxemburg: Arbeitnehmer, die von zu Hause aus arbeiten*

Aufgrund eines anderen Gesichtspunkts soll noch ein kurzer Blick nach Luxemburg erfolgen. Gem. Art. L 211-3 CdT LUX sind die Vorschriften über die Arbeitszeit u.a. nicht auf Arbeitnehmer anwendbar, die zu Hause arbeiten (*salariés à domicile*). Die Europäische Kommission zählt diese Regelung bei denen

---

1696 Auch in Ungarn wird die Ausnahmemöglichkeit nach Art. 17 Abs. 1 ArbZRL auf Arbeitnehmer angewendet, die eine sehr wichtige Position oder eine Vertrauensstellung innehaben und deren Gehalt das Siebenfache des gesetzlichen Mindestlohns beträgt, wie sich dem Bericht der Europäischen Kommission entnehmen lässt, s. *Europäische Kommission*, SWD(2017) 204 final, S. 31.

1697 S. die Analyse und Nachweise bei *Pickenhahn*, Arbeitszeit von Wissensarbeitern, S. 277 ff. m.w.N.

1698 *Europäische Kommission*, SWD(2017) 204 final, S. 31.

auf, die sie kritisch sieht, da die Erfüllung der Anforderungen des Art. 17 Abs. 1 ArbZRL nicht garantiert sei.

Die Bedenken der Europäischen Kommission sind wohl begründet, denn fraglich ist, ob für Arbeitnehmer, die von zu Hause aus oder aus dem Mobile Office arbeiten, tatsächlich auch Arbeitszeitautonomie anzunehmen ist. Dagegen spricht zunächst, dass in Deutschland zumindest spätestens seit März 2020 mit Beginn der COVID-19-Pandemie in fast allen Berufen, in denen dies möglich ist, Arbeitnehmer ins Homeoffice geschickt wurden – diese Arbeitnehmer arbeiten deswegen nicht automatisch arbeitszeitautonom. Für Arbeitnehmer, die auch unabhängig von pandemiebedingten Regelungen von Arbeitgeberseite ein Recht auf Homeoffice haben oder regelmäßig aus dem Homeoffice arbeiten, muss die Frage sicherlich differenzierter betrachtet werden, denn ihnen steht damit das Recht zu, sich ihren Arbeitsort selbst auszusuchen, sodass sie insofern nicht oder nicht im selben Maße an ortsbezogene Weisungen des Arbeitgebers gebunden sind. Daraus den unbedingten Schluss auf eine Selbstbestimmtheit auch hinsichtlich der Arbeitszeit zu ziehen, würde dennoch zu weit gehen.[1699] Nicht zu vergessen ist, dass Art. 17 Abs. 1 ArbZRL umfassende Selbstbestimmtheit hinsichtlich der Arbeitszeit fordert; wer auch im Homeoffice dauerhaft erreichbar sein muss, ist insofern bereits eingeschränkt.[1700] Zuzugestehen ist, dass Arbeitnehmer, die eine eigene Entscheidungsbefugnis hinsichtlich des Arbeitsorts haben, in der Regel auch mehr Freiheit bei der Entscheidung über die eigene Arbeitsorganisation haben, was letztlich für die Selbstbestimmtheit in Bezug auf die Arbeitszeit spricht – so mag die Arbeit von zu Hause aus sicherlich als ein Indiz in Bezug auf die geforderte Arbeitszeitautonomie dienen.[1701] Eine pauschale Regelung wie die in Luxemburg hingegen, die von zu Hause aus arbeitende Arbeitnehmer ohne weitere Konkretisierungen aus dem Anwendungsbereich arbeitszeitrechtlicher Schutzvorschriften ausnimmt, verstößt wohl, sofern sie nicht richtlinienkonform ausgelegt und angewendet wird, gegen Art. 17 Abs. 1 ArbZRL.

5. *Verschiedene Anknüpfungspunkte in der mitgliedstaatlichen Umsetzung*

Es zeigt sich: Eine Orientierung an der Richtlinienvorgabe ist nicht so einfach, wie es auf den ersten Blick scheinen mag. Dass die Vorgaben, die den Wortlaut

1699 S. auch *Pickenhahn*, Arbeitszeit von Wissensarbeitern, S. 303 f.
1700 *Pickenhahn*, Arbeitszeit von Wissensarbeitern, S. 304.
1701 *Pickenhahn*, Arbeitszeit von Wissensarbeitern, S. 303 ff. m.w.N.

aufgreifen und beinahe unverändert übernehmen, eine europarechtskonforme Handhabe in der Arbeitswelt garantieren oder gar ermöglichen, darf bezweifelt werden. Interessanter sind dann schon die konkreteren Regelungen unter Anknüpfung an ein bestimmtes Einkommen; insbesondere die französische Regelung verspricht einen europarechtskonformen Ausgleich zwischen Schutzinteressen des Arbeitnehmers und gegenläufigen Interessen an der Herausnahme aus dem strengen Arbeitszeitreglement.

IV. Vorbilder aus anderen Mitgliedstaaten? Mögliche Anpassungen des § 18 ArbZG

Es bleibt nun noch, zusammenzufassen, welche Gestaltungsmöglichkeiten anderer Mitgliedstaaten dem deutschen Gesetzgeber zum Vorbild gereichen könnten. Abzuraten ist dabei, wie bereits angemerkt wurde, von einer vollständigen Anpassung an den Richtlinientext (s.o.). Die Aufnahme der Anforderungen an die Arbeitszeitautonomie der betreffenden Arbeitnehmer wäre jedoch eine aus europarechtlicher Sicht erforderliche oder sinnvolle Klarstellung, die der Kritik an der Norm zumindest teilweise den Wind aus den Segeln nehmen würde. Ob die Anknüpfung an selbstständige Entscheidungsbefugnisse weiterhelfen kann, soll folgend zunächst betrachtet werden (1.). Die Anknüpfung an eine bestimmte Gehaltsschwelle bedarf schließlich etwas nähergehender Betrachtung (2.).

1. Leitende Angestellte und selbstständige Entscheidungsbefugnis

Wie oben bereits angerissen, fordern verschiedene Stimmen im arbeitszeitrechtlichen Schrifttum die Erweiterung des § 18 ArbZG um die Personen mit selbstständiger Entscheidungsbefugnis.[1702] Da auf europarechtlicher Ebene Konkretisierungen insoweit fehlen, wird teilweise vorgeschlagen, zur Bestimmung, wann eine solche Entscheidungsbefugnis gegeben ist, darauf abzustellen, ob der Arbeitnehmer fachlich weisungsgebunden sei.[1703] Orientierung für das Vorliegen seiner Unabhängigkeit solle § 54 HGB sein.[1704] Eine Ergänzung allein um das Merkmal der selbstständigen Entscheidungsbefugnis, das in der Richtlinie bloß Teil eines Regelbeispiels ist, ist jedoch nach überzeugender Auffassung nicht notwendig, da es sich nur um ein Regelbeispiel handelt, und würde aufgrund damit einhergehender Rechtsunsicherheit auch nicht unbedingt

1702 *Bissels/Krings*, NJW 2016, 3418 (3420 f.); *Henssler/Lunk*, NZA 2016, 1425 (1429).
1703 *Bissels/Krings*, NJW 2016, 3418 (3420).
1704 *Bissels/Krings*, NJW 2016, 3418 (3420); zust. *Baeck/Winzer*, NZA 2020, 96 (101).

weiterhelfen.[1705] *Henssler/Lunk* wollen aber auch weiter gehen und § 5 Abs. 3 BetrVG aus § 18 Abs. 1 Nr. 1 ArbZG streichen und stattdessen den Kreis von Arbeitnehmern aufnehmen, der

> „im Wesentlichen seine Arbeitszeit selbst bestimmen, seine Arbeit selbst organisieren kann oder über wesentliche selbstständige Entscheidungsbefugnisse verfügt."[1706]

Die Anknüpfung an einen anderen Typus des leitenden Angestellten ist zu befürworten. § 5 Abs. 3 BetrVG hat mit arbeitszeitrechtlichen Fragestellungen nichts zu tun und ist mit Blick auf betriebsverfassungsrechtliche Belange und Interessenkonflikte geschaffen und konkretisiert worden – ihm liegen andere Zwecke zu Grunde.[1707] Die Frage, ob ein Arbeitnehmer aufgrund seiner Arbeitszeitautonomie des Schutzes bestimmter Kernvorschriften aus ArbZG und ArbZRL nicht bedarf, kann § 5 Abs. 3 BetrVG nicht zufriedenstellend beantworten. Vorbild könnte die Regelung des französischen Rechts sein, die verschiedene eigene Kriterien vorgibt, um die Anwendung arbeitszeitrechtlicher Vorgaben auszuschließen. Dabei kommt es auf die Schutzbedürftigkeit des betreffenden Arbeitnehmers hinsichtlich des Arbeitszeitrechts an. Möglich wäre es somit, *de lege lata* eine Legaldefinition des arbeitszeitrechtlichen leitenden Angestellten vorzusehen, der dem französischen Recht vergleichbare Voraussetzungen erfüllen muss, um aus dem ArbZG herausgenommen zu werden.

2. *Herausnahme ab einer bestimmten Gehaltsschwelle*

Viel diskutiert wird schließlich die Herausnahme aus dem Arbeitszeitrecht (ähnlich wie auch für das Kündigungsschutzrecht)[1708] leitender Angestellter ab einer bestimmten Einkommensschwelle.[1709] Zunächst soll hierfür aufgezeigt werden, welche Anknüpfungspunkte im Schrifttum als mögliche Einkommensschwellen gesehen werden (a)). Dass gute Gründe schließlich dafür sprechen können, soll

---

1705 Vgl. *Pickenhahn*, Arbeitszeit von Wissensarbeitern, S. 263 f.

1706 *Henssler/Lunk*, NZA 2016, 1425 (1429).

1707 *Bauer/von Medem*, NZA 2013, 1233 (1235); *Hanau, H.*, EuZA 2019, 423 (431); *Henssler*, FS Willemsen, S. 173 F:, *Henssler/Lunk*, NZA 2016, 1425 (1429).

1708 S. nur *Aldenhoff*, NZA 2010, 800; *Absenger/Heidfeld*, AuR 2018, 571; *Bayreuther*, NZA 2013, 1238 (1242 ff.); dazu bereits die ausf. Auseinandersetzung mit den Argumenten bei *Pickenhahn*, Arbeitszeit von Wissensarbeitern, S. 270 ff.

1709 S. z.B. *Bauer/von Medem*, NZA 2013, 1233 (1238); *Hanau, H.*, EuZA 2019, 423 (432 ff.); *Henssler/Lunk*, NZA 2016, 1425 (1429); *Jacobs*, NZA 2016, 733 (735); *Thüsing/Rombey/Schippers*, NZA 2020, 480 (488 f.); *Wiebauer*, NZA 2016, 1430 (1434); *Baeck/Deutsch/Winzer*, ArbZG, 4. Aufl. 2020, § 18 Rn. 18.

im Folgenden kurz dargelegt werden (b)); viele sehen die Anknüpfung an das Gehalt aber auch kritisch (c)). Fraglich ist letztlich auch die rechtliche Zulässigkeit eines solchen Vorgehens, insbesondere mit Blick auf das Europarecht (d)).

a) Mögliche Anknüpfungspunkte

Es gibt verschiedene Anknüpfungspunkte, an denen man ansetzten könnte, um eine Herausnahme aus dem Anwendungsbereich des ArbZG umzusetzen. Bei allen geht es darum, dass die betreffenden Arbeitnehmer ein vergleichsweise hohes Entgelt verdienen, das (möglicherweise) die Herausnahme aus bestimmten Arbeitnehmerschutzvorschriften mangels entsprechender Schutzbedürftigkeit rechtfertigt.

aa) Anknüpfungspunkte im nationalen Recht

Eine von *Henssler* und *Preis* vorgebrachte Idee, ist die Anknüpfung an die Bezugsgröße des § 18 SGB IV,[1710] die im Sozialversicherungsrecht für verschiedene Beitragsberechnungen erforderlich ist.[1711] Die Bezugsgröße richtet sich nach dem Durchschnittsentgelt der gesetzlichen Rentenversicherung aus dem vorletzten Kalenderjahr, bildet also das Durchschnittsentgelt in Deutschland ab.[1712] *Henssler/Preis* wollten in ihrem Entwurf eines Arbeitsvertragsgesetzes einen Verdienst des Fünffachen der Bezugsgröße als Voraussetzung für bestimmte Abweichungen vom Gesetz im Arbeitsvertrag festlegen.[1713] Wer also fünfmal so viel Arbeitsentgelt erhält wie der durchschnittliche Arbeitnehmer in Deutschland, ist nach dieser Warte weniger schutzbedürftig. Und auch im BetrVG taucht die Bezugsgröße des § 18 SGB IV auf: Im Zweifel – und auch nur, wenn nach der Zweifelsregelung des § 5 Abs. 4 Nr. 3 BetrVG noch Zweifel bleiben – ist gem. § 5 Abs. 4 Nr. 4 BetrVG derjenige leitender Angestellter, dessen regelmäßiges Jahresarbeitsentgelt das Dreifache der Bezugsgröße überschreitet. Auch über eine Übertragung dieser Schwelle ins Arbeitszeitrecht (bzw. Kündigungsrecht) wird nachgedacht.[1714] Im Jahr 2022 beträgt die

---

1710 *Henssler/Preis*, NZA-Beil. 2007, 6 (32).

1711 S. dazu nur BeckOK SozR/*Wagner*, 64. Ed. 2022, § 18 SGB IV Rn. 3.

1712 BeckOK SozR/*Wagner*, 64. Ed. 2022, § 18 SGB IV Rn. 4.

1713 *Henssler/Preis*, NZA-Beil. 2007, 6 (32).

1714 *Aldenhoff*, NZA 2010, 800 (801) mit Verweis auf die grundrechtlichen Bedenken bzgl. § 5 Abs. 4 Nr. 4 BetrVG; *Bayreuther*, NZA 2013, 1238 (1240), der dies aber ablehnt; *Hanau, H.*, EuZA 2019, 423 (433); *Henssler*, FS Willemsen, S. 173 (184 f.); *Thüsing/Rombey/Schippers*, NZA 2020, 480 (488) in Bezug auf angestellte Rechtsanwälte; s. auch *Pickenhahn*, Arbeitszeit von Wissensarbeitern, S. 279 f. *Sieg*, FS Etzel, S. 361

(noch)[1715] für West- und Ostdeutschland unterschiedliche Bezugsgröße im Westen jährlich 39.480 EUR und monatlich 3.290 EUR sowie im Osten jährlich 37.800 EUR und monatlich 3.150 EUR gem. § 2 Sozialversicherungs-Rechengrößenverordnung 2022[1716]. Stellt man also auf das Dreifache der Bezugsgröße ab, liegt die Grenze bei einem Jahresgehalt von 118.440 EUR im Westen und 113.400 EUR im Osten.[1717] Bereits bei dieser Einkommenshöhe eine Schwelle einzurichten, ließe sich zumindest damit begründen, dass ab einem Einkommen über 100.000 EUR eine Steigerung des Gehalts keinen messbaren Unterschied des Wohlbefindens mehr zur Folge hat.[1718]

Daneben kann man über eine Anknüpfung an die Beitragsbemessungsgrenze für die gesetzliche Rentenversicherung (der Betrag, bis zu dem maximal das Arbeitsentgelt als Beitragsbemessungsgrundlage zur Beitragsberechnung zugrunde gelegt wird)[1719] nachdenken, vgl. § 159 SGB VI. Bereits § 25a Abs. 5a Kreditwesengesetz (KWG) stellt Risikoträger bedeutender Institute, vgl. § 1 Abs. 21 KWG, die (u.a.) das Dreifache des dort zugrundeliegenden Betrags fix verdienen, leitenden Angestellten nach § 14 Abs. 2 KSchG gleich, mit der Folge, dass ein Auflösungsantrag des Arbeitgebers im Kündigungsschutzprozess für die Betreffenden nicht mehr begründet werden muss.[1720] Die Grenze liegt im Westen bei 84.600 EUR und im Osten bei 81.000 EUR jährlich gem. § 3 Sozialversicherungs-Rechengrößenverordnung 2022. Das Dreifache beträgt also 253.800 EUR (West) und 243.000 EUR (Ost). Die Schwellen wären unter Anlehnung an die Beitragsbemessungsgrenzen somit deutlich höher angelegt als bei den Bezugsgrößen nach § 18 SGB IV.

Eine weitere im Schrifttum zu findende Einkommensschwelle, an die angeknüpft werden könnte, ist die Orientierung an § 32 Abs. 1 S. 2 Nr. 5 EStG, der

---

(389) stellt sogar auf das Sechsfache der Bezugsgröße ab, um eine Einschränkung des Kündigungsschutzes für leitende Angestellte zu begründen.

1715 Vgl. Gesetz über den Abschluss der Rentenüberleitung (Rentenüberleitungs-Abschlussgesetz), BGBl. 2017, S. 2575 (2578); BeckOK SozR/*Wagner*, 64. Ed. 2022, § 18 SGB IV Rn. 5.

1716 Verordnung über maßgebende Rechengrößen der Sozialversicherung für 2022.

1717 Das Fünffache beträgt 197.400 EUR (West), 189.000 EUR (Ost) und das Sechsfache 236.880 EUR (West), 226.800 EUR (Ost).

1718 *Tiedge*, Der Spiegel, 13.1.2013, Hauptsache, ich kriege mehr als du; *Hanau, H.*, EuZA 2019, 423 (433).

1719 S. nur BeckOK SozR/*von Koch*, 64. Ed. 2021, § 159 SGB VI Rn. 3.

1720 S. dazu kurz *Hanau, H.*, EuZA 2019, 423 (433 f.) m.w.N.; *Pickenhahn*, Arbeitszeit von Wissensarbeitern, S. 280 f.; *Annuß*, NZA 2017, 345 (349) schlägt das Zweifache vor.

vorgibt, ab wann der Höchststeuersatz zu zahlen ist.[1721] Der höchste Einkommensteuersatz wird danach ausgelöst durch ein Einkommen, welches 277.826 EUR übersteigt; legte man wie *Aldenhoff* nur die Hälfte dieses Werts zugrunde, wären es 138.913 EUR. Zu Recht wird jedoch angemerkt, dass in die Bestimmung des Steuersatzes nicht nur die Einkünfte aus unselbstständiger Arbeit einfließen, sondern auch sonstige Einkünfte aus Kapital oder selbstständiger Tätigkeit.[1722] Die Orientierung an der Grenze des § 32 Abs. 1 S. 2 Nr. 5 EStG wäre damit nicht sachgerecht.

bb) Vorbilder aus Frankreich und den Niederlanden

Eine weitere Option wäre es, sich das französische Model als Vorbild zu nehmen und für die Herausnahme aus dem Anwendungsbereich des ArbZG an das Entgeltsystem des jeweiligen Arbeitgebers anzuknüpfen.[1723] In Frankreich entscheidet das Einkommen des betreffenden Arbeitnehmers im Vergleich zu den anderen Arbeitnehmern in seinem Unternehmen mit darüber, ob es sich bei ihm um einen leitenden Angestellten im Sinne des Arbeitszeitrechts handelt. Es ist also kein absolutes Kriterium – weder reicht es alleine aus, um den Schutz gewisser Vorschriften zu versagen, noch stellt es eine Schwelle dar, die für alle etwaigen leitenden Angestellten an derselben Stelle liegt. Dies ermöglicht ein differenzierteres System, das sich an dem Gehalt orientiert, das in den jeweiligen Unternehmen üblich ist.

Ebenfalls denkbar wäre entsprechend der niederländischen Handhabe eine Orientierung am gesetzlichen Mindestlohn. Stellte man hier ebenfalls auf das Dreifache des gesetzlichen Mindestlohns ab, ergibt sich folgende Berechnung: Der Mindestlohn in Deutschland wird pro Stunde vorgegeben, vgl. § 1 Abs. 2 MiLoG, und beträgt seit dem 1. Juli 2022, wie durch die Mindestlohnkommission festgelegt, 10,45 EUR, s. § 1 Nr. 4 MiLoV3[1724]. Zum 1. Oktober soll der Mindestlohn außerdem einmalig per Gesetz auf 12 EUR pro Stunde angehoben werden.[1725] Legt man eine Vollzeitstelle, 40 Stunden pro Woche, mit

---

1721 *Aldenhoff*, NZA 2010, 800 (801).

1722 Vgl. *Aldenhoff*, NZA 2010, 800 (801); wohl zust. *Pickenhahn*, Arbeitszeit von Wissensarbeitern, S. 282.

1723 Ähnlich auch ein Vorschlag von *Bauer/von Medem*, NZA 2013, 1233 (1237).

1724 Dritte Verordnung zur Anpassung der Höhe des Mindestlohns (Dritte Mindestlohnanpassungsverordnung – MiLoV3).

1725 Art. 1 des Gesetzes zur Erhöhung des Schutzes durch den gesetzlichen Mindestlohn und zu Änderungen im Bereich der geringfügigen Beschäftigung, BT-Drs. 20/1408, S. 7. Krit. dazu *Thüsing*, jM 2022, 54 (63).

einer durchschnittlichen Jahresarbeitszeit von 2080 Stunden zugrunde, ist der gesetzliche Mindestlohn derzeit jährlich mit 21.736 EUR anzusetzen, ab dem 1. Oktober dann 24.960 EUR. Eine Herausnahme aus dem Arbeitszeitschutz würde bei Anknüpfung an das Dreifache aktuell ab 65.208 EUR Verdienst pro Jahr, mit dem erhöhten Mindestlohn ab 74.880 EUR stattfinden. Das erscheint auf den ersten Blick und im Vergleich mit den anderen genannten Grenzen doch arg niedrig, um von einer geringeren Schutzbedürftigkeit auszugehen, so man diese Annahme grundsätzlich mit einem höheren Gehalt verknüpft. Eine solche Grenze würde sicherlich das Hinzutreten weiterer Voraussetzungen (von den Anforderungen des Art. 17 Abs. 1 ArbZRL einmal ganz abgesehen) erfordern, damit eine Herausnahme aus dem Arbeitszeitschutz hierüber gerechtfertigt werden könnte.

cc) Fester oder branchenspezifischer Schwellenwert

Schließlich schlägt *Aldenhoff* noch vor, einen bestimmten Schwellenwert festzulegen,[1726] der entweder einheitlich oder für jede Branche vorgegeben werden könne.[1727] Problematisch daran ist im Vergleich zu den anderen Möglichkeiten, dass wiederum regelmäßige Anpassungen an den Anstieg des allgemeinen Einkommensniveaus notwendig wären.[1728]

b) Gründe für und gegen die Anknüpfung an das Gehalt

Mögliche Einkommensschwellen, an die angeknüpft werden kann und die teilweise aus dem Gesetz folgen, gibt es mehr als genug. Im Folgenden gilt es nun, die Gründe zu sichten, die für und gegen die Gehaltsschwelle ins Feld geführt werden. Sie zu kennen, ist Voraussetzung für eine durchdachte Bewertung der Zulässigkeit einer Gehaltsschwelle.

Für eine solche Einkommensschwelle wird angeführt, dass diese für Rechtssicherheit sorge, da das Überschreiten eines gewissen Gehalts eine leicht zu erkennende, deutliche Tatsache sei.[1729] Hauptargument für eine Anknüpfung

---

1726 *Aldenhoff* NZA 2010, 800 (801).

1727 *Bauer/von Medem*, NZA 2013, 1233 (1237); *Pickenhahn*, Arbeitszeit von Wissensarbeitern, S. 282.

1728 *Aldenhoff*, NZA 2010, 800 (801); vgl. auch *Bauer/von Medem*, NZA 2013, 1233 (1237).

1729 *Bauer/von Medem*, NZA 2013, 1233 (1236); *Henssler/Lunk*, NZA 2016, 1425 (1429), die im Ergebnis aber eher kritisch sind; *Pickenhahn*, Arbeitszeit von Wissensarbeitern, S. 268.

an eine bestimmte Gehaltsschwelle, um bestimmten Arbeitnehmerschutz einzuschränken, ist aber die als geringer angesehene Schutzbedürftigkeit der entsprechenden Arbeitnehmer.[1730] *Pickenhahn* belegt diesen Schluss auch mit der Rechtsprechung, die in verschiedenen Konstellationen die Vergütungshöhe als Indiz für geringere Schutzbedürftigkeit gewertet habe.[1731]

Es gibt aber auch Stimmen, die sich gegen eine Anknüpfung an das Gehalt aussprechen.[1732] Vornehmlich wird davon ausgegangen, dass die Schutzbedürftigkeit des Arbeitnehmers nicht von der Höhe seiner Vergütung abhängig ist[1733] – diese Annahme liege auch § 611a Abs. 1 BGB zu Grunde, der für die Arbeitnehmereigenschaft die persönliche, nicht die wirtschaftliche Abhängigkeit vom Arbeitgeber voraussetze.[1734] Somit bedeute die Anknüpfung an eine bestimmte Vergütung einen Verstoß gegen Grundprinzipien des

---

1730 Vgl. *Aldenhoff*, NZA 2010, 800 (801); *Bauer/von Medem*, NZA 2013, 1233 (1237); wohl auch *Baeck/Winzer*, NZA 2020, 96 (101).

1731 *Pickenhahn*, Arbeitszeit von Wissensarbeitern, S. 268: So hat das BAG entschieden, dass ein Anspruch auf Vergütung von Überstunden bei Diensten höherer Art, für die ein deutlich herausgehobenes Gehalt gezahlt wird, nur dann besteht, wenn hierfür eine Vergütungserwartung besteht, BAG, Urt. v. 22.2.2012 – 5 AR 765/10, NZA 2012, 861; v. 17.8.2011 – 5 AZR 406/10, NZA 2011, 1335 (dazu auch kurz *Henssler*, NZA-Beil. 2014, 95 (99)). Vielleicht noch relevanter ist die Rechtsprechung der LAG und des BAG im Rahmen des Befristungsrechts, wo die typischerweise außergewöhnliche Höhe der Vergütung von Profisportlern gegen die soziale Schutzbedürftigkeit spricht, BAG, Urt. v. 16.1.2018 – 7 AZR 312/16, NZA 2018, 703 Rn. 21; vorgehend LAG Rheinland-Pfalz, Urt. v. 17.2.2016 – 4 Sa 202/15, NZA 2016, 699 Rn. 43; vgl. auch LAG Nürnberg, Urt. v. 28.3.2006 – 7 Sa 405/05, BeckRS 2006, 42169. Und auch hat das BSG die Vergütungshöhe bei Prüfung der abhängigen Beschäftigung nach § 7 Abs. 1 S. 1 SGB IV als Indiz für Selbstständigkeit gewertet, BSG, Urt. v. 31.3.2017 – B 12 R 7/15 R, NZS 2017, 664.

1732 *Bayreuther*, NZA 2013, 1238 (1240); im Ergebnis wohl auch *Henssler/Lunk*, NZA 2016, 1425 (1429); *Jacobs*, NZA 2016, 733 (725); *Wiebauer*, NZA 2016, 1430 (1434); *Witschen*, Rahmenvorgaben und Flexibilisierungsspielräume im Arbeitszeitrecht, S. 122 f.; Franzen/Gallner/Oetker/*Gallner*, EuArbR, 4. Aufl. 2022, Art. 17 RL 2003/88/EG Rn. 4; krit. auch *Absenger/Heidfeld*, AuR 2018, 571 (572) spezifisch zum Kündigungsschutz.

1733 *Bayreuther*, NZA 2013, 1238 (1240); *Jacobs*, NZA 2016, 733 (735); *Wiebauer*, NZA 2016, 1430 (1434).

1734 S. nur ErfK/*Preis*, 22. Aufl. 2022, § 611a BGB Rn. 47 unter Verweis auf die st. Rspr. des BAG; vgl. auch *Thüsing/Rombey/Schippers*, NZA 2020, 480 (488); *Pickenhahn*, Arbeitszeit von Wissensarbeitern, S. 269.

Arbeitsrechts.[1735] So könne sich der Arbeitnehmer seinen Schutz nicht „abkaufen" lassen bzw. der Arbeitgeber sich nicht von seinen Pflichten „freikaufen".[1736] Darüber hinaus entstünden Wertungswidersprüche, da für Geringverdiener, die eventuell und eher als gut verdienende leitende Angestellte auf mehrere Arbeiten angewiesen sind, nach § 2 Abs. 1 S. 1 HS. 2 ArbZG Grenzen gesetzt werden, die für besserverdienende Arbeitnehmer keine Geltung mehr hätten.[1737]

c) *Rechtliche Zulässigkeit*

Die oben genannten Anknüpfungspunkte sind an sich – mal mehr, mal weniger – legitime Möglichkeiten, die Anwendung des ArbZG einzuschränken. Dafür gibt es gute Gründe, es wird aber auch berechtigte Kritik dagegen geäußert. Letztlich kommt es auch auf die rechtliche Zulässigkeit der Einkommensschwelle an, die folgend unter verschiedenen, im Schrifttum ins Spiel gebrachten Aspekten betrachtet werden soll.

aa) *Vereinbarkeit mit nationalem Recht*

Die Vereinbarkeit mit nationalem Recht wird unter mehreren Gesichtspunkten bezweifelt. Zunächst verstoße eine einkommensabhängige Differenzierung im Arbeitszeitrecht gegen Grundprinzipien des Arbeitsrechts, da eine wirtschaftliche Abhängigkeit für die Arbeitnehmereigenschaft nach § 611a Abs. 1 BGB nicht relevant sei (s.o.). Dennoch, darauf weist *Pickenhahn* richtigerweise hin, ist das Einkommen als Kriterium von der wirtschaftlichen Abhängigkeit zu differenzieren: Die wirtschaftliche Abhängigkeit bestimmt sich nach dem Verhältnis zum Arbeit- bzw. Auftraggeber, während die Höhe des Einkommens lediglich als Anzeichen für eine geringere persönliche Abhängigkeit und ein daraus resultierendes geringeres Schutzbedürfnis spricht, da Gutverdiener häufig auch selbstbestimmter arbeiten.[1738] In diese Richtung geht ebenfalls das Argument *Fischers*, aus der wirtschaftlichen Überlegenheit des Arbeitgebers folge letztlich erst die persönliche Abhängigkeit der Arbeitnehmer.[1739] Darüber hinaus sei die Orientierung an der Vergütungshöhe im Arbeitsrecht auch kein Novum, sondern

1735 Vgl. nur *Pickenhahn*, Arbeitszeit von Wissensarbeitern, S. 269 m.w.N.

1736 *Hanau, H.*, EuZA 2019, 423 (433); *Witschen*, Rahmenvorgaben und Flexibilisierungsspielräume im Arbeitszeitrecht, S. 122.

1737 *Wiebauer*, NZA 2016, 1430 (1434); *Witschen*, Rahmenvorgaben und Flexibilisierungsspielräume im Arbeitszeitrecht, S. 122 f.

1738 *Pickenhahn*, Arbeitszeit von Wissensarbeitern, S. 284.

1739 *Fischer*, FA 2017, 34 (37).

lediglich aktuell nicht umgesetzt.[1740] Schließlich wird die Schutzbedürftigkeit im deutschen Arbeitsrecht in manchen Teilen auch – wenn auch im geringeren Maße – an die Vergütungshöhe geknüpft; Beispiele hierfür sind § 5 Abs. 3 S. 1 ArbGG in Verbindung mit § 92a HGB und mittelbar § 12a TVG.[1741]

Soweit die verfassungsrechtliche Zulässigkeit einer einkommensabhängigen Differenzierung bezweifelt wird,[1742] kann auch hier die Argumentation von *Pickenhahn* überzeugen. Ein Bestandsschutz kann aus Art. 12 Abs. 1 GG in Bezug auf die durch das Arbeitszeitrecht vorgegebenen Bedingungen nicht abgeleitet werden.[1743] Ein Verbot der Differenzierung nach dem Einkommen aus Art. 3 Abs. 1 GG lässt sich ebenfalls nicht erkennen – erforderlich ist eine sachliche Rechtfertigung für die Ungleichbehandlung.[1744] Sofern der Gesetzgeber nun also im Rahmen seines weiten Gestaltungsspielraums für die in § 18 ArbZG genannten Arbeitnehmer angenommen hat, sie müssten wegen der Besonderheiten ihrer Tätigkeit eine arbeitszeitrechtlich andere Behandlung erfahren, kann dies auch für Spitzenverdiener bejaht werden, sofern die Voraussetzungen der Arbeitszeitautonomie zutreffen.[1745] Die Annahme, diese Autonomie liege bei Spitzenverdienern eher vor als bei Normal- oder Geringverdienern, ist insofern nicht fernliegend und keineswegs unsachlich.[1746]

1740 *Pickenhahn*, Arbeitszeit von Wissensarbeitern, S. 284 verweist insoweit u.a. auf § 1 Abs. 2 AZO, der zur Herausnahme leitender Angestellter aus dem Anwendungsbereich auch auf den Jahresverdienst abstellte; vgl. auch *Thüsing/Rombey/Schippers*, NZA 2020, 480 (488).

1741 *Fischer*, FA 2017, 34 (35), der außerdem auf § 10 Abs. 2 KSchG, § 42 Abs. 2 GKG und § 12a Abs. 1 ArbGG abstellt.

1742 Zum Kündigungsschutz *Absenger/Heidfeld*, AuR 2018, 571 (572) gehen von einem Verstoß gegen Art. 12 Abs. 1, Art. 2 Abs.1 GG; *Bayreuther*, NZA 2013, 1238 (1241) führt gleichheitsrechtliche Probleme an.

1743 Ausf. *Pickenhahn*, Arbeitszeit von Wissensarbeitern, S. 285 ff.

1744 *Pickenhahn*, Arbeitszeit von Wissensarbeitern, S. 287, die im Folgenden auch die gegenüberstehenden Interessen im Kündigungsrecht (der Arbeitgeber will sich von Arbeitnehmern mit besonderer Vertrauensstellung schneller lösen können und die hochqualifizierten, gut verdienenden Arbeitnehmer brauchen u.U. länger für die Stellensuche) darlegt und bewertet.

1745 Vgl. *Pickenhahn*, Arbeitszeit von Wissensarbeitern, S. 288.

1746 *Pickenhahn*, Arbeitszeit von Wissensarbeitern, S. 289.

bb) Vereinbarkeit mit dem Unionsrecht

Letztlich bleibt noch die Betrachtung der Vereinbarkeit mit dem Unionsrecht. Insbesondere wird ein Verstoß gegen den durch die Richtlinie bezwecken Schutz der Sicherheit und Gesundheit der Arbeitnehmer geltend gemacht.[1747] Zu beachten ist jedoch, dass der Gesundheitsschutz der Richtlinie nicht absolut ist; sie gestattet selbst die Berücksichtigung einer gewissen Flexibilität, vgl. Erwägungsgrund 15, und die Abweichungen nach Artt. 17 ff. ArbZRL.[1748] Daher gibt es auch Stimmen, die sich für die Vereinbarkeit einer Anknüpfung an die Einkommensschwelle mit Art. 17 Abs. 1 ArbZRL aussprechen, denn erforderlich ist, im Grunde „lediglich" die Arbeitszeitautonomie der Arbeitnehmer. Während bspw. *Witschen* den Zusammenhang zwischen der Höhe der Vergütung und der Entscheidungsbefugnisse der Arbeitnehmer verneint,[1749] ist gerade dieser Aspekt wohl differenzierter zu betrachten.

Für die Festlegung einer Einkommensschwelle wurden verschiedene Anknüpfungspunkte genannt, die sich in der Höhe letztlich nicht unerheblich unterscheiden. Richtig ist es insoweit, wie *Pickenhahn* herausstellt, dass eine Einkommensschwelle die Anforderungen der Richtlinie an die Arbeitszeitautonomie der Arbeitnehmer erfüllen kann, sofern diese ab einer gewissen Entgelthöhe tatsächlich als gegeben angesehen werden kann.[1750] Eine Anknüpfung entsprechend niederländischem Vorbild an das Dreifache des Mindestlohns ist insofern nicht hinreichend – schon Neueinsteiger in Großkanzleien bspw. verdienen unter Umständen sogar fast das Doppelte,[1751] ohne jedoch in einer Weise über ihre Arbeitszeit bestimmen zu können, wie Art. 17 Abs. 1 ArbZRL es voraussetzt.[1752] Bei einer weit höher angesiedelten Einkommensschwelle wie dem

---

1747 *Jacobs*, NZA 2016, 733 (735); Franzen/Gallner/Oetker/*Gallner*, EuArbR, 4. Aufl. 2022, Art. 17 RL 2003/88/EG Rn. 4.

1748 Vgl. *Henssler/Lunk*, NZA 2016, 1425 (1428); *Thüsing/Rombey/Schippers*, NZA 2020, 480 (484); *Pickenhahn*, Arbeitszeit von Wissensarbeitern, S. 290.

1749 *Witschen*, Rahmenvorgaben und Flexibilisierungsspielräume im Arbeitszeitrecht, S. 123; vgl. auch *Jacobs*, NZA 2016, 733 (735); *Wiebauer*, NZA 2016, 1430 (1434); a.A. z.B. *Bauer/von Medem*, NZA 2013, 1233 (1238), die davon ausgehen, Spitzenverdiener könnten ihre Arbeitszeit weitgehend selbst bestimmen.

1750 *Pickenhahn*, Arbeitszeit von Wissensarbeitern, S. 290 f.

1751 Das Einstiegsgehalt zwischen 75.000 EUR und sogar 175.000 EUR, so *TalentRocket*, Gehalt in der Großkanzlei – Das verdienen Juristinnen und Juristen 2022, abrufbar unter: https://www.talentrocket.de/gehalt/gehalt-in-der-grosskanzlei--informationen, letzter Abruf: 17.9.2022.

1752 *Pickenhahn*, Arbeitszeit von Wissensarbeitern, S. 291 f. mit weiteren Bsp.

Dreifachen der Beitragsbemessungsgrenze nach § 159 SGB VI wäre die Vermutung der Arbeitszeitautonomie näherliegend und damit gerechtfertigt, würde aber wiederum nur einen sehr kleinen Teil an Arbeitnehmern umfassen, ohne die Bedürfnisse der Praxis[1753] hinreichend zu berücksichtigen.[1754]

Im Ergebnis ist es schwierig, festzumachen, ab welcher Einkommensgrenze (rechts-)sicher von der Erfüllung der Anforderungen an die Arbeitszeitautonomie auszugehen ist. Dafür sind auch die Unterschiede zwischen den Berufsbildern und der Vergütung in der Praxis zu groß. Festzuhalten ist aber, dass eine absolute Einkommensschwelle *per se* nicht gegen die Richtlinie verstößt, zumindest dann nicht, wenn sie hoch genug angesiedelt ist.[1755]

d) Ein hohes Einkommen hat Indizwirkung

Trotz der obigen Befunde ist die Anknüpfung an ein hohes Einkommen in § 18 ArbZG kein von vornherein aussichtsloses Unterfangen. Wie sich gezeigt hat, kann eine absolute Einkommensschwelle europarechtskonform sein, dies aber rechtssicher erst ab einer gewissen – sehr großen – Höhe, da nur dann die Arbeitszeitautonomie der Arbeitnehmer garantiert wird. Es bestätigt sich mithin die bereits vertretene Auffassung[1756], dass für die Herausnahme aus dem Arbeitszeitschutz über § 18 ArbZG (und Art. 17 Abs. 1 ArbZRL) ein gewisses Einkommen zumindest ein Indiz sein kann, dass die europarechtlich vorausgesetzte Arbeitszeitautonomie bei den betreffenden Arbeitnehmern vorliegt.[1757] Dem deutschen Gesetzgeber stehen, um das Überschreiten der Einkommensschwelle als Indiz im Gesetz zu verankern, verschiedene Anknüpfungspunkte zur Verfügung. Dabei wäre das Dreifache des Mindestlohns wohl zu niedrig angesetzt, wie oben dargelegt, und eine Orientierung an § 25 Abs. 5a KWG, der an die Beitragsbemessungsgrenze des § 159 SGB VI anknüpft, würde aufgrund der erforderlichen Entgelthöhe faktisch ins Leere laufen und so Belange

1753 S. erneut z.B. zum Berufsrecht angestellter Rechtsanwälte *Thüsing/Rombey/Schippers*, NZA 2020, 480 (482); *Willemsen/Oberthür*, NJW 2020, 1761 ff.; oder generell zu beratenden Berufen *Henssler/Lunk*, NZA 2016, 1425 (1428).

1754 *Pickenhahn*, Arbeitszeit von Wissensarbeitern, S. 293, für § 25a Abs. 5a KWG sei die Grenze hingegen angemessen, da in diesem spezifischen Bereich die Gehälter entsprechend hoch seien.

1755 Vgl. *Pickenhahn*, Arbeitszeit von Wissensarbeitern, S. 294.

1756 *Thüsing/Rombey/Schippers*, NZA 2020, 480 (488 f.).

1757 S. auch *Hanau, H.*, EuZA 2019, 423 (433); *Henssler/Lunk*, NZA 2016, 1425 (1429) lehnen zumindest „rein vergütungsbezogene Grenzen“ ab; *Pickenhahn*, Arbeitszeit von Wissensarbeitern, S. 294; wohl *Fischer*, FA 2017, 34 (37).

der Praxis missachten.[1758] Und auch an der Orientierung an § 18 SGB IV und der Zugrundelegung des dreifachen Satzes wird – auch unter Herausstellung des Vorteils, dass die Grenze das allgemeine Einkommensniveau berücksichtigt – ebenfalls die Höhe kritisiert, die in der Praxis wiederum viele selbstbestimmt arbeitende Arbeitnehmer nicht erfassen würde.[1759]

Überzeugender und sachgerechter ist somit eine Orientierung an dem Modell des französischen Gesetzgebers. Zur Erinnerung: Damit ein leitender Angestellter aus dem Anwendungsbereich der wesentlichen Arbeitszeitvorschriften herausgenommen wird, kommt es u.a. darauf an, dass er eine Vergütung erhält, die sich auf dem höchsten Niveau des in seinem Unternehmen oder seiner Einrichtung praktizierten Vergütungssystems bewegt. Die oben gemachten Ausführungen sowie die ausführliche Beschäftigung *Pickenhahns* mit der Frage, an welchen Betrag sinnvollerweise anzuknüpfen ist, machen bereits deutlich, dass es bei der Suche nach einer angemessenen Schwelle schwerfällt, einen bestimmten Wert für alle Arbeitnehmer mit Arbeitszeitautonomie zu finden. So wird es bei der Festlegung eines Werts immer Arbeitnehmer geben, die darunter liegen, aber Arbeitszeitautonomie genießen, oder aber Arbeitnehmer, die den Wert erreichen und sogar überschreiten, aber in Sachen Arbeitszeit nicht völlig frei von arbeitgeberseitigen Weisungen sind.[1760] Dem wird bereits in Teilen dadurch Abhilfe geschaffen, dass das Kriterium des „hohen" Verdienstes lediglich eines von mehreren sein sollte. Weil sich aber das Gehalt von Unternehmen zu Unternehmen für vergleichbare Positionen erheblich unterscheiden kann, sollte man weitergehen. Ein leitender Angestellter in einem kleineren Unternehmen wird wohl weniger verdienen als der in einem großen, finanzkräftigeren Unternehmen. Beide mögen jedoch in gleicher Weise frei über ihre Arbeitszeit entscheiden und unter den strengen Regelungen des Arbeitszeitrechts nicht frei agieren können. Sie haben also die gleichen Freiheiten sowie die gleichen Schwierigkeiten hinsichtlich der Vereinbarkeit ihrer Berufspflichten und den Arbeitsschutzvorgaben. Legte man die Voraussetzung des französischen Arbeitszeitrechts an, könnten beide gleichermaßen in sachgerechter Weise von bestimmten Regelungen befreit werden. Bei Zugrundelegung einer festen Grenze hingegen könnte das Indiz unter Umständen nur für einen der beiden greifen. Bei dem französischen

1758 Vgl. *Pickenhahn*, Arbeitszeit von Wissensarbeitern, S. 295 f.

1759 *Pickenhahn*, Arbeitszeit von Wissensarbeitern, S. 297.

1760 Vgl. auch *Freyler*, Arbeitszeit- und Urlaubsrecht im Mobile Office, S. 194 f., die ebenfalls davon ausgeht, dass pauschale Lösungen aufgrund der Unterschiede in Branchen und Unternehmen nicht passend seien.

Vorbild handelt es sich somit um eine für den Einzelfall passende Gestaltung. Hiermit könnte man sach- und interessengerechtere Ergebnisse erreichen.

3. *Sinnvolle Anpassungen des § 18 ArbZG*

Anpassungen des § 18 ArbZG, die die Richtlinie erlaubt, gibt es viele, und viele sind sinnvoll: Zunächst wäre es angeraten, den Verweis auf § 5 Abs. 3 BetrVG zu streichen. BetrVG und ArbZG haben verschiedene Schutzzwecke; der Begriff des leitenden Angestellten in § 5 Abs. 3 BetrVG wurde nicht mit Blick auf etwaige arbeitszeitrechtliche Besonderheiten geschaffen. Dem Arbeitszeitrecht einen eigenen Typus des leitenden Angestellten unter Aufnahme der zwingenden Vorgaben des Art. 17 Abs. 1 ArbZRL – also insbesondere Arbeitszeitautonomie – zugrunde zu legen, wäre eine sachgerechte Lösung. Frankreich macht es vor: Der leitende Angestellte, für den gewisse Arbeitszeitvorschriften keine Anwendung finden, wird in den arbeitszeitrechtlichen Vorschriften des CdT legaldefiniert. Eine Voraussetzung ist dabei die Vergütung auf einem bestimmten Niveau, orientiert am jeweiligen Unternehmen. Auch das ist, wie dargelegt, für den Einzelfall sachgerecht; man könnte dem Einkommen insofern zumindest Indizwirkung zuschreiben. Insgesamt könnte durch solche Anpassungen auch der Tatsache Rechnung getragen werden, dass für manche Arbeitnehmergruppen (bestimmte angestellte Rechtsanwälte, bestimmte Dienstleister) die Herausnahme aus dem Arbeitszeitrecht sogar als geboten betrachtet werden kann, vgl. auch das Beispiel der Wirtschaftsprüfer, § 45 WPO.[1761] Sofern man den entsprechenden Regelungsbedarf sieht, wäre es außerdem möglich, weitere Indizien für die Arbeitszeitautonomie im Sinne des Art. 17 Abs. 1 ArbZRL aufzunehmen. Unter Orientierung an der Regelung in Luxemburg könnte man in diesem Kontext über die Aufnahme von Arbeitnehmern nachdenken, die regelmäßig im Homeoffice oder Mobile Office arbeiten – die Arbeitszeitautonomie liegt bei solchen Arbeitnehmern näher.

1761 Dazu *Henssler*, FS Willemsen, S. 173 (176 ff.); *Henssler/Lunk*, NZA 2016, 1425 (1427); *Thüsing/Rombey/Schippers*, NZA 2020, 480 (487 f.); *Willemsen/Oberthür*, NJW 2020, 1761 (1766 f.) auch zu gleichheitsrechtlichen Erwägungen auch unter Verweis auf BAG, Beschl. v. 29.6.2011 – 7 ABR 5/10, NZA-RR 2011, 647.

G) Summa: ein gemischtes Bild im Europarecht und im nationalen Recht

Die grundlegenden Vorgaben der ArbZRL sind weitestgehend streng, da sie vornehmlich ihrem Hauptziel, der Sicherung von Gesundheitsschutz und Sicherheit der Arbeitnehmer, dienen. Dies belegt zunächst die Autonomie der Begriffe Arbeitszeit und Ruhezeit, die mitgliedstaatlicher Gestaltung entzogen sind und keine Zwischenkategorien zulassen. Durch die ruhezeitbezogene Konzeption der ArbZRL liegt ihr Schwerpunkt auf der Gewährung ausreichender Erholungszeiten für den Arbeitnehmer. Während die zentrale Regelung, die Gewährung der täglichen Ruhezeit, denkbar starr ausgestaltet ist, sind dafür die Vorgaben zu den Ruhepausen sowie zur wöchentlichen Ruhezeit bereits in der Grundvorgabe etwas lockerer angelegt. Die Höchstarbeitszeit ist wöchentlich ausgestaltet und kann mit längeren Bezugszeiträumen verknüpft werden, was ebenfalls Flexibilisierung verspricht. Um das strenge Reglement zu durchbrechen, kennt die ArbZRL überdies unterschiedliche Abweichungsmöglichkeiten. Angepasst an die verschiedenen mitgliedstaatlichen Regelungssysteme, bieten diese verschiedene Optionen, derer sich die Mitgliedstaaten bedienen können, um das nationale Arbeitszeitrecht zu flexibilisieren. In dieses System spielt die Rechtsprechung des EuGH, die weitestgehend unter dem Zeichen des Arbeitnehmerschutzes steht, um die Grundvorgaben auszugestalten und zu konkretisieren – dies lässt in einigen Punkten jedoch noch zu wünschen übrig. Daneben argumentiert der EuGH mit dem Arbeitnehmerschutz insbesondere dann, wenn es darum geht, die Ausnahmen der ArbZRL restriktiv auszulegen. Dies ist jedoch nicht nur zu begrüßen, sondern in bestimmtem Kontext auch zu kritisieren. Der EuGH bleibt sich dabei überdies nicht immer treu. So zeigt sich z.B. ein wertungsmäßiger Widerspruch der Rechtsprechungslinie zu Ausnahmen gegenüber der Rechtsprechung zu den Bezugszeiträumen bei der wöchentlichen Ruhezeit.

Das ArbZG als deutsche Umsetzung der ArbZRL, von vielen Stimmen in der Literatur als veraltet angesehen, ist ebenfalls streng ausgestaltet. Die Grundvorgaben der Richtlinie werden an sich zwar europarechtskonform umgesetzt. Dabei wird jedoch, so bspw. bei der Höchstarbeitszeit oder auch bei der wöchentlichen Ruhezeit (wenn auch verfassungsrechtlich mit guten Gründen vorgegeben), das Potential der Richtlinie nicht ausgeschöpft. Ähnlich sieht es außerdem bei den vorgesehenen Abweichungsoptionen aus, die teilweise hinter dem durch die ArbZRL Gestatteten zurückbleiben und somit ebenfalls nicht das volle Potential nutzen. Teilweise sind die Regelungen allerdings aufgrund bestehender Umsetzungsdefizite auch europarechtswidrig oder zumindest europarechtlich problematisch. Dass einige von ihnen in dieser Form bereits seit Jahren durch die Europäische Kommission unbeanstandet bestehen, ist dabei kein schlagendes Argument gegen ihre Anpassungsbedürftigkeit. Viele Fragen dürften sich spätestens bei Vorlage vor dem EuGH klären.

Der Vergleich mit anderen mitgliedstaatlichen Regelungen fördert ebenfalls verschiedene Befunde zu Tage. So ist auffällig, dass sich bspw. Großbritannien eng am Richtlinienwortlaut bewegt, insbesondere bei der Umsetzung der Ausnahmebestimmungen der ArbZRL. Dass dies keinesfalls eine richtlinienkonforme arbeitszeitrechtliche Handhabe in der Praxis garantiert, zeigt sich an dem Vergleich aber auch (zur Erinnerung: teilweise wird bzw. wurde z.B. die Rechtsprechung des EuGH durch die britischen Gerichte einfach ignoriert). Die meisten anderen in dieser Arbeit betrachteten mitgliedstaatlichen Regelungen sind nicht so eng am Richtlinienwortlaut orientiert, aber größtenteils gerade bei Umsetzung der Grundregelungen bemüht, deren Potential bestmöglich auszuschöpfen. Dies mag auch in der strengen Handhabung der Ausnahmebestimmungen auf europäischer Ebene begründet sein. Auffällig ist, dass viele Mitgliedstaaten ebenfalls europarechtlich problematische Regelungen vorsehen – in Österreich bspw. trotz jüngster Gesetzesänderungen, welche die Möglichkeit geboten hätten, Missstände zu bereinigen. Dass es auch ohne europarechtswidrige Vorschriften geht, hat sich vorliegend häufig am Beispiel Frankreichs gezeigt, dessen Regelungen auch unabhängig davon in einigen Teilen dem deutschen Gesetzgeber als Vorbild dienen könnten, da sie interessengerechte und angemessene Lösungen bieten.

§ 4 Gestaltungsspielräume der ArbZRL: Summa und Thesen

Auch die tiefergehende Betrachtung und Beschäftigung mit der ArbZRL und ihrer Umsetzung stützen das Offensichtliche: Der Hauptzweck der ArbZRL, umgesetzt durch die vorgegebenen Mindestgrenzen, ist der Arbeitnehmerschutz. Das ist bereits in ihrem weit zu verstehenden Anwendungsbereich sowie ihrer Rechtsgrundlage Art. 153 AEUV angelegt. Das Motiv zieht sich überdies durch alle ihre Regelungen sowie die Rechtsprechung des EuGH. Damit schlägt es sich zwangsläufig in den Umsetzungsakten der Mitgliedstaaten nieder. Zu berücksichtigen ist daneben aber auch, dass sich die ArbZRL der Flexibilisierung nicht verschließt, sondern sie vielmehr auch ermöglichen will. Das ist letztlich auch sachgerecht, da Flexibilisierung nicht mehr als reines Arbeitgeberinteresse im Gegensatz zum Arbeitnehmerinteresse an Sicherheit (Flexicurity) betrachtet werden kann – viele Arbeitnehmer streben ebenfalls nach flexibleren Gestaltungsoptionen hinsichtlich ihrer Arbeitszeit.

A) Summa

Erster Anknüpfungspunkt auf der Suche nach Gestaltungsfreiräumen war der Arbeitszeitbegriff der Richtlinie. Als autonomer Begriff des Unionsrechts lässt er jedoch keine Abweichungen zu – wo die mitgliedstaatliche Umsetzung differiert, ist es notwendig, sie mittels europarechtskonformer Auslegung an die europäische Vorgabe anzupassen. Letztlich ist nach dem europäischen Arbeitszeitbegriff das Vorliegen von Arbeitszeit in hohem Maße einzelfallabhängig, wie insbesondere die Rechtsprechung zu den verschiedenen Bereitschaftsformen verdeutlicht. In jüngerer Rechtsprechung zur Rufbereitschaft hat der EuGH das Gewicht verringert, das er bis dato der örtlichen Komponente zugeschrieben hat, und stellt auf eine Gesamtbeurteilung aller Einzelfallumstände ab. Der hierzu entwickelten Grundsätze kann man sich schließlich bedienen, um das Problem der ständigen unregulierten Erreichbarkeit für Belange des Arbeitgebers zu lösen: Dass bei solchen Zeiten Rufbereitschaft vorliegt, ist naheliegend und sachgerecht; dabei kommt es aber, da auch Rufbereitschaft arbeitsschutzrechtliche Pflichten auslöst, darauf an, ob der Arbeitgeber davon weiß, dass er seinen Arbeitnehmer auch während dessen Ruhezeit erreichen kann. Von Bereitschaftsdienst hingegen kann man nur dann ausgehen, wenn sich die Erreichbarkeit und Abrufe durch den Arbeitgeber in besonderem Maße verdichten.

Untersuchungsgegenstände im Kontext des Arbeitszeitbegriffs waren außerdem besondere Zeiten wie Umkleidezeiten, deren arbeitsschutzrechtliche Relevanz nicht überzubewerten ist, und Wege- und Reisezeiten. Unter Anlegung der durch den EuGH entwickelten Grundsätze, der sich zu Wege- und Reisezeiten im Speziellen bisher kaum geäußert hat, ließen sich auch hier adäquate rechtliche Lösungsansätze herausarbeiten. Zur Handhabung „passiver" Reisezeiten bietet außerdem das österreichische Recht eine sachgerechte Lösung: Da solche Zeiten den Arbeitnehmer trotz Entspannungsmöglichkeiten auch beanspruchen, wenn auch nicht im gleichen Maße wie Vollarbeit, werden hieran zwar die Grenzen der Arbeitszeit angelegt, dürfen aber in gewissem Maße überschritten werden. Ein wenig beachtetes arbeitszeitrechtliches Problem mögen daneben die privaten Tätigkeiten während der Arbeitszeit sein, bspw. durch Telefonate. Nach hier vertretener Auffassung unterbrechen diese die Arbeitszeit nur dann, wenn sie sich nicht mehr im Rahmen des Sozialadäquaten bewegen, was sich anhand eines Katalogs aufgestellter, in einer Einzelfallabwägung zu berücksichtigender Kriterien bestimmen lässt.

Die ArbZRL ist ruhezeitbezogen aufgebaut, sodass eine ihrer zentralen Regelungen die Vorgabe einer täglichen, elfstündigen, ununterbrochenen Ruhezeit innerhalb eines 24-Stunden-Zeitraums ist, welcher sich nach dem Arbeitseinsatz des jeweiligen Arbeitnehmers bestimmt. Ihre Lage ist in der Richtlinie selbst zwar nicht vorgegeben, lässt sich aber sachgerecht durch Übertragung der EuGH-Rechtsprechung zu Ausgleichsruhezeiten bestimmen – mithin muss die Ruhezeit unmittelbar an die vorangegangene Arbeitsperiode anschließen. Damit sind die Mindestvorgaben zur täglichen Ruhezeit denkbar streng, was ihre Relevanz im Schutzkonzept der ArbZRL hervorhebt und insoweit keine Freiräume bei der Umsetzung lässt. Dies hat dazu geführt, dass die mitgliedstaatliche Umsetzung sich in der Regel nah an der Mindestvorgabe bewegt – die meisten nationalen Ruhezeitregelungen sehen ebenfalls elf Stunden tägliche Ruhezeit vor, nur manche haben diese auf zwölf Stunden erhöht. Damit hängt auch zusammen, dass die durch die Abweichungsmöglichkeiten der ArbZRL gebotenen Gestaltungsspielräume nach EuGH-Rechtsprechung auf das unbedingt Erforderliche zu begrenzen, also restriktiv zu handhaben sind. Diese Ausnahmebestimmungen räumen dem nationalen Gesetzgeber u.a. die Möglichkeit ein, Dispositionsbefugnisse auf die Sozialpartner zu übertragen. Stark umstritten ist, ob auch Abweichungen durch die Betriebspartner möglich sind – letztlich steht das Europarecht dem wohl nicht entgegen. Klar ist außerdem, dass die Betriebspartner aufgrund ihrer Sachnähe in der Regel wohl passendere und sachgerechtere Regelungen einführen könnten als die Tarifvertragsparteien. Das deutsche System, das Abweichungen über die Betriebspartner nur dann zulässt, wenn ihnen die Befugnisse in einer konkreten tarifvertraglichen Regelung eröffnet werden, ist daher ein guter Kompromiss. Denn im deutschen Recht steht den Tarifverträgen eine Richtigkeitsgewähr zu, die in der sozialen Mächtigkeit der tariffähigen Gewerkschaften fußt und Betriebsvereinbarungen nicht innewohnt. Ob es über die tarifvertragliche Ermächtigung hinaus notwendig ist, den Betriebspartnern Befugnisse zuzuweisen, steht darüber hinaus zu bezweifeln. Schließlich muss jede Abweichung von der täglichen Ruhezeit mittels gleichwertiger Ausgleichsruhezeiten oder anderen angemessenen Schutzes ausgeglichen werden. Der EuGH versteht auch diese Anforderungen streng und hat sie in diesem Sinne ausgelegt. Insbesondere in dieser Hinsicht begegnen den Abweichungsmöglichkeiten des deutschen ArbZG europarechtliche Zweifel, da der unmittelbare Ausgleich dort nicht vorgesehen ist. Auch wohnt ihnen ohne europarechtskonforme Auslegung nicht der vom EuGH geforderte Ausnahmecharakter inne. Denkbare Gestaltungsoption für das deutsche Recht ist – neben erforderlichen Nachbesserungen zur Beseitigung europarechtswidriger Zustände – eine Erweiterung der Fallgruppen (eventuell nach britischem Vorbild); viel mehr geben die Richtlinienbestimmungen insoweit nicht her. Und: Das vieldiskutierte Problem der Unterbrechungen der Ruhezeit durch sog. Bagatelltätigkeiten lässt sich im bereits bestehenden Rechtsrahmen adäquat lösen. Es handelt sich bei diesen Unterbrechungen zwar um Arbeitszeit. Sie beeinträchtigen aber nicht immer den Schutzzweck des Arbeitszeitrechts, sondern können vom Arbeitnehmer auch als positiv empfunden werden – der Erholungszweck ist in solchen Fällen nicht beeinträchtigt. Dann ist eine teleologische Reduktion der Rechtsfolge, ein neuerliches Auslösen der vollständigen elfstündigen Ruhezeit, dahingehend vorzunehmen, dass sie nicht ausgelöst wird.

Gestaltungsspielräume lässt die ArbZRL bei der Ruhepausenregelung, die offen formuliert ist und wenig von den Mitgliedstaaten verlangt. Dies bestätigt sich auch in der Umsetzung der Mitgliedstaaten, wo die verschiedenen Regelungen sich häufig in ihren Details unterscheiden. Dabei ist aber festzustellen, dass wohl keine Regelung der anderen vorzugswürdig ist. So erfüllt auch die deutsche Regelung angemessen ihren Zweck.

Ein weiterer Gesichtspunkt, der auf der Suche nach Gestaltungsfreiräumen in den Blick genommen wurde, ist die wöchentliche Ruhezeit, die nach der Richtlinienvorgabe 24 Stunden pro Siebentageszeitraum zuzüglich einer täglichen Ruhezeit von elf Stunden beträgt. In der Richtlinienkonzeption an sich gibt es bereits große Gestaltungsspielräume, da der Ruhetag danach an jedem beliebigen Wochentag liegen darf. Darüber hinaus versteht der EuGH den Siebentageszeitraum als Bezugszeitraum – das heißt, dass der Ruhetag irgendwann in diesem Zeitraum liegen darf und nicht nach sechs Tagen gewährt werden muss – und ermöglicht es so, dass Arbeitnehmer zwölf Tage am Stück arbeiten können, um dann in den Genuss einer verdoppelten wöchentlichen Ruhezeit zu kommen. Diese Rechtsprechung ist vor dem Hintergrund, dass die Richtlinie außerdem die Möglichkeit vorsieht, den Bezugszeitraum zu verlängern und sowohl hiervon als auch von der Grundvorgabe abzuweichen, nicht ganz nachvollziehbar und kritikwürdig. Insgesamt kommt der Vorgabe zur wöchentlichen Ruhezeit in der europarechtlichen Konzeption nicht die gleiche Bedeutung zu wie der zur täglichen Ruhezeit. Recht weit dahinter zurück bleibt die deutsche Regelung, die eine feste Sonntagsruhe vorschreibt und insofern auch nur strenge Abweichungsoptionen vorsieht. Diesem Regelungssystem liegt jedoch eine verfassungsrechtliche Garantie zugrunde, die sicherstellt, dass der gemeinsame freie Tag, der große soziale wie gesellschaftliche Bedeutung hat, als Gewährleistung für die Ausübung verschiedener grundrechtlicher Freiheiten zur Verfügung steht. Damit steht Deutschland im europäischen Vergleich auch nicht alleine da. Viele (wenngleich nicht alle) Mitgliedstaaten sehen ebenfalls eine Sonntags- oder zumindest eine Wochenendruhe vor.

Große Flexibilisierungsspielräume finden sich schließlich bei der Höchstarbeitszeit. Betont wurde bereits mehrfach, dass entsprechend der europäischen Vorgabe die Implementierung einer wöchentlichen statt der täglichen Arbeitszeit im deutschen Recht möglich wäre, um die Verteilung der Arbeitszeit in der Woche an den jeweiligen Bedarf anzupassen. Einschränkend wäre es sinnvoll, z.B. im Wege einer Soll-Vorschrift, daneben weiterhin eine tägliche Höchstarbeitszeit vorzusehen, da Arbeitszeiten von mehr als acht Stunden täglich die Sicherheit und Gesundheit der Arbeitnehmer nachweislich beeinträchtigen. Auch bei der Höchstarbeitszeit kennt das Europarecht die Möglichkeit, Bezugszeiträume festzulegen und diese in gewissem Rahmen auch zu verlängern. Um dem Arbeitnehmerschutz Rechnung zu tragen, sind die Bezugszeiträume nach EuGH-Rechtsprechung gleitend zu berechnen, was bedeutet, dass von jedem Zeitpunkt innerhalb des Bezugszeitraum aus gerechnet die Höchstarbeitszeit einzuhalten ist. Dennoch steckt auch hier großes Potential, das der deutsche Gesetzgeber zu nutzen versucht hat. Dies ist jedoch teilweise nur in europarechtswidriger Weise erfolgt. Vorbild könnte das österreichische Modell sein, das großzügig von Durchrechnungszeiträumen Gebrauch macht. Auch diesem stehen jedoch europarechtliche Zweifel gegenüber. Schließlich kennt das europäische Arbeitszeitrecht die Opt-out-Möglichkeit, die es unter der Voraussetzung einer freiwilligen – vorherigen – Einwilligung des Arbeitnehmers erlaubt, die Regelung zur wöchentlichen Höchstarbeitszeit nicht anzuwenden. Grenze sind dabei die Ruhezeitregelungen, da eine Kombination verschiedener Abweichungsmöglichkeiten zwar denkbar, aber praktisch aufgrund der zu gewährenden Ausgleichsruhezeiten schwer umsetzbar ist. Damit die Freiwilligkeit beim Opt-out tatsächlich sichergestellt ist, muss der Arbeitnehmer seine Einwilligung hierein frei widerrufen dürfen. Zulässig ist die Verknüpfung des Widerrufs mit einer Frist, deren Länge sich maßgeblich nach den nationalen Gepflogenheiten richtet. Für das deutsche Recht wurde unter Berücksichtigung der arbeitgeberseitigen Interessen eine Widerrufsfrist von drei Monaten für angemessen gehalten, die somit halb so lang ist wie die aktuell vorgesehene. Darüber hinaus ist das Opt-out in Deutschland nur eingeschränkt umgesetzt, da es sich allein auf Tätigkeiten mit einem erheblichen Anteil an Arbeitsbereitschaft und Bereitschaftsdienst bezieht – eine Erweiterung ist hier gut denkbar. Interessant ist außerdem, dass dem Opt-out nicht der gleiche Ausnahmecharakter innewohnt wie den anderen Abweichungsvorgaben der Richtlinie. Insbesondere der Vergleich mit Großbritannien, wo es regelmäßig angewendet wird und als Vorbehalt neben der Regelung zur Höchstarbeitszeit steht, verdeutlicht dies. Letztlich kann ein Denkanstoß sein, dass manche Länder und Betriebe keine Verlängerung der Arbeitszeit anstreben, sondern mit einer Viertagewoche mit reduzierter Stundenanzahl experimentieren. Hierbei zeigte sich, dass die Produktivität der Arbeitnehmer effektiv sogar steigt, wenn sie weniger arbeiten müssen.

Zu guter Letzt: Insbesondere der Vergleich mit anderen Mitgliedstaaten verdeutlicht das Potential, das der Ausnahmemöglichkeit für autonome Arbeitnehmer innewohnt. Der deutsche Gesetzgeber hat bisher den Anwendungsbereich dieser Vorschrift eng gehalten, was auch an dem Verweis auf den betriebsverfassungsrechtlichen Begriff des leitenden Angestellten liegt. Daher wäre es sinnvoll, ähnlich dem französischen Recht, einen arbeitszeitrechtlich eigenen Typus des leitenden Angestellten zu schaffen. Damit wäre überdies sichergestellt, dass dieser auch die von der Richtlinie geforderte Arbeitszeitsouveränität genießt, die überhaupt notwendig ist, um die Herausnahme aus den arbeitszeitrechtlichen Kernvorschriften zu rechtfertigen. Ein Indiz könnte dabei auch der Verdienst des Arbeitnehmers darstellen. Mögliche Anknüpfungspunkte für eine Einkommensschwelle gibt es viele, aber auch hier mag der Blick nach Frankreich fruchtvoll sein, da es dort darauf ankommt, dass der betreffende Arbeitnehmer eine Vergütung auf dem höchsten Niveau des Entgeltsystems seines Unternehmens erhält – da die Gehälter leitender Angestellter je nach Größe des Unternehmens erheblich differieren können, wäre eine solche angepasste Schwelle sinnvoll und sachgerecht.

B) Thesen

Festhalten lassen sich die Ergebnisse der Arbeit in folgenden Thesen:

1. Das ArbZG ist reformbedürftig. Die Praxis ist ihm im Rahmen der durch die Digitalisierung geschaffenen Möglichkeiten bereits voraus. Es regelt die „begrenzte“ und nicht „entgrenzte“ Arbeit. Aber nicht alle neuartigen Problemstellungen sind für das ArbZG unlösbar.
2. Der europäische Arbeitszeitbegriff steht als autonomer Begriff des Unionsrechts einer Aufweichung oder Änderung im nationalen Recht entgegen. Jüngere Rechtsprechung des EuGH hat aber gezeigt, dass das Vorliegen von Arbeitszeit in hohem Maße einzelfallabhängig ist. Somit zeigt sich die europäische Vorgabe hier als flexibel und zu Weiterentwicklungen fähig.
3. Der deutsche Arbeitszeitbegriff ist nicht formal zu verstehen. Mithin sind reine Privattätigkeiten grundsätzlich keine Arbeitszeit. Ausnahmen sind vorzusehen, wenn es sich um sozialadäquate und angemessene Unterbrechungen der Arbeitszeit handelt, wobei maßgeblich der ausgeübte Beruf und die konkrete Beschäftigung sowie die Intensität, Häufigkeit und Dauer der Unterbrechungen im Einzelfall sind.
4. Das Problem der ständigen unregulierten Erreichbarkeit des Arbeitnehmers lässt sich mit Bekanntem lösen: Diese Zeiten sind dann als Rufbereitschaft einzuordnen, wenn der Arbeitgeber von dem Bereithalten weiß oder es sogar anordnet. In besonderen Fällen kann es sich auch zu Bereitschaftsdienst verdichten.
5. Die tägliche Ruhezeit nach der ArbZRL muss sich unter Übertragung der EuGH-Rechtsprechung zu den Ausgleichsruhezeiten direkt an den Arbeitseinsatz anschließen. Eine Übertragung der Rechtsprechung zur Lage der wöchentlichen Ruhezeit ist nicht sachgerecht und widerspricht dem Erholungszweck der täglichen Ruhezeit.
6. Während die Mindestvorgaben zur täglichen Ruhezeit streng sind, gestattet die Richtlinie verschiedene Ausnahmemöglichkeiten, die u.a. die Einbeziehung der Sozialpartner bei Gestaltung eines Abweichungsreglements ermöglichen. Dazu gehören auch die Betriebspartner. Die Voraussetzungen der Abweichungen sind aufgrund der Rechtsprechung des EuGH jedoch restriktiv auszulegen.
7. Im deutschen Recht ist eine Abweichung direkt durch die Betriebspartner nicht geboten. Diese können auf Grundlage tarifvertraglicher Öffnungsklauseln bereits Abweichungen vorsehen. Das ist ein guter Kompromiss zwischen dem Bedürfnis nach sachgerechten Systemen auf betrieblicher Ebene und

dem Schutz des Arbeitnehmers, der durch die Vereinbarungen auf tariflicher Ebene besser sichergestellt werden kann.

8. Gestaltungsoptionen verbleiben im Rahmen der täglichen Ruhezeit wenige. Im deutschen Recht möglich wäre aber eine tatbestandliche Erweiterung der Abweichungsmöglichkeiten, da die Richtlinie hier, insbesondere durch die in Art. 17 Abs. 3 ArbZRL genannten Tätigkeiten und Regelbeispiele, noch Optionen lässt, in denen der Richtliniengeber Abweichungen für notwendig hält.
9. Unterbrechungen der Ruhezeit durch geringfügige Bagatelltätigkeiten sind Arbeitszeit. Wenn der Erholungszweck der Ruhezeit hierdurch jedoch tatsächlich nicht beeinträchtigt wird, ist eine teleologische Reduktion dahingehend vorzunehmen, dass die Rechtsfolge der Unterbrechungen nicht ausgelöst wird und die elf Stunden Ruhezeit nicht von vorne anfangen.
10. Anpassungen der Ruhepausenregelung sind möglich, aber nicht notwendig.
11. Die ArbZRL lässt bei der Gestaltung der wöchentlichen Ruhezeit große Spielräume. Weder wird ein fester Wochentag vorgegeben, noch muss die Ruhezeit zwingend nach sechs Tagen gewährt werden. Durch die Möglichkeiten, längere Bezugszeiträume festzulegen und verschiedene Abweichungen vorzusehen, ist die europäische Rechtslage insoweit denkbar flexibel.
12. Diesen Spielraum kann der deutsche Gesetzgeber indes nicht ohne Verfassungsänderung nutzen. Die institutionelle Garantie der Sonn- und Feiertagsruhe steht dem entgegen. Lediglich unter strengen Voraussetzungen sind Einschränkungen der Sonntagsruhe möglich.
13. Die Festlegung einer wöchentlichen statt einer täglichen Höchstarbeitszeit ist nach europarechtlicher Konzeption möglich. Da Arbeitszeiten von mehr als acht Stunden täglich jedoch Gesundheitsrisiken bergen, wäre ein Kombinationsmodell – wie es in einigen Mitgliedstaaten üblich ist – sinnvoll.
14. Auch die Bezugszeitraumregelungen der Richtlinie lassen noch große Spielräume. Der deutsche Gesetzgeber bewegt sich in seinen Festlegungen bisher aber in europarechtswidrigem Rahmen.
15. Eine tarifliche Öffnungsklausel, wie sie die Ampelkoalition plant, stellt ein praktisches Mittel dar, die Höchstarbeitszeiten bedarfsgerecht auszugestalten und auf Ausnahmefälle reagieren zu können.
16. Den Freiraum, den die Opt-out-Regelung der Richtlinie lässt, hat der deutsche Gesetzgeber nicht vollständig ausgenutzt, da er sie im Anwendungsbereich beschränkt umgesetzt hat.
17. Da die Einwilligung in das Opt-out freiwillig sein muss, ist sie zwingend mit einer Widerrufsmöglichkeit zu versehen. Aus der Notwendigkeit organisatorischer Maßnahmen durch den Arbeitgeber bei Widerruf der

Einwilligung durch den Arbeitnehmer resultiert die Zulässigkeit einer Widerrufsfrist. Deren Länge bestimmt sich nach nationalen Gepflogenheiten. Im deutschen Recht ist sie nach hier vertretener Auffassung zu lang. Drei Monate, so bestätigt es der Vergleich mit anderen Regelungen, sind ausreichend.

18. Die Ausnahmemöglichkeit für autonome Arbeitnehmer enthält erhebliches Potential, das in einigen Fällen auch genutzt werden sollte, um berufsrechtlichen Anforderungen und der Praxis Rechnung zu tragen, was in den Grenzen des ArbZG teilweise schwierig oder gar unmöglich ist.
19. Denn der Anwendungsbereich des § 18 ArbZG ist mit dem Verweis auf den betriebsverfassungsrechtlichen Begriff des leitenden Angestellten bisher unnötig eng. Das französische Recht hingegen kennt eine arbeitszeitrechtliche Legaldefinition des leitenden Angestellten, die dessen Arbeitszeitautonomie voraussetzt – das trägt auch der europarechtlichen Vorgabe Rechnung. Dies sollte der Orientierung dienen.
20. Ein hohes Einkommen mag dabei ein Indiz für die Arbeitszeitautonomie darstellen. Dabei gibt es viele Rechengrößen, an die angeknüpft werden kann. Am sinnvollsten wäre indes eine flexible Grenze, die sich wie in Frankreich danach richtet, ob der leitende Angestellte in seinem Unternehmen zu den bestbezahlten Arbeitnehmern gehört.

Literaturverzeichnis

Rechtswissenschaftliche Literatur

Absenger, Nadine/Heidfeld, Birgit: Abbau des Kündigungsschutzes für Gutverdienende – ein verfassungsrechtlich bedenkliches und empirisch nicht notwendiges Koalitionsvorhaben, AuR 2018, S. 571–573.

Aldenhoff, Hans-Hermann: Abschaffung des Kündigungsschutzes für Spitzenverdiener, NZA 2010, S. 800–802.

Annuß, Georg: Plädoyer für ein zukunftsfähiges Arbeitsrecht, NZA 2017, S. 345–349.

Annuß, Georg/Thüsing, Gregor: Kommentar zum Teilzeit- und Befristungsgesetz, 3. Auflage, Frankfurt am Main 2012 (zit.: Annuß/Thüsing/*Bearbeiter*, TzBfG).

Anton, Günther: Geschichte der preußischen Fabrikgesetzgebung bis zu ihrer Aufnahme durch die Reichsgewerbeordnung, Neuausgabe, Berlin 1953 (zit.: *Anton*, Preußische Fabrikgesetzgebung).

Anzinger, Rudolf/Koberski, Wolfgang: Kommentar ArbZG, 5. Auflage, Frankfurt am Main 2020 (zit.: *Anzinger/Koberski*, ArbZG).

Anzinger, Rudolf: Das Arbeitszeitgesetz, in: *Anzinger, Rudolf/Wank, Rolf (Hrsg.)*: Entwicklungen im Arbeitsrecht und Arbeitsschutzrecht, Festschrift für Otfried Wlotzke zum 70. Geburtstag, München 1996, S. 427–444 (zit.: *Anzinger*, FS Wlotzke).

Auer-Mayer, Susanne/Felten, Elias/Pfeil, Walter: AZG Arbeitszeitgesetz, 4. Auflage, Wien 2019 (zit.: Auer-Mayer/Felten/Pfeil/*Bearbeiter*, AZG ÖR).

Auzero, Gilles/Baugard, Dirk/Dockès, Emmanuel: Droit du travail, 35. Auflage, Paris 2022 (zit.: *Auzero/Baugard/Dockès*, Droit du travail).

Baeck, Ulrich/Lösler, Annette: Neue Entwicklungen im Arbeitszeitrecht, NZA 2005, S. 247–250.

Baeck, Ulrich/Deutsch, Markus/Winzer, Thomas: Arbeitszeitgesetz Kommentar, 4. Auflage, München 2020 (zit.: *Baeck/Deutsch/Winzer*, ArbZG).

Baeck, Ulrich/Winzer, Thomas: Aktuelle Herausforderungen des Arbeitszeitrechts – betriebsnahe Vereinbarungen als Lösungsansatz – Ein Plädoyer für die Stärkung der Betriebsparteien in Arbeitszeitfragen, NZA 2020, S. 96–101.

Bauer, Jobst-Hubertus/Krieger, Steffen: Bereitschaftsdienst – (un-)geklärte Fragen zu Arbeitszeit und Vergütung, BB 2004, S. 549–551.

Bauer, Jobst-Hubertus/von Meden, Andreas: „One size fits all" – im Arbeitsrecht nicht angemessen, NZA 2013, S. 1233–1238.

Bayreuther, Frank: Arbeitszeit zwischen unionsrechtlicher Grundrechtecharta und Vertrag, RdA 2022, S. 290–303.

Bayreuther, Frank: Entwicklungslinien im Arbeitszeitrecht: Bereitschaftsdienst, Wege- und Umkleidezeiten, NZA 2021, S. 745–751.

Bayreuther, Frank: Urlaubsrecht – finalisiert, NZA 2019, S. 945–951.

Bayreuther, Frank: Mehr Flexibilität hinsichtlich des Arbeitsumfangs?, NZA-Beilage 2018, S. 103–108.

Bayreuther, Frank: Rufbereitschaft als Arbeitszeit?, NZA 2018, S. 348–351.

Bayreuther, Frank: Braucht es rechtliche Sonderregelungen für den unternehmerähnlichen Arbeitnehmer?, NZA 2013, S. 1238–1245.

Benkert, Daniel: Arbeit 4.0: Crowdworking als neue Form eines Arbeitsverhältnisses?, NJW-Spezial 2020, S. 178–179.

Bepler, Klaus: Null-Stunden-Verträge, FA 2016, S. 362–367.

Bettinghausen, Mina: Wann Umkleidezeit vergütungspflichtige Arbeitszeit ist – Ein Überblick der BAG-Rechtsprechung, BB 2019, S. 2613–2615.

Bieder, Marcus: Der Nullstundenvertrag – zulässiges Flexibilisierungsinstrument oder Wegbereiter für ein modernes Tagelöhnertum?, RdA 2015, S. 388–399.

Bissels, Alexander/Domke, Carsten/Wisskirchen, Gerlind: BlackBerry & Co.: Was ist heute Arbeitszeit?, DB 2010, S. 2052–2055.

Bissels, Alexander/Krings, Hannah: Dringend gebotene Reform des Arbeitszeitgesetzes – Neues wagen, NJW 2016, S. 3418–3422.

Bissels, Alexander/Meyer-Michaelis, Isabel: Arbeiten 4.0 – Arbeitsrechtliche Aspekte einer zeitlich-örtlichen Entgrenzung der Tätigkeit, DB 2015, S. 2331–2336.

Boemke, Burkhard: Fahrzeiten als Arbeitszeiten, RdA 2020, S. 65–74.

Böttcher, Mathis: Der Null-Stunden-Vertrag, Diss. Bielefeld 2020 (zit.: *Böttcher*, Der Null-Stunden-Vertrag).

Bradford, Sarah/Regan, Dominic (Hrsg.): Tolley's Employment Handbook, 28. Auflage, London 2014 (zit.: Tolley's Empl. HdB/*Bearbeiter*).

Brors, Christiane: Reform des Arbeitszeitgesetzes – Europäische Vorgaben zur Arbeitszeiterfassung und zum Arbeitnehmerdatenschutz, NZA 2020, S. 1685–1689.

Buschmann, Rudolf: Anmerkung zu EuGH, Urteil vom 11. April 2019 – C-254/18 – *Syndicat des cadres de la sécurité intérieure*, AuR 2019, S. 292–293.

Buschmann, Rudolf: Anmerkung zu EuGH, Urteil vom 23. Dezember 2015 – C-180/14 – *Kommission/Griechenland*, AuR 2016, S. 162–164.

Buschmann, Rudolf: Europäisches Arbeitszeitrecht, in: *Wolmerath, Martin/ Gallner, Inken/Krasshöfer, Horst-Dieter/Weyand, Joachim (Hrsg.)*: Recht – Politik – Geschichte, Festschrift für Franz Josef Düwell zum 65. Geburtstag, Baden-Baden 2011, S. 34–52 (zit.: *Buschmann*, FS Düwell).

Buschmann, Rudolf: Zum Gesetzesvorrang bei der betrieblichen Arbeitszeitgestaltung, in: *Kohte, Wolfhard/Dörner, Hans-Jürgen/Anzinger, Rudolf (Hrsg.)*: Arbeitsrecht im sozialen Dialog, Festschrift für Hellmut Wißmann zum 65. Geburtstag, München 2005, S. 251–274 (zit.: *Buschmann*, FS Wißmann).

Buschmann, Rudolf: Vorwärts Kameraden, es geht zurück! – Neue alte gesetzliche Regelungen ab 1.1.2004, AuR 2004, S. 1–5.

Buschmann, Rudolf/Ulber, Jürgen: Arbeitszeitrecht – Kompaktkommentar zum Arbeitszeitgesetz mit Nebengesetzen und Europäischem Recht, Frankfurt am Main 2019 (zit.: Buschmann/Ulber/*Bearbeiter*, ArbZR).

Calliess, Christian/Ruffert, Matthias: EUV/AEUV – Das Verfassungsrecht der Europäischen Union mit Europäischer Grundrechtecharta, 6. Auflage, München 2022 (zit.: Callies/Ruffert/*Bearbeiter*, EUV/AEUV).

Compensis, Ulrike: Vertrauensarbeitszeit – arbeitnehmerbestimmte Arbeitszeit (auch) im Arbeitgeberinteresse, NJW 2007, S. 3089–3093.

Däubler, Wolfgang: Arbeit außerhalb des ArbZG, in: *Deinert, Olaf/Heuschmid, Johannes/Kittner, Michael/Schmidt, Marlene (Hrsg.)*: Demokratisierung der Wirtschaft durch Arbeitsrecht, Festschrift für Thomas Klebe zum 70. Geburtstag, Frankfurt am Main 2018, S. 89–94 (zit.: *Däubler*, FS Klebe).

Däubler, Wolfgang: Herausforderungen für das Arbeitsrecht – Deregulierung, Globalisierung, Digitalisierung, AuR 2016, S. 325–334.

Däubler, Wolfgang: Arbeitnehmerähnliche Personen im Arbeits- und Sozialrecht und im EG-Recht, ZIAS 2000, S. 326–335.

Däubler, Wolfgang/Klebe, Thomas: Crowdwork: Die neue Form der Arbeit – Arbeitgeber auf der Flucht?, NZA 2015, S. 1032–1041.

Dobberahn, Peter: Das neue Arbeitszeitgesetz in der Praxis – Grundregeln und Rechtsquellen des Arbeitszeitrechts, 2. Auflage, München 1996 (zit.: *Dobberahn*, Das neue ArbZG in der Praxis).

Dudenredaktion (Hrsg.): Duden – Die deutsche Rechtschreibung, 28. Aufl. Berlin 2020 (zit.: *Duden*).

Düwell, Franz-Josef: 150 Jahre gesetzliches Verbot der Kinderarbeit in Deutschland, AuR 1989, S. 233–248.

Erasmy, Walter: Ausgewählte Rechtsfragen zum neuen Arbeitszeitrecht (II), NZA 1995, S. 97–103.

Erbs, Georg (Begr.)/Kohlhaas, Max (vorm. Hrsg.)/Häberle, Peter (Hrsg.): Strafrechtliche Nebengesetze, 234. Ergänzungslieferung, München, Januar 2021 (zit.: Erbs/Kohlhaas/*Bearbeiter*, StrafR NebenG).

Falder, Roland: Immer erreichbar – Arbeitszeit- und Urlaubsrecht in Zeiten des technologischen Wandels, NZA 2010, S. 1150–1157.

Fink, Benedikt: Schnelltests und 3G-Kontrolle als Arbeitszeit?, NZA 2022, S. 1–4.

Fischer, Ulrich: Spitzenverdiener im arbeitsrechtlichen Schutzraum, FA 2017, S. 34–37.

Fitting, Karl (Begr.): Betriebsverfassungsgesetz Handkommentar, 31. Auflage, München 2022 (zit.: *Fitting*, BetrVG).

Forst, Gerrit: GmbH-Fremdgeschäftsführer als Arbeitnehmer im Sinne des Unionsrechts, EuZW 2015, S. 664–667.

Forst, Gerrit: Null-Stunden-Verträge, NZA 2014, S. 998–1002.

Franzen, Martin: Die Rechtsprechung des Europäischen Gerichtshofs im Arbeitsrecht im Jahr 2021, EuZA 2022, S. 186–210.

Franzen, Martin: Umkleidezeiten und Arbeitszeit, NZA 2016, S. 136–140.

Franzen, Martin: Überlegungen zur geplanten Revision der Arbeitszeitrichtlinie, ZESAR 2015, S. 407–413.

Franzen, Martin/Gallner, Inken/Oetker, Hartmut (Hrsg.): Kommentar zum europäischen Arbeitsrecht, 4. Auflage, München 2022 (zit.: Franzen/Gallner/Oetker/*Bearbeiter*, EuArbR).

Franzen, Martin/Roth, Christian: Die Rechtsprechung des Europäischen Gerichtshofs im Arbeitsrecht im Jahr 2019, EuZA 2020, S. 176–206.

Franzen, Martin/Roth, Christian: Die Rechtsprechung des Europäischen Gerichtshofs im Arbeitsrecht im Jahr 2018, EuZA 2019, S. 143–193.

Freyler, Carmen: Die Rufbereitschaft zwischen Arbeitszeit und Ruhezeit: (Neue?) Kriterien für eine Gesamtwürdigung – Urteile des Europäischen Gerichtshofs vom 10.3.2021 – C-580/19 und C-344/19 – Rechtssachen Stadt Offenbach am Main und Radiotelevizija Slovenija, EuZA 2021, S. 336–345.

Freyler, Carmen: Arbeitszeit- und Urlaubsrecht im Mobile Office – Eine Untersuchung der Flexibilität des Arbeitsrechts hinsichtlich technischer Entwicklungen, Diss. Augsburg 2017 (zit.: *Freyler*, Arbeitszeit- und Urlaubsrecht im Mobile Office).

Fuhlrott, Michael/Fischer, Katharina: Arbeitsrecht und Corona 2.0 – Weitere gesetzliche Änderungen, NZA 2020, S. 409–413.

Fuhlrott, Michael/Fischer, Katharina: Corona: Virale Anpassungen des Arbeitsrechts, NZA 2020, S. 345–350.

Fuhlrott, Michael: Unionsrechtliche Vorgaben zur Arbeitszeiteinstufung, ArbRAktuell 2021, S. 173–176.

Gaul, Björn: Leistungsdruck, psychische Belastung & Stress – Arbeitsrechtliche Handlungserfordernisse, DB 2013, S. 60–65.

Geiblinger, Michael: Anmerkung zu EuGH, Urteil vom 11. April 2019 – C-254/18 – *Syndicat des cadres de la sécurité intérieure*, ZESAR 2019, S. 438–445.

Giesen, Richard: Arbeits- und Ruhezeiten in der digitalisierten Arbeitswelt, in: *Giesen, Richard/Junker, Abbo/Rieble, Volker (Hrsg.)*: Arbeitszeitmodelle der Zukunft, 15. ZAAR-Kongress, München, 4. Mai 2018, S. 15–42 (zit.: *Giesen*, Arbeitszeitmodelle der Zukunft).

Giesen, Richard/Kersten, Jens: Arbeit 4.0 – Arbeitsbeziehungen und Arbeitsrecht in der digitalen Welt, München 2018 (zit.: *Giesen/Kersten*, Arbeit 4.0).

Giesen, Richard/Kersten, Jens: Arbeiten im Privaten und Privatisieren am Arbeitsplatz – Verflechtung und Entflechtung von Lebenssphären in der digitalisierten Arbeitswelt –, DB 2017, S. 2865–2867.

Grabitz, Eberhard (Begr.)/Hilf, Meinhard/Nettesheim, Martin (Hrsg.): Das Recht der Europäischen Union, 70. Ergänzungslieferung, München, Mai 2020 (zit.: Grabitz/Hilf/Nettesheim/*Bearbeiter*, EU-Recht).

Grau, Timon/Kruppa, Sophie: Die arbeitsrechtliche Agenda der neuen Bundesregierung – Entwicklungen im Arbeitsrecht nach dem Koalitionsvertrag von SPD, Grüne und FDP, RdA 2022, S. 73–85.

Greif, Stefan: Fahrzeit Wohnort – Kunde gleich Arbeitszeit, EuZA 2016, S. 337–347.

Greiner, Stefan: Änderung des Arbeitszeitgesetzes, Erlass einer COVID-19-Arbeitszeitverordnung, NZS 2020, S. 338–339.

Greiner, Stefan: Institutioneller Schutz und individueller Freiraum – Die Novellierung der Sonn- und Feiertagsarbeit nach dem Urteil des BVerwG vom 26.11.2014, ZfA 2015, S. 469–514.

Gsell, Beate: Zivilrechtsanwendung im Europäischen Mehrebenensystem, AcP 214 [2014], S. 99–150.

Günther, Jens/Böglmüller, Matthias: Arbeitsrecht 4.0 – Arbeitsrechtliche Herausforderungen in der vierten industriellen Revolution, NZA 2015, S. 1025–1031.

Hahn, Claudia: Flexible Arbeitszeit – Der rechtliche Entscheidungsrahmen zur Variabilisierung von Dauer, Lage und Verteilung der betrieblichen Arbeitszeit, Diss. Saarbrücken 2009 (zit.: *Hahn*, Flexible Arbeitszeit).

Hahn, Frank/Pfeiffer, Gerhard/Schubert, Jens (Hrsg.): Arbeitszeitrecht Handkommentar, 2. Auflage, Baden-Baden 2018 (zit.: HK-ArbZR/*Bearbeiter*).

Hanau, Hans: Zum Flexibilisierungspotenzial der Arbeitszeitrichtlinie, EuZA 2019, S. 423–440.

Hanau, Hans: Schöne digitale Arbeitswelt?, NJW 2016, S. 2613–2617.

Hartmann, Felix: Die arbeitsrechtliche Rechtsprechung des Europäischen Gerichtshofs im zweiten Halbjahr 2015 und im Jahr 2016, EuZA 2017, S. 153–193.

Haußmann, Katrin: Arbeit 4.0. – Update Arbeitsrecht?!, RdA 2019, S. 131–134.

Heins, Claudia/Leder, Tobias: Die arbeitsrechtliche Behandlung von Wegezeiten bei Dienstreisen, NZA 2007, S. 249–250.

Henssler, Martin: Die Reform des Arbeitszeitrechts – Herausforderung der 19. Legislaturperiode, in: *Henssler, Martin/Gallner, Inken/Reufels, Martin/Eckhoff, Frank (Hrsg.)*: Dynamisches Recht. Herausforderungen im Arbeitsrecht, Gesellschaftsrecht und Insolvenzrecht, Festschrift für Wilhelm Moll zum 70. Geburtstag, München 2019, S. 233–250 (zit.: *Henssler*, FS Moll).

Henssler, Martin: Die Einordnung der Mitarbeiter von Anwaltskanzleien als leitende Angestellte, in: *Bepler, Klaus/Hohenstatt, Klaus-Stefan/Preis, Ulrich/Schunder, Achim (Hrsg.)*: Arbeitsrecht bei Änderung der Unternehmensstruktur, Festschrift für Heinz Josef Willemsen zum 65. Geburtstag, München 2018, S. 173–185 (zit.: *Henssler*, FS Willemsen).

Henssler, Martin: 1. Deutscher Arbeitsrechtstag – Generalbericht, NZA-Beilage 2014, S. 95–104.

Henssler, Martin/Braun, Axel (Hrsg.): Arbeitsrecht in Europa, 3. Auflage, Köln 2011 (zit.: Henssler/Braun/*Bearbeiter*, ArbR in Europa).

Henssler, Martin/Lunk, Stefan: Leitende Angestellte und das Arbeitszeitrecht – Betrachtungen de lege lata und de lege ferenda, NZA 2016, S. 1425–1430.

Henssler, Martin/Pant, Benjamin: Europäisierter Arbeitnehmerbegriff – Regulierung der typischen und atypischen Beschäftigung in Deutschland und der Union –, RdA 2019, S. 321–332.

Henssler, Martin/Preis, Ulrich: Diskussionsentwurf eines Arbeitsvertragsgesetzes (ArbVG) – Stand: November 2007, NZA-Beilage 2007, S. 6–32.

Henssler, Martin/Willemsen, Heinz Josef/Kalb, Heinz-Jürgen (Hrsg.): Arbeitsrecht Kommentar, 10. Auflage, Köln 2022 (zit.: HWK/*Bearbeiter*).

Herms, Sascha: „Verlängerung der wöchentlichen Arbeitszeit auf über 48 Stunden zulässig" – Kommentar zu BAG, Urteil vom 23. Juni 2010 – 10 AZR 543/09, BB 2011, S. 506–510.

Heuschmid, Johannes/Hlava, Daniel: Verfahren vor dem EuGH, NZA 2017, S. 1312–1322.

Hlava, Daniel/Höller, Johannes/Klengel, Ernesto: Verfahren vor dem EuGH, NZA 2021, S. 1385–1392.

Hlava, Daniel/Höller, Johannes: Verfahren vor dem EuGH, NZA 2019, S. 368–376.

Höpfner, Clemens/Daum, Jan: Die Pflicht des Arbeitgebers zur Erfassung der Arbeitszeit, RdA 2019, S. 270–280.

Jacobs, Matthias: Reformbedarf im Arbeitszeitrecht? Wenn schon, denn schon …, ZfA 2019, S. 265–268.

Jacobs, Matthias: Reformbedarf im Arbeitszeitrecht, NZA 2016, S. 733–737.

Jarass, Hans/Kment, Martin: Grundgesetz für die Bundesrepublik Deutschland, 17. Auflage, München 2022 (zit.: Jarass/Pieroth/*Bearbeiter*, GG).

Junker, Abbo: Flexibilisierung der Arbeitszeit und Arbeitszeitrichtlinie, in: *Giesen, Richard/Junker, Abbo/Rieble, Volker (Hrsg.)*: Arbeitszeitmodelle der Zukunft, 15. ZAAR-Kongress, München, 4. Mai 2018, S. 99–122 (zit.: *Junker*, Arbeitszeitmodelle der Zukunft).

Junker, Abbo: Brennpunkte des Arbeitszeitgesetzes, ZfA 1998, S. 105–130.

Karthaus, Boris: Wahlarbeitszeitgesetz – Flexibilität am Küchentisch?, AuR 2017, S. 154–156.

Kaufhold, Karl Heinrich: 150 Jahre Arbeitsschutz in Deutschland: Das preußische Regulativ von 1839 und die weitere Entwicklung bis 1914, AuR 1989, S. 225–232.

Kiel, Heinrich/Lunk, Stefan/Oetker, Hartmut (Hrsg.): Münchener Handbuch zum Arbeitsrecht, 5. Auflage, München 2021/22 (zit.: MHdB ArbR/*Bearbeiter*).

Klein, Christoph: Die Neudefinition des „Leitenden Angestellten“ im Arbeitszeitrecht, in: *Kietaibl, Christoph/Mosler, Rudolf/Pačić, Harun (Hrsg.)*: Gedenkschrift Robert Rebhahn, Wien 2019, S. 231–245 (zit.: *Klein*, GS Rebhahn).

Klein, Christoph: Die österreichische Arbeitszeitrechtsnovelle 2018, AuR 2019, S. 305–310.

Klein, Thomas: Flexible Arbeitsregelungen zur Förderung der Vereinbarkeit von Familien- und Berufsleben und die Grenzen des Arbeitszeitrechts, NZA 2021, S. 474–479.

Kleinebrink, Wolfgang: Die richtige Handhabung von Ruhepausen in der betrieblichen Praxis – Arbeits- und arbeitsschutzrechtliche Bedeutung von Ruhepausen im Licht der aktuellen Rechtsprechung –, DB 2015, S. 2023–2027.

Klemm, Bernd: Lebensarbeitszeitkonten – ein Modell für die Zukunft, NZA 2006, S. 946–952.

Klocke, Daniel: Zur wöchentlichen Höchstarbeitszeit – Anmerkung zu EuGH, Urteil vom 8. November 2017 – C-306/16 – *Maio Marques da Rosa*, AuR 2018, S. 143–144.

Kocher, Eva: Bereitschaftszeit und Rufbereitschaft: eine europarechtliche Dogmatik – Anmerkung zu EuGH v. 9.3.2021 – C-344/19 (D. J./Radiotelevizija Slovenija) und C-580/19 (RJ/Stadt Offenbach am Main), RdA 2022, S. 50–55.

Köhlert, Sophie: Überblick über die arbeitsrechtliche Rechtsprechung des EuGH im Jahre 2017, NZA-RR, S. 113–122.

Kohte, Wolfhard: Arbeitszeitschutz – ein System kontrollierter und begrenzter Flexibilität, AuR 2019, S. 402–406.

Kohte, Wolfhard: Arbeitsschutz in der digitalen Arbeitswelt, NZA 2015, S. 1417–1424.

Kohte, Wolfhard: Arbeitszeitüberschreitung durch Objektleiter von Gebäudereinigungsunternehmen – Anmerkung zu VG München, Urt. v. 19.3.2012 – M 16 K 11.4058, jurisPR-ArbR 15/2013 Anmerkung 6.

Kohte, Wolfhard: Tarifdispositives Arbeitszeitrecht – zwischen respektierter Tarifautonomie und eingeschränktem Gestaltungsspielraum, in: *Creutzfeldt, Malte/Hanau, Peter/Thüsing, Gregor/Wißmann, Hellmut (Hrsg.)*: Arbeitsgerichtsbarkeit und Wissenschaft, Festschrift für Klaus Bepler zum 65. Geburtstag, München 2012, S. 287–301 (zit.: *Kohte*, FS Bepler).

Kohte, Wolfhard: Der Beitrag der Betriebsverfassung zur Realisierung des Arbeitszeitrechts, in: *Kohte, Wolfhard/Dörner, Hans-Jürgen/Anzinger, Rudolf (Hrsg.)*: Arbeitsrecht im sozialen Dialog, Festschrift für Hellmut Wißmann zum 65. Geburtstag, München 2005, S. 331–346 (zit.: *Kohte*, FS Wißmann).

Kolbe, Sebastian: Das Arbeitszeitrecht – aus der Zeit gefallen?, ZfA 2021, S. 216–230.

Krause, Rüdiger: Arbeit anytime? Arbeitszeitrecht für die digitale Arbeitswelt, NZA-Beilage 2019, S. 86–95.

Krause, Rüdiger: Herausforderung Digitalisierung der Arbeitswelt und Arbeiten 4.0, NZA-Beilage 2017, S. 53–59.

Krause, Rüdiger: Digitalisierung der Arbeitswelt – Herausforderungen und Regelungsbedarf, NZA 2016, S. 1004–1007.

Krause, Rüdiger: Gutachten B zum 71. Deutschen Juristentag: Digitalisierung der Arbeitswelt – Herausforderungen und Regelungsbedarf, Essen 2016 (zit.: *Krause*, Gutachten 71. DJT).

Kreft, Burghard: Arbeitszeit, AuR 2018, S. 56–67.

Krieger, Steffen/Rudnik, Tanja/Povedano Peramato, Alberto: Homeoffice und Mobile Office in der Corona-Krise, NZA 2020, S. 473–480.

Krimphove, Dieter: Arbeitsrechtliche Rechtsprechung des EuGH im Jahr 2019, ArbRAktuell 2020, S. 1–4.

Krimphove, Dieter: Der Fall Matzak – Europäische Definitions-Prärogative arbeitsrechtlicher Begriffe?, ArbRAktuell 2018, S. 137–139.

Krimphove, Dieter: Neue Arbeitszeitrechtsprechung für familienadäquate Erziehungs- und Betreuungstätigkeit, NZA 2017, S. 1374–1376.

Kuhr, Helmut: Die Sonntagsruhe im Arbeitszeitgesetz aus verfassungsrechtlicher Sicht, DB 1994, S. 2186–2189.

Küttner, Wolfdieter (Begr.)/Röller, Jürgen (Hrsg.): Personalbuch 2020 – Arbeitsrecht – Lohnsteuerrecht – Sozialversicherungsrecht, 29. Auflage, München 2022 (zit.: Küttner/*Bearbeiter*, Personalbuch).

Lang, Frank: Verlängerung der Arbeitszeit, SPA 2018, S. 49–50.

Larenz, Karl: Methodenlehre der Rechtswissenschaft, 6. Auflage, Berlin 1991 (zit.: *Larenz*, Methodenlehre).

Latzel, Clemens: Primärrechtliche Effektuierung der Arbeitszeitgrenzen – Anmerkung zu EuGH, Urt. v. 14.5.2019 – C-55/18 – *CCOO*, EuZA 2019, S. 469–481.

Lausberg, Anja: Innovative Vergütungsformen, in: *Baker McKenzie (Hrsg.)*: Arbeitswelt 4.0, Berlin 2017, S. 43–60, Berlin 2017 (zit.: *Lausberg*, Arbeitswelt 4.0).

Leist, Dominik: Anmerkung zu EuGH, Urteil v. 8. November 2017 – C-306/16 – *Maio Marques da Rosa*, ZESAR 2018, S. 333–341.

Link, Lara/Kern, Lena: Arbeitszeitflexibilisierung in der „Arbeitswelt 4.0", in: *Baker McKenzie (Hrsg.)*: Arbeitswelt 4.0, Berlin 2017, S. 81–100 (zit.: *Link/Kern*, Arbeitswelt 4.0).

Lipinski, Wolfgang/Domni, Katharina: EuGH: Wöchentlicher Pflichtruhetag muss nicht zwingend am siebten Tag gewährt werden, DB 2017, S. 3077.

Löwisch, Manfred/Rieble, Volker: Tarifvertragsgesetz, 4. Auflage, München 2017 (zit.: *Löwisch/Rieble*, TVG).

Lunk, Stefan: Die arbeitszeitrechtliche Behandlung von Dienstreisen, NZA 2022, S. 881–888.

Lützen, Christoph: Wie viele Stunden dürfen in einer Fünf-Tage-Woche gearbeitet werden?, NZA 2021, S. 682–684.

Maier, Natalie: Freie Arbeitszeiteinteilung von Wissensarbeitern – Selbstbestimmung oder Ausbeutung? – Ein Lösungsvorschlag für einen neuen Umgang mit der Ruhezeitenregelung des § 5 Abs. 1 ArbZG –, DB 2016, S. 2723–2728.

Meler, Julia: Wann sind inaktive Zeiten der Rufbereitschaft Arbeitszeit?, SPA 2021, S. 121.

Müller-Glöge, Rudi/Preis, Ulrich/Schmidt, Ingrid (Hrsg.): Erfurter Kommentar zum Arbeitsrecht, 22. Auflage, München 2022 (zit.: ErfK/*Bearbeiter*).

N.N.: Frankreich: Umkleidezeiten sind grundsätzlich keine Arbeitszeit – Cour de cassation, Chambre sociale (Cass. soc.), 28.10.2009, Revue de Jurisprudence Sociale (RJS) 2010, Nr. 48 (Cité des sciences et de l'industrie c/Laurier), EuZA 2010, S. 421.

Neumann, Dirk/Biebl, Josef: Arbeitszeitgesetz, 16. Auflage, München 2013 (zit.: *Neumann/Biebl*, ArbZG).

Oberthür, Nathalie: Arbeitszeiterfassung à la EuGH – ein Weckruf mit Potential?, MDR 2019, S. 1029–1032.

Oberthür, Nathalie: Die Arbeitssicherheit im Mobile Office, NZA 2013, S. 246–249.

Oetker, Hartmut/Preis, Ulrich (Hrsg.): Europäisches Arbeits- und Sozialrecht – EAS, 215. Ergänzungslieferung, Heidelberg November 2019 (zit.: EAS/*Bearbeiter*).

Pechstein, Matthias/Nowak, Carsten/Häde, Ulrich: Frankfurter Kommentar zu EUV, GRC und AEUV, 1. Auflage, Tübingen 2017 (zit.: Frankfurter Kommentar/*Bearbeiter*).

Peskine, Elsa/Wolmark, Cyril: Droit du travail 2021, 15. Auflage, Paris 2022 (zit.: *Peskine/Wolmark*, Droit du travail).

Pickenhahn, Christiane: Unionsrechtliche Gestaltungsspielräume für die Arbeitszeit von Wissensarbeitern, Diss. Köln 2020 (zit.: *Pickenhahn*, Arbeitszeit von Wissensarbeitern).

Pingen, Lena: Arbeitszeit und Arbeitszeiterfassung, Diss. Bonn 2020 (zit.: *Pingen*, Arbeitszeit und Arbeitszeiterfassung).

Preis, Ulrich: Von der Antike zur digitalen Arbeitswelt – Herkunft, Gegenwart und Zukunft des Arbeitsrechts?, RdA 2019, S. 75–88.

Preis, Ulrich: Flexicurity und Abrufarbeit – Flexible Arbeitsvertragsgestaltung zwischen 0 und 260 Stunden?, RdA 2015, S. 244–248.

Preis, Ulrich/Sagan, Adam (Hrsg.): Europäisches Arbeitsrecht 2. Auflage, Köln 2019 (zit.: Preis/Sagan/*Bearbeiter*, EuArbR).

Preis, Ulrich/Ulber, Daniel: Fußtritte für das deutsche Arbeitszeitrecht?, ZESAR 2011, S. 147–156.

Raif, Alexander/Nann, Philipp: Arbeitsrecht 4.0 – Möglichkeiten und Hürden in der digitalen Arbeitswelt, GWR 2016, S. 221–224.

Rebhahn, Robert: Arbeitszeitrecht zeigt Strukturprobleme des Unionsrechts auf, EuZA 2013, S. 297–298.

Rebhahn, Robert: Arbeitnehmerähnliche Personen – Rechtsvergleich und Regelungsperspektive, RdA 2009, S. 236–254.

Rebhahn, Robert: Der Arbeitnehmerbegriff in vergleichender Perspektive, RdA 2009, S. 154–175.

Reim, Uwe: Die Neuregelungen im Arbeitszeitgesetz zum 1.1.2004, DB 2004, S. 186–190.

Reinhard, André: Pflicht zur Arbeitszeiterfassung und Arbeit 4.0 – Wird die Flexibilität abgeschafft oder unbezahlbar?, NZA 2019, S. 1313–1319.

Richardi, Reinhard (Hrsg.): Betriebsverfassungsgesetz mit Wahlordnung, 17. Auflage, München 2022 (zit.: Richardi/*Bearbeiter*, BetrVG).

Richter, Tim: Flexibilisierung der Arbeitszeit durch Arbeitszeitkonten – Möglichkeiten und Grenzen, ArbRAktuell 2018, S. 241–244.

Ricken, Oliver: Arbeit im Sinne des Arbeitszeitrechts – Wann liegt bei welcher Tätigkeit Arbeitszeit vor? –, DB 2016, S. 1255–1260.

Riesenhuber, Karl (Hrsg.): Europäische Methodenlehre – Handbuch für Ausbildung und Praxis, 4. Auflage, Berlin/München/Boston 2021 (zit.: Riesenhuber/*Bearbeiter*, Methodenlehre).

Risak, Martin: Die Neudefinition des „Leitenden Angestellten" im Arbeitszeitrecht, in: *Kietaibl, Christoph/Mosler, Rudolf/Pačić, Harun (Hrsg.)*: Gedenkschrift Robert Rebhahn, Wien 2019, S. 515–525 (zit.: *Risak*, GS Rebhahn).

Ritschel, Andrea/Weber, Christian: Arbeitszeitsouveränität für wissenschaftliche Beschäftigte an deutschen Hochschulen – Chancen und Risiken für eine familienfreundliche Arbeitszeitgestaltung unter Berücksichtigung des Arbeitsschutzrechts, in: *Faber, Ulrich/Feldhoff, Kerstin/Nebe, Katja/Schmidt, Kristina/Waßer, Ursula (Hrsg.)*: Gesellschaftliche Bewegungen – Recht unter Beobachtung und in Aktion, Festschrift für Wolfhard Kohte, Baden-Baden 2016, S. 163–183 (zit.: *Ritschel/Weber*, FS Kohte).

Roggendorff, Peter: Arbeitszeitgesetz, 1. Auflage, München 1994 (zit.: *Roggendorff*, ArbZG).

Rolfs, Christian/Giesen, Richard/Kreikebohm, Ralf/Udsching, Peter (Hrsg.): Beck'scher Online-Kommentar Arbeitsrecht, 64. Edition, München 2022 (zit.: BeckOK ArbR/*Bearbeiter*).

Rolfs, Christian/Giesen, Richard/Meßling, Miriam/Udsching, Peter (Hrsg.): Beck'scher Online-Kommentar Sozialrecht, 64. Edition, München 2022 (zit.: BeckOK SozR/*Bearbeiter*).

Säcker, Franz Jürgen/Rixecker, Roland/Oetker, Hartmut/Limperg, Bettina (Hrsg.): Münchener Kommentar zum Bürgerlichen Gesetzbuch, 8. Auflage, München 2020 (zit.: MüKo BGB/*Bearbeiter*).

Sagan, Adam: „Rufbereitschaft" als Arbeitszeit im Sinne der Arbeitszeitrichtlinie – Anmerkung zu EuGH, Urteil v. 21. Februar 2018 – C-518/15 – *Matzak*, NJW 2018, S. 1073–1076.

Sagan, Adam/Brockfeld, Marius: Arbeitsrecht in Zeiten der Corona-Pandemie, NJW 2020, S. 1112–1117.

Schatzschneider, Wolfgang: Maschinenlaufzeiten und Feiertagsschutz – Zum Gebot einer Minimierung der Sonntagsarbeit, NJW 1989, S. 681–685.

Schaub, Günter (Begr.): Arbeitsrechts-Handbuch, 19. Auflage, München 2021 (zit.: Schaub/*Bearbeiter*, ArbR-HdB).

Schirmer, Uwe/Isenmann, Birgit: Digitale Arbeitswelten: Wohin geht die Reise?, NZA-Beilage 2019, S. 69–72.

Schliemann, Harald: COVID-Arbeitszeitrecht – eine Hilfe?, NZA 2020, S. 565–569.

Schliemann, Harald: ArbZG – Arbeitszeitgesetz mit Nebengesetzen Kommentar, 4. Auflage, Köln 2020 (zit.: *Schliemann*, ArbZG).

Schliemann, Harald: Vorlagefragen – Sachantwort des EuGH trotz Nichtkompetenz der EU, EuZW 2018, S. 274–276.

Schliemann, Harald: Allzeit bereit – Bereitschaftsdienst und Arbeitsbereitschaft zwischen Europarecht, Arbeitszeitgesetz und Tarifvertrag, NZA 2004, S. 513–518.

Schlottfeldt, Christian: Arbeitszeit/Feuerwehrleute/Bereitschaftszeit – Anmerkung zu EuGH, Urteil v. 21. Februar 2018 – C-518/15 – *Matzak*, ZESAR 2019, S. 27–35.

Schlottfeldt, Christian: Berechnung der werktäglichen Höchstarbeitszeit innerhalb von arbeitszeitgesetzlichen Ausgleichszeiträumen – Zugleich Anmerkung zum Urteil des OVG Münster v. 24.6.2016 – 4 A 2803/12, ZESAR 2016, S. 477–486.

Schlottfeldt, Christian: Anmerkung zu EuGH, Urteil v. 10. September 2015 – C-266/14 – *Tyco*, ZESAR 2016, S. 173–175.

Schmitz, Dominik: Die arbeitsrechtliche Rechtsprechung des EuGH des Jahres 2018 im Überblick, NZA-RR 2020, S. 281–230.

Schmitz, Dominik: Die arbeitsrechtliche Rechtsprechung des EuGH des Jahres 2019 im Überblick, NZA-RR 2019, S. 233–242.

Schrader, Peter: Aufzeichnung und Dokumentation der Arbeitszeit nach dem Urteil des EuGH in der Rechtssache CCOO, NZA 2019, S. 1035–1039.

Schröder, Kathie: Und täglich grüßt die Arbeitszeit – auch als Strafbarkeitsrisiko!?!, ArbRAktuell 2016, S. 177–179.

Schubert, Jens: Gefährdung der Sicherstellung der Gesundheitsversorgung aus Sicht der nichtärztlichen Leistungserbringer, GesR 2012, S. 326–332.

Sieg, Rainer: Trennen ohne zu leiden – Plädoyer für ein faires Trennungsmanagement bei Leitenden Angestellten, in: *Bader, Peter/Lipke, Gert-Albert/*

Rost, Friedhelm/Weigand, Horst (Hrsg.): Festschrift für Gerhard Etzel zum 75. Geburtstag, Köln 2011, S. 361–389 (zit.: *Sieg*, FS Etzel).

Stärker, Lukas: Kommentar zur EU-Arbeitszeit-Richtlinie, 1. Auflage, Wien 2006 (zit.: *Stärker*, EU-ArbZRL).

Steffan, Ralf: Arbeitszeit(recht) auf dem Weg zu 4.0, NZA 2015, S. 1409–1417.

Stiebert, Tom: Arbeitsrecht: Berücksichtigung der Fahrzeit zum Kunden als Arbeitszeit - Anmerkung zu EuGH, Urteil v. 10. September 2015 - C-255/14 - *Tyco*, EuZW 2015, S. 791–795.

Stoffels, Markus/Hultzsch, Ferdinand: Arbeit auf Abruf nach der Novellierung des § 12 TzBfG, NZA 2020, S. 977–982.

Stöhr, Alexander/Stolzenberg, Hendric: Dienstreisen: Arbeitszeitrechtliche Behandlung und Vergütung, NZA 2019, S. 505–512.

Streinz, Rudolf (Hrsg.): Beck'sche Kurz-Kommentare, Band 57: EUV/AEUV, 3. Auflage, München 2018 (zit.: Streinz/*Bearbeiter*, EUV/AEUV).

Thüsing, Gregor: Quo vadis Ampel? – Arbeitsrecht, jM 2022, S. 54–65.

Thüsing, Gregor: Arbeitszeiterfassung: Keine Aufzeichnungspflichten unmittelbar aus Art. 31 Abs. 2 GrCh!, DB 2020, S. 1343–1345.

Thüsing, Gregor: Mehr Flexibilität wagen! Thesen zur Änderung von Versorgungszusagen, in: *Kisters-Kölkes, Margret/Meissner, Henriette (Hrsg.)*: Festschrift für Dr. Birgit Uebelhack, Münster 2019, S. 467–472 (zit.: *Thüsing*, FS Uebelhack).

Thüsing, Gregor: Brückenteilzeit & Co.: Vorschläge, es besser zu machen, BB 2018, S. 1076–1079.

Thüsing, Gregor: Europäisches Arbeitsrecht, 3. Auflage, München 2017 (zit.: *Thüsing*, EuArbR).

Thüsing, Gregor: Weißbuch Arbeiten 4.0 und Arbeitszeitrecht: Neue Impulse für den Gesetzgeber, BB 17/2017, Die erste Seite.

Thüsing, Gregor: Digitalisierung der Arbeitswelt – Impulse zur rechtlichen Bewältigung der Herausforderung gewandelter Arbeitsformen, SR 2016, S. 87–108.

Thüsing, Gregor: European Labour Law, Baden-Baden/München/Oxford/Portland 2013 (zit.: *Thüsing*, European Labour Law).

Thüsing, Gregor: Arbeitszeit/Schadenseintritt/Haftung, ZESAR 2010, S. 373–375.

Thüsing, Gregor: Blick in das europäische und ausländische Arbeitsrecht, RdA 2007, S. 307–312.

Thüsing, Gregor/Flink, Maike/Jänsch, Melanie: Arbeitszeit oder nicht? Eine Frage illustriert am Beispiel des Beifahrers, SR 2021, S. 45–60.

Thüsing, Gregor/Flink, Maike/Jänsch, Melanie: Arbeitszeiterfassung als europarechtliche Pflicht – Zur Reichweite der Entscheidung EuGH v. 14.1.2019 – C-55/18 und zum Umsetzungsbedarf im deutschen Recht, ZfA 2019, S. 456–485.

Thüsing, Gregor/Hütter-Brungs, Gisela: Crowdworking: Lenkung statt Weisung – Was macht den Arbeitnehmer zum Arbeitnehmer?, NZA-RR 2021, S. 231–237.

Thüsing, Gregor/Rombey, Sebastian/Schippers, Charlotte: Grenzen des Arbeitszeitrechts bei anwaltlicher Arbeit, NZA 2020, S. 480–489.

Tietje, Teemu: Grundfragen des Arbeitszeitrechts, Diss. Berlin 2001 (zit.: *Tietje*, Grundfragen des Arbeitszeitrechts).

Tonikidis, Stelios: Unterbrechung der Ruhezeit durch geringfügige Arbeitsleistungen, AuR 2018, S. 67–70.

Uffmann, Katharina: Fortschrittliches Arbeitszeitrecht wagen, DB 2022, S. M4–M5.

Ulber, Daniel: Arbeitszeiterfassung als Pflicht des Arbeitgebers, NZA 2019, S. 677–681.

Ulber, Daniel: Art. 5 Satz 1 der Arbeitszeitrichtlinie als Regelung über einen „faktischen Sonntag“? – Anmerkung zu EuGH, Urteil v. 8. November 2017 – C-306/16 – *Maio Marques da Rosa*, EuZA 2018, S. 484–491.

Ulber, Daniel: Grenzen der Rechtfertigung von Ungleichbehandlungen wegen des Alters, EuZA 2014, S. 202–216.

Ulber, Daniel: Die Vereinbarkeit der Neuregelungen des Arbeitszeitgesetzes mit dem Europarecht und dem Grundgesetz, ZTR 2005, S. 70–82.

Ulber, Daniel/Stein, Jaqueline: Arbeiten 4.0 und Arbeitszeitrecht – neuere Entwicklungen, AuR 2022, S. 148–155.

Ulber, Jürgen: Feiertagsarbeit und Arbeitsschutz, AuR 2002, S. 281–287.

Vogt, Volker: Einwirkungen von Smartphones auf Arbeitsverhältnisse, StBW 2012, S. 765–768.

von der Groeben, Hans/Schwarze, Jürgen/Hatje, Armin: Europäisches Unionsrecht, 7. Auflage, Baden-Baden 2015 (zit.: von der Groeben/Schwarze/Hatje/*Bearbeiter*, Europ. UnionsR).

von Steinau-Steinrück, Robert: Smartphone versus Arbeitsrecht, NJW-Spezial 2012, S. 178–179.

Wank, Rolf: Die unmittelbare Wirkung von Unionsrecht unter Privaten im Arbeitsrecht, RdA 2020, S. 1–12.

Wank, Rolf: Die personelle Reichweite des Arbeitnehmerschutzes aus rechtsdogmatischer und rechtspolitischer Perspektive, EuZA 2016, S. 143–170.

Wank, Rolf: Facetten der Arbeitszeit, RdA 2014, S. 285–290.

Wank, Rolf: Die personellen Grenzen des Europäischen Arbeitsrechts: Arbeitsrecht für Nicht-Arbeitnehmer?, EuZA 2008, S. 172–196.

Wank, Rolf: Empfiehlt es sich, die Regelungsbefugnisse der Tarifparteien im Verhältnis zu den Betriebsparteien neu zu ordnen?, NJW 1996, S. 2273–2282.

Wiebauer, Bernd: Arbeitsschutz und Digitalisierung, NZA 2016, S. 1430–1436.

Wiebauer, Bernd: Sonntagsarbeit und Bedürfnisse der Bevölkerung, NVwZ 2015, S. 543–549.

Wiedemann, Herbert (Hrsg.): Tarifvertragsgesetz mit Durchführungs- und Nebenvorschriften, 8. Auflage, München 2019 (zit.: Wiedemann/*Bearbeiter*, TVG).

Willemsen, Heinz Josef/Oberthür, Nathalie: Arbeitszeitrecht in der Anwaltschaft, NJW 2020, S. 1761–1767.

Willemsen, Heinz Josef/Sagan, Adam: Die Auswirkungen der europäischen Grundrechtecharta auf das deutsche Arbeitsrecht, NZA 2011, S. 258–262.

Wirtz, Andreas: Gestaltungsmöglichkeiten bei der Verlängerung der täglichen Arbeitszeit nach dem ArbZG, BB 2014, S. 1397–1401.

Wisskirchen, Gerlind/Jan Peter Schiller: Aktuelle Problemstellungen im Zusammenhang mit „Bring Your Own Device", DB 2015, S. 1163–1168.

Witschen, Annedore: Rahmenvorgaben und Flexibilisierungsspielräume im Arbeitszeitrecht vor dem Hintergrund einer digitalisierten Arbeitswelt, Diss. Berlin 2018 (zit.: *Witschen*, Rahmenvorgaben und Flexibilisierungsspielräume im Arbeitszeitrecht).

Zmarzlik, Johannes: Gesetzlicher Rahmen für Wochenendarbeit, NZA 1989, S. 537–543.

Zeitungsartikel u. ä.

Abraham, Lina: Interview zum Arbeitszeitmodell in Belgien – 4-TAGE-WOCHE: FREITAGE FREI!, treffpunkteuropa.de, 1. Mai 2022, abrufbar unter: https://www.treffpunkteuropa.de/freitage-frei?lang=fr, letzter Abruf: 17. September 2022 (zit.: *Abraham*, treffpunkteuropa.de, 1.5.2022, Interview zum Arbeitszeitmodell in Belgien).

Arbeit und Arbeitsrecht: Viertagewoche – Was ist sinnvoll?, 25. Februar 2022, abrufbar unter: https://www.arbeit-und-arbeitsrecht.de/news/viertagewoche-was-ist-sinnvoll.html, letzter Abruf: 17. September 2022 (zit.: *AuA*, 25.2.2022, Viertagewoche – Was ist sinnvoll?).

Daub, Adrian: Coronavirus-Maßnahmen – Der verlassene Campus, ZEIT ONLINE, 10. März 2020, abrufbar unter: https://www.zeit.de/kultur/2020-03/coronavirus-massnahmen-universitaet-stanford-campus-schliessung-onl ine-lehren, letzter Abruf: 17. September 2022 (zit.: *Daub*, ZEIT ONLINE, 10.3.2020, Der verlassene Campus).

El-Erian, Mohamed, Der Brexit zeigt die Krise der Globalisierung auf, Handelsblatt, 27. November 2018, abrufbar unter: https://www.handelsblatt.com/meinung/gastbeitraege/gastkommentar-der-brexit-zeigt-die-krise-der-globalisierung-auf/23685644.html?ticket=ST-114667-o6sMu7sfkyBOEYf7Bbzo-ap3, letzter Abruf: 17. September 2022 (zit.: *El-Erian*, Handelsblatt, 27.11.2018, Der Brexit zeigt die Krise der Globalisierung auf).

Frankfurter Allgemeine Zeitung, Mehrheit für Einführung der Vier-Tage-Woche, 19. Februar 2022, abrufbar unter: https://www.faz.net/aktuell/wirtschaft/vier-tage-woche-in-deutschland-mehrheit-fuer-einfuehrung-17818326.html, letzter Abruf: 17. September 2022 (zit.: *faz.net*, 19.2.2022, Mehrheit für Einführung der Vier-Tage-Woche).

Franzke, Amna: Ein paar Quadratmeter Wertschätzung, ZEIT ONLINE, 20. Juli 2020, abrufbar unter: https://www.zeit.de/arbeit/2020-07/arbeitsplatz-buero-arbeitsrecht-home-office-corona/komplettansicht, letzter Abruf: 17. September 2022 (*Franzke*, ZEIT ONLINE, 20.7.2020, Ein paar Quadratmeter Wertschätzung).

Geraldine Dany-Knedlik: Corona-Krise: Welche Folgen hat die Pandemie für die Wirtschaft?, Bundeszentrale für politische Bildung, 18. Mai 2020, abrufbar unter: https://www.bpb.de/politik/innenpolitik/coronavirus/310192/wirtschaft, letzter Abruf: 17. September 2022 (zit.: *Dany-Knedlik*, bpb, 18.5.2020, Corona-Krise: Welche Folgen hat die Pandemie für die Wirtschaft?).

Groll, Tina: Viele Unternehmen wollen Büroflächen reduzieren, ZEIT ONLINE, 25. August 2020, abrufbar unter: https://www.zeit.de/wirtschaft/2020-08/corona-digitalisierung-umfrage-kpmg-unternehmen-homeoffice-arbeitsplatz, letzter Abruf: 17. September 2022 (zit.: *Groll*, ZEIT ONLINE, 20.7.2020, Viele Unternehmen wollen Büroflächen reduzieren).

Jessel, Ella: Architects being ‘pressured’ into opting out of Working Time Directive, Architects’ Journal, 26. Februar 2019, abrufbar unter: https://www.architectsjournal.co.uk/news/architects-being-pressured-into-opting-out-of-working-time-directive, letzter Abruf: 17. September 2022 (zit: *Jessel*, Architects’ Journal, 26.2.2019, Architects being ‘pressured’ into opting out of Working Time Directive).

Jolly, Jasper: Thousands of UK workers to take part in four-day week trial, The Guardian, 4. April 2022, abrufbar unter: https://www.theguardian.com/business/2022/apr/04/thousands-of-uk-workers-to-take-part-in-four-day-week-trial, letzter Abruf: 17. September 2022 (zit.: *Jolly*, The Guardian, 4.4.2022, Thousands of UK workers to take part in four-day week trial).

Kassam, Ashifa: Spain to launch trial of four-day working week, The Guardian, 15. März 2021, abrufbar unter: https://www.theguardian.com/world/2021/mar/15/spain-to-launch-trial-of-four-day-working-week, letzter Abruf: 17. September 2022 (zit.: *Kassam*, The Guardian, 15.3.2021, Spain to launch trial of four-day working week).

Köpf, Matthias: Zugunglück von Bad Aibling: Die Wut der Hinterbliebenen wächst, Süddeutsche Zeitung, 9. Februar 2017, abrufbar unter: https://www.sueddeutsche.de/bayern/oberbayern-zugunglueck-von-bad-aibling-die-wut-der-hinterbliebenen-waechst-1.3369060, letzter Abruf: 17. September 2022 (zit.: *Köpf*, SZ, 9.2.2017, Zugunglück von Bad Aibling: Die Wut der Hinterbliebenen wächst).

Ladurner, Ulrich: Sie brauchen einander, ZEIT ONLINE, 31. Januar 2020, abrufbar unter: https://www.zeit.de/politik/ausland/2020-01/brexit-grossbritannien-europaeische-union-wettbewerb-binnenmarkt, letzter Abruf: 17. September 2022 (zit.: *Ladurner*, ZEIT ONLINE, 31.1.2020, Sie brauchen einander).

Pfister, Sandra: Wirtschaftliche Auswirkungen in der ganzen Welt spürbar, Deutschlandfunk, 2. März 2022, abrufbar unter: https://www.deutschlandfunk.de/russland-ukraine-krieg-sanktionen-auswirkungen-wirtschaft-100.html, letzter Abruf: 17. September 2022 (zit.: *Pfister*, Wirtschaftliche Auswirkungen in der ganzen Welt spürbar, DLF, 3.2.2022).

Staiger, Gisela: Mehr Fachkräfte durch 4-Tage-Woche?, tagesschau, 2. August 2022, abrufbar unter: https://www.tagesschau.de/wirtschaft/unternehmen/betriebe-vier-tage-woche-101.html, letzter Abruf: 17. September 2022 (zit.: *Staiger*, 2.8.2022 tagesschau, Mehr Fachkräfte durch 4-Tage-Woche?).

Strobel, Günther: Zwölfstundentag: Gewerkschaft ortet systematischen Missbrauch, Der Standard, 5. November 2018, abrufbar unter: https://www.derstandard.at/story/2000090704659/zwoelfstundentag-gewerkschaft-ortet-systematischen-missbrauch, letzter Abruf: 17. September 2022 (zit.: *Strobel*, Der Standard, 5.11.2018, Zwölfstundentag: Gewerkschaft ortet systematischen Missbrauch).

Süddeutsche Zeitung: IG Metall will klare Regeln fürs Homeoffice, 7. September 2020, abrufbar unter: https://www.sueddeutsche.de/karriere/gewerkschaften-ig-metall-will-klare-regeln-fuers-homeoffice-dpa.urn-newsml-dpa-com-20090101-200907-99-456217, letzter Abruf: 17. September 2022 (*SZ*, 7.9.2020, IG Metall will klare Regeln fürs Homeoffice).

Thüsing, Gregor: Im Job flexibel bleiben, Süddeutsche Zeitung, 27. Oktober 2019, abrufbar unter: https://www.sueddeutsche.de/wirtschaft/forum-im-job-flexibel-bleiben-1.4657775, letzter Abruf: 17. September 2022 (zit.: *Thüsing*, SZ, 27.10.2019, Im Job flexibel bleiben).

Tiedge, Anja: Hauptsache, ich kriege mehr als du, Spiegel, 21. Januar 2013, abrufbar unter: https://www.spiegel.de/karriere/gehaltsreport-beim-lohn-ist-der-neid-in-deutschland-gross-a-878444.html, letzter Abruf: 17. September 2022 (zit.: *Tiedge*, Der Spiegel, 21.1.2013, Hauptsache, ich kriege mehr als du).

Weber, Silke: Aber am fünften Tag sollst du ruhen, ZEIT ONLINE, 14. Januar 2022, abrufbar unter: https://www.zeit.de/zeit-spezial/2022/01/viertagewoche-arbeitszeit-beispiele-laender-island, letzter Abruf: 17. September 2022 (zit.: *Weber*, ZEIT ONLINE, 14.1.2022, Aber am fünften Tag sollst du ruhen).

WELT: Spanien testet die Vier-Tage-Woche jetzt auf nationaler Ebene, 15. März 2021, abrufbar unter: https://www.welt.de/wirtschaft/article228307069/Spanien-testet-die-Vier-Tage-Woche-mit-einem-Pilotprojekt.html, letzter Abruf: 17. September 2022 (zit.: *WELT*, 15.3.2021, Spanien testet die Vier-Tage-Woche jetzt auf nationaler Ebene).

ZEIT ONLINE: Weniger Vorbehalte gegen Künstliche Intelligenz, 28. September 2020, abrufbar unter: https://www.zeit.de/gesellschaft/zeitgeschehen/2020-09/bitkom-studie-kuenstliche-intelligenz-ki-gefahren-chancen-umfrage, letzter Abruf: 17. September 2022 (zit.: *ZEIT ONLINE*, 28.9.2020, Weniger Vorbehalte gegen Künstliche Intelligenz).

ZEIT ONLINE: Homeoffice wirkt sich positiv auf Produktivität aus, 22. Juli 2020, abrufbar unter: https://www.zeit.de/arbeit/2020-07/corona-krise-homeoffice-positive-auswirkung-produktivitaet, letzter Abruf: 17. September 2022 (zit.: *ZEIT ONLINE*, 22.7.2020, Homeoffice wirkt sich positiv auf Produktivität aus).

Weitere Quellen

Bundesministerium für Arbeit und Soziales: Arbeit weiter denken – Weißbuch Arbeiten 4.0, Stand: März 2017, abrufbar unter: https://www.bmas.de/SharedDocs/Downloads/DE/Publikationen/a883-weissbuch.pdf;jsessionid=670F06AD10D92DE7555538AB2BDC03B6.delivery1-replication?__blob=publicationFile&v=1, letzter Abruf: 17. September 2022 (zit.: *BMAS*, Weißbuch Arbeiten 4.0).

Bundesministerium für Arbeit und Soziales: Monitor Mobiles und entgrenztes Arbeiten – Aktuelle Ergebnisse einer Betriebs- und Beschäftigtenbefragung, Stand: November 2015, abrufbar unter: https://www.bmas.de/SharedDocs/Downloads/DE/Publikationen/a873.pdf?__blob=publicationFile&v=1, letzter Abruf: 17. September 2022 (zit.: *BMAS*, Monitor Mobiles und entgrenztes Arbeiten).

Bundesministerium für Arbeit und Soziales: Arbeit weiter denken – Grünbuch Arbeiten 4.0, Stand: April 2015, abrufbar unter: https://www.bmas.de/SharedDocs/Downloads/DE/Publikationen/gruenbuch-arbeiten-vier-null.pdf?__blob=publicationFile&v=1, letzter Abruf: 17. September 2022 (zit.: *BMAS*, Grünbuch Arbeiten 4.0).

CDU, CSU und SPD: Ein neuer Aufbruch für Europa – Eine neue Dynamik für Deutschland – Ein neuer Zusammenhalt für unser Land, Koalitionsvertrag zwischen CDU, CSU und SPD, 19. Legislaturperiode, abrufbar unter: https://www.bundesregierung.de/resource/blob/974430/847984/5b8bc23590d4cb2892b31c987ad672b7/2018-03-14-koalitionsvertrag-data.pdf?download=1, letzter Abruf: 17. September 2022 (zit.: *CDU, CSU und SPD*, Koalitionsvertrag 19. Legislaturperiode, Ein neuer Aufbruch für Europa).

Deutscher Bundestag, Wissenschaftliche Dienste: Ausarbeitung WD 6 – 3000 – 074/18 – Tägliche und wöchentliche Höchstarbeitszeiten in den Mitgliedstaaten der Europäischen Union, 27. September 2018 (zit.: *Bundestag*, WD 6 – 3000 – 074/189).

Eurofound: Opting out of the European Working Time Directive, Publications Office of the European Union, Luxembourg 2015, abrufbar unter: https://www.eurofound.europa.eu/sites/default/files/ef_publication/field_ef_document/ef1527en.pdf, letzter Abruf: 17. September 2022 (zit.: *Eurofound*, Opting out of the European Working Time Directive, 2015).

Europäische Kommission: Mitteilung zu Auslegungsfragen in Bezug auf die Richtlinie 2003/88/EG des Europäischen Parlaments und des Rates über bestimmte Aspekte der Arbeitszeitgestaltung, 24. Mai 2017, ABl. 2017/C 165 (zit.: *Europäische Kommission*, Mitteilung 2017/C 165).

Europäische Kommission: Bericht der Kommission an das Europäische Parlament, den Rat und den Europäischen Wirtschafts- und Sozialausschuss – Bericht über die Durchführung der Richtlinie 2003/88/EG über bestimmte Aspekte der Arbeitszeitgestaltung in den Mitgliedstaaten, Brüssel, 26. April 2017, COM(2017) 254 final {SWD(2017) 204 final} (zit.: *Europäische Kommission*, COM(2017) 254 final).

Europäische Kommission: Commission Staff Working Document – Detailed report on the implementation by Member States of Directive 2003/88/EC concerning certain aspects of the organisation of working time, Brüssel, 26. April 2017, SWD(2017) 204 final {COM(2017) 254 final} (zit.: *Europäische Kommission*, SWD(2017) 204 final).

Europäische Kommission: Bericht der Kommission an das Europäische Parlament, den Rat, den Europäischen Wirtschafts- und Sozialausschuss und den Ausschuss der Regionen über die Durchführung der Richtlinie 2003/88/EG („Arbeitszeitrichtlinie“) in den Mitgliedstaaten, Brüssel, 21. Dezember 2010, KOM(2010) 802 endgültig {SEK(2010) 1611 endgültig} (zit.: *Europäische Kommission*, KOM(2010) 802 endg.).

Europäische Kommission: Mitteilung der Kommission an das Europäische Parlament, den Rat, den Europäischen Wirtschafts- und Sozialausschuss und den Ausschuss der Regionen – Überarbeitung der Arbeitszeitrichtlinie (zweite Phase der

Anhörung der Sozialpartner auf europäischer Ebene gemäß Artikel 154 AEUV), Brüssel, 21. Dezember 2010, KOM(2010) 801 endgültig {SEK(2010) 1610 endgültig} (zit.: *Europäische Kommission*, KOM(2010) 801 endg.).

Europäische Kommission: Mitteilung der Kommission über die Anwendung des Protokolls über die Sozialpolitik an den Rat und an das Europäische Parlament, Brüssel, 14. Dezember 1993, KOM(93)600 endgültig (zit.: *Europäische Kommission*, KOM(93)600 endg.).

Haraldsson, Guðmundur D./Kellam, Jack: Going Public: Iceland's Journey to a Shorter Working Week, Juni 2021 Reykjavík, abrufbar unter: https://autonomy.work/wp-content/uploads/2021/06/ICELAND_4DW.pdf, letzter Abruf: 17. September 2022 (zit.: *Haraldsson/Kellam*, Going Public: Iceland's Journey to a Shorter Working Week).

Saupe, Bernhard/Stadler, Bettina: Flexible Arbeitszeiten – die Perspektive der ArbeitnehmerInnen, Wien, Mai 2016, abrufbar unter: https://arbeiterkammer.at/infopool/wien/Flexible_Arbeitszeiten_2016.pdf, letzter Abruf: 17. September 2022 (zit.: *Saupe/Stadler*, Flexible Arbeitszeiten – die Perspektive der ArbeitnehmerInnen).

SPD, Bündnis 90/Die Grünen und FDP: Mehr Fortschritt wagen – Bündnis für Freiheit, Gerechtigkeit und Nachhaltigkeit, Koalitionsvertrag 2021–2025 zwischen der Sozialdemokratischen Partei Deutschlands (SPD), Bündnis 90/Die Grünen und den Freien Demokraten (FDP), 20. Legislaturperiode, abrufbar unter: https://www.bundesregierung.de/resource/blob/974430/1990812/04221173eef9a6720059cc353d759a2b/2021-12-10-koav2021-data.pdf?download=1, letzter Abruf: 17. September 2022 (zit.: *SPD, Bündnis 90/Die Grünen und FDP*, Koalitionsvertrag 20. Legislaturperiode, Mehr Fortschritt wagen).

Strobel, Hannes: Auswirkungen von ständiger Erreichbarkeit und Präventionsmöglichkeiten –Teil 1: Überblick über den Stand der Wissenschaft und Empfehlungen für einen guten Umgang in der Praxis, iga.Report 23, 1. Auflage, Berlin und Essen 2013, abrufbar unter: https://www.iga-info.de/fileadmin/redakteur/Veroeffentlichungen/iga_Reporte/Dokumente/iga-Report_23_Staendige_Erreichbarkeit_Teil1.pdf, letzter Abruf: 17. September 2022 (zit.: *Strobel*, iga.Report 23).

van Wanrooy, Brigid/Bewley, Helen/Bryson, Alex/Forth, John/Freeth, Stephanie/Stokes, Lucy/Wood, Stephen: The 2011 Workplace Employment Relations Study, First Findings, Januar 2013, abrufbar unter: https://assets.publishing.service.gov.uk/government/uploads/system/uploads/attachment_data/file/336651/bis-14-1008-WERS-first-findings-report-fourth-edition-july-2014.pdf, letzter Abruf: 17. September 2022 (zit.: *van Wanrooy/Bewley/Bryson/Forth/Freeth/Stokes/Wood*, WERS 2011).

Abkürzungsverzeichnis

Die verwendeten Abkürzungen sind entweder im Text eingeführt, selbsterklärend, oder können bei *Kirchner, Hildebert (Begr.)*, Abkürzungsverzeichnis der Rechtssprache, 10. Auflage, Berlin 2021 nachgeschlagen werden.

www.ingramcontent.com/pod-product-compliance
Ingram Content Group UK Ltd.
Pitfield, Milton Keynes, MK11 3LW, UK
UKHW022106051026
15623UKWH00003B/707

9 783631 898345